# ÉLÉMENTS

# D'ARCHÉOLOGIE

# NATIONALE.

PARIS. — IMPRIMERIE DE RIGNOUX, RUE MONSIEUR-LE-PRINCE, 29 BIS.

# ÉLÉMENTS

# D'ARCHÉOLOGIE

## NATIONALE,

PRÉCÉDÉS

## D'UNE HISTOIRE DE L'ART MONUMENTAL

CHEZ LES ANCIENS;

**Par le Dr Louis BATISSIER,**

Correspondant du Comité des arts et monuments,
Inspecteur des Monuments historiques de l'Allier, un des Auteurs de L'ANCIEN BOURBONNAIS,
de l'ALBUM DES EAUX THERMALES, etc.

PARIS.

LELEUX, LIBRAIRE-ÉDITEUR,

RUE PIERRE-SARRAZIN, 9.

1843

# AVANT-PROPOS.

## Définition et division de l'archéologie.

L'archéologie (1) est une science qui comprend l'étude de l'antiquité tout entière, d'après les productions de l'art et les écrits des auteurs; elle est, en d'autres termes, ainsi que l'a dit Millin (2), « l'application des connaissances historiques et littéraires à l'explication des monuments, et l'application des lumières que fournissent les monuments à l'explication des ouvrages de littérature et d'histoire. » Chez les Grecs, ce mot avait un tout autre sens : on appelait *archéologue* l'écrivain qui recueillait les plus anciens souvenirs d'un pays ou d'une nation. C'est ainsi que Denys d'Halicarnasse a donné le nom d'*Archéologie* à son livre relatif à l'origine et aux commencements de Rome.

Cette science se divise en plusieurs parties, suivant les diverses espèces de monuments dont elle traite. Des savants, les uns se vouent à l'étude des ouvrages d'architecture, les autres, à l'étude de la peinture (3) et de la sculpture (4). On entend par *céramique* (5) l'étude des poteries; par *numismatique* (6), celle des monnaies et des médailles; par *glyptique* (7), celle des pierres gravées, intailles ou camées; et par *toreutique* (8), celle des ouvrages de ciselure. *L'icono-*

(1) Du grec ἀρχαῖος, ancien, et λόγος, discours.

(2) Discours d'ouverture du *cours d'archéologie* professé à la Bibliothèque nationale, en 1799.

(3) La *graphique*, de γράφω, je dessine.

(4) La *plastique*, de l'adj. πλαστική (s. ent. τέχνη, art).

(5) De κέραμος, argile.

(6) De νόμισμα, *numisma*, monnaie.

(7) De l'adj. γλυπτὸς, gravé, de γλύφω, je grave.

(8) De τορεύω, je ciselle.

*graphie* (1) s'occupe des portraits des personnages historiques, et l'*épigraphie* (2), des inscriptions. Enfin, l'étude des meubles, des ustensiles religieux, domestiques et funéraires, rentre aussi dans le cadre de la science archéologique. Pour la cultiver avec succès, il faut connaître les principales langues mortes et vivantes, l'histoire de l'art, la chronologie, les procédés de construction et de fabrication employés chez les anciens, enfin les détails de la vie publique et privée des nations païennes, et leurs divers systèmes politiques et religieux. C'est cette multiplicité même de connaissances qui fait que l'archéologie n'est abordée que par un si petit nombre d'hommes, et qu'elle n'a pu jusqu'à présent faire partie de notre enseignement public.

### Utilité de l'archéologie.

L'archéologie est une science toute moderne. Autrefois on explorait les monuments pour connaître seulement leur âge, leur style, leur destination; il n'y a pas plus d'un siècle qu'ils servent à nous expliquer les institutions civiles et hiératiques des civilisations qui ne sont plus. Dans les constructions du passé, nous voyons les mœurs les usages, les croyances, les superstitions des peuples se révéler à nous sous des formes irrécusables et avec une puissance énergique. Le savant qui n'aurait interrogé et commenté que les annales des nations, les vers des poëtes, et les récits de la tradition, ne posséderait l'histoire que d'une manière imparfaite et souvent inexacte. Il faut qu'il retrempe ses connaissances aux sources de l'archéologie, son guide le plus fidèle, son oracle le plus vrai.

Il n'y a qu'elle qui puisse faire revivre pour nous le passé d'une manière complète. Elle reconstitue les rois sur leur trône, les nations dans leurs royaumes, les familles dans leurs cités; elle nous conduit au sein des villes antiques, les relève de la poussière où elles gisent, restaure leurs ruines, nous les montre dans leur splendeur d'autrefois. C'est là une belle tâche pour l'esprit humain; mais aussi, quel long et rude travail! Avec l'archéologie nous retrouvons chaque peuple avec son costume et ses armes; nous entrons dans les temples, nous en pénétrons les mystères; nous assistons aux débats de l'*agora* et du *forum;* nous nous introduisons dans les théâtres et les gymnases, dans les camps et les forteresses; en un mot, nous

(1) De εἰκὼν, εἰκόνες, image, et γράφω, je grave.

(2) De ἐπὶ, s. m., et γράφω.

pouvons ressusciter tout ce qui peut nous faire comprendre l'existence politique et la vie privée des populations qui ont laissé quelques traces de leur séjour sur la terre. Qu'il s'agisse de l'antiquité païenne ou du moyen âge, de l'Inde ou de la Chine, de l'Assyrie ou de la Judée, de l'Égypte ou de la Grèce, de l'Italie ou de la France, de l'Allemagne ou de l'Angleterre, de l'Espagne ou de la Turquie, l'archéologie a un flambeau pour éclairer tous les secrets et toutes les profondeurs de l'histoire de ces nations. C'est dire que son champ est infini : n'embrasse-t-il pas en effet tous les siècles passés et toutes les civilisations éteintes ?

On conçoit quelle masse de faits, quelle quantité d'observations, quelle foule de recherches, quelle variété de connaissances, sont nécessaires pour arriver à d'aussi grands résultats. Ce n'est pas seulement une haute intelligence et une ingénieuse sagacité que l'archéologue doit avoir en partage : il faut souvent qu'il achète ses découvertes les plus précieuses au prix de l'or, sans compter les veilles sans fin, les voyages laborieux, et tous les dangers qui se présentent dans des courses lointaines au milieu de peuplades barbares. Bien des érudits sont morts à la peine, sans que leur sort ait découragé les hommes voués aux mêmes études et aux mêmes hasards. Heureux quand ils étaient parvenus à jeter quelque jour sur la voie souvent obscure qu'a traversée l'humanité.

## Origine et progrès de l'archéologie grecque et romaine.

Nous avons dit que l'archéologie avait tout au plus un siècle d'existence. Les Grecs ni les Romains ne songèrent, en effet, à étudier les antiques constructions de leurs ancêtres ; ils ne nous ont laissé même sur l'histoire de leurs arts que des notions fort incomplètes. Nous n'avons de travaux spéciaux sur cette matière que dans les ouvrages de Vitruve et de Pline l'Ancien. Les autres livres écrits sur ce sujet sont perdus. C'est ainsi que nous savons que les architectes avaient fait des commentaires sur les édifices qu'ils bâtissaient, que la Νεωποίησις était une instruction sur l'art d'élever les temples. Pline nous apprend encore que Parrhasius, Apelles, Euphranor, Silamon avaient écrit sur la peinture et la sculpture. Le statuaire Praxitèle fit un ouvrage intitulé *Mirabilia opera.* Mais tous ces travaux sont perdus pour nous.

On ne trouve des indications plus ou moins précises que dans les historiens et les géographes de l'antiquité, dans la Bible, dans les extraits de Sanchoniaton, de Berose et de Ctésias; dans Hérodote, Xénophon, Pausanias, Diodore de Sicile, Eusèbe, etc. Quelques renseignements nous sont encore fournis pour le règne de Justinien, par les livres de Procope (1), pour le VII$^{e}$ siècle, par Isidore de Séville (2) et par le *compendium* anonyme publié par Polini. Enfin, Cassiodore (3) nous apprend tout ce qui intéresse les arts des Goths en Italie, et Anastase (4) nous fait connaître tous les travaux des papes jusqu'au IX$^{e}$ siècle de notre ère.

Les Romains, maîtres du monde, se mirent à ravir à toutes les nations vaincues leurs plus beaux ouvrages de peinture et de sculpture, et à en orner les édifices publics de Rome, ou leurs palais et leurs villas; mais les chefs-d'œuvre de la Grèce ne furent pour eux qu'un objet de luxe. Si quelques riches citoyens firent des collections de médailles, de tableaux et de statues, ils ne furent guidés que par l'instinct de la curiosité. Marcellus, Lucullus, Verrès, Auguste, avaient dépouillé la Sicile et la Grèce; plus tard, Constantin dépouilla Rome pour enrichir Byzance, la capitale de son empire. Bien loin de songer à conserver les monuments du paganisme, les chrétiens travaillèrent à les démolir. Si l'on veut se faire une idée de l'énorme quantité d'édifices et d'ouvrages d'art qui furent ainsi voués à la destruction, on peut consulter le travail de Heyne, inséré dans le 12$^{e}$ volume des *Mémoires de l'Académie de Gœttingue*. Comme si ce n'eût pas été assez des révolutions politiques et religieuses qui bouleversaient l'ancien monde, survinrent les irruptions des Barbares, qui ravagèrent l'Orient et l'Occident, anéantissant les populations, et laissant des ruines partout où elles avaient passé. La terre offrit une sépulture, pour ainsi dire, à tous ces débris des arts qui font aujourd'hui la joie du monde savant. Ils restèrent ainsi enfouis pendant bien des siècles, jusqu'à ce que des empires nouveaux se furent consolidés, jusqu'à ce que les travaux de l'esprit humain furent remis en honneur; en un mot, il faut arriver à la renaissance pour voir rechercher et étudier les antiquités qui avaient échappé aux dévastations du temps et des hommes. Ce fut l'Italie qui donna le signal. Déjà, au XIV$^{e}$ siècle, le Dante avait recueilli des inscriptions et rassemblé des manuscrits. Pétrarque avait fait une collection de

(1) *Opera*, in-fol; Roth. 1670.
(2) *Originum libri XX*; 1718, 3 vol. in-fol.
(3) *Historiarum sui temporis libri VIII*; Paris, 1662, in-fol.
(4) *Liber pontificalis*; Rouen, *inoperibus*.

médailles, qu'il offrit à l'empereur Charles IV. Laurent de Médicis, plein d'admiration pour les chefs-d'œuvre que l'on découvrait par toute l'Italie, fonde à Florence un enseignement public d'archéologie : bas-reliefs, bustes, statues, vases peints, mosaïques, armes et ustensiles, on recherche tout ce qui porte le caractère antique, et l'on en compose des musées ; on étudie tous ces objets, principalement pour la perfection de leurs formes ; on les dessine, on les fait graver, et on les décrit dans de volumineux mémoires. Ce travail s'opère surtout à Rome, Naples, Florence et Milan. Dans toute l'Europe on parle des musées Capitolin et Florentin, des villas Borghèse, Albani, Médicis, Ludovici et Negroni, où brillent, revêtues d'une nouvelle jeunesse, les plus belles sculptures de l'art grec et romain. La France s'émeut et veut avoir des antiquités. François Ier envoie le Primatice en Italie, et celui-ci lui achète 184 bustes ou statues. Cette collection, augmentée tour à tour par Henri IV et le cardinal de Richelieu, a été le noyau de notre magnifique musée du Louvre.

Dès lors le mouvement fut imprimé ; les antiquités furent à la mode, les recherches devinrent plus actives, et les collections se multiplièrent par toute l'Europe. D'un côté, les grands et illustres artistes de la renaissance s'inspiraient de la beauté des formes, de la pureté du style des ouvrages antiques ; d'un autre côté, les savants s'efforçaient d'expliquer l'âge et l'origine de ces ouvrages. On fit une foule de dissertations en latin, qui révèlent une grande érudition et une patience à toute épreuve, mais auxquelles manque tout esprit de critique. L'architecture trouva d'habiles praticiens et des théoriciens éloquents dans Alberti, Piranesi, Serlio, Scamozzi et Palladio ; en France, dans Philibert de Lorme. C'est là la première ère, l'*ère artistique*, si l'on veut, de l'archéologie ; elle commence vers 1450, et s'étend jusqu'à la fin du XVIe siècle. La seconde période date de 1600, et finit en 1750. A cette époque, les études sont en progrès ; mais on se contente d'étudier les antiquités en elles-mêmes, sans les faire servir à l'explication des lois sociales et religieuses des peuples. Les monuments sont interprétés dans le seul intérêt de l'érudition. C'est alors que se distinguèrent les Spon, les Wheler, les Ernesti, les Christ et les Montfaucon. Nous voyons aussi Grævius, Gronovius, G. Poleni, P. Danet, éditer d'immenses recueils, où ils ont rassemblé une énorme quantité de dissertations sur toute espèce de sujets relatifs à la Grèce et à l'Italie. Ce n'est donc qu'au milieu du XVIIIe siècle que l'archéologie se fonde sur une large base, et devient une source féconde de notions historiques. Cette dernière période de l'archéologie, qui dure encore, commence à de Caylus et à Winckelmann, et compte parmi ses illustrations Lessing, Heyne, Visconti, Passeri, Pacciaudi, Eckhel, Visconti, Millin, Mongez, Mariette, Vaillant, l'abbé Barthelémy, Jobert, Rasche, Sulzer, Hagedorn, Quatremère de Quincy, Müller, Th. Welcker, Gerhard, Panofka, Hirt, Bœttiger, Sanchez, Bayer, Gésénius, Champollion, Letronne, Emeric David, Ch. Lenormant, Raoul Rochette, et une foule d'autres érudits qui sont encore l'honneur de la science.

## Théories de l'école archaïque.

A cette époque aussi les théories sur le beau sont développées par l'abbé Dubos, par de Piles, Watelet, Diderot, Hogarth, Mengs, Rich. Richardson, Josué Reynolds, etc. Il n'est pas besoin de dire que ces théories sont en tout conformes aux doctrines littéraires accréditées dans les ouvrages de Sabbatier, de Le Batteux, de Marmontel, de La Harpe et de Chénier. Comme ils manquaient du génie qui crée, ils ne se sont préoccupés que des formes; ils sont devenus matérialistes, prisant plus l'expression que l'idée, en poésie aussi bien qu'en peinture et en sculpture. Aristote, Longin et Quintilien, avaient traité du beau, du sublime, et avaient donné leurs observations comme le résultat d'études métaphysiques. Nos mécaniciens modernes en firent des règles absolues; ils en rétrécirent encore l'application, ils murèrent l'art dans une nature invariable. Après avoir bien admiré les statues antiques, on s'aperçut que c'était la ligne ondoyante ou serpentine qui dominait dans tous leurs contours. Ces lignes, en effet, sont celles de l'*Apollon du Belvédère*, de la *Vénus de Médicis*, et de la *Diane à la Biche;* or, ces sculptures sont les chefs-d'œuvre de la statuaire antique; donc la ligne ondoyante constitue le beau idéal (1). Artistes, à vos ciseaux! Attaquez les blocs de marbre, nous avons conquis sur l'oubli la ligne serpentine. Donnez-nous des chefs-d'œuvre! Que vous manque-t-il? N'avez-vous pas les proportions immuables du corps humain? Demandez à Audran (2) combien de fois la longueur du nez se trouve dans la

(1) Hogarth, *Anal. de la beauté,* trad. par Jansen; 1805, in-8.

(2) Il paraît qu'Elidas et Ageladas, les maîtres de Phidias et de Polyclète, avaient déjà fixé les proportions du corps humain dans leurs canons sur la sculpture.

jambe, dans le bras du Laocoon ou de l'Hercule Farnèse; combien de fois la hauteur de leur corps renferme celle de leur tête : ses livres vont vous l'apprendre. Avec de telles recettes, vous êtes infaillibles.

Mais ce n'est pas tout : on reconnait alors que la supériorité acquise par les Grecs *est due à ce qu'ils firent mieux que la nature.* L'expression du silence de l'âme est le beau souverain pour Winckelmann, et cela parce que les passions changent les traits du visage et la disposition des parties du corps, altèrent les formes, c'est-à-dire la beauté. Aussi Lessing vante-t-il la loi des Thébains qui défendait de copier ce qui est laid. Il fait remarquer aussi que les Grecs adoucirent toujours ce qui est saillant, afin de ne pas s'écarter du beau. « La fureur et le désespoir ne défiguraient jamais leurs personnages, et j'oserais croire, dit-il, qu'ils n'ont *jamais représenté une furie* » (1). Il va plus loin : il prétend que l'épisode de Thersite dépare l'immortelle épopée d'Homère; et cette opinion a été partagée par de Caylus, par Mengs et Klotz (2). On sait quel a été le résultat de ces théories, de toutes ces abstractions. Elles ont produit toute une révolution dans nos arts; elles ont fondé notre *école archaïque*, à la tête de laquelle se sont placés Vien, David, P. Guérin, Canova, Chaudet, Percier et Fontaine, école que nous n'avons pas à juger ici. Contentons-nous de faire remarquer que cette transformation de notre art a été une conséquence des études archéologiques du siècle dernier.

La Grèce ne pouvait être oubliée; ses antiquités firent aussi l'objet de nombreux travaux, et Meursius et Potter traitèrent une foule de questions relatives à l'art des anciens Hellènes. La Guillotière avait exploré ce pays, mais d'une manière bien inexacte; et il a fallu les voyages de Leroy, de Choiseul-Gouffier, de Stuard, de Chandler, de Blouet, etc., pour qu'on ait des notions vraies sur la géographie et l'état des monuments de ce pays.

## Des études archéologiques relatives à l'Egypte, à l'Inde, à l'Asie, etc.

Mais il n'y avait pas que l'Italie et la Grèce qui offrissent de l'intérêt aux investigations des savants : il y avait bien d'autres pays

(1) Lorsque Lessing écrivait son livre sur le Laocoon, on n'avait pas découvert, en effet, de furie appartenant à l'art grec; mais depuis on en a trouvé plusieurs.

(2) *Thesaur. epistolicus*, in-8, 1768.

où avaient fleuri de puissantes civilisations; une foule d'empires qui pouvaient fournir une ample moisson de curieuses découvertes aux savants. N'y avait-il pas, en effet, à réveiller la vieille Égypte endormie depuis tant de siècles dans ses hypogées et ses pyramides? Jérusalem, Palmyre, Persépolis, Babylone, Ninive et Troie, toutes ces antiques cités ne présentaient-elles pas un vaste champ à l'érudition? Puis c'étaient Tyr et Carthage qu'il fallait explorer. On a voulu étudier les temples et les vastes tombeaux de Pétra. L'Inde, cette terre regardée comme le berceau du genre humain, avait conservé sa religion, ses vieux édifices, ses livres sacrés et ses mœurs d'autrefois. N'était-ce pas là un pays qui devait être cher à la science? Aussi de toutes parts des voyageurs sont partis sans cesse pour visiter ces contrées lointaines. Depuis un siècle, il n'y a plus eu de montagnes inaccessibles, de déserts sans fin; il n'y a pas d'obstacles que l'amour de la science n'ait donné le courage de braver. Plusieurs générations de savants ont remonté la source des grands fleuves de l'Asie et de l'Afrique, ont dessiné et mesuré les monuments des villes détruites, disputé aux tigres et aux lions les ruines des vastes cités de l'Afganistan, de la Nubie et de l'Assyrie, étudié les mœurs et les langues d'une foule de populations, et sont revenus triomphants et riches de découvertes. Toutefois, disons que c'est à notre époque qu'appartiennent les études les plus curieuses, les travaux les plus sérieux.

Une autre nation, qui le dispute en antiquité à l'Inde, qui, comme cette dernière contrée, a conservé ses croyances, et n'a rompu aucun anneau de la chaîne traditionnelle, la Chine, ne pouvait manquer d'offrir aux érudits une mine inépuisable de recherches et d'observations. Marco Polo avait raconté des merveilles de ce pays, si peu connu; après lui Sonerat, Legentil et les missionnaires (1), avaient pour ainsi dire révélé un autre monde aux savants. Il est vrai de dire que les travaux de Renouard de Sainte-Croix, d'Ellis, d'Abel, ont fait oublier ceux de ces premiers voyageurs.

L'Amérique est aussi une vieille terre que la science pouvait défricher avec fruit. Les royaumes du Mexique et du Pérou pouvaient être l'objet d'études intéressantes. Clavigero et Nebel les premiers s'occupèrent des antiquités conservées dans les anciennes villes mexicaines et péruviennes. Maintenant, avec les ouvrages de M. de Humboldt, d'Alex. Lenoir et de lord Kingsborough on peut apprendre tout ce

(1) Dans le recueil des *Lettres édifiantes*.

qu'il importe de savoir sur l'état des principales civilisations des deux Amériques.

C'est vraiment avec un sentiment de frayeur que l'on contemple l'immensité du champ des études archéologiques. On rencontre tant de peuples, de races différentes, de croyances, d'institutions, de langues, qui n'ont que des affinités souvent très-éloignées, et une si grande quantité de monuments dissemblables, que c'est à peine si l'on ose s'aventurer au milieu du dédale scientifique que les érudits ont élevé depuis deux siècles. Si votre esprit, avide de connaissances, veut s'enquérir de l'état des études archéologiques, et qu'il recherche les livres qui peuvent l'initier aux mystères de l'antiquité, alors il pourrait tomber dans le découragement, en voyant les milliers de volumes où la science a enfoui ses enseignements; car, il faut le dire, les ouvrages élémentaires manquent, et l'archéologie n'offre pas encore un ensemble synthétique. C'est pour cela que nous avons essayé de réunir et classer à la fin de ce livre une liste de tous les ouvrages qui traitent des diverses branches de la science.

## De l'archéologie nationale.

C'était peu que d'explorer l'antiquité païenne, d'arracher à l'oubli les monuments que les Égyptiens, les Grecs et les Romains ont légués à notre admiration; il y avait un autre ordre de monuments qui nous touchait de bien plus près, et qui nous offrait un intérêt bien plus vif: nous voulons parler des monuments qui couvrent le sol de la France. Alors qu'on s'occupait avec tant d'entraînement des ruines de l'Italie, on écrivait livre sur livre à propos de nos antiquités gallo-romaines; mais on semblait ignorer l'existence des édifices de notre art national, et ce n'est qu'avec dédain que l'on en parlait. On recherchait avec une avidité curieuse, avec un enthousiasme quelquefois ridicule, une brique romaine, un fragment de poterie, ou le tracé d'une voie antique, et l'on vouait à l'oubli tous les châteaux de la féodalité et toutes les basiliques de l'art religieux qui couvrent le sol de la France. Pas un admirateur, pas un historien, pour les arracher au néant qui les menaçait; à peine s'est-il trouvé un chroniqueur pour écrire quelques dates, et un dessinateur pour saisir, même maladroitement, le profil de nos édifices qui tombaient de vétusté. Tout ce qu'il y avait d'intelligence, de science et de talent, était consacré aux études de la civilisation antique, ou aux imitations de l'antique par la civilisation moderne. C'était justice qu'on en vînt enfin à s'occuper des monuments qui portent l'empreinte de notre nationalité. Ne s'inquiète-t-on pas toujours de l'enfance d'un homme de génie, bien qu'il n'ait produit de grandes choses que dans l'âge viril? Par malheur, les antiquaires n'avaient que du mépris pour l'art des premiers siècles de notre monarchie; ce n'est que lorsque les monuments commençaient à disparaître du sol, lorsque les tempêtes révolutionnaires et l'action irrésistible du temps les renversaient de fond en comble, qu'on s'est pris à les étudier. Bien plus, il y avait quelque courage à entreprendre des travaux de cette nature : on ne trouvait, pour ainsi dire, nulle part ni appui, ni sympathies; on niait hardiment l'intérêt que pouvait offrir l'archéologie chrétienne. Mais enfin, tous ces obstacles ont été vaincus, et aujourd'hui on comprend toute l'importance de ces recherches et de ces études.

On sait que les destinées de l'art se rattachent dans tous les temps à celles de l'humanité, et personne ne doute plus que les productions de l'architecture ne résument aussi fidèlement l'histoire des peuples que les traditions et les lois des sages ou des princes. Cela est si vrai que nous voyons les systèmes architectoniques varier et se succéder à mesure que les civilisations se transforment; mais celles-ci ne commencent toujours et ne finissent qu'avec la religion qui réunissait les familles dans une même communion. C'est donc de la religion que l'art procède : aussi est-ce sous son inspiration qu'ont été créées les œuvres les plus splendides et les plus gigantesques de l'esprit humain. Sous le voile de ses mythes, dans la pénombre de ses mystères, elle n'ouvrait pas toujours au génie une large carrière; mais dès lors on traduisait la divinité par un symbole, ainsi que le remarque Creuzer (1). L'âme, en effet, d'autant plus croyante qu'elle recevait plus immédiatement la révélation, s'exaltait davantage dans son culte, et rendait avec plus de puissance les dogmes qui lui étaient enseignés. La foi païenne a bien pu rassembler des forces énormes, remuer des masses colossales, créer des édifices immenses, dont les ruines et jusqu'au souvenir jettent notre esprit dans l'étonnement; mais sa condition d'être étant la stabilité et l'immobilité, la forme adoptée pour le symbole ne pouvait se mettre en progrès. L'art religieux, caractérisé par l'élément mystique, n'atteignit donc qu'à une personnalité muette, ne produisit que des figures conventionnelles et invariables, et s'environna d'ombres et de mystères. Aussi, voyez comme le panthéisme druidique s'enfonçait au sein des forêts ténébreuses, recherchait une

(1) *Relig. de l'antiq.*, trad. de M. Guigniaut; Paris, 1827, in-8, et an. suiv

nature sauvage au milieu des vastes amoncellements de rochers. Chez lui, une pierre brute a représenté la divinité quand il a fallu que celle-ci se manifestât aux sens. Les temples de l'Inde réveillent un vif sentiment de terreur, avec leurs énormes piliers, leurs jours rares, leurs voûtes basses, et leurs grandes statues accroupies qui figurent toujours l'inaction et la passivité. Le moyen âge a fait de même. Tant que le christianisme a été à l'abri des orgueilleuses investigations des métaphysiciens, l'art s'en est tenu à des types universels, types quelquefois plus près de la laideur que de la beauté (1), ayant moins pour but l'imitation parfaite de la nature que la manifestation même de la pensée religieuse. C'est donc une chose bien incontestable que l'art a atteint à des formes d'autant plus belles et plus pures, que l'idée symbolisée est devenue plus abstraite. Qui n'a pas remarqué que les poëtes et les écrivains se moquaient de Jupiter et de son Olympe alors que Phidias et Praxitèle faisaient leurs sublimes divinités de marbre qu'on admirait, mais qu'on n'adorait pas. Luther ne jetait-il pas ses paroles de révolte contre l'Église catholique, Érasme ne lançait-il pas ses sarcasmes, et Rabelais son ironie contre le culte, alors que Raphaël, Léonard de Vinci, le Titien et Michel-Ange, rivalisaient avec les plus beaux génies de l'antiquité païenne?

A cette époque, en effet, l'art chrétien perdait sa naïveté, ses formes traditionnelles, et se faisait matérialiste. L'artiste se mettait en contemplation devant la nature, se pénétrait de ses plus poétiques beautés, s'efforçait de les reproduire, non pas avec une exactitude puérile, mais dans un ensemble harmonieux, de manière à parler à nos sens (2). Tout au contraire, l'art vraiment religieux est toujours spiritualiste; il ne consiste pas dans une imitation savante des choses. Avec lui, c'est la pensée qui se fait matière, qui passe par les yeux pour s'adresser à l'intelligence, et nous donner de sublimes enseignements. Il représente partout l'Être suprême, la puissance créatrice.

(1) Les gnostiques représentaient le Christ sous les formes les plus repoussantes, et suivaient en cela le précepte de Tertullien et de saint Cyrille d'Alexandrie. Saint Ambroise et saint Jérôme s'accordent, au contraire, pour reconnaître la beauté de la figure de la Vierge : *Ut ipsa corporis facies simulacrum fuerit mentis, figura probitatis.*

(2) Les théories sur l'imitation de la nature abstraite ont été poussées à une exagération ridicule par l'école archaïque moderne. On allait jusqu'à prétendre que l'on devait s'interdire les formes carrées, parce que la nature ne produit que des corps ronds! et des idées de ce genre ont été cependant préconisées par des hommes d'un grand savoir.

Ici, c'est la mort et le néant; là, toutes les joies et toutes les félicités du ciel; ailleurs, toutes les misères et toutes les fragilités de la terre; le pouvoir, la fortune, la gloire, le vice, la vertu, l'avenir éternel! Cet art ne sort du temple que pour s'introniser sur la place publique Alors il a une grande portée, parce qu'il est l'œuvre de tous pour tous. Mais, dès que les jouissances qu'il procure deviennent individuelles, il est près de sa décadence; il perd sa signification; l'individu travaille pour l'individu, il ne rend que son idée à soi, et ne traduit que ses propres sensations. Ses créations, ne vivant plus de la vie collective, de la vie commune, sont tout à fait en dehors de la pensée religieuse qui plane sur la société.

Du reste, les écrivains qui ont traité de l'histoire de l'art ont établi qu'il commençait par des attitudes simples, par des formes roides et sèches, qu'il tendait ensuite de plus en plus vers le mouvement, la force et la vérité, et finissait par tomber dans l'exagération des passions. Ces trois périodes, quand on se place au point de vue de l'esthétique, indiquent l'enfance, la maturité et la décadence de l'art; mais au point de vue religieux, l'art primitif est le seul dont on doive accepter la signification.

Pour nous, c'est un fait que nous devons, pour le moment, nous contenter de constater. Nous le verrons se reproduire à mesure que nous étudierons chacun des grands systèmes architectoniques qui ont régné en France. Cette étude, qu'on a enfin rattachée à une philosophie moins exclusive que celle des idéologues du XVIIIe siècle, offrira un double intérêt, parce qu'elle résumera l'histoire de l'art de tous les peuples de l'Europe, et qu'elle nous fera connaître en même temps les monuments que nos aïeux ont légués à notre respect et à notre admiration. Les Grecs après leurs colonisations, les Romains après leurs conquêtes, les hommes du Nord après leurs invasions, les Orientaux après leur guerres avec nous, les Italiens à la renaissance, enfin presque toutes les nations occidentales qui ont eu une forte civilisation et une grande individualité, ont laissé sur notre sol des œuvres qui portent une empreinte profonde de leur génie. Cependant, malgré le vif intérêt qui s'attache à toutes les productions monumentales des temps passés, malgré ce qu'il y a de simple ou de grandiose dans leurs proportions, d'original ou de délicat dans leurs formes, de riche ou de barbare dans leurs ornements, qu'il s'agisse de dolmens, pyramides, temples, arènes, portiques, bains, palais, il n'est rien de tout cela qui doive exciter aussi puissamment nos sympathies que les constructions de l'art chrétien.

Cet art est si bien entré dans l'esprit de notre religion, il en a si heureusement traduit les symboles, il a enfanté tant de prodiges, que c'était justice de l'arracher à l'oubli et à l'indifférence auxquels on l'avait condamné. Longtemps il a servi de pâture à la sottise et à la spéculation ; mais aujourd'hui chacun de nous sent qu'il doit le vénérer comme on vénère de vieux parents à la mémoire riche en souvenirs, et qui, par une longue expérience, ont appris la science de la vie. Oui, nous devons veiller à ce que l'ignorance n'abâtardisse pas plus les petites églises de nos villages que les vastes cathédrales de nos vieilles cités. Ne laissons pas altérer leur physionomie, et travaillons pour que tout ce qui est devenu fruste sous l'aile du temps se présente encore en plein relief sous le souffle de la science. Il faut montrer que partout nos édifices religieux ont, pour ainsi dire, traduit matériellement, et de manière à le rendre sensible pour les organes du corps, ce qu'il y avait dans la religion de perceptible pour un esprit éclairé par les lumières de la foi. Il ne faut pas oublier que, tandis que les Pères de l'Église discutaient les traditions du culte, Sainte-Sophie devenait un temple digne de rivaliser avec les édifices les plus étonnants de l'art païen. Ne savons-nous pas aussi que, lorsque les conciles décidaient, du x^e^ au xiv^e^ siècle, les principales questions de liturgie, lorsque saint Bernard et saint Thomas soutenaient le dogme contre les attaques des dialecticiens, les cathédrales surgissaient vers le ciel, riches et majestueuses, et que les campagnes se couvraient de modestes chapelles aux chapitaux symboliques ? Plaçons donc la religion, d'un côté, conquérant l'intelligence des hommes, de l'autre côté, inscrivant ses mystères sur la pierre, sur le bois, sur les métaux, traduisant et ciselant l'idée morale, mise ainsi à la portée de tous. Tâchons d'arracher au génie de la destruction ces édifices, œuvres d'une piété sincère, d'une foi chaleureuse, d'une reconnaissance éternelle. Nous devons être prêts à jeter le cri d'alarme partout où se manifestera l'intention de renverser, partout où se fera entendre le bruit des pics et des leviers de fer des démolisseurs. Mais pour atteindre ce but, il importe surtout de répandre, de populariser la science de l'art. A vrai dire, jamais ce besoin n'a été aussi bien senti qu'à notre époque. Il est évident que, à mesure que les années s'accumulent sur nos monuments, il faut se hâter de relever chaque pierre qui en tombe, de peur que bientôt, masses informes de ruines, ils ne jonchent le sol, laissant seulement quelques débris pour marquer la place où ils ont brillé dans toute leur splendeur. Nous les voyons avec anxiété se courber comme des vieillards, et, pour ainsi dire, plier sous l'effort du temps. Leur antiquité est déjà si reculée, que chaque dalle usée des sanctuaires nous rappelle que plusieurs générations de nos aïeux sont venues s'y agenouiller, dans la simplicité de leur cœur et dans toute la ferveur de leur foi. Il semble que ces souvenirs, à mesure qu'ils s'enfoncent dans un passé plus lointain, deviennent plus poétiques et nous sont plus chers! L'espèce d'obscurité qui les environne répand la vie sur eux, comme les rayons de lumière, qui se jouent avec l'ombre, animent les figures des saints dans leurs niches profondes et sous leurs dais sculptés à jour.

L'histoire des hommes se retrouvant dans les monuments qu'ils ont élevés, celle du chrétien est retracée dans les églises, aussi détaillée, aussi palpitante que dans les naïfs récits des chroniqueurs. Chaque chapiteau, chaque bas-relief, chaque peinture, tout, jusqu'à la plus petite statuette, a sa raison, sa signification, et ce langage est moins obscur pour nous que les hiéroglyphes des religions de l'Égypte ou du Mexique. N'est-ce pas, d'ailleurs, une chose admirable que ce concours prodigieux de tant de forces, que cette réunion intime de tant d'intelligences et de volontés pour l'accomplissement d'une même œuvre?

Quand le seigneur et le clergé avaient apporté leurs richesses, que le peuple avait offert ses deniers et ses sueurs, l'architecte traçait le plan de sa vaste construction. Puis c'était, pendant de longues années, un travail actif, infatigable, et qui enfantait vraiment des miracles. Le chevet de l'église était tourné vers l'Orient, où apparaît le soleil et d'où nous vient toute lumière; la nef et le transsept formaient ensuite une croix. Du reste, tout se multipliait par des nombres mystérieux : les croisées, les colonnes, les chapelles, les arcades, les portes, les autels (1). Le monument approchait-il de sa fin, les flèches s'élançaient-elles vers le ciel, alors le *maître de l'œuvre* (2), qui était quelquefois

(1) On trouve presque toujours répétés les nombres 3, 7 et 12. Le premier en l'honneur de la Trinité (le trèfle a trois lobes, la principale façade a trois portes; il y a trois nefs à l'intérieur). Le second a été adopté parce que Dieu mit sept jours à créer le monde; parce qu'on comptait sept planètes, qu'il y a sept sacrements, sept dons du Saint-Esprit, etc. Le troisième rappelle les douze apôtres, et se voit souvent pour les colonnes, les arcades, etc.

(2) Au moyen âge, le principal artiste, le chef de la confrérie, est appelé *magister de lapidibus vivis* (le maître des pierres vivantes), ou simplement *magister lapidum*. On peut consulter, sur ce sujet, les statuts de la corporation des sculpteurs au XII^e^ siècle, dans les *Lettere sanese* du père Della Valle.

un laïc, mais le plus souvent un moine ou un prêtre (1), dépêchait les artistes *taille-pierres* pour qu'ils répandissent la vie dans sa création; et vous eussiez vu alors se presser autour des chapiteaux, sous les archivoltes des arcades, dans les galeries, le long des frises, sous les voûtes, après les portiques, sur les échafauds élevés devant les murailles, des légions d'hommes, le ciseau à la main, fouillant de gracieux rinceaux, dessinant de légères arabesques, retraçant des scènes entières empruntées à la Bible, à la vie du Christ, ou aux légendes des saints; jetant çà et là des satires contre les *persécuteurs du pauvre peuple,* et cachant ainsi le secret de leurs croyances, de leurs plaisirs et de leurs souffrances, les peines de leur passé et les espérances de leur avenir. D'autres fois, ils s'abandonnaient à toute la fougue d'une imagination bizarre et inépuisable, et ils produisaient ces créations fantastiques qui sont comme autant d'énigmes léguées à la postérité. Mais ce n'étaient pas les sculpteurs seuls qui faisaient les frais de la décoration du nouveau monument : les peintres, après eux, imprimaient aux murailles le cachet de leur talent. Le bleu et l'or étaient employés à profusion; de larges banderoles circulaient autour des colonnes, et représentaient des sujets de l'histoire sacrée, tandis que les voûtes, couvertes d'azur et parsemées d'étoiles, imitaient la voûte du ciel. Tout cela formait le livre de l'ignorant, lui rappelait sans cesse les mystères de la foi et l'histoire de la religion.

Pendant que l'enceinte et l'extérieur du temple se peuplaient ainsi de merveilles, sous l'inspiration commune d'une même croyance, quelques artistes plus habiles recevaient le bois précieux ou la pierre rare, et taillaient avec soin une sainte Vierge ou le patron de la paroisse. Lorsque la Vierge était terminée, chaque fidèle allait admirer et prier cette femme à la longue et chaste tunique, aux cheveux ondoyants, au visage doux et aimant, et le front couronné d'un diadème d'étoiles, comme il appartient à la Reine des cieux. Dans ses bras ou sur ses genoux, elle soutient l'enfant Jésus, sur lequel est abaissé un regard rayonnant de tendresse maternelle. C'est surtout l'expression morale que l'artiste a cherché à rendre. Que lui importe que les plis

(1) Les plus célèbres maîtres de l'œuvre en France ont été Ingelrand, qui a bâti *Notre-Dame* de Rouen; Hilduart, pour *Saint-Père* à Chartres; Robert de Coucy, pour *Notre-Dame* à Reims; Eudes de Montreuil, pour le chœur de Beauvais et *Notre-Dame* de Mantes; Robert de Luzarches, pour *Notre-Dame* d'Amiens; Montreau, pour la *Sainte-Chapelle* de Paris; et puis encore Hugues Lebergier, Renaud de Cormont, Jean de Chelles, etc.

de la robe soient roides, que les formes soient grêles et indécises, et les proportions souvent contre nature! Que lui importe la beauté idéale de la statuaire antique! Ce qu'il veut avant tout, c'est montrer un enfant souriant à sa mère, Dieu souriant à sa création, l'intelligence souriant à l'amour.

Quand donc on considère tout ce qu'il a fallu de foi, d'abnégation et de puissance pour produire ces vastes monuments, on n'est pas étonné que le sublime élan du moyen âge n'ait duré qu'un instant et que tant d'édifices soient restés inachevés. On comprend aussi tout l'intérêt et toute l'importance qu'ils ont pour nous; et quel charme doit offrir leur étude! On se sent d'ailleurs entraîné par un véritable enthousiasme, quand on jette un coup d'œil sur la diversité des constructions que nous trouvons dans notre pays, et sur les révolutions diverses qu'a subies notre art monumental.

## Caractères généraux de l'art monumental en France.

Si nous remontons jusqu'aux siècles les plus reculés de notre histoire, alors que le sol de la Gaule était occupé par les peuples celtiques, nous trouvons des monuments d'une simplicité grossière, bien en harmonie avec la civilisation des hordes barbares qui les édifiaient. Il fallait pénétrer au sein des forêts les plus sombres et les plus sauvages, pour trouver les constructions religieuses de ces peuples. Ce n'étaient que quelques dolmens ou quelques allées couvertes, amas de pierres immenses, énormes débris de rochers arrachés à quelque montagne lointaine. En traversant les champs incultes des Gaules ou les brandes désertes, vous eussiez vu se dresser au milieu de la plaine quelque espèce d'obélisque auquel l'écriture ne confiait aucun secret pour les âges à venir, et qui avait été le témoin muet de quelque grave événement. Plus loin, au détour d'un chemin, ou près d'une cité, un tumulus eût attiré votre attention, et vous eût indiqué la sépulture d'un des chefs de la nation. Chose étonnante! cette population celte si fière et si courageuse, cette civilisation si respectée, ces croyances si fortes, tout cela fut transformé tout à coup. La Gaule fut obligée de subir le joug de la puissance, des institutions et de la religion romaines. Encore quelques années, et tout ce peuple qui portait la braie et une longue chevelure aura revêtu la toge et la tunique des citoyens de la république. Mais les siècles qui auront vu la destruction de la nationalité gauloise verront aussi s'élever d'admirables édifices appartenant à un art d'une rare perfection. Des colonnades se déploient autour des temples ; des portiques décorent la façade des palais ; des amphithéâtres arrondissent çà et là leurs ellipses en étages superposés ; des voies aux larges dalles se ramifient autour des principales cités ; des aqueducs étendent leurs arcades à travers les plaines, traversent des rivières et passent par-dessus des montagnes. Mais en peu de temps cette architecture déchoie de sa splendeur et tombe en décadence : les irruptions des Barbares et le christianisme, qui l'adapta à ses croyances, l'eurent bientôt complétement altérée.

Nous montrerons l'art gallo-romain se modifiant peu à peu, se transformant sous diverses influences, pour constituer un art national, dont nos églises romanes et byzantines nous offrirent de beaux types. Nous verrons ensuite, à la fin du XII^e^ siècle, un nouveau style architectonique, basé sur l'arc ogival, jeter de profondes racines dans la civilisation française, et créer toutes ces vastes cathédrales, toutes ces petites basiliques, qui font la gloire de notre pays. On a peine à comprendre pourquoi ces édifices, qui invitent si bien au recueillement et à l'adoration, ont dû être regardés comme des constructions barbares, comment ce système monumental, qui se prêtait si bien aux exigences d'un culte tout intérieur, a été tout à coup aussi complétement abandonné. Quand on s'est agenouillé sous les voûtes gigantesques des temples chrétiens du moyen âge, et que l'on entre dans les églises froides et dénudées que l'on construit chez nous depuis trois siècles, on s'indigne avec raison du dédain avec lequel les architectes modernes ont traité les maçons de génie qui ont bâti les Notre-Dame de Paris, d'Amiens et de Rouen. Combien ne doit-on pas regretter ces longues et sublimes nefs aux échos imposants, leurs jours mystérieux, et leur forêt de piliers, et leurs dalles sculptées ou chargées d'inscriptions, et leurs châsses révérées, et leurs peintures sacrées, et leurs tours colossales, et les immenses sculptures qui décoraient leur façade trinitaire !

Cette architecture si complète et si merveilleuse devait donc être vouée à l'oubli par les artistes de la renaissance italienne ! Déjà au XV^e^ siècle, il est vrai, l'art ogival s'altérait, déjà les galbes perdaient de leur élégante simplicité ; les proportions devenaient moins sveltes, l'arc en tiers-point, qui avait commencé par être fort aigu, s'élargissait peu à peu et s'affaissait sur lui-même. Les figures n'avaient plus cette noble sévérité de la statuaire du XIII^e^ siècle ; elles tendaient à sortir de leur calme et de leur repos. Leurs longues robes, serrées autour du corps, se chiffonnent et se boursouflent. Les passions humaines qui semblaient dormir dans tous les cœurs font explosion, et pénètrent dans les sanctuaires. Encore quelque temps, et nous verrons dans toutes les figures, dans toutes les scènes sculptées ou peintes, le mouvement et l'action se manifester avec une énergie de plus en plus grande. Regardez plutôt les images des princes, des seigneurs ou des prélats, d'abord couchées sur la pierre des tombeaux, se redresser peu à peu, s'agenouiller, les mains jointes et le cœur encore contrit. Un siècle plus tard, vous verrez ces grands du monde sortir fiers et victorieux de leur sépulture, fouler au pied le couvercle du sarcophage qui renferme leur dépouille mortelle, traîner après eux leur linceul, et lutter avec la mort, squelette hideux qui les entraîne sans pitié.

C'est ainsi que peu à peu tout le moyen âge s'est effacé. Après avoir élevé jusqu'au ciel son front majestueux, avoir étendu partout de robustes rameaux, enfoncé au sein de la terre de profondes racines, après que ses fleurs se furent épanouies au XVI$^{e}$ siècle, dans les guirlandes de feuillages, dans les dentelles des pendentifs, des arceaux, des pinacles, et dans les arabesques les plus capricieuses, le vieil art a dépéri comme frappé d'un souffle mortel. Il a perdu tout ce qui faisait sa puissance et sa grâce, et n'a plus rien produit. Et c'est peut-être en vain que nous essaierons désormais de lui rendre sa vie et sa force d'autrefois.

Mais pour que notre art se modifiât à ce point, il a fallu que les architectes, les peintres et les sculpteurs de Rome, de Florence et de Bologne, vinssent à la cour des rois de France, qu'ils reproduisissent sur notre sol et sous notre ciel les monuments de leur patrie.

Alors une nouvelle période s'ouvre devant nous, qui nous a légué bien des édifices, dont le style est, il est vrai, peu approprié à leur destination, mais qui sont remarquables souvent, soit par leur masse imposante, soit par la délicatesse de leur décoration. C'est donc de l'Italie que nous arrivent les formes nouvelles; c'est donc là que nos artistes vont chercher des inspirations. Le monde était plein du nom et de la gloire de Michel Ange; tous les yeux étaient fixés sur l'audacieuse coupole qu'il avait assise sur l'église de Saint-Pierre de Rome. Ce que le génie de ce grand homme avait conçu dans des proportions colossales, nos architectes l'exécutèrent en petit. Toutes les églises qui s'élevèrent furent bâties d'après le plan de la vaste basilique romaine. Il en fut de même en Angleterre, ainsi qu'on peut en juger par l'église de Saint-Paul, ouvrage du fameux Wreen. A cette époque, Jacques Desbrosses, qui avait édifié le Luxembourg en s'inspirant du palais Pitti à Florence, construisit le fameux portail de *Saint-Gervais* à Paris, qui fut célébré par Voltaire dans *le Temple du goût*, et imité plus d'une fois. En conséquence, pendant deux siècles, toutes les églises un peu importantes furent surmontées de dômes et ornées de portiques à ordres superposés. Le Val-de-Grâce, la Sorbonne, Saint-Paul, Saint-Roch, les Invalides, l'Assomption, Saint-Thomas-d'Aquin, sont le fruit de l'imitation de l'école italienne. La façade de Saint-Sulpice par Servandoni, celle de Saint-Eustache, par Mansard de Jouy, celle de Saint-Philippe-du-Roule, par Chalgrin, et enfin le Panthéon, sont remarquables surtout par la dureté de leurs lignes générales, le mauvais goût de leur décoration, et la froideur de leur ensemble.

Loin de s'attacher à produire un monument original, on ne vise qu'à piller les artistes étrangers en réputation, à faire çà et là de malencontreux plagiats, à raccorder tant bien que mal la colonne de cet architecte-ci avec le fronton de celui-là, à rajuster la corniche de cet autre avec le fronton que vous voyez. Depuis la renaissance, l'imitation règne en système dans nos écoles sans qu'il vienne à l'idée de personne de chercher la formule d'un art mieux adapté à nos mœurs et à nos besoins. —Voici la révolution de 93, et l'Italie est délaissée. En effet, l'immense développement donné aux études de l'archéologie grecque et romaine, à la fin du XVIII<sup>e</sup> siècle, change tout à coup notre système architectonique; comme nous l'avons dit déjà, on se met à étudier l'antiquité avec enthousiasme. Toutes les aptitudes, toutes les investigations, se dirigent vers les monuments d'Athènes au temps de Périclès, ou vers ceux de Rome au temps d'Auguste; et l'on tâche de les reproduire sur le sol de la France. La *Madeleine* fut donc destinée à nous rappeler ce fameux Parthénon, le chef-d'œuvre de l'architecture grecque. Mais Napoléon est à peine déchu de sa puissance, la vieille famille des Bourbons est à peine remontée sur le trône de ses ancêtres, qu'un autre ordre d'idées règne avec elle. L'esprit chrétien qui caractérisa la Restauration se reporta nécessairement vers les temps où la foi jetait dans le monde les germes de ces principes d'art et de morale qui devaient acquérir un si complet développement: on voulut dégager l'architecture religieuse de tous les éléments que lui avaient fournis pendant quinze siècles les réminiscences païennes et les civilisations modernes; on essaya de retremper les croyances à leurs sources primitives, et de régénérer l'art comme on régénérait les idées. La Restauration nous dota donc de *Notre-Dame-de-Lorette*, bâtie à peu près sur le plan des basiliques des premiers siècles de l'Église. Cet essai, tenté sur des proportions trop exiguës, n'a pas été jugé très-heureux.

Quant à notre époque, avec ses préoccupations politiques, ses goûts encyclopédiques, ses tendances éclectiques, son esprit conservateur, elle a moins travaillé à produire des œuvres nouvelles qu'à parachever celles qui lui sont arrivées incomplètes, et réparer celles qui menacent ruines. Ces restaurations, faites d'abord sans goût et sans intelligence, dirigées ensuite dans une voie plus savante, sauront enfin conserver à nos vieux édifices leur caractère propre et leur physionomie originelle. Notre-Dame, Saint-Germain-l'Auxerrois, et Saint-Denis, sans parler d'une foule de cathédrales de la province, sortiront des mains des architectes modernes moins flétris et moins déshonorés que des mains des maçons émérites des deux siècles précédents. Nous ne verrons plus enfin la colonne d'ordre corinthien se dresser à la place du lourd pilier roman aux chapiteaux symboliques, et le cintre décrire sa courbe surbaissée là où devait s'élancer l'arc en tiers-point (1). Espérons que des frontons soutenus par des colonnes mal agencées ne remplaceront plus les porches élégants avec leurs aiguilles dentelées, leurs rosaces aux vives couleurs, et leur couronne de statues. Il est temps enfin que les formes architectoniques du passé conservent leur caractère et leur signification, et ce ne sera pas une petite gloire pour notre temps d'avoir su respecter et conserver les monuments de notre histoire.

C'est avec raison qu'on nous reproche de manquer d'individualité dans nos arts; mais il n'y a là rien d'étonnant quand on considère le peu de fixité de nos idées en philosophie et en politique, l'effrayante rapidité avec laquelle les événements se sont succédés, et combien de fois notre société a changé de formes. République, empire, presque théocratie, monarchie, en un demi-siècle nous avons subi cinq espèces de pouvoir. Il y a eu une lutte si ardente des plus grands intérêts, des plus chaleureuses sympathies, toutes ces secousses et ces révolutions ont tellement agité et préoccupé les esprits, qu'il est tout simple que rien de neuf ni d'original n'ait pu se constituer dans les arts.

En désespoir de cause, on s'est pris d'un bel engouement pour les produits des arts de chaque siècle, de chaque nation. Quelques antiquaires se sont laissés emporter par une belle passion pour les masses informes des monuments druidiques, tandis que d'autres se sont mis à rechercher avec ardeur les débris romains. La moindre brique, la plus petite parcelle de poterie, la plus faible trace de muraille, les faisaient bondir de joie, et étaient l'objet de longues et fastidieuses dissertations. Le moyen âge et la renaissance eurent ensuite leurs fougueux admi-

(1) A Saint-Germain-des-Prés.

rateurs, leurs prôneurs *quand même*. Les cabinets d'amateurs devinrent de véritables fouillis de toutes choses. On se disputait et l'on se vendait à des prix fous les bahuts de chêne ornés de trèfles et de rinceaux de feuilles de vignes, les buffets en chêne décorés de moulures délicates et de grandes cariatides à gaîne, les larges siéges à dorserets découpés à jour. Les vitraux arrachés aux églises étincelaient aux fenêtres ; les cuirs peints, l'*or basané* des *fabliaux*, tendaient les murailles des salons ; les tapis persans couvraient les parquets ; les tables aux pieds torses supportaient des vases de Flandre, de Limoges ou de Nevers, ou les célèbres faïences d'Italie, illustrées par les dessins de Raphaël et de Jules Romain. Les glaces de Venise, les lits à baldaquins, les armures damasquinées, les tableaux des vieux maîtres, complétaient l'ameublement, pêle-mêle de ce que l'art a produit de plus curieux depuis Charles V jusqu'à Louis XII.

Les meubles de Louis XIV ont aussi eu leurs beaux jours ; puis on se jeta sur la Régence avec une sorte de fureur : on a voulu avoir des boudoirs d'une élégance aussi coquette que ceux des Pompadour et des Dubarry. On a recherché les plafonds enrichis de fresques représentant les plus gracieux sujets érotiques de la mythologie païenne ; au-dessus des portes, les trumeaux étaient remplis par des peintures imitées des compositions de Watteau et de Boucher ; puis des pendules à incrustations de cuivre, des laques, des étoffes, et des vases chinois, vinrent ajouter au luxe des appartements d'une foule d'amateurs et de petites-maîtresses. Que de belles choses cet éclectisme et ces faciles admirations n'ont-elles pas sauvées d'une ruine certaine ! Les engouements de la mode produisent, comme on voit, quelquefois de bons résultats.

Pendant que quelques hommes riches se faisaient ainsi des cabinets d'antiquités, une foule de savants épars dans les provinces se livraient à des études intéressantes, à de curieuses recherches sur l'histoire de notre art national. Il était temps qu'on se mît à l'œuvre, car un siècle plus tard, ce travail devenait presque impossible. La Révolution, en effet, avait détruit une grande quantité d'églises et de monastères ; les châteaux de la féodalité, inhabités depuis longtemps, servaient de carrières à moellons, et l'on pouvait craindre que nos vieux édifices, encore debout, ne résistassent pas plus longtemps à l'action destructive du temps.

### Des études relatives à l'archéologie nationale.

Il n'est donc plus permis à personne aujourd'hui de contester l'utilité ni l'intérêt qu'offre l'étude des antiquités de l'art chrétien et du moyen âge : partout on s'en occupe avec succès. Nous allons essayer de faire voir quelle a été la marche de ces études, et d'apprécier les principaux documents qui ont été publiés.

Si l'on veut des notions précises sur les origines et les premiers monuments de l'art chrétien, c'est aux ouvrages publiés sur ce sujet en Italie depuis le XVI^e^ siècle qu'il faut aller puiser des renseignements. Nous recommandons surtout les *Vetera monimenta* de Ciampini, et l'autre ouvrage du même auteur, intitulé *de Ædificiis sacris;* les *Sepolcri* de Bartoli; les *Pitture et sculture sagre* de Bottari; la *Roma subterranea* de Bosio, publiée une seconde fois avec des additions par Aringhi; les *Osservazionni sopra i cimiterii* de Boldetti, et les *Dyptiques ecclésiastiques* de Gori et Frisi; enfin divers travaux de Marangoni, de Cancellieri, de Dionigi, d'Arnoldi, etc. (1).

Les bons livres qui ont été publiés en France ne remontent pas à une époque aussi ancienne. Les *Monuments de la monarchie francaise* de Montfaucon sont le premier ouvrage important qui ait paru sur l'art national; par malheur le savant bénédictin n'a pu s'élever à la hauteur de son sujet. L'esprit de critique lui manquait, et l'on pourrait relever dans son livre une foule de bévues inexcusables; par malheur aussi, on ne peut ajouter aucune foi aux gravures qui accompagnent le texte de cet érudit compilateur. Les artistes du siècle de Louis XIV étaient on ne peut plus inhabiles à rendre les détails de l'architecture ogivale et le caractère de la statuaire du moyen âge. Le sculpteur avait étendu sur les tombes de Saint-Denis les rois et les princes dans l'immobilité de la mort, et les mains pieusement jointes sur la poitrine : le moine n'osa pas les faire représenter ainsi, et on les voit, dans ses dessins, se donnant des airs de mignardise, affectant des poses héroïques et galantes, comme les bergers et les lutteurs de Versailles.

L'abbé Lebœuf, investigateur plus habile, doué d'un sens plus juste, a expliqué dans ses *Dissertations*, d'une manière beaucoup plus heureuse, plusieurs points de l'histoire de nos arts, et ses mémoires sont

(1) Pour tous les ouvrages dont il est question dans ce livre, consultez la bibliographie archéologique qui se trouve à la fin du volume.

toujours bons à consulter. Cependant les antiquaires qui vinrent après lui ne trouvèrent pas, quand ils se mirent à l'œuvre, une assez grande quantité de matériaux pour faire des livres excellents; Millin et Lenoir se signalèrent cependant dans leurs recherches. Le premier, avec sa haine mesquine et aveugle pour tout ce qui tenait au clergé et à la féodalité, fonda, avec Dulaure, le *voltairianisme* en archéologie. Il avait une prédilection marquée pour le XVIe siècle, et ne comprenait nullement l'art des temps antérieurs à la renaissance. Toutefois, ses *Antiquités nationales* et son *Voyage dans le Midi* fournissent des renseignements utiles : on y trouve les dessins de plusieurs édifices importants qui n'existent plus, et des descriptions curieuses.

On doit vraiment à M. Alex. Lenoir un tribut de reconnaissance, car ce savant antiquaire a su arracher à une destruction inévitable, pendant notre première tourmente révolutionnaire, une foule de monuments (1). Il en composa un musée historique dans le couvent des Petits-Augustins, sur l'emplacement duquel s'élève aujourd'hui l'*École des beaux-arts* (2). Les statues, les tombeaux, les bas-reliefs, les vitraux, étaient classés chronologiquement. On put faire alors la comparaison de l'art nouveau et de l'art réputé *barbare*, et juger si celui-ci méritait le dédain dont on se plaisait à l'accabler. A propos de ce musée, M. Lenoir écrivit une histoire de l'art français, très-incomplète, il est vrai, mais fort judicieuse.

L'impulsion était donnée; mais ce zèle, que plus tard vinrent exciter encore quelques pages du *Génie du christianisme* et les romans de Walter-Scott, fut tout à coup ralenti. Les études celtiques se jetèrent

(1) La haine pour les souvenirs du passé, qui fit détruire dans les crises les plus passionnées de la Révolution tant de curieux monuments, ne fut, comme on sait, que l'œuvre de quelques troupes de fous furieux. L'Assemblée constituante avait chargé son comité d'aliénation de veiller à la conservation des objets d'art dépendant des établissements du clergé, et confisqués au profit de l'État (1790). Un décret du 13 floréal an II fonde le Musée des monuments historiques. Un autre décret du 5 brumaire an XII défend de détruire ou de mutiler les monuments, sous prétexte d'en faire disparaître les signes de la féodalité. L'art national était si bien pris au sérieux par le gouvernement de ce temps-là, que, dans un de ses rapports mensuels, le conventionnel Grégoire disait : « Trop tard on s'est occupé des églises gothiques, qui, par le merveilleux de leur construction, la légèreté de leurs colonnes et la hardiesse de leurs voûtes, commandent l'admiration et fournissent des types à l'art. »

(2) Ce musée fut désorganisé par une ordonnance de Louis XVIII, en 1816.

au travers de ce commencement de réaction opérée en faveur des monuments du moyen âge. Le *celticisme* dégénéra bientôt en une véritable monomanie; on voulut lui rattacher toutes les religions et toutes les langues. L'antiquité des peuples de l'Égypte et de l'Inde pâlit devant celle des Celtes, et l'on regarda le nord de l'Europe comme le berceau de toutes les nations du monde. Alors, Le Brigant, Latour-d'Auvergne, de Cambry et Éloi Johanneau, étudièrent avec entraînement les monuments du culte druidique. L'*Académie celtique* fut instituée et tint sa première séance le 9 germinal an XIII, sous la présidence de M. Lenoir. Quand ce premier feu se fut éteint, cette académie étendit le cercle de ses études, prit le nom d'*Académie des antiquaires de France*, et a continué jusqu'à présent la publication de ses mémoires.

D'Agincourt se proposa de continuer l'œuvre de Winckelmann dont il adopta le système. Il fit pour cela même un ouvrage fort incomplet, quoique très-savant. L'antiquaire allemand n'avait traité, dans son *Histoire de l'art chez les anciens*, que des Égyptiens, des Étrusques, des Grecs et des Romains; quant aux monuments de l'Asie et d'une grande partie de l'Afrique, c'est à peine s'il parut se douter de leur existence. C'est d'ailleurs à la Grèce qu'il avait voué toute son admiration. Cette sérénité de conception qui ne le dispute qu'à la sérénité du climat sous lequel sont nés Homère et Sophocle, cette pureté exquise de sentiment qui n'a de comparable que la pureté de langage des poëtes du siècle de Périclès, cette élégance de proportions qu'on ne retrouve dans la statuaire d'aucune autre nation, le ravissaient au delà de toute expression. Il ne voyait jamais une image de l'Apollon du Belvédère sans être profondément ému. Aussi, cet enthousiasme passionné pour l'excellence de la forme, qui allait jusqu'à l'abuser sur la justesse de l'expression morale, on le retrouve dans chacune des pages de son admirable livre, qui renferme peut-être la plus complète et la plus éloquente analyse de la beauté matérielle. Ces idées, exprimées dans un temps où l'on ne tenait plus compte de l'exactitude dans les imitations de la nature, où le maniéré et le conventionnel l'emportaient sur le vrai, le joli sur le beau, le coquet sur le grandiose, ont peut-être relevé l'art moderne qui penchait vers sa chute. La réforme de David, ainsi que nous l'avons dit, coïncide de plusieurs manières avec les travaux de Winckelmann. Mais ce n'est pas ici le lieu d'examiner l'influence réciproque des idées de ces deux hommes de génie; voyons plutôt comment d'Agincourt procéda en marchant sur les traces de son savant prédécesseur.

Winckelmann avait dit: « L'art grec n'a eu et n'a pu avoir d'enfance; cependant il fut en progrès jusqu'à Phidias, époque du *sublime*, et depuis Phidias jusqu'à Lysippe et Praxitèle, qui lui firent atteindre le *beau idéal* » Il avait regardé l'ère qui suivit ces deux célèbres artistes comme une ère de décadence, et ne crut devoir poursuivre son histoire que jusqu'au temps où l'art était déjà loin de sa perfection primitive; il s'arrêta, en conséquence, au IV^e^ siècle. C'est à cette époque que d'Agincourt fait remonter son *Histoire de l'art au moyen âge.* Quoique moins épris de la forme que Winckelmann, il sentait très-bien tout ce qu'il y avait de supériorité dans l'art grec, et combien étaient déplorables les imitations qu'on en faisait. « Enlevez à sa terre natale, dit-il, et confiez à un sol étranger une de ces plantes que l'œil contemple avec admiration, l'acanthe, à la tige élégante, à la feuille largement découpée : pleine encore de séve, ses premières pousses conserveront quelques-unes de ses beautés originelles; mais promptement altérées, elles dégénèreront. Telle je l'ai vue, cette acanthe corinthienne, sur les bords du Tibre, tel y fut successivement le sort de l'art grec quand les Romains l'y eurent traîné captif. » Combien alors ne devait-il pas gémir, en voyant sa plante chérie, avide de l'azur du ciel de la Grèce et des rayons de son soleil radieux, transportée au milieu de notre atmosphère souvent brumeuse, et élevée dans les serres chaudes de nos ateliers, pour aller, fanée et rabougrie, se déployer autour des chapiteaux de nos monuments exotiques! Elle a été longtemps toute la richesse de nos architectes, qui n'eurent pas besoin d'emprunter à la grave Égypte les feuilles de ses lotus, à l'Inde superstitieuse les feuilles de ses palmiers, à la Judée le calice de ses lis!

Tout en s'attendrissant sur le sort du bel art grec à Rome, d'Agincourt s'occupa cependant surtout de l'histoire des monuments de l'Italie. Il s'appliqua à suivre toutes les périodes que l'art a parcourues pour arriver, dans ce pays, à sa plus complète décadence au XII^e^ siècle, et à marquer chacun des pas qu'il a fait vers sa régénérescence jusqu'au XVI^e^ siècle. Il ne s'agissait pour lui que de suivre les derniers mouvements de ce grand corps expirant dans le symbolisme chrétien, et les premiers battements de son cœur quand il sortit de la léthargie où il resta si longtemps plongé. Comme c'était en Italie que la tradition grecque s'était le mieux conservée, et qu'elle y était plus facile à suivre, il alla y poursuivre ses études, et y mourut octogénaire, sans avoir publié son ouvrage, dont la rédaction était terminée. C'est à peine si l'on trouve, dans les trois volumes in-folio dont cet ouvrage se compose, quelques pages sur la France. Les origines de l'art chrétien dans les catacombes ont été surtout traitées avec beaucoup de soin. Voilà malheureusement l'esprit dans lequel sont composées les autres publications du même genre qui ont suivi celle de d'Agincourt. Elles ne parlent de l'art qui a régné en France du XI^e^ au XVI^e^ siècle que comme d'un art de transition, sans intérêt et sans portée, et dont il suffit de ne dire que quelques mots. Pour faire l'histoire de nos monuments, il ne s'agit certes pas de les comparer avec les monuments antiques, mais bien de comparer entre elles nos constructions nationales, nées sous l'influence des mêmes idées et des mêmes croyances. Si les érudits des siècles précédents les traitaient avec tant de laisser-aller, cela tenait à ces fâcheuses préoccupations qu'ils avaient de ne rien voir dans la matière que la forme, et qui les empêchaient de chercher l'idée cachée sous cette forme souvent barbare. Avec l'*Histoire de l'art au moyen âge*, il ne reste presque rien à désirer pour l'histoire monumentale de l'Italie; la plupart des grandes cités de ce pays ont été, du reste, l'objet de travaux spéciaux. Tout le monde connaît d'ailleurs la *Vie des peintres* du vieux Vasari, l'*Histoire de la peinture* de Lanzy, et l'*Histoire de la sculpture* de Cicognara, qui a voulu continuer l'œuvre de Séroux-d'Agincourt, mais qui cependant parle aussi des arts de la fin du moyen âge.

Si nous continuons à jeter un coup d'œil sur les ouvrages publiés en France, nous nous arrêterons d'abord aux *Monuments francais classés chronologiquement*, de M. le comte Alexandre Delaborde. C'est là un livre magnifique, exécuté avec un grand luxe de planches gravées; le texte de M. Delaborde, écrit avec soin, n'est pas cependant à la hauteur des connaissances que nous possédons actuellement sur les antiquités du moyen âge. Quant aux descriptions, elles sont vraies le plus souvent, ce qui est fort important.

Une belle et curieuse publication est celle commencée par M. Willemin, et terminée par M. Pottier, bibliothécaire de la ville de Rouen : tout ce qui se rapporte à la peinture, à la sculpture, aux vitraux, aux armures, aux meubles et ustensiles du moyen âge et de la renaissance, est traité avec beaucoup de précision et de savoir. Quant aux dessins, ils sont de l'exactitude la plus rigoureuse.

Nous devons mentionner aussi le *Cours d'antiquités monumentales* de M. de Caumont. Ce dernier ouvrage, malgré son prix élevé, a servi beaucoup à populariser en France la science archéologique. Cet antiquaire a écrit, pour la Normandie, ce que réclament les autres provinces : une histoire systématique de l'art, dans laquelle la démarcation chronologique est établie d'après des documents authentiques. Mais il ne conviendrait pas d'appliquer la classification de cet antiquaire à tous les monuments du reste de la France; car, ainsi que nous le ferons voir, les transformations qu'a subies le style de nos constructions ne sont pas identiques partout, et n'ont pas eu lieu aux mêmes époques. Du reste, la Normandie est, sans contredit, la province qui a été la mieux explorée, surtout par les Anglais. Les ouvrages de Ducarell, de Wittington, de Cotman et de Pugin, laissent peu de chose à désirer pour la connaissance des antiquités anglo-normandes. Disons enfin que M. de Caumont publie un *Bulletin monumental* qui renferme de précieux documents sur les monuments de la France, documents rédigés par un grand nombre d'antiquaires d'un mérite incontestable.

M. Du Sommerard a commencé la publication d'un ouvrage qui aura une haute importance. *Les Arts au moyen âge* formeront un recueil dans lequel on trouvera les dessins de nos antiquités en tout genre, les plus remarquables et les plus curieuses. Quant au texte, fruit de longues recherches et d'une érudition laborieuse, il fournira d'utiles renseignements pour l'histoire de nos arts.

L'*Archéologie chrétienne* de l'abbé Bourrassé résume assez bien ce que nous savons sur ce sujet: mais l'auteur s'est trop renfermé dans le cadre des généralités; il manque même souvent de précision. On peut dire la même chose des *Études d'architecture* publiées dans le *Magasin pittoresque :* elles sont incomplètes, en ce sens qu'elles généralisent aussi beaucoup trop les caractères qu'a revêtus notre art monumental à ses diverses périodes. Toutefois, c'est là un travail fort estimable, et qui ne peut que contribuer à répandre le goût des recherches archéologiques.

M. Mérimée, en sa qualité d'inspecteur des *monuments historiques*, a exploré presque toutes les parties de la France, et a publié dans plusieurs volumes le résultat de ses investigations. Nous recommandons les ouvrages de M. Mérimée, observateur consciencieux et juge sévère; on y trouvera des descriptions détaillées et rigoureuses d'une foule d'édifices fort importants.

Il existe bien plusieurs autres publications anciennes ou récentes, qu'il est bon de consulter quelquefois, mais auxquelles il ne faut pas ajouter une grande confiance. Les *Voyages en France* de Mieville, de Piganiol de la Force et de Delaborde, sont écrits sans esprit de critique, et les dessins qu'ils renferment manquent tout à fait de caractère. Le *Guide pittoresque du voyageur en France*, édité par Didot, n'a sans doute pas d'autres prétentions que celles d'être une œuvre commerciale. Les écrivains qui en ont rédigé le texte n'ont pas vu les choses dont ils parlent : aussi les erreurs fourmillent-elles dans chacune des pages de leur travail. Nous n'avons pas de plus grands éloges à faire du *Voyage dans l'ancienne France*, de MM. Taylor et Nodier. Quand on aura dit que les planches sont souvent lithographiées avec une rare perfection, et que le texte est rédigé dans le style le plus brillant, on sera obligé de convenir que ces planches ne sont pas exactes au point de vue archéologique, et que le texte ne renferme que des descriptions tronquées et souvent fautives. Quant à la *France historique et monumentale* de M. Abel Hugo, c'est encore un livre fait d'après des renseignements inexacts. Il est clair qu'on ne peut parler des choses avec précision que quand on les a vues, et qu'alors seulement on peut juger les opinions des auteurs. Or, il est certain que M. Abel Hugo n'a pas vu la plupart des monuments qu'il décrit ; de sorte que son livre n'est qu'une compilation pleine de notions hasardées et souvent erronées.

Tels sont les principaux ouvrages qui traitent d'une manière générale de l'histoire de nos anciennes constructions. Nous aurions pu y ajouter le *Dictionnaire des beaux-arts* de Millin ; le *Dictionnaire d'architecture* de Quatremère de Quincy, et les *discours* que le savant Emeric David a placés en tête des volumes du *Musée Napoléon*, publiés par Robillard. Pour ce qui est de l'architecture des trois derniers siècles, on trouve les renseignements les plus détaillés dans les livres de Philibert Delorme, d'Androuet du Cerceau, des Felibien et de Mansard.

Quant aux traités sur les antiquités des diverses parties de la France, nous sommes beaucoup plus riches. Nous n'avions qu'un seul moyen pour arriver à connaître parfaitement l'histoire de notre art, c'était de diviser les études. Il fallait que chaque province fût explorée par des hommes studieux, habitués à voir les monuments sous toutes leurs faces, et bien instruits sur l'histoire de ces monuments et sur les traditions locales, pour pouvoir faire des monographies complètes. Il importe donc de consulter les histoires locales, comme celle de Bourgogne par dom Duplaucher, et celle du Languedoc par dom Vaissette. Nous devons recommander, parmi ces travaux partiels publiés sur les monuments de la France, l'histoire des cathédrales de Paris, de Chartres et d'Amiens, par M. Gilbert, les travaux de M. Renouvier, de Montpellier, sur *Maguelonne et Vignemale ;* les *Églises romanes et romano-byzantines de l'Auvergne*, par M. Mallay; *Classement des monuments* et *Documents historiques de la Gironde*, par F. Leroy ; *Notice archéologique sur le département de l'Oise*, par M. Graves; *Notice sur la cathédrale de Meaux*, par monseigneur Allou; *Notice sur les antiquités d'Autun*, par E. Breton; *Statistique monumentale de Paris*, par Albert Lenoir; *Guide de l'antiquaire dans le département du Cher*, par M. Pierquin de Gembloux; *Recherches historiques sur la ville de Sens*, par T. Tarbé; *Histoire de l'art dans le midi de la France*, par M. Thomassy; l'*Histoire d'Etampes*, par M. de Montrond; la *Statistique monumentale de la Meurthe*, par M. Grille de Beuzelin; *de l'Aube*, par MM. Arnaut; *la Description de la cathédrale de Beauvais*, par M. Woïllez.

Nous pourrions encore signaler une foule d'autres bons ouvrages sur les antiquités de la France. Ce que nous venons de dire suffit pour constater le mouvement archéologique qui s'est opéré dans notre pays. Une foule d'observateurs explorent nos anciens monuments, et les décrivent avec un zèle digne des plus grands éloges. Nous citerons MM. Auguste Leprevost et Bonnin, pour l'Eure; MM. Dusevel et Garnier, pour la Somme; M. Vergniaud-Romagnesi, pour le Loiret; MM. Estancelin et de Trobriant, pour la Bretagne; MM. Daniello, Dumege, Calvet, Chaudruc de Crasannes et Gros, pour le Languedoc; MM. Alphonse Denis, pour la Provence; MM. Durand, Jouhannet et F. Leroy, pour la Gascogne. Enfin, MM. Feuil à Joinville, Girardot à Bourges, de Saulcy à Metz, de Contencin à Lille, de La Saussaye à Blois, Jules Ollivier à Valence, Duvivier à Nevers, J. Bard à Beaune, Bouillet à Clermont-Ferrand, l'abbé Texier à Auriat, l'abbé Tridon à Troyes, M. Massiou à La Rochelle, M. Moreau à Saintes, M. Canel à Pont-Audemer, font des recherches intéressantes sur l'archéologie gallo-romaine et du moyen âge.

On voit qu'il y a presque sur tous les points de la France des savants voués à l'étude de nos antiquités nationales; ils rassemblent des documents historiques qui bientôt nous mettront à même de connaître parfaitement les transformations qui se sont opérées dans notre art monumental. Il y a vingt ans, nous avions à peine quelques courtes notices sur quelques-uns de nos vieux édifices; et voici qu'aujourd'hui les matériaux affluent de toutes parts.

Dans ces dernières années, les études archéologiques ont pris un développement inespéré, et une direction qui ne peut que produire les plus heureux résultats. M. de Salvandy fonda, le 18 décembre 1837, le *Comité des arts et monuments*, près le ministère de l'instruction publique. Il lui donna pour mission, ainsi que le porte l'article 2 de l'arrêté ministériel: « de publier tous les documents inédits relatifs à l'histoire des arts chez les Français, de faire connaître tous les monuments d'art de la France, dans tous les genres; monuments religieux, militaires et civils; de faire dessiner et graver, pour les conserver à l'avenir, les œuvres remarquables d'architecture, de peinture, de sculpture en pierre, en marbre et en bois; de donner des instructions sur la conservation matérielle des ruines, statues, tours, chapelles, cathédrales, qui intéressent la religion, l'art ou l'histoire; de faire des recherches sur l'histoire de la musique à toutes les époques du moyen âge; enfin, de préparer les matériaux pour une histoire complète de l'art en France. » Ce comité, composé d'artistes, d'amateurs et d'archéologues, nomma des correspondants dans les principales villes du royaume chargés de l'instruire de tout ce qui intéresse la description et la conservation des monuments. Pour faire connaître ses travaux, le comité publie un bulletin de ses séances, qui est envoyé à tous les correspondants nationaux et étrangers, et qui est rédigé par M. Didron, secrétaire du comité. Bien plus, pour donner de l'ensemble et de l'unité aux recherches de ses correspondants, le comité a rédigé deux cahiers d'*instructions*, qui arrêtent sur une base unique la nomenclature monumentale, et fixent enfin la langue archéologique, sur laquelle personne ne s'entendait. Ces instructions ne comprennent pas encore toutes les périodes de notre histoire monumentale : espérons que leur publication n'est suspendue que momentanément.

Depuis quelque temps, un autre comité a été établi près le ministère de l'intérieur. Ce second comité a été institué surtout pour veiller à la conservation et à la restauration de nos anciens édifices. Il a nommé pour chaque département, avec le titre d'*inspecteurs des monuments historiques*, un ou deux correspondants qui sont chargés de lui faire connaître les constructions les plus intéressantes du pays, et celles qui ont besoin de réparations. Le comité a aussi pour mission de distribuer les fonds alloués au ministère de l'intérieur pour la conservation des monuments, de contrôler les devis des architectes, de veiller, en un mot, à ce que les restaurations se fassent avec goût et intelligence. Les correspondants lui ont fourni déjà de nombreuses notices et des dessins détaillés sur nos antiquités. Quand ces matériaux seront plus complets, nous espérons que ce comité pourra un jour publier une statistique qui nous fera enfin connaître toutes les richesses monumentales que la France possède, et dont la majeure partie est encore à peu près inconnue.

### De l'enseignement public de l'archéologie.

En voyant tous les travaux dont l'archéologie nationale est l'objet, une chose nous étonne, c'est que son enseignement ne soit pas devenu plus populaire. Il est vrai que déjà les évêques de plusieurs diocèses ont compris toute l'importance de l'histoire de l'architecture religieuse pour la conservation des églises, et ont fondé des cours d'archéologie destinés aux prêtres. Nous ne saurions trop applaudir à ce zèle intelligent. Ainsi, nous voyons des cours professés dans les grands séminaires d'Amiens, par l'abbé Barraud, de Clermont-Ferrand, par M. Mallay, du Mans, par l'abbé Tournesac, de Meaux, par l'abbé Vallet, de Lyon, par l'abbé Roux, de Tours, par l'abbé Bourrassé; d'autres cours de ce genre sont professés à Nevers, à Grenoble, à Saint-Flour, à Beauvais, et dans les petits séminaires d'Auch, par l'abbé Caneto, et de Troyes, par l'abbé Tridon. C'est là un grand progrès, mais ce n'est pas assez.

Nous avons peine à comprendre comment il arrive que l'archéologie nationale ne soit pas professée à Paris. Déjà, il est vrai, MM. Didron et Lassus avaient ouvert, le premier, un cours sur l'iconographie chrétienne, le second, sur l'architecture du moyen âge, dans une des salles de la Bibliothèque royale. Nous les avons vus avec regret ne pas continuer cet enseignement d'un si grand intérêt. Il nous semble que l'histoire de l'art devrait marcher de front avec les hautes études littéraires. Nous déclarons qu'il est impossible de bien comprendre les auteurs anciens, les poëtes comme les historiens, si l'on n'a pas quelques notions élémentaires d'archéologie (1).

N'est-ce pas d'ailleurs une chose étrange que ceci? On nous fait bien connaître les diverses périodes que les belles-lettres ont traversées depuis Homère et Eschyle jusqu'à Milton et Schiller; on ne manque pas de nous enseigner les qualités qui distinguent les historiens depuis Hérodote et Xénophon, César et Tacite, jusqu'à Bossuet et Gibbon; on nous décrit bien les phases que les sciences naturelles

(1) M. Raoul Rochette fait bien un cours d'archéologie à la Bibliothèque royale; mais son cadre est fort restreint. Nous ne lui avons jamais entendu parler que des antiquités babyloniennes, judaïques et persépolitaines. C'est là une matière intéressante, sans doute; mais si le professeur voulait bien se donner la peine de varier les sujets de son cours, il ne pourrait, ce nous semble, qu'accroître sa réputation.

ont parcourues depuis Aristote et Pline jusqu'à Buffon et Cuvier; mais aucun professeur n'a de chaire d'où il puisse nous enseigner l'histoire systématique des beaux-arts; nous faire voir, par exemple, comment, de la cabane rustique, on est arrivé à créer les ordres de l'architecture antique, puis les merveilleuses cathédrales du moyen âge. Personne ne nous montre quel chemin il faut suivre pour aller des grottes d'Elora au Parthénon, et arriver à Saint-Pierre de Rome, en passant par Sainte-Sophie de Constantinople et Notre-Dame d'Amiens. On ne nous dit pas par quelles transformations successives la simple pierre cubique des Arcadiens est devenue l'Apollon du Belvédère. On nous laisse ignorer quel lien de parenté unit Dédale, Phidias et Michel-Ange, Xeuxis, Apelles et Raphaël. Voilà cependant un thème fécond, le sujet d'un bel enseignement. Nous croyons avoir fait sentir assez l'importance de l'archéologie pour qu'il soit superflu d'insister plus longtemps sur la nécessité de répandre et de populariser cette science. Il y a au collége de France et à la Sorbonne des professeurs dont les cours sont sans contredit d'un bien moindre intérêt et d'une utilité moins immédiate que ne le serait le cours que nous réclamons au nom de la science et des amis des arts. Espérons que cette lacune sera bientôt remplie, et que cette branche si importante de nos connaissances acquerra dans notre pays un aussi beau développement que l'histoire politique et littéraire. Un jour, peut-être, on pourra nous faire connaître les monuments de la France sous toutes leurs faces, en les décrivant avec soin, et en disant les événements qu'ils rappellent. La narration historique doit venir sans cesse au secours de la description scientifique dans toute monographie. Qu'on nous montre, en effet, une statue, nous louons d'abord la noblesse des lignes, nous cherchons une pensée sur son large front, nous rêvons vaguement; mais qu'on nous apprenne que ce portrait est celui d'un homme de génie dont nous connaissons les œuvres, oh! alors notre imagination s'exalte. Que ce soit un capitaine illustre ou un poëte à l'âme de feu, son visage grandit, ses yeux s'animent pour nous, et le travail de l'artiste disparaît un moment devant les souvenirs qui se pressent dans notre mémoire; nous conversons avec le grand homme, nous pensons, nous admirons, et nous oublions le néant de la tombe et la froide immobilité du marbre. Il en est ainsi pour les monuments. Quand nous avons vu un château crénelé, déroulant sa robe sombre de murailles sur les rochers, au-dessus des précipices, découpant sa noire silhouette sur un ciel d'orage, nous sommes vivement impressionnés; mais quand, avec le secours de la science, nous pouvons réparer cette ruine; mais quand l'histoire nous retrace les hommes d'armes, vivantes murailles de fer, attaquant l'aire du seigneur qui désole les alentours, et se brisant contre les angles des rocs superposés, jusqu'à ce que la bannière du vainqueur flotte sur le beffroi ; quand, en visitant les antiques appartements, quelque légende nous rappelle les amours de la châtelaine recluse, et la colère de son époux guerrier, et les vengeances qui se sont tramées, et le sang que sa colère a versé ; quand la tradition amuse nos loisirs en nous racontant les apparitions des âmes en peine qui viennent errer au milieu des décombres : alors aussi le vieux château recouvre pour nous sa splendeur d'autrefois ; alors il perd son manteau de lierre, alors les tours géantes se dressent dans les airs, alors les pierres tombées reprennent leurs places ; le temps suspend ses efforts, et une vie nouvelle est rendue à ces pauvres ruines qui s'en allaient dans l'oubli. Voilà, ce nous semble, sous quel double point de vue on doit envisager et faire connaître nos monuments.

En attendant que quelque savant élève à l'archéologie de notre pays le vaste édifice qu'elle comporte, il nous a semblé qu'un volume qui renfermerait les notions les plus précises et les plus élémentaires sur l'histoire de nos beaux-arts, notions éparses d'ailleurs dans un très-grand nombre d'ouvrages, il nous a semblé, disons-nous, qu'un tel volume serait accueilli du public avec quelque faveur. Voilà pourquoi nous nous sommes hasardé à publier ce petit livre, fruit de longues et studieuses recherches.

Nous avons pensé que les descriptions, même les plus exactes des diverses genres de monuments, ne pouvaient pas en donner toujours une idée bien nette : c'est pourquoi nous avons intercalé dans notre texte un grand nombre de dessins qui représentent les principales antiquités dont nous traitons. Ces dessins ont été exécutés par M. de Sansonetti, qui a déjà attaché son nom à plusieurs ouvrages importants.

Un manuel comme celui-ci n'a pas été encore fait ; on nous excusera d'avoir osé l'entreprendre en considération de nos bonnes intentions. Nous serions trop heureux s'il pouvait fournir d'utiles renseignements aux jeunes gens qui veulent étudier l'archéologie, et s'il pouvait leur tenir lieu de toutes les autres grandes publications qui leur seraient nécessaires, mais qui, en raison de leur prix élevé, sont inabordables à nos modestes fortunes bourgeoises.

# HISTOIRE

DE

# L'ART MONUMENTAL

## CHEZ LES ANCIENS.

### ORIGINE DE L'ARCHITECTURE.

Les travaux des sociétés naissantes appartiennent plutôt à l'industrie, inspirée par les besoins de la vie matérielle, qu'à l'art, qui est toujours l'expression d'une civilisation avancée. L'industrie est fille de l'instinct et de l'intelligence; l'art procède tout à la fois de l'imagination, de l'étude et du génie. Aussi les peuples primitifs, en se creusant des abris dans les rochers, en se bâtissant des huttes de chaume et de branches, obéissaient-ils à la même loi qui enseigne au lion à chercher un refuge dans la profondeur des cavernes, au passereau à suspendre son nid aux arbres des forêts.

Avant d'élever des temples à leurs divinités, de bâtir des palais pour leurs rois, les premières sociétés humaines songèrent surtout à se mettre à l'abri des intempéries des saisons, à se fabriquer des instruments pour se procurer la nourriture, et à se faire des armes pour se défendre contre toutes les attaques. Une chose à noter, c'est que dans tous ces ustensiles on trouvait déjà une imitation des productions de la nature; l'instinct de la décoration se révèle dans tous ces ouvrages d'une forme grossière. C'est que le sentiment de l'art existe en germe dans tous les esprits, et qu'il se développe avec l'expérience de la vie. L'histoire de toutes les nations nous le montre grandissant de plus en plus, et acquérant une grandeur et une perfection qui semblent devoir être sans bornes.

C'est un spectacle curieux de suivre les développements successifs qu'a pris l'art de construire dans les temps les plus reculés. On fait remarquer avec raison que les plus anciens peuples étaient ou pasteurs, ou agriculteurs, ou chasseurs. Les premiers menaient une existence nomade et conduisaient leurs troupeaux dans les vallées les plus fertiles. Ils durent donc se faire des demeures mobiles qu'ils pouvaient emporter dans leurs pérégrinations. Ils inventèrent la *tente*. Les familles d'agriculteurs durent habiter les plaines, sur les bords des fleuves; elles se sont sans doute construit des cabanes. Quant aux chasseurs, jetés dans les pays de forêts et de montagnes, ou, comme les ichthyophages, postés sur les bords de la mer, il est probable qu'ils se choisirent une habitation dans les cavernes, et se creusèrent des grottes dans les flancs des montagnes. Leurs demeures à tous, comme on voit, ont été analogues aux divers genres de vie qu'ils ont menée.

Cette variété d'habitations a donné elle-même naissance à divers systèmes de constructions. Les monuments chinois et japonais rappellent tout à fait la tente; les temples de l'Inde et de l'Égypte ont les plus grands rapports avec les habitations des peuples troglodytes; enfin la cabane porte en germe toute l'architecture grecque. Ainsi, les arbres plantés en terre ont été l'origine des colonnes isolées qui soutiennent les portiques (1). La poutre transversale qui s'appuie sur les poutres perpendiculaires correspond à l'architrave, et la frise est figurée par les solives du plancher, qui reposent sur l'architrave. Les solives inclinées du comble composèrent la corniche

(1) Pour tous les mots d'art qui sont employés dans cette première partie de notre travail, voyez le Dictionnaire technologique placé à la fin de ce livre.

et ses modillons ; tandis que le toit donne la forme du fronton. On peut donc dire que l'on retrouve dans le squelette de la cabane les principaux membres des ordres grecs.

Toutes ces constructions primitives renferment les éléments de ces temples et de ces palais qui excitent encore aujourd'hui notre admiration ; c'est là l'architecture rudimentaire réduite à sa plus grossière, mais aussi à sa plus simple expression.

On comprend que ces quelques idées que nous venons d'exposer sur l'origine de l'art monumental sont toutes spéculatives, et que nous n'avons à nous occuper ici ni des tentes ni des cabanes des peuples primitifs. Nous allons donc passer en revue les constructions des plus célèbres peuples de l'antiquité, et essayer de les faire connaître avec leur caractère propre et leur physionomie originale.

## DE L'ART MONUMENTAL CHEZ LES INDIENS.

Il n'est pas de contrée dans le monde qui se présente à notre imagination entourée de plus de prestiges que l'Indoustan. Ce qui nous émerveille surtout, nous qui aimons à sonder les secrets de l'antiquité, c'est de trouver, sur une vaste étendue de la surface du globe, une nation qui a conservé pendant plusieurs milliers d'années les dogmes de sa religion, et maintenu sur une base solide ses institutions politiques ; qui se révèle à nous avec ses mœurs, ses croyances, ses préjugés d'autrefois, et nous offre des monuments vieux comme le monde. L'Inde a toujours été regardée comme un des pays où les premiers hommes se sont réunis en société. Nulle part, d'ailleurs, la terre ne pouvait les engager à fixer leur demeure dans un séjour plus riche et plus délicieux. Dans ces régions, les plus élevées du globe, où peut-être la colombe, après le déluge, vint cueillir le rameau d'olivier, il y a, en effet, les plus riantes vallées, les plus fertiles coteaux, la végétation la plus luxuriante, et les productions du sol les plus variées et les plus utiles. Si l'Inde fut le berceau du genre humain, comme certains écrivains le prétendent, elle offre aussi une des civilisations les plus anciennes que l'histoire ait consignées dans ses annales. Dès les temps les plus reculés, elle envoyait déjà aux autres peuples du monde ses pierres précieuses, ses bois rares, ses suaves parfums, et ses étoffes, qui nous semblent tissées par la main des fées. Plus d'un sage de l'antiquité païenne est allé puiser auprès des brahmanes l'enseignement d'une haute morale, et emprunter à leur Panthéon les dieux et les symboles des puissances célestes qui, selon eux, gouvernent l'univers. Demandez aux mythologues, et ils vous diront avec quelles divinités l'Égypte, la Perse, l'Étrurie et l'Attique, ont peuplé leur Olympe. Lisez Diodore et Strabon, et les voyageurs modernes, depuis Marco-Polo, jusqu'à Solvyns, et vous jugerez que les Indous ont échappé toujours aux révolutions qui ont transformé successivement les idées religieuses et l'organisation sociale des peuples. N'est-ce pas un spectacle étrange et plein d'intérêt pour nous, qui voyons, pour ainsi dire, à chaque siècle les peuples de l'Occident, en proie à des bouleversements qui modifient de toute façon leur existence, rompre si souvent la chaîne de la tradition, de trouver une société d'hommes organisée comme elle l'était déjà du temps de Moïse? La fixité qu'on observe dans le système religieux et politique de l'Inde se retrouve dans le caractère des monuments de ce pays; de sorte que les archéologues se sont épuisés en vains efforts pour établir leur âge relatif d'une manière incontestable. C'est là qu'est le débat entre les savants. Les uns veulent faire remonter les constructions souterraines d'Elora et d'Éléphanta aux époques les plus reculées de l'histoire, les autres, avec Manners, prétendent qu'elles ne datent que des premiers siècles de l'ère chrétienne. Nous ne nous hasarderons pas dans le dédale de ces discussions; nous nous contenterons de constater cette diversité d'opinions.

Cependant on se tromperait fort, si l'on pensait que les Indous ont échappé à toute influence dans la construction de leurs gigantesques édifices. Il paraît certain, au contraire, que les Abyssins, qui ont fourni tant d'éléments à la société égyptienne, ont eu des rapports avec l'Inde, et que les Grecs eux-mêmes auraient aussi enseigné aux peuples des bords du Gange quelques-uns de leurs principes architectoniques. En examinant les plus vieux temples de la religion de Brahma, on reconnaît, en effet, des traces du goût hellénique. Pourtant, il est vrai de dire qu'on ne peut découvrir ces rapports que dans quelques détails de sculpture, car l'ensemble des monuments a un cachet spécial qu'on ne retrouve dans aucune autre contrée.

Les formes pyramidales dominent dans les édifices de l'Indoustan, ainsi qu'on l'observe dans les pagodes et les portes des temples. Tous les murs extérieurs et intérieurs sont couverts d'un nombre incalculable de bas-reliefs représentant divers sujets tirés du brahmanisme, des produits de la nature végétale, des lions, des paons, des singes, des éléphants, des bœufs (1), les dieux eux-mêmes, les jambes repliées sous eux; et enfin une foule de moulures incohérentes. On peut dire que les formes générales disparaissent sous la profusion des ornements. A l'intérieur, les colonnes sont très-multipliées et fort courtes. Les plafonds se composent d'énormes pierres posées à plat.

On trouve dans l'Inde plusieurs systèmes de constructions: les unes sont pratiquées dans les montagnes, et offrent de véritables souterrains, ou bien les montagnes sont taillées à ciel ouvert, comme on en a des exemples aux *sept pagodes de Mavalipouram*. D'autres édifices sont bâtis avec des matériaux rapportés et reliés entre eux.

(1) Le bœuf est un des animaux les plus vénérés de l'Indoustan : il y en a un de porphyre près de la pagode de Tanjaour, qui ne pèse pas moins de douze mille livres. Les Indous ne doutent pas qu'il ne se lève toutes les nuits et ne fasse plusieurs fois le tour de la pagode. Tous les ans on rend des honneurs divins aux bœufs : on les orne de guirlandes, de banderoles; on s'agenouille devant eux, et on leur demande pardon pour les coups qu'on leur a donnés. Les Indiens regardent enfin comme un sacrilége de manger la chair du bœuf.

### Temples souterrains.

Les temples les plus célèbres, taillés dans les rochers, se voient dans les environs de Bombay et dans l'île de Ceylan. Les dévots indous fuyaient les hommes et sanctifiaient leur vie dans la solitude : aussi est-ce loin des villes que se voient ces excavations monumentales. Les plus curieuses sont peut-être celles d'Elora. On ne peut voir sans étonnement toute une montagne de porphyre métamorphosée en demeures mystérieuses, dans l'espace de près de deux lieues. On s'est assuré qu'elle a dû être creusée avec le marteau et le ciseau ; et à la vue de ce travail si prodigieux, on serait tenté de l'attribuer à plusieurs générations d'hommes. Les parties saillantes du rocher ont reçu des formes architecturales, et toutes les surfaces ont été couvertes de bas-reliefs et de figures en ronde-bosse, prises sur pièce. C'est ensuite un dédale de temples, de corridors, de chapelles ; dédale qui a deux étages. Nous n'entreprendrons pas la description de tous ces monuments ; nous indiquerons seulement, comme offrant les salles les plus curieuses : 1° le temple de Djagannathâ, qui a environ 13 pieds de haut ; 2° le temple de Paraçoua-Brahma, qui a 8 pieds de haut ; 3° le temple d'Indra, qui a 9 pieds de haut. Le jour n'arrive dans ces édifices qu'à travers les portes. Cependant à Mavalipouram, les pagodes sont ornées de voûtes de diverses formes, qui laissent pénétrer la lumière.

Pour donner une idée du génie artistique qui a présidé à la conception de ces temples souterrains, nous réunissons ici quatre piliers ou colonnes, empruntées aux grottes les plus curieuses que nous venons de citer.

On pourra les comparer avec les colonnes gréco-romaines et apprécier les différences et les rapports qu'il y a entre l'architecture traditionnelle des Indous et celle des Hellènes.

Sous le n° 1 on voit un pilier du temple de Djagannathâ ; il est taillé dans une montagne de granit rouge. La face exté-

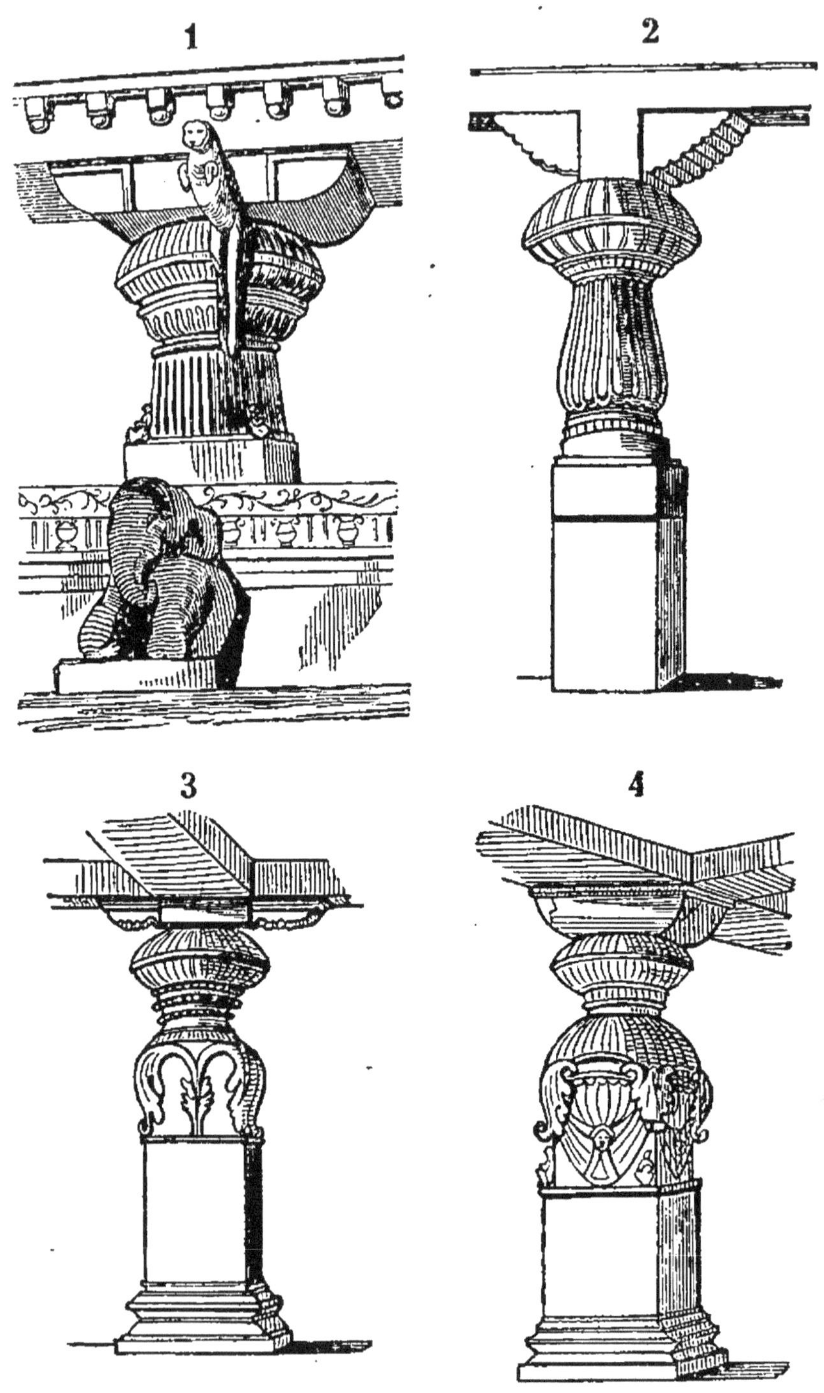


rieure du monument est fermée par un mur dont la partie supérieure est ornée de moulures. Aux angles de la base sont sculptées des figures assises, représentant des divinités. Le fût est orné de cannelures ainsi que le chapiteau, qui affecte la forme sphéroïdale. On remarquera que cette forme se reproduit dans les autres piliers. Au devant de la colonne il y a un éléphant accroupi.

Le n° 2 est un pilier tiré du grand temple d'Elephanta; il a 18 pieds de hauteur. Nous n'avons pas besoin de faire observer la grande analogie qui existe entre les n$^{os}$ 3 et 4. Leurs fûts sont décorés de feuillages de fort bon goût. Le premier de ces piliers appartient au grand temple d'Indra, et, pour être exact, devrait présenter des cannelures sur son piédestal. Le second est emprunté au temple de Paraçoua-Rama-Sabhâ. On voit des sculptures analogues dans les monuments de Dherwara, de Râmihouer et de Kéneri.

Ainsi que nous l'avons dit, nous ne prétendons pas que ces monuments remontent à une très-haute antiquité; mais il est évident, d'après l'inspection de leurs styles, de leurs formes générales, qu'ils appartiennent à un art national, et qu'ils ont été construits sous l'inspiration d'un système architectonique fort ancien.

### Pagodes pyramidales.

Les monuments les plus considérables de l'Inde, composés de matériaux rapportés, sont les forteresses. Nous ferons observer que là, comme dans la Médie, la Perse et l'Égypte, elles renfermaient tout à la fois l'habitation des rois et le temple des dieux. Le palais de Madoureh a un mille de circuit, et contient dans son enceinte des bois, des étangs, des jardins, des galeries, des salles, des maisons et une magnifique pagode, celle-ci nous présente une pyramide à quatre étages, dont la partie inférieure est construite en pierres de taille, et la partie supérieure en briques vernissées. Quant à son style, il offre un mélange d'architecture égyptienne, grecque, mauresque et chinoise. On y voit des piliers très-curieux, contre lesquels s'appuient les monstres les plus bizarres. Le *tchoultry* ou hospice est d'un aspect très-imposant, et rappelle tout à fait les grottes taillées dans les rochers. La pagode de Tanjaour est aussi renfermée dans une forteresse; elle a deux cents pieds de haut, et est décorée de douze étages de fenêtres simulées. Nous en donnons ici la représentation comme un des plus beaux spécimens de l'architecture indienne. Nous indiquerons encore, parmi les monuments les plus curieux de l'Indoustan, ceux du Tritchinapaly, de Burramahl et de Maïssour. La porte de la pagode de Chalembron, pyramide à

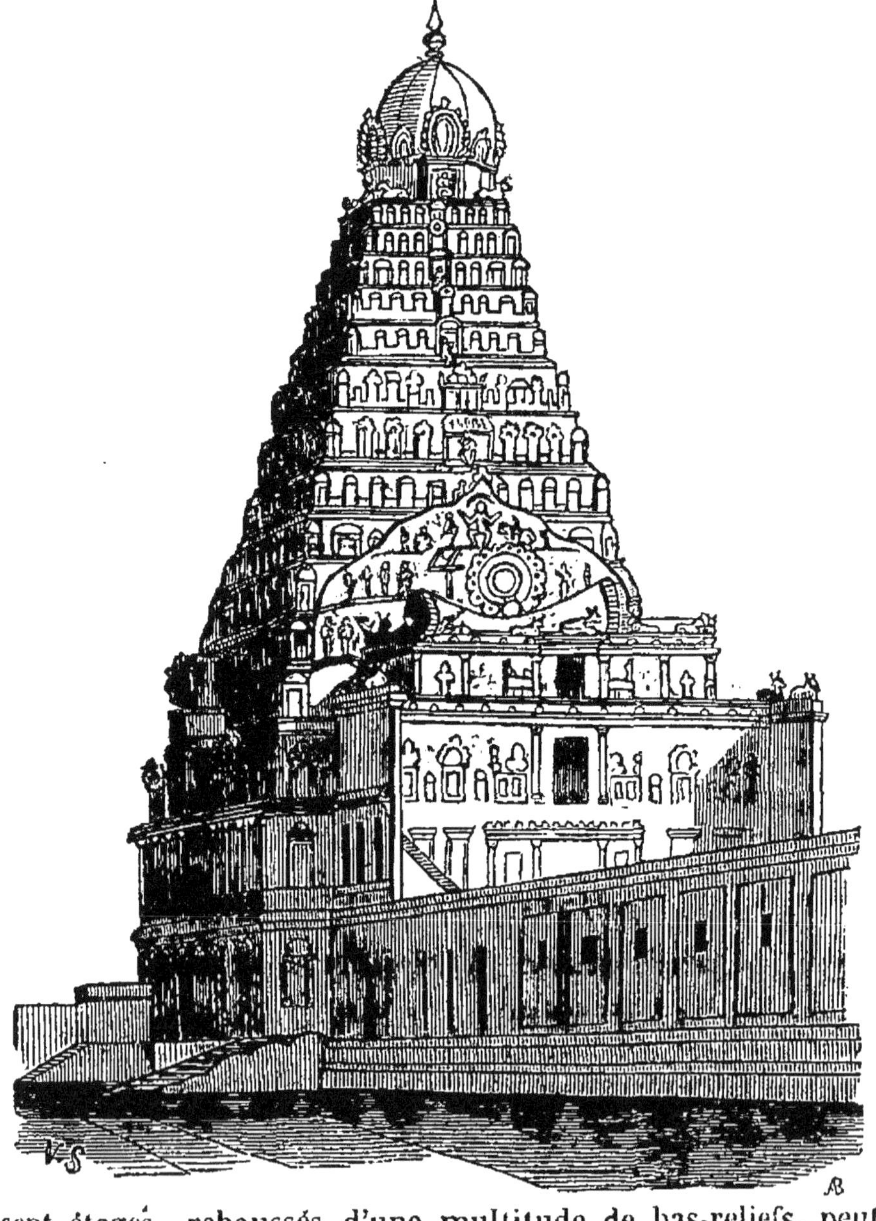

sept étages, rehaussés d'une multitude de bas-reliefs, peut

être aussi regardée comme un des types les plus purs de l'architecture religieuse dans l'Inde.

Pour ce qui est du plan des pagodes, nous choisissons comme étant le plus complet, celui de la pagode de Syringam : celle-ci se compose de sept enceintes en briques ; chacune d'elle renferme, soit des bassins pour les ablutions, soit des hôtelleries pour les pèlerins, soit de petits temples accessoires, soit des bois de tamarins. La première enceinte offre sur chacune de ses faces une énorme porte pyramidale, qu'on ne peut comparer qu'aux pylônes égyptiens. L'enceinte principale, renfermant la demeure du dieu, s'appelle le Paradis. Le temple proprement dit présente trois parties : une nef, un sanctuaire, et, au milieu de celui-ci, une cellule destinée à l'idole du dieu. A Syringam, Wichenou est représenté couché et endormi. Le sanctuaire est d'ordinaire entouré de quatre ou cinq rangs de colonnes en pierres, taillées avec soin ; enfin, un immense pavillon flotte au-dessus de l'édifice. Nous terminerons en disant que les murs extérieurs et intérieurs des pagodes sont souvent rehaussés de peintures.

Il est probable que les plus anciens temples de l'Inde ont été détruits, car tous ceux dont nous venons de parler ne remontent pas à une haute antiquité ; plusieurs même sont des deux derniers siècles. Les musulmans, dans leurs invasions, auront démoli les vieilles pagodes, pour élever à la place des mosquées. Celles-ci sont très-nombreuses et très-magnifiques ; elles se composent, comme les mosquées d'Égypte et de Turquie, de minarets et de coupoles surmontés du croissant. C'est dire qu'elles appartiennent à l'art moderne.

## DE L'ART CHEZ LES PHÉNICIENS.

Les Phéniciens, suivant la tradition antique, vinrent des chaînes du Caucase indien, sous la conduite de leur roi Phénix. On les appela tour à tour Sidoniens et Cananéens. Resserrés entre la Méditerranée et une chaîne de montagnes, ils ne pouvaient guère se livrer à l'agriculture ; aussi furent-ils surtout un peuple industriel et commerçant. Excellents navigateurs, ils parcoururent les mers, et fondèrent des colonies en Grèce, en Colchide, en Espagne, en Étrurie, enfin en Asie, en Afrique, et par toute l'Europe. Ils transportaient dans tout l'ancien monde les beaux produits de leurs riches manufactures, les étoffes de soie et d'or, les mosaïques, les statues, et mille objets en verre, en or et en ivoire. Un passage de l'*Iliade* nous fait connaître quels habiles ouvriers la Phénicie renfermait; à l'occasion des jeux funèbres qui furent célébrés en l'honneur des mânes de Patrocle, Homère dit: «Le premier prix était un vase d'argent admirablement bien travaillé, il tenait six mesures, et était d'une beauté si parfaite, qu'il n'y en avait point sur la terre qui pût l'égaler. C'était un ouvrage des Sidoniens, les plus habiles ouvriers du monde dans l'art de graver et de ciseler; il avait été apporté sur les vaisseaux phéniciens qui, étant abordés à Lemnos, en avaient fait don au roi Thoas... Achille voulut honorer d'un si beau présent les jeux funèbres de son ami...»(1) Tyr et Sidon ont joui d'une grande célébrité dans l'antiquité pour les merveilleuses productions de leur industrie.

Dans l'architecture, les Phéniciens visaient surtout au luxe de l'ornementation; les bois précieux, le verre et l'or, étaient surtout employés comme décoration dans les édifices. Leurs temples étaient de petites dimensions, comme celui d'Astarté dans l'île de Paphos. En avant de l'édifice se voyaient deux colonnes ou obélisques, unies par une chaîne. Nous retrouverons ces deux colonnes symboliques en avant du temple de Jérusalem. Il paraît que, souvent, leurs temples étaient doubles, c'est-à-dire placés deux à deux; on a voulu voir dans cette disposition, comme dans les deux colonnes dont nous avons parlé, le symbole du dualisme religieux qui caractérise les croyances de l'Asie, expression matérielle du principe actif et du principe passif de l'univers, représentant le sexe masculin et le sexe féminin.

Leurs statues étaient en bois et recouvertes de feuilles métalliques battues au marteau, comme toutes les statues co-

(1) *Iliade*, liv. XVIII, v. 74 et suiv.

lossales de Babylone et de Jérusalem dont parlent la Bible et les auteurs profanes, et que nous indiquerons dans les chapitres suivants. Quant au verre, il servait à décorer les murailles et les toits.

Il n'existe plus de monuments phéniciens, sauf quelques débris informes; nous n'avons que quelques pierres gravées, des fragments d'inscriptions à peu près indéchiffrables, et des monnaies postérieures au développement de la civilisation grecque. Nous n'avons pu, par conséquent, émettre que quelques idées générales sur l'art phénicien, art que la description du temple de Salomon nous fera seule assez bien connaître.

## DE L'ART DES ASSYRIENS, DES MÈDES ET DES PERSES.

L'art monumental a brillé d'un grand éclat à Babylone, alors que cette ville, qui renfermait presque toute une nation, étonnait le monde par sa grandeur, sa puissance et sa richesse. Les Babyloniens, confinés sur un sol d'alluvion, exécutèrent de grands travaux pour se garantir des inondations de l'Euphrate. En fait de matériaux, ils se servaient rarement du bois et de la pierre, qu'ils étaient obligés d'aller chercher en Arménie, mais surtout de briques faites avec une argile très-fine, séchées au soleil ou cuites au four quand on les employait extérieurement. On les disposait par assises alternativement avec des couches de roseau, et l'on reliait le tout au moyen d'un ciment composé d'asphalte et de plâtre : la plupart des maisons étaient construites de cette façon. Par malheur, cette ville, comme l'avait prédit le prophète, n'offre plus qu'un monceau de décombres informes au milieu desquels les voyageurs ont eu de la peine à retrouver les vestiges des antiques constructions des Nabathéens et des Chaldéens. Nous suivrons M. Raoul Rochette dans l'exposé qu'il a fait à son cours, en 1837, des découvertes des voyageurs modernes, comparées aux textes des écrivains de l'antiquité. Nous allons d'abord donner une idée de l'état des ruines babyloniennes, et nous essayerons de les restaurer dans notre esprit, d'après des renseignements historiques auxquels nous devons ajouter une foi entière.

Babylone est située à sept lieues de Bagdad, dans une plaine désolée qu'arrosent le Tigre et l'Euphrate. Cette plaine présente un sol aride et brûlé, un désert sans végétation, où le voyageur est exposé aux attaques des nombreuses hordes d'Arabes, qui ne vivent que de rapines et de brigandages.

De Bagdad à Babylone, on rencontre çà et là d'immenses amas de briques séchées au soleil; ce sont sans doute les restes des vieilles cités bâties par Nemrod; ils attestent le théâtre de la première révolution politique que subit la société humaine à son berceau. D'autres monceaux de briques, sur les rives de l'Euphrate, indiquent encore l'emplacement de Borsippa, une ville chaldéenne, célèbre par ses écoles et son industrie. On sait que c'est dans cette cité qu'Alexandre se retira avant d'entrer dans Babylone.

Ce n'est qu'à l'effroyable confusion et à l'incroyable quantité de ruines amoncelées que l'on reconnaît Babylone. Des chaînes de collines, séparées par des ravins étroits, indiquent les rues, de même que des masses énormes de décombres annoncent de vastes édifices. On sait que la ville se divisait en deux parties : l'une, plus ancienne, située à l'ouest de l'Euphrate, bâtie par les premiers habitants, les Nabathéens; l'autre, moins ancienne, bâtie par les Chaldéens depuis l'année 627 avant Jésus-Christ, et surtout par Nabuchodonosor.

Babylone était donc partagée par l'Euphrate. Elle était entourée d'une ceinture de murailles qui n'avait pas moins de dix-huit lieues de pays; ces murs avaient quatre-vingt-dix pieds d'épaisseur et trois cent cinquante pieds de hauteur. Elles étaient surmontées de tours, disposées deux à deux l'une en face de l'autre, et séparées par un espace libre, assez grand pour qu'un char attelé de quatre chevaux pût facilement passer entre elles. Ces murs étaient entourés d'un large et profond fossé, et munis de quatre-vingt-six portes d'airain massif.

Sur la rive droite de l'Euphrate, à un mille environ du fleuve, on voit une espèce de montagne pyramidale que les

Juifs regardaient comme le tombeau de Nabuchodonosor; c'est un amoncellement de briques, de forme carrée, et de deux mille pieds de long. Une particularité remarquable, c'est qu'une grande quantité de ces briques sont réunies en masse, et comme vitrifiées; on ne peut attribuer cet état de choses qu'à l'action d'un violent incendie; et l'on ne peut douter que ce soient les restes de cette fameuse *tour de Babel* dont parlent les livres saints.

La hauteur de cette tour varie de cinquante à soixante pieds à l'Orient, et de cent cinquante à deux cents pieds à l'Occident. Les briques, cuites au four, sont revêtues de caractères cunéiformes. Ce monument s'appelle dans le pays le *Birs-Nemrod.* Du reste, cette tour était réellement située dans l'intérieur de la ville, si l'on ajoute une foi entière aux récits de Strabon et de Diodore.

Parmi les décombres dont l'emplacement de Babylone est couvert, il faut remarquer d'abord une construction gigantesque se dirigeant du nord au sud, sur une longueur de plus d'un mille anglais; c'est le reste de cette levée de l'Euphrate qui excita si vivement l'admiration de plusieurs écrivains de l'antiquité. Dans cette levée, il existe une large tranchée qui indique, à n'en pas douter, l'emplacement d'un pont dont les piliers étaient bâtis en pierres de taille unies entre elles au moyen de crampons de fer soudés avec du plomb. Sur ces piliers se trouvaient placées des poutres en bois de palmier, de cèdre et de cyprès, qui pouvaient être très-vite retirées. Si l'on faisait des déblais dans le voisinage, on trouverait peut-être une autre entrée aboutissant à un passage souterrain, à un véritable tunnel, pratiqué sous le fleuve, au dire de Diodore, pour mettre en communication deux palais situés, l'un sur la rive droite, l'autre sur la rive gauche de l'Euphrate. Il est vrai d'ajouter que ni Rich, ni Ker Porter n'ont aperçu la trace de ce passage.

Non loin de là on a observé une autre ruine présentant la forme d'un carré long et ayant plus de 2,100 pieds sur sa plus grande face. Elle se compose de briques cuites et ornées d'inscriptions ; elles étaient cimentées avec une rare perfection. Elle passe, aux yeux des antiquaires, pour être le *temple de Bélus*. Enfin, l'on reconnaît dans d'autres décombres les débris des palais des *rois de Babylone*, et les souterrains dont les voûtes supportaient les fameux *jardins suspendus*, attribués à Sémiramis. A l'extrémité d'un de ces souterrains, végète encore un arbre d'une espèce étrangère au pays, le *tamaris indica*, qui a sans doute fait partie de ces fameux jardins. Cet arbre, très-célèbre dans les traditions du pays, fut préservé de la destruction par la volonté de Dieu, disent les mahométans, pour qu'Ali pût y attacher son cheval.

Examinons maintenant ce qu'ont dû être ces monuments, alors qu'ils existaient dans leur entier. La *Tour de Bélus* a dû être bâtie sur le plan de la tour de Babel, par Nabuchodonosor, le conquérant de Tyr et de Jérusalem. Quand les Perses s'emparèrent de Babylone, elle n'avait rien souffert des injures du temps. Mais Xerxès, à son retour de sa désastreuse campagne en Grèce, dépouilla ce temple de toutes les richesses qu'il renfermait. Ecbatane, ayant partagé avec Babylone le siége de l'empire, et la religion chaldéenne ayant été modifiée, la tour de Bélus fut abandonnée et commença à tomber en ruines. Alexandre le Grand avait résolu de la restaurer. Pour en déblayer les décombres, il n'aurait pas fallu moins de dix mille ouvriers travaillant pendant deux mois. La mort l'empêcha de mettre ce projet à exécution. Pausanias est le dernier écrivain qui parle de cet édifice gigantesque, et déjà, comme il le dit, la grande cité n'était plus qu'un vaste désert.

La tour de Bélus était une pyramide carrée ayant un stade (444 pieds) sur chaque côté. Elle était isolée au milieu d'une enceinte carrée de deux stades de long sur chaque face. Nous ferons observer en passant, que cette disposition est commune à presque tous les monuments religieux de l'Asie.

Cette tour, haute d'un stade, avait huit étages en retraite les uns au-dessus des autres. Des escaliers extérieurs conduisaient d'assise en assise jusqu'au sommet de l'édifice, qui se terminait par une plate-forme surmontée par un temple où l'on voyait un lit et une table d'or. La figure de Baal, également d'or, et couchée sur un lit d'or, était placée dans un caveau. Enfin, un grand nombre d'autres simulacres de même métal et de proportions colossales étaient disposés dans diverses parties du temple. C'était là encore qu'étaient conservées toutes les archives de la nation, toutes les pièces sur lesquelles était basée l'organisation sociale du pays. Cet usage avait passé en Grèce et en Italie, où les temples devinrent le sanctuaire dans lequel l'on renfermait les actes importants de l'État, les tables des lois, les traités de paix, les objets du culte, et même le trésor public.

Sur la plate-forme de la pyramide, en dehors du temple, s'élevaient trois grands simulacres d'or; l'un représentait le Ζεὺς, la divinité suprême, le soleil; puis c'était Ῥεὰ, assise sur un char d'or, ayant à ses côtés deux lions d'or et deux serpents d'argent. On peut la comparer à la déesse Nature, la même qu'on adorait à Éphèse, à Samos, à Hiérapolis. La troisième statue était celle de Ἥρα, qu'on peut assimiler à l'*Hygie* des Grecs; on la regardait aussi comme la personnification femelle du soleil. Enfin, auprès de ces simulacres on voyait des coupes, trois cratères et des vases à brûler les parfums.

Nous dirons en passant que la table joue un rôle important dans la mythologie asiatique, et qu'elle rappelle le *Banquet divin* de la religion grecque et romaine.

Nous devons ajouter que c'est au sommet de cette tour que s'élevait cet observatoire d'où les prêtres chaldéens étudiaient les révolutions célestes. On dit qu'Alexandre envoya à Aristote une copie des observations astronomiques faites par les Chaldéens, et qui comprenaient plus de dix-huit siècles. Elles étaient imprimées sur des briques.

Quant à la décoration intérieure de l'édifice, nous savons par Bérose qu'elle offrait l'image d'une foule d'êtres monstrueux et symboliques, exécutés en bas-reliefs d'argile, coloriés au naturel. Les Chaldéens regardaient ces êtres qui empruntaient les diverses parties de leurs corps à des animaux différents, comme une production du chaos, comme une ébauche informe de la création.

Au bas de la tour de Bélus, dans l'enceinte, on avait élevé des habitations pour soixante-dix prêtres, chargés des soins du culte. Ils profitaient de toutes les offrandes que l'on faisait à leurs divinités. Ils trouvaient ainsi le moyen de se nourrir magnifiquement, et de s'enrichir des plus splendides étoffes et des bijoux les plus précieux. Le peuple déposait sur une table les mets qu'il supposait servir à la nourriture du dieu, mais chaque jour les prêtres s'en emparaient, au moyen d'un passage secret connu d'eux seuls. On peut lire dans le dernier chapitre du livre de Daniel, comment ce prophète découvrit au roi cette supercherie.

Nous n'avons aucun document sur le palais des rois de Babylone; nous savons seulement qu'il avait été construit par Nabuchodonosor I$^{er}$, qu'il avait des proportions gigantesques, et qu'il était décoré avec tout le luxe que pouvait déployer la monarchie la plus puissante de l'Asie. Ce palais subsistait encore au temps d'Alexandre, puisque c'est là que ce prince mourut.

Quant aux *jardins suspendus,* une des merveilles du monde antique, nous en possédons une description détaillée. D'après les ruines que l'on a observées, voici l'idée qu'on peut se faire de ce fameux monument. C'était encore un édifice de forme carrée, ayant 400 pieds de longueur sur chaque face, et composé de terrasses superposées, en retraite, dont l'ensemble avait la forme d'une pyramide tronquée. Les terrasses étaient au nombre de douze : la dernière avait 75 pieds d'élévation. Sous chaque terrasse il y avait une galerie dont le plafond était formé de grandes pierres plates de 16 pieds de long, de 14 à 15 pieds de large, et de 4 pieds d'épaisseur. Sur ce plafond reposaient quatre couches composées diversement. C'étaient d'abord des roseaux cimentés avec de l'asphalte, puis des briques liées avec du plâtre, puis des feuilles de plomb, et enfin de la terre végétale, qui formait un sol artificiel, pour nourrir une grande quantité d'arbres et de plantes rares. Le plafond de ces galeries était soutenu, de distance en distance, par de gros piliers carrés, creux à l'intérieur, et remplis de terre pour recevoir les racines des plus grands arbres.

On parvenait d'étage en étage par des escaliers pratiqués en dehors; sur leur palier, on avait disposé des machines hydrauliques qui étaient mises en mouvement à bras d'hommes, et qui servaient à élever l'eau de l'Euphrate jusque sur les parties les plus élevées de l'édifice.

Les voyageurs modernes ont observé une grande ruine qui, par sa disposition et l'emplacement qu'elle occupe, offre les restes des jardins suspendus. Des tables de granit, des lames de plomb, un des piliers creux, des galeries très-vastes, indiquent suffisamment que ces décombres appartiennent au curieux monument dont nous venons de parler.

Entre Bagdad et Babylone, on trouve encore des ruines considérables que l'on pense être celles de Ctésiphon et de Séleucis, et ne remonter qu'aux temps des Sassanides. On voit une grande façade flanquée sur quatre faces de plusieurs étages de niches, séparées par des colonnes, sans base ni chapiteaux.

Quant à Ninive, il n'en reste à peu près rien. Nieburh en a approché, Rich l'a explorée. Elle est située près de Massoul; c'est à peine si on rencontre çà et là, dans quelques maisons, des plaques de gypse, des pierres taillées, des briques chargées de caractères cunéiformes, des *cylindres* et des fragments de poteries. On remarque encore une ruine énorme de 200 pieds de haut, dont le grand côté a près de 1,800 pieds de long, et qu'on peut regarder avec raison comme le tombeau de Ninus, tombeau qui était, comme chacun sait, un monument gigantesque.

Tels sont les débris des constructions babyloniennes les plus célèbres. Il nous reste à donner une idée générale de l'art babylonien. Des édifices bâtis avec des briques ne pouvaient se prêter qu'à un système architectonique très-rétréci et très-uniforme. Les monuments offraient, en effet, de larges surfaces lisses; peut-être y voyait-on quelques colonnes, mais elles devaient être très-sveltes et très-élancées, et privées de bases et de chapiteaux. Ces colonnes, dans les maisons, étaient souvent faites de troncs de palmiers couverts de stuc de diverses couleurs. Quant aux surfaces lisses des principales constructions, elles se distinguaient par une décoration toute particulière. Leur parement de briques était émaillé ou couvert de bas-reliefs colorés. La face des briques qui portait des inscriptions était dans l'épaisseur des murailles.

Pour ce qui est de la statuaire, nous devons faire observer que les simulacres dont nous avons parlé n'étaient pas d'or. Ils consistaient en une lame de bois sur laquelle on appliquait du métal battu. On les habillait ensuite de vêtements faits d'étoffes précieuses (1). Quant au style de la sculpture, on peut en juger dans les dessins gravés en creux qui ornent les cylindres; ceux-ci étaient des espèces d'amulettes que portaient les Chaldéens. Il en existe un grand nombre dans les musées.

Ecbatane, capitale de la Médie, était bâtie dans une région montagneuse, et était dépourvue de murailles d'enceinte, mais elle était défendue par une citadelle qui, au dire d'Hérodote (2), occupait un emplacement aussi vaste que la ville d'Athènes; c'est-à-dire que son rempart n'avait pas moins de cinquante stades de circuit. Il s'élevait en forme de terrasse, comme les monuments babyloniens, et était environné de murailles crénelées. Sa partie supérieure était occupée par le palais et le temple d'Anahid. Toute sa construction intérieure était en bois de cèdre et de cyprès. Mais nulle part le bois n'apparaissait; tous les caissons et toutes les poutres, au contraire, étaient revêtus de plaques d'or; le toit même était recouvert de tuiles en argent massif. Il avait sept enceintes, dont les couronnements étaient

(1) Les prêtres chaldéens prétendaient que ces statues étaient d'or massif; les écrivains grecs l'ont répété d'après eux; mais les prophètes hébreux nous ont fait savoir la vérité. Voyez Isaïe, ch. 44, et Jérémie, ch. 10, ainsi que le livre de Baruch.

(2) Hérodote, l. I, ch. 98.

peints de diverses couleurs ; ce nombre sept est symbolique : il correspond aux sept nombres de la cosmogonie chaldéenne, auxquels présidaient sept divinités. Ces sept couleurs correspondantes étaient le blanc, le noir, le pourpre, le bleu, le rouge, l'argent et l'or. Telle était la décoration de ces enceintes. L'an 210 de notre ère, on trouva encore à Ecbatane quatre colonnes du péristyle doré du palais et des tuiles d'argent ; on les fondit, et l'on fit des monnaies pour 4 mille talents, qui représentent 22 millions de notre temps.

Quant au palais et au temple des monarques persans à Suse, que les Grecs nommaient *memnonia* (1), nous savons qu'ils étaient bâtis tout à fait dans le goût babylonien. On ne trouve, en effet, à *Schus*, élevé sans doute sur l'emplacement de Suse, que des amas de briques.

Il ne reste plus que de vastes ruines de Persépolis, fondé 800 ans avant Jésus-Christ, par le roi Jemshid. Ce fut Alexandre qui commença la destruction de cette antique cité. Les Arabes, en 998, la saccagèrent, et les Turcs finirent par la détruire entièrement.

Les rois l'avaient décorée d'édifices pompeux. Le monument le plus célèbre est ce qu'on appelle aujourd'hui le *Tschil-Minar,* ou palais des quarante colonnes, qui s'élève sur une immense plate-forme, large de trois cent cinquante pieds du nord au midi, et longue de trois cent quatre-vingt-dix pieds de l'est à l'ouest. Dans tout cet espace, on trouve une énorme quantité de colonnes, de bas-relifs, de blocs de marbre. L'édifice s'appuyait contre un rocher dans lequel ont été creusées plusieurs chambres sépulcrales, qui ont servi de tombeaux aux rois persans. En Égypte, nous verrons aussi les monuments funéraires des rois faire partie des palais (2).

Suivant Diodore de Sicile, le palais de Persépolis était entouré de trois enceintes ; la première avait seize coudées d'élévation, et la dernière soixante coudées. On arrivait dans l'é-

(1) Strabon, l. xv.

(2) Voyez dans Arrien, l. vi, ch. 29, et dans Strabon, l. xv, la description du tombeau de Cyrus.

difice par un escalier gigantesque, qui a deux cent vingt pieds de long. Chaque étage n'a que cinquante marches, dont chacune est haute de quatre pouces, et longue de seize pieds; on a calculé que dix cavaliers de front pouvaient monter cet escalier. Les colonnes qui soutiennent le palais ont cinquante pieds de hauteur; elles sont cannelées, et offrent une inspiration de l'ordre ionique, qui s'était répandu de bonne heure en Asie. Quelques chapiteaux, ont une forme bizarre, comme ceux qui représentent des licornes ou des chevaux, les pattes repliées sous le ventre. On voit encore des salles qui sans doute étaient séparées les unes des autres par des tentures suspendues aux colonnes; des portes colossales, des bas-reliefs, sont taillés dans le roc. Les sculptures qu'on retrouve au Tschil-Minar sont exécutées avec beaucoup de fermeté; elles indiquent un art déjà mûr, et qui a une originalité nationale.

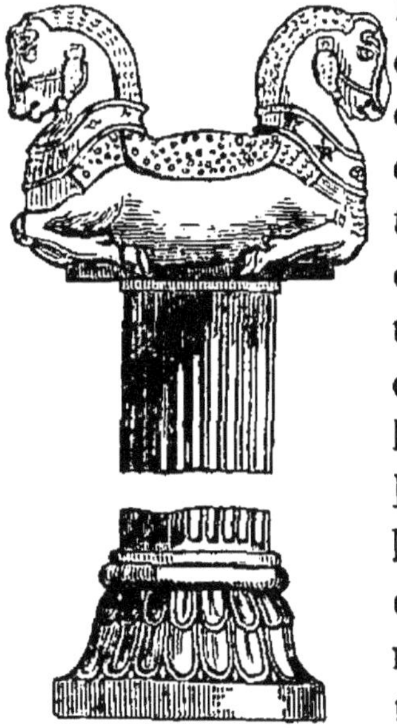

Voici un spécimen de la statuaire persépolitaine. Ce dessin représente un lancier de Cyrus le Grand, ou doryphore, revêtu du costume même qui a été décrit par Xénophon. Il porte la robe mède et la tiare persane; sur ses épaules sont suspendus un arc et un carquois. Il tient une lance des deux mains. Il existe un grand nombre de ces figures, sculptées sur le mur qui soutient les marches du grand escalier dont nous avons parlé.

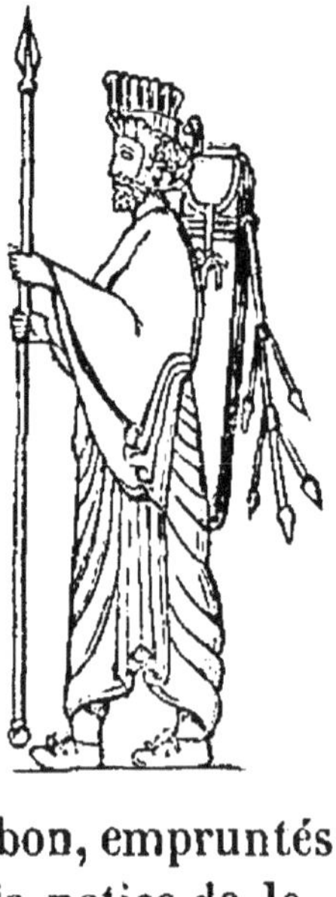

Nous ferons observer, en finissant cet article sur l'art des anciens peuples asiatiques, que la description que Platon fait des monuments de son Atlantide, que les récits de Strabon, empruntés à Arthémidore, de l'armée d'Alexandre, que la notice de Joseph sur le temple de Jerusalem, tel qu'il existait sous Hérode, nous font tous connaître le même système architectonique, et le même genre de décoration. Nous retrouvons partout l'usage des riches tentures, et l'emploi des lames d'or et d'argent pour recouvrir les charpentes intérieures des édifices. Nous n'avons pas besoin de faire remarquer que la forme pyramidale des monuments de l'Assyrie, de la Médie et de la Perse, est particulière aussi aux pagodes et aux palais de l'Inde, forme que nous retrouverons enfin dans les temples de l'Amérique.

## DE L'ART JUIF.

Bien qu'il ne nous reste aucun édifice appartenant à l'antique civilisation du peuple de Dieu, cependant les livres saints nous ont conservé des détails du plus haut intérêt sur plusieurs monuments juifs; en les lisant, on est étonné du développement que les arts avaient pris dans la Terre sainte, et l'on juge que les Hébreux ont eu des ouvriers habiles formés à l'école phénicienne. Il faut analyser avec soin les textes sacrés pour bien connaître ce qui se rapporte à l'art juif.

Le premier travail important exécuté par les Israélites fut l'*arche d'alliance*. Quand Dieu eut ordonné de faire ce monument, « il envoya, dit l'*Exode*, son esprit à Belseel et à Ooliab, pour qu'ils exécutassent le monument suivant sa volonté;» alors tout le peuple voulut concourir à la confection de l'édifice, et chacun offrit ce qu'il avait de plus précieux. Dès que tout fut préparé, Moïse fit faire une enceinte carrée de cent coudées de long (1) et de cinquante de large. Sur la longueur se déployait un péristyle de vingt colonnes de bronze, hautes de cinq coudées, et sur la largeur un péristyle de dix colonnes semblables aux précédentes ; elles étaient ornées de chapiteaux en argent, et de bases en or : cette enceinte était fermée par une tenture du lin le plus fin.

La porte, pratiquée sur un des petits côtés du rectangle,

(1) La coudée équivaut à environ un pied et demi.

était décorée de deux colonnes en bronze revêtues de feuilles d'or et d'argent; elle était fermée par un voile de vingt coudées de long sur cinq de haut; ce voile était peint couleur de pourpre et d'hyacinthe, et parsemé de figures de chérubins. La porte ouvrait sur un vestibule décoré de trois colonnes de bronze de chaque côté; c'est là qu'était disposé un vase, appelé la *mer d'airain*, dans lequel le sacrificateur puisait l'eau pour les ablutions.

Au milieu de cette enceinte on avait placé le *tabernacle;* celui-ci avait trente coudées de long sur vingt de large. Son entrée étaient dirigée vers l'Orient. Ses parois se composaient de planches recouvertes de lames d'or. Il était divisé en deux parties dans le sens de sa longueur : la première partie s'appelait le *saint*; là étaient l'autel des parfums, la table des pains de proposition, et le chandelier d'or à sept branches. La seconde partie, séparée de la précédente par un voile, s'appelait le *saint des saints*, et renfermait l'*arche d'alliance*. Tout le tabernacle était abrité par dix pièces de tapisseries, que des agrafes de bronze doré fixaient à des charpentes.

Ce monument, comme on voit, rappelle, par ses dispositions générales, les tentes dont le peuple dut se servir pendant sa longue pérégrination. Mais le temple de Jérusalem nous offre un édifice bien plus curieux, bien plus imposant. Plusieurs archéologues ont essayé de le restaurer d'après les textes de la Bible, et ont été assez heureux dans leurs investigations pour pouvoir nous donner une idée à peu près exacte de ce célèbre édifice. M. Hirt, en particulier, a fait de ce temple l'objet d'un travail auquel nous renvoyons pour plus de détails (1).

On sait que David s'empara de la ville de Salem, en chassa les Jébuséens, y fit reconstruire une foule d'édifices, y établit le siége de son royaume, et lui donna le nom de *Jérusalem*, qui signifie la *ville sacrée*. Il résolut d'y construire un temple

(1) *Der tempel Salominis;* Berlin, 1803. Voyez aussi un autre ouvrage du même auteur, publié en 1816 et 1817.

digne de la majesté de Dieu ; mais le Seigneur apparut au prophète Nathan, et lui parla en ces termes : «Allez-vous-en trouver mon serviteur David, et dites-lui : Voici ce que dit le Seigneur : Je mettrai sur votre trône, après vous, votre fils qui sortira de vous, et j'affermirai son règne ; ce sera lui qui bâtira une maison à mon nom, et je rendrai le trône de son royaume inébranlable à jamais.» Ce fut, en effet, Salomon qui réalisa la pensée de son père, et qui éleva le célèbre temple de Jérusalem, l'an 3102 depuis la création du monde.

Comme les matériaux et les artistes manquaient en Judée, Salomon écrivit à Hiram, roi de Tyr, qui lui envoya des tailleurs de pierre, des sculpteurs et des fondeurs en métaux. Il faut lire dans la Bible les détails qui se rapportent à l'exécution de ce gigantesque travail.

«Hiram, ayant entendu les paroles de Salomon, en eut une grande joie, et lui donna des bois de cèdre et de sapin autant qu'il en désirait. — Salomon choisit aussi des ouvriers, et ordonna que l'on prendrait pour cet ouvrage 30,000 hommes ; — il les envoyait au Liban, tour à tour 10,000 chaque mois, de sorte qu'ils demeuraient deux mois dans leurs maisons ; et Adoniram avait l'intendance de ces gens-là.—Salomon avait 70,000 manœuvres qui portaient les fardeaux et 80,000 hommes qui taillaient les pierres sur les montagnes, sans ceux qui avaient l'intendance sur chaque ouvrage, et qui étaient au nombre de 350. »

La foule énorme d'ouvriers employés à la construction du temple donne déjà une idée de ses colossales proportions.

Il devait être bâti sur le mont Moria ; mais c'était une colline irrégulière, dont la surface n'offrait pas assez d'étendue pour de vastes constructions. La montagne de Moria était séparée de celle de Sion, sur laquelle fut bâti le palais de Salomon, par un ravin de trois à quatre cents pieds de profondeur, traversé par le torrent du Cédron. On agrandit en conséquence cette colline en bâtissant une terrasse supportée par des voûtes du côté oriental ; le côté du midi était revêtu d'un mur en maçonnerie qui n'avait pas moins de trois cents coudées de hauteur; celui de l'occident s'élevait naturellement en amphithéâtre; enfin celui du nord était séparé du monument par un large fossé.

Le temple était entouré de trois enceintes concentriques qu'on appelait *parvis ;* en procédant du dehors, on trouvait le *parvis des gentils*, où toutes les nations avaient accès; il était carré, et avait une grande porte sur chacune de ses faces. Il était entouré de galeries et de bâtiments où habitaient les changeurs, des marchands de colombes et de divers objets pour les sacrifices. Le *parvis des Israélites*, carré comme le précédent, avait cent coudées de chaque côté; il était décoré de portiques soutenus par des colonnes. Le portique de l'orient s'appelait le *portique de Salomon;* celui du midi, le *portique du roi*, parce que c'était là qu'était placé le trône royal. On trouvait dans ce parvis une grande salle où s'assemblait le conseil nommé *sanhédrin*, et des logements pour les lévites, les musiciens et les gardes du temple. Le troisième parvis, peu étendu, était celui des prêtres, et contenait, outre leurs habitations, des salles destinées à renfermer les vases sacrés, les ornements précieux, et tous les objets nécessaires au culte. Ces chambres étaient bâties en forme de galerie, formant trois étages, qui communiquaient entre eux au moyen d'escaliers; elles se terminaient supérieurement en terrasse.

C'est dans ce parvis que se trouvait le temple proprement dit : le vestibule de celui-ci était un rectangle, large de dix à onze coudées, long de vingt coudées. Il était décoré d'un portique de cent vingt coudées de hauteur. De chaque côté de la porte, large de quatorze coudées, s'élevait une colonne de bronze ornée de cercles d'or; son chapiteau, était d'argent et figurait des grenades dans un réseau de feuillage : l'une de ces colonnes s'appelait *Boz*, et l'autre *Joachim :* elles étaient l'œuvre de Chiram, un célèbre artiste tyrien.

Le temple avait trente coudées de haut, soixante de long et vingt de large: il était divisé, comme le tabernacle, dans le sens de sa longueur, en deux parties, le *saint* et le *saint des saints*, séparées l'une de l'autre par un voile de lin décoré de fleurs, et suspendu à des piliers. Le *saint* avait une porte de bois d'olivier ornée de chérubins et de palmes en or, et fermée avec une chaîne d'or (1).

Le pavé du temple était en marbre précieux, couvert d'un parquet plaqué de lames d'or; les murs étaient lambrissés en bois de cèdre, également revêtu de lames d'or, et orné de chérubins et de palmes en or comme la porte.

Dans le *saint des saints* se trouvaient l'arche d'alliance, et deux chérubins en bois d'olivier, recouverts d'or battu, de dix coudées de haut, abritant l'arche sous l'une de leurs ailes, tandis que l'autre aile s'étendait vers le mur. Le lieu saint avait la même destination que dans l'ancien tabernacle.

Il est certain que des fenêtres avaient été pratiquées dans le temple, mais elles ne devaient pas fournir de lumière, car Salomon dit positivement que «l'Éternel habitait les ténèbres.» Le tabernacle était couvert, mais on ignore si le comble était en terrasse, ou présentait un toit incliné. Le système de construction de ce temple est bien simple, comme on voit : à l'extérieur, il n'y avait d'employé que de la pierre; à l'intérieur, que du bois, seulement le bois était recouvert de feuilles d'or, de tentures, et de peaux de chèvre et de brebis.

Cet édifice fut achevé sept ans après avoir été commencé, *ædificavit eam annis septem.* Il fut consacré l'an 1012 avant Jésus-Christ; 406 ans après, il fut détruit par Nabuchodonosor. Zorobabel le reconstruisit 536 ans avant notre ère, sur le plan précédemment adopté par Salomon. On sait que, terminé par Hérode, il fut démoli pour toujours par l'empereur Titus.

Le temple de Jérusalem renfermait des richesses immenses. Le Tyrien Chiram, dont nous avons parlé, exécuta divers travaux, et entre autres le bassin appelé la *mer d'airain*, bassin qui avait dix coudées de largeur et cinq de profondeur. Il était supporté sur douze bœufs de bronze, disposés par qua-

(1) Dans cette description, nous avons suivi le plan tracé par Leroy dans son ouvrage sur la Grèce.

tre groupes. Le même artiste fabriqua dix autres bassins d'une moins grande dimension. Outre le chandelier à sept branches, Salomon fit faire dix chandeliers en or : cinq furent placés à droite, et cinq à gauche du saint des saints. L'autel des parfums, la table des pains de proposition, les lampes et les encensoirs, étaient en or. Joseph parle, et son récit passe toute croyance, de dix mille tables d'or, chargées de plus de cent mille vases divers en or; enfin il compte deux cent mille trompettes, plus de quatre cents autres instruments de musique, et plus de deux cent mille robes précieuses.

Aucun monument de l'antiquité ne fut, comme on voit, plus richement doté que le temple de Jérusalem. Mais la prédiction de Dieu s'est accomplie, et il ne reste pas de cet édifice pierre sur pierre.

Salomon fit encore construire un palais qui était tout à fait conçu dans le goût asiatique. On mit en œuvre principalement les cèdres du Liban : *ædificavit quoque domum saltûs Libani...* Ce palais avait cent coudées de long, et était très-richement décoré; une des salles renfermait trois cents boucliers d'or. Cet édifice a disparu aussi complétement que le temple.

## MONUMENTS CHINOIS.

La Chine nous offre une civilisation dont l'antiquité peut être comparée à celle de l'Inde et de l'Égypte. Dans ce pays aussi, l'architecture traditionnelle s'est conservée depuis les temps les plus reculés, sans aucun mélange étranger. Les Chinois prétendent que ce fut l'empereur *Fou-Hi* qui leur enseigna l'art traditionnel, environ 3468 ans avant Jésus-Christ. On sait combien les dates données par les chroniqueurs du céleste empire sont contestables; mais ce qui paraît prouvé c'est que, sous le règne de *Yao*, les arts prirent un grand développement.

Il ne reste, dans cette contrée, aucun monument très-ancien, et cela pour deux raisons : la première, c'est qu'ils étaient construits en bois, et qu'ils n'ont pu échapper à l'action destructive des siècles; la seconde, c'est que l'empereur *Tsin-Chi-Hoang-Ti*, 246 ans avant notre ère, fit démolir tous les édifices importants, pour qu'il ne restât rien qui témoignât de la grandeur et de la puissance de ses prédécesseurs. Sauf quelques temples et quelques tombeaux creusés dans les montagnes, il n'y a en Chine aucun monument qu'on puisse faire remonter à une très-haute antiquité.

Nous avons dit que les Chinois avaient pris une tente pour type de leurs constructions monumentales. M. Hope a très-bien développé cette idée (1): «Ces nombreux piliers de bois, écrit-il, sans bases et sans chapiteaux, qui supportent le plafond des édifices, représentent les pieux primitifs; les toits, qui, de ces piliers, semblent projeter au loin leur dos et leurs côtes, en conservant la forme convexe, sont les peaux et les étoffes pliantes étendues sur les cordes et les bambous; dans les pointes recourbées qui frangent ces toits, nous voyons les crochets qui retenaient les peaux déployées; enfin, dans l'étendue, le peu de hauteur, et l'agglomération des différentes parties, nous reconnaissons toutes les formes et le caractère distinctif des habitations de ces pasteurs, dont les Chinois sont descendus. Les maisons chinoises semblent attachées à des pieux qui, plantés en terre, auraient fini par y prendre racine, et par s'immobiliser.

«Les palais ressemblent à un certain nombre de tentes réunies; les pagodes elles-mêmes, les tours les plus élevées, ne sont rien autre chose que des tentes amoncelées, empilées, pour ainsi dire, l'une sur l'autre, au lieu d'être placées côte à côte; toute agglomération de maisons, depuis le plus petit village jusqu'à la résidence impériale, jusqu'à Pékin, ne présente, dans sa distribution, que l'image d'un camp; et, quand lord Macartney, après avoir traversé tout l'empire de la Chine dans sa plus grande étendue, de Canton à la grande muraille, fut arrivé aux confins de la Tartarie, et reçu par l'empereur dans une véritable tente, à peine put-il aperce-

(1) *Histoire de l'architecture*, traduite par Baron, in-8°, 1829.

voir une différence entre cette dernière et les milliers d'édifices qu'il avait vus.»

Les dessins que nous donnons plus bas feront parfaitement comprendre cette disposition. Nous allons, d'ailleurs, indiquer les principaux types des divers genres d'édifices chinois, qui tous sont construits à peu près sur le même plan, et sous l'influence d'une même inspiration.

Tout le monde a entendu parler de la *grande muraille*, mais on ne s'en fait pas toujours une idée bien exacte. Elle s'étend sur une longueur de cinq à six cents lieues. Plusieurs princes, à ce qu'il paraît, ont fait travailler à sa construction; mais c'est Tsin-Hoang-Ti qui a fait faire la majeure partie de ce mur. Il employa cinq ou six millions d'hommes, pour mener à sa fin ce gigantesque ouvrage. Les fondations de la muraille sont en grosses pierres de taille; le reste est en briques, avec un revêtement de pierres, si bien jointes, si bien appareillées, que l'ouvrier qui ne disposait pas ses matériaux de manière à ce qu'on ne pût y faire pénétrer un clou, payait de sa vie son inhabileté. Dans les endroits d'un accès facile, on a établi deux ou trois remparts, les uns au-dessus des autres. Ce mur est crénelé, et flanqué de tours de loin en loin. Il s'élève sur les montagnes, descend dans les vallées, traverse les fleuves. Il a vingt à vingt-cinq pieds d'élévation. Quant à son épaisseur, elle est telle que six cavaliers peuvent marcher de front sur le terrassement. Dans certaines circonstances, il a été garni de plus d'un million de soldats. M. Barrow a calculé qu'avec les matériaux de cette muraille on pouvait en construire une autre qui aurait fait deux fois le tour du globe, et qui aurait eu six pieds de hauteur et deux d'épaisseur. La grande muraille a toujours été tenue dans un parfait état de conservation.

Le même empereur Tsin se fit faire un tombeau qui, par sa conception grandiose, rappelle les plus vastes monuments de l'Asie : «Il fit creuser, dit un écrivain chinois, le *Mont-Li*, en bas jusqu'aux trois sources; et en haut, il fit bâtir un mausolée qui pouvait passer pour une seconde montagne. Il était élevé de cinq cents pieds, et avait au moins une demi-lieue de circuit. Au dedans était un vaste tombeau de pierre, où l'on pouvait se promener aussi à l'aise que dans les plus grandes salles. Au milieu était un riche cercueil ; tout autour brûlaient des lampes et des flambeaux entretenus de graisse humaine. Dans l'intérieur de ce tombeau étaient, d'un côté, un étang de vif argent, sur lequel on voyait des oiseaux d'or et d'argent ; de l'autre côté, un appareil complet de meubles, d'armes et mille bijoux des plus précieux. Enfin, il n'est pas possible d'exprimer jusqu'où allaient la magnificence et la richesse, soit du cercueil et des tombeaux, soit du bâtiment où ils étaient placés. Non-seulement on y avait dépensé des sommes immenses, mais encore il avait coûté la vie à bien des hommes ; outre les gens du palais qu'on y avait fait mourir, on *comptait par dix mille*, les ouvriers qu'on y avait enterrés tout vivants. On vit tout à coup les peuples, qui ne pouvaient plus supporter le joug, courir aux armes au premier signal de révolte. Les ouvrages du *Mont-Li* n'étaient pas achevés, que *Tcheou - Thang* vint camper au pied, et bientôt après *Hiang-Yu* rasa ces vastes enceintes, brûla ces beaux édifices, pénétra dans ce superbe tombeau, en enleva toutes les richesses, fit de cette sépulture un lieu d'horreur, et n'y laissa que le cercueil. Un berger, en cherchant une de ses brebis égarée, y laissa tomber du feu, et ce feu alluma et consuma le cercueil (1). » C'est ainsi que fut détruit cet incroyable monument, de la plus folle et de la plus odieuse vanité.

Parmi les autres constructions qui se distinguent par leur masse, nous devons citer le *pont de Loyau*, à *Sueno-Tcheou-Fou*, dans la province de *Fod-kien*. Il se compose de trois cents piles, couvertes de l'une à l'autre par d'énormes linteaux d'un seul bloc de granit. Il est couronné par une balustrade. Du moins, c'est là un monument utile.

Les édifices chinois sont plus remarquables par leurs pro-

(1) Pauthier, *Univers pittoresque*. La Chine, t. I, p. 231.

portions légères et sveltes, leur aspect gracieux, que par le grandiose de leurs dimensions. Ils tendent toujours vers la forme pyramidale. Ils se composent pour la plupart de plusieurs étages de toits, dont les angles sont relevés et ornés de cloches ou de figures fantastiques. Ils ont des colonnes de bois, qui appuient sur une base de pierre. Leur extrémité supérieure, au lieu d'avoir un chapiteau, est traversée par des poutres. Les murs sont revêtus de briques séchées ou cuites, et vernissées. Les tuiles des toits sont demi-cylindriques. Quant à l'appareil dont les Chinois se servent, c'est, à proprement parler, l'*emplecton* des Grecs. Ils n'emploient que des matériaux de petites dimensions. En général, tous les édifices sont peints, et produisent un effet charmant.

Les temples sont fort petits, et se composent d'une seule chambre qu'on appelle *ting* (1). Ils sont environnés d'une galerie, et quelquefois de cours. Un des édifices religieux les plus considérables est celui de Ho-Nang, à Canton. Voici comment il est distribué : il offre une enceinte quadrangulaire; on trouve d'abord une cour plantée de trois rangées d'arbres qui conduisent à un vestibule où l'on arrive par des escaliers. De là on pénètre dans un second vestibule décoré de quatre statues colossales assises. Ce vestibule ouvre dans une cour environnée de colonnades et de corps de logis pour les bonzes; puis on voit quatre pavillons placés sur des socles : ce sont de petits temples remplis d'idoles. Aux quatre coins de la cour se dressent quatre autres pavillons qui sont habités par les supérieurs des bonzes Un autre bâtiment, divisé en quatre salles, renferme encore plusieurs idoles. Enfin, sur les grands côtés de l'enceinte, à droite et à gauche, se voient deux petites cours où sont des constructions servant de cuisines, de réfectoires et d'hospice.

Les pavillons sont décorés de colonnes en bois, munies de bases en marbre. Les toits sont couverts de tuiles en grosse

(1) Ce mot s'applique à la salle la plus importante de tout édifice : c'est tantôt la principale pièce d'un palais, tantôt la cour où les mandarins rendent la justice, tantôt le sanctuaire d'une pagode.

porcelaine, peinte en vert et vernissée. Voici le dessin d'un petit *ting*, qui peut donner une idée de tous les autres monuments du même genre. C'est la pagode de *Sin-Kincien*.

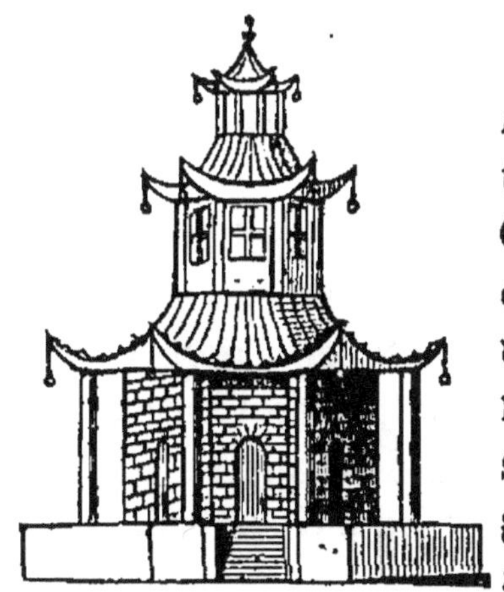

Les *miao* sont des *monuments commémoratifs*, bâtis sur le plan des temples. Dans celui qui est dédié à Confucius, il y a d'abord un perron de dix-sept marches, qui conduit à un parvis décoré de ballustrades. Au milieu s'élève le temple, décoré de six colonnes de face, formant une galerie autour de la *cella*, où l'on aperçoit, devant l'image du divin philosophe, une table en forme d'autel, chargée de flambeaux, de vases de fleurs, et d'une cassolette. Les premières colonnes supportent un toit à angles recourbés, qui lui-même est recouvert d'un autre toit semblable. Tout cela d'ailleurs est richement peint, et orné de diverses figures.

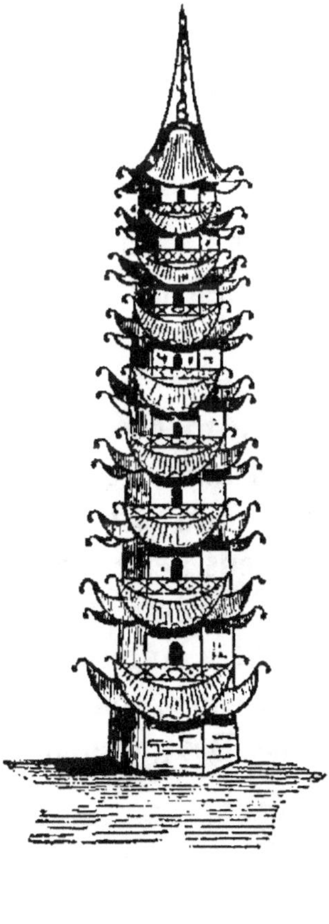

Les palais sont, à peu de chose près, construits sur le même plan que les grands temples. Ils offrent de vastes enceintes carrées, garnies de riches colonnades, d'élégants pavillons, analogues au miao que nous venons de décrire, et de plus des cours et des jardins.

Un autre genre d'édifice qu'on retrouve fréquemment en Chine, ce sont les *taa*, tours polygonales, pyramides très-élancées, dédiées aux *esprits*. Les *taa* sont bâtis le plus souvent sur un plan octogone. Ils ont de six à dix étages qui vont en diminuant de bas en haut. Chaque étage a une galerie à jour, et une corniche qui soutient un toit aux angles duquel sont suspendues des cloches de cuivre. Un escalier, ménagé à l'intérieur, conduit jusqu'au sommet de l'édifice. Celui-ci est surmonté d'une perche garnie de cercles de fers, desquels partent huit chaînes qui vont s'attacher aux angles du dernier toit. Les plus célèbres *taa* sont ceux de *Nang-King* et de *Tong-Tschang-Fou.*

Nous terminerons cette notice en donnant quelques détails sur les maisons chinoises, qui, ainsi que l'observe le père du Holde, se ressemblent toutes entre elles. Voici, d'après Chambers (1), comment est disposée une maison de Canton. Son plan est celui d'un carré long. Le rez-de-chaussée est traversé par un large corridor, le long duquel, à droite et à gauche, sont quatre appartements; chacun d'eux se compose d'un salon de réception, d'une chambre à coucher et d'un cabinet de travail. La façade de la rue offre des boutiques avec des escaliers au fond pour l'étage supérieur. L'autre façade donne sur une cour. Là on voit une rocaille artificielle, des plantations de bambous et de fleurs, une citerne où nagent des poissons dorés; enfin, sur un piédestal, il y a quelquefois un grand vase de porcelaine, et çà et là des volières pleines d'oiseaux.

Sur les ailes de l'édifice sont les cuisines, les bains, le logement des domestiques. Le premier étage est à peu près la répétition du rez-de-chaussée. On voit toujours dans la galerie supérieure l'autel du dieu domestique.

Le pavé des salons est formé par des dalles de marbre de diverses couleurs. Les murs sont recouverts de nattes de canne jusqu'à la hauteur de 3 ou 4 pieds: le reste des murs est décoré de papiers peints et chargés de sentences religieuses et morales. Le côté du salon qui donne sur la cour est ouvert; mais il peut se fermer à volonté avec des nattes. Quatre lanternes en soie, décorées de fleurs, de paysages et d'oiseaux, sont suspendues au plafond avec des cordons de soie. Des guéridons,

(1) *Dessins des édifices chinois*, in-fol; Londres, 1757.

des porcelaines, se remarquent surtout dans l'ameublement de cette pièce.

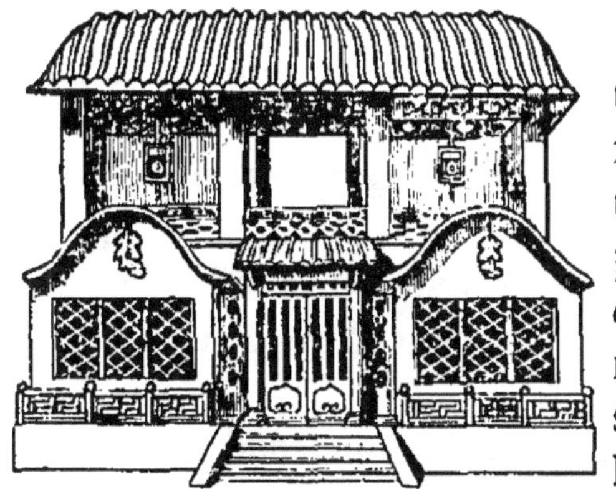

Pour ce qui est de la peinture et de la sculpture, on ne peut refuser aux Chinois une grande habileté à reproduire la nature; mais ils ont des idées sur le beau qui nous semblent monstrueuses. C'est ainsi qu'on a l'habitude de représenter les dieux eux-mêmes avec de gros ventres, ce qui les fait ressembler à des hydropiques. Tout au contraire, on peint les femmes extrêmement minces et élancées. Nous avons vu des dessins chinois exécutés avec une rare précision, et des peintures qui attestent une incontestable perfection de procédés. Dans les paysages, les Chinois négligent entièrement, comme chacun sait, les plus simples règles de la perspective, et l'on voit qu'ils ne recherchent qu'une disposition de couleur agréable pour les yeux ; c'est ce qu'il est facile de vérifier sur les beaux vases de porcelaine, qu'ils fabriquent avec une incomparable supériorité, et sur leurs riches étoffes, que nous ne pouvons imiter qu'imparfaitement.

## ART AMÉRICAIN.

Le Mexique est la terre classique de la civilisation et des arts en Amérique. Les plus anciens monuments de ce pays sont ceux de Palenque, une antique ville en ruines qui est abandonnée comme Palmyre et comme Memphis, ces deux vastes cités, aujourd'hui perdues au milieu des sables de l'Égypte. Les voyageurs qui ont étudié cet ancien empire ont remarqué des constructions de différents genres et de différentes époques. Ce sont des tertres tumulaires, des temples ou *théocalis*, des sépultures souterraines taillées dans le roc, des constructions exécutées dans le système cyclopéen, et formant des ponts et des aqueducs, et enfin des forteresses. Dans leurs édifices, les Mexicains ont su allier souvent la simplicité des lignes à la richesse de la décoration. Comme les peuples de l'Asie, ils ont bâti des monuments en talus affectant toujours la forme pyramidale.

Depuis le VIIe siècle de notre ère, un grand nombre de nations ont occupé le sol du Mexique, mais toutes ont pratiqué le même art, de sorte qu'il est souvent impossible de reconnaître l'âge des ruines que l'on rencontre dans toutes les anciennes villes de ce pays.

Les temples surtout abondent; ils sont tous édifiés sur le même plan. Ce sont des pyramides à plusieurs assises, dont les côtés suivent exactement la direction du méridien et du parallèle du lieu. Elles s'élèvent au milieu d'une vaste enceinte carrée et entourée d'un mur, enceinte que l'on peut comparer exactement au περίβολος des temples grecs, et qui renfermait des jardins, des fontaines, les habitations des prêtres et un arsenal. Un grand escalier, avec ou sans rampe, conduisait au sommet de la pyramide. Celle-ci, dans les théocalis les plus anciens, était tronquée et surmontée d'une chapelle abritant des idoles de taille colossale. Dans les théocalis plus récents, la plate-forme de la chapelle supportait les images des dieux et l'autel des sacrifices. C'est là que les prêtres entretenaient le feu sacré. Le spectacle que présentaient les pratiques du culte était d'ailleurs fort imposant. Tout le peuple voyait la procession des *Théopix* qui montaient et descendaient l'escalier de la pyramide. Les théocalis n'étaient pas seulement des édifices religieux : il est certain qu'à leur intérieur on pratiquait des chambres sépulcrales dans lesquelles on renfermait la dépouille mortelle des rois et des princes. L'art était si bien traditionnel au Mexique, que le théocalis de Mexico, bâti six ans avant l'invasion de Fernand Cortez, était fait sur un plan tout à fait identique au plan des pyramides de *Théotihuacan*, attribuées à la nation Toltèque.

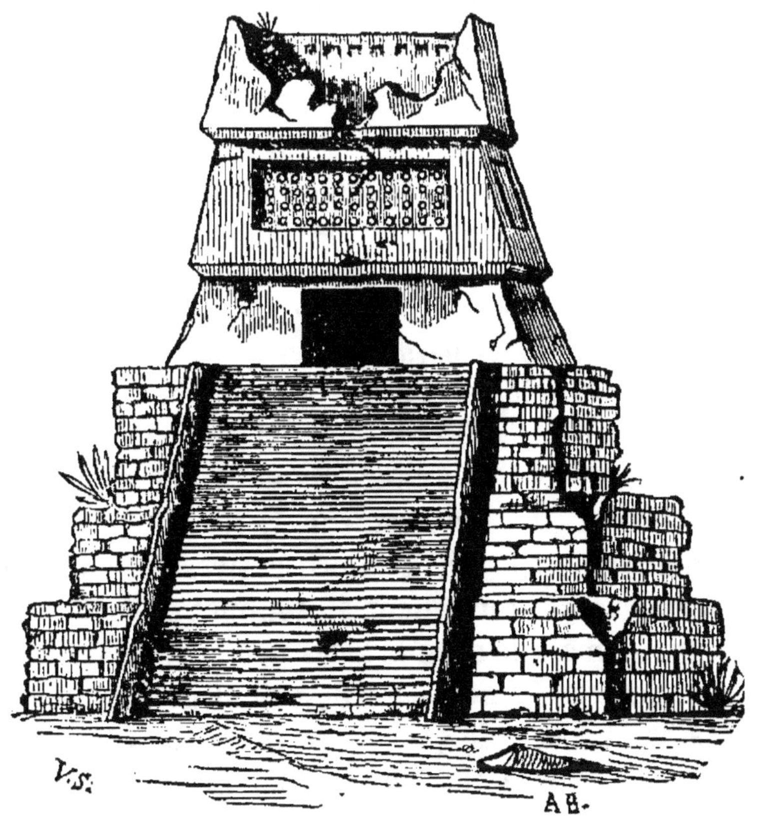

Parmi les monuments les plus anciens de Palenque, il faut mentionner la *pyramide de Guatusco.* Elle s'élève sur une colline au milieu des montagnes. Elle se compose de deux parties, dont l'une sert de base à l'autre. La plus inférieure est une pyramide solide, divisée en trois terre-pleins, d'égale épaisseur, et revêtus de pierres de taille. Un grand escalier conduit du bas au sommet du premier étage. La seconde pyramide se divise à l'intérieur en trois salles, et se termine par une plate-forme. Elle est bâtie en maçonnerie, et recouverte d'un enduit de chaux coloré par de l'oxyde de fer.

Cette pyramide, comme toutes les autres du même genre, est parfaitement orientée. Son entrée est à l'ouest. Elle a 72 pieds de hauteur. Plusieurs autres pyramides quadrangulaires se rencontrent çà et là; elles ont depuis un jusqu'à sept étages en retraite les uns au-dessus des autres, comme celle de *Papantla.* Cette dernière est de petite dimension; mais elle se compose de grandes pierres de taille parfaitement ajustées.

Les murs intérieurs sont couverts d'hiéroglyphes sculptés en relief, ce qui les différencie tout à fait des hiéroglyphes égyptiens, qui sont sculptés en creux.

Le plus célèbre *théocalis* du Mexique est celui de *Cholula*, la *montagne faite de main d'homme*. Il s'élève sur un plateau dénudé, qui n'a pas moins de 2,200 mètres au-dessus du niveau de l'Océan, et qui offre un aspect des plus pittoresques, encadré qu'il est au milieu des montagnes et des sommets neigeux du volcan d'Oribaźa.

C'est une pyramide tronquée, parfaitement orientée, et composée de quatre assises d'égales dimensions. Sa hauteur perpendiculaire est de 54 mètres, tandis que chaque côté de sa base a 439 mètres de longueur. Cette base est deux fois plus grande que celle de la fameuse pyramide de Chéops. Cent vingt marches conduisent au sommet de ce théocalis. Il est construit en argile et en briques non cuites. A l'intérieur, on a pratiqué des grottes pour des sépultures ; à sa cime on voyait jadis la statue de *Quetzacoalt,* le dieu de l'air.

Il est évident que ce théocalis est un ouvrage non terminé. A son propos, du reste, on rappelle la même histoire que celle que l'on trouve dans la Bible relativement à la tour de Babel. On dit que les dieux, effrayés d'un travail si gigantesque qu'il paraissait menacer le ciel, firent tomber sur les ouvriers une pluie de feu, et que, depuis ce temps, personne n'osa faire achever ce monument, frappé du sceau de la colère céleste.

Les constructions les plus récentes se rencontrent dans la vallée de Mexico, au milieu d'une plaine appelée *Micoalt*, c'est-à-dire la *vallée des morts*. On y voit deux théocalis, l'un dédié à *Tonatiuh*, le soleil, l'autre à *Meztli*, la lune. Ils sont entourés d'une centaine de petits tumulus, qui servaient à la sépulture des chefs mexicains.

Ces pyramides se composent d'un amas d'argile et de petites pierres, revêtues de murs épais. Elles portaient à leur cime la statue du soleil et de la lune, de grandeur colossale, en pierre revêtue de lames d'or qui ont été enlevées par les soldats de Fernand Cortez. La plus grande a cinquante-cinq mètres de haut et deux cent huit mètres à sa base sur chaque face. Elle est donc plus considérable que la pyramide de *Mycerinus* en Égypte.

Le monument de *Xochicalco* est cité comme un des plus curieux du Mexique. C'est un gigantesque rocher auquel on a donné une forme conique, et qui est divisé en cinq assises, revêtues de maçonnerie. Il est entouré d'un fossé profond qui a quatre mille mètres de circonférence. Ses pierres de parement sont polies avec soin et ajustées avec un art admirable. De vastes chambres ont été taillées dans le roc. Le sommet de la colline présente une plate-forme oblongue, couronnée par un mur de deux mètres de hauteur; au centre s'élève un théocalis. M. de Humboldt pense avec raison que ce monument avait tout à la fois une destination religieuse et militaire, en d'autres termes, que c'était un temple fortifié.

Quant aux tertres tumulaires du Mexique, ils ne présentent rien de particulier : les uns sont de simples amas de terre, les autres sont munis d'un revêtement de pierres et de chaux, d'autres sont en briques. A leur intérieur on trouve souvent des galeries.

On observe encore au Mexique une autre espèce de monuments, tout à fait analogues aux *pierres branlantes* de l'art celtique; nous citerons pour exemple la roche de *Theololinga*. C'est un bloc sphérique perdu au milieu d'une grande savane. Il a vingt-deux pieds et demi de circonférence, et plus de six pieds de diamètre. A sa surface, il offre des excavations circulaires qui, peut-être, ne sont pas le produit de l'art. Cette pierre, mise en équilibre sur son axe par les hommes qui l'ont taillée, présente cette singularité, qu'elle vibre, qu'elle oscille légèrement si on la touche du bout du doigt seulement; si, au contraire, on la pousse fortement, elle n'a plus de mouvement apparent. On pense que

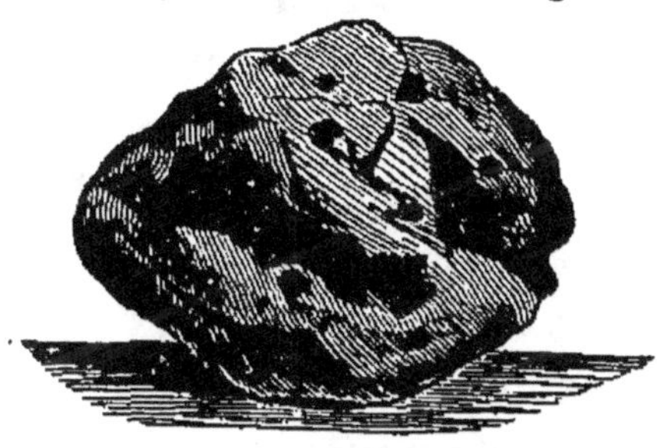

c'est une *pierre limitante*, car on en rencontre plusieurs autres semblables dans les environs.

Les autres États de l'Amérique offrent aussi des ruines ; mais elles sont moins intéressantes que celles du Mexique. Le Pérou a eu une civilisation avancée. Les restes des édifices bâtis par les Incas prouvent qu'ils étaient très-habiles dans l'art de construire. La forteresse de Cusco se composait d'une triple enceinte de murailles formées par d'énormes pierres parfaitement appareillées et qui venaient de douze ou quinze lieues de là. Le *temple du soleil* à Cusco offrait des murs en terre cuite, lambrissés de plaques d'or. Près du temple s'élevait un cloître qui renfermait cinq pavillons. L'un était consacré à la lune, l'autre aux étoiles, le troisième au tonnerre et à l'éclair, le quatrième à l'arc-en-ciel, et le dernier était réservé pour le service des prêtres. Tout cela était orné de plaques d'argent. Çà et là on voyait des fontaines d'or coulant dans des bassins d'argent. Partout les statues étaient en or.

La forteresse de Cànar, dont il existe des débris imposants, est bâtie sur une colline, terminée en plate-forme. Elle est environnée d'une enceinte de murailles de 5 à 6 mètres d'élévation. Les pierres de ces murs sont également de très-grandes dimensions. Enfin, on rencontre dans la plaine de l'Assuan, à des hauteurs qui surpassent le Pic de Ténériffe, c'est-à-dire à 4042 mètres au-dessus du niveau de la mer, un chemin fait avec de larges dalles, comme les voies romaines des environs de Rome, et cela dans une étendue de pays de plus de 120 lieues. De tels travaux prouvent évidemment un peuple puissant. Pendant longtemps on a cru que les Péruviens n'avaient aucun instrument pour façonner les blocs de pierre de leurs constructions, mais dans ces dernières années on a découvert chez eux des outils faits avec un alliage de cuivre et d'étain.

M. de Humboldt a vu, sur les bords de l'Orénoque, des rochers sculptés et des pierres peintes qui attestent que les peuples du Brésil ont eu des monuments richement décorés (1).

(1) *Voyage aux régions équinoxiales*, l. IX, ch. 25.

Dans toute l'Amérique septentrionale, on rencontre de grands tertres ronds ou carrés, remplis d'ossements, et des débris de fortifications (1), comme la muraille en terre de Chillicothe, qui a 12 pieds de haut et qui est défendue par un fossé de 20 pieds de large. «Ces divers ouvrages, dit M. Brackinridge dans son *Tableau de la Louisiane,* se voient surtout au confluent des rivières et le long du Mississipi, dans les positions les plus favorables à l'emplacement des villes, et dans les terrains les plus fertiles. Le nombre des tertres excède peut-être trois mille, et les plus petits n'ont pas moins de 20 pieds de hauteur sur plus de 100 de diamètre à leur base.» Ils renferment des squelettes d'Indiens, du charbon, des urnes, des haches et des pilons en pierre.

Le *Times* du 6 juin 1842 rend compte d'une séance de la *Société de géographie de Londres*, dans laquelle sir John Elias Alexander expose la découverte d'un tumulus qu'il a faite au Canada. Ce tertre tumulaire (*grave hill*) est situé près de Crecks Flats, dans la vallée de l'Ohio. Son volume représente environ un million de pieds cubes de terre, et sa forme est celle d'un cone tronqué. Sir John Elias l'a fouillé, et il a trouvé à l'intérieur des vases de grès, des ossements humains, dix-sept cents boules d'ivoire, cinq à six cents petits coquillages et une table de granit sur laquelle est gravée une inscription composée de vingt-trois lignes horizontales et parallèles, dans laquelle sont employés vingt caractères différents, sans analogie avec ceux des langues connues. Le voyageur anglais pense que ce tumulus ne remonte qu'au XIIIe siècle de notre ère.

Il est une autre classe de monuments communs en Amérique, nous voulons parler des *pierres branlantes*. Dans l'État de Massachussets, il y en a une qui pèse au moins vingt-quatre mille livres. Il y en a deux dans Rhode-Island, près de la Providence; une autre à Philips-Town, dans l'État de New-Yorck et enfin à New-Hampshire.

(1) Elles ont été décrites en partie dans l'*Archæologia americana*, dont le premier volume a été publié en 1820, à Worcester.

Tels sont les divers monuments civils et religieux que l'on rencontre dans les différentes parties de l'Amérique. Ils sont loin d'être tous connus; et nous ne doutons pas que, par la suite, on ne fasse, dans ces régions éloignées, de nouvelles découvertes intéressantes pour l'histoire de l'art des peuples primitifs.

## ART ÉGYPTIEN.

On a longtemps discuté pour savoir si les Égyptiens appartenaient à la race blanche caucasique ou à la race nègre africaine. Il est prouvé aujourd'hui qu'ils étaient blancs, et qu'ils appartenaient à la même famille d'hommes que les Kennoux qui peuplent actuellement la Nubie. Leur langue, qui se retrouve de nos jours dans la langue copte, se rapproche, par sa construction, de l'idiome sémitique.

Les savants ont été aussi divisés sur la question de savoir quelle était la civilisation de l'Inde ou de l'Égypte qui était la plus ancienne. On avait retrouvé de frappantes analogies dans les arts et l'industrie de ces deux peuples. La métempsycose était un dogme commun aux deux nations. Toutes les deux avaient commencé par se creuser de vastes excavations et par ériger d'immenses monuments isolés et de forme pyramidale; la roideur et l'immobilité caractérisent les figures peintes ou sculptées de l'un et de l'autre pays. Pour bien des gens, les excavations des rives du Gange et de l'Indus auraient donné naissance à celles que l'on remarque sur les bords du Nil, les grottes d'Élora et d'Éléphanta aux cavernes de la Thébaïde. Cependant, il est plus juste de dire que les Indiens et les Égyptiens, habitant des pays dont le climat est semblable, et se trouvant dans les mêmes circonstances physiques, ont dû procéder d'une manière à peu près identique dans leurs constructions monumentales. C'est ce que les détails dans lesquels nous allons entrer sur l'architecture égyptienne feront sans doute comprendre parfaitement.

Aux époques les plus reculées de l'histoire, l'Égypte ne se

composait que de la *Thébaïde*. L'Égypte moyenne et le Delta étaient alors couverts par les flots de la Méditerranée et de la mer Rouge. Le Nil coulait depuis les *monts de la Lune* jusqu'à la montagne de Syenne, en traversant les déserts libyques et un océan de sables qui s'étendait jusqu'à la mer Rouge. Un peuple dont l'histoire nous est inconnue habitait les contrées que nous appelons aujourd'hui la *Nubie* et l'*Abyssinie*, et que les anciens désignaient sous le nom d'*Æthiopia supra Ægyptum*. Ces premiers Éthiopiens étaient nomades, chasseurs et ichthyophages. Aussi se choisirent-ils des habitations dans les flancs des montagnes et dans les excavations naturelles des rochers; c'est pourquoi on les appela Troglodytes. M. Quatremère de Quincy a développé cette idée avec une grande justesse de vues (1). « Si la chasse et la pêche sont généralement, dans l'ordre de la nature, un des plus simples et des plus faciles moyens de subsistance, il est hors de doute que les primitifs habitants de l'Égypte durent commencer par ce genre de vie. Répandus sur les bords d'un fleuve immense, ils durent longtemps trouver leur nourriture dans les eaux du Nil ou dans les plantes qu'il fait croître, avant de la chercher dans les travaux de l'agriculture... Combien de temps ces premières sociétés, se contentant des aliments sans apprêts qu'offre la nature, ne durent-elles pas rester enfermées dans leurs antres, avant d'avoir osé confier à un terrain annuellement inondé l'espoir de leur subsistance et la durée de leurs habitations! » Mais les peuples de l'Éthiopie, comme toutes les sociétés humaines, se civilisèrent peu à peu et se livrèrent à la culture des terres. Alors ils songèrent à se faire des demeures plus spacieuses et plus commodes; toutefois l'antique usage prévalut encore, et ils se creusèrent des cavernes dans les rochers. Il reste de nos jours une grande quantité de ces excavations; mais les voyageurs qui les ont visitées ne sont pas d'accord sur la destination qu'elles ont eue. Les uns prétendent que ce sont de simples habita-

(1) *Dissertation sur l'architecture égyptienne*, in-4; Paris.

tions, les autres que ce sont des palais ; ceux-ci veulent y voir des tombeaux, ceux-là assurent que ce sont d'anciens temples. Cette dispute nous paraît ici tout à fait oiseuse; car, dans le grand nombre de grottes artificielles qu'on observe dans les montagnes d'Ellsay, de Garbe-Girche, de Bibay-ell-Melusse, de Bermé-Hassein, il est certain qu'on retrouve tous ces genres de monuments.

Il ne faut pas s'imaginer que les excavations dont nous parlons n'offrent que de rustiques cavernes ; elles sont décorées souvent d'un grand nombre de figures sculptées. Il est vrai que quelquefois ces embellissements ont été faits postérieurement aux travaux primitifs. Ainsi, on voit une grotte à l'entrée de laquelle on a juxtaposé une espèce de portique, soutenu par des colonnes de style grec et égyptien tout à la fois. Ces excavations présentent même deux étages de chambres carrées ou octogonales. On en connaît qui se composent de quatorze chambres : sept sont au niveau du sol ; les sept autres sont au-dessous. L'étage supérieur n'est séparé de l'étage inférieur que par les pierres qui forment la simple épaisseur du plafond.

Si l'on veut un exemple de monument troglodytique très-bien conservé, il faut voir la grotte de la montagne Tschabel-Essesel. On y observe des sculptures représentant des personnages assis devant une table, et des plafonds étoilés au milieu desquels des génies déploient leurs ailes. Parmi les monuments les plus anciens de l'Éthiopie, il faut ranger le temple de l'île d'Arege, dont il ne reste que deux colonnes, et le temple de Wady-el-Miah, dont le sanctuaire est taillé dans le roc, mais qui avait été orné plus récemment d'un portique.

Les monuments troglodytiques du second âge de l'architecture égyptienne offrent des souterrains taillés de main d'homme dans des rochers de granit et de porphyre. Ces monuments se rencontrent surtout en Nubie. Nous devons citer, parmi les plus importants, le grand temple monolithe d'Ibsambul, découvert par Belzoni, sur la rive occidentale du Nil ; c'est un monument honorifique de Rhamsès le Grand.

Il offre une façade immense, décorée de quatre colosses assis, ayant 51 pieds de hauteur. A l'intérieur, on voit un vestibule d'une riche ornementation; un pronaos de 57 pieds de long sur 50 de large, dont le plafond est soutenu par huit colosses de 20 pieds de haut, adossés contre les piliers, et placés sur deux rangs parallèles; puis une *cella* de 37 pieds de long, de 27 pieds de large, de 22 de haut; puis encore une seconde cella ou sanctuaire, et huit chambres creusées dans le roc. Dans le sanctuaire se trouvent un bloc de pierre qu'on peut regarder comme un autel, et quatre statues de dieux, peintes, et placées dans des niches carrées. Le dessin que nous offrons ici de l'un des piliers du proanos de ce temple peut donner une idée exacte du style et du goût de ce curieux monument.

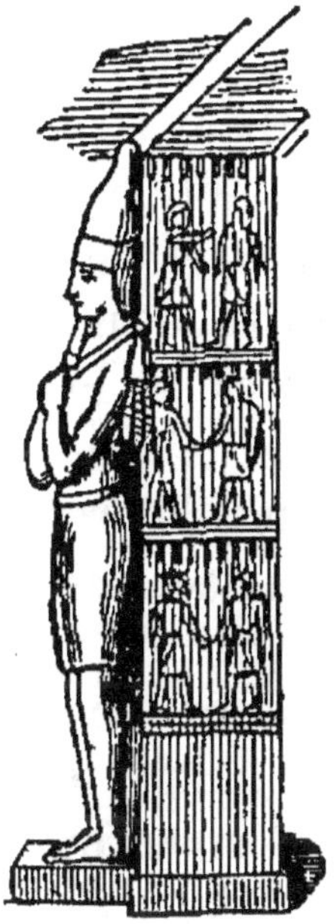

On connaît encore d'autres chapelles monolithes, taillées dans le rocher, et entre autres le petit temple de *Minerve*, transporté de la Haute-Égypte à Saïs; il a 21 coudées de long, 14 de large, et 8 de haut; la cella de *Latone* n'a pas moins de 40 coudées en tous sens. De tels travaux sont si prodigieux que les habitants de l'Afrique pensent encore que les anciens Égyptiens qui les ont élevés devaient être un peuple de géants.

La civilisation éthiopienne s'étendit dans toute la plaine que le Nil arrose et fertilise; elle déposa sur cette terre si féconde des monuments de son culte, de ses institutions et de ses arts. Toute la Haute et Basse-Égypte est couverte d'édifices religieux et civils qui font l'admiration des savants, autant par leurs formes originales que par leurs dimensions imposantes.

Ce qui caractérise les constructions élevées par les Égyptiens, c'est leur caractère de solidité et de durée, leurs formes graves et austères, et le volume extraordinaire des matériaux dont se composent le plus grand nombre d'entre elles. Nous ne pouvons dire que peu de choses des habitations particulières. D'après Diodore de Sicile, elles étaient faites avec des roseaux et des cannes entrelacés, et enduites de terre grasse. Cependant, il paraît qu'il y avait dans les villes des maisons à plusieurs étages, bâties en briques. Les murailles des cités étaient également en briques; celles-ci étaient cuites ou crues, et faites avec le limon que le Nil charrie; quelquefois elles portaient des inscriptions hiéroglyphiques. Quelques pyramides sont bâties en briques qui ont 16 pouces de long, 4 pouces de haut, et 4 pouces d'épaisseur. Elles étaient posées les unes sur les autres sans ciment, mais il est probable qu'elles étaient recouvertes d'un enduit résistant. Quand les Égyptiens se servaient de mortier, il offrait un mélange de chaux, de plâtre et de sable. Pour les pierres qu'ils ont mises en œuvre, elles sont taillées dans des masses de calcaire ou dans des montagnes de granit. Ces pierres sont, en général, énormes. On peut admirer encore la vivacité de leurs arêtes, la justesse de leur trait, et la perfection avec laquelle elles sont polies. Elles étaient ajustées avec tant de soin, que c'est à peine si on distingue les assises les unes des autres. Quant à ces statues colossales qui nous étonnent, il est certain qu'elles étaient taillées sur place, et transportées de là par des moyens mécaniques que nous ignorons en partie.

C'est surtout dans les édifices religieux et les palais que l'on peut juger de l'art avec lequel les Égyptiens construisaient. Leur temple, dit M. Raoul-Rochette (1), par sa forme lourde, basse et carrée, par son intérieur sombre et mystérieux, par ses portes et ses rares ouvertures de communication, taillées en forme pyramidale, par sa façade simple et nue, par ses nombreux supports, ronds, carrés ou octogones, par les dessins hiéroglyphiques creusés sur les parois de ses murailles, par le grand nombre de ses statues peintes, par les niches carrées qui ornent ses cellæ, par les colosses qui se dressent

(1) Cours d'antiquité professé à la Bibliothèque royale, en 1837. Compte rendu de *l'Artiste*, t. XIII, p. 307.

sous ses vestibules et en avant de ses portiques ; le temple égyptien semble avoir été extrait du flanc d'une montagne, pour être placé, sans aucune transformation, au milieu des plaines de la Moyenne-Égypte. Ces constructions offrent le type perfectionné des monuments troglodytiques ; on dirait que les architectes ont cherché, avant tout, la force, la solidité, le grandiose. Ce ne sont partout que des masses énormes, superposées les unes aux autres, que des matériaux extraordinairement pesants. De lourds piliers verticaux supportent des plafonds d'une longueur démesurée ; c'est ainsi qu'à une des portes de Passolos on voit des pierres qui ont depuis 20 jusqu'à 30 pieds de long, sur 5 à 8 pieds de large. On trouve des sanctuaires creusés, comme nous l'avons dit plus haut, dans un seul bloc de pierre, et des sphinx, de plus de 20 pieds de hauteur, sculptés dans un seul bloc de granit.

Bien qu'on remarque dans tous les monuments égyptiens une uniformité constante de symboles et de décoration, cependant leur plan varie tellement par les additions qui y ont été faites à diverses époques, qu'il est difficile de retrouver absolument un type primitif. Cependant nous donnerons ici la description d'un temple, faite par Strabon, qui connaissait bien l'Égypte.

« A l'entrée du *temenos* (*enceinte* générale), dit Strabon (1), on voit une avenue pavée, dont la largeur est d'environ un plèthre, plus ou moins, et la longueur triple. Il est des temples où elle est quadruple, et même plus considérable ; on l'appelle δρόμος, *dromos*, ou centre général, expression dont se sert Callimaque, lorsqu'il dit : Voilà le *dromos sacré d'Anubis*. Dans toute la longueur, et de chaque côté, règne une suite de sphinx en pierre, distants les uns des autres de 20 coudées ou un peu plus, en sorte qu'à droite et à gauche il en existe une rangée.

« Après les sphinx on trouve un grand *propylée*, πρόπυ-

(1) Traduction de M. Letronne.

λον (1), puis, en s'avançant plus loin, un second, puis un troisième. Au reste, le nombre des propylées n'est pas déterminé, non plus que celui des sphinx ; il varie dans les temples, de même que la longueur et la largeur des *dromos* (les dromos étaient découverts, et leur *area* entièrement libre et sans statues). Au delà des propylées s'élève le *naos* ou temple proprement dit, contenant un *pronaos*, ou partie antérieure du temple, et un *sécos* ou sanctuaire ; le premier, d'une grandeur considérable ; le second, de grandeur médiocre. Ce *naos* ne renferme point de statues, ou du moins, s'il en renferme, elles représentent quelque animal, et ont des figures humaines. De chaque côté du pronaos s'avancent ce qu'on appelle les *ptères* ou ailes : ce sont deux murs dont la hauteur est égale à celle du temple. Leur éloignement l'une de l'autre est d'abord plus considérable que la largeur du soubassement du naos ; mais ensuite, à mesure qu'on s'avance, on voit leurs faces se prolonger l'espace de 50 ou 60 coudées, en se rapprochant l'une de l'autre. Les parois de ces ptères sont couvertes de grandes figures sculptées en anaglyphe, semblables aux sculptures tyrrhénéennes, ou aux très-anciens ouvrages grecs. »

Les observations des voyageurs et des archéologues modernes ne font que confirmer la description de Strabon ; mais elles la complètent encore. Ainsi, dans les temples qui ont échappé à la destruction, on trouve d'abord des allées de sphinx, de béliers ou de colonnes, dont l'ensemble forme le *dromos*. C'est ainsi qu'en avant du temple de Karnac on voyait un dromos dallé, de 2,000 mètres de longueur, décoré à gauche et à droite d'une rangée commençant par des sphinx et se terminant par des béliers. Le nombre total des sphinx pour les deux côtés était de 1,200 (600 de chaque côté), et celui des béliers, de 116. Toutes ces statues sont monolithes. Quelquefois, en avant du *pronaos*, il y a de petits temples consacrés à des divinités inférieures, aux dieux ty-

(1) Ce mot désigne ici un travail avancé par rapport à l'édifice principal.

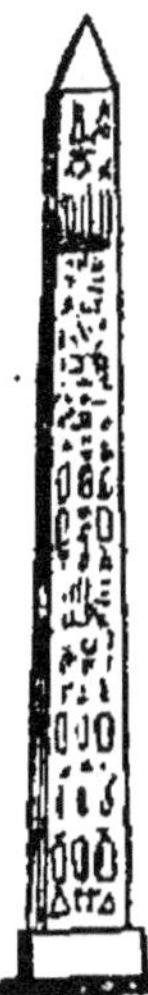

phoniens. Devant la masse principale de l'édifice, il s'élève souvent deux obélisques, comme piliers commémoratifs de la consécration (1).

Les constructions principales commencent par un *pylone* (les propylées de Strabon), double massif en forme de tour pyramidale, avec une porte au milieu. La porte, le plus souvent, offre, sculpté comme celle du pylone que nous publions ici, le globe ailé au-dessus duquel se montre la tête du serpent Urœus. Ces pylones pouvaient servir soit de fortifications, soit d'observatoire. Ils conduisaient dans le pronaos, salle à colonnes, environnée de murs, qui recevait la lu-

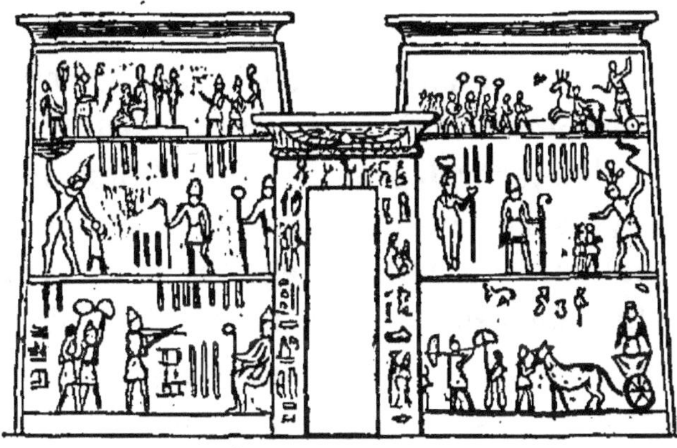

mière par de petites fenêtres pratiquées dans l'entablement ou dans le toit. Au pronaos se trouvaient attenants le naos, la cella du temple, dépourvue de colonnes, basse, environnée souvent de plusieurs murs, et souvent divisée en plusieurs

(1) *Manuel d'archéologie* de O. Müller, traduction de M. Nicard, t. I, p. 341 et suiv. — L'obélisque est d'ordinaire un monolithe à quatre faces, très-élancé, et dont l'épaisseur va en diminuant de la base à la partie supérieure qui se termine en forme de pyramide, et que pour cela on appelle *pyramidion*. Les obélisques égyptiens sont ornés d'inscriptions hiéroglyphiques, qui font mention des honneurs et des titres que les prêtres d'un temple avaient décernés au roi qui l'avait bâti ou enrichi. Les obélisques de Louqsor avaient été élevés par Rhamsès III, vers 1561 avant l'ère chrétienne. Voyez, sur cet obélisque, le travail de M. Ch. Lenormant dans le *Musée des antiq. égyp.*, p. 24 et suiv., et la broch. de M. N. L'Hote, publiée par Leleux; in-8°, 1836.

chambres ou cryptes, dans lesquelles on remarque des piliers monolithes, destinés à supporter les idoles, et des autels également monolithes, qui ont la forme d'un cône tronqué. Ces autels ont environ 4 pieds de hauteur, sont très-évasés à leur partie supérieure. Ils sont creusés en entonnoirs, et un trou les traverse dans toute leur longueur. Ils sont d'ailleurs couverts d'inscriptions hiéroglyphiques.

Généralement, les colonnes sont environnées d'un mur; elles ne sont pas placées comme des pérystiles à l'entour du corps de l'édifice; si la chose arrive, elles sont réunies entre elles au moyen d'une balustrade. Les murs, bâtis en quartiers de pierre, ne sont verticaux qu'à l'intérieur; ils forment le talus à l'extérieur, de sorte que leur base acquiert une très-grande largeur.

Les colonnes sont monolithes ou formées de plusieurs tambours (1). Elles sont fort courtes; leur hauteur n'a que trois ou quatre fois la longueur de leur diamètre. Elles sont lisses quelquefois, et le plus souvent chargées de caractères hiéroglyphiques. A l'intérieur des édifices, elles sont si rapprochées que les salles semblent être soutenues par une forêt de piliers. On a remarqué des colonnes carrées dans les grottes de Thèbes, et des hexagones à Sabibenath. Les plus belles et les plus communes sont cylindroïdes. Quand elles ont une base, elle est très-simple et très-basse. Leur fût est tantôt aminci vers le haut, tantôt renflé, souvent orné de rainures droites ou transversales. Quant aux chapiteaux, ou bien ils ont la forme d'un calice orné de feuilles de diverses espèces (palmier, lotus), avec des tailloirs étroits et élevés A, ou bien ils sont renflés par le bas, rétrécis en haut, et surmontés d'un tailloir plus large B. Il y a des chapiteaux ornés de têtes d'Isis à Denderah. Enfin il y a des colonnes sans chapiteaux, ou simplement surmontées d'un bloc de pierre cubique. Nous devons enfin citer certains piliers contre lesquels des

A

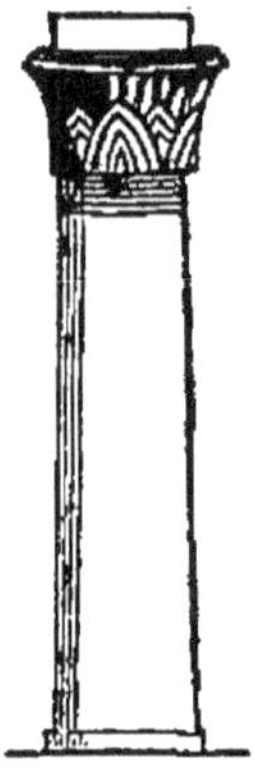

(1) On appelle *tambour* chacun des cylindres de pierre dont se composent les colonnes faites de pièces rapportées.

B

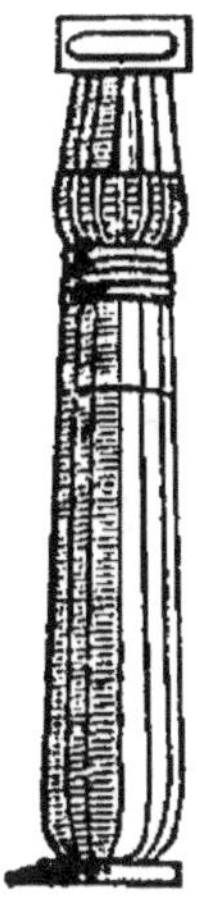

statues sont adossées, ainsi que nous en avons donné un exemple page 78. De grandes pierres, posées sur les tailloirs, vont d'une colonne à l'autre.

Nous renvoyons, pour plus de détails, aux dessins qu'on a publiés sur le temple de Jupiter à Thèbes, qui n'a pas moins de 1,400 pieds de long sur 350 de large, sur celui d'Osiris à Edfou, d'Isis à Latopolis et à Tentyris, et aux descriptions que les voyageurs ont faites de ces curieux monuments.

Quant aux palais égyptiens, ils ne diffèrent pas essentiellement des temples; ils offrent le même goût dans leur décoration, le même système dans leur construction, les mêmes dispositions dans les portes, les péristyles, les plafonds. Les *labyrinthes* étaient formés par la réunion de plusieurs résidences princières. Il en est de même des *mausolées*, comme de celui d'*Osymandyas*, dont parle Hérodote, mausolée qui renfermait, outre des cours et des colonnades, plusieurs édifices religieux, des salles de festin et des bibliothèques. C'était sur le point le plus élevé que se dressait le tombeau. Les princes avaient toujours soin de se faire édifier de leur vivant leur monument funéraire. Les ruines du palais d'Osymandyas à Louqsor, et celles du palais de Karnac, sont les plus considérables et les mieux conservées que l'on connaisse en Égypte.

Parmi les autres constructions de ce pays, nous devons mentionner les *pyramides* et les *hypogées*, qui étaient, à n'en pas douter maintenant, des monuments sépulcraux. On rencontre les pyramides les plus remarquables dans la basse Égypte, surtout dans les environs de Memphis, où elles sont divisées en plusieurs groupes symétriques, entourés de routes et de canaux. Leur base est carrée, et orientée exactement. Les grandes sont construites en pierres calcaires, les petites en briques. On a pénétré dans plusieurs de ces édifices, dont l'entrée était fermée par une pierre unique. On trouvait d'abord des galeries irrégulières, tantôt larges, tantôt étroites, et qui aboutissaient à plusieurs chambres, dont la plus magnifique renfermait le sarcophage royal, et même à des puits et des souterrains très-profonds, communiquant peut-être avec le canal du Nil. D'après Manéthon, les pyramides de Memphis seraient les monuments les plus anciens de l'Égypte, et remonteraient jusqu'à la sixième dynastie.

La *pyramide de Chéops* est la plus considérable de toutes. Elle a environ 728 pieds de largeur à sa base, et 448 pieds de hauteur verticale. Suivant Hérodote, il a fallu que cent mille hommes travaillassent pendant quarante ans pour la construire. C'est incontestablement la plus vaste construction du monde.

Les pyramides de la Nubie sont plus petites et plus élancées. Souvent elles sont précédées de pylones ornés d'hiéroglyphes. Enfin les particuliers se faisaient faire de petites pyramides portatives, de 1 à 2 pieds de haut, décorées de peintures funéraires et d'inscriptions. Elles accompagnaient la momie du défunt. On en voit dans presque tous les cabinets d'antiquités; on les a surtout tirées des environs de Memphis.

Les *hypogées* sont des constructions souterraines creusées dans le roc, et situées le long du Nil dans la chaîne des monts Libyens : ces monuments ont été étudiés avec soin, et appréciés avec une grande science par M. N. L'Hote. Nous nous contenterons de dire que les excavations les plus curieuses et les plus importantes se rencontrent dans les environs de Thèbes. Les rois faisaient commencer leur tombeau en montant sur le trône, et on y travaillait jusqu'à leur mort. Souvent ces excavations, pratiquées dans le rocher, s'étendent à une profondeur surprenante. Les peintres et les sculpteurs les plus habiles décoraient les parois des chambres et des galeries. La pièce principale du monument s'appelait la *salle dorée* : elle était située au centre ou à l'une des extrémités de la caverne : c'est là que l'on déposait le lourd sarcophage qui renfermait la momie royale embaumée avec le plus grand soin. Il paraît certain que, dans des chambres accessoires, on déposait divers objets précieux appartenant aux défunts; ainsi, on a recueilli des *canopes* (1), espèce de vases qui renfermaient les entrailles et les viscères du personnage. On sait que les tombeaux des rois égyptiens furent pillés et violés à l'époque de l'invasion de Cambyse, 525 ans avant Jésus-Christ.

Si l'on veut connaître la magnificence avec laquelle les hypogées de Thèbes étaient décorées, et avoir l'explication des sujets mythologiques et historiques qui y étaient représentés, nous engageons à consulter le curieux travail que M. L'Hote a publié sur ce sujet il y a quelques années (2). Nous en extrayons le passage suivant, qui renferme des détails intéressants tout à la fois sur les mœurs égyptiennes et sur les tombeaux.

« Dans l'idée des Égyptiens, dit M. L'Hote, la vie de ce monde n'était, comme la mort, qu'une transition, un temps d'épreuve, après lequel les âmes devaient reprendre le corps qu'elles avaient abandonné; motif de plus (3) pour conserver les cadavres par tous les moyens dont ils pouvaient disposer. Aussi, dans leur vie toute religieuse, les Égyptiens prenaient-ils moins de souci de leurs habitations que de leurs tombeaux ; ils appelaient ceux-ci leurs véritables demeures, leurs *maisons éternelles ;* la pensée de toute leur vie tendait à se creuser une tombe, et à s'en assurer la possession ; ils se plaisaient à l'agrandir et à la décorer selon leurs ressources. Le voyageur qui parcourt l'immense nécropole de Thèbes est saisi de surprise à la vue des innombrables excavations dont le sol de la plaine et les

(1) Ces vases étaient au nombre de quatre ; il y en a en argile et en albâtre : ils ont la forme d'un cône renversé. Les quatre couvercles qui les accompagnent diffèrent entre eux ; ils figurent une tête de femme, une tête d'épervier, une tête de schakal et une tête de cynocéphale. Sur leur panse on voit des inscriptions hiéroglyphiques, relatives aux morts.

(2) Dans le 14e volume de *l'Artiste*, p. 273 et suiv.

(3) Parmi les motifs qui ont porté les Égyptiens à embaumer le corps des morts, le plus puissant était inspiré par l'hygiène publique. On avait voulu surtout soustraire les cadavres humains et tout ce qui avait eu vie à l'influence délétère d'un sol périodiquement inondé par le Nil, et soumis à l'action d'un soleil brûlant ; de cette manière on diminuait les causes de peste.

flancs de la montagne sont criblés ; d'immenses catacombes, de gigantesques travaux souterrains, sont l'ouvrage de simples particuliers. Toute la population de Thèbes et des environs s'est, pendant une longue suite de siècles, accumulée dans ces hypogées ; depuis plus de mille ans que la cupidité barbare ou savante exploite ce champ des morts, les momies en sortent encore aujourd'hui par myriades ; le sol est couvert de leurs débris amoncelés, et les habitants de la contrée n'ont d'autres combustibles que les caisses en bois sculpté qui sortent des entrailles de la terre.

« Ce soin religieux pour les morts, les usages et les pratiques auxquels il donnait lieu, entretenaient à Thèbes une industrie immense. Tout le quartier occidental de la ville était consacré, sous le nom de *memnonia,* non-seulement à l'inhumation des morts, mais aussi à l'habitation des gens que les morts faisaient vivre. Le même quartier renfermait les vastes établissements des embaumeurs, ceux des fabricants de caisses de momies (1), de figurines et autres objets funéraires ; les logements des sculpteurs et tailleurs de pierre, des peintres, des scribes et employés divers ; là, encore, se trouvaient les porteurs et les prêtres chargés d'accompagner les morts à leur dernière demeure, et de faire, à certaines époques, des prières dans les tombeaux. Une vaste administration tenait la comptabilité et l'enregistrement des titres de propriété des divers tombeaux ; un tribunal statuait sur les contestations qui pouvaient survenir avec l'administration, ou entre les

(1) Les pauvres étaient desséchés au moyen du sel ou du natrum, enveloppés dans la toile et placés dans les catacombes. Quant aux riches, on extrayait les viscères ; on mettait le baume le plus parfait à la place, on leur adaptait des yeux d'émail, on leur dorait le visage, on leur frisait les cheveux, on plongeait tout leur corps dans le baume, on les enveloppait de bandelettes, on leur mettait des colliers, des tuniques, et on les plaçait dans des caisses en bois de sycomore ou de cèdre, couvertes de peintures représentant des scènes funéraires, le nom et les qualités du défunt. Quelquefois le corps était enfermé dans plusieurs cercueils à la fois, et on le déposait dans un caveau avec des figurines, des vases, etc.

particuliers. La fabrication et la vente des objets funéraires formaient un commerce considérable; il y avait des magasins de cercueils peints, de statuettes, de coffres, de vases, dont les inscriptions, selon la formule du rituel, étaient toutes tracées; on laissait en blanc les noms et titres, pour les remplir selon la qualité du défunt. Les gens riches, et qui voulaient se distinguer, commandaient ces objets; alors le sculpteur, le cartonnier, le peintre, rivalisaient de luxe et de talent; ils donnaient à la momie les traits mêmes du défunt; les figurines étaient aussi faites à sa ressemblance, sans toutefois s'écarter de la forme consacrée pour ces sortes d'images. Tout le monde connaît aujourd'hui ces figures en forme de momies, en terre cuite émaillée, en bois ou en albâtre, dont nos collections sont remplies. L'intention allégorique de ces images était de représenter le défunt lui-même tenant d'une main le hoyau, de l'autre la charrue; derrière son épaule pendait le sachet renfermant les semences : le tout par allusion aux Champs-Élysées, que les morts étaient censés cultiver. On voit que, pour les Égyptiens, comme pour tous les peuples, la vie future était une image de la vie terrestre. D'autres figurines, de même matière, représentaient Osiris, dieu des enfers, en qui les morts étaient absorbés. Les parents et amis du défunt achetaient de ces images en plus ou moins grand nombre, et les déposaient auprès de la momie : c'étaient comme des *ex-voto*, des amulettes *Diis manibus* : on était censé réciter les prières tracées sur ces objets.»

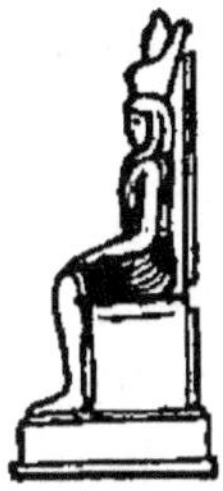

Nous dirons peu de chose de la sculpture et de la peinture qui rentrent moins que le reste dans le cadre que nous nous sommes tracé. Le caractère général des figures égyptiennes était la gravité, la réalité. Les artistes faisaient des portraits rigoureusement exacts, mais ne tendaient jamais à atteindre à des types d'une beauté idéale. Les statues en pierre étaient ordinairement destinées à être adossées. Les figures assises se distinguent par la régularité de leur pose et leur immobilité com-

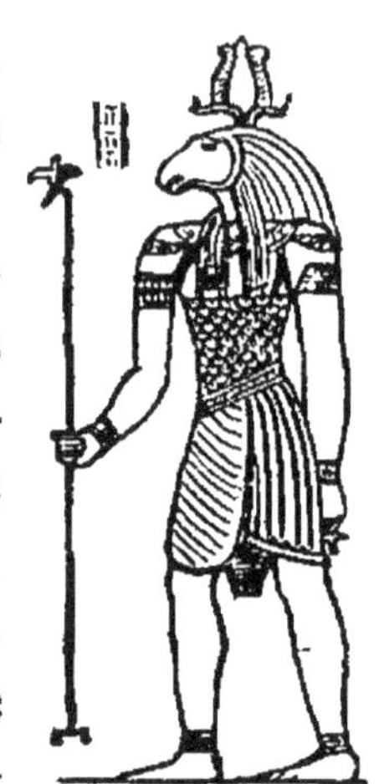

plète; les figures représentées debout marchent d'un pas roide et mesuré. L'exécution de ces divers ouvrages est plus ou moins parfaite, suivant la période artistique à laquelle ils appartenaient. Winckelmann reconnaît plusieurs périodes : l'une, qui comprend tous les monuments élevés depuis les temps les plus reculés de l'histoire jusqu'à Cambyse; l'autre s'étend depuis le règne de ce prince jusqu'à l'arrivée des artistes grecs en Égypte. Quoi qu'il en soit, une figure égyptienne, quelle que soit l'époque à laquelle elle ait été exécutée, a, dans ses allures, dans sa physionomie, un cachet toujours original, qui l'empêchera de la confondre avec les statues d'aucun autre peuple. Les Grecs ont perfectionné la partie plastique, mais les types sont restés ce qu'ils étaient plus anciennement. D'après Winckelmann, le caractère général de la statuaire égyptienne, c'est la circonscription de la figure par des lignes droites et peu saillantes; les pieds sont sur le même plan, ou l'un avance devant l'autre. Les os et les muscles sont faiblement indiqués; les tendons et les veines ne le sont pas du tout. Les yeux sont à fleur de tête. L'os de la pommette est toujours fortement accusé, les oreilles placées très-haut. Le menton est petit; les pieds sont plats, et les orteils sans articulations. Les bras sont fort longs, la poitrine large, les genoux et les coudes très-accentués. On voit que les sculpteurs s'attachaient plus à rendre les masses que les détails. Les Égyptiens ont excellé surtout dans la représentation des animaux. Aucun peuple n'a rien produit de plus vrai dans ce genre. Sous le rapport de la statuaire, tout le monde sait qu'ils ont exécuté les plus grands monuments connus. Ils nous ont laissé, en effet, des colosses qui ont plus de 60 pieds de hauteur, et qui sont travaillés avec autant de soin que la plus élégante figurine. Ils se sont servis avec succès du bois, du bronze, de l'or, de l'argent, et de la terre cuite. Enfin, la sculpture en creux a été traitée par eux avec une rare précision, surtout dans les innom-

8.

brables hiéroglyphes qui couvrent à l'intérieur comme à l'extérieur tous leurs monuments.

De même que Memnon (1) passe pour avoir, le premier, enseigné l'art de sculpter, de même Philoclès est regardé comme l'inventeur de la peinture (2). Une chose certaine, c'est que les Égyptiens ont pratiqué ce dernier art dès les temps les plus reculés, ainsi qu'on le voit dans les temples, dans les tombeaux, sur les momies et les papyrus. Ils n'employèrent que six couleurs : le blanc, le bleu, le noir, le rouge, le jaune et le vert. Ils les étendaient les unes à côté des autres sans les mélanger, sur un fond préparé à l'avance, et ces couleurs se sont conservées intactes jusqu'à présent. Ces couleurs étaient à base métallique. Nous dirons même que le bleu de Cobalt, qui est une invention moderne, a été très-souvent employé par les Égyptiens. On retrouve dans leur peinture le même style que dans leur sculpture. Seulement, toutes les figures sont de profil; les artistes ignoraient à peu près la science du jeu de l'ombre et de la lumière, ainsi que la perspective. On trouve dans une foule de monuments de grands tableaux représentant des scènes religieuses ou funéraires, et des sujets empruntés à la vie domestique, civile et militaire de ce peuple. Norden a observé dans la Haute-Égypte des colonnes qui ont 32 pieds de circonférence et qui sont couvertes de peintures. Il est certain aussi que beaucoup de statues et de bas-reliefs étaient peints au naturel. On peut dire que, dans les ouvrages de peinture égyptienne, les contours sont rigoureusement indiqués, mais que le modelé est tout à fait négligé. A propos des statues des dieux, nous ferons observer qu'on donnait au nu une couleur différente pour chaque divinité, une couleur sacramentelle, invariable.

Quoi qu'il en soit, il est certain que, si l'art égyptien n'eût pas eu un caractère tellement symbolique, s'il n'eût été soumis à la reproduction fidèle de types immuables, il eût

(1) Diodore de Sicile, l. I.
(2) Pline, l. XXXV, ch. 3.

atteint à une grande perfection, et eût brillé peut-être d'un éclat aussi vif que l'art grec.

Avant de terminer ce travail, nous croyons qu'on ne lira pas sans intérêt quelques renseignements sur les études qu'on a faites à diverses époques, sur l'interprétation de l'écriture hiéroglyphique. On comprend qu'il ait fallu bien des efforts, bien des tentatives, bien des recherches, pour déchirer le voile qui couvrait ce langage mystérieux. On pressentait avec raison que la science historique serait fécondée de bien des découvertes intéressantes, le jour où toutes ces figures, muettes pendant tant de siècles, nous révèleraient enfin la science du passé. Aussi, bien des savants ont-ils passé leur vie à interroger, mais en vain, les monuments des Pharaons. On savait que la civilisation égyptienne le disputait en antiquité aux plus vieilles civilisations de l'Inde; on savait que l'Égypte avait été, elle aussi, un autre berceau des arts, de la philosophie et des sciences, que la Grèce et l'Italie étaient venues chercher auprès d'elle les préceptes de la sagesse, et se faire initier à ses lois et à ses coutumes si vénérées. Tour à tour, en effet, Thalès, Pythagore, Platon, avaient reçu des prêtres de l'Égypte un enseignement élevé qu'ils avaient fécondé; et cependant, dans le siècle dernier encore, on savait à peine quelques détails certains sur les arts et la religion de l'Égypte. Excepté les pages que leur ont consacrées Hérodote, Diodore de Sicile, Strabon, Plutarque et Eusèbe, il n'y avait que les monuments qui pussent fournir des notions précises et certaines; car les monuments qui couvrent le sol de l'Afrique orientale ne sont pas seulement curieux comme de gigantesques produits de l'art, mais avec les sculptures et les peintures qui les décorent, ce sont aussi de vastes livres où nous lisons tout le passé. Mais comment connaître le sens caché sous ces signes mystérieux? Là était la difficulté : c'est à peine même si l'on pouvait espérer arriver à quelque résultat. Les écrivains romains prétendaient que, déjà de leur temps, les prêtres égyptiens ignoraient le mécanisme de la langue figurée et le sens des vieux symboles en honneur sur leurs monuments. Saint

Clément d'Alexandrie était l'écrivain qui avait le mieux compris les combinaisons du système épigraphique des Égyptiens, et les *Stromates* de ce prélat devaient servir de point de départ à toutes les investigations ; aussi, le passage de son livre fut-il bien souvent commenté, sans qu'il ait jamais été parfaitement compris.

Ce qui a empêché les savants des deux siècles qui précèdent le nôtre de chercher avec succès l'interprétation des hiéroglyphes, c'est qu'ils pensaient que cette écriture ne se composait que de caractères dont chacun représentait une idée tout entière. Or, cette donnée était tout à fait fausse : on ne put donc faire que des hypothèses. Voyez l'*OEdipus ægyptiacus* du père Kircher, et vous jugerez de la puissance imaginative dont peut être doué un cerveau humain. Avec ces extravagances, pourtant, le père Kircher a fondé une école. L'évêque Warburton, s'appuyant sur les ouvrages des auteurs anciens, et discutant, analysant leur texte, approche beaucoup plus de la vérité ; mais cependant il resta dans les idées générales, et ne résolut aucune difficulté. Pluche, avec sa manie astronomique, doit être mis sur la même ligne que Kircher avec ses rêveries cabalistiques.

Il semblait que les savants fussent condamnés à ne pas sortir de la sphère des hypothèses et des conjectures les plus vagues, quand une découverte ouvrit tout à coup un champ vaste et fécond à leur érudition. Des ouvriers français étaient occupés à creuser les fondations du fort Saint-Julien à Rosette; ils trouvèrent une pierre qui portait, gravées en creux, trois inscriptions, en trois caractères différents. Les Anglais s'emparèrent de cette pierre et la déposèrent dans le *British museum* à Londres. Bientôt on vit qu'elle était de la plus haute importance. Une des inscriptions était en grec, et apprenait que sur ce bloc était gravé un décret en caractères sacrés ou hiéroglyphiques, en caractères enchoriaques ou populaires, et en caractères grecs. Alors on put commencer une série de travaux qui ont amené les résultats extraordinaires et inespérés que l'on connaît. Pearson et Heine complétèrent et traduisirent le texte de l'inscription grecque, dont M. Ch. Lenormant a donné une nouvelle traduction dans ces derniers temps. M. Sylvestre de Sacy découvrit dans le texte enchoriaque ou démotique les groupes de caractères qui désignaient trois noms propres, ceux d'Alexandre, d'Alexandrie et de Ptolémée. Un diplomate suédois, M. Akerblad, *démontra* que la découverte de M. de Sacy était fondée. Il essaya de former un alphabet, mais il échoua dans son entreprise, parce qu'il crut que le texte de l'inscription était simplement alphabétique, et qu'il pensait trouver le même nombre de voyelles que dans la langue copte actuelle, langue que MM. Étienne Quatremère et Jablonski avaient prouvé être identique à celle qui fut parlée dans l'ancienne Égypte. En 1834, M. Thomas Young essaya une traduction conjecturale de la pierre de Rosette, et la publia dans l'*Archæologia britannica*; une seconde version plus complète parut ensuite dans le *Museum criticum* de Cambridge. Mais avec toutes ces données il n'était pas possible encore de débrouiller le chaos des inscriptions égyptiennes : il restait une grave difficulté à surmonter; il s'agissait de savoir si chaque signe phonétique était l'image d'un objet physique, dont le nom, dans la langue vulgaire, commençait par le son que ce signe lui-même est appelé à représenter. Et cette loi épigraphique, qui a été la cause de toutes les découvertes relatives à l'Égypte, c'est Champollion qui l'a trouvée et qui l'a démontrée. C'est à lui qu'en revient la gloire. Cependant une grande partie de cette gloire appartient aussi au docteur Th. Young. Avant Champollion, il avait avancé que les caractères phonétiques avaient été employés dans les inscriptions hiéroglyphiques, mais seulement pour exprimer les mots étrangers, tout en soutenant que les systèmes d'écriture des anciens Égyptiens étaient purement idéographiques. Cette dernière partie de la proposition était une erreur fondamentale. L'ouvrage de Champollion qui a opéré une révolution dans la science, est le *Précis du système hiéroglyphique des anciens Égyptiens*. C'est dans ce livre que se résument tous ses travaux et toutes ses découvertes; et c'est ce travail qui a servi de base et de point de départ à toutes les recherches, à toutes les investigations subséquentes. La publication de la *Grammaire égyptienne* vint mettre le comble à la réputation de Champollion, qu'une mort prématurée a enlevé trop tôt à la science qu'il avait, pour ainsi dire, fondée.

Aujourd'hui, il est admis dans la science que le système d'écriture égyptienne se compose de la manière qui suit : on distingue l'écriture *hiéroglyphique,* qui représente directement les objets, ou les idées métaphoriques des objets ; l'écriture *hiératique*, qui semble être une abréviation, une simplification des signes hiéroglyphiques ; et enfin l'écriture *démotique,* qui se rapproche de l'hiératique, mais qui est encore plus simple et plus alphabétique.

C'est en partant de ces principes que les travaux sur l'antiquité égyptienne sont continués avec succès. Depuis la mort de Champollion jeune, les érudits poursuivent leurs investigations ; nous ferons connaître les livres où l'on peut puiser sur cette matière de plus amples renseignements.

## CONSTRUCTIONS CYCLOPÉENNES.

Les Pélasges passent pour être, sinon les habitants indigènes de la Grèce, du moins pour les plus anciens peuples dont l'histoire fasse mention dans ce pays. On les a appelés, dans diverses circonstances, Arcadiens, Pélargoniens, Cyclopes, Géants, Perrhébéens, Tyrrhéniens, Ænotriens et Hellènes. Souvent chassés de la Grèce, où ils étaient établis de temps immémorial, ils ont fondé une foule de colonies dans diverses provinces de l'Europe et de l'Asie. Ce furent des Pélasges tyrrhéniens, qui, repoussés de la Libye méridionale, vinrent civiliser les peuples sauvages de l'Italie. Ils s'établirent entre le Tibre, l'Arno et le Liris, et y fondèrent plusieurs villes qui devinrent très-florissantes.

C'est aux Pélasges qu'on attribue certaines constructions fort anciennes, auxquelles on a donné le nom de *cyclopéennes*. Si elles dénotent les efforts d'une population puissante, elles nous montrent aussi les premières tentatives du génie de l'homme dans l'art de bâtir.

L'appareil cyclopéen a été employé pour élever des murs et des portes de villes, pour des enceintes sacrées, et pour le revêtement de plusieurs tombeaux héroïques. Les murs les plus anciens, comme ceux de Tyrrinthe, se composent d'énormes blocs de pierre ajustés les uns à côté des autres. Les interstices qu'ils laissaient entre eux ont été bouchés au moyen de petites pierres. D'autres murs du même genre sont faits avec plus d'art. Les blocs de pierre, toujours fort grands, et de forme polygonale, sont taillés avec beaucoup de précision, et assemblés avec beaucoup de soin, sans aucune espèce de ciment. Les Pélasges ne connaissaient pas l'équerre; Aristote nous apprend qu'ils se servaient d'une règle de plomb qui se pliait à la configuration générale de chaque bloc, pour en tracer l'épure, et le tailler.

Avant d'arriver à façonner des pierres rectangulaires, les Pélasges et les Romains ont fait des essais successifs que l'on peut constater en comparant les diverses constructions cyclopéennes. Ainsi, le premier spécimen que nous donnons ici montre l'appareil cyclopéen dans toute sa barbare rusticité.

1

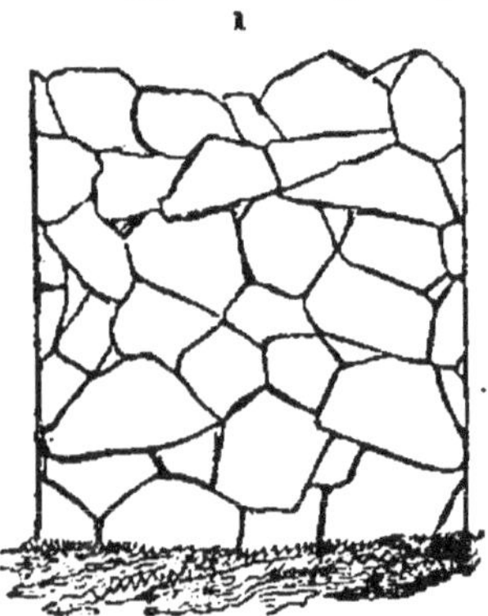

2

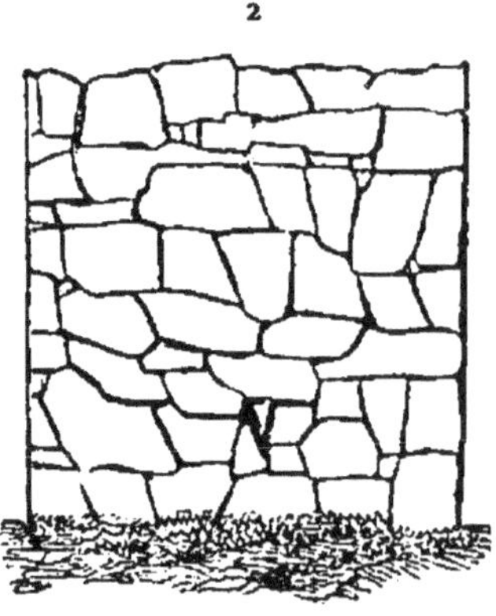

Le second spécimen nous représente des pierres dont la configuration est plus régulière, et qui se rapproche assez du *grand appareil* employé plus tard dans les beaux édifices de la Grèce et de l'Italie. Cet exemple est emprunté à l'enceinte murale de Mycènes, semblable en tout à celle d'Argos. Or, si ce mur date, comme c'est probable, de la fondation de la première de ces deux villes, il remontrait à l'an 1790 avant notre ère. Nous dirons qu'il paraît que la taille rectiligne des pierres ne fut introduite à Rome que du temps de Tarquin l'Ancien, quand ce roi fit construire le grand égout de cette ville.

Ces progrès successifs dans l'art de bâtir ont été observés par Petit-Radel et par Edward Dodwell (1). Bien que ce système ait été contesté par quelques antiquaires, il est juste de dire qu'il est admis par la généralité des savants d'aujourd'hui. Il faut toutefois faire quelques réserves : toutes les constructions cyclopéennes, à ce qu'il paraît, ne remontent pas à une antiquité aussi reculée qu'on l'a avancé.

Quant à l'origine de l'appareil cyclopéen, elle n'a jamais été mise en doute. Les écrits d'Hérodote, de Pline, de Strabon, de Pausanias et de Denys d'Halicarnasse, sont tous d'accord pour attribuer ces antiques constructions aux Pélasges.

Les principales villes où l'on a observé des ruines pélasgiques se trouvent en Grèce, en Italie, en Sicile et dans l'Asie mineure. Nous citerons surtout Mycènes, Argos, Larysse, Nauplie, Tyrrinthe, Chéronée, Delphes, Éleusis, Saturnia, Fundi, Setia, Vollaterium, Ferentinum, Sequi.

M. Petit-Radel a fait exécuter en gypse colorié des modèles des principales constructions cyclopéennes. Ils sont exposés dans les salles de la *bibliothèque Mazarine*, et offrent les premiers éléments de l'histoire de la lithologie monumentale. A côté de cet antique appareil se trouvent des modèles des appareils moins anciens employés en Grèce et en Italie.

## DES ORDRES D'ARCHITECTURE.

Deux principes essentiels président à l'art de bâtir, l'un, *positif, nécessaire*, comprend les conditions de solidité, de salubrité et de commodité; l'autre, *arbitraire*, variable suivant les temps et les lieux, s'appuie sur la beauté. Il faut, dans un édifice, que toutes les parties aient leur raison d'être, et ne

(1) Voyez l'article bibliographique.

choquent pas les exigences du plus simple bon sens, quand bien même elles seraient agréables pour les yeux.

Vitruve (1) réduit toute la théorie de l'architecture à cinq conditions : l'*ordonnance*, τάξις ; la *disposition*, διάθεσις ; la *proportion*, εὐρυθμία ; la *bienséance*, decor, πρέπον ; et la *distribution*, οἰκονομία. Cependant il est juste de dire que cette théorie est assez obscure, et si difficile à expliquer, que les commentateurs de Vitruve l'ont essayé en vain. Philander, Barbaro, Scamozzi, n'ont guère réussi à nous dire ce qu'on doit entendre par chacun des mots que nous venons de citer, mots dont le sens se confond ; aussi ont-ils pensé que le texte de l'auteur latin avait été altéré ; et à vrai dire, le sens de ces mots se devine plus facilement qu'il ne s'explique.

De tous les peuples de l'antiquité, les Grecs, les Étrusques et les Romains sont les seuls dont l'architecture ait été soumise à des règles positives, à des lois rationnelles, et dont les édifices offrent dans toutes leurs parties des proportions déterminées. Toutes leurs constructions peuvent être ramenées à des systèmes architectoniques que l'on désigne par le mot générique d'*ordres*. On appelle ordre un arrangement régulier de parties saillantes, parmi lesquelles la colonne joue le principal rôle, une disposition de moulures, et même d'ornements, qui donnent au tout un caractère particulier. Un ordre complet se compose de trois éléments distincts, ainsi qu'on le verra plus loin, savoir : un *piédestal*, une *colonne* et un *entablement*. Cependant il est juste de dire que, chez les Grecs, les colonnes n'ont pas de piédestal spécial : il est remplacé par la base générale qui règne tout autour de l'édifice, par le *stylobate* (2), le *soubassement*, ou par une simple moulure, la *plinthe* (3).

Chacun des trois membres d'un ordre se divise en trois parties. En consultant la planche de la page 182, on trouve

(1) Vitruve, liv. I, ch. 2.

(2) Du grec στύλος, colonne, et βαίνειν, marcher, en latin *stylobata* et *stereobata*.

(3) Πλίνθος, brique carrée.

pour le piédestal la base, *quadra*, A ; le dé, *truncus*, B, et la corniche, *corona*, C.—Puis on distingue dans la colonne, 1° la base, *spira*, D: 2° le fût, *scapus*, E ; 3° le chapiteau, κεφαλή, *capitulum*, F. — Pour l'entablement, nous avons, 1° l'architrave (1), *epistylium*, G; 2° la frise (2), ζώνη, διάζωμα, H; 3° la corniche, I.

Ces parties sont décorées de diverses *moulures* (3), petits ornements en saillie sur le nu du mur, dont le nombre, la forme et la disposition varient pour chaque membre et chaque ordre d'architecture.

Il y a plusieurs espèces de moulures : on distingue : 1° les *moulures lisses*, celles qui n'ont point d'ornements taillés ; 2° les *moulures ornées*, celles qui présentent des ornements gravés en creux ou en relief; 3° les *moulures simples*, ou *petites*, celles qui n'ont point de filets qui les accompagnent; 4° les *moulures couronnées*, ou *grandes*, celles qui sont accompagnées d'un filet. Les petites sont les réglets, les astragales, les congés ; les grandes sont : le larmier, la cymaise, le quart de rond et le talon. Nous dirons que la plate-bande des modillons est toujours terminée par de petites moulures. Barozzio de Vignole a dit que les ornements étaient à l'architecture ce que les lettres sont à l'écriture ; de même que, par les diverses combinaisons auxquelles les lettres peuvent être soumises, on fait une infinité de mots, de même aussi, par le mélange des moulures, on obtient une grande variété de profils différents pour chaque ordre. Seulement, l'expérience a appris à les adapter les unes aux autres suivant certaines règles qui ne sont pas arbitraires, mais qui s'appuient sur la géométrie, règles fondées sur l'expérience et le goût, et dont on retrouvera l'application exacte dans la description que nous ferons de chaque ordre en particulier. Les

(1) Du grec ἀρχὸς, principal, et *trabs*, poutre.

(2) Du latin *phrygionius*, brodeur, parce que la frise est ornée de moulures qui imitent la broderie.

(3) Ce mot vient évidemment du verbe *mouler*, qui lui-même dérive du verbe *modeler*.

moulures lisses portent plusieurs noms : ceux-ci accrédités parmi les ouvriers, ceux-là dans les auteurs; nous donnerons les uns et les autres.

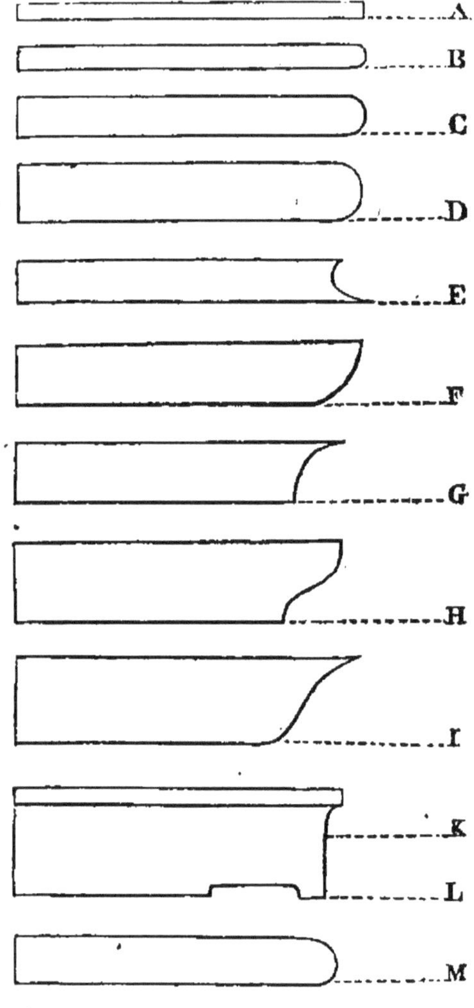


A. *Réglet, bandelette, filet, listel, listeau* (QUADRA) : ces divers mots désignent une moulure carrée qui ressemble à une règle, et qui, d'ordinaire, accompagne une moulure plus importante. Le listel sépare encore les cannelures des colonnes ionique et corinthienne. Le *tænia* (ταινία, *ruban*) est une sorte de listel, une plate-bande qui est placée entre la frise et l'architrave de l'ordre dorique.

B. *Astragale*, ἀςράγαλος (1), *astragalus*, *baguette*. C'est une petite moulure demi-ronde, qui joint le chapiteau à la colonne, et qui entoure d'ordinaire l'extrémité supérieure du fût, sauf dans l'ordre dorique grec. Quelquefois il offre un chapelet de perles, d'olives, etc.

C. *Petit tore, tore supérieur* (*torus*) (2), *boudin, rond, bizel :* moulure demi-ronde, plus épaisse que la précédente.

D. *Gros tore*, *gros bâton*, *tore inférieur;* le nom même de cette moulure indique qu'elle est plus large et plus saillante que le petit tore. Ces deux dernières moulures s'observent surtout à la base attique ou corinthienne.

E. *Trochile* (τρόχιλον, poulie), *nacelle, scotie* (σκότιος, obscur,

(1) Mot qui désigne un des os du pied avec lequel on a trouvé que ce membre d'architecture avait du rapport.

(2) Mot qui signifie câble; en grec τόρος.

profond), *rond-creux :* moulure concave qui se termine par deux filets. Il y a une scotie inférieure et une supérieure qui accompagnent le gros et le petit tore de la base attique.

F. *Échine,* echinus (1), *astragale lesbien, ove, quart de rond.* Cette moulure décrit un quart de cercle. On l'observe au chapiteau dorique.

G. *Escape, cymaise dorique* (κυμάτιος, flot), *demi-creux, cavet* (*cavus,* creux) : moulure concave, et dont la profondeur varie. La partie concave forme la *gorge,*

H. *Cymaise lesbienne;* convexe par le haut, concave par le bas; Vitruve l'appelle *talon* (*talus,* talon du pied); c'est l'opposé de la doucine; celle-ci termine la corniche. Il ne faut pas confondre ces moulures avec le *congé,* petit cavet qui joint le fût de la colonne à ses moulures supérieures vers le chapiteau ; on l'appelle encore *apophysis, apothesis* (fuite). On l'emploie conjointement avec l'astragale.

I. *Gueule, gorge* et *cymaise :* on appelle ainsi la moulure qui termine la corniche.

K. *Larmier* (2) *couronne, gouttière, manchette :* moulure qui fait partie de la corniche. Elle est taillée carrément, avec un bord à vive arête.

L. *Soffite* (*soffito,* plafond ) : on donne ce nom à la surface inférieure du larmier ; elle est d'ordinaire ornée de moulures. Dans l'ordre dorique, elle présente des gouttes (*guttæ*) qui correspondent aux gouttes des triglyphes. Le soffite de la corniche ionique est décoré de rosaces séparées par des denticules. Dans le corinthien, les rosaces sont séparées par des modillons (3) en forme de console renversée. Enfin on donne aussi le nom de soffite à la surface inférieure de l'architrave.

M. *Tore corrompu :* moulure convexe, que l'on peut comparer à un demi-cœur.

Nous avons indiqué la forme des principales moulures lisses, maintenant nous allons faire connaître celles qui sont ornées,

(1) Du grec ἐχῖνος, coque de châtaigne, hérisson.

(2) Ainsi appelée parce que cette moulure, en saillie sur la frise, garantit la façade de la pluie, et que la pluie en tombe goutte à goutte.

(3) Les mots *triglyphes, denticules, modillons,* seront expliqués plus loin.

sculptées en relief ou en creux. Les dessins dont elles sont décorées le plus souvent doivent être connus : en voici le nom et la figure : à la lettre A, sont représentés des oves ; on remarquera, entre chaque ove, un dard de serpent. On prétend que quelquefois l'ove se faisait en forme de cœur, et qu'on y ajouta ces dards pour symboliser l'amour. Quand l'ove est orné de feuillages sculptés, il est dit *ove fleuronné.*

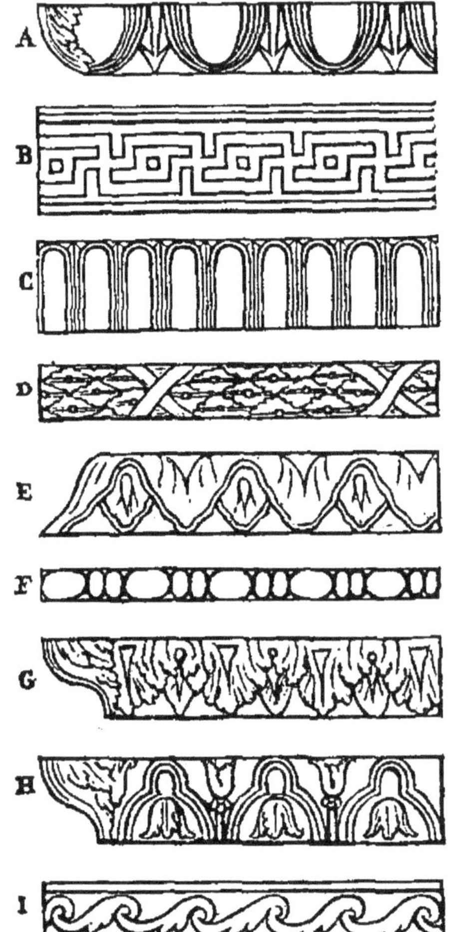


On appelle *guillochis doubles, grecque*, l'entrelacement de lignes se coupant à angles droits, représentés à la lettre B. Ils peuvent être simples, mais alors ils n'offrent plus qu'une sorte de zigzag.

A la lettre C, on voit dessinés des *canaux* qui sont des espèces de courtes cannelures, dont le fond est quelquefois rempli par des roseaux ou des fleurons.

Nous donnons à la lettre D une baguette ornée de *feuilles de chêne renouées;* à la lettre E, des feuilles d'*eau ;* à la lettre F, un *chapelet* qui s'emploie surtout pour les astragales; à la lettre G, des feuilles de persil ; à la lettre H, des trèfles à fleurons ; enfin, à la lettre I des *postes fleuronnés,* sortes d'enroulements successifs, ainsi appelés parce qu'ils semblent courir l'un après l'autre; quand ils ne sont pas découpés de feuillages, on les appelle simplement *postes.*

Il y a encore un grand nombre de moulures qu'on trouve employées dans les monuments antiques. Ou bien nous aurons occasion de les décrire dans la suite de ce livre, ou bien il suffit de les nommer pour les faire connaître. Ainsi, souvent on observe sur les frises, les corniches et ailleurs, des feuillages qui sont imités, tantôt de l'acanthe, tantôt du persil, de l'olivier, du laurier, du chêne, etc. Les *écailles*, semblables à celles des poissons, ornent souvent le tore inférieur des colonnes. Les *rinceaux* sont des branches de feuillage, naturelles ou imaginaires, et accompagnées de fleurons, de rosaces, etc. Les *entrelacs* indiquent une moulure qui offre des lignes entrelacées avec un certain goût. Enfin, les *palmettes* ont la forme à peu près des feuilles de palmier; on en voit la représentation sur le dessin placé à la page 140. Seulement la palmette est un peu cachée par une tête d'enfant.

On compte cinq ordres d'architecture. Trois appartiennent aux Grecs : le *dorique*, l'*ionique* et le *corinthien;* un aux Étrusques : le *toscan ;* un aux Romains : le *composite.* Les Romains ont employé les ordres grecs, mais ils les ont modifiés sensiblement, circonstance que nous aurons soin de noter. Il y a bien encore deux autres ordres, dont on s'est servi rarement : le *persique,* dans lequel on a remplacé le fût de la colonne par une figure d'esclave mâle, vêtu du costume perse; et le *cariatide,* où le fût de la colonne est remplacé par une figure de femme vêtue comme l'étaient les Caryates, alors que les Grecs les emmenèrent en esclavage; mais ces deux derniers ordres ne diffèrent pas autrement des autres.

Les proportions des ordres sont basées sur une unité de mesure qui est le diamètre inférieur de la colonne. La moitié de ce diamètre s'appelle *module* (1). Comme les divers membres d'architecture sont loin d'avoir un module entier de dimension, il a fallu avoir une autre unité de mesure plus petite, pour noter la hauteur et la saillie des moulures. Aussi a-t-on divisé le module en douze parties égales ou *minutes* (2) pour le toscan et le dorique, et en dix-huit minutes pour l'ionique, le corinthien et le composite. Ce n'est pas tout : on con-

(1) *Modulus*, mot dérivé de *modus*, mesure, proportion.
(2) Du latin *minutus*, petit.

çoit que, plus un édifice sera considérable, plus grandes devront être les dimensions des colonnes. Ces dimensions ne sont pas tout à fait arbitraires. Il a été de règle de donner à la colonne le tiers de la largeur du temple pour l'ordre dorique, par exemple.

Nous allons maintenant faire connaître les diverses parties qui constituent chaque ordre en particulier, et donner les proportions qui doivent exister entre ces diverses parties. Il ne faut rien voir de trop absolu dans ces notions, qui n'ont pas été invariables, ainsi que le prouve l'observation des plus beaux monuments antiques, mais qui ont prévalu dans la science, et qui sont le plus généralement adoptées aujourd'hui.

### Ordre toscan.

Il est probable que l'ordonnance toscane, employée par les peuples étrusques, naquit de l'ordre dorique, avec lequel elle a des rapports de ressemblance incontestables. Les auteurs commencent par donner la description de cette ordonnance, parce qu'elle est la plus simple et en quelque sorte la plus élémentaire.

Il ne nous reste aucun édifice bâti suivant ce système. On n'a retrouvé que deux tronçons de colonne, à Volci et à Bomazzo, qu'on puisse regarder comme toscans. Nous ne connaissons cet ordre que par les quelques mots de Vitruve et de Pline. Voici les proportions que Vignole lui assigne.

On donne 4 modules 8 minutes au piédestal, savoir : 6 min. pour la base, 3 mod. 8 min. pour le dé, et 6 minutes pour la corniche.

La colonne a 14 mod., dont 1 mod. pour la base, 12 mod. pour le fût, et 1 mod. pour le chapiteau. La colonne a la forme conique; son diamètre supérieur n'a que la moitié, et même le quart de son diamètre inférieur.

Pour l'entablement, il y a 3 mod. 61 min., qui se divisent ainsi : 1 mod. pour l'architrave, 1 mod. 2 min. pour la frise, et 1 mod. 4 min. pour la corniche.

Enfin, chaque entrecolonnement (1) doit avoir 4 mod. 8 min.

Le temple de Cérès, à Rome, était d'ordre toscan. On a cru retrouver cet ordre dans l'*amphithéâtre de Vérone* et au *temple de Pæstum ;* mais ces deux monuments n'ont pas les proportions indiquées. Ce dernier temple, consacré à Neptune, offre des colonnes qui ont 8 modules. Quelques architectes ont voulu voir dans cet édifice un ordre particulier, qu'ils ont appelé ordre *pæstum*.

Voici les diverses parties que l'on doit remarquer dans l'ordre toscan.

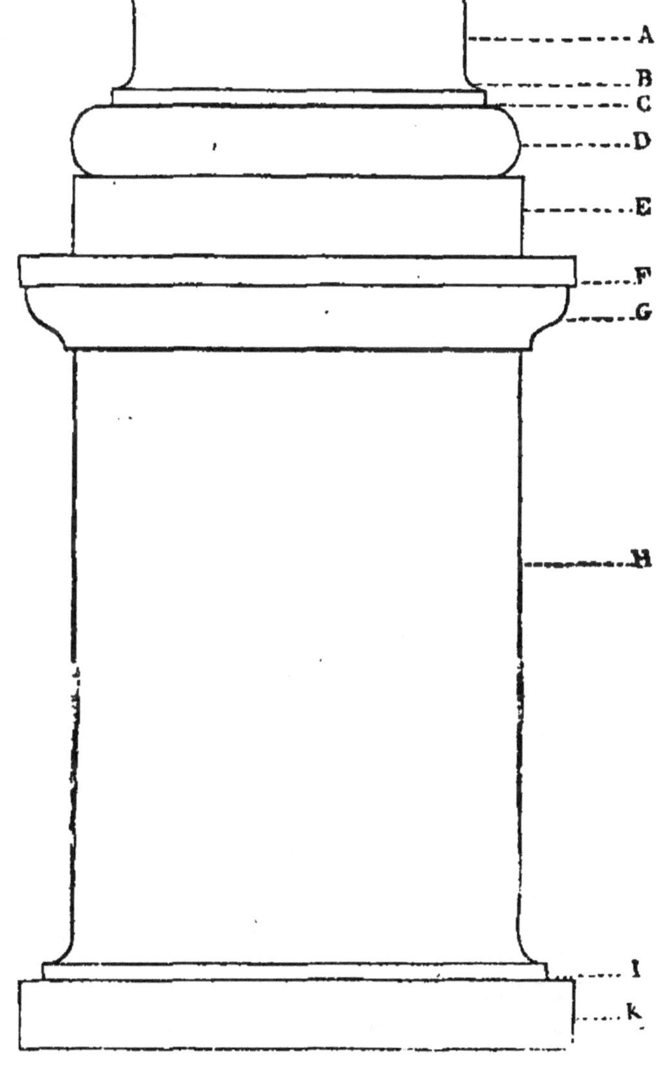


(1) L'entrecolonnement est, comme le mot lui-même l'indique, l'espace qui sépare chaque colonne l'une de l'autre, *intercolumnium*.

*Piédestal.* — K, socle ou base; — I, réglet ou filet; — H, dé; — G, talon ou gueule renversée; — F, réglet.

*Base de la colonne.* — E, plinthe; — D, tore ou gros bâton; — C, listel ou ceinture du bas de la colonne; — B, congé, escape ou naissance du bas de la colonne; — A, endroit où se prend le diamètre de la colonne.

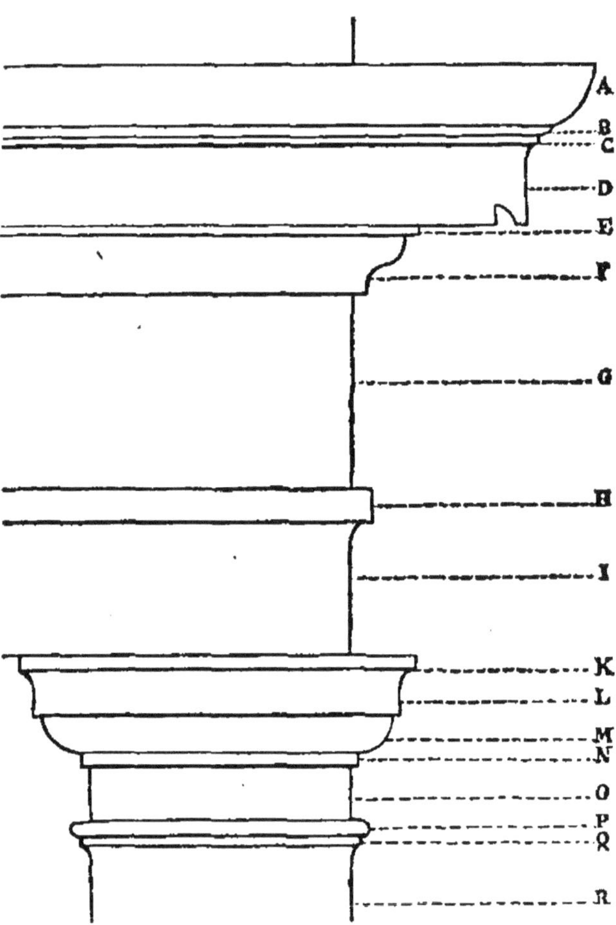


*Chapiteau.* — R, fût; — Q, congé et ceinture supérieure; — P, astragale; — O, gorgerin; — N, filet ou anneau; — M, ove ou échine, ou quart de rond; — L, abaque ou tailloir; — K, réglet de l'abaque.

*Entablement.* — I, architrave; — H, listel; — G, frise; — F, talon; — E, filet; — D, larmier; C, réglet; — B, astragale; — A, ove.

### Ordre dorique.

On attribue l'invention de cet ordre à Dorus, ancien roi de l'Achaïe et du Péloponèse (1); mais cette tradition est de peu d'importance. Il est certain que le dorique, dans le principe, était court et massif, que la colonne, qui n'avait pas même quatre diamètres de hauteur, donnait aux édifices dans lesquels elle était employée un aspect de sévérité qui rappelle tout à fait les vieux monuments égyptiens. Les proportions de l'ordre n'étaient pas arrêtées; peu à peu les architectes le modifièrent et le perfectionnèrent, et lui donnèrent ce caractère de solidité et de grandeur qui le distingue. C'est là la plus ancienne période de l'ordre dorique. Dans la seconde, les Grecs qui passèrent en Asie, sous la conduite d'Ion, avaient fixé la hauteur de la colonne à six diamètres. Dans la troisième période, les colonnes ont plus de six diamètres (2). Les colonnes des propylées, à Athènes, ont près de six diamètres; au temple de Jupiter Néméen, entre Argos et Corinthe, elles ont six diamètres et demi. La colonne dorique employée par les Romains est beaucoup plus svelte. Au temple d'Auguste, à Athènes, elle a presque sept diamètres.

La frise dorique offre une décoration toute particulière. Elle est ornée de *triglyphes* (3), moulure qui a la forme d'un rectangle, et qui présente deux cannelures triangulaires (*canaliculi*), et deux demi-cannelures, séparées par un listel; en bas

(1) On prétend qu'il avait construit lui-même l'*Heræum*, près d'Argos. Voici comment Vitruve s'explique, l. IV, cap. 1 : « Le fils d'Hélénus et de la nymphe Optique ayant autrefois fait bâtir un temple à Junon dans la ville d'Argos, le temple se trouva par hasard bâti de cette manière qu'on appelle dorique. »

(2) Leroy, *Antiquités de la Grèce*, in-fol.

(3) *Triglyphus*, du grec τρεῖς, trois, et γλυφὴ, gravure. Les triglyphes figurent les solives du plafond reposant sur l'architrave. Quelques auteurs prétendent que les triglyphes représentent la lyre d'Apollon, et cela parce que les habitants de Délos bâtirent un temple dédié à ce dieu, et figurèrent sa lyre à la place où l'on met les triglyphes.

elle se termine par une bande sur laquelle sont sculptées des gouttes en forme de petits cônes, au nombre de cinq ou six. Il y a un triglyphe à l'aplomb de chaque colonne et au-dessus de chaque entrecolonnement. Cette règle offre une exception pour les deux extrémités de la frise : les deux derniers triglyphes se montrent aux angles (1). Entre chaque triglyphe, on voit un espace carré que l'on appelle *métope* (2), et qui est orné de têtes d'animaux, de patères et de groupes de figures. On sait que les métopes du Parthénon représentent le combat des Centaures et des Lapithes. Enfin, la corniche est ornée de mutules (3), petits modillons carrés, sous lesquels sont distribuées les gouttes, et qui répondent à chaque triglyphe.

Les plus beaux monuments antiques appartenant à l'ordre dorique ont été bâtis par les Hellènes. Le dorique romain tient tout à la fois du dorique et de l'ionique grec. Les Latins altérèrent surtout le chapiteau, en y ajoutant une astragale et un tore plus saillant. Le tailloir fut remplacé par un plateau assez mince, et l'entablement reçut moins de hauteur. Enfin, on alla jusqu'à augmenter le nombre des triglyphes, ce qui fit perdre de vue leur principe originaire et représentatif. Peu à peu la base prit plus d'importance ; au théâtre de Marcellus, ce n'est qu'une légère doucine ; mais au Colisée, cette base existe tout à fait.

On pense que c'est du dorique du monument d'Albane que s'est inspiré Vignole pour composer son dorique mutulaire, dont nous donnons le dessin dans les deux pages suivantes.

Les proportions classiques de l'ordre dorique sont celle-ci : 1° la colonne avec sa base et son chapiteau doit avoir 16 modules (la base et le chapiteau ont chacun 1 module, de sorte qu'il en reste 14 pour le fût) ; — 2° le piédestal a 5 modules

(1) Voyez, pour cette disposition, le dessin de fronton que nous donnons pag.

(2) *Metopa*, du grec μετὰ, entre, et ὀπή, trou. Il paraît que, dans les plus anciens édifices, les métopes restaient vides entre les triglyphes.

(3) *Mutulus*, corbeau ; on suppose que cet ornement avance comme un bec, et l'on pense que les Italiens ont fait avec *mutulus* leur mot *modiglione*, d'où nous avons tiré le mot *modillon*.

4 minutes, divisés ainsi : pour la base, 10 min.; pour le dé, 4 mod.; pour la corniche, 6 min.;—3° l'entablement est mesuré par 4 mod., savoir : pour l'architrave, 1 mod.; pour la frise, 1 mod. ½; pour la corniche, 1 mod. ½. L'entrecolonnement est de 5 mod. 6 min.

Les diverses parties de l'ordre dorique se composent d'un certain nombre de moulures dont voici la disposition dans ce dessin.

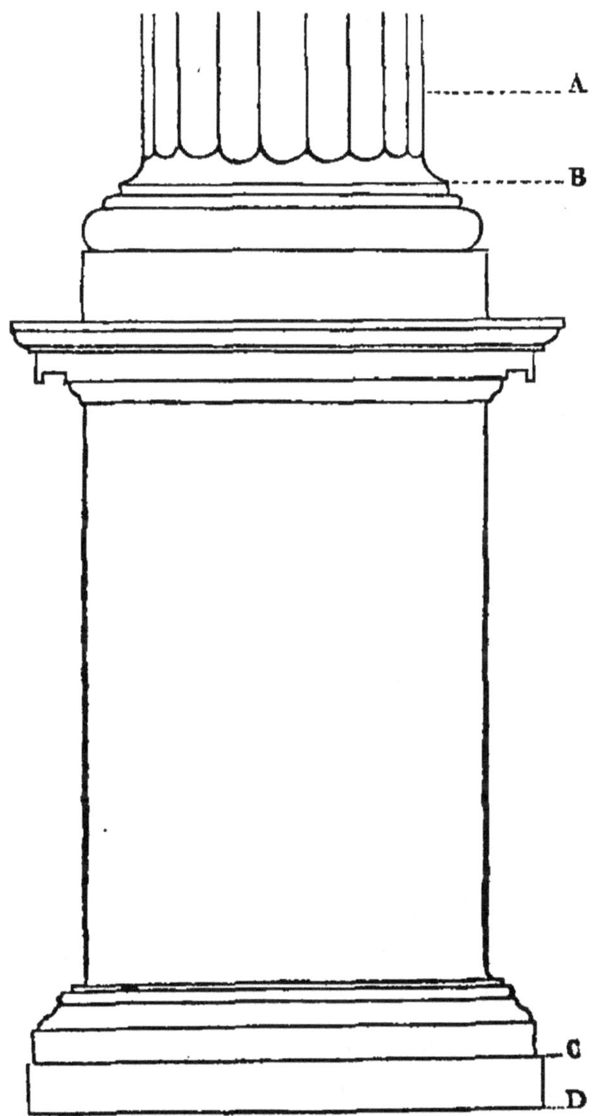


*Piédestal.* — D, socle ; — C, plinthe ; — B, orle ; — A, cannelures à vives arêtes. Les autres membres architectoniques ont été expliqués dans la planche de l'ordre toscan.

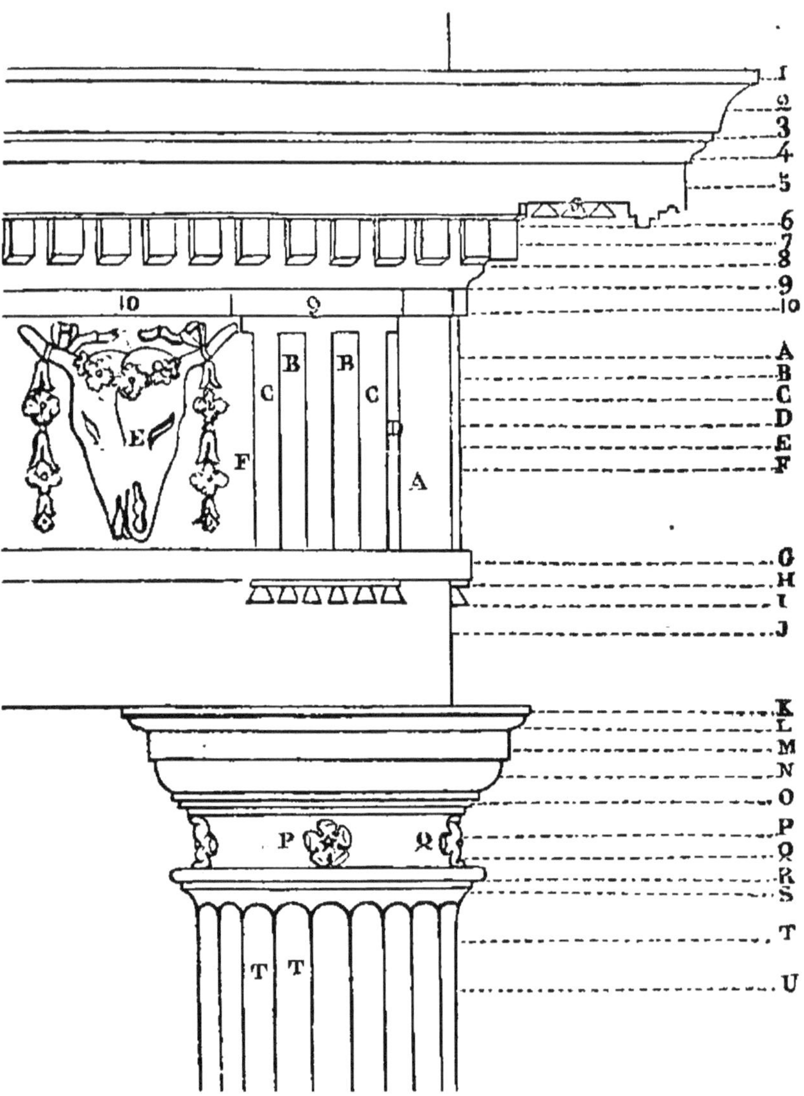


U, *fût de la colonne.* — T, cannelures ; — S, filet et congé ; — R, astragale.

*Chapiteau.*—P, rose du gorgerin ;—Q, gorgerin ;—O, trois filets ou annelets ; — N, ove ou échine ; — M, plate-bande du tailloir ; — L, talon ; — K, réglet.

*Entablement.* — J, plate-bande ; — I, gouttes ou clochettes du triglyphe ; — H, filet des gouttes ; — G, bandelette, ou cymaise, ou tænia ;—F, métopes ;—E, tête de bœuf desséchée ; — D, demi-canal du triglyphe ; — C, côtes qui séparent les canaux ou gravures; — B, canaux ou gravures; — A, demi-métope.

A la *corniche*, il faut remarquer : 10, bandelettes du chapiteau du triglyphe ; — 9, chapiteau du triglyphe; — 8, talon ; —7, denticules; — 6, gouttes sous le larmier; — 5, couronne; — 4, talon ; — 3, filet; — 2, cavet ; — 1, réglet.

Les colonnes doriques sont quelquefois lisses, le plus souvent elles offrent de simples cavets ou cannelures, *striatura dorici generis*. Quand la colonne eut atteint dix diamètres, son fût avait un renflement, ἔντασις, *adjectio*, mais sa forme fut toujours conoïde; elle allait en s'amincissant de bas en haut, de sorte que son plus grand diamètre était toujours à son extrémité inférieure. Cet amincissement, *contractura*, lui donnait un aspect plus svelte et plus dégagé.

Les édifices appartenant au dorique grec sont le *Parthénon*, le temple de Thésée et les propylées à Athènes; le temple d'Apollon à Délos, le temple de Jupiter Panhellénius à Égine, le temple de Minerve à Sunium et à Syracuse, de la Concorde à Agrigente, etc. Pour le dorique romain, nous avons le théâtre de Marcellus à Rome.

### Ordre ionique.

Cette architecture remonte très-certainement à une époque éloignée, car on la trouve appliquée au trésor que le tyran sicyonien Myron fit bâtir à Olympie après la 33e olympiade. Il n'est pas prouvé qu'elle ait pris naissance en Ionie, bien que tout porte à le penser. Cet ordre tient le milieu entre le dorique et le corinthien, c'est-à-dire entre les deux qualités de l'art de bâtir, entre la force et la solidité d'une part, et le luxe et la richesse d'une autre part. Entre ces deux caractères se trouve celui de l'élégance et de la grâce, qui distingue l'ionique. Les colonnes sont plus élancées que dans le dorique, et les bases plus hautes. Les volutes (1), sorte d'enroulement en spirale, qu'on pense être une imitation de l'effet que

(1) *Volutus*, du verbe *volvere*, tourner, enrouler.

produisaient lès cornes de béliers suspendues au sommet des colonnes, donnent une forme spéciale au chapiteau. Les surfaces des autres membres architectoniques sont plus ornées, plus arrondies. Les fûts sont presque toujours cannelés, et offrent souvent 22 cannelures, plus souvent 24, et rarement 32. La frise est tantôt lisse, tantôt décorée de figures. Les *denticules* (1) de la corniche sont des ornements caractéristiques de cet ordre dans son état le plus pur. Il faut aussi remarquer que son architrave est divisée en plusieurs plates-bandes.

La hauteur de la colonne était calculée sur la dimension de l'entrecolonnement. Nous trouvons que, 1° dans le *pycnostyle*, l'entrecolonnement est d'un diamètre ½ et la hauteur de la colonne de 10 diamètres; 2° dans le *diastyle*, l'entrecolonnement est de 3 diamètres; 3° dans l'*eustyle*, de 2 diamètres ¼, tandis que dans chacune de ces deux ordonnances la colonne a 8 diamètres ½; 4° dans le *sistyle*, l'entrecolonnement a 2 diamètres, et la colonne 9 diamètres ½; enfin, 5° dans l'*aréostyle*, l'entrecolonnement est très-considérable, et la colonne a 8 diamètres.

Les proportions les plus généralement adoptées nous donnent, pour la *colonne* avec sa base et son chapiteau, 18 modules, c'est-à-dire, 1 mod. pour la base; 16 ⅓ pour le fût, et 12 minutes pour le chapiteau (2). — Le *piédestal* a 6 mod., qui se partagent ainsi : ½ mod. pour la base; 5 mod. pour le dé; ½ mod. pour la corniche. — On donne à l'entablement 4 mod. ½, savoir : 1 mod. ¼ pour l'architrave; 1 mod. ½ pour la frise, et 1 mod. ¾ pour la corniche. L'entrecolonnement est de 4 mod. ⅓. Ces proportions se rapprochent beaucoup de la disposition eustyle, qui passe pour être la plus belle. L'Érechtheum, dans la citadelle d'Athènes, offre un des plus beaux modèles de l'architecture ionique; son chapiteau surtout est d'une pureté remarquable. Leroy fait observer que les Romains

(1) *Denticulus*, du mot *dens*, dent, espèce d'ornement cubique. L'espace qui sépare chaque denticule s'appelle *métatome*.

(2) Nous rappellerons ici que le module est divisé en 18 min. pour l'ordre ionique.

ajoutèrent une plinthe à la base de la colonne, et enrichirent beaucoup l'ornementation de l'ordre ionique.

Le dessin que nous donnons ici suffit pour faire connaître le caractère général de cet ordre ; comme précédemment, nous allons indiquer les principales moulures qu'il présente.

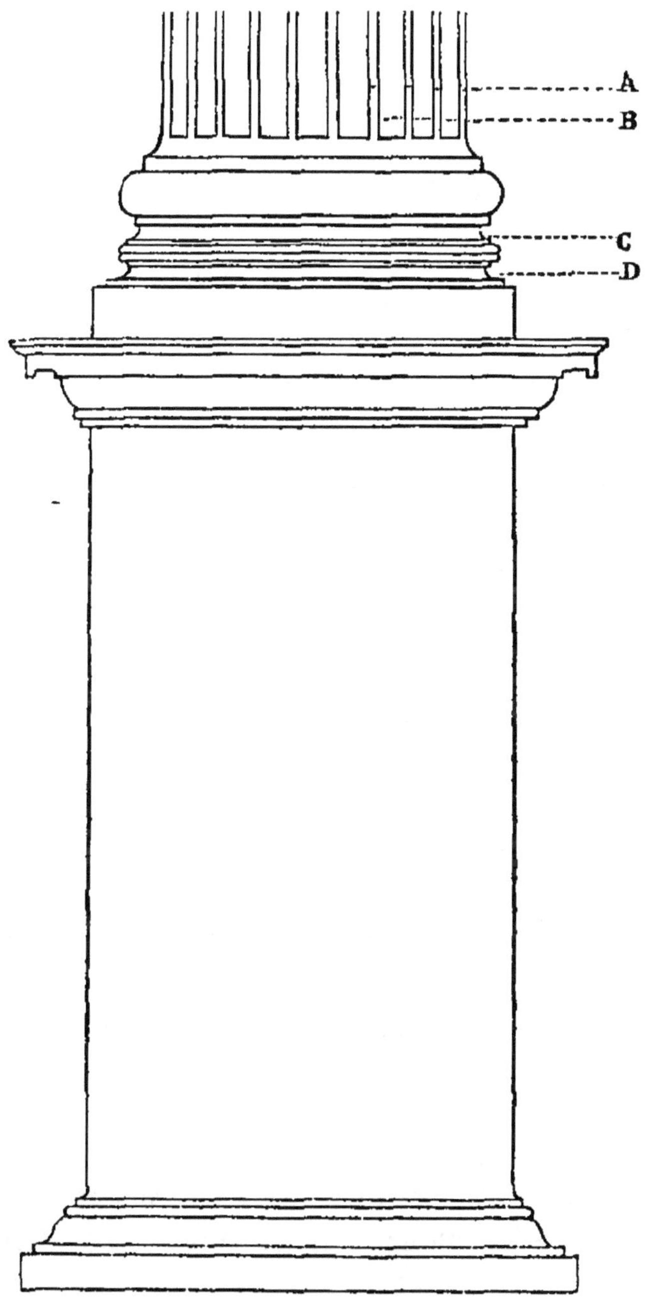

Nous ne ferons aucune observation sur le piédestal de cet ordre. Les diverses parties dont il se compose ont été indiquées. Nous ferons remarquer à la base de la colonne, — D, la scotie inférieure, — C, la scotie supérieure ; — au fût, B, des cannelures carrées par leur base, et A, les côtes des cannelures.

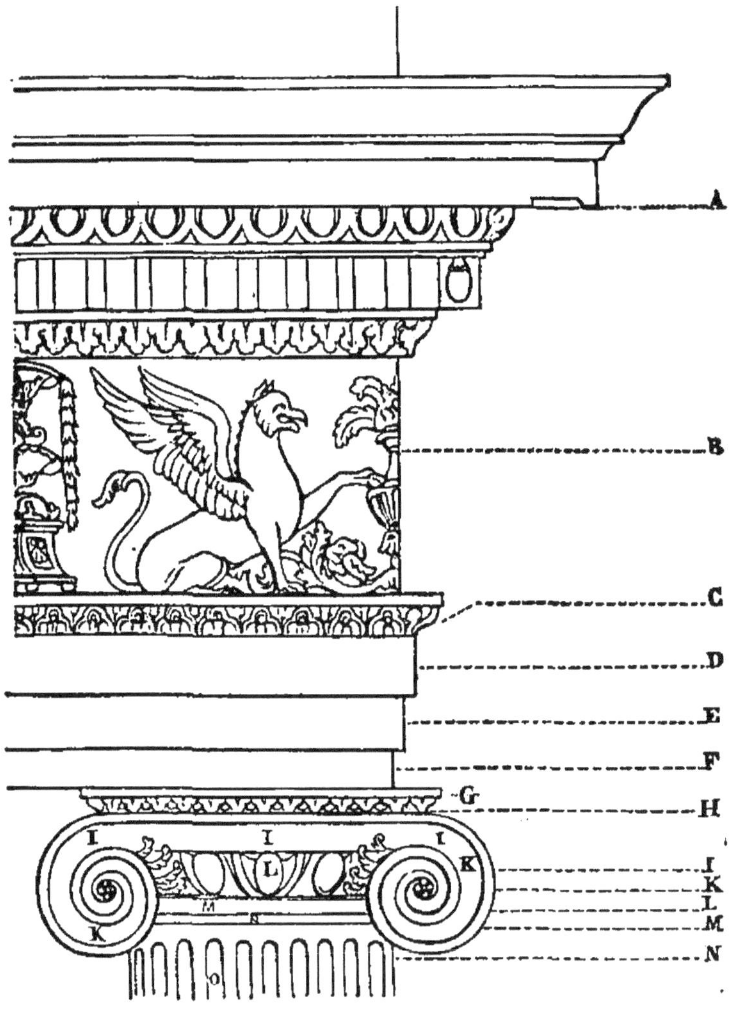


*Chapiteau.* — O, cannelures à côtes du fût ; — N, orle ; — M, astragale (ces trois membres appartiennent au fût plus spécialement); — K, volutes; — L, ove taillé; — I, bandes ou canal des volutes; — H, talon du tailloir ; — G, réglet du tailloir.

*Entablement.* — F, petite face ; — E, face moyenne ; — D, grande face ; — C, talon ; — B, frise ornée de griffons et de candélabres tirés du temple d'*Antonin* et *Faustine;* — A, mouchette pendante.

Les principaux monuments d'ordre ionique sont les temples d'Ilissus, de Minerve Polias, et l'aqueduc d'Adrien, à Athènes ; le temple de Jupiter Didyme à Milet, de Minerve Polias à Prienne, et de la Fortune virile à Rome.

### Ordre corinthien.

Il tire son principal caractère de son chapiteau orné, 1° de volutes, 2° de deux rangées de feuilles d'acanthe, d'olivier ou de persil. Quelques savants ont pensé que cette décoration avait été empruntée du chapiteau à campane égyptien, qui offre des fleurs de lotus ou des feuilles de palmier. On a aussi attribué l'invention du chapiteau corinthien à Callimaque, architecte, sculpteur et peintre, qui florissait vers l'an 450 avant Jésus-Christ. Vitruve raconte qu'une jeune fille de Corinthe, sur le point de se marier, mourut tout à coup, et que sa nourrice, ayant réuni plusieurs objets qui avaient été chers à la défunte pendant sa vie, les mit dans une corbeille, et les déposa à l'endroit où le corps était inhumé. Pour mettre tout cela à l'abri des intempéries des saisons, elle recouvrit la corbeille d'une grande tuile. Une plante d'acanthe poussa tout à l'entour, et enveloppa ce modeste monument de ses larges feuilles. Callimaque, ayant vu cette gracieuse combinaison due au seul hasard, imagina de la copier, et de l'appliquer à la décoration des chapiteaux.

Quoi qu'il en soit de cette fable, l'ordre corinthien est regardé avec raison comme le système architectonique le plus riche et le plus magnifique. Il comporte une ornementation plus compliquée que les ordres précédents. On le trouve employé très-rarement en Grèce, mais les artistes helléniques en ont fait souvent usage dans les provinces de l'empire romain. Dans le *Didymæum* à Phigalie, et dans le monument de Lysicrate à Athènes, la forme du chapiteau est encore indécise, et se rapproche beaucoup de l'ionique; il n'arrive réellement à sa perfection que pendant le règne d'Auguste. Dans l'exemple qui accompagne cette notice, on remarquera qu'il présente deux volutes à chaque angle, et deux hélices ou volutes plus petites sur chaque face; que sa corniche est ornée de denticules, et au-dessus de modillons; nous n'avons pas besoin de dire que cet ordre, comme les autres, a été altéré, corrompu, qu'on a surchargé son calice (*calathus*) à feuillage, d'aigles, de trophées, de chevaux ailés et de diverses figures.

La colonne corinthienne a vingt modules, dont : 1 mod. pour la base, 16 mod. 12 min. pour le fût, 2 mod. 6 min. pour le chapiteau. — On donne 7 mod. au piédestal, que l'on divise ainsi : 12 min. pour la base, 5 mod. 10 min. pour le dé, 14 min. pour la corniche. — L'entablement a 5 modules, dont il faut prendre : 1 mod. 9 min. pour l'architrave, 1 mod. 9 min. pour la frise, et 2 mod. pour la corniche. — On donne 4 mod. 12 min. à l'entrecolonnement.

Il paraît que les Grecs adaptèrent tout simplement l'entablement de l'ordre ionique à l'ordre corinthien, et que ce furent les Romains qui créèrent un entablement spécial pour ce nouvel ordre d'architecture. Bien qu'il soit très-orné, il n'en a pas moins un caractère grave et sévère. Il faut surtout l'étudier dans les trois colonnes qui restent du temple de Jupiter Stator, et dans le portique du Panthéon, à Rome. On fait remarquer avec raison, dans le premier de ces édifices, que les modillons tombent d'aplomb sur l'axe des colonnes, ainsi que les denticules, et que tous les ornements sont assujettis à cette division. L'ordre du Panthéon est regardé comme le plus beau et le mieux raisonné dans ses proportions (1).

Palladio et Scamozzi ont étudié l'ordre corinthien avec soin ; mais leurs dessins n'ont pas la pureté de ceux de Vignole. Les études de Serlio et d'Alberti sont aussi fort estimées, mais ne font pas autorité dans la science.

Parmi les diverses moulures qui se rencontrent dans l'ordre corinthien, on remarque les suivantes :

(1) Voyez *Parallèle des ordres d'architecture*, par Charles Normant; Paris, in-fol., 1825, pag. 22 et suiv.

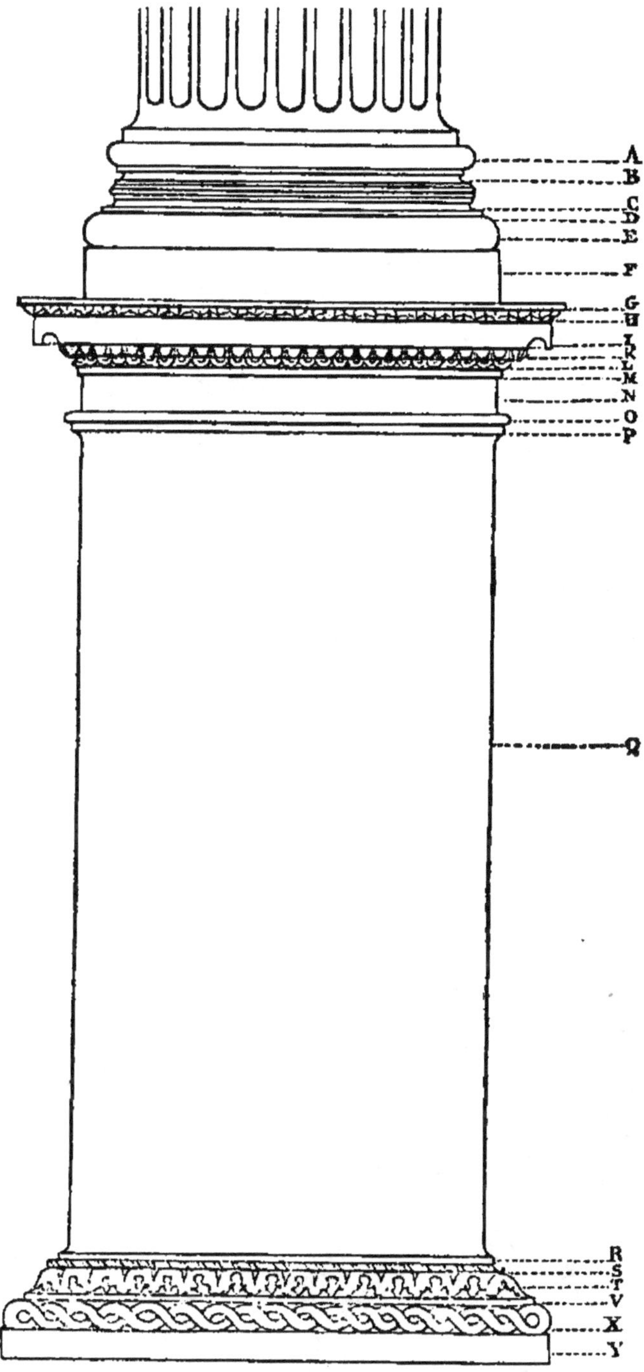


*Piédestal*, — Y, plinthe; — X, tore orné d'entrelacs ; — V, réglet; — T, gueule renversée, avec feuilles de refend, c'est-à-dire découpées ; — S, astragale ; — R, réglet et congé au-dessus; — Q, dé, — P, réglet et congé au-dessous; — O, astragale; — N, frise; — M, filet; — L, astragale; — K, gorge; — I, gouttière; — H, talon avec raies de cœur; — G, filet; — F, plinthe; — E, tor inférieure; — D, filet; — C, scotie inférieure; — B, scotie supérieure; — A, tore supérieur.

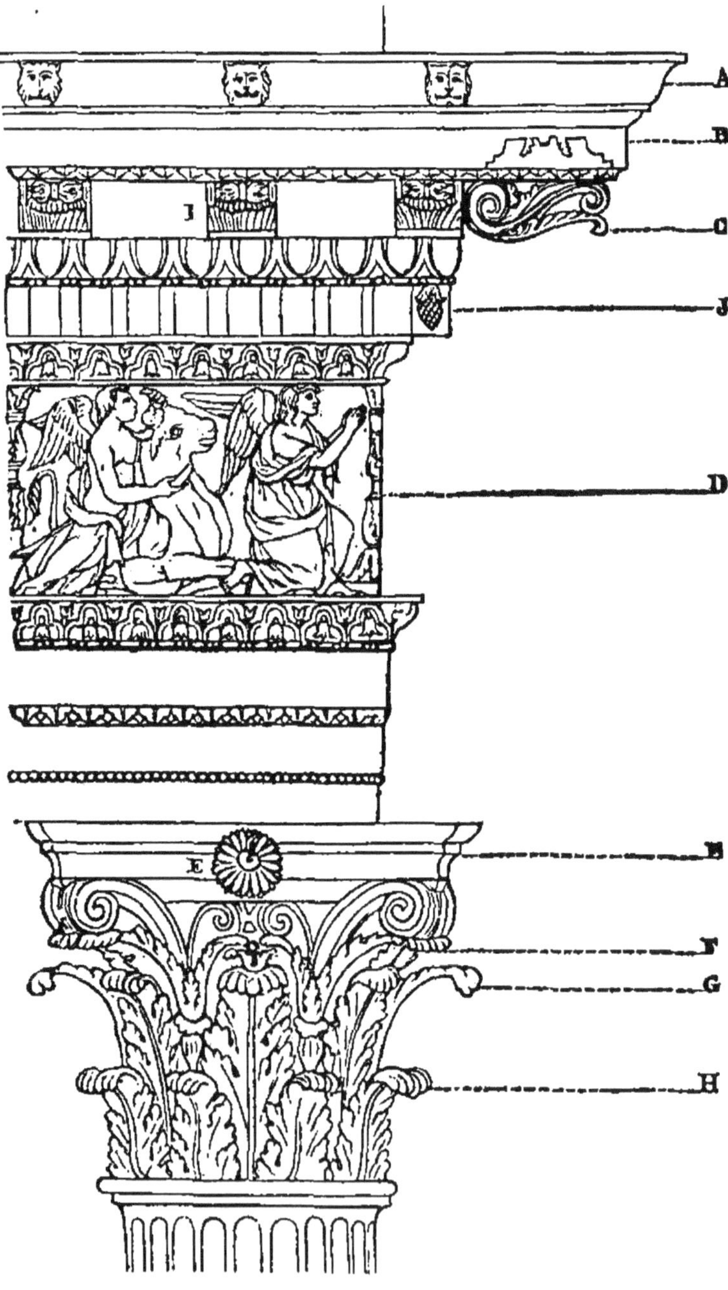


Pour le *chapiteau*, il faut remarquer : H, les feuilles d'olive du 1er rang; — G, les feuilles d'olive du 2e rang; — F, caulicoles (1), qui semblent soutenir la volute; — E, fleur ou rose du tailloir du chapiteau; — D, bas-reliefs de la frise; — J, denticules de la corniche; — C, modillon ou console renversée, vu de côté; — I, modillon vu de face; — B, roses sculptées, sous le larmier; — A, muffles de lion servant de gargouilles (2) pour déjeter les eaux pluviales.

Les plus beaux monuments d'ordre corinthien sont le Portique et l'arc de triomphe d'Adrien à Athènes, les temples de Vesta, de Mars Vengeur, d'Antonin et Faustine, de Jupiter Tonnant, et le Forum de Nerva à Rome.

Les gigantesques constructions de Balbek ou Héliopolis, de Palmyre, ou Tadmor au Désert, surchargées des ornements les plus riches, sont surtout d'ordre corinthien. Ils datent d'Adrien et de Zénobie.

### Ordre composite.

Les Romains ne se contentèrent pas de s'approprier les ordres grecs : tout en les modifiant, ils créèrent un cinquième ordre, le *composite*, qui emprunte la plupart des éléments qui le constituent aux autres ordres. Son chapiteau n'est, pour ainsi dire, qu'une variété de l'ionique, dont il imite les volutes, et du corinthien, dont il reproduit les deux rangs de feuilles. On remarque que, si sa corniche n'a pas de modillons, elle a des denticules. Le plus ancien exemple de cet ordre existe au temple de Mysola, dans la Carie, consacré à Rome et à Auguste. Cet ordre est remarquable, du reste, par la profusion d'ornements qu'il comporte.

Son piédestal offre 7 modules, dont 12 minutes s'appliquent à la base, 5 mod. 10 min. au dé, et 1 mod. 4 min. à la corniche. — Pour la colonne, nous avons 20 mod., savoir : 1 module pour la base, 16 mod. 12 min. pour le fût, et 1 module

(1) *Cauliculi*, du latin *caulis*, tige principale d'une herbe.

(2) Peut-être du latin *gurgulio*, gosier. Ce sont en effet des figures qui jettent l'eau par la bouche.

6 min. pour le chapiteau. — On compte 5 modules à l'entablement, divisés ainsi : 1 module 9 min. pour l'architrave, 1 module 1 min. pour la frise, et 2 mod. pour la corniche. Enfin l'entrecolonnement est de 4 mod. 12 min.

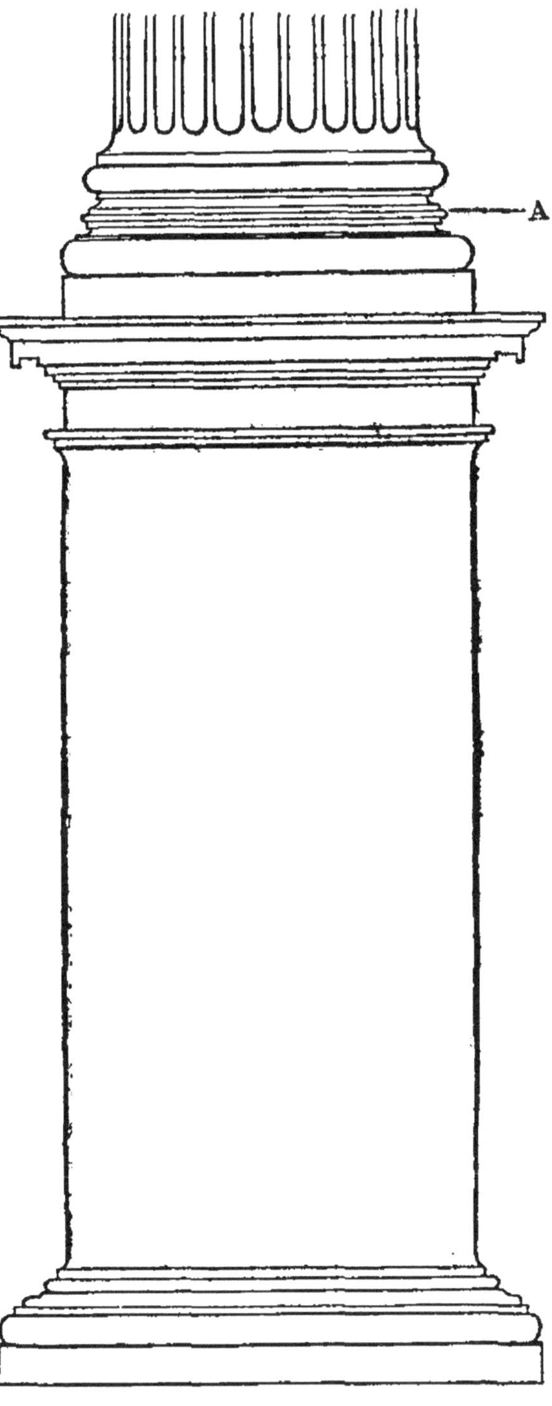


Le temple de Vesta, l'arc de Septime Sévère, et la grande salle des bains de Dioclétien, à Rome, nous offrent des spécimens de l'ordre composite, qui présente d'ailleurs une foule de variétés dans ses détails. Le dessin ci-contre fera voir les diverses parties dont cet ordre se compose.

Le *piédestal* a les mêmes proportions que dans le corinthien, et il n'en diffère que par quelques moulures de la base et de la corniche, comme on peut le vérifier par comparaison. Nous ferons remarquer que la base de la colonne n'a qu'un astragale, A, ce qui lui donne plus d'élégance.

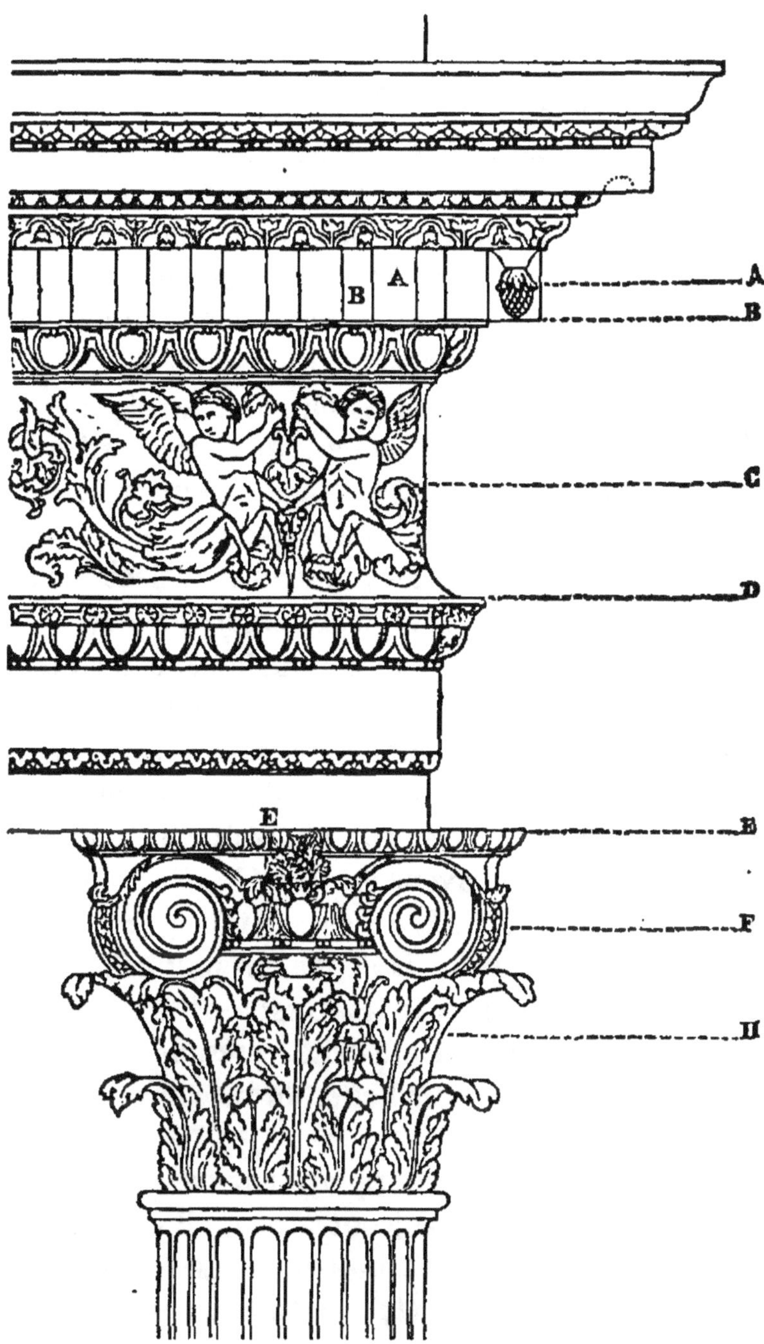


Pour le *chapiteau*, on notera les feuilles de persil, H; — les volutes angulaires, G; — le fleuron, E; — le congé, qui joint la frise au listel de l'architrave, D; — les enfants et les rinceaux de la frise, C; — les métochés, B, qui séparent les denticules, A.

Les autres moulures sont connues.

Voilà les cinq principaux ordres d'architecture tels que Vignole nous les a fait connaître. Sans doute, il a été sage de fixer les mesures de chaque ordre, de les ramener à des types rationnels ; mais les architectes anciens ne s'y sont jamais conformés d'une manière rigoureuse; ils savaient très-bien en modifier les points secondaires suivant les exigences des temps et des lieux, et aussi suivant la destination des édifices.

Dans le principe, les proportions des ordres étaient tout à fait arbitraires ; mais Vitruve prétend que, quand on les a déterminées d'une manière exacte, on a supposé une analogie entre chaque ordre et le corps humain. Ainsi, l'ordre dorique figurait l'homme dans la force de l'âge, l'ordre ionique la femme adulte, et l'ordre corinthien la jeune fille. C'est là, ce nous semble, une doctrine toute spéculative. On a remarqué, en effet, que les statues antiques n'avaient pas de proportions fixes; que, par exemple, l'Hercule Farnèse et l'Apollon du Belvédère n'avaient aucune analogie de formes. Quelques auteurs avaient assimilé l'entablement à la tête, et le piédestal aux pieds ; pour d'autres, c'étaient le chapiteau et la base qui étaient représentés par ces deux extrémités humaines. Ces observations importent peu d'ailleurs, puisqu'il est prouvé, comme nous l'avons dit, que les Grecs ont modifié leurs ordres dans une foule de circonstances. Suivant l'effet qu'ils voulaient produire, ils donnaient plus de saillie, plus d'importance à certaines parties. C'est ainsi que des colonnes placées haut avaient un renflement, presque imperceptible, il est vrai, pour neutraliser l'effet du raccourci qui résultait de cette grande élévation.

Dans leurs édifices, ils n'employaient pas indistinctement tel ou tel ordre. Il paraît, au contraire, qu'il y avait un ordre consacré de préférence à certaines divinités. Ainsi, le dorique, sévère, antique, imposant, était destiné aux édifices élevés en l'honneur des grands dieux, Mars, Hercule, Minerve; l'ionique, élégant et gracieux, s'adaptait de préférence aux temples de Junon, d'Apollon et de Bacchus; le corinthien était réservé pour Vénus, Flore, Proserpine, et les déesses des bois et des fontaines (1). Il arrive enfin que, dans une même construction, on emploie plusieurs ordres superposés les uns aux autres. Il est de règle que l'on place les plus forts inférieurement, les plus légers supérieurement. Ainsi, on dispose l'ionique au-dessus du dorique, le corinthien au-dessus de l'ionique: c'est une loi qu'indique le simple bon sens.

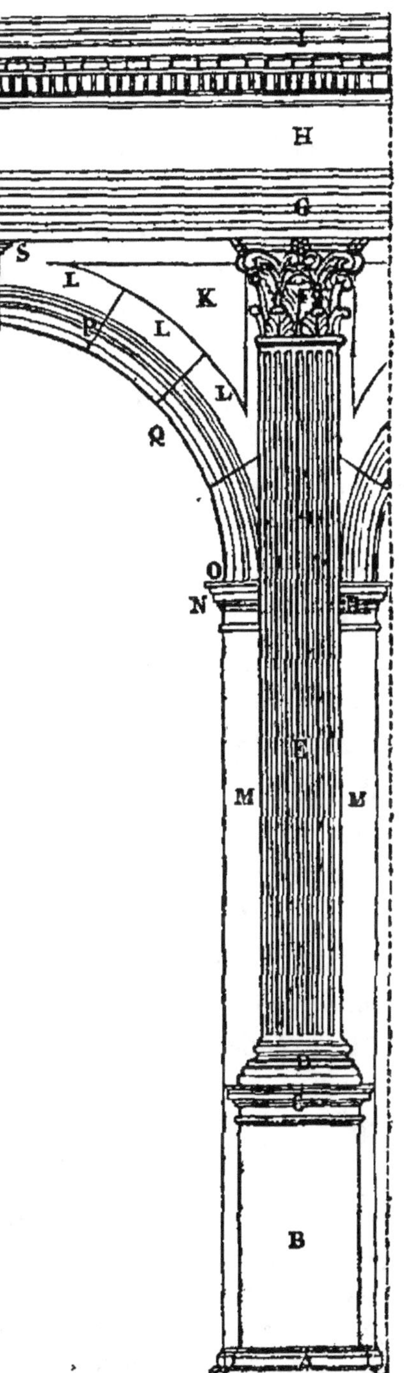


*Ordre attique.* — Il existe un autre ordre supplémentaire qui a pris naissance à Athènes, comme son nom l'indique. Il est composé de pilastres et s'associe à tous les autres ordres. Il est de très-petites proportions, et forme le dernier étage des édifices, au-dessus de l'entablement des ordres inférieurs. C'est une espèce de couronnement. Il n'a de hauteur que les deux tiers ou même la moitié de l'ordre principal.

Les *pilastres* (2), *parastatæ* (3), sont des colonnes carrées, en saillie sur un mur, et qui souvent sont ornées de cannelures dont le nombre varie. Ils offrent un piédestal, un fût et un chapiteau, comme les colonnes des cinq ordres. Voyez les lettres B, E, H, de la planche ci-contre.

(1) Vitruve, lib. I, ch. 2.
(2) De l'italien *pilastra*, mot formé du latin *pila*, pilier.
(3) En grec παραστὰς, de παρίστημι, je mets auprès.

*Arcade.* — On appelle ainsi une construction qui se termine en dessous par une surface courbe, et qui décrit dans l'antiquité un demi-cercle exact : c'est l'arcade en *plein-cintre*. On l'emploie ou dans un mur massif, ou au-dessus d'un vide. Les pierres dont l'arc se compose sont taillées en forme de coin, L, L, L, et portent le nom de *voussoirs* (1); la surface concave, formée par la tête des voussoirs, Q, est désignée par le mot *intrados ;* la ligne courbe supérieure, formée par le dessus des voussoirs, est l'*extrados*. Le voussoir qui est au milieu de l'arcade, V, s'appelle *clef, agraffe ;* on y voit des nervures T, et un tailloir, S; souvent c'est une *console* (2), sauf dans l'ordre dorique, où ce voussoir est comme les autres. L'arcade est décorée d'un bandeau avec moulures, que l'on nomme l'*archivolte*, P (3). Ces moulures varient suivant l'ordre dans lequel l'arcade est ajustée.

L'arcade est supportée par des *pieds-droits* ou *jambages*, M, M, larges piliers carrés qui ont un socle ou stylobate, et sont couronnés par une petite corniche ou *imposte*, N, R (4), qui reçoit la retombée de l'arc, O.

Au milieu et au-devant du pied-droit, on élève souvent une colonne sur laquelle s'appuie la corniche qui règne au-dessus de l'arcade. Au lieu de la colonne, on met aussi un pilastre qui coupe et interrompt l'imposte, N, R, du pied-droit.

L'espace triangulaire, l'encoignure de l'arcade, K, s'appelle *tympan* (5), et peut être décoré de palmes, de figures.

Les arcades n'ont pas toujours reposé sur des pieds-droits.

(1) En latin *cunei*, coins.

(2) Du mot *consolidare*, consolider, soutenir. Vitruve appelle les consoles *orcones*.

(3) *Arcus*, arc, et *volutus*, contourné.

(4) De l'italien *imposto*, mot formé du verbe *impostare*, reposer sur. En latin, Vitruve appelle les impostes *incumbæ*.

(5) Τύμπανον, *tympanum*, tambour. On pense qu'au fronton cet espace était vide dans le principe, et qu'on l'a bouché avec une toile, une cloison quelconque, ce qui l'aurait fait comparer à l'ancien tambour grec qui n'avait de peau que sur une face. Par extension, ce mot a été appliqué à l'espace triangulaire des arcades.

Dans la décadence de l'art, comme nous le dirons plus loin, et pendant la première moitié du moyen âge, elles étaient reçues directement sur le tailloir du chapiteau des colonnes (1). Ce genre de construction perdait ainsi son caractère de gravité et de solidité.

L'arcade a donné naissance à la *voûte* (2), qui, dans les monuments de l'antiquité, est toujours en berceau ou d'arêtes. Elle a surtout été employée par les Romains, ainsi que nous le dirons plus loin.

*Fronton.* — Parmi les autres membres architectoniques que l'on trouve dans les édifices et surtout dans les temples, nous ferons remarquer le fronton, ἀετὸς (3), *fastigium* (faîte). C'est

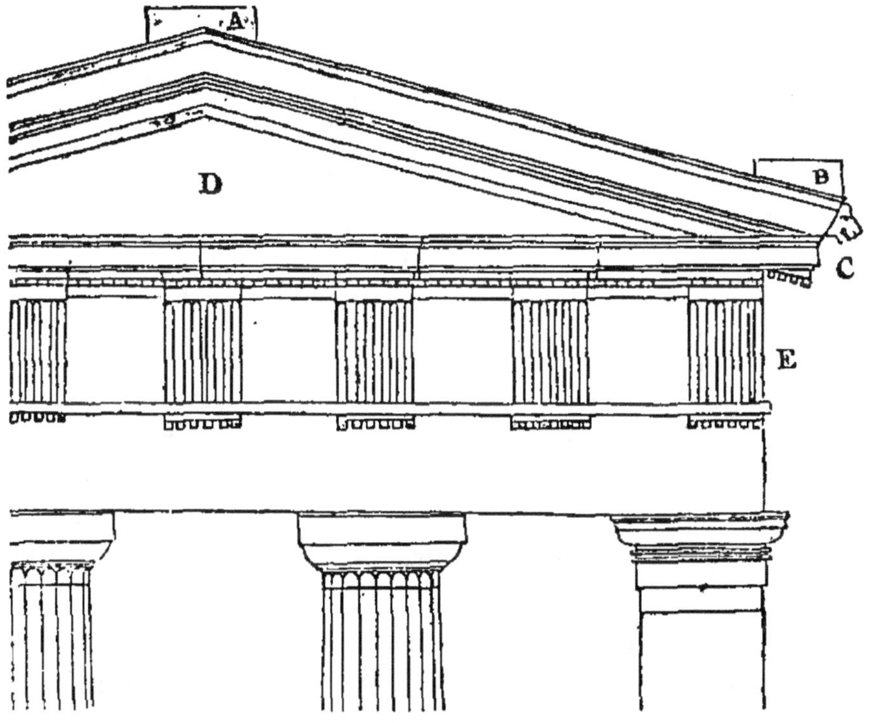


(1) Le mot *tailloir*, qu'on pense venir du mot *talea*, branche coupée, sert à désigner la pièce plate et carrée qui couronne les chapiteaux. On se sert de cette expression surtout pour le corinthien et le composite. Le mot *plinthe* lui est substitué dans l'ordre toscan, et le mot *abaque*, *abacus*, ἄβαξ (table), dans les ordres dorique et ionique.

(2) De l'italien *volta*, voûte, formée du verbe *volutare*, tourner.

(3) Aigle, parce que très-anciennement on sculptait dans le tympan un aigle, les ailes déployées.

une construction triangulaire, qui s'élève au-dessus de l'entablement de l'ordre, et dont le motif a été inspiré évidemment par la double inclinaison du toit. La corniche de l'entablement lui sert de base. Cette corniche se répète avec ses moulures pour former les deux côtés ou *rampants* de son encadrement. Aux extrémités, on voit souvent deux socles, *angularia*, B, et au sommet du triangle, un autre socle, l'acrotère, *acroteria*, A (1), qui reçoivent des statues. Au lieu de socle, il arrive que l'on voit des pierres saillantes ornées de palmettes ou d'autres moulures ; ce sont des *antéfixes* (*antefixæ*). Le champ intérieur du fronton, C, s'appelle *tympan*. Pour l'ordre dorique, le fronton est très-profond. Dans le principe, il était décoré de bas-reliefs en terre cuite, qui étaient coloriés, et qui, plus tard, furent remplacés par des groupes de statues en pierre ou en bronze. Enfin, plus tard encore, on sculpta sur place des sujets religieux, allégoriques ou historiques.

Les côtés obliques du toit, *tectum*, sont recouverts de tuiles plates, *tegulæ*, en terre cuite, en marbre ou en bronze, qui sont reliées entre elles par des tuiles creuses, *imbrices*. Les tuiles qui reposent sur le bord supérieur de la corniche s'appellent *frontales*, *frontati*, *imbrices extremi*, et sont ornées de riches moulures, de palmettes et de figures diverses. On voit très-bien cette disposition dans le spécimen que nous en publions ici.

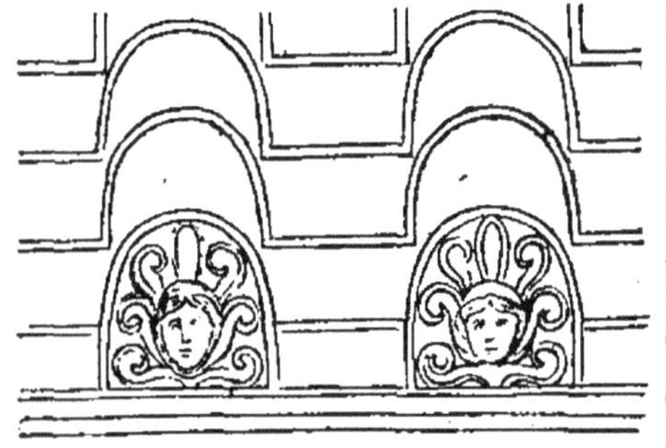

Les plafonds et les voûtes ne sont pas toujours lisses et unis ; souvent ils sont rehaussés de moulures saillantes qui s'entrecoupent et forment des compartiments carrés, hexagones, et que l'on appelle *caissons*, φαντάσματα, *lacunaria*, et qui sont ornés d'une rosace qui semble suspendue.

Les *portes* étaient diversement décorées suivant les ordres.

(1) Ἄκρος, extrémité de toute espèce de corps.

L'encadrement des portes, *antepagmentum*, était imité de l'entablement qui régnait dans l'édifice. Il en était de même du linteau, ζύγωμα, *supercilium*, ou poutre transversale qui délimite supérieurement l'ouverture de la porte. Le linteau était surmonté d'une corniche, *hyperthyrum* (1), qui recevait des consoles dans l'ordre ionique. Le même système de moulure, un peu simplifié, était adopté pour les fenêtres.

Les détails dans lesquels nous venons d'entrer sur les proportions et la disposition des principaux ordres, sur le nom et la forme des principales moulures, sur l'ornementation des principales parties des édifices publics chez les Grecs et les Romains, seront sans doute regardés comme suffisants pour faciliter l'étude des constructions antiques, et faire comprendre les descriptions que les auteurs en ont faites. Ce sont là des notions élémentaires indispensables pour les recherches relatives à l'archéologie monumentale.

## ART MONUMENTAL DE LA GRÈCE.

Nous avons dit que les Pélasges passaient pour être les peuples primitifs de la Grèce; nous avons aussi fait connaître leurs premiers travaux en fait de constructions publiques; nous allons maintenant suivre, à ses diverses périodes, le développement de l'art héllénique, de cet art duquel on peut dire que découle tout l'art des nations modernes de l'Europe.

La Grèce a reçu de l'Égypte les premiers éléments de sa magnifique et féconde civilisation. A diverses époques, des colonies phéniciennes sont venues s'établir sur le sol grec, fonder des villes, et donner aux populations leurs lois civiles et religieuses. C'est ainsi que nous voyons des princes, chassés d'Égypte, se réfugier en Grèce : Inachus, l'an 1856 avant Jésus-Christ, fonde Argos; Ogygès, en l'an 1786, s'établit dans l'Attique; dix ans après, Lélex arrive en Laconie et en Messénie; Danaüs pénètre dans l'Argolide, en l'an 1572; Cécrops dans l'Attique, en 1570; Cadmus en Béotie, en l'an 1550;

(1) Ὑπὲρ, sur, et θύρα, porte.

enfin, après eux, viennent Érechthée et Deucalion. Tous ces chefs phéniciens importent en Grèce des divinités étrangères: Cadmus établit le culte de Bacchus; Danaüs le culte de Minerve. Junon était aussi une déesse phénicienne, ainsi que nous l'apprend saint Augustin (1). Un fait incontestable, c'est que la Grèce a fait plusieurs emprunts aux cosmogonies des Égyptiens et des peuples asiatiques. Mais si le sol hellénique a reçu de nombreuses colonies, il en a envoyé aussi dans presque toutes les parties du monde ancien, auquel il a imposé plusieurs de ses croyances (2); c'est de ce mélange des races auctochtones et des races étrangères qu'est sortie cette nation célèbre qui a doté l'humanité des plus belles productions qu'ait jamais enfantées l'esprit humain.

Avant d'esquisser l'histoire de l'art grec, nous allons faire connaître les divers appareils qu'on remarque dans ses monuments. Outre l'appareil cyclopéen, dont nous avons parlé, les Grecs ont employé trois autres modes de bâtir quand leur architecture se fut perfectionnée. Les pierres étaient taillées à angles droits, σύννομοι λίθοι, πλῖνθοι. Quand elles étaient fort longues, et qu'elles formaient une rangée d'égale hauteur sur toute la ligne, c'était l'appareil *isodomum* (3); si les assises de pierres étaient de hauteur inégale, c'était l'appareil *pseudisodomum* (4); enfin, quand les murs étaient très-épais, on élevait en pierres de taille les deux faces du mur, et l'on remplissait le vide qui existait entre ces deux faces, C et B, avec des pierres brutes noyées dans le mortier, on appelait cet appareil l'*emplecton* (5). Le *dictyothcton* (6) consistait à disposer des pierres carrées, de

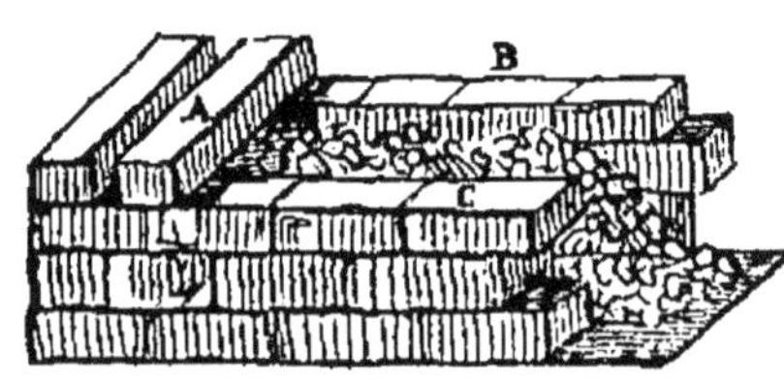


(1) *Locut.*, l. VII, ch. 16.

(2) Voyez, à ce sujet, Sénèque, *Cons. ad Helv.*, cap. 4. — Cicéron, *de Divinit.*, l. I, cap. 1.— Origène, *Opera*, l. VII. — L'emper. Julien, *Orat.*, 4. Voyez aussi *Histoire critique de l'établissement des colonies grecques*, par Raoul Rochette; Paris, 1815, in-8°.

(3) Du grec ἰσόδομον, bâti de la même manière.

(4) Ψευδισόδομον.—(5) Ἐμπλεκτὸν.—(6) Δικτυόθετον.

telle manière que la ligne de leurs jointures formât une diagonale (1).

Nous nous en tiendrons à ces quelques détails sur les appareils de l'architecture grecque. Les Hellènes n'ont laissé aucun monument sur notre sol ; c'est à peine si l'on trouve en Provence quelques débris de tombeaux et d'autels. D'ailleurs, quand nous traiterons des édifices romains, nous aurons soin de les comparer avec les mêmes édifices élevés sur la terre hellénique.

L'histoire de l'art, en Grèce, ne date réellement que de l'établissement des Doriens, qui inventèrent l'ordre d'architecture qui porte leur nom. Bientôt après parut l'ordre ionique. Les meubles et les siéges furent eux-mêmes fabriqués avec beaucoup de goût et de recherche, ainsi qu'on peut en juger par les descriptions d'Homère. Le bois et le bronze étaient travaillés avec infiniment d'art; la sculpture en bois était en grand honneur ; les statues ressemblaient un peu, il est vrai, aux simulacres égyptiens; elles étaient même plus grossières, car souvent les pieds n'étaient pas séparés, et une simple ligne indiquait la place des yeux ; c'étaient des espèces de mannequins qui étaient vêtus et ornés de diadèmes et de colliers, comme les dieux babyloniens : cet usage s'est même conservé longtemps en Italie. L'art asiatique se montre d'une manière bien plus positive encore dans le Jupiter colossal, consacré à Olympie ; c'était une statue d'or battu, exécutée par Cypsèle ou Périande. La peinture n'offrait qu'une pratique grossière; elle ne consistait d'abord qu'en un coloriage de statues et de bas-reliefs. Le dessin, suivant les traditions grecques, fut inventé par Dibutade, de Sicyone, fille d'un potier de terre. Son amant allait la quitter; désespérée de son départ, elle résolut de conserver au moins son image, et elle traça sur un mur la silhouette de celui qu'elle aimait. Pline (2) prétend, de son côté, que ce fut un certain Saurias, de Samos, qui traça la première silhouette, en circonscrivant avec la lame de son épée, sur le

(1) C'est l'*opus reticulatum* des Romains. Voyez ce mot.

(2) Pline, l. xxxv, cap. 12.

sable, l'ombre de son cheval. On raconte une fable à peu près semblable pour l'invention du bas-relief : Coré, de Sicyone, fille du statuaire Dibutade, établi à Corinthe, trouva, dit-on, son amant endormi, ayant la tête appuyée contre une muraille qui était éclairée par le soleil ; elle traça à la hâte la silhouette du jeune homme, et pria son père de mouler avec de l'argile les formes intérieures de cette simple délinéation. Longtemps on montra à Corinthe un bas-relief que l'on donnait comme l'ouvrage que Dibutade avait exécuté dans cette circonstance (1). L'art de peindre est attribué tout à la fois à Cléanthe, de Corinthe, et à Craton, de Sicyone. Ils virent, dit-on, réfléchie sur une table de marbre poli, l'image de deux personnes, et ils essayèrent de reproduire ces images avec des couleurs. On fit l'honneur de l'invention de la sculpture, non-seulement à Dédale (2), mais aussi à Idéocus et à Théodore, de Samos.

Ce n'est guère que de la 50e à la 80e olympiade (3) que les arts commencèrent véritablement à prendre un beau développement en Grèce. A cette époque, la nationalité grecque était affermie, le commerce florissant, et, de plus, les populations s'étaient enrichies. C'est alors que s'élevèrent les plus beaux monuments appartenant aux ordres dorique et ionique, tels que le temple de Diane à Éphèse, celui de Cybèle à Sardes ; l'Heræum de Samos ; le temple de Jupiter Olympien à Athènes et à Delphes, celui de Minerve à Égine, et la maison d'airain de Pallas. Dipœne et Scyllis, de Crète, perfectionnent la sculpture en marbre ; l'art de fondre des métaux prend un vigoureux essor à Égine ; tandis que l'art de modeler les statues des athlètes, des dieux et des héros,

(1) Pline, l. xxxv, cap. 12.

(2) Il est certain, d'après Pausanias, que les premières divinités furent représentées en Grèce par des pierres cubiques. Plus tard, on ajouta des têtes à ces pierres, qui ont donné naissance aux *hermès* ou statues en gaîne. Une tradition conservée en Grèce, apprenait que Dédale avait le premier indiqué par une incision la séparation des jambes, de sorte que les premières statues furent appelées de son nom *dédales*.

(3) Cette époque comprend le temps qui s'est écoulé de l'an 580 à l'an 450 avant l'ère chrétienne.

est pratiqué avec succès à Argos. Les métopes de Sélinonte et les statues du fronton d'Égine nous offrent un exemple de l'état de la sculpture. Des figures musculeuses, dures et sèches ; des proportions trapues, une expression de mouvement exagéré, caractérisent le style de l'*école éginétique*. La peinture fait aussi de notables progrès sous l'influence de Cimon, de Cléone (1).

Une troisième période s'ouvre, qui date de la 80$^{e}$ à la 141$^{e}$ olympiade (2). Athènes, à cette époque, devint la cité prédominante en Grèce. De grandes richesses affluent dans son sein, qui furent employées et à fortifier et aussi à embellir la ville. Deux noms dominent cette période, Périclès, qui commanda de grands travaux d'art, et Phidias, qui exécuta les plus importants comme les plus beaux. C'est alors que l'on contruit le Pyrée, le théâtre d'Épidaure. Le Parthénon, les Propylées et le grand temple d'Éleusis, nous offrent l'architecture hellénique dans toute sa splendeur. L'Attique, l'Ionie, la Sicile, se couvrent de magnifiques édifices. Les maisons elles-mêmes se distinguent par leur luxe et leur élégance. Calamis et Pythagore préparent à la sculpture la carrière brillante qu'elle devait parcourir, pour atteindre à son apogée avec Phidias. Le Jupiter Olympien de ce dernier fut le chef-d'œuvre de la statuaire antique, et passa pour une des merveilles du monde. Polyclète, Myron, Callimaque et Démétrius, marchèrent sur les traces de ce fameux artiste, et exécutèrent une foule d'ouvrages qui se font remarquer autant par l'harmonie des proportions, la beauté idéale des formes, que par la gravité savante de l'expression, et le fini du travail.

Phidias avait fondé l'école d'Athénes, Polyclète fonda celle de Sicyone et d'Argos, qui n'a pas brillé d'un moins vif éclat dans l'antiquité. Myron, lui, excellait dans la représentation des animaux réels ou fantastiques. Scopas et Praxitèle furent

(1) Nous adoptons, dans ce court aperçu de l'histoire des arts en Grèce, les divisions établies par Müller, d'après Winckelmann, dans son *Cours d'archéologie*. Voyez ce manuel d'archéologie, traduit par M. Nicard, t. I.

(2) De l'an 460 à l'an 336 avant J. C.

les chefs, après la guerre du Péloponèse, d'une nouvelle école, qui recherchait plutôt le gracieux que le grandiose, l'expression des passions que la sérénité de l'âme. Bacchus, Apollon, l'Amour, leur ont fourni surtout les plus beaux motifs de leurs ouvrages. L'école de Praxitèle fut continuée par Euphranor et Lysippe, qui s'étudièrent surtout à rendre le mouvement et la vie. Ils représentèrent la chevelure avec plus de soin et plus de naturel, et ils adoptèrent pour le corps humain des proportions plus sveltes.

La peinture suivait la même voie progressive que la statuaire. Le dessin devint sévère et précis; un coloris clair et transparent caractérisaient les ouvrages des peintres. Polygnote ouvre la série des artistes les plus habiles d'Athènes. Apollodore excelle à rendre les nuances de la lumière et des ombres. Puis viennent Zeuxis, qui reproduisait avec un grand charme les grâces féminines; Parrhasius et Timanthe, qui font des compositions du style le plus élevé. Pamphile, dans le Péloponèse, se fait remarquer par son dessin correct et délié, Aristide, à Thèbes, par son talent à rendre les passions, Euphranor par son habileté à reproduire l'image des héros, Nicias par son entente pour composer des tableaux historiques. Enfin, il faut citer Protogène, célèbre par son exécution minutieuse et recherchée, et Apelles, qui réunissait à lui seul toutes les qualités d'un peintre de génie, et qui n'avait pas de rival pour les sujets gracieux comme pour les sujets héroïques. Combien ne devons-nous pas regretter que tous ces chefs-d'œuvre de la peinture soient perdus pour nous, et que nous ne puissions juger de la perfection à laquelle cet art était arrivé en Grèce! Les *vases peints*, exécutés par des ouvriers obscurs, ne nous permettent pas de douter que la peinture n'ait été cultivée avec autant d'éclat et de supériorité que la statuaire.

Une quatrième période s'ouvre devant nous, qui date d'Alexandre et s'étend jusqu'à la ruine de Corinthe, c'est-à-dire de la 111^e^ olympiade à la troisième année de la 158^e^ olympiade. L'art grec pénètre à la cour des Ptolémées, des Séleucides et des Pergaménides. Les merveilles de l'Orient, les antiques et gigantesques monuments de l'Asie mineure, inspirent aux artistes des conceptions grandioses. Mais le goût perd de sa pureté : on cherche à plaire aux sens et à flatter la vanité des monarques. Les architectes ne songent pas autant à bâtir des temples aux dieux que des palais pour les rois. Les villes elles-mêmes sont décorées d'édifices splendides. Alexandrie et Antioche deviennent les plus belles cités du monde. Elles sont ornées d'acropoles, de palais, de tombeaux, d'arcs de triomphe, de théâtres. L'ordre corinthien, inventé par Callimaque vers la 85e olympiade, finit par prévaloir sur les deux autres ordres dans la décoration des monuments. Mais de tous ces édifices élevés par le génie grec, il ne reste plus à peu près rien en Orient. L'art continua pendant ce temps-là à briller encore d'un vif éclat dans l'Attique et en Macédoine. C'est de cette époque que datent les statues-portraits ; mais, dans toutes ces productions, le goût est moins pur, le sentiment moins élevé et moins noble. La décadence commence.

Pendant cette période, la Grèce est dépouillée de ses chefs-d'œuvre. Les monarques macédoniens avaient commencé ces rapines, les Romains les continuèrent; bientôt Rome fut pleine des plus belles productions de la peinture et de la sculpture helléniques. Les statues, les vases précieux, les tableaux, sont enlevés de Syracuse par Marcellus, de Corinthe par Mummius. On sait les déprédations de Verrès si énergiquement stigmatisées par Cicéron. Cependant, malgré ces désastres, la Grèce, quand elle fut devenue province romaine, conserva dans les arts la supériorité qu'elle avait acquise sur les autres nations ; et c'est elle qui fournit aux empereurs romains les artistes qui ont élevé la majeure partie des beaux monuments qui datent de l'ère impériale.

Telles sont les diverses périodes qu'a traversées l'art grec ; périodes établies par Scaliger et conservées par Winckelmann. Cependant, après les savantes dissertations de Heine, de Gœttingue, il ne faut voir rien d'absolu dans ces considérations sous le rapport des dates. A chaque époque, il y a eu, en effet, des artistes, qui, par leur goût et par le style de leurs ouvrages, pouvaient appartenir à une des écoles qui les ont précédés ou suivis. Pour la sculpture et le dessin, Winckelmann caractérise ainsi les diverses phases qu'elles ont parcourues : « Dans la première période, jusqu'à Phidias, dit-il, le style est sec et roide; à la seconde, il est grand et angulaire, à la troisième, il est beau et coulant; dans la quatrième, c'est l'imitation qui prévaut, et c'est la décadence. Alors, ajoute l'érudit Allemand, l'antiquité ayant porté l'étude des proportions et des formes à un si haut degré de perfection, ayant déterminé les contours des figures avec une telle précision qu'on ne pouvait ni s'en écarter, ni y ajouter rien sans pécher contre les règles de l'art, il en résulte que les notions du beau ne pouvaient s'élever à un plus haut degré. Or, comme toutes les opérations de la nature ont un point fixe, au delà duquel on ne peut aller; l'art, ne pouvant plus faire de progrès, dut nécessairement rétrograder » (1). C'est, en effet, ce qui arriva.

Maintenant il nous reste à faire connaître quelques genres d'édifices particuliers aux peuples helléniques. Il y en a plusieurs, qui diffèrent trop peu de ceux élevés par les Romains, pour que nous en fassions une description spéciale.

**Maisons.** — La maison décrite par Vitruve fut inventée, à ce qu'il paraît, par les Ioniens, et perfectionnée à l'époque alexandrine. Les Grecs, ne vivant pas dans des appartements communs avec leurs femmes, qui étaient condamnées à une retraite pour ainsi dire perpétuelle, eurent des maisons disposées à cause de cela même d'une manière toute particulière. Les habitations étaient partagées en deux parties bien distinctes, l'une, destinée aux hommes, ἀνδρωνῖτις, l'autre, destinée aux femmes. C'était le gynécée, γυναικωνῖτις. Dans le principe, l'andronitis était au rez-de-chaussée, et le gynécée au premier étage, mais plus tard chacun de ces appartements occupa un corps de logis différent.

Une petite porte ouvrait sur la rue, et donnait accès dans un long corridor que Vitruve appelle *iter;* près de cette porte

(1) *Histoire de l'art chez les anciens*, t. II, p. 39.

se trouvait le vestibule du portier, θυρωρεῖον. A droite de ce corridor, il y avait la basse-cour et les écuries; quand on avait parcouru l'*iter*, on arrivait à une autre porte intérieure qui conduisait dans les appartements de la femme; on passait sous un vestibule, et l'on entrait dans une cour ornée de portiques (pérystile), autour de laquelle étaient disposées la salle à manger et les chambres pour les esclaves. Derrière le pérystile il y avait un autre vestibule qui conduisait, à droite, à la chambre à coucher, θάλαμος, à gauche, dans un salon de conversation, ἀμφιθάλαμος. Enfin, au delà du vestibule, on avait une grande salle de travail.

Le gynécée communiquait par une porte intérieure avec l'appartement du mari, où l'on arrivait encore par un grand vestibule, ouvert sur l'*iter*. Ce vestibule était double, et était accompagné, à droite et à gauche, d'une salle d'audience et d'un salon de conversation. Il ouvrait sur une cour à pérystile, autour de laquelle il y avait, d'un côté, une salle de festin donnant sur des jardins, une salle à manger exclusivement réservée aux hommes, ἀνδρῶνες, et une pinacothéca (1). Au fond du pérystile, vous trouviez un vestibule, accompagné de pièces pour la bibliothèque, et conduisant dans des cours, μέσαυλοι, où se trouvaient les logements destinés aux étrangers, ξενῶνες.

Les maisons grecques n'avaient qu'un seule étage, et se terminaient supérieurement par une plate-forme, entourée de balustrades. En dehors, elles avaient peu d'apparence, et elles étaient d'ailleurs dispersées sans ordre par la ville.

La PALESTRE GRECQUE (πάλη, lutte), dont on attribue l'invention à Thésée, offrait tout d'abord un vestibule, orné d'un portique, par lequel on pénétrait dans une grande cour carrée, à pérystile; tout autour étaient disposées, d'un côté, des salles pour les philosophes et les rhéteurs, de l'autre côté, l'*ephebeum*, ou école des garçons; le *coryceum*, ou jeu de paume, le λουτρὸν, ou bain froid, le *conisterium*, κονίστρα,

(1) Πιναχοθήκη, galerie de tableaux.

κονιστήριον, ou salle dans laquelle on se frottait de poussière, l'*eleothesium*, ou salle dans laquelle on s'oignait le corps d'huile. Puis c'étaient le *frigidarium*, étuve humide, le *laconicum*, étuve sèche, le bain chaud ; et enfin le *propnigeum*, ou le lieu des fourneaux.

Derrière le premier pérystile de la palestre, il y avait une autre cour plantée d'arbres, et entourée d'une colonnade; suivant sa longueur, on voyait un espace allongé et couvert. C'était le xyste, ξυστὸν, pour les athlètes; enfin, à côté était le stade στάδιον (1), pour la course. Les palestres étaient destinées aux athlètes de profession; les gymnases, qui offraient à peu près la même disposition, étaient spécialement consacrés aux enfants de condition libre (2).

Le stade était un espace de terrain oblong, arrondi à l'une de ses extrémités; dans le principe environné d'une levée en terre pour les spectateurs, et plus tard de gradins en retrait les uns au-dessus des autres. A l'un des bouts, il y avait des barrières, ὑπολήξ, *regulæ*, d'où les concurrents s'élançaient pour le prix de la course, et à l'autre bout une borne, τέρμα, τέλος. Quelquefois on exposait au milieu de l'enceinte les prix destinés aux vainqueurs. La longueur du stade était ordinairement de 600 pieds.

Puisque nous avons parlé des palestres et des gymnases, on ne lira peut-être pas sans intérêt quelques détails sur les jeux et les exercices divers auxquels ils servaient.

On distinguait deux espèces d'exercices, l'*orchestrique* et la *palestrique*. La première comprenait la *danse*, la *cubistique*, ou l'art des culbutes, et la *sphéristique*, ou jeu de paume ; dans la seconde se trouvent le *ceste*, le *pugilat*, le *pancrace*, la *course*, le *javelot*, les *cerceaux*, le *saut*, l'*hoplomachie*, ὁπλομαχία, ou combat avec des armes pesantes.

Le prix de la course se disputait de trois manières : 1° à pied, 2° à cheval, 3° en char. Les chars, attelés de chevaux,

(1) Voyez, plus loin, l'article *Cirque*.
(2) Aristote, *de Repub.*, lib. VIII, cap. 3.

étaient dits ἅρματα, ceux attelés de poulains, πωλικὰ, de mulets, ἀπῆναι. Dans les courses de chevaux et de chars, on parcourait le stade un grand nombre de fois. Pour la course à pied, si les athlètes, ἀθληταὶ (1), allaient seulement jusqu'à la borne, on les appelait σταδιοδρομοὶ; s'ils doublaient le stade, on les appelait διαυλόδρομοι; enfin, quand ils tournaient un plus grand nombre de fois autour de la borne, ils prenaient le nom de πολιχόδρομοι.

La lutte était l'art de jeter son adversaire par terre; on la désigne pour cela par le mot de χαταϐληκή. Avant le combat, les athlètes se faisaient oindre d'huile dans l'éléothésium, pour s'assouplir les membres, puis passaient dans le conistérium où ils se couvraient de poussière ou de sable fin. Ils étaient nus; mais ils portaient quelquefois une large ceinture, une espèce d'écharpe, ζῶμα, qui retombait à mi-jambe.

Le pugilat, *pugilatus*, était le combat à coups de poing. Il se faisait de deux manières : ou bien les athlètes avaient la tête et les mains découvertes, ou bien ils portaient sur la tête une espèce de calotte, et avaient les mains armées de *cestes* (*cæstus*, de *cædere* frapper). Les cestes, en grec ἱμάντες (courroies), étaient des espèces de gantelets formés par un assemblage de lanières de cuir.

Quand les athlètes se livraient tout à la fois à la lutte et au pugilat, cet exercice s'appelait alors *pancrace*. Le jeu du disque (du verbe δίκειν, jeter), inventé par Persée, fils de Danaé, consistait à lancer un palet vers un but indiqué. Le disque était une masse de bois fort pesante, ayant la configuration d'un petit bouclier. Il y en avait en pierre, en cuivre et en fer. Ce dernier s'appelait σόλος. Nous n'avons pas besoin d'expliquer ce qu'étaient les jeux du javelot, du cerceau, *trochus*, du saut.

Il y avait des athlètes qui excellaient dans un genre d'exercice, et qui s'y livraient exclusivement; mais il y en avait d'autres qui joignaient la force à l'agilité, et qui se produi-

(1) Du mot ἄεθλος, travail, combat.

saient dans cinq espèces de jeux; on les appelait alors πένταθλοι, et ἐξαθλοί s'ils se livraient à six espèces de combats. Ces athlètes pouvaient alors disputer le prix du pentathle, pour lequel ils devaient se montrer dans les exercices de la lutte, du pugilat, du saut, du disque et du javelot. Les athlètes vainqueurs aux jeux olympiques recevaient une robe ornée de fleurs, des palmes et une couronne d'olivier. Les poëtes les chantaient dans leurs vers, et, à partir de la 69e olympiade, on leur éleva des statuts (1).

## DE L'ART ÉTRUSQUE.

Les Étrusques, ou Toscans, qui occupaient très-anciennement la basse et la moyenne Italie, jusqu'au delà du Tibre, sont, pour la plupart des savants, de race pélasgique. Un fait certain, c'est qu'ils ont beaucoup emprunté à la civilisation et à l'art hellénique. Ils étaient fort industrieux et très-adonnés au commerce; il est donc probable qu'ils ont eu de nombreux rapports avec les villes de l'Égypte et de la Grèce. Leurs premières constructions appartiennent, avons-nous dit, au système cyclopéen. Mais ils firent des progrès rapides dans l'art de bâtir. C'est aux Étrusques qu'on attribue l'invention de la *voûte,* pratiquée au moyen de pierres taillées en voussoirs, invention que Démocrite emprunta peut-être à l'Italie, et qu'il mit en usage dans les théâtres grecs (2). Ce furent aussi les Étrusques qui créèrent et arrêtèrent le plan des maisons telles qu'elles ont été construites par les Romains (3). S'ils n'arrivèrent pas à là perfection des Hellènes, ils produisirent cependant des ouvrages pleins de caractère, de grandeur, et souvent d'une mâle beauté.

Toutes les villes toscanes étaient environnées de hautes

(1) Voyez les *Mémoires de Burette,* sur la palestrique, dans les t. I et III des *Mémoires de l'Acad. des inscriptions et belles-lettres.*

(2) On pense que Démocrite mourut la 1re année de la 90e olympiade.

(3) Voyez l'ère gallo-romaine, art. *Maisons* et *Villa.*

murailles, et dominées par une citadelle, à l'érection desquelles on apportait le plus grand soin. Les enceintes murales étaient regardées comme sacrées, aussi les habitants les défendaient-ils avec un dévouement religieux (1). La porte de Volaterræ, avec sa grande arcade circulaire, et la tour près de Pérouse, nous montrent un goût architectural plein de majesté. On voit encore des restes de théâtres à Volaterræ, à Eugubium et à Adria. Celui de cette dernière ville était bâti en briques.

Nous avons parlé de l'ordre toscan, nous n'y reviendrons pas. Quant aux temples, ils avaient une forme particulière. La surface de l'édifice était divisée en deux parties, celle de devant, *anticum,* formait un vaste portique à colonnades ; celle de derrière, *posticum*, était divisée en trois *cellæ*. La cella du milieu pour Jupiter, celle de droite pour Mercure, celle de gauche pour Junon. Le *temple du Capitole,* à Rome, bâti par les Tarquin, et celui de Cérès, élevé par le consul Posthumius, auprès du grand Cirque, étaient conçus d'après le plan que nous venons d'indiquer.

Les Étrusques ont construit beaucoup de tombeaux. Il y en avait de deux sortes : les uns étaient creusés dans le tuf du sol, avec des escaliers pour y descendre, et présentaient plusieurs chambres symétriques. Quelquefois ils élevaient des tumulus par dessus. Les corps étaient étendus sur des lits de pierres. On en a observé de ce genre à Clusium, à Volaterræ, à Tarquinia. Les autres tombeaux sont taillés dans le roc, et se composent, comme les premiers, de diverses chambres, souvent disposées en croix. La porte est simple, ou bien ornée d'une façade à peu près dorique. On y trouve souvent des vases d'argile ronds, qui étaient de véritables urnes funéraires. On voit des tombeaux creusés dans le roc à Viterbe, Folozi, Civita-Castellanea; aux environs de Tarquinia, on compte plus de deux mille grottes funéraires.

Un des tombeaux les plus curieux de l'antiquité fut celui du

(1) Plutarq., *Quæst. roman.*, 27.

roi Porsenna. Il s'élevait près de la ville de Clusium. Nous ne le connaissons que par la description que Pline en a faite d'après Varron. Mais le texte même de l'écrivain latin est assez difficile à interpréter. M. Quatremère de Quincy, cependant, a essayé la restauration de cet édifice funéraire, et nous croyons qu'il est l'artiste qui s'est le plus rapproché de la vérité (1). Voici, d'après cet antiquaire, quelle devait être la disposition du tombeau de Porsenna. Il offrait d'abord un large soubassement carré, bâti en grandes pierres d'appareil. Chaque face avait 300 pieds de longueur, et 50 pieds de hauteur. Dans l'intérieur de cette construction, on avait pratiqué un labyrinthe, ensemble inextricable de salles et de corridors, dans lequel on avait ménagé une chambre sépulcrale, qui se trouvait ainsi mise à l'abri de toute profanation. Sur ce soubassement s'élevaient cinq pyramides, quatre aux angles et une plus haute au milieu. Chacune d'elle portait à son sommet un globe de bronze, surmonté d'un chapeau (*petasus*), d'où pendaient, attachées à des chaînes, des clochettes, qui, agitées par le vent, produisaient un véritable carillon. Derrière cette construction, s'élevait, comme en retraite, un autre soubassement qui atteignait à la hauteur des pyramides précédentes, et qui servaient de base à quatre autres pyramides de 100 pieds d'élévation. Enfin, une nouvelle plate-forme encore plus haute, et aussi en retraite, supportait encore cinq pyramides coniques. Cet ensemble de constructions était très-imposant. Il n'en reste rien; mais le tombeau, dit des Curiaces, près Albano, nous donne une idée du mausolée de Porsenna. Il se compose également d'un soubassement carré, surmonté de cinq pyramides.

Nous ferons remarquer que cette forme pyramidale des tombeaux est, pour ainsi dire, sacramentelle dans toute l'antiquité. Le mausolée d'*Alyate*, dont Hérodote (2) nous a fait

(1) *Monuments et ouvrages d'art antique*, restitués par Q. de Quincy; in-fol., 1829.

(2) L. I, ch. 93.

la description, affectait aussi cette disposition. Il se composait d'un soubassement quadrangulaire, de plus de 598 toises de long sur 94 toises de large, construit en pierres. Au-dessus s'élevait, dit l'historien grec, une montagne de terre, χῶμα γῆς. Ces deux mots ont été différemment interprétés. D'après M. Quatremère de Quincy, il faut penser que cette montagne présentait plusieurs étages circulaires de terrasses soutenues par des murs de briques et plantées d'arbres. A son sommet l'on voyait trois obélisques, semblables aux bornes (*meta*) des cirques. La disposition du tombeau d'Auguste dans le Champ-de-Mars était analogue; seulement il était couronné par la statue de cet empereur. Enfin, le tombeau de Virgile, près de la grotte de Pausilippe, était aussi construit sur un plan analogue.

Les antiquaires se sont demandé quelle était la cause pour laquelle les anciens avaient appliqué la forme pyramidale à leurs tombeaux. Ils sont assez d'accord aujourd'hui pour retrouver le type de cette disposition dans les bûchers, πυρὰ (de πῦρ feu), sur lesquels on faisait consumer le cadavre des défunts. La mort, dans les idées religieuses des peuples de l'Asie, n'était qu'une transformation, le renouvellement d'une autre vie. Hercule était chez les Phéniciens, les Assyriens, et les Grecs mêmes, la personnification du dieu solaire. Or, pour ces peuples, le soleil d'hiver, arrivé à l'instant où il touche au printemps, semblait renaître à une autre vie, et cette croyance était chez eux l'occasion d'une cérémonie symbolique, analogue à celle des funérailles. Ils élevaient un immense bûcher pyramidal, y couchaient la statue du dieu, et la livrait aux flammes. Cette cérémonie est représentée sur plusieurs médailles de Tyr, de Sarde et de Tarse. On doit considérer cette combustion comme une apothéose. L'usage de brûler les corps était un mythe religieux qui s'est conservé en Grèce et en Italie jusqu'à l'établissement du christianisme. Pour les personnages de distinction, on faisait de magnifiques bûchers en charpentes, décorés de tentures, de tableaux, de statues. Le bûcher d'Éphestion peut passer pour le plus magnifique type dans ce genre. On sait, d'après Diodore de Sicile, que, pour l'élever, Alexandre fit abattre une partie des murailles de Babylone, et qu'il fit construire une pyramide qui avait un stade de long sur chaque face, et présentait cinq étages en retraite. Or, tous les savants s'accordent à retrouver dans ces bûchers décoratifs le motif des tombeaux pyramidaux que nous ont légués les anciens.

Tout le monde sait que le plus célèbre monument funéraire construit dans ce goût fut le tombeau du roi de Carie, Mausole, tombeau élevé par les ordres d'Artémise, et qui a passé avec raison pour une des sept merveilles du monde. C'était un soubassement carré, décoré d'une colonnade, et surmonté d'une pyramide, au sommet de laquelle se trouvait un quadrige. Celle-ci avait 24 marches et une hauteur de 25 coudées. Les bas-reliefs de la frise étaient l'ouvrage des sculpteurs grecs, Scopas, Bryaris, Léocharès et Timothæus. On pense qu'il existe quelques restes de ce monument dans le village de Budrun.

Le *tombeau d'Adrien*, appelé aussi *môle d'Adrien*, aujourd'hui le *château Saint-Ange*, à Rome, est encore une grande construction que l'on peut comparer à la précédente. Il se compose d'un soubassement surmonté de deux étages de portiques en retraite l'un au-dessus de l'autre. Le *septizone* de Septime Sévère nous offre un autre édifice pyramidal. Nous reviendrons, aux articles *Tumulus* et *Sépultures gallo-romaines*, sur les divers tombeaux que nous a légués l'antiquité. Nous avons, d'ailleurs, dit notre opinion déjà sur les pyramides égyptiennes, qu'on ne peut regarder que comme des montagnes factices.

Les ouvrages d'art toscan les plus connus sont des vases en terre, ornés de figures en reliefs aux pieds et aux anses, ou d'arabesques peintes et de sujets mythologiques. Les étrusques nous ont laissé beaucoup de statues en bronze. M. Valerius Flaccus en apporta à Rome près de deux mille qu'il trouva dans la seule ville de *Volsinum* (1). Les coupes tyrrhéniennes,

(1) Capitale de l'Étrurie. Winckelmann dit que l'étymologie phénicienne

les miroirs en bronze (*pateræ*), étaient fabriqués avec beaucoup de soin et de luxe en Étrurie.

Les Toscans ont pratiqué la peinture murale longtemps avant les Grecs. On en connaît de nombreux spécimens dans les chambres sépulcrales; elles se rapprochent du type grec ancien : les sujets mêmes qu'elles reproduisent sont empruntés aux idées et aux croyances grecques. Leur dessin est sévère et même lourd. Les peintures plus récentes offrent, au contraire, des figures extrêmement déliées. On trouve des exemples de la peinture de la première époque dans la grotte *del fondo Guerciola,* et, pour la seconde époque, dans les tombeaux de Tarquinia (1).

C'est surtout dans les monuments de sculpture que l'on reconnaît le génie artistique des Étrusques. On distingue trois styles, correspondant à trois époques différentes. Les ouvrages du premier style sont tout à fait barbares : divinités souvent ailées, attitude roide, ébauche imparfaite des traits, membres grêles et minces, têtes allongées et rétrécies vers le menton, barbe pointue et recourbée, bras pendants et serrés contre le corps, pieds parallèles et genoux aplatis : tels sont les caractères des statues de ce style, qui a tant d'analogie avec le style égyptien, ainsi que Varron l'avait remarqué. Pour la seconde époque, c'est tout autre chose. Les statues se distinguent par l'expression vigoureuse de leurs traits, la dureté de leur modelé, l'énergie exagérée du mouvement et la roideur de leurs attitudes. Les cheveux retombent en tresses ou sont disposés en étage, et les draperies sont indiquées par des plis parallèles. L'influence grecque se montre dans le troisième style. Souvent même il est difficile de distinguer les productions de l'école toscane de celles de l'école

de ce mot signifie la *ville des artistes*. On sait d'ailleurs que c'est aux Toscans qu'on attribue l'art de couler les métaux : *Has* (*statuas*) *primum Thusci in Italiam invenisse referuntur* (Cassiod., var. 7-15).

(1) Voyez les dessins de ces peintures dans le savant ouvrage de Micali (*Antica storia degli popoli Italiani*, in-8°, et atlas in-f°; Firenze, 1832).

hellénique, à moins que ces dernières ne portent des inscriptions (1), comme il arrive souvent.

En résumé, on peut dire que l'art étrusque a été plutôt imitateur qu'il n'a été inventif.

## DE L'ART ROMAIN.

Les Romains, de même que les Étrusques, eurent l'esprit peu inventif; mais ils surent très-bien s'approprier les découvertes des autres nations. Pendant longtemps ils se contentèrent de faire des constructions d'utilité publique, dont les restes, par leur grandeur imposante, jettent encore aujourd'hui notre esprit dans l'admiration et l'étonnement. La sculpture ni la peinture ne pouvaient prendre un grand essor sous les rois, et pendant presque les deux premiers siècles de la république, c'est-à-dire tant que les institutions de Numa furent en vigueur. Ce prince avait, en effet, défendu de représenter la Divinité sous une forme humaine (2), de sorte que pendant les cent soixante-dix premières années de Rome, il n'y eut pas de simulacres (3). On éleva bien quelques statues en l'honneur des citoyens qui avaient bien mérité de la patrie; mais elles étaient l'ouvrage des artistes étrusques: c'est ce qui arriva pour Horatius Coclès et pour Clélie. Bien plus, en l'an 461 de Rome, Spurius Servilius fit couler en bronze la statue colossale de Jupiter Capitolin, et elle était encore faite par un sculpteur toscan (4). Ce ne fut qu'après la prise de Syracuse par Marcellus que le goût des arts se répandit à Rome (5). Les édifices destinés aux jeux, les forums, les ponts, les aqueducs, furent bâtis sur des proportions gi-

(1) Champollion, *Encycl. port.*, t. I, p. 123.

(2) Plutarque, *Numa*, l. XXVI.

(3) Sanctus Augustinus, *de Civit. Dei*, lib. IV, cap. 31.

(4) Plin., lib. XXXIV, cap. 18.

(5) *Marcellus, captis Syracusis, ornamenta urbis, signa, tabulasque quibus abundabat Syracusa, Romam devexit* (Tit. Liv., l. XXV, ch. 40).

gantesques, et avec la plus grande magnificence. Le capitole de Sylla, la basilique de Paul-Émile, la statue de Pompée, révèlent déjà la richesse et la puissance de la république. Le pillage des villes de la Grèce et de l'Asie mineure avait peuplé la future capitale du monde antique d'une foule de statues. Il suffira de dire que Paul-Émile, après avoir vaincu Persée, rentra en triomphateur, accompagné de deux cent cinquante voitures pleines d'objets d'art. Sylla se fit livrer les trésors de Delphes, d'Olympie et d'Épidaure. Octave dépouilla Alexandrie de tous ses chefs-d'œuvre; enfin, Dolabella s'empara de tous les objets précieux que renfermaient les temples de l'Asie, et dès lors on tourna en ridicule les anciennes statues d'argile et les vieux monuments de style sévère. Les bronzes, les vases, les tableaux, les colonnes, les bas-reliefs, fruits du pillage des villes, servirent à décorer les anciens édifices (1). Bientôt les artistes grecs eux-mêmes, désertant leur patrie déchue, et amenés en esclavage, emportèrent, comme Rachel, leurs dieux, les dieux des arts ! Ils se créèrent au sein de Rome une autre patrie, ils ouvrirent à l'art une nouvelle carrière, ils le modifièrent, l'accommodèrent à des exigences de luxe et d'oisiveté.

L'architecture tira son principal caractère de l'emploi de la voûte et des arcades, qui furent introduites dans presque toutes les constructions monumentales. Nous avons dit que cette invention a été attribuée aux Étrusques; mais il faut ajouter qu'elle a été beaucoup améliorée par les Romains, qui se servirent de matériaux petits et légers, et les lièrent avec un ciment susceptible d'acquérir une très-grande dureté. Ils substituèrent donc les arcades aux plates-bandes. Cette découverte eut d'immenses résultats. Avec l'arc on pouvait unir des piliers très-éloignés, qui auraient exigé, pour être rattachés les uns aux autres, des pierres énormes, d'un poids prodigieux, d'un transport difficile. Ils multiplièrent souvent les arcs en séries qui semblent interminables. Ici, ils ont couronné

(1) Séroux-Dagincourt, *Tableau historique*, p. 3.

un mur cylindrique par des arcs concentriques formant une coupole ; là, à l'extrémité d'une place carrée, ici autour d'une place circulaire, ils ont couvert des demi-cercles par des demi-dômes (1) ; quelquefois ils ont renfermé de plus petits arcs dans de plus grands ; ou, donnant à chacun d'eux une direction différente, ils les ont coupés et croisés par d'autres ; il y a même des exemples de coupoles polygones. En général, ils ont fait de l'arc le trait dominant de leurs constructions ; ils y ont mis leur orgueil et leur point d'honneur ; parfois, seulement dans le portique, et quand ils ont voulu *gréciser*, ils le jetaient d'une colonne à l'autre, en le cachant sous le masque d'une architrave fictive. Partout, cependant, ils ont laissé chaque courbe décrire un demi-cercle complet ; ils n'ont jamais permis à la base de se prolonger au delà de son plein diamètre, ou de ne pas l'atteindre, ni à son sommet de couper court, et de rencontrer la courbe opposée sous un angle quelconque. Par là, ils ont conservé cette solidité que les magistrats de la ville éternelle semblent avoir regardée comme le but principal dans toutes les constructions publiques (2). L'introduction de l'arc dans l'architecture modifia, altéra tout à fait le style grec. On conçoit que la roideur inflexible de l'architrave et la courbure de l'arcade, l'angle aigu du toit en pente et la convexité de la coupole, ne pouvaient exister ensemble. Dès lors, toute l'ornementation particulière aux divers ordres grecs fut altérée. Voilà comment l'architecture romaine revêtit un caractère tout à fait original.

Les arcades furent d'abord soutenues sur des pieds-droits, auxquels on donna, à mesure que la pratique devint plus savante, une plus grande légèreté, des proportions plus sveltes. Ils étaient, dans le principe, prismatiques, à base rectangulaire ; on réduisit ensuite leur élévation, et on s'avisa enfin de les remplacer par des colonnes isolées (3). C'était un progrès sous le rapport de la construction, mais ce progrès

(1) La voûte en cul-de-four des basiliques, par exemple.

(2) *Histoire de l'architecture*, par Hope, trad. par Baron ; in-8o, 1839.

(3) *Encyclopédie pittoresque*, art. ARCHITECTURE, t. I, p. 775.

correspond à la décadence de l'art romain. Le christianisme arrive, et adopte les arcades sur colonnes, et ce système architectonique différencie déjà l'art nouveau de l'art païen.

Tel fut le système que les Romains de la fin de la république et de l'empire adoptèrent pour toutes leurs constructions. Ce ne fut pas l'Italie seulement qu'ils dotèrent de splendides monuments, ils en enrichirent toutes leurs provinces, en Europe, en Asie et en Afrique; toutes les antiques cités de ces pays nous offrent de magnifiques débris de la puissance et de la grandeur romaine.

La sculpture et la peinture prirent un développement rapide. On exécuta une quantité innombrable de statues en marbre et en bronze, représentant les dieux, les empereurs et les dignitaires de l'empire. La peinture fut surtout employée à embellir les tombeaux, les palais et les temples. Des sujets historiques et mythologiques furent traités avec une égale supériorité. Les *arabesques* furent très en vogue dans la décoration des édifices privés : c'est un genre d'ornements peints, ou sculptés et peints tout à la fois, représentant un capricieux assemblage de fleurs, d'arbustes, d'oiseaux, combinés avec de frêles édifices, des animaux réels ou imaginaires, et divers agencements de lignes. Leur origine asiatique n'est pas contestée; cependant Vitruve les appelle d'*audacieuses compositions égyptiennes*. Il n'y a guère que les ruines de Pompeï et d'Herculanum qui nous aient fourni des spécimens de peinture antique. La galerie de Portici offre la collection la plus curieuse de ce genre de monuments.

Si nous voulons porter un jugement sur le style des figures romaines, nous devons dire qu'elles sont, en général, plus lourdes, plus ramassées, plus graves, d'une expression moins élevée que les figures grecques, quoique faites également par des artistes grecs; les contours sont dessinés moins savamment; les proportions sont moins heureuses; les formes acquièrent, à la fin, quelque chose de maigre; enfin les articulations deviennent étranglées. Les plus anciennes statues sont revêtues de la toge; les statues nues et tenant une pique à la main vinrent après. Ces dernières, dites *achillées*, étaient faites sur le modèle de celles qui ornaient les gymnases helléniques. L'absence de tout voile désigne un ciseau grec. Ce sont les Romains qui firent ajouter la cuirasse (1).

La dégradation de l'art est toujours en rapport avec le relâchement des mœurs ; ainsi, sous Auguste, l'élégance et une certaine afféterie remplacent la mâle sévérité des productions du siècle de Périclès. La recherche dans les sujets de décoration, la profusion des ornements, la fausse application des meilleurs principes, dont l'invention de l'ordre (2) *composite* avait été le résumé, hâtèrent la décadence de l'art. Les profils perdent chaque jour quelque chose de leur pureté ; les proportions sont altérées et les idées atteignent à une exagération qui n'est pas le grandiose. Il faut attribuer tout cela à l'influence des peuples barbares, et à cette foule innombrable d'esclaves de toutes les nations, qui, entassée dans Rome, corrompit le caractère national. Les voyages encore que l'on fit dans le vaste empire amenèrent un grand nombre d'innovations plus funestes les unes que les autres. Les invasions étrangères portèrent le dernier coup à l'art, car au lieu de réparer les édifices ou d'en construire de nouveaux, on fut forcé de songer à défendre les villes, à les fortifier de tours et de murailles. C'est à cette époque de décadence que le christianisme s'est constitué. En imposant sa loi à presque toutes les nations du monde, il fit naître un nouvel ordre d'idées et de choses. L'art romain d'ailleurs était près de succomber, il n'était plus que l'ombre de lui-même. Comme les peuples païens, il se régénéra donc dans le baptême. Alors il a pris une autre physionomie, un autre caractère. Certaines formes et quelques traditions le rattachent bien, il est vrai, au passé ; mais à

(1) « Togatæ effigies antiquitus ita dicebantur ; placuere et nudæ tenentes « hastam, ab epheborum e gymnasiis exemplaribus, quas achillæas vocant. « Græca res nihil velare, at contra romana ac militaris thoracas addere. » ( Plin., *Hist. nat.*, l. XXXIV.)

(2) Pour la connaissance des différents ordres d'architecture, voyez l'article que nous leur avons consacré plus haut.

mesure qu'il tend vers un développement plus rationnel, il s'éloigne davantage de son origine. Nous tâcherons de faire voir plus tard quels points de contact a l'art chrétien avec l'art du polythéisme, et d'établir les différences qui l'en séparent tout à fait. Pour l'histoire que nous nous proposons de tracer en ce moment, il nous suffit de montrer comment l'art romain est arrivé à sa chute; du reste, tout ce que nous venons de dire s'applique surtout à l'ère gallo-romaine. Les monuments de cette période, malgré les nombreuses vicissitudes qu'ils ont éprouvées, font encore la gloire de plusieurs villes de France. Ils étaient si bien affermis sur le sol, et d'une construction si solide, que le temps leur a nui moins que les ravages des barbares, moins que les dégradations des premiers chrétiens, et les fureurs des iconoclastes.

L'histoire de cet art peut être ainsi résumée: il fut sévère d'abord, magnifique au commencement de l'empire, et il finit par tomber dans un faste de mauvais goût. Toutefois, nous bornerons nos études sur l'art romain à examiner quelle a été l'influence des empereurs sur la Gaule. Il est clair que, généralement, tous ceux dont les passions ont été nobles et généreuses ont puissamment encouragé les artistes, tandis que ceux-ci ont eu à souffrir des inclinations viles et basses de cette foule de tyrans et d'usurpateurs qui ont pesé trop longtemps sur l'humanité.

Le règne d'Auguste a ouvert, comme nous l'avons dit, aux œuvres de l'esprit humain une des plus brillantes périodes qu'elles aient parcourues. Pendant que Rome se couvrait d'édifices somptueux dignes de la capitale de l'empire du monde, la Gaule, de son côté, prenait un aspect plus civilisé. C'est alors que s'accomplirent tous les travaux utiles : Agrippa et Drusus les firent exécuter, tout en combattant les bandes germaniques, et en réprimant les insurrections gauloises. Après avoir réglé lui-même à Narbonne ( vingt-sept ans avant Jésus-Christ ), la répartition des impôts et l'administration intérieure, après avoir créé des écoles, établi des colonies nouvelles, renouvelé les anciennes, Auguste s'occupa d'y faire construire des voies, des aqueducs, des camps retranchés.

C'est de là que date la prospérité de Lyon sous la domination romaine. Cette ville devint comme la capitale des Gaule, *caput Galliarum* (1), le siége du gouvernement des pays chevelus, la résidence impériale pendant les voyages d'Auguste et ceux de la plupart de ses successeurs. Sur la place publique, comme au milieu du forum, s'éleva le *Milliare aureum*, d'où partirent toutes les grandes routes qui ont sillonné les provinces. C'est encore à Lyon que l'assemblée générale des peuples de la Gaule fit construire un temple et consacra un culte particulier à deux divinités nouvelles : à Rome et à Auguste, *Romæ et Augusto*. On sait qu'autour de ce temple furent rangées des statues représentant les soixante principales cités du pays. Chaque ville suivit cet exemple : la flatterie ne pouvait aller plus loin, la reconnaissance ne pouvait être plus soumise.

Malgré les prodiges accomplis pendant le règne d'Auguste, son époque peut être regardée comme un commencement de décadence (2). Suétone prétend que la cause doit en être attribuée (3) à l'envie qu'on avait de plaire à Mécène, qui aimait la parure efféminée du style. Cependant (4), on retrouve dans les statues et les bas-reliefs exécutés sous les premiers empereurs toutes les pratiques de l'art grec, la quadrature des formes et une touche ferme ; il n'y a point de finesse dans les cheveux, mais on remarque beaucoup de fierté dans leurs masses.

Tibère fut un administrateur sévère ; il fit donc bâtir fort peu de monuments. Caligula, comme tous les princes à penchants bas et sanguinaires, ne fit presque rien pour l'art ; il vint à Lyon, y établit, il est vrai, des combats d'éloquence, mais il était bien plus heureux de pouvoir taxer les pro-

(1) Ammien Marcellin, l. XV.

(2) Vitruve se plaignait déjà de ce que les belles proportions des ordres grecs étaient altérées.

(3) *Auguste*, ch. 86.

(4) *Encyc. port.* Champollion, *Archéologie*, t. I, p. 161.

vinces, proscrire et dépouiller les particuliers. Qu'attendre, du reste, d'un homme qui ordonnait de briser les effigies des grands hommes au Champ-de-Mars et de mettre sa tête à la place des têtes qui étaient sur les statues des dieux? On peut reprocher à Claude, qui était né à Lyon, et qui succéda à cet empereur, une semblable folie; c'est lui qui fit poser des têtes d'Auguste à la place des têtes qui représentaient Alexandre dans les monuments publics. Cependant, il prit sa patrie en grande affection; il obtint un sénatus-consulte qui donnait aux citoyens de la Gaule chevelue le droit de faire partie du sénat dans la capitale de l'empire, et de remplir les plus hautes magistratures. On conserva à Lyon des tables de bronze sur lesquelles était gravé le discours qu'il prononça à cette occasion. Claude fit plusieurs voyages dans les provinces; il s'appliqua à les embellir d'édifices, à réparer les voies publiques, à agrandir les écoles créées par Auguste.

Le règne de Néron fut pour les Gaules une époque de souffrance: les impôts, devenus énormes, et les concussions des agents de fisc appauvrirent le peuple. Cependant Néron avait conçu un grand projet: il voulait mettre en communication l'Océan et la Méditerranée, en joignant par un canal la Saône et la Moselle (1). Il donna aussi des sommes énormes pour réparer les désastres d'un incendie qui avait presque détruit en entier la ville de Lyon (2). Rome, pendant ce temps-là, renaissait de ses cendres, plus belle et plus magnifique.

Cet empereur déploya encore un luxe inouï, un faste extravagant dans sa *maison dorée* qui occupait un grand espace dans Rome (3). En général, il montra un goût effréné pour toutes les productions des arts: il envoya en Grèce Acratus et Carinas pour lui en rapporter tout ce qui leur semblerait de quelque importance; il appela auprès de lui le célèbre sculpteur Zénodore, qui avait élevé dans la cité des Arvernes

(1) Tac., *Ann.*, l. XIII, ch. 53.
(2) Tac., *Ann.*, l. XIII, ch. 36. Sénèq., l. XIV, ch. 91.
(3) « Bis vidimus urbem totam cingi domibus principium Caii et Neronis, « et hujus quidem (ne quid deesset) aurea. » (Plin., l. XXXVI.)

un Mercure colossal. Celui-ci exécuta pour Néron une statue de 110 pieds de haut, qui plus tard fut consacrée au soleil, et dont le prix s'était élevé à cinquante millions de sesterces.

Pline remarque que le travail en était admirable, mais que la fonte n'avait pas réussi : on ne savait déjà plus ni couler ni faire l'airain. Après Néron, Galba est élevé à l'empire. La Narbonnaise, qui avait pris parti pour lui, devint l'objet de ses prédilections ; il accorda aux habitants de cette province le droit de citoyens romains et celui du suffrage, tandis que le reste de la Gaule fut traité en pays conquis. — Les troupes de Vitellius traversèrent les provinces, et leur marche fut signalée par des dévastations. Vitellius lui-même était dans la Narbonnaise, occupé de festins et de débauches, lorsqu'il apprit que la mort d'Othon lui laissait l'empire sans rival. Arrivent ensuite les insurrections de Civilis, la mort de Vitellius, la révolte de la Celtique et de la Belgique qui proclament un empire des Gaules. Ce fut une triste époque pour les arts que ces temps de guerres, que ces règnes d'empereurs ambitieux et corrompus. Mais enfin, après la victoire de Vespasien et la soumission des pays insurgés, les Gaules retrouvèrent quelque chose de leur splendeur et de leur puissance : les artistes furent protégés et honorés, l'industrie et le commerce purent prospérer de nouveau. C'est alors qu'on construisit, surtout dans nos pays, des basiliques, des forums, des ponts et des cirques. — Le règne de Titus fut trop court pour le bonheur de l'empire ; ce prince continua l'œuvre de son père. Avec Domitien, qui força les Gaulois d'arracher leurs vignes, d'autres malheurs survinrent : les Germains commencèrent leurs invasions et ruinèrent les forteresses établies sur les bords du Rhin. — Nerva n'a laissé presque aucun monument ; mais il n'en est pas de même de Trajan, qui imprima aux beaux-arts une nouvelle vie. A son règne se rattachent des constructions importantes : la colonne de bronze si renommée, un pont sur le Danube et l'arc d'Ancône ; enfin, Trajan répara une foule d'édifices qui se dégradaient.

Adrien, son successeur, fut encore plus favorable aux artistes ; lui-même s'honorait du titre d'architecte, et maniait la brosse du peintre. Il s'occupa spécialement de la Gaule et y fit plusieurs voyages; c'est à lui et aux Antonins qu'on attribue les plus beaux monuments qui nous restent de la période gallo-romaine; la Maison-Carrée, les Arènes et la tour Magne de Nîmes, le pont du Gard, les arcs de Cavaillon et d'Orange (1); ceux de Saint-Rémy et de Saint-Chamas appartiennent encore à cette époque. A juger du goût d'Adrien pour le vieux style dans sa langue, il est à présumer qu'il aura voulu ramener l'art aux mêmes principes. Il releva, en effet, le courage des Grecs, dont les artistes étudièrent les anciens modèles : aussi les belles têtes d'Antinoüs rappellent-elles les plus élégantes figures d'Apollon. Sous Adrien (2), le style se montra plus fini et plus pur que sous ses prédécesseurs. Dans la statuaire, les cheveux furent plus travaillés, plus unis, plus détachés; les cils furent relevés, les pupilles indiquées par un trou profond, caractère essentiel, rare avant cette époque, et fréquent depuis.

Du reste, Adrien a laissé une foule de monuments d'une magnificence extrême; il a fait rebâtir les édifices de la Grèce et de l'Asie mineure, d'Athènes et de Jérusalem. Le temple de Cysique était regardé comme une des merveilles du monde. Il acheva encore le temple de Jupiter Olympien.

Il se construisit un vaste tombeau (*moles Adriana*), connu aujourd'hui sous le nom de Château Saint-Ange, et une *villa* dont les débris embrassent un circuit de près de dix milles d'Italie. Il avait réuni là une si énorme quantité d'objets d'art, que la plupart des musées de l'Europe en ont tiré une grande partie de leurs richesses. Il avait d'ailleurs traité la Gaule, comme les autres provinces, avec tant de sollicitude, qu'on trouve sur l'exergue de ses médailles : *Restitutori*... Enfin, ses contemporains ont dit de son nom qu'il était

(1) Ces dates ne peuvent avoir rien de précis. L'arc d'Orange, en particulier, attribué à Marius d'abord, a fait l'objet d'une foule de dissertations, dans lesquelles on lui assigne vingt époques différentes. Nous y reviendrons.

(2) Champollion, ouvrage cité, t. I, p. 162.

comme la pariétaire, qu'on le voyait sur tous les murs. Les artistes formés par Adrien continuèrent leurs travaux sous le règne paisible d'Antonin le Pieux, qui prit plaisir à faire élever plusieurs édifices dans notre patrie. Il y a encore établi des camps et creusé des canaux; bien plus, il fit reconstruire Narbonne qu'un incendie avait détruite. Son fils adoptif, Marc-Aurèle, philosophe et rhéteur, ne fut pas défavorable aux artistes : on exécuta un grand nombre de statues et de bustes pendant son règne. Marc-Aurèle ne négligea pas les Gaules, il vint à Vienne et à Lyon. A partir de ce prince, l'art s'avance vers une décadence qui l'éloigne de plus en plus des beaux modèles.

L'œuvre romaine devient froide et dénuée de tout sentiment original; l'expression, toujours incertaine, n'est presque jamais naïve: le travail, cependant, et l'ordonnance architectoniques, sont toujours remarquables. Les Grecs eux-mêmes tombèrent dans un tel état de barbarie, qu'ils ne savaient plus leur propre langue. Les Gaules et l'Italie devinrent le théâtre des luttes des empereurs qui furent bientôt à la discrétion des armées. Rien de grand, rien de beau ne peut naître au milieu de ces guerres et de ces massacres interminables.

De Commode à Septime Sévère, aucun monument important n'a été élévé. Ce prince cependant s'arrêta à Narbonne, et y fonda divers établissements. C'est lui, comme chacun sait, qui avait rassemblé dans son palais les figures de tous les hommes illustres. — Caracalla, qui vint ensuite, exerça d'épouvantables cruautés sur la Gaule. Cependant l'architecture ne fut pas trop négligée à Rome. Les thermes de ce prince étaient presque aussi splendides que les palais de Néron. Il ordonna aux villes de dresser des statues à Alexandre, à Sylla et à Auguste. — Héliogabale et Macrin n'eurent aucune influence sur la Gaule. Alexandre Sévère qui leur succéda sut la défendre contre les invasions des barbares, il répara avec goût et intelligence les monuments de ses prédécesseurs. On le regretta si vivement dans les provinces qu'on lui éleva un cénotaphe, et qu'on institua des cérémonies expiatoires et des fêtes en son honneur.—Maximin et les Gordiens passent sur le trône impérial sans laisser de souvenirs qui se rattachent aux arts de notre pays. Le seul fait célèbre de l'époque, c'est la première invasion des nations franckes, qui apparaissent sur le Rhin et qui en sont repoussées successivement par Gallien, Valérien et Posthume. Ce dernier, devenu empereur, travailla à la prospérité de la Gaule. — Tétricus, reconnu souverain, mit à profit l'espèce de trève qui existait entre lui et l'empire romain, pour embellir nos principales villes; Burdigala et Nérac furent celles où l'on exécuta les plus magnifiques travaux. — Aurélien, vainqueur de Tétricus, livra au pillage la ville de Lyon, alors resplendissante de richesses : il fonda, comme en compensation, Orléans et peut-être Dijon. Après lui, les barbares font irruption au delà du Rhin; Probus les attaque, les repousse, leur reprend plus de soixante villes dont ils s'étaient emparés, et leur tue plus de quatre cent mille soldats. La Gaule était alors tellement appauvrie, qu'il fut obligé de faire venir de la Germanie des hommes et des bœufs pour cultiver les terres. Il permit de replanter les vignes, et employa ses troupes à de grands travaux publics. Le nom de Probus a été en si grande vénération chez les Gaulois, qu'ils lui offrirent des couronnes d'or (1). — Le règne de Dioclétien fut favorable à l'art. Maximien, son collègue, après la victoire qu'il remporta sur les Bagaudes, établit sa résidence dans la cité de Trèves, qui avait déjà reçu dans ses murs plusieurs empereurs, et qui avait été embellie d'une foule de monuments somptueux : avec ses temples, ses aqueducs, ses thermes, ses palais, ses théâtres, son arsenal et son capitole, elle fut regardée comme la principale ville des Gaules. Maximien étant parvenu à consolider la paix, se mit à relever plusieurs villes riveraines du Rhin, de la Moselle et de la Meuse. On refit les murailles de Grenoble et l'on rebâtit ses principaux édifices, détruits par les Allemands et les Bagaudes.

(1) Vopiscus, *Vie de Probus.*

Constance-Chlore, qui vint gouverner la Gaule après lui, maintint le calme; il réédifia Autun, le repeupla et rouvrit ses écoles; il dota cette ville d'un amphithéâtre, d'un cirque et d'un capitole (1). On voyait de toutes parts, même dans les provinces les plus reculées, les cités qui avaient été converties en solitude, renaître de leurs ruines et reprendre leur ancienne splendeur. Aussi, est-ce au règne de Dioclétien que se rapportent les arcs de Besançon et de Carpentras, les tombeaux de Vaison et de Bavoy, le temple du Mont-Dore, la colonne de Cussy, et le monument d'Igel; toutes ces œuvres portent l'empreinte d'une profonde décadence. Les empereurs, dans leurs rapports avec les nations barbares, leur empruntèrent des goûts et des mœurs funestes à l'art. Les thermes de Dioclétien offrent un des plus curieux et des plus complets spécimens de l'architecture de cette époque.

Depuis Alexandre Sévère, le style était tombé dans une imitation grossière de la nature, sans choix et sans idéalité; on le reconnaît, dans la statuaire, aux sillons profonds tracés sur le front, aux cheveux et aux barbes à longues lignes, aux contours dessinés avec plus de force que de savoir, à l'incertitude des physionomies, à la sécheresse générale de la composition; les accessoires sont toujours traités avec un soin extrême, et les veines accusées fortement. Dans l'architecture, les entablements des colonnes sont écrasés par les fleurons et les ornements, de même que les spectateurs, dans les jeux publics, étaient étouffés, pour ainsi dire, par les fleurs qu'on jetait à profusion sur eux (2).

Le règne de Constantin fut pour la Gaule une époque de prospérité et de bonheur : Trèves et Arles doivent à sa munificence quelques-uns de leurs plus beaux édifices. La liberté qu'il accorda aux chrétiens de se livrer aux pratiques de leur culte est un des actes les plus importants de son autorité.

(1) Eumène, *Panégyrique de Constantin.*

(2) Vinckelmann, *Histoire de l'art chez les anciens*, l. XI, ch. 8.

Nous reparlerons, dans un chapitre spécial, de l'établissement et des progrès de la nouvelle religion dans notre pays, afin de connaître ses premiers monuments et de suivre les développements de l'art qu'elle a créé. Pour l'instant, il nous importait seulement de rechercher ce que devinrent les constructions païennes au quatrième siècle. Le polythéisme dominait encore dans les grandes villes, dans les colonies et dans les provinces méridionales. Ce n'est qu'à cette époque que le christianisme, après avoir été persécuté par les Marc-Aurèle et les Dioclétien, finit par attaquer à son tour les idées païennes, par s'emparer des temples et des basiliques, les purifier et les consacrer au nouveau culte.

## ÈRE CELTIQUE.

### Monuments gaulois.

Il existe en France un certain genre de monuments que l'on a appelés *celtiques*, et qu'on retrouve dans plusieurs autres pays. On conçoit que cette dénomination ait pu être adoptée à une époque où un mesquin amour-propre national soutenait, envers et contre tous, que la famille celtique était la tige de la race humaine, à une époque où le ridicule ne baffouait pas un savant comme Le Brigant, qui prenait cette devise extravagante : *Negata Celtica, negatur orbis!* Dieu merci, les adeptes d'un si exclusif celticisme sont rares aujourd'hui. Les études ont été poussées assez loin d'ailleurs pour démontrer la folie de leurs prétentions ; et s'il est un fait acquis à la science, c'est que l'Asie est vraiment le berceau des peuples européens, la source où l'antiquité a puisé ses religions, ses sciences, ses institutions et ses arts (1). Il était donc convenable de donner à cet art primitif et si universellement répandu un nom plus général et mieux approprié à son origine.

(1) « Unde humanitas, doctrina, religio, fruges, jura, leges ortæ atque « in terras omnes distributæ. » (Cicer., *pro L. Flac.*, cap. 26.)

Quoi qu'il en soit, nous nous servirons de celui que l'usage a consacré, et que l'on peut employer surtout en traitant des antiquités de la France.

Les Celtes ou Galls ont occupé en effet la majeure partie de la contrée que nous habitons aujourd'hui. Au midi, leur territoire était limité par le cours de la Garonne; le pays au delà du fleuve était peuplé par les Aquitains et les Ligures, les uns et les autres de race ibérienne. Cet ordre de choses dura à peu près jusqu'au sixième siècle avant l'ère chrétienne, qui fut une époque de grands événements dans les Gaules. Il n'y avait guère que les Phéniciens qui eussent établi des comptoirs de commerce vers les Alpes et les Pyrénées. Ce fut longtemps après eux que les Doriens de Rhodes arrivèrent sur les bords de la Méditerranée, pour être bientôt supplantés par les Ioniens de Phocée, qui fondèrent Marseille (1). Puis, des rives du Danube et du Tanaïs, accoururent les Kimris ou Cimbres. Ceux-ci refoulent les Galls sur les Ibères, et se mêlent aux populations des bords de l'Océan jusqu'à la Garonne. Au quatrième siècle avant Jésus-Christ, de nouvelles hordes des mêmes peuples, les Bolgs ou Belges, font une seconde invasion, s'établissent entre la Seine et le Rhin, et forment la province appelée Belgique. Enfin, 120 ans avant notre ère, le midi des Gaules est conquis par les Romains, et devient province romaine.

Tels ont été les mouvements des divers peuples qui sont venus habiter notre pays. Leur religion a dû nécessairement se sentir de leur origine asiatique et de leurs rapports avec les nations étrangères. Aussi M. Amédée Thierry (2) fait-il remarquer qu'il a dû y avoir deux systèmes d'idées différents, deux religions bien distinctes : l'une, dérivant de l'observation des phénomènes naturels, rappelait le polythéisme grec, c'est elle qui nous a sans doute légué les monuments informes dont nous allons bientôt parler ; l'autre, fondée sur le panthéisme,

(1) Ruffi, *Histoire de Marseille*. — Félix Cavy, *idem*.

(2) *Histoire des Gaulois*, t. II.

présentait la plus étonnante conformité avec les croyances de l'Orient ; on la connaît sous le nom de *druidisme* (1). Elle a été imposée aux Celtes par *Hû* (Esus ou Hesus) *le Conquérant ;* mais cette religion, toute spiritualiste, a bientôt été altérée par l'ignorance, et n'a pu étouffer le culte préexistant de la nature extérieure, avec lequel elle a dû finir par se confondre.

Généralement, tous les savants qui ont laissé de côté la donnée biblique ont disputé beaucoup pour déterminer quels ont été les plus anciens dieux de l'humanité. Ainsi Albufaraque (2) et Dupuis (3), après avoir jeté un vaste coup d'œil sur les institutions du passé, crurent devoir constater que l'adoration des astres se retrouvait chez toutes les nations, et n'hésitèrent pas à conclure de là que le sabéisme était la religion primitive (4). Dulaure pose cet axiome : c'est que ce qui est simple a dû précéder ce qui est composé ; c'est que le culte fondé sur le témoignage des sens a dû prévaloir avant le culte fondé par la révélation de l'intelligence ; il prétend, par conséquent, que les peuples se sont adonnés d'abord au fétichisme et à l'idolâtrie. Enfin M. Gœrres (5) a écrit que c'était sous l'inspiration de la nature que se formèrent les premières croyances, et que c'est à la nature que l'homme adressa ses premiers hommages. « Le monde entier, dit-il, était regardé comme un reflet de Dieu, et Dieu était adoré dans l'univers qui le révèle à l'humanité. » A ce point de vue, le système hiératique le plus ancien aurait été le panthéisme. Un fait certain, c'est qu'on observe des traces de ces divers cultes chez les nations de l'antiquité, c'est que ces cultes se sont altérés, combinés, modifiés mutuellement. Chaque peuple apportait au peuple voisin ses idées et ses erreurs, de sorte que le panthéisme tomba dans le matérialisme, et tendit de plus en plus vers le polythéisme et l'anthropomorphisme.

(1) Du celtique *derwid,* homme des chênes.

(2) *Histoires dynastiques.*

(3) *Origine de tous les cultes*, t. I.

(4) *Des cultes qui ont précédé l'idolâtrie.*

(5) Cité par Creuzer, *Religions de l'antiquité,* trad. de M. Guigniaut.

On trouve chez les auteurs qui ont traité de la Gaule des preuves que tous ces cultes y ont été en honneur. Les chants galliques, d'ailleurs, comme les poëmes des plus antiques sociétés, comme le *Zend-Avesta* (1) de la Perse, les *Vers dorés* de Pythagore, les *Hymnes* d'Orphée, l'*Edda* des Scandinaves, étaient empreints du même sentiment de mysticisme, de poésie et de philosophie (2). Ils sont écrits sous l'inspiration des beautés de l'univers (3), dans un style chaud, coloré et allégorique, reflet de cette croyance qui enseignait qu'une âme universelle était répandue dans tous les êtres de la création. Aussi les druides étaient-ils chez les Gaulois ce qu'ont été les mages chez les Perses, les philosophes chez les Grecs, ce que sont les brahmines et les gymnosophistes chez les Indiens, et les bonzes chez les Chinois (4). Ces prêtres, dont toute la science était fondée sur la tradition, dont le pouvoir avait pour sauve-garde l'ignorance et la superstition d'un peuple guerrier, entretenaient facilement les esprits dans des idées vagues et obscures.

On conçoit que ces hommes, qu'une vie nomade et aventureuse poussait tantôt au Nord, tantôt au Midi, qui traversaient de vastes bois ou d'immenses plaines couvertes de bruyères, qui s'aventuraient dans des déserts incultes et sablonneux, qui plantaient leurs tentes sous un ciel ardent ou dans un pays obscurci par une brume éternelle, qui s'endormaient au souffle des brises parfumées ou au bruit des rivières torrentueuses, on conçoit, disons-nous, qu'ils fussent portés à croire à l'existence de puissances occultes et mystérieuses qui se manifestaient à eux dans chacun des spectacles les plus imposants de l'univers. Aussi était-ce en présence des aspects les plus sauva-

(1) Anquetil-Duperron.

(2) De la Rue, *Recherches sur les ouvrages des poëtes armoriçains*. — Dom Rivet, *Histoire littéraire de la France*.

(3) Sans doute par la même raison qui fait que la langue hiéroglyphique a précédé la langue phonétique, et que la langue articulée, suivant Vico, a commencé par l'onomatopée.

(4) Pline appelle les druides *les mages des Gaules* : « Druidæ ita suos « appellant magos. » (*Hist. nat.*, lib. XVI.)

ges et les plus grandioses de la nature que les prêtres accomplissaient les cérémonies de leur religion ; aussi était-ce dans les profondeurs les plus reculées des forêts vierges (1), sur le sommet des montagnes, au milieu des pierres amoncelées, à la clarté douteuse de la lune ou à la pâle lumière des flambeaux, qu'ils procédaient, la tête couronnée de chêne, à leurs sanglants mystères en l'honneur du terrible *Kirk*, le dieu des vents, ou de *Tarann*, l'esprit du tonnerre.

C'est là qu'ils faisaient leurs sacrifices et qu'ils rendaient leurs oracles; là qu'ils enseignaient leurs grands principes de l'indestructibilité de la matière et le dogme de la métempsycose; là qu'ils présentaient l'univers comme le seul temple digne de la Divinité (2). C'était au milieu de l'hiver qu'ils cueillaient, sur le chêne sacré, le gui, dont la verdure éternelle était un symbole parlant de l'immortalité, et dont la feuille triangulaire était l'image du triple attribut de l'Être suprême, qui crée, conserve et détruit. Les pratiques de ce culte ont été longuement décrites par les auteurs; nous ne nous y arrêterons pas. Nous avons hâte de parler de l'art que nous croyons pouvoir attribuer à la religion druidique et à la civilisation gauloise. Les monuments qui nous restent des Celtes, de même que ceux de plusieurs autres nations, sont construits dans un goût de simplicité barbare, et présentent tous un caractère si fortement accusé, qu'il est toujours facile de les reconnaître.

En général, ils se composent d'énormes pierres brutes,

(1) *Castum nemus.* Tacite. — « Si tibi occurrit vetustis arboribus et so- « litam altitudinem egressis frequens lucus, et conspectum cœli densitate « ramorum aliorum alios protegentium submovens, illa proceritas sylvæ, « et secretum loci, et admiratio umbræ in aperto tam densæ atque conti- « nuæ, fidem tibi Numinis facit. » (Seneca, epist. 41.)

(2) « Nec cohibere parietibus deos, neque in ullam humani oris speciem « assimilare, ex magnitudine cœlestium arbitrantur, ac nemora consecrant, « deorumque nominibus appellant secretum illud quod tota reverentia vi- « dent. » (Tacit., *de Morib. Germanor.*, lib. IX.)

Voyez aussi Pline, *Histor. natur.*, lib. XVI, et César, *de Bell. gal.*, ainsi que les beaux vers de Lucain, *Pharsal.*, lib. I, vers. 441, sqq.

affectant certaines formes et certaines dispositions que nous allons faire connaître (1). Ces pierres, révérées d'abord comme marquant une place consacrée, finirent par être bientôt l'objet d'un culte spécial. C'est un fait que l'on voit se renouveler dans chaque religion. Aussi plusieurs théogonies enseignaient-elles que les pierres sont les ossements de la terre, et que les hommes en furent formés. De là, la fable de Cadmus, de là, presque chez tous les peuples, cette vénération pour les pierres. — Les Phéniciens adoraient les *bætyles* (2); les Indiens, une pierre trouée, appelée *salagraunam;* les Arcadiens, une pierre conique, et les Natchez, une pierre cubique; à Rome, le dieu Terme (*Terminus*) s'élevait sur le rocher du Capitole, et Jupiter Pierre (*Jupiter Lapis*) avait son temple. Enfin on connaît les *pierres constellées* des gnostiques, et la *pierre noire qui pleura les péchés des hommes,* chez les mahométans; les Arabes ont encore la pierre *manach* (3), et les Lapons, la pierre *norjinokare.*

Malgré la haute antiquité à laquelle ils remontent, malgré l'action irrésistible du temps et les fureurs des religions ennemies, un grand nombre de monuments celtiques couvrent le sol de la France. Nous allons donner le nom et faire la description des espèces les plus communes et les moins contestables.

### Des peulvans.

Les monuments les plus simples de l'art celtique sont les peulvans (4) ou *men-hirs* (5). Ils se composent d'une pierre, de forme allongée, plantée verticalement en terre. On peut

(1) Cicéron les désigne par ces mots : *mirificæ moles*, et Tacite par ceux-ci : *rudes saxorum compages.*

(2) Les pierres animées.

(3) Voyez Maxime de Tyr, orat. 38, et Arnobe, l. VI, sur les pierres vénérées en Arabie. Voyez encore saint Clém. d'Alexand., *Cohort. ad gent.*, cap. 4; Apollon., *Argon.*, lib. II, et Pausanias, lib. VII.

(4) Du celtique *peul*, pilier, et *man*, en construction, ou *van*, pierre.

(5) Du celtique *men*, pierre, et *hir*, longue; au pluriel, *meinhirion*, longues pierres.

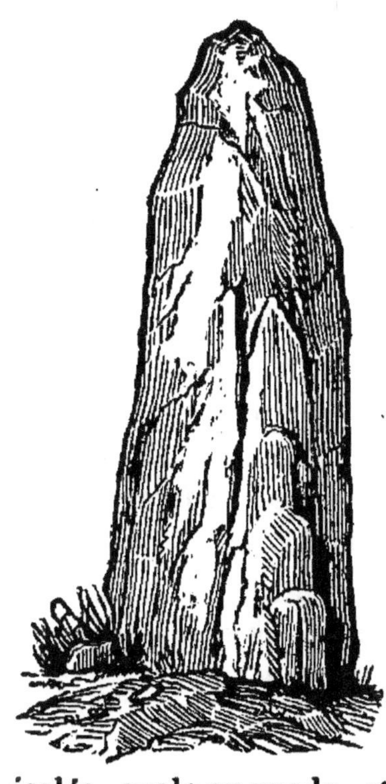

les comparer à des bornes ou à de grossiers obélisques, dont la base est tournée tantôt en haut et tantôt en bas. Il y en a qui atteignent quelquefois jusqu'à cinquante pieds de hauteur, et qui ne pèsent pas moins de quatre-vingt mille livres. Quand ces men-hirs sont simplement placés sur le sol, M. de Caumont propose de les appeler *pierres posées.*

Si ces pierres sont en certain nombre et rangées sans ordre apparent, elles portent alors le nom de *Pavé des géants.* M. de Freminville a signalé un pavé de ce genre dans les environs de Maintenon ( Eure-et-Loire ). Si le men-hir est une pierre isolée, ovale ou ronde, et polie comme les cailloux que roulent les torrents et les flots de la mer, on l'appelle communément *Palet de Gargantua.*

La destination de ces monuments et de ceux dont nous allons parler est à peu près inconnue. Les auteurs, se livrant à des conjectures plus ou moins probables, ont avancé, à l'appui de leurs opinions, des faits contradictoires, qui sont loin de résoudre la question. On peut dire cependant que ces pierres avaient un caractère tout à la fois religieux, civil et militaire. D'un côté, plusieurs savants ont fait des fouilles au-dessous de quelques peulvans, et y ont découvert des traces de sépultures. Dulaure soutient que ce sont des *pierres limitantes*, des pierres en l'honneur du dieu *Mark* (1). Il dit les avoir trouvées indiquées dans les chartes des XIe et XIIe siècles, sous les noms de *petra erecta*, de *saxum erectum*, de *terminus antiquus.* Un fait certain, c'est que le peulvan appelé *Haute-Borne*, dans le département de la Haute-Marne, porte

(1) Le *Thoht* des Égyptiens, l'*Hermès* des Grecs, et le *Terme* des Latins.

une inscription latine indiquant les anciennes limites des Leuci, habitants du Barrois. Enfin, plusieurs érudits regardent les men-hirs comme des idoles, ou comme des trophées marquant la place d'une victoire.

Quelquefois ces pierres sont, comme les obélisques de l'Égypte, ornées de dessins et d'inscriptions. Olaus Magnus (1) en a vu, en Suède, qui portaient sur leurs faces des caractères runiques. On cite en France la *Pierre écrite* de Saulieu, dont un des côtés présente des figures grossièrement dessinées, et le peulvan de Tredion, en Basse-Bretagne, qui se termine par une tête barbare, à peine dégrossie. Outre ces peulvans, nous devons citer, comme des plus remarquables, la *Pierre-Saint-Julien* du Mans, et la *Pierre-Debout* d'Olent.

Les peulvans sont connus en France sous les noms de *Pierre-Fichade*, *Pierre-Fiche*, *Pierre-Fixée*, *Haute-Borne*, *Pierre-Latte*, *Pierre-Lait*, *Pierre-Fonte*, *Pierre-Fitte*, *Pierre-Droite*, la *Chaire-au-diable*, etc.

## Les pierres branlantes.

Les *pierres branlantes* sont formées par deux énormes blocs de rochers, dont l'un supporte l'autre. Elles n'ont, pour ainsi dire, qu'un point de contact, et elles sont, pour cela, équilibrées de telle façon, que le moindre choc, quelquefois le vent, suffit pour imprimer au bloc supérieur une oscillation marquée. D'autres fois, les pierres tournent comme sur un pivot. Elles sont cependant si bien affermies sur leur base, qu'aucune force ne les en a fait choir depuis des milliers d'années.

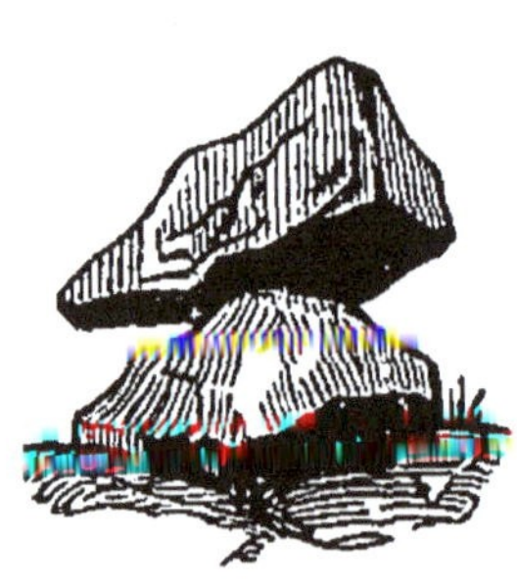

Les pierres branlantes ont été considérées comme des pierres probatoires, dont on faisait usage pour rechercher la culpabilité des accusés. On était convaincu du crime imputé quand on ne pouvait remuer le rocher mobile. On les a regardées aussi comme des monuments reli-

(1) *Historia de gentibus septentrionalibus*, etc., in-fol.; 1755-67.

gieux, dont les mouvements servaient à faire connaître les secrets des oracles ; ou bien encore, les prêtres, en les faisant tourner à leur gré, réveillaient-ils des sentiments de terreur et de respect dans le cœur des populations? Étaient-ce aussi, comme le pense M. de Cambry, des emblèmes du monde suspendu dans l'espace? Pline(1) et Ptolémée(2) parlent de pierres disposées comme celles dont il est question ici. Suivant d'Hancarville(3), il y en aurait en Phénicie, en Grèce et en Espagne. Dulaure en a traité fort au long dans un des derniers volumes des *Mémoires de la Société des antiquaires de France.*

Nous indiquerons, comme les plus curieuses, la pierre branlante de Fermanville (arrondissement de Cherbourg), dont le volume est de 100 pieds cubes environ ; celle de Livernon dans le Quercy, et celle de Lithaire auprès de Thiers. Dans le comté de Sussex, une de ces pierres est appelée par le peuple

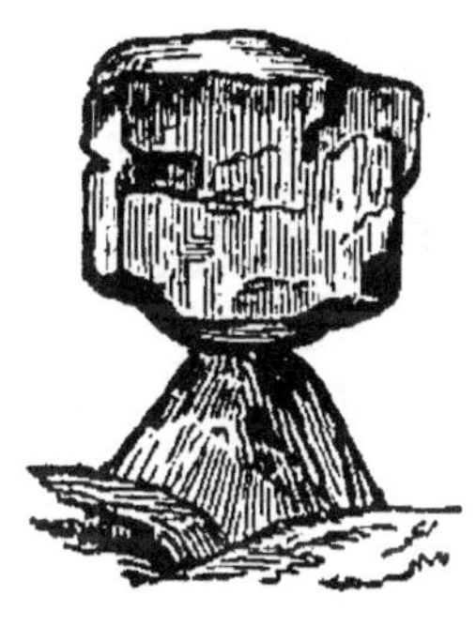

*Great-upon-little*, Grand-sur-petit. T. Pownall estime son poids à un million de livres.

Les pierres branlantes s'appellent encore *Pierres roulantes* ou *roulées, Pierres qui dansent, Pierres folles, Pierres qui virent, Pierres retournées*, *Pierres transportées*. En Angleterre, elles sont désignées sous le nom de *Rocking-Stones.*

### Les lichavens.

Les *lichavens* (4), ou *trilithes*, représentent, par leur disposition, des espèces de portes, ce qui les a fait appeler *antas* par les Portugais. Dans le lichaven, il y a trois pierres : deux sont posées verticalement, à une courte distance l'une de l'autre, et supportent une troisième pierre, horizontalement

(1) *Hist. nat.*, lib. II.
(2) Lib. III.
(3) *Recherches sur l'origine des arts*, in-fol.; préface.
(4) Du celtique *lech*, lieu ou table, et *van*, pierre.

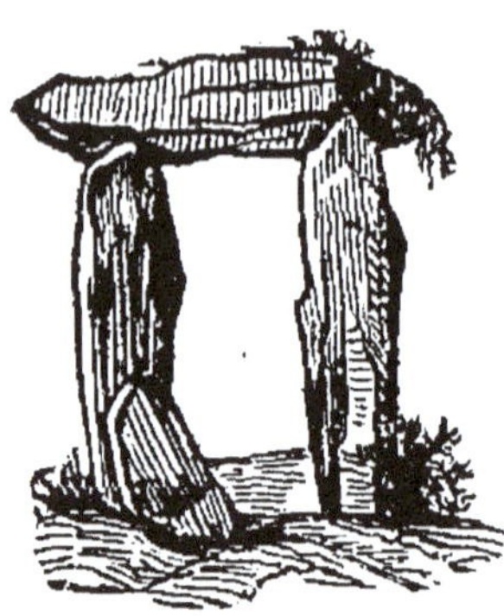

posée comme une architrave. On a pensé que c'étaient des espèces d'autels d'oblation (1).

On a signalé le trilithe de Sainte-Radegonde, dans le Rouergue, et la *Pierre-Frite,* près de Maintenon. On en voit plusieurs dans le célèbre *Stone-Henge* dont nous allons parler bientôt (2).

### Enceintes celtiques ou cromlechs (3).

Ces monuments sont formés de peulvans, de lichavens ou de pierres posées, rangés à une certaine distance les uns des autres, sur un plan circulaire, elliptique ou demi-circulaire.

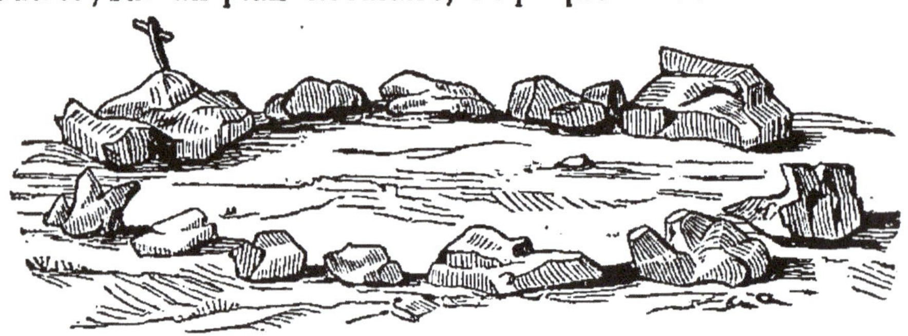

Quelques-uns de ces cromlechs sont concentriques les uns aux autres ; il y en a qui sont entourés de fossés ; plusieurs enfin sont accompagnés de dolmens. Le nombre des pierres qu'on y compte est sacré : il n'y en a pas moins de douze. On en trouve parfois dix-neuf, trente ou soixante; ces nombres coïncident avec ceux des dieux. Au centre on voit encore souvent un men-hir qui représente la divinité suprême. Quelquefois le diamètre des cromlechs était assez étroit pour qu'on pût

(1) Selden, *de Dis Syris*, les décrit en ces termes : « Lapides fani Mer-« kolis (fans de Mercure) sic dispositi erant, ut unus hinc, alter illinc, « tertius super utrumque collicaretur. »

(2) *Stone-heng,* ont nom en anglais,
Et *pierres pendues*, en françois.

Vers cités par Barbazan. (*Poésies du roi de Navarre,* t. I, p. 150.)

(3) Du celtique *cromm*, courbe, et *lec'h*, pierre ; ou bien de *lec'h*, pierre, et *crom,* qui signifie le dieu suprême.

recouvrir le monument de pierres en forme de toit : on doit les considérer, dans ce cas, comme des dolmens circulaires.

Ces enceintes ont beaucoup de rapport avec les péribôles sacrés qu'on voyait en grand nombre chez les peuples orientaux, mais ils ont disparu dans presque toute l'Asie, où ils étai nt fort communs.

On pense que les cromlechs servaient de temples et de cours de justice. On prétend aussi que c'est là que se faisaient les assemblées militaires, les inaugurations des chefs, et même leur inhumation. Guilbert de Nogent (1), au XII^e siècle, raconte que l'on creusa dans une plaine pour y bâtir, et qu'on y trouva des sépulcres rangés en *ronde de danse* (2) autour d'un cercueil principal. Les cromlechs étaient très-anciens, puisque Pausanias en décrit qu'il a vus près de Pharès.

Nous avons un de ces monuments à Saint-Hilaire-sur-Rille, près de Fontevrault ; un autre à Menec, près de Gellainville ; un grand nombre enfin en Bretagne et dans la presqu'île de Kermervan. Richard Twiss dit en avoir rencontré plusieurs en Espagne et en Portugal. Il n'est personne qui n'ait entendu parler du cromlech d'Avebury, appelé *Stone-Henge,* et situé à six milles de Salisbury.

Ce vaste cromlech est composé de deux rangées circulaires et de deux enceintes elliptiques; la rangée extérieure était formée par trente pierres figurant une balustrade, ou lichavens ; le deuxième cercle comptait vingt-neuf pierres ; le troisième, comme le premier, était formé de trilithes; et le quatrième, de vingt peulvans. Stukeley et Borlase (3) regardent ce cromlech comme un temple des druides, et Strut comme un lieu d'assemblée publique. Peut-être ce singulier monument avait-il cette double destination.

Il existe encore des enceintes formées par de petits remparts en terre mêlée de cailloux ; on les a confondues souvent

(1) *De Vita sua*, lib. II, cap. 10.
(2) *In modum choraulæ.*
(3) *Antiq. of Cornwals.*

avec des camps romains. Il y en a en Bretagne, à Neuillac, à Bignon, etc.

### Alignements.

La seule différence qui existe entre ces monuments et les précédents, c'est que les pierres, au lieu d'être disposées en cercle, sont placées, ou sur une ligne unique, ou sur plusieurs lignes parallèles. Ces alignements sont quelquefois aussi accompagnés de fossés ou de levées en terre. On pense qu'ils avaient la même destination que les cromlechs. M. de Gerville cite une de ces avenues, à Tancarville. Les *Pierres alignées* de Carnac peuvent être rangées au nombre des choses les plus curieuses et les plus extraordinaires qui se puissent voir. « Ces pierres, dont il restait quatre mille, dit M. de Cambry, sont brutes et isolées dans une grande plaine sans arbres; pas un caillou, pas un fragment de pierre qui les supporte; elles sont en équilibre, sans fondations; plusieurs même sont mobiles. » Elles sont rangées sur onze lignes parallèles, formant onze rues et s'étendant dans un espace de plusieurs lieues, si l'on y rattache les pierres d'*Ardeven*, auxquelles elles se lient par plusieurs points intermédiaires. Un cromlech se dessine à l'une des extrémités. Beaucoup de ces pierres, cassées sur place, ont servi à bâtir les villages voisins. Une foule de maisons de Brest et de Lorient ont aussi été construites avec ces débris de la plus vieille civilisation gauloise.

On dirait que les siècles passés ne nous ont légué ces singuliers monuments que pour exercer la sagacité des archéologues modernes. La Sauvagère, par exemple, a prétendu que ces blocs indiquaient un camp romain; de Caylus a réfuté très-sérieusement cette opinion, et a essayé de démontrer qu'il fallait les attribuer au séjour de quelque peuple étranger sur les bords de l'Océan. Enfin le physicien Deslandes (1) n'a voulu voir dans leur arrangement qu'un phénomène naturel, produit par quelqu'une de ces révolutions géologiques qui bouleversent la surface du globe.

(1) *Recueil de différents traités de physique*, t. II.

Chaque siècle a envoyé sur les lieux ses savants pour interpréter ce vaste monument. Ceux-ci ont pu le contempler en face du vieil Océan, muet témoin des événements qui se passèrent sur ces falaises désertes, compter les blocs debout au milieu d'une plaine immense, rêver des temps passés, et bâtir des systèmes ; mais aucun d'eux n'a été encore assez heureux pour déchirer le voile qui cache l'origine de ces alignements. Si, désespéré du résultat de ses investigations, l'antiquaire interroge les habitants de ces contrées, ils lui diront que ces pierres représentent une armée changée en rochers par saint Cornilly ; et cette solution du problème vaudra presque toutes celles qu'on a données jusqu'à présent.

### Dolmens.

L'étymologie (1) même du nom de cette espèce de monuments indique la manière dont ils étaient disposés. Un dolmen se compose d'une table de pierre, plus ou moins large, plus ou moins régulière, épaisse d'un à trois pieds, et posée à plat et horizontalement sur d'autres pierres, placées à terre verticalement sur leur partie étroite, hautes de trois à quatre pieds, et au nombre de trois au moins et de quinze au plus. Ces monuments affectent en général la forme d'un carré long. Leur table, qui figure un comble, est souvent sur un plan légèrement incliné. Leur intérieur est quelquefois divisé par des pierres posées de champ. On a remarqué que, s'ils étaient ouverts d'un côté, cette ouverture regardait presque toujours vers l'orient. Les tables sont ordinairement creusées en bassins arrondis formant des espèces de vases qui communiquent entre eux par des rigoles destinées à faire écouler le sang des victimes immolées. Enfin elles peuvent être percées d'un trou, de telle sorte qu'en se plaçant sous le dolmen on pouvait être arrosé par les libations faites

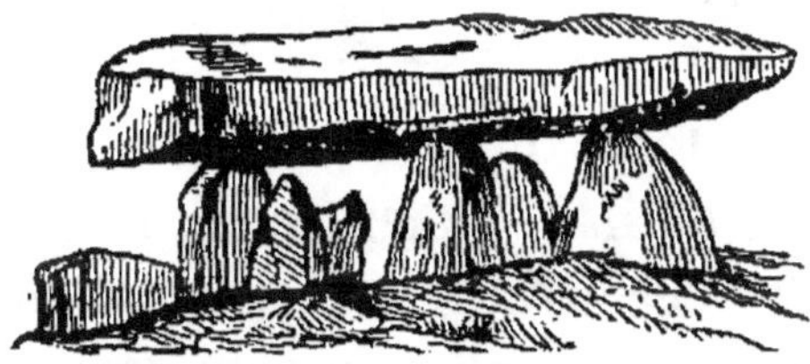

(1) Du celtique *dol*, table, et *men*, pierre.

sur l'autel, et recevoir le baptême de sang, que ce fût un animal ou un être humain qui fût offert en sacrifice. Enfin, disons que l'on a vu plusieurs tables décorées de figures grossières, gravées en creux ou en relief. Les dolmens sont tantôt isolés, tantôt réunis; quelquefois ils sont accompagnés de peulvans.

Le dolmen n'est pas toujours aussi compliqué que nous venons de le dire. Il peut arriver qu'il ne se compose, comme celui de Tries, que de quatre pierres : alors trois pierres verticales supportent la quatrième posée à plat. On remarquera, dans le dessin ci-dessous, que la pierre qui ferme le dolmen

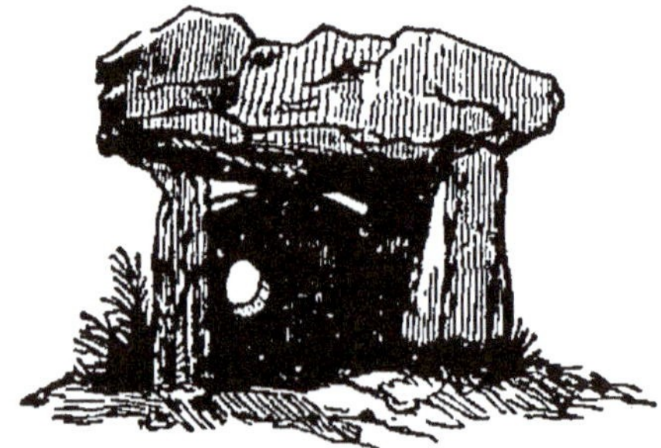

d'un côté est percée d'un trou circulaire dont l'usage est inconnu. On a proposé d'appeler demi-dolmens ceux de ces monuments dont la table repose, par une de ses extrémités, sur le sol, tandis que l'autre extrémité est soutenue sur des piliers verticaux.

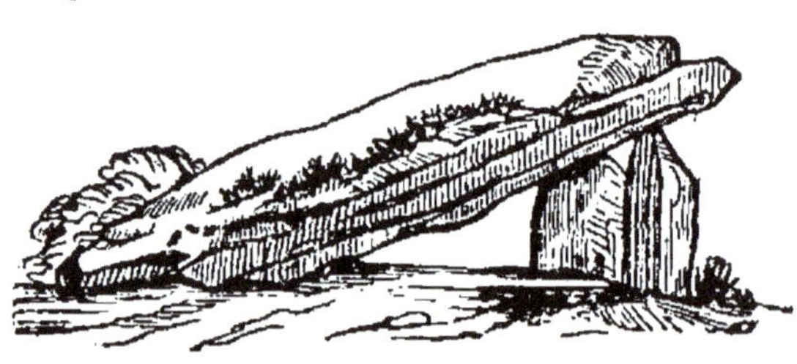

L'opinion la plus généralement admise sur la destination des dolmens, c'est qu'ils ont dû servir d'autels pour les sacrifices. On a pensé encore que c'était sur leur table que les guerriers élevaient et proclamaient les chefs qu'ils s'étaient choisis. Les ossements humains qui ont été découverts près de ces constructions barbares donneraient à croire enfin que les prêtres se faisaient inhumer dans leur voisinage, comme dans des lieux sacrés.

Les dolmens les plus importants sont dans le pays chartrain, arrondissement de Maintenon, et à Perdariel, en Bretagne; on a décrit surtout ceux d'Epone, dans l'arrondissement de Mantes; de la Frébauchère en Poitou, de Saint Nectaire et de Langeac en Auvergne; ces derniers sont appelés, en patois, *Peyrres de las Fadas.*

Ils sont désignés sous divers noms, tels que ceux de *Pierres levées*, *Pierres levades*, *Pierres couvertes*, *Palais de Gargantua*, *Tables de César*, etc.

## Les allées couvertes.

Les *allées couvertes* peuvent être regardées comme étant formées par une série de dolmens, placés sur une même ligne les uns à la suite des autres, et ayant leur ouverture dirigée suivant le même axe. Elles ressemblent à des espèces de galeries ou de corridors, composés de deux rangs de pierres brutes et verticales, supportant plusieurs tables horizontales qui forment un comble, ou bien qui simulent un toit en terrasse. Des quartiers de roche, placés à l'intérieur, servent de cloison et divisent le monument en plusieurs compartiments. Les allées couvertes sont fermées à une de leurs extrémités, et sont le plus souvent dirigées d'occident en orient; leur destination semble avoir été la même que celle des dolmens.

Nous avons trois allées fort remarquables en France. C'est

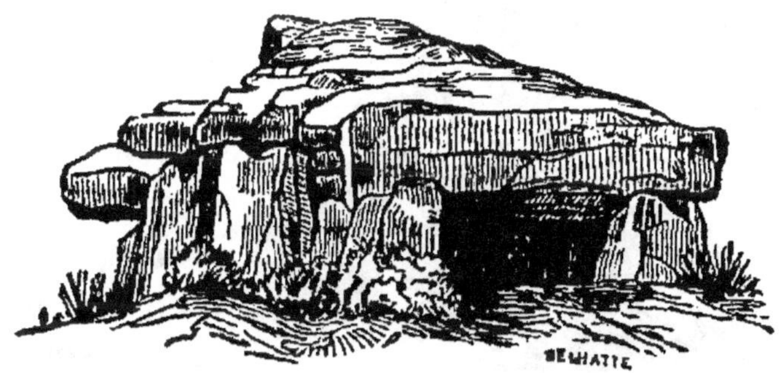

d'abord la *Roche aux fées* d'Essé, qui a 56 pieds de longueur sur 16 de large. Ce monument est composé de quarante-deux pierres d'un chiste rougeâtre; trente-trois sont debout et re-

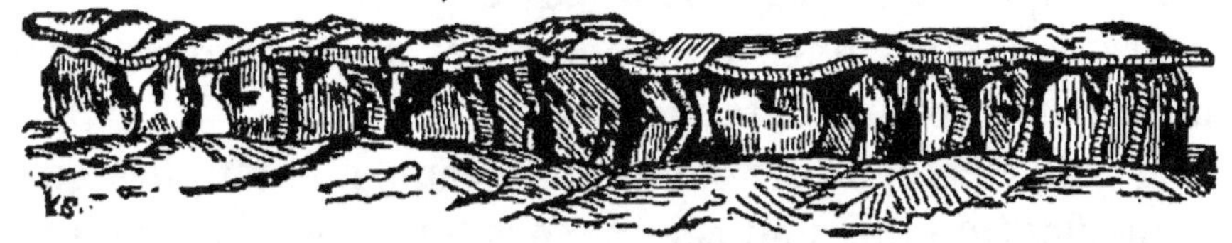

couvertes par les neuf autres. C'est ensuite l'*allée couverte de Bagneux;* elle a 60 pieds de longueur et 9 de hauteur. Enfin la troisième est située en Bretagne : elle a 63 pieds de long. En voici le plan et une vue détaillée.

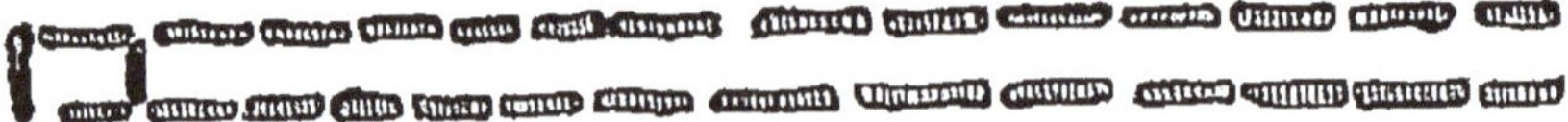

Les allées couvertes sont encore appelées *Coffres de pierres, Roches aux fées, Grottes aux fées, Tables des fées, Tables du diable, Palais des géants.*

**Des tumulus.**

On a donné ce nom à des monticules factices, élevés au-dessus de la dépouille des morts. Ces tertres, composés de cailloux ou de terre, suivant les localités, et le plus souvent recouverts de gazon, affectent presque toujours la forme pyramidale ou conique. Quand ils sont faits avec des pierres, on les appelle *gal-gals*. Il arrive encore qu'ils sont entourés de fossés, ou d'un cercle de roches qui a servi à contenir l'éboulement et à favoriser le tassement des terres. On les trouve ordinairement au milieu d'une plaine ou d'une prairie, sur le bord d'un chemin ou d'une rivière, sur le sommet

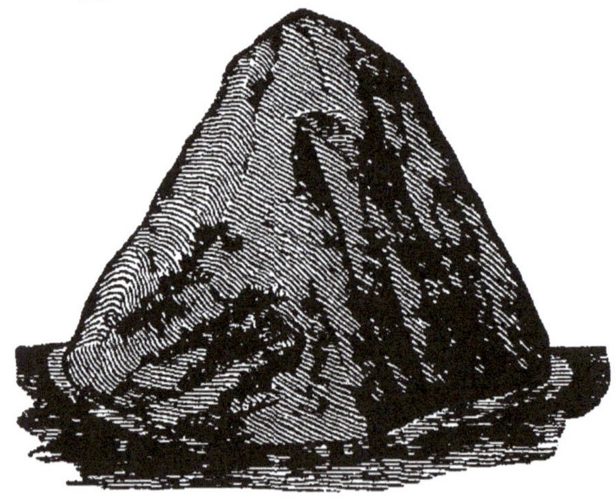

des coteaux ou dans des landes incultes. On en a vu qui s'élevaient à une hauteur de soixante mètres : celui de Cumiac a même près de cent pieds. A ce propos, M. A. Delaborde fait observer que les dimensions de ces collines étaient en raison directe de l'importance des hommes et des événements dont on voulait perpétuer le souvenir (1).

En Angleterre, où ils ont été beaucoup plus étudiés qu'en France, les tumulus sont connus sous le nom de *barrows*, et on

(1) *Les monuments français classés chronologiquement*, in-fol.

les a, pour leur forme et leur disposition, divisés en cinq classes. On distingue : 1° les *barrows coniques;* ils sont souvent tronqués à leur sommet ; 2° les *barrows en forme de cloche ;* 3° les *barrows oblongs*, avec ou sans fossés, avec ou sans enceinte de pierres ; 4° les *barrows druidiques*, défendus par une tranchée ou présentant une petite élévation à leur sommet ; 5° les *barrows accouplés*. Ces divisions ont varié et importent peu.

Lorsqu'on veut fouiller ces monuments, on doit faire une tranchée de quelques pieds sur leur plus grand diamètre (1); on reconnaît alors que le sol avait été nivelé d'abord ; qu'il avait ensuite été recouvert de dalles brutes, rapprochées le plus possible, et que le corps des morts avait été placé dessus. On le déposait aussi sur un lit de cailloux qui servait de noyau au monticule. Cette dernière disposition, du reste, a varié.

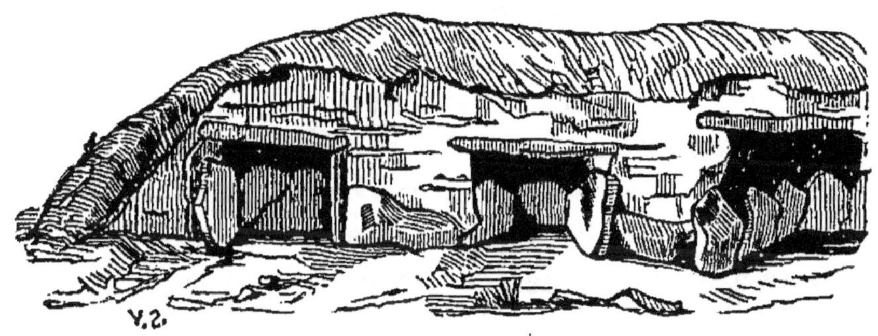

Quelquefois on rencontre des chambres sépulcrales, renfermant des squelettes ou des urnes funéraires (2). Il arrive aussi que les cendres du défunt occupaient le centre de l'aire du tumulus ; enfin on a vu des morts ensevelis dans la position assise ou couchée, ou debout, la tête resserrée entre deux pierres (3).

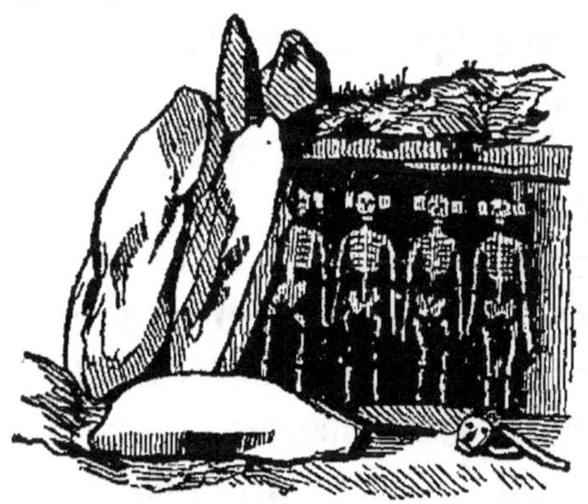

(1) M. Champollion, *Encyclopédie portative*. Archéologie, t. I, p. 102.

(2) Voir le savant traité de Legrand d'Aussy, sur les *sépultures nationales*. (*Mém. de l'Institut*, Sc. mor., t. II.)

(3) *Antiquités anglo-normandes*, par Ducarell.

M. Mérimée a fait connaître, dans un *rapport au ministre de l'intérieur*, un gal-gal situé dans l'île de Gâvr'Innis, près de l'entrée du Morbihan. Il trouva enfoui sous ce monticule un dolmen fort irrégulier, ayant plus de 12 mètres de longueur, et près de 2 mètres de hauteur. Les pierres qui forment le comble sont de dimensions colossales; celle qui couvre la chambre occidentale n'a pas moins de 20 pieds de long sur 15 ou 16 de large.

On ne sait si ce tumulus n'a pas été fouillé à une époque déjà loin de nous. On serait assez porté à le croire; car, chose extraordinaire, on n'a rien trouvé dans son intérieur, ni armes, ni vases, ni débris humains.

Mais ce qui distingue ce dolmen des autres monuments du même genre, ce n'est pas seulement sa position souterraine, c'est que les pierres qui en composent les parois sont sculptées et couvertes de dessins bizarres que l'auteur compare au tatouage des insulaires de la Nouvelle-Zélande. Quelques-uns des dessins sont en creux, d'autres sont en relief, comme à la *table des marchands de Locmariaker.* Du reste, il est impossible d'interpréter ces figures étranges et incohérentes de sillons, de haches celtiques, de triangles, de serpents, de zigzags. C'est là une énigme tout à fait indéchiffrable.

Si les tumulus sont elliptiques, c'est qu'ils renferment un grand nombre d'individus inhumés après une bataille; ils forment alors de grands ossuaires qui se dirigent de l'est à l'ouest.

A

Suivant la fortune et la dignité du mort, on plaçait à ses côtés les vases, les bijoux, les armes, le cheval, le chien, les haches en silex, A, ou en bronze, les lances, les flèches, qui lui avaient appartenu pendant sa vie. Les poteries que les fouilles ont fait connaître sont de formes peu élégantes, d'une couleur noirâtre et d'une pâte micacée, granuleuse (1).

Les tumulus, comme celui de Cocherelle, peuvent

(1) Voyez Mayer, *Mémoires des antiq. de Normandie*, article de M. de Gerville; et *Mémoires de la Société des antiquaires de Londres.* *Archæologia*, t. V, p. 106; article de M. Lort, intitulé *Observations on celts.*

être accompagnés d'un men-hir qui semble les annoncer au loin et les protéger. Souvent aussi ils sont placés dans le voisinage d'un dolmen.

«Quelques collines factices étaient considérées comme sacrées (1). Il en est d'autres dans lesquelles on reconnaît évidemment un but militaire; elles sont tronquées par le haut, pour contenir un certain nombre de combattants, un large fossé les environne; souvent elles se lient à une ligne de défense, à un *agger* formé par un talus en terre qui ressemble à nos remparts avancés. Ces constructions militaires sont d'un grand intérêt historique, parce qu'elles font souvent partie d'un camp ou d'un de ces *oppida* dans lesquels se réfugiaient les populations gauloises à l'approche de l'ennemi. Au reste, les archéologues ne sont pas d'accord pour savoir si les Gaulois avaient des villes constamment fortifiées.»

Il est certain encore que l'on a fait des tumulus qui servaient de bornes; on les a appelés autrefois *globes*. Ainsi, à propos d'un traité entre les rois Alaric et Childéric, un écrivain du XII^e^ siècle dit (2): *Duos globos terræ elevaverunt, quos utriusque fines constituerunt.* Ils étaient d'ordinaire dressés dans les endroits où quatre chemins aboutissent. Chaque passant y jetait sa pierre. Cette coutume s'est perpétuée chez les Arabes, et existait, dès la plus haute antiquité, puisque Salomon parle de cet usage, et tourne en dérision les individus qui s'y conformaient.

Les tumulus les plus remarquables sont ceux de Tirlemont. M. Traulé en a fait connaître un certain nombre aux environs d'Abbeville (3). Il est d'ailleurs peu de localités en France où les antiquaires n'aient signalé plusieurs de ces monuments.

Nous devons faire observer que ce mode d'inhumation, qui s'est conservé longtemps en France, malgré l'empire des

(1) *Magasin pittor.*, année 1839, p. 6, col. 2; article de MM. A. Lenoir et Vaudoyer.

(2) Spicilegium., *Dom, Acherii*, t. III, p. 269.

(3) *Magasin encyclopédique*, t. IV.

idées chrétiennes, a été généralement celui de tous les peuples de l'antiquité. Ainsi, nous apprenons dans la Bible qu'Absalon fut enterré de cette manière (1). Le tombeau de Patrocle, décrit par Homère, était un véritable tumulus (2), qu'Alexandre alla visiter (3). Hérodote et Ctésias nous représentent les monuments funéraires élevés en l'honneur de Ninus et de Sardanapale comme des éminences pyramidales. Celui du premier de ces princes n'avait pas moins de dix stades de diamètre. C'était encore un immense barrow que l'on construisit à Alyates, père de Crésus (4). Virgile fait connaître celui du roi Decernus (5). Germanicus renferma dans un tumulus les ossements blanchis des légions de Varrus, qui gisaient dans les forêts de la Germanie (6).

Enfin, il n'est peut-être pas de parties du monde où l'on n'ait découvert de ces collines factices. John Barow (7) en a vu chez les Hottentots; Spartmann chez les Cafres (8); le docteur Jefferson parle de celles de la Virginie (9); Pallas en a rencontré sur les rives du Volga et de l'Oural, dans le pays habité par les Cosaques et les Kirques (10); Le Chevalier en a remarqué plusieurs en Grèce et en Sicile (11). Tout le monde sait qu'il y en a beaucoup en Angleterre et en Écosse. L'Espagne, le Portugal et l'Allemagne, offrent aussi des tumulus bien conservés. Olaus Magnus nous a fait connaître

(1) Lib. *Reg.*, cap. 18, vers. 17. Voyez aussi la Genèse, cap. 32.

(2) *Iliade*, lib. XXIII. — Pour le tombeau d'Ilus, voyez aussi *Iliade*, lib. XI.

(3) Plutarque, *Vie d'Alexandre.*

(4) Voy. page 139.

(5) *Énéide.*

« ..... Fuit ingens monte sub alto
« Regis Decerni terreno ex aggere bustum... »

(6) Tacit., *Annal.*, lib. I. « Primum, extruendo tumulo, cespitem « Cæsar posuit. »

(7) *Voyage dans la partie méridionale de l'Afrique*, t. I, p. 191.

(8) *Voyage au cap de Bonne-Espérance*, t. III, p. 162.

(9) *Notes on the state of Virginia*, p. 74 et 173.

(10) *Voyages.*

(11) *Voyage de la Troade.*

ceux de la Suède; Wormius, ceux du Danemark; enfin Rudbeck prétend en avoir compté plus de douze mille dans les environs d'Upsal. Nous mentionnerons les sépultures du roi scandinave Gormus et de la reine Daneboda, qui avaient 300 mètres de longueur; enfin, il ne faut pas oublier les quatorze pyramides placées sur le labyrinthe du roi Porsenna à Clusium, dont nous avons parlé (1).

Quand nous aurons indiqué les différents noms sous lesquels les tumulus sont ou ont été connus, nous aurons terminé ce que nous avions à dire sur la classification des monuments celtiques. Les monticules factices sont appelés en latin *Mercuriales* , *Mercurii acervi ;* en Irlande, *terpen ;* en Écosse, *mont-moth ;* dans la Grande-Bretagne, *barrow*, en France, *gal-gals*, *mallès*, *motte*, *buttes*, *tombelles*, *monts-joie*, *tombeaux*, *combles*, *combels*, *combeaux*, *puy-joly*.

### Maisons et oppida.

Pour ce qui est des habitations des Gaulois, nous nous bornerons à dire que c'étaient des cabanes peintes faites de bois, d'argile, et couvertes de chaume (2). Un petit nombre de ces habitations réunies formaient le *vicus ;* lorsqu'elles étaient défendues par des enceintes retranchées, leur groupe formait un *oppidum*. Il y avait encore des oppida qui n'étaient occupés qu'en temps de guerre. Du reste, à propos de ce mot, les commentateurs de César se sont livrés à des discussions interminables, dans lesquelles nous nous garderons de les suivre. Dulaure, en particulier, en a traité avec beaucoup de détails (3).

(1) Voy. page 139.

(2) Vitruve, liv. II; Polybe, liv. II; Strabon, liv. IV, et César, *passim*.

(3) *Mémoires de la Société des antiquaires de France*, t. II.

### Superstitions.

Tels sont les divers monuments que les Galls ont élevés sur le sol de la France. Ces monuments, qui sont restés debout après avoir traversé tant de siècles, après avoir été témoins de tant d'événements divers, de tant de révolutions civiles et religieuses, sont encore de nos jours l'objet d'une espèce de culte. A Colombiers, les jeunes filles qui désirent se marier doivent monter sur la *Pierre-Levée*, y placer une pièce de monnaie, puis sauter de haut en bas. A Guerande, elles viennent déposer dans les fentes d'une pierre celtique des flocons de laine rose liés avec du clinquant. Au Croisic, les femmes ont longtemps célébré des danses autour d'un men-hir. En Anjou, on croit que les fées, descendant des montagnes en filant, ont apporté les rocs vénérés dans leurs tabliers. En Irlande, plusieurs dolmens sont encore appelés les *lits des amants*. La fille d'un roi s'était enfuie, dit-on, avec l'homme qu'elle aimait. Poursuivie par son père, elle errait de village en village; tous les soirs ses hôtes lui dressaient un lit sur la roche (1).

Nous savons positivement que ce fétichisme grossier a été en vigueur jusqu'au dixième siècle de notre ère. Ainsi, le concile d'Arles, en 452 (2), et celui de Tours, en 567, défendent, sous des peines sévères, le culte des pierres druidiques. Charlemagne, dans ses Capitulaires (3), censure les individus qui adorent les pierres et les arbres; enfin, les successeurs de ce prince rendent également plusieurs ordonnances à ce sujet.

### Du druidisme.

Les érudits modernes, et M. Amédée Thierry en particulier, ont établi que les monuments dont nous venons de parler

(1) Michelet, *Histoire de France*, t. I, p. 460; notes.
(2) *Acta conciliorum*, t. II, folio 1715.
(3) Lib. I, cap. 54.

appartiennent à la religion qui précéda le druidisme; il paraît aussi qu'Ésus, en établissant cette dernière doctrine, s'efforça de détruire toute espèce d'idolâtrie. Cependant ce fait n'est pas absolument prouvé. César nous apprend, en effet, que le pays des Carnutes était le centre du druidisme; or, c'est là surtout que les monuments celtiques abondent. Nous savons encore que les druides, persécutés par les Romains, se retirèrent en Bretagne, et que, chassés de là par l'empereur Claude, ils gagnèrent l'Angleterre; or personne n'ignore que la Bretagne et l'Angleterre renferment les plus curieux de ces amoncellements de pierre.

Quoi qu'il en soit, il est certain que le panthéisme celtique a dû s'altérer de plus en plus. L'Orient, la Grèce et l'Italie, lui ont transmis quelques-unes de leurs divinités, ou mieux, les relations fréquentes que les Gaulois eurent avec les habitants de ces pays changèrent en identité la ressemblance qu'avaient leurs idées religieuses. Ainsi, on trouve à peine une légère différence dans les attributs et la puissance d'Ogmius et d'Hercule, d'Hésus et de Mars, de Teutatès et de Mercure, de Bélénus et d'Apollon (1). Les prophétesses de Séna, dans l'Armorique, vierges comme les vestales, au nombre de neuf comme les muses, et les namnètes, isolées dans une île à l'embouchure de la Loire, le front ceint de verveine, prédisaient l'avenir comme les pythies de Délos.

Avec leur nationalité, les Gaulois perdirent leur religion. Lorsque César eut conduit ses légions victorieuses par toute la Gaule, lorsque les proconsuls et les lieutenants romains eurent occupé les villes principales du pays conquis, une nouvelle ère commença pour les arts et les sciences. Ces transformations se firent si rapidement et d'une manière si complète, que l'on voit les institutions politiques et les croyances religieuses changer presque de fond en comble, et des monuments presque aussi admirables que ceux des plus beaux temps de Rome, remplacer les masses informes de la vieille civilisation gauloise. Dès lors, c'en est fait à tout jamais de l'art celtique.

(1) Voyez les bas-reliefs d'autels trouvés à Paris.

### De l'étude des monuments.

Pendant longtemps nulle science n'a été aussi hypothétique que celle de l'art des premières nations qui ont peuplé la France. Quelques passages des auteurs latins et la tradition sont les seules sources où l'on pouvait aller puiser des renseignements. Ce n'est que par une longue expérience, et après avoir étudié, comparé une foule de ces monuments, qu'on a pu obtenir quelques données à peu près certaines sur leur origine et leur destination.

On dirait que les druides se proposaient de faire preuve d'une puissance d'autant plus surnaturelle, que les masses de rochers dont ils se servaient étaient plus colossales et étaient arrachées à des carrières plus éloignées. Quelques-unes de ces grossières constructions sont si prodigieuses, que le peuple, dans sa crédulité, les a de tout temps regardées comme l'œuvre des fées ou des géants. César joue aussi un grand rôle dans les croyances populaires; il n'y a pas jusqu'à Gargantua, illustré si joyeusement par le satyrique curé de Meudon, qui ne passe pour être quelque chose dans l'existence de ces édifices informes.

Mais les Galls n'ont pas laissé comme objets de leur culte des monuments factices seulement; il est certain qu'ils consacraient des montagnes et des rochers d'une configuration bizarre. Il est peu de nos provinces qui n'offrent quelques-unes de ces curiosités naturelles. Le nom qu'on leur a conservé et la tradition peuvent donner une apparence de certitude aux conjectures que l'on fait sur leur antique destination. C'est ainsi qu'on appelle ces rochers, *pierres hautes*, *pierres incises*, *pierres des fées*, *lits des géants*, *chaises* ou *roches de Gargantua*. Souvent leur forme extraordinaire a suffi pour leur faire attribuer quelque chose de merveilleux; tandis que très-souvent les aspects étranges que présente la nature sont dus à des causes physiques accidentelles que l'on peut facilement apprécier. Là, c'est le torrent qui a raviné une montagne et qui a mis à nu des rochers aux crêtes saillantes; ici, ce sont des bouleversements géologiques qui ont formé des grottes profondes, grottes qui plus tard ont été habitées (1) ; ailleurs, ce sont les dégradations du temps, les pluies d'orages, qui ont isolé les blocs superposés. Aussi ne saurait-on croire combien d'erreurs et de méprises ont été faites par des archéologues peu expérimentés. A eux seuls, ils ont plus divinisé de pierres, plus construit de monuments prétendus celtiques, que les prêtres des vieux Gaulois. Si toutes les découvertes qui sont annoncées étaient authentiques, le sol de la France serait couvert d'un plus grand nombre de dolmens ou de men-hirs que d'églises. Tous les jours on signale quelque nouveau monument de cette espèce, et quand on arrive à la vérification, il se réduit à une honnête illusion d'antiquaire.

Quelles que soient cependant les erreurs qu'on ait commises, il est certain que beaucoup de ces monuments primitifs ont échappé aux coups de la destruction. Placés, comme ils le sont presque tous, dans des lieux incultes, on conçoit qu'ils aient été souvent plus épargnés que les productions de l'art romain. Montfaucon est à peu près le premier qui se soit plaint qu'on les détruisit aveuglément de son temps. Il faut dire aussi qu'il est le premier qui en ait fait l'objet d'études spéciales, et qui ait commencé à les arracher à l'oubli qui pesait sur eux depuis plus de deux mille ans.

Après lui, les recherches ont été dirigées sur presque tous les points de la France. Un même travail s'est fait à l'étranger, et une foule de découvertes intéressantes sont venues récompenser les investigations des antiquaires. On trouvera à la fin de ce livre l'indication des ouvrages qui traitent plus ou moins spècialement de la religion, de la langue et de l'art des peuples celtiques.

(1) « Solent et subterraneos specus aperire... » (Tacit., *de Mor. Germ.*) Florus dit encore : « Aquitani, calidum genus, in speluncas se recipiebant. »

### De l'art des peuples primitifs.

Maintenant, il importe de montrer comment l'art que nous venons d'étudier, bien qu'informe et barbare à sa naissance, tenait en germe tout l'art de l'avenir. Il est curieux de suivre les périodes successives qu'il a traversées avant de produire les chefs-d'œuvre qui ont fait si justement l'admiration de tous les siècles.

Pausanias nous apprend, ainsi que nous l'avons dit, qu'en Arcadie on commença par ajouter une tête à la pierre cubique que le peuple adorait dans le principe. Il arriva ensuite qu'on indiqua le sexe de la divinité ; bientôt on détacha les bras et les jambes du bloc : de là, à l'imitation parfaite de la nature, il n'y avait qu'un pas, et dès lors la statuaire était trouvée. Voilà pour l'origine de la sculpture.

Suivant Ammien Marcellin, le monument que nous appelons men-hir était un obélisque (1) dont l'extrémité était terminée en pointe pour imiter les rayons du soleil. Un autre écrivain ancien fait remarquer que, si l'on abat les angles de l'obélisque, on a la colonne dorienne ou étrusque. Les cippes (2) et les colonnes milliaires (3) ne sont pas autre chose que des men-hirs. Bien plus, le cromlech, surtout quand il est formé de trilithes, comme la première enceinte du *Stone-Henge,* est parfaitement semblable à ces temples grecs de forme circulaire appelés hypètres, qui se composent d'un rang de colonnes, et sont dépourvus de toits. Le temple primitif de l'Égypte diffère à peine du dolmen. Les supports verticaux du monument celtique se changent en colonnes pour le temple. D'abord, l'écartement de ces points d'appui était limité par la longueur des pierres du plafond. Dans les constructions plus savantes, quand l'architecture eut fait quelques progrès,

(1) Pierre quadrangulaire isolée, d'une longueur considérable, et dont l'épaisseur diminue de la base au sommet. Voyez en un dessin, page 82.

(2) Pierre quadrangulaire qu'on élève au-dessus des tombeaux.

(3) Bornes placées, de mille en mille pas, sur les voies romaines.

on eut recours à des piliers intérieurs pour soutenir ces plafonds ; mais alors ils sont disposés sans symétrie et sans ordre. Il est vrai qu'avec ces éléments on avait le plan et la forme générale des temples, tels qu'ils ont été construits dans les civilisations antiques.

Nous avons fait connaître plus haut l'opinion des savants qui pensent que les temples égyptiens ont leur prototype dans les excavations d'Éléphanta, semblables à celles habitées par les troglodytes dans les rochers de l'Éthiopie. Nous avons montré que l'architecture grecque se retrouvait tout entière dans une rustique cabane (1). Il y a un autre ordre de monuments qui ont leur principe dans les tumulus, nous voulons parler de certaines pyramides. C'est d'ailleurs une opinion partagée par tous les érudits. On conçoit bien, en effet, que si l'on a recouvert le tumulus de maçonnerie, on a dû obtenir la pyramide, et c'est, en effet, ce qui est arrivé. Richard Pokoke (2) a remarqué la gradation des perfectionnements que l'on a atteints, en citant de ces tertres factices à demi revêtus de constructions, tertres qu'il a rencontrés et Égypte et en Syrie. D'ailleurs, dans la haute antiquité païenne, la pyramide, ainsi qu'on a pu le remarquer déjà, devint la forme monumentale la plus généralement adoptée. C'est le type suivant lequel les tours et les grands temples de l'Asie sont bâtis. Nous rappellerons ici les pagodes boudhistes de l'Inde et la tour de Baal à Babylone (3). Les *théocalis* mexicains peuvent leur être assimilés également. Hartsink rapporte que, dans la Guyane hollandaise, sur les bords du fleuve Masserouny, il a trouvé une grande pyramide en pierre, que les Indiens indiquent comme étant la demeure de *Jarvahen*, le dieu du mal. Enfin, les Péruviens offrent aussi des constructions dans le système

(1) Dict. d'archit. de l'*Encyclopédie*, par M. Quatremère de Quincy, au mot ARCHITECTURE. Voyez aussi la p. 36 de ce livre.

(2) Voyez l'article bibliographique.

(3) Le père Gervais de Kœmpfer a constaté cette ressemblance, ainsi que M. de Humboldt, dans son *Voyage aux Cordillères*. Voyez aussi *la Mine de l'Orient*, par Rich, traduction de M. Resmond.

pyramidal. On peut dire avec raison que ce système a été universellement répandu (1).

On le voit, les idées inventives ont suivi presque partout une marche parallèle; partout on procède instinctivement du simple au composé; partout les mêmes types se transforment de la même manière. Si les monuments, dans l'enfance des peuples, sont, comme les beaux hommes à leur naissance, informes, et semblables les uns aux autres, ils se modifient essentiellement à mesure qu'ils se développent sous l'influence des causes physiques et des besoins moraux. Puis il arrive un temps où ils s'éloignent tellement de leur origine, qu'on ne peut les y ramener que par des raisonnements fondés sur des conjectures plus ou moins probables. Aussi n'attachons-nous pas une importance absolue aux quelques observations que nous venons de faire sur la parenté qui unit les arts des peuples primitifs.

## ÈRE GALLO-ROMAINE.

### Coup d'œil sur les Gaules pendant la domination des Romains.

Après dix ans de luttes et de combats, après avoir versé son plus noble sang, la vieille nationalité gauloise va périr. Tout doit céder et se soumettre devant le vaste génie de César, les plus beaux dévouements comme les plus indomptables courages. C'est en vain que les Bellovaques et les Nerviens, les Venètes et les Aquitains, les Sénonais et les Carnutes, les Édues et les Bituriges, les Trévires et les Arvernes, lui auront disputé pied à pied leur territoire, lui auront opposé les hautes et solides murailles de leurs *oppida*. Rien ne peut arrêter ses envahissements : la conquête est certaine. Les légions romaines surmonteront tous ces obstacles, se joueront de tous les périls; elles combleront les marais, se fraieront des routes à

(1) Sur les diverses origines des pyramides chez les divers peuples, voyez la page 140.

travers les forêts séculaires, s'empareront à peu près de toutes les villes dont elles feront le siége, gagneront presque toutes les batailles qu'elles livreront.

Après s'être épuisée en vains efforts pour la défense d'Alise et d'Uxellodunum, la Gaule donc, forcée dans ses derniers retranchements, fut obligée de subir le joug du vainqueur, et dès lors elle ne compta plus, parmi les nations libres, que comme une des plus belles et des plus riches provinces du vaste empire romain. Cette guerre fut vraiment une guerre de géants : César, au rapport de Plutarque (1), pour mener à bonne fin sa longue et périlleuse entreprise, aurait pris plus de huit cents villes, soumis plus de trois cents nations, combattu en différents temps plus de trois millions d'hommes, desquels un million aurait péri en bataille rangée, et un autre million aurait été réduit en captivité.

Mais enfin l'œuvre de la conquête est accomplie. La grande et puissante unité romaine va fondre en une seule nation cette multitude de peuples, différents de mœurs, de langage et de coutumes (2). Et, en effet, quand les insurrections furent apaisées, quand le calme fut revenu, César traita le pays conquis avec une extrême douceur ; il laissa à la Gaule chevelue (*comata*) (3) ses terres, ses habitations et la forme essentielle de son gouvernement. Il lui accorda même des titres et des droits de cité romaine; seulement il lui fit payer un tribut, qui fut déguisé sous le titre honorable de *solde militaire* (4). Toutefois, il acquit dans le pays des richesses incalculables ; il avait contracté des dettes énormes, et il les paya entièrement avec les dépouilles des Gaulois ; il versa, de plus, des sommes considérables dans le trésor public à Rome, sommes qui servirent à construire des édifices splendides (5). Mais tout cela ne put

(1) *Vie de César.*

(2) « Hi omnes lingua, institutis, legibus, inter se differunt. » (Cæs., *Comm.*, l. II.)

(3) L'Aquitaine, la Belgique et la Celtique.

(4) « In singulos annos *stipendia* nomen imposuit. » (Suétone, in *Jul. Cæsar.*, cap. 25.)

(5) « Cicéron fut chargé, avec Opius, à la prière de César, de former le

appauvrir la Gaule (1). Une foule d'améliorations même y furent faites comme par enchantement. Ce fut pour elle le commencement d'une nouvelle ère pleine de grandeur et de prospérité. Les vieux Gaulois abandonnent peu à peu leurs mœurs rudes et sauvages pour des mœurs douces et policées. Ils quittent leurs antiques *oppida*, d'un accès difficile, pour des cités élégantes et embellies par de nombreux monuments. A côté des places de guerre, on voit surgir des villes semblables à celles de l'Italie : Augustodunum remplace Bibracte, Augustonemetum est bâtie près de Gergovia. Les nouvelles villes prennent des noms latins, reçoivent de Rome des magistrats, des pontifes. Bientôt de somptueux édifices s'élèvent sur l'emplacement des lieux sacrés ; les belles statues de l'art gréco-latin sont substituées aux informes simulacres des divinités celtiques ; les marécages remplis de roseaux, et les landes couvertes de bruyères, sont convertis en champs et en prairies ; les forêts s'éclaircissent, et le sol est cultivé comme les plus belles campagnes qui s'étendent au delà des Alpes. Des routes nombreuses ouvrent des communications de toutes parts ; les fleuves sont sillonnés de bateaux ; les navires affluent dans les ports de l'Océan comme dans ceux de la Méditerranée ; le commerce prend de l'extension, des fabriques s'organisent ; enfin les divers produits du pays sont portés dans toutes les provinces du vaste empire.

En perdant sa liberté, la Gaule gagna une civilisation déjà mûre et vigoureuse ; mais elle tomba en même temps dans une résignation oublieuse, dans une léthargie profonde, dans une inertie incurable. Bientôt elle ne chercha plus qu'à jouir des douceurs de sa nouvelle existence, à goûter les agréments du luxe, à briller dans les arts, à cultiver les lettres avec éclat, à se rendre célèbre par son éloquence. Il est arrivé de cela qu'elle n'a plus joué qu'un rôle négatif dans les affaires du

plan d'un monument qui devait être construit avec le butin pris sur la Gaule. Le terrain seul, suivant Suétone, devait coûter 500,000 sesterces. » (Le docteur Midleton, *Vie de Cicéron*, t. II, p. 98.)

(1) Sa richesse était passée en proverbe ; on disait γαλατικὸς πλοῦτος.

monde. C'est à peine si on la voit, une fois ou deux, avec Sacrovir et Vindex, essayer de reconquérir sa nationalité et son indépendance. Les exactions des proconsuls et des gouverneurs romains la portèrent plus d'une fois à secouer le joug; mais toujours et facilement vaincue, elle retomba dans son repos et son oubli (1). Elle payait l'impôt, donnait son or (2), et attendait avec insouciance un second conquérant, une autre domination.

D'ailleurs, elle ne s'appartient plus; elle est la chose de Rome; c'est donc à Rome de la défendre contre les invasions des barbares. Les empereurs viennent, les uns après les autres, combattre les hordes germaniques qui se précipitent sur les bords du Rhin, sans qu'elle s'émeuve, sans qu'elle fasse le moindre effort en faveur des maîtres qui la tiennent asservie. Bien plus, les lieutenants de l'empire se font la guerre entre eux; de simples soldats revêtent la pourpre impériale; et elle semble ignorer tous les combats, tous les crimes, tous les meurtres, toutes les lâchetés, toutes les révoltes dont elle est le théâtre. Enfin, quand la nation franque aura chassé les anciens vainqueurs de la Gaule, les Romains et les Visigoths, celle-ci s'alliera au nouveau peuple, mêlera sa race à la nouvelle race, et, à son insu et à son tour, lui imposera ses mœurs, sa langue, sa civilisation.

Mais, pendant cette longue période de quatre siècles qui séparent les deux conquêtes, quelles ont été la division et la religion des Gaules? quelles transformations l'art a-t-il subi? quel a été son caractère? quelles ont été sa signification et l'influence des empereurs sur ses progrès et sa décadence? Voilà divers points historiques qu'il importe d'éclaircir pour pouvoir étudier avec fruit les monuments gallo-romains qui existent encore de nos jours dans presque toutes les provinces de la France.

(1) Voyez l'admirable tableau qu'Orose fait de la Gaule après la conquête de César.

(2) Le tribut qu'elle payait égalait celui que Rome recevait du reste de l'empire.

Et, d'abord, nous croyons devoir rappeler que les anciens donnaient le nom de *Gaule* à trois pays; qu'ils appelaient le nord et l'est de l'Italie, *Gallia citerior* ou *Gallia togata;* que la Gaule proprement dite, la France d'aujourd'hui, était nommée *Gallia ulterior.* Pour celle-ci, quand les Romains en eurent conquis le midi, ils la considérèrent sous deux points de vue. La Province, qualifiée par l'épithète *braccata*, à cause d'un vêtement qui couvrait les cuisses de ses habitants, fut appelée *Narbonensis*, du nom de la ville de Narbonne, qui en devint la capitale(1). La partie de notre pays qui s'étendait de la Narbonnaise jusqu'au Rhin et à son embouchure, était désignée, comme nous l'avons dit plus haut, par l'épithète *comata*, parce que les peuples y portaient de longues chevelures.

La Gaule cisalpine, bien qu'elle ne formât qu'un seul état politique, a été encore partagée en plusieurs provinces. César ne changea presque rien aux divisions territoriales qu'il trouva établies; mais Auguste leur assigna d'autres limites. La Belgique fut agrandie au midi et à l'est; l'Aquitaine s'étendit jusqu'à la Loire, et s'appela *Lyonnaise,* ou mieux *Lugdunaise*, du nom de la ville de Lyon, *Lugdunum*, bâtie par Marc. Plancus, au confluent du Rhône et de la Saône. Sous Tibère, les deux Germanies furent détachées du nord de la Belgique. Les subdivisions augmentèrent successivement de plus en plus; ainsi, sous Probus, on comptait sept provinces, sous Dioclétien, douze, et quatorze au IVe siècle, lors du dénombrement que Sextus Rufus fit de la Gaule; enfin, la *Notice des dignités de l'empire* en porte le nombre à dix-sept, dont voici les noms:

La BELGIQUE fut divisée en *Germanie* 1re, *Germanie* 2e; *Belgique* 1re, *Belgique* 2e, et *grande Séquanaise;* — de la CELTIQUE, on fit la *Lyonnaise* 1re, *Lyonnaise* 2e, *Lyonnaise* 3e, et *Lyonnaise* 4e, ou *Sénonaise;* — dans l'AQUITAINE, on trouvait l'*Aquitaine* 1re, l'*Aquitaine* 2e, et la *Novempopulanie;* — avec

(1) « Narbonensis provincia... *braccata* antea dicta... » (Plin., *Hist. nat.*, lib. III, cap. 3.)

la **Narbonnaise**, on forma la *Narbonnaise* 1re, la *Narbonnaise* 2e, et la *Viennaise ;* — enfin, les *Alpes graïes* et les *Alpes maritimes* appartenaient plus anciennement à la **Gaule citérieure.**

Ces circonscriptions se sont maintenues, à peu près intactes, jusqu'à la révolution de 93, mais sous d'autres dénominations. En effet, après l'établissement du christianisme, chacune des cent quinze cités que renfermait la Gaule, et qui se divisaient en districts (*pagi*), devint le siége d'un évêché, qui relevait d'un archevêché métropolitain, dont le ressort s'étendait sur toute une province. Les bornes de ces cités ont été déterminées de nos jours assez exactement ; celles des *pagi* sont beaucoup plus difficiles à rétablir. Il y eut bien encore des subdivisions militaires et administratives, mais elles ont varié beaucoup et importent peu pour le but de notre travail.

En voyant quel grand nombre de peuples se partageaient les Gaules (Josèphe en compte trois cent cinquante, et Ulpien quatre cents), en songeant qu'ils différaient tous par les croyances et les institutions, qu'ils parlaient tous des dialectes particuliers, on est étonné qu'il ait pu s'opérer entre eux une fusion aussi complète. Quelles que fussent les antipathies et les rivalités qui les divisaient, ils ont fini tôt ou tard par se soumettre au niveau des idées et de la jurisprudence romaine. Pour que l'assimilation de la nation conquise à la nation conquérante fût complète, un moyen surtout a été efficace : il consista à détruire le druidisme, où l'esprit de nationalité gaulois s'était réfugié comme dans un sanctuaire. Ce fut le but vers lequel tendirent tous les efforts d'Auguste et de quelques-uns de ses successeurs. Les empereurs tâchèrent de fondre la religion celtique avec le polythéisme romain, et cette chose leur fut d'autant plus facile, que les rapports qui existaient entre les divinités gauloises et celles de l'Olympe grec étaient plus étroits (1). Il arriva que l'on fit des autels collectifs, sur lesquels chaque dieu était doublement figuré, et que l'on mit

(1) Voyez page 178.

sur une même pierre, une double inscription portant les noms du dieu propres à chaque nation. La Gaule celtique adopta en grande partie ces idées; mais les peuples de l'Armorique, par une espèce de réaction, restèrent fidèles aux vieilles croyances.

Un autre moyen de pacification, employé par les empereurs, fut de fonder une foule de colonies chargées de contenir les nations les plus remuantes, et de défendre les frontières contre les agressions des hordes germaniques. Ces colonies, en rapports journaliers avec les anciens habitants de notre pays, leur imposèrent leurs goûts et leurs usages; elles étaient d'ailleurs composées de citoyens romains, jouissant des mêmes droits et des mêmes priviléges que s'ils eussent habité l'Italie. César et Auguste acceptèrent en outre le patronage d'une foule de villes qui prirent le titre de *Juliennes* et d'*Augustales*, et qui jouirent de plusieurs priviléges. Celles-ci s'organisèrent exactement sur le plan de Rome, qui resta le centre du gouvernement. Chacune d'elles avait son forum, son capitole, ses théâtres, ses amphithéâtres, ses temples, ses basiliques, des voies, des aqueducs, et des écoles où les belles-lettres étaient enseignées avec un succès presque égal à celui qu'elles obtinrent à Athènes sous Périclès, et à Rome sous Auguste. Le grec, qui avait été parlé longtemps dans une partie de la Gaule, finit par être la langue des savants (1). Le latin le remplaça, et son usage devint général; de telle sorte que l'idiome gaulois finit par être un mélange de latin et de celtique.

En voyant de quel éclat les lettres brillaient dans la Narbonnaise, les peuples de la Gaule chevelue se prirent d'émulation, et voulurent rivaliser avec elle. Les littérateurs les plus ardents firent même le voyage de Rome, afin d'entendre Tite-Live, que son éloquence rendait fort célèbre. La Gaule devenait donc de plus en plus florissante. Lyon (2) possédait

(1) Il paraît pourtant qu'elle ne fut pas tout à fait oubliée. On rapporte que l'oraison funèbre de Constantin (340) a été prononcée en grec par un citoyen d'Arles, en présence des habitants de cette ville.

(2) Améd. Thierry, *Histoire des Gaulois*.

déjà des librairies fameuses ; Vienne, Toulouse, Narbonne, renfermaient de précieux dépôts des ouvrages des anciens écrivains latins, dépôts même plus complets que ceux de Rome. L'éloquence était une vieille passion, naturelle chez les Gaulois. Dans les loisirs que leur laissait la paix, ils s'y livrèrent avec enthousiasme. Ils envoyèrent en Italie leurs orateurs, leurs poëtes, leurs artistes et leurs meilleurs soldats, parmi lesquels nous citerons Roscius, Terentius Varro, Trogue-Pompée, Petronius, Arbiter, Val. Montanus, Domitius Afer, Varo Atacius, et le poëte Cornelius Gallus, le rival de Tibulle et de Properce, illustré par les vers de Virgile. Lyon, Besançon, Autun, Narbonne, Toulouse, Bordeaux, ont eu des écoles importantes, que les Romains ont fréquentées, et où les sciences ont été cultivées avec tant d'éclat que Juvénal en parle avec admiration (1). Saint Jérôme vantait la manière dont les lettres étaient honorées dans les Gaules ; Thémistius disait que les Gaulois étaient plus propres aux études libérales que les Grecs eux-mêmes (2) ; le poëte Claudien, pour faire l'éloge d'Honorius, lui dit que les savants de la Gaule lui feront cortége, de concert avec le sénat (3). Enfin Marseille, dont quarante mille élèves fréquentaient les écoles, est appelée par les historiens l'Athènes des Gaules (4).

L'industrie et les arts n'étaient pas dans une voie moins glorieuse que les lettres. C'est ainsi que Narbonne et Toulouse ont encore été renommées pour leurs étoffes peintes, Reims et Arles pour leurs ciselures et leurs dorures. Mâcon a fabriqué des flèches, Soissons des boucliers, Autun des cuirasses, Amiens des épées (5). Les Gaulois avaient déjà inventé des espèces d'émaux, une manière d'étamer et d'ap-

(1) Satire 7, vers 147.

(2) Oratio 4.

(3) « . . . . . . . . . . . . . . . . . . . . . Te Gallia
« Civibus et toto stipavit Roma senatu. »

(4) Strabon, lib. IV.

(5) Philostrate. — Plin., *Hist. nat.*, l. XXXIV, cap. 17.

pliquer l'argent sur le cuivre; enfin, Apollodore (1) dit que les Romains ont reçu d'eux la plupart de leurs armes, et en particulier les cuirasses en mailles de fer. Plusieurs savants prétendent aujourd'hui qu'il a dû exister en Gaule des académies pour l'enseignement des beaux-arts; car l'architecture, qui, avant Auguste, était tombée dans une véritable décadence, se rapprocha un peu de sa perfection primitive. Il est certain que sa chute complète fut moins rapide dans les provinces qu'à Rome. Il faut considérer aussi que les encouragements qu'elle pouvait y recevoir étaient moins soumis aux goûts et aux caprices des princes que dans la capitale de l'empire.

Le spectacle que présente la Gaule pendant la domination des douze Césars est, comme on le voit, du plus haut intérêt. On vit alors les plus illustres patriciens préférer le séjour de notre pays à celui de l'Italie. Agrippa, Drusus, Tibère, et les plus riches Romains, ambitionnent tous des charges dans les Gaules. C'est que là, en effet, ils n'ont rien à changer à leur existence. Ils ne peuvent regretter ni les bords du Tibre, ni les somptuosités de la cité impériale; ils peuvent vivre ici tout à leur aise dans le luxe et la mollesse; car les provinces ont des richesses qui semblent inépuisables (2). Quelles jouissances n'y trouvent-ils pas? quels besoins n'auraient-ils pu y satisfaire? Ils s'y bâtissent des villas aussi belles que celles de Tivoli et des rives de l'Arno. L'Orient leur envoie ses parfums, ses étoffes et ses pierres précieuses, et ils font venir de la Grèce les artistes les plus renommés pour décorer leurs demeures. En un mot, les institutions romaines, les mœurs romaines, les lettres et les arts romains, sont transportés sur un sol nouveau, où ils sont appelés à acquérir un développement aussi admirable que dans les années les plus florissantes de l'Italie.

(1) Lib. III.

(2) C'est au point que Caligula, voulant vendre ses meubles, les envoya dans la Gaule, la regardant comme le seul pays où il y aurait des acheteurs assez opulents.

Nous devons noter que toutes ces productions de l'intelligence ont suivi dans les deux pays à peu près les mêmes phases, et subi également l'influence des bons et des mauvais empereurs, qui, les uns ont travaillé à la prospérité de la Province, les autres l'ont accablée d'impôts et de vexations. Nous avons fait ailleurs l'histoire de l'art romain, nous renvoyons aux détails dans lesquels nous sommes entré à ce sujet (1).

Jusqu'au IV$^{e}$ siècle, l'art romain fut très-florissant dans les Gaules. Depuis Constantin jusqu'à la défaite de Syagrius, nous voyons les empereurs continuer à venir visiter notre pays pour le défendre contre les invasions incessantes des barbares, Germains, Saxons, Burgondes, Hérules, qui fondent sur nos provinces avec un acharnement infatigable; mais les Francs semblent être les plus redoutables entre tous. Aucune défaite ne peut les dompter; Julien cependant parvint à les soumettre. C'est après ses victoires sur cette nation qu'il séjourna à Lutèce, où il s'était bâti un vaste palais dont nous voyons encore les thermes en ruines. Sous les empereurs qui lui ont succédé, les agressions deviennent plus actives et plus audacieuses, les ravages plus terribles. La puissance impériale perd chaque année, chaque jour, de sa force et de son prestige. Stilicon soutint encore le pouvoir d'Honorius dans la Gaule; mais après lui, les Slaves, les Alains, les Huns, pillèrent, dévastèrent le pays sans pitié ni merci. Les Visigoths et les Burgondes purent même y fonder des établissements. Ataulphe, roi des Goths, combattit les hordes germaniques pendant quelque temps, mais il fut à son tour chassé de Narbonne, repoussé du Midi par Constance, général de l'armée d'Honorius. Ce prince réorganisa la Gaule, et Arles en devint, pour ainsi dire, la capitale. Dans une proclamation, il invita les peuples à reconstruire vingt-quatre de leurs villes détruites, et à rétablir les ponts et les routes. Mais toutes ces améliorations, toutes ces institutions durèrent peu, car les nations barbares poursuivirent leurs envahissements,

(1) Voyez la page 143 et les suiv.

et les Francs finirent par triompher. C'est en vain qu'Aëtius battit les Visigoths, repoussa les Burgondes, défit Attila ; en vain que Majorien reprit Lyon sur Théodoric ; les Francs s'emparèrent de Mayence, de Trèves, de Cologne, détruisirent les édifices, amoncelèrent décombres sur décombres. Ils s'établirent à Tournai, et de là s'avancèrent peu à peu sur le territoire de l'empire. Enfin Clovis apparut, et la Gaule échappa pour jamais à la domination romaine et aux pratiques du paganisme.

Ce fut alors qu'un art nouveau s'éleva sur les ruines de l'ancien, se constitua sur une nouvelle base, et se développa, empruntant des éléments matériels au passé, mais les revêtissant d'un autre symbole. Son histoire nous occupera longuement par la suite; pour le moment, nous allons passer en revue les divers genres de monuments qui appartiennent à l'ère gallo-romaine.

Parmi les monuments de cette période, nous serons forcés de ne pas parler avec détail des *bustes*, des *bas-reliefs*, des *fresques*, des *tableaux*, des *intailles*, des *camées* ni des *médailles*. En général, nous ne voulons nous attacher en rien à ce qui tient à l'antiquité figurée. Nous dépasserions le but que nous nous sommes proposé. L'étude de ces monuments ne saurait être traitée d'une manière succincte ; nous renvoyons donc aux grands ouvrages relatifs à l'histoire de l'art romain, et aux traités spéciaux sur les chefs-d'œuvre conservés dans les musées des principales villes de l'Europe. On peut consulter les livres de Gori, de Wicar, Mongez, Mariette, Leblond, Lachaux, Winckelmann, Chiffet, Ficoroni, Lippert et Rasche, sur la glyptographie; et ceux de Banduri, Hirsh, Patin, Seguin, Vaillant, Boze, Pellerin, Barthélemy, Lipsius, Jobert, Frœlich, Spanheim, Monaldini, Mionnet, et surtout Eckhel, sur la numismatique.

Du reste, nous devons dire, pour le travail qui va suivre, qu'il n'est pas un département, peut être pas un canton de la France, qui n'offre quelques vestiges de construction romaine, et qui n'ait quelque souvenir qui se rattache à cette brillante période de notre histoire où notre pays avait subi le joug des empereurs. Dans quelle localité n'a-t-on pas trouvé, en effet, des ruines de murailles, de voies antiques, des débris de poteries, des indications de campement? Combien de villes importantes ne présentent pas à la curiosité des voyageurs et des archéologues des arcs de triomphe, des théâtres, des aqueducs, des temples ou des bains? Il importe donc de faire connaître autant que possible chacune de ces antiquités, qui, presque toutes, indiquent l'emplacement d'un établissement gallo-romain dans le lieu où on les trouve.

### Mortiers. Ciments. Enduits.

Dans tout monument, il y a deux choses à considérer: 1° les matériaux employés dans la construction; 2° la forme et la disposition de chaque genre d'édifice. Or, les Romains sont arrivés, sous ces deux rapports, à de très-grands résultats, qu'il importe de faire connaître.

Leur mortier se composait de chaux vive mêlée de sable, auquel on ajoutait des tuileaux pulvérisés (*testæ tusæ*); c'est là ce qui distingue les ciments antiques de ceux employés postérieurement. M. Vicat a fait sur ces ciments de nombreuses expériences, qui toutes ont prouvé que la supériorité de ces mortiers consistait dans les proportions suivant lesquelles on mêlait de la chaux plus ou moins grasse avec un sable plus ou moins argileux (1). Leurs enduits étaient préparés avec le même soin. Ainsi le *tectorium opus*, dont on couvrait les plafonds et les murs intérieurs des appartements, étonne aujourd'hui par sa parfaite conservation. Il était aussi fait avec de la chaux et du sable; si l'on mettait un peu de marbre pulvérisé, l'enduit était appelé *marmoratum*. L'*album*, *albarium*, ou *coronarium*, *opus*, était ce que nous appelons *stuc*. Le *tectorium opus* s'employait comme nous allons le dire: on étendait successivement sur la muraille trois couches de

(1) Champollion, *Encycl. portative*, Archéolog., t. I, p. 33.

mortier fait avec du marbre. Cet enduit, d'un pouce d'épaisseur, acquérait une grande solidité, ne s'écaillait en aucune façon, et présentait une surface polie, que l'on recouvrait presque toujours de peintures ou de brillantes couleurs. Les ruines de Pompeï et d'Herculanum ont fourni des débris précieux dans ce genre de travail; on a pu les scier, les détacher des murailles et les emporter, pour les placer dans les musées de Naples, de même que les Romains, bien longtemps avant la conquête des Gaules, s'étaient emparés des fresques de la Grèce et en avaient décoré les édifices de Rome.

Pour couvrir le fond et les parois des puits et des citernes, on composait, suivant Vitruve, un mortier avec cinq parties de sable et deux de chaux. Le genre de construction faite avec ce mortier s'appelait *siginum opus* (1). Il ne nous reste plus qu'à parler du *maltha*, qui servait à enduire l'intérieur des aqueducs. Il était composé de chaux vive, réduite en poudre, trempée dans du vin, et broyée ensuite avec du saindoux et des figues. Selon Festus, on employait encore de la poix et de la cire. Les parties sur lesquelles on voulait étendre le maltha étaient préalablement frottées d'huile.

### Appareils.

Dans l'étude et la description de tout édifice, on doit toujours prendre en considération l'espèce d'*appareil* avec lequel il est construit, c'est-à-dire la forme, l'agencement et la disposition des matériaux. Une remarque à faire, c'est que des matériaux bien choisis et bien ajustés indiquent toujours un art très-avancé.

On comprend qu'il est impossible de rien fixer sur la nature des pierres mises en œuvre par les Romains, et qu'ils ont dû toujours se servir de celles que les localités leur fournissaient. Quant à la manière suivant laquelle ces maté-

(1) Pline, au lieu de sable, indique des tuiles pilées.

riaux étaient disposés pour faire des murs, quant au caractère de leur maçonnerie, on peut donner des règles précises.

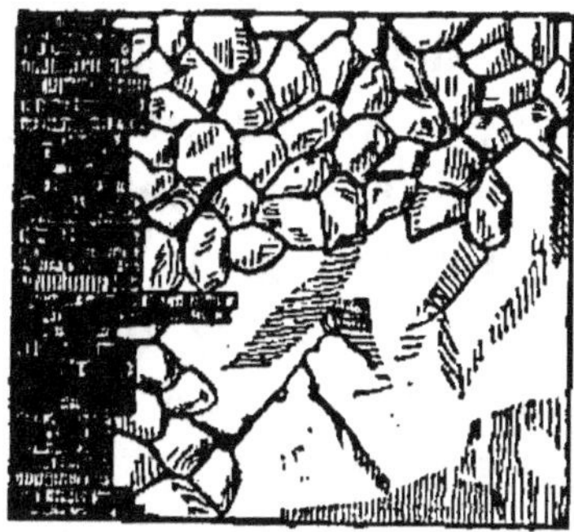

Les Romains usèrent de plusieurs systèmes de constructions (1). L'*opus incertum* ou *antiquum* consistait à employer des pierres telles qu'on les tirait des carrières, et à les adapter les unes aux autres, sans ordre ni rang d'assises, mais de manière à ce qu'elles fussent en contact par tous leurs bords.

L'*opus reticulatum*, le *dictyotheton* des Grecs, était formé de pierres taillées carrément et disposées de manière que la ligne des jointures formât une diagonale, ce qui donnait au mur l'apparence d'un réseau. Cette manière de bâtir est ce que nous appelons *maçonnerie mouillée*. Vitruve assure que, de son temps, c'était celle dont on se servait le plus souvent.

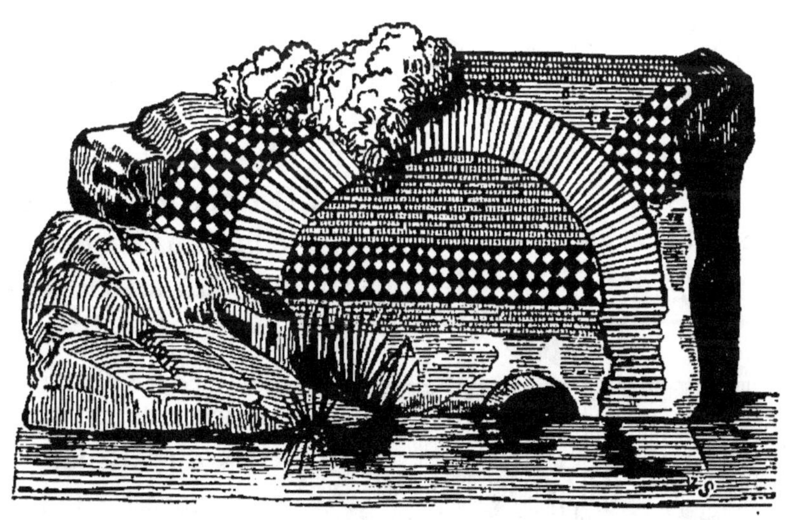

*Murs de briques*. — Ils sont formés de briques triangulaires, dont l'angle le plus aigu est tourné en dedans. Le vide compris

(1) Ils avaient d'abord imité les Étrusques. Les Grecs, plus tard, leur fournirent les principes de leurs divers appareils, que nous avons déjà fait connaître, pag. 127.

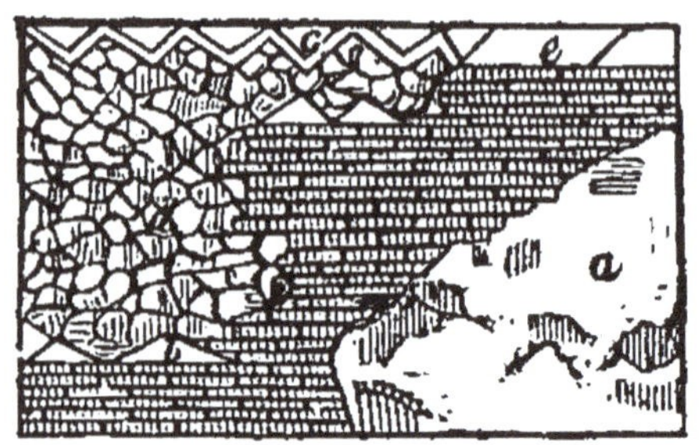


entre les parements intérieur *c*, et extérieur *b*, est garni d'un blocage de pierrailles et de tuiles *d*, jetées pêle-mêle à bains de mortier. Le mur est traversé, de quatre pieds en quatre pieds et dans toute son épaisseur, par de grandes briques *e*, qui rattachent le centre du mur aux deux parements. La surface extérieure des parements des murs de briques, ainsi que celle de l'*opus incertum*, recevait une couche de mortier *a*. Cet appareil est analogue à l'*emplecton* des Grecs.

L'*opus spicatum* se compose de briques posées verticalement les unes à côté des autres, de manière à former un angle entre

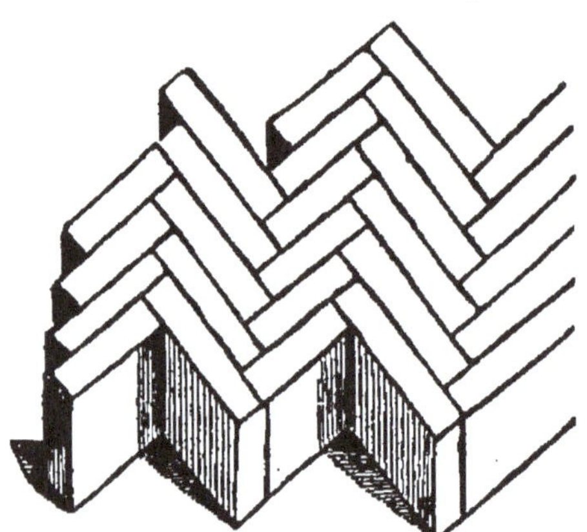

elles. L'ensemble de cette disposition peut être comparé à une arête de poisson ou à un épi de blé. Aux murs des édifices de la décadence, on observe des bandeaux de briques qui forment l'*opus spicatum*. On en verra un exemple à la façade de Savenières, à Poitiers. Cet appareil, recouvert d'un enduit, servait aussi de *pavimentum* dans les maisons.

*Grand appareil* (1). — Il consiste dans un assemblage de

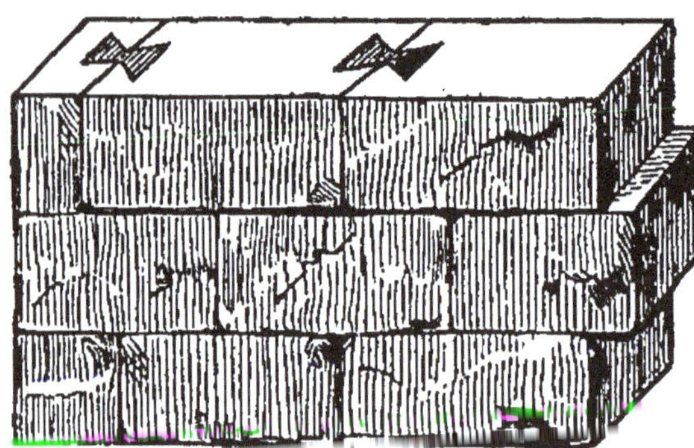

pierres de taille, ayant de deux à cinq pieds de largeur, et de deux ou trois d'épaisseur. Elles sont posées par assises égales, et liées les unes aux autres par des crampons de fer ou par

(1) Voyez le *Cours d'antiquités monumentales* de M. de Caumont, t. 2.

des coins de bois de chêne, à double queue d'aronde. Ces pierres sont, en général, si parfaitement d'équerre, leurs arêtes sont si vives, et elles sont si bien ajustées entre elles, que les joints ressemblent à un fil mince, et qu'on peut à peine distinguer les points où les blocs se réunissent. Pour arriver à cette étonnante perfection, il paraît que les pierres, destinées à être placées sur une assise déjà établie, étaient promenées sur cette assise; à la suite d'un long frottement, les deux surfaces en contact se trouvaient polies. Cet appareil était surtout employé dans les temples, les arcs de triomphe et les amphithéâtres.

*Petit appareil.* — Les parements des murs de petit appareil sont formés de pierres symétriques, à peu près carrées, dont chaque face a de trois à quatre pouces, quelquefois même de cinq à six pouces. Il arrive aussi que la pierre a la forme d'une pyramide tronquée, dont le sommet est engagé dans l'épaisseur du mur. Le plus souvent, ces murs présentent des chaînes horizontales de tuiles ou de briques qui sont employées autant comme ornement que pour maintenir le niveau des petites pierres du revêtement.

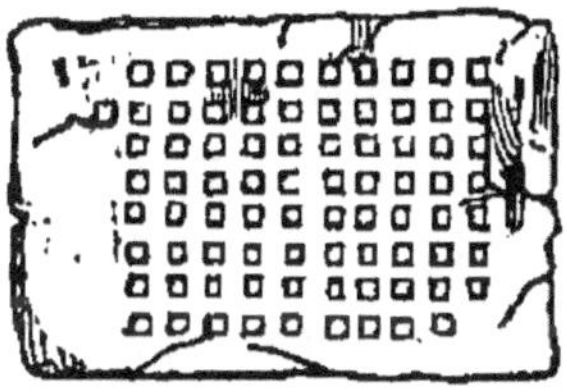

Ces briques ont quatorze ou seize pouces de long, sur dix ou douze de large; elles sont enchâssées, ainsi que les pierres, dans d'épaisses couches de mortier. Cet appareil est, du reste, celui qui peut-être a été le plus usité dans les Gaules. On le retrouve dans un grand nombre de constructions antiques, thermes, théâtres, aqueducs, murailles d'enceinte.

*Petit appareil allongé.* — M. de Caumont désigne sous ce nom l'appareil dont les pierres ne sont pas carrées, et qui ont une surface plus étendue dans le sens horizontal que dans le sens vertical. On en a un exemple aux arènes de Bordeaux.

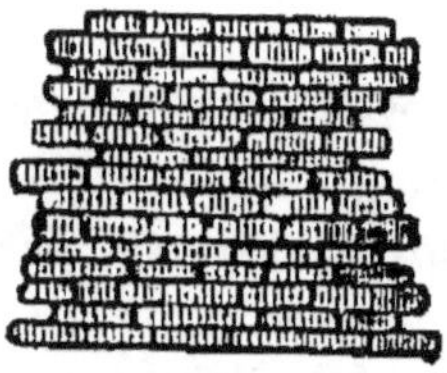

L'*appareil moyen* se compose de pierres de taille dont la di-

mension est variable. Il tient le milieu entre le petit et le grand appareil. Ces pierres sont cimentées et parfois liées entre elles par des crampons de fer. Il n'a pas été très-employé.

### Pavés et mosaïques.

Le pavé (1) des appartements se faisait à peu près de la même manière que la chaussée des voies, mais sur une échelle plus petite. Les différents lits qui le composaient ont varié beaucoup pour le nombre et la disposition. La surface du pavé était faite tantôt de briques, tantôt de pierres polies, tantôt de marbre, de jaspe, de porphyre, etc., de différentes formes. Si les pièces de rapport présentaient une configuration circulaire, on les appelait *scutula* (petits boucliers); les pierres triangulaires portaient le nom de *trigona;* les quadrangulaires, de *quadrata;* enfin, si elles avaient six angles, on les comparait à des rayons de miel, *favi.* Ces pièces pouvaient être encore octogones, pentagones, heptagones, etc. On les coloriait artificiellement. Cette espèce de pavé était la marqueterie, l'*opus segmentatum*, l'*opus sectile.* C'est sous Claude qu'on commença à colorer le marbre, et sous Néron qu'on imagina de le tacheter.

La mosaïque était appelée *opus musivum, musaïcum, mosaïcum* (2), et *opus tessellatum, vermiculatum,* parce que les cubes de pierres dont se composait le pavé suivaient des lignes courbes, et imitaient ainsi la marche des vers. La mosaïque est une peinture faite au moyen de petits cubes (3) de marbre,

(1) *Pavimentum.* Les ouvriers qui le faisaient spécialement étaient appelés *pavimentarii.*

(2) Peut-être du mot *musæ*, les muses, parce que c'était surtout dans les temples de ces déesses que le pavé en mosaïque était employé.

(3) Les savants ont beaucoup discuté sur les mots *sectilia* et *tesseræ*, par lesquels on désigne ces petits cubes. Voyez Philander, *Annot. ad Vitr.*, l. IV, cap. 16; Guliel. Gœre, *de Antiq. bibl.*, 1690; in-fol. Salmasius,

ou de verre, ou de pierres, de couleurs variées, fixés sur une couche de ciment, et représentant des vignettes, des fleurons, des rosaces, des figures, des sujets entiers de la mythologie et de l'histoire. Les mosaïques destinées aux salles à manger figuraient des restes de viande, qui semblaient être tombés de la table; on les nommait *asaroton*.

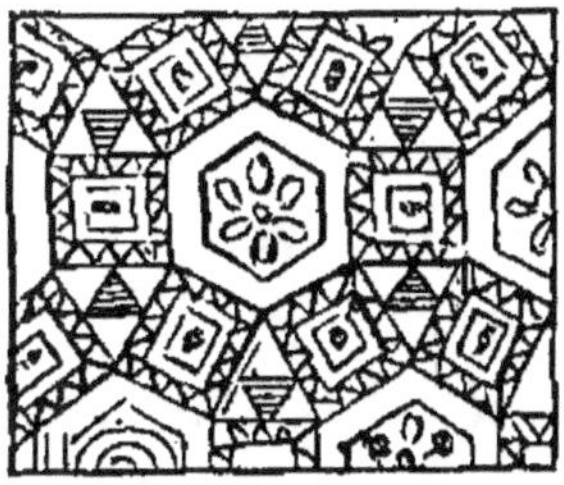

Quand les cubes colorés étaient implantés dans le mastic et consolidés, on en polissait la surface, en ayant soin, cependant, que la trop grande perfection du poli ne nuisît pas trop, par ses reflets, à l'effet général. Les mosaïques n'ont pas servi à décorer seulement les pavés des appartements, mais aussi les parois des murs et les plafonds (1).

L'usage des mosaïques remonte à des temps très-anciens. Il paraît qu'elles prirent naissance chez les Orientaux, qui imitèrent avec des pierres diverses les lignes variées et les couleurs éclatantes des tapis persans. Ce genre de décoration passa de là aux Égyptiens, qui le transmirent aux Grecs. C'est à ceux-ci que les Romains l'empruntèrent, comme ils leur avaient emprunté déjà leurs dieux, leurs arts et leurs sciences.

Les premiers pavés de cette espèce dont l'histoire fasse mention étaient formés de cubes en argile, οἶκος ἀσάρωτος. Ils étaient l'ouvrage de Sosos, de Pergame, et représentaient les débris d'un repas. On fit ensuite de cette manière de véritables tableaux.

Sylla fit exécuter la plus ancienne mosaïque d'origine romaine dans le temple de la Fortune à Préneste, où elle subsiste encore en grande partie. Les mosaïques furent perfectionnées par les Romains, en ce sens qu'ils se servirent de nouveaux matériaux, ignorés des Grecs. L'usage de ces sortes de pavé

*Exercitat. plin.*, édit. d'Utrecht, pag. 854; Oudanus, *Magnitudo romana*, etc.; Bernardinus Baldus, *in verborum Vitruvii significatione*, ainsi que Perrault, Rusconi, etc.

(1) « Pulsa deinde ex humo pavimenta in cameras transiere e vitro, novitium et hoc inventum. » (Pline, l. XXXIV.)

devint bientôt général ; on alla jusqu'à en fabriquer de portatifs pour orner la tente des généraux et des princes. César aimait tellement les mosaïques, qu'il en faisait transporter des panneaux jusque dans ses camps. Pour Cicéron, il en avait fait orner tous les portiques de sa maison.

Après la conquête, les mosaïques devinrent très-communes dans les Gaules, ainsi qu'il est facile d'en juger par le grand nombre de celles qu'on a découvertes à Lyon, à Nîmes, à Vienne, à Aix, à Orange, à Évreux, à Autun, etc.

Pour déterminer l'âge relatif des différentes mosaïques, on doit avoir égard à la nature des matériaux employés : plus ils seront multipliés, et surtout s'ils sont factices, moins la mosaïque sera ancienne. La perfection du dessin, le plus ou moins de mérite de la composition du sujet, sont aussi d'excellentes indications. Ce ne fut guère que sous l'empire romain qu'on employa les cubes de verre à la décoration des appartements, qu'on les appliqua aux toits, aux murailles des édifices ; mais leur emploi devint surtout très-important pour l'ornementation des églises bâties par des architectes néo-grecs de Byzance.

### Briques et tuiles.

L'art de cuire la terre s'appelle en latin *figlina* ou *figulina*. Cet art comprenait deux sortes d'ouvrages : 1° ceux qui étaient faits à la roue étaient dits *testæ* (1) ; c'est pourquoi les poteries sont nommées *vasa testacea, opera testacea ;* 2° ceux ensuite qui se faisaient dans les moules avaient le nom de *lateres* (2), nous ne parlerons, pour le moment, que de ces derniers. Il y en a de trois espèces différentes : 1° le *carreau* pour paver, *tessera,* qui affecte diverses formes, et qui est tantôt un carré, tantôt un hexagone ; 2° les *briques* employées

(1) Pline, *Hist. nat.,* l. xv, ch. 12.

(2) « Quod lati formentur, circumactis undique quartuor tabulis. » (Isidore de Sév., *Orig.,* l. xv, ch. 8.)

dans la maçonnerie, *lateres* ou *laterculi* (1); Pline en distingue de trois grandeurs : 1° la *lydienne,* qui a une palme et demie de long sur une de large; 2° le *tetradoron* et le *pentadoron* (2),

1

qui ont la même largeur que la précédente, mais qui ont quatre et cinq palmes de long (3); 3° les *tuiles* pour couvrir les toits des maisons. Si la tuile est plate, 1, elle s'appelle *tegula* (4); si elle est courbe, 2, elle s'appelle *imbrex* ou *festiere.*

On combinait ces deux systèmes de tuiles pour former les toits des maisons.

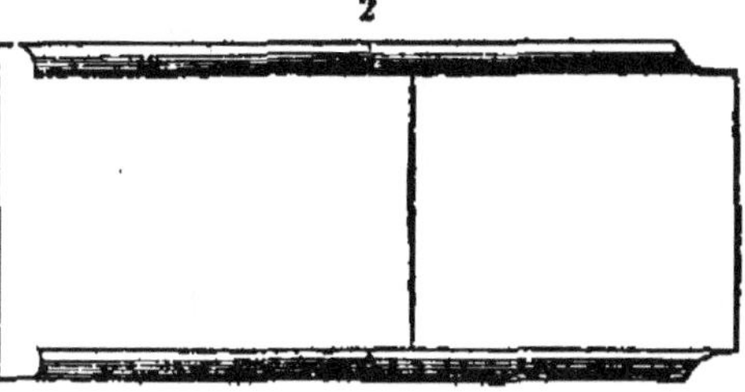


Les plates étaient munies de rebords sur deux côtés, et s'adaptaient les unes au bout des autres par leur extrémité non bordée. Les courbes servaient à couvrir les jointures des précédentes deux à deux, pour prévenir l'infiltration des eaux. Les planches détaillées que nous donnons ici font mieux connaître cette disposition que tout ce que nous pourrions dire.

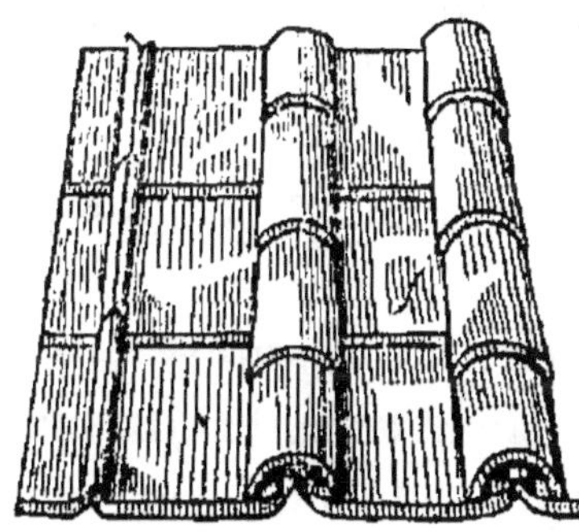

On sait la perfection avec laquelle les anciens fabriquaient les ouvrages de terre : toute leur science consistait à bien choisir leurs matériaux et à les faire cuire à point (5). Le gouvernement de Rome avait d'ailleurs cela d'admirable, qu'il faisait tout

(1) Vitruve, lib. II, cap. 3.

(2) « Genera eorum tria : *Lydion,* quo utimur, longum sesquipede, la-« tum pede; alterum, *tetradoron;* tertium, *pentadoron.* » (Pline, l. XXXV, ch. 14.)

(3) Voyez plus haut, article *Petit appareil,* sur la disposition de ces briques dans les murs.

(4) « Quod ædes tegat. » ( Isidore, *loc. cit.*)

(5) La plupart des briques étaient cuites au four ; mais on en faisait aussi sécher au soleil. Dans ce cas, on ne devait les employer qu'au bout de deux, et même de cinq ans.

rentrer dans le cercle administratif, et ne négligeait aucun détail. Il est certain qu'il surveilla avec soin la fabrication des briques et des tuiles ; on voit la preuve de ce que nous disons dans les briques que les fouilles ont fournies, et qui offrent des *sigles*, ou lettres initiales du nom du fabricant, sa marque, quelquefois le nom du consul en place, et le lieu de la fabrique ; si elles ont été faites par des légions, elles en portent le numéro.

Les tuiles antiques sont faciles à reconnaître à leurs rebords. Les briques, par cela seul qu'elles sont disposées dans une maçonnerie, remontent à une haute antiquité. On ne peut rien fixer de certain à leur égard, car il est constant qu'elles ont été employées de cette manière à partir de Gallien jusqu'aux IV^e et V^e siècles et même plus tard. Comme ornement mural, on en faisait des corniches, des moulures. Leur usage même s'est perpétué jusqu'au IX^e siècle dans l'archivolte des cintres.

L'âge de l'édifice dans lequel on les trouvera, le caractère de la maçonnerie dont elles feront partie, et les divers débris de sculpture avec lesquels on les remarquera, pourront seuls donner une idée approximative de l'époque à laquelle elles appartiennent.

Rien de plus commun, sur l'emplacement des villes gallo-romaines, que les débris d'ouvrage en terre cuite. Ils sont toujours l'indice certain que là où on les trouve il y a eu dans l'antiquité quelque établissement civil ou militaire.

### Murailles d'enceinte et portes des villes.

Après ce que nous avons dit sur les appareils, il ne nous restera que quelques détails à donner pour faire connaître les enceintes murales. Les villes antiques étaient entourées de remparts qui affectaient la forme d'un carré long, et qui étaient construits souvent en pierres de petit appareil, le plus souvent avec des cordons de briques à diverses hauteurs. Ces murs étaient flanqués, de distance en distance, de tours rondes, crénelées

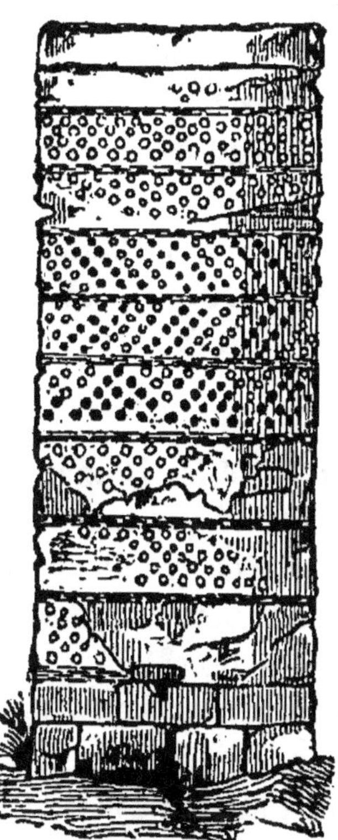

d'ordinaire, et bâties de la même manière que les murailles. Quelquefois, comme dans les ruines antiques du Mans, les pierres de revêtement sont de diverses couleurs, et disposées de manière à former des dessins symétriques, des espèces de marqueterie. Les murs de Langres étaient même décorés, dans leur circonférence, de statues et de trophées. Il arrive que la base des enceintes se compose de blocs énormes, simplement superposés, et rangés sans ciment ni mastic. On retire des fondements presque toujours des débris sculptés, des fûts de colonnes, des chapiteaux, des statues, des tombeaux, des bas-reliefs.

Les *castella* ou châteaux étaient beaucoup moins étendus que les enceintes murales; c'étaient simplement des lieux de défense. Du reste, le caractère de leur construction est tout à fait identique à celui que nous venons d'indiquer plus haut. Le castellum de Jublains peut donner une idée de ces édifices militaires.

Les enceintes fortifiées et les châteaux des Gaules ont généralement été élevés aux IIIe et IVe siècles, lorsque les invasions des barbares devenaient plus audacieuses et les dangers plus imminents. Dans la plupart des villes où l'on en trouve des ruines, ces murs sont restés debout jusqu'au Xe siècle; à cette époque, ils furent reconstruits en grande partie.

Dans les cités gallo-romaines qui étaient fermées, on trouve des portes de l'aspect le plus imposant. Elles étaient toujours pratiquées entre deux tours qui servaient à en défendre l'entrée. Sur les voies publiques, les portes offraient soit une grande ouverture cintrée, comme à la *porte de France* à Nîmes (1), soit deux ouvertures, comme à la porte de

(1) Les murs de Nîmes ont 9 mètres 50 centimètres de hauteur; leur

Saintes (1). Quelquefois, comme à la *porte de Saint-André* à Autun (2), les deux grandes arcades sont accompagnées de deux plus petites pour les piétons. Les deux tours d'entrée communiquaient entre elles par une galerie disposée au-dessus des arcades de la porte.

On retrouve des murailles antiques, surtout au Mans, à Tours, à Orléans, à Bordeaux, à Auxerre, à Langres, etc.

### Voies.

Aucune nation n'a surpassé ni même égalé les Romains, pour tout ce qui tient aux travaux d'utilité publique. Ils donnaient à tous ces travaux un caractère de grandeur, de solidité, qu'on ne retrouve dans les constructions d'aucun autre peuple. Denys D'Halicarnasse et Strabon (3) font remarquer, avec raison, que ce sont les trois genres d'ouvrages les plus négligés dans la Grèce, les aqueducs, les cloaques et les voies (4), qui ont été portés à Rome au plus haut point de splendeur.

Les Romains ne reculèrent, en effet, devant aucune fatigue, devant aucune dépense, aucun obstacle. Ils desséchaient les marais, perçaient les montagnes, aplanissaient les collines, exhaussaient le sol des vallées, jetaient des ponts sur les rivières, comblaient les fondrières. Toutes leurs constructions sont si prodigieuses par leur étendue et leur durée, qu'on les regardait, dans les temps passés, comme l'œuvre des géants et des démons. Il ne fallait pas d'ailleurs moins que

épaisseur varie de 2 mètres 66 cent. à 2 mètres 95 cent. Leur parement est en moellons de petit appareil cimentés; l'intérieur se compose d'un blocage. Ils datent du règne de l'empereur Auguste.

(1) Cette porte est placée au devant d'un pont sur la Charente. Elle date d'Auguste, comme les murs de Nîmes.

(2) La hauteur des murs d'Autun est d'environ 12 mètres, et leur épaisseur de 3 mèt. Il existe là deux portes, celle d'Aroux et celle de Saint-André. Cette dernière, surtout, est d'un excellent style.—Règne d'Auguste.

(3) Liv. V.

(4) « Via est qua potest ire vehiculum. » (Isidore, *Orig.*)

ces immenses routes, véritables artères qui répandaient le mouvement et la vie dans tout l'empire, pour administrer cette foule de provinces qui n'avaient rien de commun entre elles. Ces chemins, dit Bergier (1), s'étendaient depuis les extrémités occidentales de l'Europe et de l'Afrique jusque sur les rives de l'Euphrate et autres endroits de l'Asie mineure; de l'une de ces extrémités à l'autre, il y avait vingt à vingt-cinq grands chemins, chacun de quinze à seize cents lieues d'étendue.

Les voies intéressent tout à la fois l'archéologie et la géographie de l'antiquité. Elles faisaient non-seulement communiquer les villes entre elles; elles aboutissaient même jusque dans les villages et les plus petites bourgades. Il y avait des chemins de différente espèce, portant différents noms, et ayant une importance relative à leur degré d'utilité et à leur étendue en largeur. Dans les historiens, on les trouve désignées ainsi qu'il suit : *Viæ publicæ*, *consulares*, *prætoriæ*, *militares, regiæ*, *solemnes ;* on les appelait aussi *aggeres publici.* Puis on les distingue en *viæ vicinales*, *privatæ*, *agrariæ*, etc. On a enfin subdivisé les chemins particuliers en plusieurs genres : l'*iter* était la route où l'on voyageait, mais où ne passaient pas les voitures de charge; l'*actus* était la route pour les voitures de charge et les animaux ; la *via*, était la route qui réunissait les deux précédentes, pour le transport et le voyage. La première avait deux pieds de large, la seconde quatre, et la troisième huit. La *semita* (de *semi* et *iter*) n'avait qu'un pied de large et était destinée aux voyageurs pédestres. La *callis* était une pente pour le passage des bêtes, et n'avait qu'un demi-pied de largeur. Enfin, les traverses étaient désignées par le mot *tramites* (2). Il faut noter que

(1) *Les grands chemins de l'empire romain.* Cet ouvrage est la source où doivent aller puiser tous les antiquaires qui veulent avoir des notions détaillées et complètes sur ce sujet.

(2) Pour tout ce qui regarde la législation des routes, on peut consulter Ulpien, J. Tabellius, le *Corpus juris civilis*, et en général tous les commentateurs du droit romain.

ces dernières routes étaient faites avec beaucoup moins de soins et de précautions que les voies proprement dites; celles-ci étaient surtout destinées aux convois militaires et à la marche des troupes. Elles suivaient presque toujours une direction rectiligne, et se prolongeaient le plus possible sur les plateaux, afin d'éviter les terrains marécageux. Elles avaient de quinze à soixante pieds (1) de largeur.

Voici comment on procédait pour établir les voies les plus belles et les plus solides : on indiquait d'abord la largeur de la route par deux sillons parallèles, puis on enlevait tout le terrain meuble sur la surface comprise entre les deux sillons. L'excavation qui en résultait, jusqu'au sol résistant, était comblée par des matériaux de choix; c'était le *pavimentum* (2). Quand on avait bien massivé et bien battu le sol avec des pilons ferrés, on établissait sur lui la première couche du chemin; elle se composait de pierres, de moellons plus ou moins volumineux, posés à plat, noyés dans du mortier, mais le plus souvent rangés à sec les uns à côté des autres, 4. On appelait cette couche *statumen* (3).

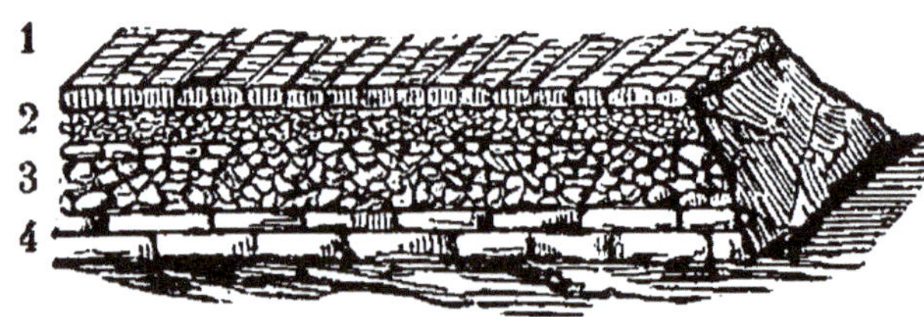


Le second lit, 3, *rudus*, *reduratio*, était un blocage de petites pierres concassées et mêlées avec de la chaux (4). Si les pierres n'avaient jamais été employées, on appelait cette couche *rudus novum;* et *rudus*

(1) Nous croyons qu'il ne sera pas inutile de faire connaître le rapport du pied romain avec le mètre. MM. de Walckenäer et Jomard ont prouvé que le pied romain équivalait à 296 millimètres 24 centimètres. Budée, J. Scaliger, Newton, d'Anville, Fréret, Fabretti, La Condamine, Barthélemy et de Prony, avaient déjà publié sur cette matière des dissertations approfondies.

(2) Cette couche est composée de matériaux trop réguliers dans notre dessin.

(3) Suivant Bergier, on mettait une partie de cailloux contre trois de chaux.

(4) On mettait deux parties de chaux contre cinq de pierrailles.

*redivivum* si elles avaient déjà été mises en œuvre. Le troisième lit, 2, le *nucleus*, était formé d'un mélange de chaux, de craie, de brique, de tuiles cassées, de terre franche, battues ensemble, ou même de gravier ou de sable et de chaux mêlés à de la terre glaise. C'est sur cette couche ainsi faite qu'on plaçait la quatrième, ou *summum dorsum*, *summa crusta*, composée de cailloux ou de pierres plates, taillées en polygones irréguliers, ou équarries, 1, à angles droits (1). En Italie, on trouve des voies dont la surface est formée par de grandes dalles ou par des briques. Quand on ne plaçait pas de pavés, la partie supérieure du chemin offrait un mélange de gravier broyé et de chaux. Au lieu de mortier, on employait encore de la terre fraîche; mais on avait soin de massiver les différentes couches avec des pilons. Ulpien appelle ces dernières routes *viæ terrenæ*.

L'ordre que nous venons d'indiquer dans les diverses couches que comprenait une voie antique est celui enseigné par Vitruve; mais il a été rarement suivi.

La largeur du chemin se divisait en trois parties : celle du milieu, *agger*, un peu plus large que les autres, était bombée, pour que l'écoulement des eaux fût facile. Les deux parties latérales, *margines*, étaient couvertes de gravier. Quand les voies étaient élevées au-dessus du sol, les bords en étaient soutenus par des murs de revêtement. On ne peut, du reste, donner que des généralités sur la construction des routes. Celles qu'on a découvertes et étudiées prouvent que les Ro-

(1) Stace, *Sylv.*, l. IV, a très-bien décrit les travaux successifs que nécessitait la construction des routes :

« Hic primus labor inchoare sulcos,
« Et rescindere limites, et alto
« Egestu penitus excavare terras;
« Mox haustas aliter replere fossas,
« Et summo gremium parare dorso.
« . . . . . . . . . . . . .
« Quis duri silicis, gravisque ferri,
« Immanis sonus æquori propinquum
« Saxosæ latus Appiæ replevit? . . . »

mains ont obéi, en les faisant, autant à leur caprice qu'à la nécessité, dans le choix des matériaux et dans la disposition des couches. Quelquefois, c'est le *nucleus* et le *summum dorsum* qui manquent; ailleurs, c'est le *statumen*. Quoi qu'il en soit, pour peu qu'il reste de débris de ces chemins, ils offrent un caractère si singulier dans leurs moindres parties, qu'il est toujours aisé de les reconnaître en pratiquant une tranchée verticale. Ces chemins sont encore faciles à distinguer lorsqu'ils sont faits sur des levées en terres rapportées et appelées *aggeres;* c'est ce qu'on désigne vulgairement sous le nom de *chemins haussés*. On peut dire, en résumé, que la perfection des routes était toujours en rapport avec l'importance des communications qu'elles établissaient.

La construction des voies était regardée, sous le gouvernement impérial, comme un travail capital, et l'on y consacrait des sommes énormes. Non-seulement une bonne partie des deniers publics leur était destinée, mais on employait encore pour cela les plus riches dépouilles des ennemis, les dons des empereurs, et les offrandes des citoyens les plus opulents. On faisait exécuter ces ouvrages par les légions romaines, et surtout par les peuples des provinces conquises (1).

Les employés chargés de faire confectionner les voies et de veiller à leur entretien étaient appelés *curatores viarum* (2). On regardait cette charge comme une haute dignité, car Dion (3) nous apprend que le peuple voulut faire honneur à César en lui donnant le titre de *Curator*. Les censeurs, les préteurs, les questeurs et les consuls, ont eu aussi cette charge. Les grandes routes, aux approches des villes, offraient un aspect imposant : elles étaient bordées de tombeaux, de villas et de

(1) « Romani vias per omnem pene orbem disposuerunt propter rectitu-« dinem itinerum, et ne plebs esset otiosa. » (Isid. de Sév., *Origines*, l. XIII, cap. 16.)

(2) M. Du Mège a traité de cette charge dans un *Mémoire sur une inscription découverte à Rome*.

(3) L. IV.

temples, et décorées d'arcs de triomphe (1). On trouvait encore, de distance en distance, des *mutationes*, relais où l'on prenait des chevaux de poste, appelés *agminales*, et conduits par des postillons, *veredarii*. Ces établissements étaient tenus par les *statores*. Il y avait enfin des hôtelleries, *mansiones* (2), auxquelles étaient préposés des *mancipes*, qui inspectaient les passeports, *diplomata*, des voyageurs. Les *diversoria*, *cauponæ* (3), *tabernæ diversoriæ*, étaient des maisons où l'on donnait l'hospitalité, de véritables hôtelleries. Ceux qui les tenaient prenaient le nom de *diversores*.

Les Carthaginois passent pour être les premiers d'entre tous les peuples qui aient pavé les voies publiques. Appius Claudius, l'an 442 de Rome, fit la plus ancienne voie publique; elle s'étendait depuis la porte Capène jusqu'à Capoue; elle porte encore le nom de *via Appia*, *voie Appienne*.

Toujours est-il que, du temps de César, l'Italie était sillonnée de routes dans tous les sens; mais c'est au règne d'Auguste que se rapportent celles qui ont été exécutées dans les provinces. Agrippa fut chargé d'en faire construire dans les Gaules. On y comptait : la *via Domitia*, de Domitius Ahenobarbus, qui traversait la Savoie et la Provence; la voie faite par les ordres de Pompée, qui s'étendait depuis l'Italie jusque dans les Gaules, à travers les Alpes; la *via Aurelia*, qui allait de Civita Vecchia (*Forum Aurelii*) à Arles; celle d'Emporium, près des Pyrénées, jusqu'au passage du Rhône; enfin la voie qui aboutissait à Lyon, après avoir passé le val d'Aost, fut continuée, par Agrippa, dans quatre directions principales. Ainsi Strabon (4) nous apprend qu'elle conduisait, 1° dans l'Aquitaine, par l'Auvergne; 2° au Rhin, près de l'embouchure de la Meuse; 3° à Laon, par la Bourgogne et la Picardie; 4° à

(1) C'était sur une voie qu'étaient les sépultures des Collatins et des Marcellus.

(2) Elles étaient séparées les unes des autres par une journée de marche. Elles tiraient leur nom des mots *a manendo*.

(3) Celui qui les occupait était appelé *caupo*.

(4) *Geograph.*, l. III.

Marseille par Narbonne. Ce sont là les voies principales ; il y en avait un grand nombre d'autres qui mettaient les villes et les bourgs en communication. Lyon était pour la Gaule ce que Rome était pour le reste de l'univers, le centre où aboutissaient toutes les grandes voies du pays ; comme à Rome aussi, on y voyait la colonne milliaire dorée, qui était le point de départ pour mesurer toutes les distances. Sur les routes militaires, on peut consulter la *carte de Peutinger* et l'*itinéraire d'Antonin*.

Les routes des Gaules ont été entretenues par différents empereurs, et en particulier par Tibère, Caligula, Vespasien, Trajan, etc. Au VI^e siècle de notre ère, elles ont été réparées par la reine Brunehaut ; c'est pour cela qu'un grand nombre de ces routes portent le nom de cette princesse qui a été conservé jusqu'à présent par les traditions populaires. Ainsi on les appelle chemins de *Brunehaut*, de *Brunechilde*, de *Brunichon ;* on les désigne encore ainsi qu'il suit : *Chemins de César, chemins ferrés*, *perrés*, et *chaussés*, *ferrières*, *perrières*. Plusieurs villages leur ont emprunté leur nom, tels sont ceux d'*Estrée*, de *l'Estrée* et de *l'Estrac*, du latin *strata*.

On disposait sur les voies des pierres pour aider aux voyageurs à monter à cheval, et de mille en mille pas, des colonnes portant des inscriptions qui indiquaient les distances. Nous en parlerons avec détail dans l'article suivant.

Outre les colonnes milliaires, on rencontrait encore le long des voies des tumulus et des tours pleines, de forme tantôt ronde, tantôt carrée, qui ont sans doute servi de tombeaux, ou qui ont été dédiées à Mercure. Elles marquaient aussi des divisions territoriales, et indiquaient les confins (*fines*) des différents pays. On range parmi ces monuments les tours de Pirlongue et d'Abnon, dans les environs de Saintes, et la pile Saint-Mars, non loin de Tours.

### Des colonnes monumentales.

Les colonnes n'ont pas été employées seulement dans les constructions pour les soutenir et les décorer : souvent on en a fait d'isolées, qui étaient destinées à marquer une place, à honorer un homme, ou à perpétuer le souvenir d'un événement. Ainsi, à Rome, on a les colonnes *Trajane* et *Antonine*, revêtues de bas-reliefs historiques. Devant le temple de Janus, il y avait la colonne *Bellique*, du pied de laquelle le consul jetait un javelot du côté où habitaient les nations ennemies auxquelles il déclarait la guerre. On distingue encore les *colonnes statuaires*, qui portent une statue, les *colonnes chronologiques*, qui portent des inscriptions historiques; les *colonnes zoophoriques*, qui portent des animaux; les *colonnes honorifiques*, élevées à la mémoire des hommes morts pour le service de l'État; les *colonnes légales*, sur lesquelles on grave les lois; les *colonnes limitrophes*, qui indiquent les limites des pays conquis; les *colonnes manubiaires*, qui sont ornées de trophées; les *colonnes militaires*, sur lesquelles était inscrit le dénombrement des troupes; les *colonnes rostrales*, où l'on attachait les proues des vaisseaux pris sur l'ennemi. Enfin il y avait à Rome la *colonne lactaire* (*columna lactaria*), au bas de laquelle on déposait les enfants trouvés. Les obélisques appartiennent essentiellement à l'Égypte; cependant les Romains en firent quelques-uns.

Parmi les diverses espèces de colonnes antiques, deux sortes doivent nous occuper ici : ce sont les *colonnes itinéraires* ou *milliaires*, et les *colonnes funéraires* ou *cippes*.

### Colonnes itinéraires.

Les grands chemins romains, *viæ militares, prætoriæ, consulares*, étaient espacés de distance en distance, comme nous l'avons dit, par des bornes (*milliarii lapides*), qui étaient rondes, quelquefois carrées; elles étaient dépourvues de chapiteau, et avaient de cinq à huit pieds de hauteur. Une base cubique, ménagée dans le bloc, servait à les fixer en terre, de mille en mille pas (1). Elles portent une inscription latine qui fait connaître le nom du consul ou de l'empereur qui a fait construire ou

(1) Le mille romain était composé de mille pas, et le pas de 4 pieds 6 pouces 5 lignes. Or, comme nous avons donné la valeur métrique du pied

réparer la route ; on y trouve ensuite l'indication numérique de la colonne, donnant plusieurs distances, soit en *milles*, soit en *lieues* (1); les chiffres sont précédés des lettres M ou M P, qui signifient *milliarium* et *milliarium passuum.*

L'usage des colonnes milliaires remonte à Caïus Gracchus, qui fit établir les premières qu'on vit en Italie. Plus tard on en plaça dans toutes les provinces de l'empire. Auguste commença à faire graver ses noms et qualités sur ces bornes ; cet exemple fut suivi par ses successeurs, qui y étalèrent un grand luxe de titres ; leurs noms sont tantôt au nominatif, avec le mot *fecit* sous-entendu, tantôt au datif, tantôt à l'ablatif. Dans ces cas, on sous-entendait les mots *regnante*, ou *regnantibus, imperante,* etc.

Il semble prouvé pour quelques auteurs que, sauf quelques exceptions, le mille romain a été admis dans toute la Gaule durant le premier et le deuxième siècle de l'ère chrétienne, et que ce n'est qu'à partir du troisième siècle que la lieue gauloise a prévalu. Cependant, d'après d'Anville, il paraît certain qu'il y avait en Gaule trois unités de mesure itinéraire différentes ; ainsi, les Marseillais se seraient servis du stade grec sur les bords de la Méditerranée ; dans le midi de la Gaule, dans la *provincia romana*, on aurait fait usage du mille, et à partir de la *Lyonnaise*, dans la *Gallia* proprement dite, on n'aurait employé que la lieue, *leuca, leuga.*

On a réuni un grand nombre de colonnes milliaires dans les musées de provinces ; on en trouve encore quelques-unes sur des voies romaines et au milieu des champs. Tout le monde comprend de quelle importance elles sont pour la connaissance de l'ancienne géographie des Gaules. Nous don-

romain, il sera facile de déterminer la longueur du mille que d'Anville évalue à 756 toises. (*Notice des Gaules*, préface.)

(1) Les lieues gauloises sont de quinze cents pas romains. « Leuca gallica « quingentorum passuum quantitate metitur. » (Jornandès, cap. 36.) L'auteur de la vie de saint Remacle dit encore : « Dicitur autem leuca apud Gallos « spatium mille quingentorum passuum,... id est duodecim stadiorum. » Suivant d'Anville, elle vaut 1134 toises.

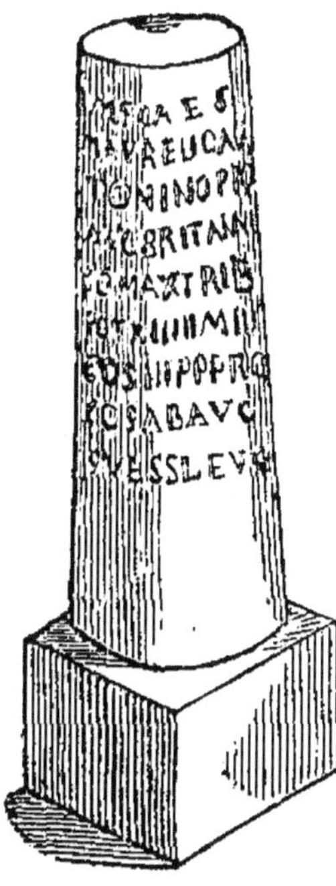

nons ici le dessin d'une de ces colonnes, trouvée au XVIIIe siècle, près de la ville de Vic-sur-Aisne. Son inscription indique qu'elle a été posée la quatorzième année du règne de Caracalla, c'est-à-dire l'an 212 de notre ère.

Voici comment on doit lire l'inscription dont elle est décorée :

**IMPERATORE CÆSARE MARCO AURELIO ANTONINO, PIO AUGUSTO BRITANNICO MAXIMO, TRIBUNITIA POTESTATE DECIMUM QUARTUM, IMPERATORE SECUNDUM, CONSULE TERTIUM, PATRE PATRIÆ, PROCONSULE, AB AUGUSTA SUESSONUM LEUGIS SEPTEM.**

## Cippes.

Ce sont des colonnes quadrangulaires, plus ou moins considérables, placées au-dessus des sépultures, et portant sur leur face principale une inscription latine qui rappelle les noms, les titres et la parenté du défunt (1). Ces cippes étaient fort souvent consacrés aux divinités infernales et aux dieux mânes. Leur partie supérieure est quelquefois creusée en cratère, de manière à figurer une coupe; on en voit encore qui sont percés d'un trou, suivant leur axe vertical, pour que les libations pussent tomber dans des urnes placées sous la base du cippe. Dans quelques-uns, la partie antérieure figure un petit fronton entre deux oreilles, analogue à celui de l'autel dédié à la déesse gauloise *Nehalennia*.

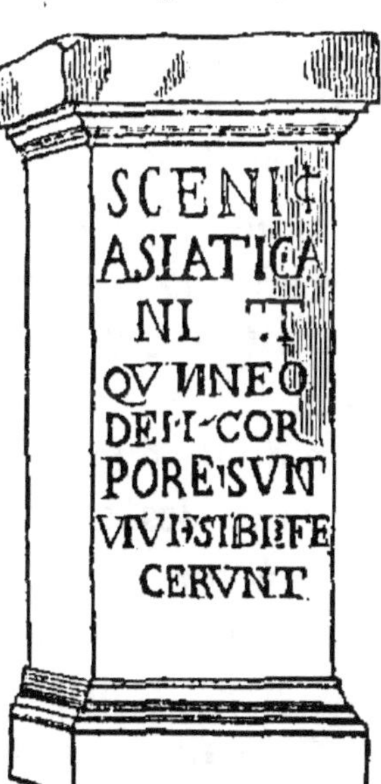


(1) Nous donnerons les formules les plus générales de ces inscriptions dans un autre article.

**Autels.**

Ils étaient d'abord faits de gazon et placés sous des arbres. Ceux qui étaient destinés aux divinités supérieures étaient sur les montagnes, tandis que les divinités inférieures avaient les leurs dans les vallées. Plus tard on en fit en bois ; enfin on en fit en pierre, et ils furent remarquables par le bon goût qui présida à leur exécution. On en a trouvé de formes quadrangulaires, cylindriques et triangulaires. On gravait sur une des faces de l'autel le nom et les attributs du dieu, ou le dieu lui-même en l'honneur de qui il était élevé. Les autres faces étaient ornées de bas-reliefs dont le sujet était relatif aux sacrifices ; on y représentait des patères, des vases divers, des instruments religieux, et des guirlandes de feuilles et de feuillages, imitant celles dont on décorait les autels primitifs (1). Il y avait des autels sur lesquels on déposait des vases et des offrandes, et ceux où l'on immolait des animaux. L'*enclabris* était un autel portatif pour soutenir les vases et les offrandes.

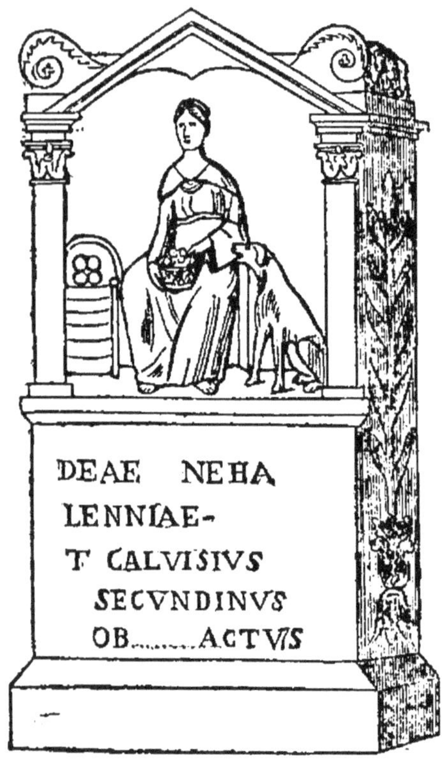


M. Champollion fait observer avec raison qu'il ne faut pas confondre les autels votifs avec les piédestaux des statues, également consacrés par le zèle ou l'intérêt des particuliers. Les inscriptions se ressemblent beaucoup sur ces deux espèces de monuments, mais on remarque assez ordinairement sur les piédestaux les traces de soudure de la statue

(1) C'étaient des feuilles et des fleurs d'olivier pour Minerve, de myrthe pour Vénus, de pin pour Pan, etc.

qu'ils portaient, ou les trous qui ont servi à l'y fixer (1).

### Des temples.

C'est surtout dans les édifices religieux qu'on peut bien étudier aujourd'hui le système architectural des divers peuples. Ces monuments nous offrent les plus belles constructions de l'antiquité païenne. Les Romains imitèrent les temples des Grecs, et les modifièrent très-peu; aussi allons-nous étudier ces édifices chez les deux peuples à la fois.

Suivant Vitruve, la situation des temples était déterminée d'après les divinités auxquelles ils étaient consacrés: ainsi, on plaçait le temple de Mercure au forum; celui d'Hercule vers le gymnase; ceux de Mars, de Vénus et de Vulcain, auprès des portes de ville; celui de Cérès dans les campagnes; celui d'Esculape sur des hauteurs isolées; ceux de Jupiter, de Junon et de Minerve, sur les points les plus élevés de la cité. On les dirigeait encore vers les *quatre plages* du monde, de telle manière que l'entrée de l'édifice regardât l'occident. Les individus qui venaient faire des sacrifices voyaient en face la statue du dieu qui semblait venir du côté de l'orient. Il est juste de dire qu'il y a beaucoup d'exceptions à cette règle.

Dans le principe, les temples grecs avaient de très-petites dimensions; mais à partir de la 50e olympiade, leurs dimensions furent agrandies; on éleva dans leur intérieur une double rangée de colonnades, et l'on pratiqua dans leur comble une large ouverture, *hypæthron*. Pour donner une idée des peintures dont on les décorait, nous citerons pour exemple le *temple d'Apollon* à Bassée, bâti vraisemblablement après la victoire sur les Perses, vers la 75e olympiade. Sa cella était coloriée en rouge, son tympan en bleu de ciel, les triglyphes en bleu, aussi bien que le listel avec les gouttes, le tænia ou plate-bande par là-dessus, rouge; les tuiles étaient en marron avec une fleur (2).

Voici maintenant les diverses parties dont se composait un temple. Dans le principe, quand le temple ne se composait

(1) Archéolog., t. I, p. 52, *Encycl. port.*

(2) *Manuel d'archéol.* de M. Nicard, t. I, p. 77.

que d'une enceinte sacrée au milieu de laquelle s'élevait l'autel; on appelait ἱερὸν, *sacrum*, cette enceinte. Plus tard, ce mot servit à désigner le temple et toutes ses dépendances extérieures.

Les temples avaient la forme d'un carré long; ils portaient différents noms, suivant la disposition des colonnes. Vitruve en distingue sept espèces : 1° la plus ancienne et la plus simple, qu'il appelle *ædes in antis* (*temple à antes*), et les Grecs ναός ἐν παραστασιν (1), avait deux colonnes à la façade et deux pilastres ou antes; 2° le temple *prostyle*. On substitua aux antes, de chaque côté, une colonne détachée de la tête du mur; on eut alors quatre colonnes de face, isolées et surmontées d'un fronton; 3° l'*amphiprostyle* était l'édifice qui offrait deux façades semblables à celle du prostyle; 4° on appela *periptère* celui chez lequel les colonnes de la façade se répétaient tout autour de la cella, de sorte que le temple était environné, dans tout son pourtour, de colonnes isolées formant une galerie continue: beaucoup de ces monuments présentent six colonnes de face; 5° quand les colonnes latérales, au lieu d'être isolées, sont engagées dans les murs latéraux de la cella, c'est le *pseudo-periptère*, ou faux periptère (2); 6° le *temple diptère* était celui dont la décoration était le plus riche: il offrait une double colonnade sur ses côtés, formant une double galerie tout autour de la cella (3); 7° quand un des rangs de ces colonnes était supprimé, et que ces colonnes étaient engagées dans le mur, la galerie extérieure avait la largeur de deux entrecolonnements, et l'on avait le temple *pseudo-diptère* (4).

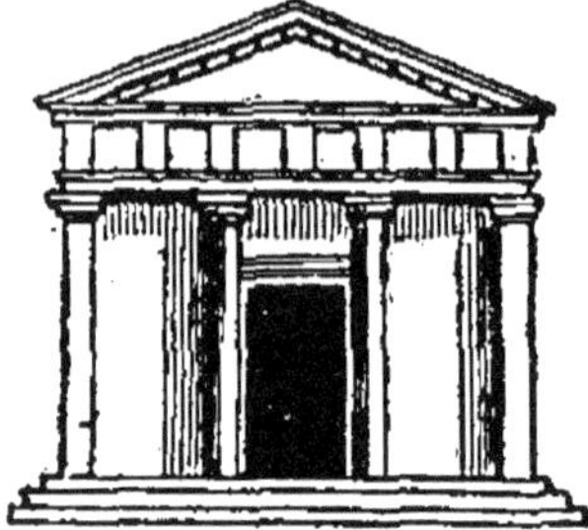

(1) On appelle *ante* la tête des murs latéraux du temple. La tête de ces murs a la forme d'un pilastre correspondant, par ses détails et ses profils, aux colonnes de la façade.

(2) Voyez le plan de la *Maison Carrée* de Nîmes, p. 220.

(3) Le temple de Diane, à Éphèse, était diptère.

(4) Cette disposition fut inventée par Hermogène, d'Adbalande, qui construisit le temple de Diane à Magnésie.

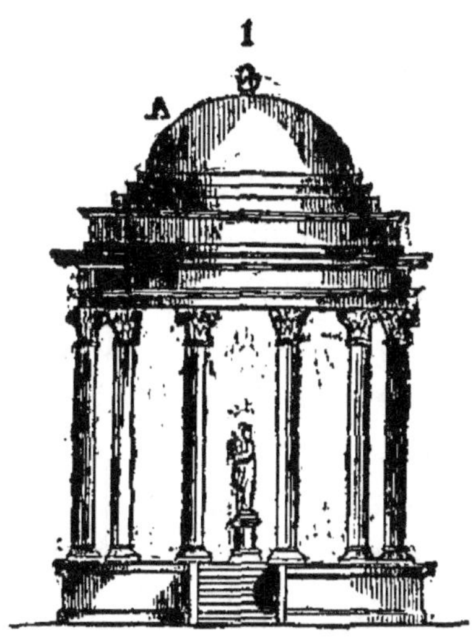


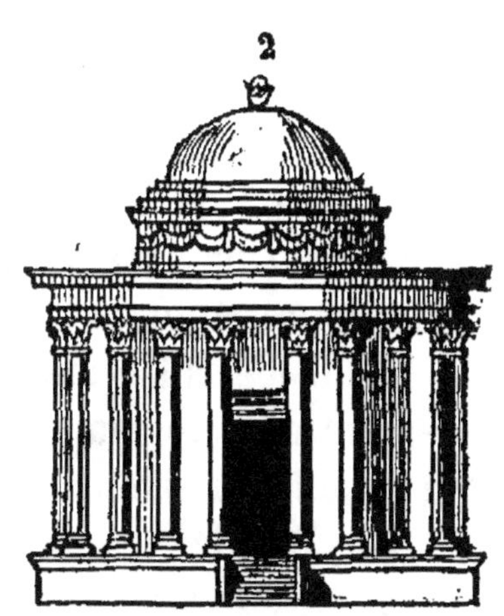


Outre les temples quadrilatères, on fit des temples circulaires, qui se divisaient aussi en plusieurs classes. Il y avait d'abord le *monoptère* 1, enceinte de colonnes posées sur un stylobate continu, et muni d'un escalier; il est surmonté d'une coupole A, au sommet de laquelle on voit un fleuron (1). Vitruve dit positivement : *aliæ monopteres sine cella, columnatæ constituntur.* Puis, c'était le *periptère* 2, qui avait une cella entourée d'une colonnade, comme on le voit dans le dessin ci-dessus.

Les temples prenaient différents noms, quand on tenait compte du nombre des colonnes de la façade. Ainsi, on avait les temples *tetrastyle*, *hexastyle*, *octastyle*, *decastyle*, *dodecastyle*, suivant qu'il y avait quatre, six, huit, dix ou douze colonnes sous le fronton.

La largeur des entrecolonnements faisait encore l'objet de plusieurs subdivisions. Quand l'entre-colonnement avait trois modules, c'était un temple *pycnostyle ;* quand il y en avait quatre, c'était un *sistyle ;* quatre et demi, un *eustyle ;* six, un *diastyle ;* plus de six, un *aræostyle.* Nous avons déjà fait cette observation à l'occasion des entrecolonnements ioniques.

Ces diverses dénominations comprennent toutes les variétés

(1) Le temple de Sérapis, à Pouzzol, est monoptère.

de temples gréco-romains. Voici maintenant les parties principales que l'on observait dans ce genre d'édifice. On appelait ναὸς, σηκὸς, δόμος et *cella* (1), le temple lui-même, toute sa capacité intérieure. La partie antérieure du monument, en avant de l'entrée de la cella, le porche, était nommé πρόναον, πρόδομος, *anticum*, ou avant-temple. La partie postérieure correspondante était le post-temple, ὀπισθόδομος, le *posticum*. Les colonnades extérieures, sur les grands côtés du parallélogramme, formaient les *ailes* (πτέρωματα, *alæ*).

La longueur du temple était double de la largeur. Les colonnes de la façade étaient toujours en nombre pair, chez les Grecs, tandis que celles des ailes étaient en nombre impair. Si une façade, par exemple, avait six colonnes, les ailes en avaient treize, en comptant de nouveau les colonnes des angles. Les Romains ne calculaient pas de cette manière : ils comptaient les entrecolonnements de la façade, et en doublaient le nombre pour les côtés. Un temple qui offre cinq entrecolonnements sous le fronton en a dix à chacun de ses côtés ou ailes.

Dans la cella, l'endroit où était placée la statue de la principale divinité s'appelait *adytum*, *penetrale*, *sacrarium*. Les prêtres seuls avaient le droit d'y entrer. Cette idole était toujours l'ouvrage d'un artiste très-habile. On plaçait encore dans la cella d'autres simulacres de dieux et de héros. L'autel pour les libations et les parfums était posé devant l'image même de la divinité; l'autel pour les sacrifices était sous le vestibule, autrement dit l'anticum. A l'intérieur, on voyait encore des lits, *pulvinaria*, *lectiternium*, sur lesquels les prêtres étendaient les statues des dieux. Souvent les murs de la cella étaient ornés de peintures, représentant le mythe du dieu et les hauts faits des héros. Le trésor public occupait quelquefois la partie postérieure du temple, l'opisthodomos. C'est là encore qu'on renfermait les vases sacrés,

(1) Le mot *cella* signifiait en général une grande salle ; on ajoutait à ce mot une épithète qui faisait connaître la destination de cette salle : ainsi il y avait la *cella caldaria* dans les bains. La *cella vinaria* signifiait le cellier.

les offrandes, et les riches dépouilles enlevées aux ennemis.

Nous n'avons pas besoin de faire remarquer que les temples monoptères étaient éclairés naturellement; quant aux périptères, ils recevaient leur jour par des ouvertures pratiquées dans les murs et à la voûte du tholus. Les temples quadrangulaires, s'ils n'avaient pas de dimensions trop grandes, étaient éclairés par la porte seulement; quant aux temples un peu vastes, ils recevaient la lumière par des *jours de comble*, par des fenêtres garnies de pierres spéculaires (1), ou d'étoffes diaphanes.

En France, nous avons plusieurs temples antiques, nous citerons d'abord celui de Vernegues, qui semble indiquer une transition entre le style grec et le style romain. Il en reste une colonne et quelques murs. Nous avons ensuite le *temple de Livia* à Vienne, qui appartient à l'ordre corinthien, mais dont les moulures n'ont pas été achevées.

La *Maison Carrée* de Nîmes est un temple qu'on croit avoir été consacré aux petits-fils d'Auguste, et qui doit remonter à la première année de l'ère chrétienne. Son ordonnance est corinthienne; il est pseudo-périptère, parce qu'il a sur les côtés des colonnes engagées; *prostyle,* parce qu'il n'a de portique que sur une face; *hexastyle,* parce qu'il a six colonnes sur la façade; son entrecolonnement est *pycnostyle*, parce qu'il a trois modules. C'est ce qu'on peut vérifier sur le plan suivant.

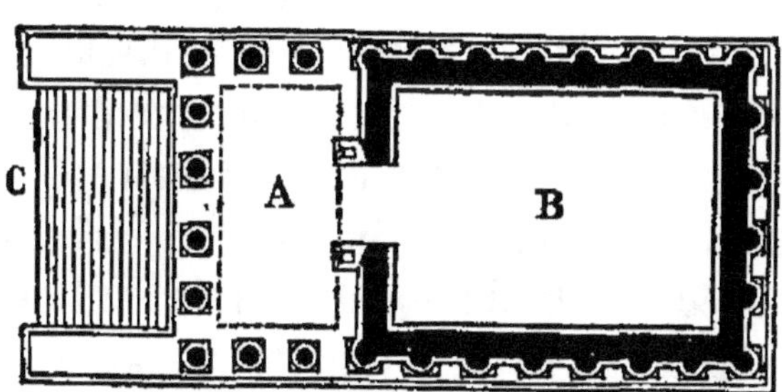


On voit qu'on arrive au portique, A, par un bel emmarchement C, et que le portique se compose de dix colonnes isolées. Nous ferons observer aussi que le nombre des entrecolonnements de la façade est de cinq, et

(1) La *lapis pheugites* surtout, à partir du règne de Néron.

que, sur les côtés, ils sont au nombre de dix, suivant les règles romaines. La cella, B, offre une grande pièce quadrilatère, qui aujourd'hui renferme un musée.

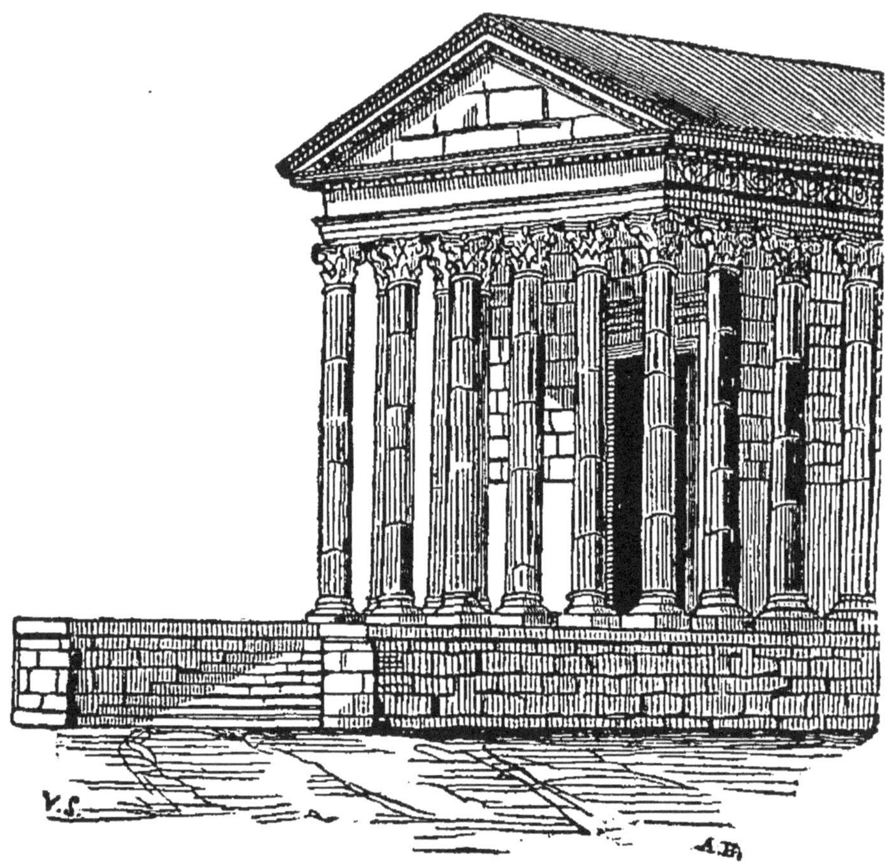


En 1822, quand on fit restaurer la *Maison Carrée* on pratiqua des fouilles qui permirent de voir de longues murailles parallèles au monument et une suite de bases de colonnes encore en place, des fûts renversés et des débris de chapiteaux; cette découverte a prouvé que le temple était environné d'une enceinte sacrée, d'un *peribolos*. Enfin, il a été démontré que cette colonnade s'étendait assez loin, de manière à circonscrire un forum. Tout cet édifice est d'un goût exquis, et doit passer pour un des plus beaux de la période gallo-romaine.

En général, les temples anciens ne se font pas remarquer par la grandeur de leurs dimensions, mais bien par l'ordonnance générale de leurs parties. L'abbé May a très-bien apprécié l'effet qu'ils produisaient (1)... «Ce qui donnait encore, dit-il, de la majesté aux anciens temples, c'était l'élévation de leur sol au-dessus des terrains qui les environnaient; c'étaient des escaliers de cinq, sept ou neuf marches qui, régnant tout autour, leur servaient de base et conduisaient aux portiques; c'était cet espace qui, séparant toujours un édifice sacré de tout édifice profane, laissait apercevoir de toutes parts sa structure, sa forme, ses ornements; c'étaient cette foule de statues de bronze et de marbre qui décoraient les avenues et l'intérieur des portiques, ces plafonds ornés de riches peintures, de marbres précieux, ces combles couverts en bronze doré, ces groupes allégoriques posés en amortissement sur les frontons... De tout cela résultait une masse grave sans pesanteur, élevée sans avoir rien de gigantesque, riche par ses soutiens, même les plus nécessaires, qui se changeaient en ornements.»

### Bains ou Thermes.

Les bains, *balnea*, *balineæ*, sont encore appelés thermes, *thermæ*. Dans le principe, ce dernier mot servait à désigner, chez les Latins, les bains publics d'eau chaude, puis on donna à ce mot une plus grande extension en l'appliquant aussi aux bains d'eau froide. Ces établissements peuvent être regardés comme les constructions dans lesquelles les Romains, vainqueurs du monde, et enrichis des dépouilles de presque toutes les nations de l'univers, ont déployé le plus de luxe et de magnificence.

L'usage des bains était devenu un besoin de tous les jours pour le plébéin comme pour le patricien. Aussi, les empereurs, pour flatter les goûts du peuple, firent-ils élever une foule de thermes dont les écrivains de l'antiquité parlent avec une vive admiration. Les plus célèbres édifices de ce genre, à Rome, ont été bâtis par les soins d'Agrippa, de Néron,

1) *Temples anciens et modernes*; Londres, 1774, in-8°, pag. 55.

de Vespasien, d'Antonin, de Caracalla, de Titus, de Dioclétien et de Constantin, dont ils avaient conservé le nom.

On a pensé que l'idée des bains publics avait été empruntée par les Romains aux Spartiates. Toujours est-il qu'ils furent introduits à Rome au temps de Pompée, et que ce fut Mécène qui fit construire les premiers monuments de ce genre destinés au peuple. Leur nombre s'accrut à un tel point successivement, que Festus et Publius Victor, dans sa statistique, n'en comptent pas moins de 856.

Les Romains ont fondé des thermes dans les Gaules partout où ils ont rencontré des sources minérales chaudes, à Vichy, à Bourbon, à Néris, au Mont-Dore, à Aix en Provence, etc.; mais tous ces édifices ont été tellement dévastés, tellement ruinés, que c'est à peine si l'on en voit quelques vestiges. Il en est de même de ceux de Rome. Palladio et Serlio ont fait des efforts inutiles pour en retrouver exactement le plan et la distribution.

Quelquefois l'ensemble de toutes ces constructions était situé au milieu d'un parc, comme les thermes de Septime Sévère l'ont prouvé. Si l'on veut se faire une idée de leurs dimensions, je dirai qu'Alberti a calculé que leur mur d'enceinte le plus extérieur avait quelquefois au moins 100,000 pieds carrés. Enfin, dans les seuls thermes de Caracalla, suivant Olympiodore, il y avait 1,600 siéges de porphyre ou de marbre. Les baignoires étaient encore en granit, en cuivre, ou en basalte, et 3,000 personnes pouvaient se baigner à la fois. Bien plus, outre les baignoires fixées dans le sol, il y en avait de suspendues au plafond, de sorte qu'on pouvait se balancer en se baignant, comme on ferait dans un hamac.

Les anciens avaient réuni dans ces édifices tout ce qui peut flatter les yeux et récréer l'imagination. Ainsi, outre les chambres propres aux bains, on trouvait des salles spacieuses et des portiques pour se promener à couvert, et aussi des exèdres, c'est-à-dire des lieux munis de bancs, où les savants s'assemblaient pour disputer; on y transportait de riches bibliothèques. Enfin, dans le grand espace que comprenaient les thermes, on donnait au peuple des représentations dramatiques et des combats de gladiateurs.

L'ensemble de leur décoration était splendide. On y voyait de magnifiques pavés en mosaïque, et des plafonds couverts des peintures les plus brillantes. On plaçait là des tableaux, des bas-reliefs, des statues, des bustes, en un mot, des chefs-d'œuvre de tous les arts. On sait que le groupe de Laocoon fut découvert dans les bains de Titus. On trouva encore dans les thermes de Caracalla, l'Hercule Farnèse, le Torse antique, le Taureau Farnèse, la Flore et les deux Gladiateurs.

Sous les premiers Césars, les hommes et les femmes se baignaient pêle-mêle, mais Adrien reconnut les abus d'un tel état de choses, et ordonna que les hommes seraient séparés des femmes. Il y eut alors les *balnea virilia* et les *balnea femilina* ou *nymphea*. La *loi Censoria* régla tout ce qui regardait les thermes; pendant le règne d'Héliogobale, qui était loin de s'inquiéter des bonnes mœurs, cette loi tomba complétement en désuétude. Il fallut que Marc-Aurèle et Alexandre Sévère la remissent en vigueur.

Les anciens se baignaient fort souvent, deux fois par jour en hiver, et cinq ou six fois en été. On allait au bain avant le repas du soir, depuis deux heures de l'après-midi jusqu'à la brune; avant ou après, on était réduit au bain froid, ainsi que Martial nous l'apprend dans ces deux vers :

« Redde pilam, sonat æs Thermarum; Ludere pergis ?
« Virgine vis sola lotus abire domum. »

Ils avaient une robe spéciale pour le bain, et un petit vase (*guttus*) rempli de parfums qu'ils se répandaient goutte à goutte sur le corps. On paya d'abord une faible rétribution pour se baigner, puis, sous les Antonins, l'entrée des thermes devint tout à fait gratuite. Le son de la cloche annonçait à la foule, réunie aux jeux du sphéristère, que les bains étaient préparés. C'est encore un détail que nous connaissons par les deux vers que nous venons de citer.

Les thermes les plus complets étaient formés de trois enceintes comprises l'une dans l'autre. La première renfermait des *portiques* pour se promener, des salles destinées aux athlètes, et des *exèdres* (1), c'est-à-dire des salles munies de bancs, où les philosophes et les savants allaient disputer. La seconde formait de belles promenades plantées de sycomores et de platanes, et des xystes, *xysti*, pour les exercices des jeunes gens, l'éphébéum des Grecs. La troisième enceinte renfermait les bains proprement dits.

Un bain complet se composait des parties suivantes. On trouvait tout d'abord la salle dans laquelle on se déshabillait, et où des valets nommés capsaires, *capsarii*, gardaient les vêtements. Cette salle était appelée par les Grecs ἀποδυτηριον, et par les Latins *spoliatorium* (2); de là on passait dans une autre salle où se conservaient les huiles et où l'on se faisait parfumer d'essences : c'était l'onctuaire, l'ελαιτήριον des Grecs, ou l'*unctuarium* des Romains. Les esclaves chargés d'oindre les baigneurs étaient dits *reunctores* ou *unctuarii* pour les hommes, *alyptæ* pour les femmes. Ensuite, on arrivait dans le sphéristère, *sphæristerium, coryceum*, où l'on se livrait à des exercices divers avant d'entrer dans le bain d'eau chaude, *caldarium, calida lavatio,* qui lui était contigu. Autour du caldarium, régnait une galerie, *schola*, qui se terminait vers le bassin par un mur d'appui, et offrait deux gradins où les gens qui ne se baignaient pas venaient s'asseoir et causer. Entre la *schola* et le bassin, il restait un espace libre, *alveus*, où l'on pouvait circuler. Il y avait aussi, disposés dans le pavé, pour le bain chaud, des baignoires, *labra, alvi, solea.* Le tépidaire, *tepidarium, vaporarium,* venait après; on se contentait de le traverser à pas lents, afin de prévenir le danger du passage subit du chaud au froid, quand on allait dans le bain d'eau froide, λουτρὸν, *frigidarium*, qui se trouvait immé-

(1) « Constituuntur autem in tribus porticibus exedræ (εx et ἕδρα, siége), « spatiosæ, in quibus philosophi, rhetores, reliquique qui studiis delectantur « sedentes, disputare possint. » (Vitruv., l. v, cap. 11.)

(2) Pline est le seul écrivain romain qui en fasse mention.

diatement au delà (1). Le tepidarium servait de spoliatorium dans les thermes qui n'avaient pas de salle spéciale pour se déshabiller. Quant au *frigidarium*, c'était une pièce spacieuse, avec un grand bassin où l'on se baignait à couvert quand on ne voulait pas se baigner en commun dans le *baptisterium*, βαπτιστήριον, κολυμβήθρα, au-dessus duquel s'élevait un toit soutenu par des colonnes. Le frigidarium, se terminait en hémicycle, et tout son pourtour était décoré de pilastres et de statues. Enfin, une autre salle où l'on prenait le bain d'étuve, où l'on suait, s'appelait *concamerata sudatio;* on lui donnait aussi le nom de *laconicum*, à cause du poêle qui servait à la chauffer, poêle dont l'usage était emprunté à la Laconie. Cette salle était carrée et voûtée. Au milieu, il y avait un bassin d'eau bouillante qui répandait la vapeur par tourbillons. Cette vapeur s'échappait, au sommet du plafond, par une ouverture fermée au moyen d'un bouclier rond, *clypeus*, qui se manœuvrait à l'aide d'une chaîne.

Voici maintenant comment on se comportait quand on allait se baigner dans les thermes. On déposait ses habits dans l'apodyptère et on les donnait aux capsaires qui les pliaient et les rangeaient dans des cases fermées; puis on passait dans l'onctuaire, où l'on se faisait oindre d'huile, après quoi on allait jouer à la paume ou à la balle dans le sphéristère, exposé au midi. De là on allait au bain chaud, on s'asseyait sur une des marches du lavacrum, appelé aussi *oceanum*, grand bassin où pouvaient se tenir au moins douze personnes, et on se lavait. Des esclaves versaient de l'eau chaude sur la tête et les épaules. Au-dessous du lavacrum, il y avait un autre bassin d'eau chaude, où l'on se baignait une seconde fois; on passait ensuite dans le calidaire, où l'on s'arrêtait quelque temps; on traversait le tépidaire, étuve humide, et l'on se rendait dans le frigidaire. Là on pouvait nager dans la *piscina natalis*. En sortant de là, on se faisait encore frotter d'huile, d'essences, et l'on regagnait l'apodyptère.

(1) Aussi le *tepidarium* est-il appelé par Pline *cella media*.

Pendant le bain, on se soumettait à plusieurs pratiques. D'après Siccus de Crémone, il paraît que, chaque fois qu'un baigneur sortait de l'eau, on l'enveloppait d'une couverture appelée *sindon*. Quand on avait fini avec l'étuve, on trouvait des *alipili* ou épileurs, et des *tractatores* ou *masseurs*. Après avoir massé le corps, ceux-ci s'armaient du *strigile*, espèce d'étrilles en airain, en ivoire ou en corne, avec lequel ils frottaient, râtissaient la peau, et en détachaient toutes les impuretés; on remarque deux parties dans les strigiles : 1° le manche, *capulus* A, et une lame flexible creusée en gouttière, *ligula*, B. Les épileurs venaient après, qui épilaient et parfumaient les baigneurs (1).

Il nous reste à donner quelques détails sur la manière dont les thermes étaient alimentés et chauffés. Au milieu de l'édifice il y avait un grand réservoir, *aquarium*, destiné à fournir l'eau pour les divers bains. On chauffait l'eau au moyen d'un système de trois vases de cuivre, *milliaria* (2), placés dans une chambre appelée le *vasarium*, chambre pratiquée au-dessus de l'hypocauste, et qui communiquait par des conduits avec l'aquarium. On peut voir dans Vitruve (3) la description de ce procédé, et en prendre une idée en examinant une peinture trouvée dans les bains de Titus. Pour faciliter l'intelligence de ce dessin, nous avons mis des lettres à chacune des parties du bain qu'il représente; ainsi, les lettres A, indiquent l'*hypocauste;* B, le *balneum;* C, la *concam. sudatio;* D, le *tepidarium;* E, le *frigidarium;* F, l'*eleothesium :* —puis à droite, on voit le *vasarium* avec les trois vases; *a* représente le vase d'eau froide; *b*, le vase d'eau tiède; *c*, le vase d'eau chaude, la lettre l indique le *laconicum ;* et *d*, le bouclier du *laconicum*.

La plupart des salles des thermes étaient chauffées par un

(1) Lisez la lettre 86 de Sénèque, sur les bains de Scipion l'Africain, et vous jugerez l'énorme différence qu'il y avait entre les bains des anciens Romains et les thermes impériaux.

(2) Leur nom vient de ce qu'ils contenaient mille mesures d'eau.

(3) L. V.

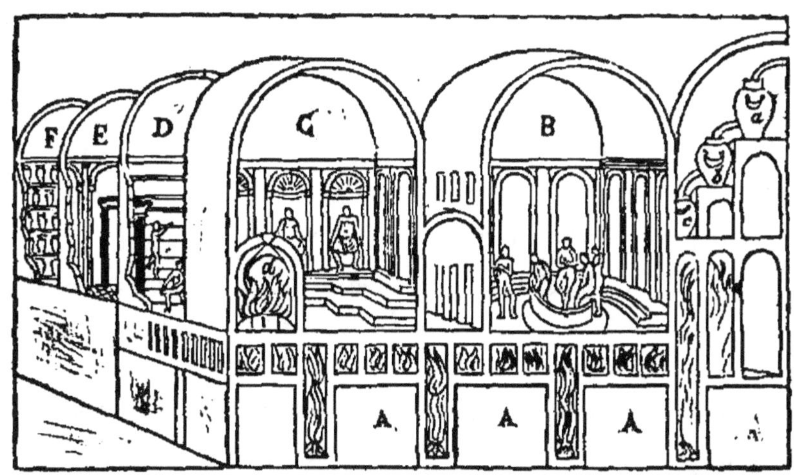


fourneau souterrain, appelé *hypocauste* (hypocaustum). Sa construction était assez remarquable : imaginez une chambre dont le fond formait un plan incliné qui s'abaissait jusqu'à

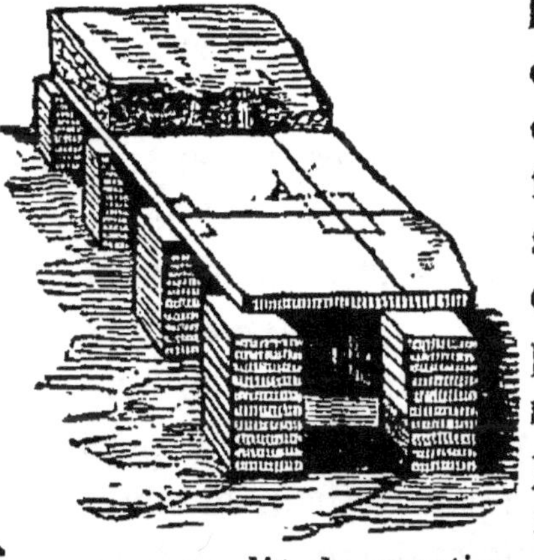


l'ouverture pratiquée pour le chauffage. Elle avait à peu près deux pieds de hauteur, et son plafond, qui formait le plancher des salles placées au-dessus de l'hypocauste, était soutenu par de petits piliers, le plus souvent carrés, rarement ronds, placés à huit pieds les uns des autres, et formés de briques, séparées chacune par un lit de mortier. Ces piliers étaient surmontés de briques plus grandes, A, qui formaient la base du pavé des appartements. Le derrière des fourneaux communiquait aux chambres des bains par des tuyaux fixés dans les murs; ces tuyaux, en terre cuite, et de forme carrée, s'adaptaient les uns aux autres et étaient placés d'abord verticalement : alors ils plongeaient dans l'hypocauste; puis ils prenaient une direction horizontale, et distribuaient partout le calorique. L'ouverture pour le chauffage, très-étroite (1), communiquait à un fourneau

(1) D'un pied et demi à trois pieds.

situé dans de petites cours ou dans des vestibules voisins de l'hypocauste ; des esclaves appelés *fornacatores* étaient chargés d'entretenir le feu. Ils devaient y jeter de temps en temps des globes de métal enduits de térébenthine. Ces globes étaient lancés à l'extrémité de l'hypocauste : son aire étant inclinée, les globes enflammés revenaient à l'entrée appelée *propnigeum*, et répandaient ainsi partout une égale chaleur.

On a découvert plusieurs hypocaustes assez bien conservés : en France, à Saintes (1) et à Lillebonne ; en Angleterre, à Worcester et à Hope, dans le comté de Chester.

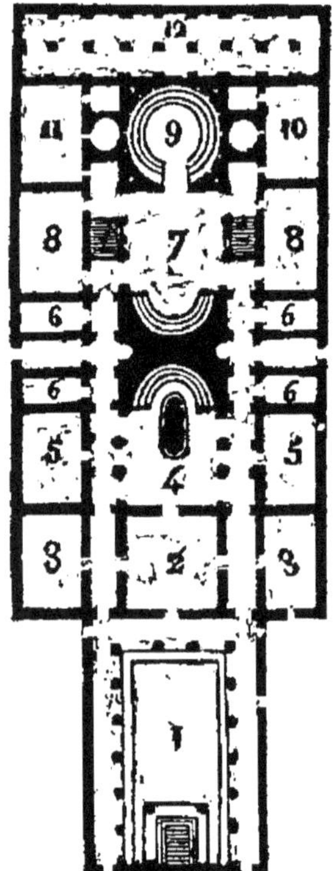


Voilà les diverses parties dont se composaient les thermes. Les riches patriciens de Rome avaient aussi dans leur maison des bains particuliers, faits sur le modèle des bains publics. Le plan que nous reproduisons ici d'après Mazois (2) donnera une idée exacte de la disposition des thermes antiques.

1, cour entourée de portiques sur trois côtés ; au fond de la cour, est le *baptisterium*, bassin couvert d'un toit supporté par deux colonnes ; 2, *apodypterium*, communiquant avec des salles de service, 3 ; — 4, *frigidarium :* dans cette pièce est une vaste cuve pour le bain en commun ; la partie circulaire forme la scola ; — 5, diverses pièces de service ; — 6, cabinets de bains particuliers ; — 7, *tepidarium*, avec deux bassins et une école ; — 8, *eleothesium*, ou onctuaire ; — 9, *sudatorium*, ou étuve, avec des gradins pour s'asseoir ; — 10, officine pour chauffer les bains ; — 11, officine pour chauffer l'étuve ; — 12, réservoirs.

(1) Voyez l'ouvrage de M. Chaudruc de Crazanes sur les *Antiquités de Saintes*.

(2) *Le Palais de Scaurus*, in-8 ; Paris, 1822.

Dans les palais on trouvait des bains construits sur ce plan. Les *Thermes de Julien,* à Paris, peuvent servir à prouver l'importance qu'avaient ces monuments dans l'antiquité (1).

### Arcs de triomphe.

C'est aux Romains que l'on doit les premiers monuments de ce genre (2). Dans l'origine, les arcs ou portes triomphales, vastes portiques élevés à l'entrée des villes, dans des rues, sur des ponts ou des voies publiques, à la gloire d'un vainqueur ou en mémoire d'un événement important, étaient faits de bois, ornés de trophées et des dépouilles enlevées à l'ennemi (3). Dans la suite, on leur donna un caractère plus monumental : l'architecture et la sculpture y déployèrent toute leur science et toutes leurs richesses. Le bois fut remplacé par la pierre, le marbre et le bronze. Les plus simples se composaient d'une seule arcade en plein cintre, comme l'arc de Titus à Rome, comme l'arc de Saint-Remy en France. D'autres ont eu deux arcades, comme les arcs de Vérone, de Langres et de Saintes ; quand ces monuments sont percés de trois arcades, les deux latérales sont plus petites que celles du milieu. Ils sont aussi surmontés d'un attique qui offrait des inscriptions, et qui était quelquefois couronné par une statue équestre ou un quadrige. Enfin les tympans des arcs étaient ornés généralement de victoires portant des palmes. Quand le triomphateur passait sous le portique du milieu, une figure de la victoire, attachée par des cordes, déposait une couronne sur sa tête.

Le plus beau monument de ce genre qu'il y ait en France est, sans contredit, l'*Arc d'Orange;* on peut en prendre une idée

(1) Voyez, sur les Thermes de Julien, *les Arts au moyen âge*, par M. Dusommerard, t. I, in-8; Paris, 1840.

(2) Bien que Pline dise que cette invention est due aux Grecs (*Hist. nat.*, l. XXXIV), cependant on n'a pas découvert d'arc monumental en Grèce, et Pausanias n'en a décrit aucun.

(3) « Primo rudes et simplices fuere, quum præmia virtutis essent, non « ambitionis lenocinia. » ( Rosinus, *Ant. rom.*, l. X.)

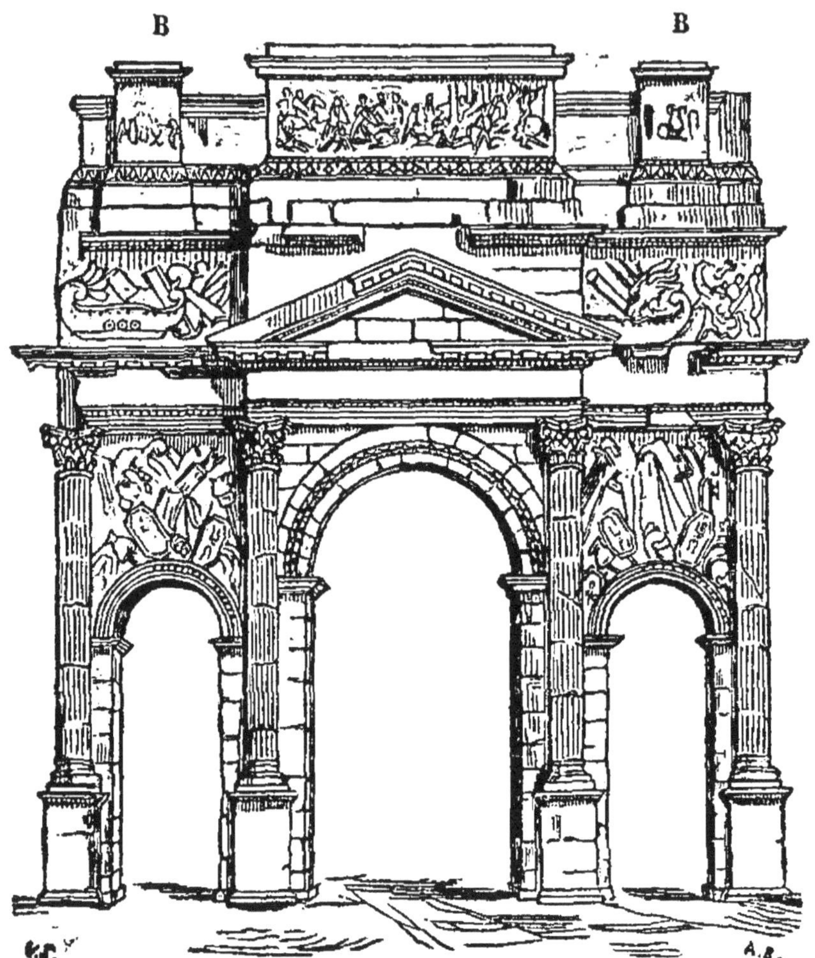


exacte dans le dessin que nous publions ici (1). On voit qu'il présente un parallélogramme percé de trois arcades, au-dessus desquelles règne un entablement supporté par quatre colonnes corinthiennes cannelées dont les deux du milieu sont couronnées par un élégant fronton. Enfin l'arc est terminé par un attique de belles proportions. Cet attique est orné de bas-reliefs représentant, au nord et au midi, un combat de fantassins et de cavaliers. Les dés des stylobates de droite et de gauche B, offrent la figure des instruments dont on se servait dans

(1) Il a 22 mètres 730 millim. (70 p.) de haut, sur 21 mètres 450 millim. (66 p.) de longueur. Cet arc, qui est un des plus grands que nous ait légués l'antiquité, est loin d'avoir les dimensions de l'*Arc de l'Étoile*, à Paris, qui a 152 pieds de hauteur, 137 p. de largeur, et 68 d'épaisseur.

les sacrifices, l'*aspergile*, le *lituus*, le *præfericulum*, le *simpulum*, la *patera*, etc. La surface comprise entre l'archivolte des petites arcades et l'entablement est remplie par des bas-reliefs formés de trophées, épées, casques, cuirasses, boucliers, etc. Au-dessus, on voit des rames et des proues de navire. Les petites faces, regardant l'orient et l'occident, sont décorées dans le même goût.

Le seul défaut de ce monument est peut-être qu'il est d'un style trop riche; mais tous les ornements sont distribués si judicieusement, les moulures des archivoltes et des corniches sont si délicates, les rosaces et les caissons des voûtes de l'intérieur, si élégants, qu'on ne saurait faire de cet arc une critique sévère. Malheureusement les sculptures ont été exécutées sur un revêtement de marbre qui a été très-endommagé, de telle sorte que les murs sont dépouillés aujourd'hui en grande partie.

Tout porte à penser que la plate-forme de l'attique supportait un quadrige, et que les piédestaux, en saillie à droite et à gauche, étaient surmontés de statues; nous avons dit ailleurs que les savants n'étaient nullement d'accord sur l'origine de l'arc d'Orange (1). Les uns ont prétendu qu'il avait été construit en l'honneur de Marius, après sa victoire sur les Cimbres. Gronovius veut qu'il soit attribué à Domitius Ahenobarbus et à Fabius Maximus, vainqueurs des Allobroges; M. le baron de Labastie le croit du temps d'Auguste; Maffei, du temps d'Adrien; M. Mongez (2) pense qu'il a été élevé à l'occasion de la victoire remportée par César sur les Massaliotes; enfin, le P. Papon et Millin prétendent, peut-être avec plus de raison, qu'il est destiné à rappeler le souvenir des conquêtes des Romains dans la Narbonnaise. Toujours est-il que, d'après la superfluité et le style de ses ornements, on peut le regarder plutôt comme un monument de la décadence.

(1) Voyez la note 1 de la page 152.

(2) *Mém. de l'Acad. des insc. et belles-lett.*, t. XXVI.

Les arcs de triomphe les plus curieux de la France sont ceux de Saint-Remy, de Carpentras, de Cavaillon, de Reims ; ce dernier est connu sous le nom de *Porte-de-Mars*. On l'attribue à l'empereur Julien.

### Aqueducs.

Les aqueducs peuvent être rangés parmi les monuments les plus admirables que nous aient laissés les Romains. Ces travaux était si gigantesques, qu'ils étonnaient les anciens eux-mêmes (1). Les auteurs ne sont pas d'accord sur l'époque où l'on construisit les premiers aqueducs dans Rome : les uns veulent qu'on ait commencé à en faire usage dès le règne d'Ancus Marcius ; les autres prétendent que ce fut seulement au temps d'Appius Claudius ; mais c'est là un fait d'histoire peu important.

Les aqueducs, *aquæ ductus*, ou canaux en pierre et en maçonnerie destinés à conduire une certaine quantité d'eau à travers un pays inégal, étaient *apparents* ou *souterrains*. Ces derniers étaient percés à travers les montagnes, creusés dans l'intérieur de la terre, bâtis de pierres de taille et de moellons, et couverts de voûtes ou de grandes dalles. Ils contenaient aussi des tuyaux en plomb ou en terre cuite : les premiers avaient au moins un pied de longueur, mais on leur préférait les seconds (2) ; on donnait à ceux-ci au moins deux pouces d'épaisseur ; leur diamètre allait en diminuant d'une extrémité à l'autre, afin qu'on pût les adapter les uns aux autres par leurs bouts opposés. Les tuyaux du diamètre le plus étroit étaient appelés *senaria*, parce qu'ils avaient six quarts de pouce ; et ceux dont le diamètre était le plus grand, *centuminaria*, parce qu'ils avaient deux cents quarts de pouce. Ils sont marqués très-souvent du nom du potier qui les a

(1) « Vera æstimatione miracula invicta » (Pline, *Hist. nat.*, l. XXXI, cap. 6.)

(2) « Tubis fictilibus utilissimum aquam duci. » (Plin., l. XXXI, cap. 6.)

20.

faits ou du nom des consuls en place alors qu'on les a posés. On en trouve en France de ronds et de demi-cylindriques.

Les aqueducs apparents, construits à travers les plaines et les vallées, étaient supportés sur des trumeaux et des arcades. Le canal était fermé supérieurement par des dalles entre lesquelles on laissait des ouvertures pour donner passage à l'air (1). Ce canal, *specus*, pratiqué dans la partie supérieure de l'aqueduc, était enduit, sur ses trois faces, d'un ciment très-dur, composé de petites pierres, de sable et de chaux, que l'on battait avec des pilons ferrés, et que l'on massivait fortement ensemble.

Les aqueducs étaient simples, doubles ou triples, selon qu'ils se composaient d'un seul rang d'arcades, ou qu'ils offraient deux ou trois étages d'arcades superposées. Leur direction ne suivait que très-rarement la ligne droite; le plus souvent ils présentaient des sinuosités multipliées, *arcuatum opus*, et cela, plutôt pour obtenir les hauteurs nécessaires que pour modérer la trop grande impétuosité des eaux, comme on l'a cru pendant longtemps (2).

Le nombre des aqueducs de Rome était de neuf (3) sous le règne de l'empereur Nerva. Procope en comptait quatorze de son temps. On évaluait la quantité d'eau qu'ils fournissaient à 14,018 *quinaires*, ce qui faisait, suivant le calcul de M. de Prony, 787,000 mètres cubes d'eau par vingt-quatre heures. Frontin, consul sous Nerva, porte cette quantité jusqu'à 23,582 quinaires, ce qui donne 1,320,520 mètres cubes. Quelque grande que paraisse cette consommation d'eau à Rome, on conçoit la chose quand on considère combien la ville était

(1) Voici comment le poëte Rutilius en parle :

« Quid loquar aerio pendentes fornice rivos,
« Qua vix imbriferas tolleret Iris aquas?
« Hos potius dicam crevisse in sidera montes ;
« Tale giganteum Græcia laudat opus. »

(2) On donnait, sur 100 pieds, 1 pied de pente.

(3) Leur développement total peut être évalué à 107 de nos lieues. D'après Frontin, ils avaient 13,594 tuyaux, d'un pouce de diamètre.

populeuse, combien était fréquent l'usage des bains, et tout ce qu'il fallait de liquide pour remplir les bassins des naumachies.

L'eau des aqueducs, avant d'être distribuée dans la ville, était reçue dans de grands réservoirs ou châteaux d'eau, *castelli*. C'est là qu'étaient établies les différentes prises d'eau destinées aux édifices publics ou appartenant à des particuliers qui en avaient obtenu la concession.

Les empereurs portèrent une foule d'édits concernant la construction et la conservation des aqueducs, l'administration et le classement des eaux suivant leur qualité et les usages auxquels on devait les employer. La charge de directeur des eaux, *curator aquarum*, était regardée comme une des premières de l'État; les personnages consulaires seuls en étaient revêtus. Le *curator* devait faire bâtir et réparer les aqueducs, et surveiller sans cesse une foule d'employés et d'ouvriers. Parmi ceux-ci, on trouve les *villici*, esclaves auxquels était confiée la garde des tuyaux; les *castellarii*, qui étaient préposés aux châteaux d'eau; les *circuitores*, qui inspectaient les aqueducs des diverses contrées; les *silicarii*, qui entretenaient le pavé des grandes routes où passaient des tuyaux; enfin, les *tectores*, qui étaient commis à la garde des constructions qui soutiennent les aqueducs.

Nous avons dit que ces monuments, en Italie, étaient nombreux, et tous plus grands et plus magnifiques les uns que les autres (1); il nous reste à indiquer maintenant les plus remarquables de la France. Nous mettrons en première ligne le fameux *Pont du Gard*. Cette construction, toute gigantesque qu'elle soit, n'est qu'une partie d'un immense aqueduc qui avait 41,000 mètres de longueur, et qui conduisait à Nîmes les eaux des fontaines d'Eure et d'Airan. Le Pont du Gard franchit une vallée profonde au fond de laquelle coule la rivière du Gardon. Il se compose de deux rangs de grands arcs et d'un rang de

(1) L'aqueduc de Caligula a seul coûté cinquante millions cinq cent mille sesterces.

petits arcs, tous à plein cintre. C'est au-dessus du troisième rang qu'est établi le canal pour le passage des eaux, qui coulent ainsi par-dessus la vallée à plus de 48 mètres au-dessus du niveau de la rivière (1). L'aqueduc du Gard a dû être démoli au v^e siècle par les barbares. Il eut à souffrir de graves mutilations pendant les guerres de religion, mais elles ont été réparées aux XVII^e et XVIII^e siècles.

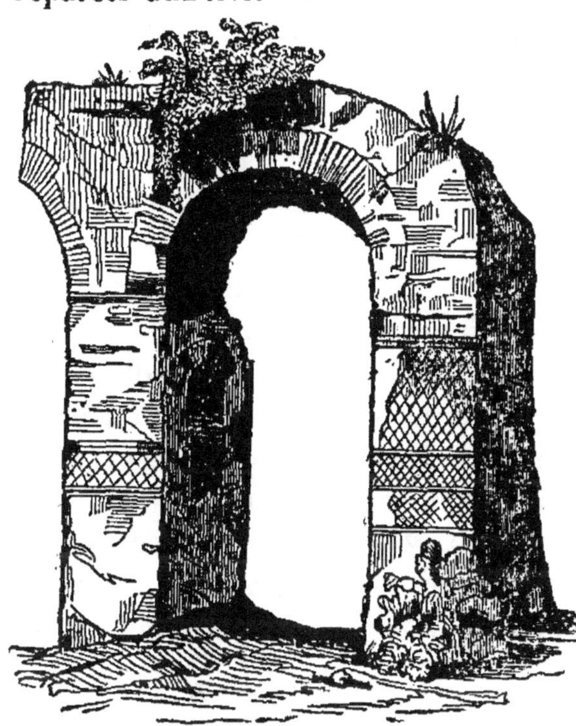

L'aqueduc de Lyon offre une maçonnerie réticulée (2). Le mélange de briques et de pierres qui composent ses murs lui donnent un fort bel aspect. Il était très-étendu, traversait le mont Pilate, parcourait plusieurs plaines, et arrivait au sommet des montagnes qui dominent la cité. — A deux lieues de Paris, on voit encore un fragment d'aqueduc qui parcourait la vallée d'Arcueil, et transportait les eaux de la source de Rungis jusque dans la capitale. — L'aqueduc de *Jouy* amenait à Metz les eaux du ruisseau de Gorze; il avait environ six

(1) Le Pont du Gard, fondé sur le rocher, est bâti avec des pierres de la plus grande dimension, placées à sec. La grande arcade du milieu a 24 mètres 50 cent. d'ouverture. La hauteur du premier étage, depuis le niveau des basses eaux, est de 20 mètres 12 cent.; celle du second étage est aussi de 20 mèt. 12 cent., et celle du troisième, de 8 mèt. 53 c. L'épaisseur du monument, d'un parement à l'autre, est de 6 mèt. 36 c. au premier rang, 4 m. 56 c. au deuxième, 3 m. 6 c. au troisième. La retraite formée au premier étage était de 1 m. 27 c. et offrait un passage pour les piétons.

(2) C'est aussi un fragment de cet aqueduc que nous avons donné p. 196.

lieues de longueur. Il passait par-dessus la Moselle, et se développait dans la vallée de ce nom sur de hautes arcades dont il existe encore des débris imposants. Il est construit tout entier en pierres de taille, et passe pour être l'ouvrage des légions de Drusus, frère de Tibère. — L'aqueduc de Fréjus, dans le Var, n'est pas moins remarquable. Il y en avait enfin à Saintes, à Luynes, à Vienne, à Néris, etc.

Un des plus beaux aqueducs qu'on puisse voir existe à Ségovie, en Espagne; il en reste 119 arcades en pierres de grand appareil. Il a deux étages d'arcades, dont la hauteur n'est pas de moins de 102 pieds; il traverse la ville, et passe par-dessus la plus grande partie des maisons qui sont dans le fond de la vallée.

Les *cloaques* de Rome n'étaient pas moins merveilleux que les aqueducs. Ils s'étendaient sous toute la ville, et se divisaient en plusieurs branches, qui se déchargeaient dans le fleuve. C'étaient de grandes voûtes sous lesquelles on pouvait aller en bateau, ce qui faisait dire à Pline que la ville était bâtie en l'air, et qu'on naviguait sous les maisons. Ces voûtes soutenaient le pavé des rues; il y avait, d'espace en espace, des trous par lesquels on jetait les immondices dans les cloaques; quelquefois des ruisseaux les traversaient et les nettoyaient.

### Maisons.

On peut établir d'une manière générale que, si les anciens ont excellé dans la construction et la décoration de leurs édifices publics, ils ont été surpassés par les modernes pour la distribution des habitations particulières. Les Romains, vivant avec leurs femmes dans des appartements communs, adoptèrent pour leurs maisons un système différent de celui des Grecs; nous avons dit ailleurs qu'il l'empruntèrent aux Etrusques. Les palais des riches personnages étaient d'ailleurs assez compliqués. Il y avait d'abord une cour plantée d'arbres, quelquefois décorée d'un portique et de statues : c'était l'*area*. La porte du logis offrait à droite et à gauche un *vestibulum*, où l'on faisait attendre les personnes qui venaient faire visite. Un corridor, *prothyrum*, où se tenaient les esclaves préposés à la garde des portes, *ostiarii*, conduisait à l'*atrium*, ou avant-logis, partie de la maison ouverte à tout le monde. Il se composait d'une cour rectangulaire, *cavædium* (1), entourée de colonnes et couverte d'un toit. Autour de cette cour se trouvaient distribuées plusieurs pièces de service, et le logement des hôtes, *hospitium*. Le toit du cavædium offrait au milieu une ouverture, *compluvium*, qui donnait du jour à la cour, et livrait passage aux eaux pluviales. Celles-ci étaient reçues dans un bassin carré, appelé *impluvium* (2). Souvent les murs de l'*atrium* étaient décorés de peintures. — Au fond de l'atrium, en face de la principale porte, était le *tablinum*. C'était là que l'on conservait les images des ancêtres, les généalogies et les archives de famille. Enfin, tout auprès, il y avait le cabinet des dieux lares, *lararium*, *penetrale*.

Le tablinum était accompagné, à droite et à gauche, de deux corridors, *fauces*, qui conduisaient au *péristyle*, c'est-à-dire à une grande cour, entourée d'un portique, dont les colonnes étaient jointes par un mur à hauteur d'appui (*pluteum*). Au milieu du péristyle, on cultivait un parterre orné de fleurs plus ou moins rares, et on y voyait un bassin. C'est autour de ce péristyle qu'étaient disposés divers appartements. Les *dormitoria* ou *cubicula*, chambres à coucher, distingués en *cubicula diurna* et *cubicula nocturna*. On arrivait à chacune d'elles par un antichambre *procœtum*, et elles étaient gardées par des esclaves particuliers, *cubicularii*. L'*hi-*

(1) *Cava ædes*.

(2) On comptait cinq espèces de *cavædium* : 1o le plus ancien et le plus simple était le toscan ; il se composait de quatre poutres qui se croisaient à angles droits ; 2° le *tetrastyle*, dans lequel les charpentes du toit sont supportées par quatre colonnes ; 3° l'*atrium* corinthien, qui offre de nombreuses colonnes ; 4° le *displuviatum*, dont le toit, au lieu de déverser les eaux dans l'*impluvium*, les déverse en dehors du *cavædium* ; 5° le *testudo*, qui ne laisse point d'espace découvert au milieu.

*bernaculum* était l'appartement d'hiver. Les lits y étaient placés dans une alcove, *zoteca*. Un petit salon, *heliocaminus*, rénfermait un poêle solaire. Là se trouvait encore le *venereum*, mot qui ne peut se traduire que par celui de boudoir. L'appartement des femmes était aussi sous le péristyle. Le *thalamus* était la pièce qui leur était spécialement destiné. Les riches praticiens avaient dans leur maison une *pinacotheca*, ou galerie de tableaux et de sculptures, et une salle pour la bibliothèque. Les *œci* (1) étaient de magnifiques salons de réception. Il y en avait plusieurs ornés de colonnes dans différents goûts, de sorte qu'il y avait la salle *tetrastyle*, la salle *corinthienne* et la salle *égyptienne*. L'*exèdre* était une salle spacieuse où il y avait des bancs en hémicycle pour la conversation; le *sacrarium* était une chapelle domestique; puis c'étaient la cuisine et ses dépendances; l'*olearium*, où l'on conservait les huiles; l'*horreum*, où l'on gardait les provisions d'hiver; les *cellæ vinariæ*, où étaient déposés les vins; le *pistrinum*, ou boulangerie; l'*era stulum*, ou logement des esclaves; le *valetudinarium*, ou infirmerie.

Des escaliers conduisaient à l'étage supérieur ou *solarium*, qui présentait des terrasses plantées d'arbres et de fleurs; on y voyait aussi des treilles, ce qui faisait encore donner à cet étage le nom de *pergula*.

Enfin, on trouvait souvent dans les palais, outre toutes les pièces dont nous venons de parler, une basilique et des bains (2).

Le *triclinium* (du nom des lits qui y étaient placés) ou *cœnatio*, *diæta*, *cœnaculum*, était la salle à manger. Trois lits, *triclinia*, étaient ordinairement rangés autour de la table. Il y en avait souvent un quatrième pour le service. Chaque lit pouvait être occupé par trois ou quatre personnes. Le lit et la place du milieu étaient les plus honorables. Quant aux convives, le maître de la maison leur fournissait une robe parti-

(1) De οἶκος, maison.

(2) Voyez la description du *palais de Scaurus*, par Mazois (ouv. cit.).

culière pour le repas, appelée *vestis cœnatoria, vestis convivalis*, ou *synthesis*. Les esclaves de service dans le triclinium étaient dits *triclimachæ* (1).

On distinguait encore deux espèces de chambres : celle qui était voûtée, *camera*, et celle qui avait un plafond plat, *lacunar* ou *laquear*. Elles ne recevaient le jour que par une ouverture pratiquée au-dessus de la porte. S'il y avait des fenêtres, elles étaient très-élevées et garnies d'une pierre translucide, *lapis specularis*. Les portes elles-mêmes, à l'intérieur, n'étaient fermées que par des tapisseries appelées *vela cubicularia, cærulæa ;* des esclaves chargés de veiller à ces portes étaient nommés *velarii*. La porte extérieure du vestibule, *janua, ostium*, était à peu près semblable à celle des temples. Elle était deux fois plus haute que large. On appelait *valvæ* celles qui s'ouvraient en dedans, et *fores*, celles qui s'ouvraient en dehors; si elles avaient deux battants, elles étaient dites *bifores*. Les valvæ se repliaient dans le sens de leur longueur en deux ou trois parties. Ces portes étaient gardées par des esclaves particuliers, *janitores, ostiarii* (2).

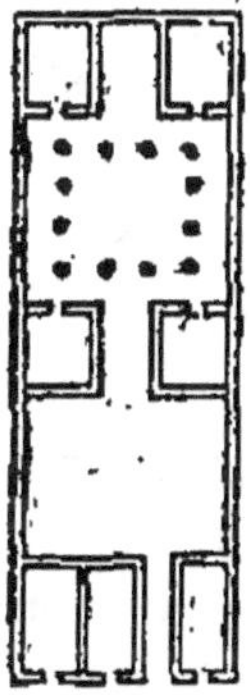

Nous venons de décrire là une habitation complète dans toutes ses parties, telle que la possédaient les plus riches Romains. Les maisons ordinaires étaient bien moins compliquées; mais on y reconnaissait également trois parties distinctes. Voici le fragment d'un plan antique de Rome, gravé sur marbre et conservé au Capitole. Il offre une habitation privée, sur laquelle on reconnaît d'abord trois boutiques, deux à gauche et une à droite du prothyrum, qui conduit dans une cour carrée, l'atrium; de là, par un passage, *fauces*, on pénètre dans le péristyle orné de douze colonnes, et accompagné de quatre chambres carrées.

(1) Pétrone, *Satyric.*, l. VIII.

(2) Les portes étaient mises sous la protection de quatre divinités : le dieu *Ferculus* présidait aux battants; le dieu *Limentinus*, au seuil et aux linteaux; la déesse *Cardea*, aux gonds, et enfin *Janus*, à l'ensemble de la porte. (Sanct. Augustin., *de Civit. Dei*, l. IV, cap. 8.)

On a beaucoup discuté pour savoir de quelle manière les anciens chauffaient les diverses pièces de leurs maisons : un fait certain, c'est que les hypocaustes, tels que nous les avons décrits pour les thermes, ont beaucoup été en usage à partir du règne de Néron. Les Romains avaient encore des poêles, des brasiers portatifs, *camini portatiles* (1), et même des cheminées. Celles de ces dernières qu'on a découvertes jusqu'à présent ressemblent plutôt à des fourneaux qu'à des cheminées proprement dites ; elles sont construites avec de grandes briques, elles ont moins de largeur au fond qu'à leur ouverture, et elles font saillie dans l'appartement.

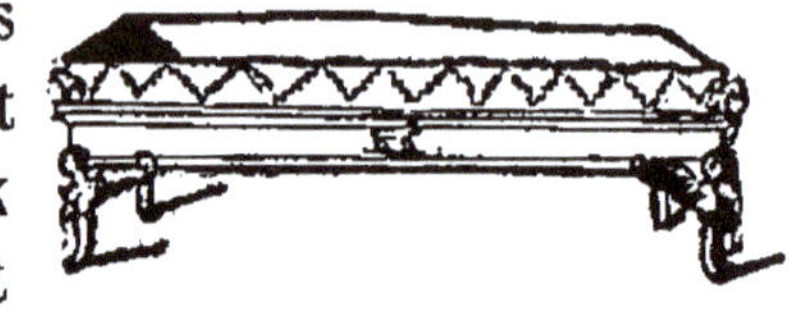

La partie supérieure de la maison formait un toit angulaire, *tectum*, ou une plate-forme en terrasse, comme nous l'avons dit plus haut. Le pavé des chambres était fait dans le même système que les routes (2). Le pavimentum offrait souvent une marqueterie ou des mosaïques. Les murs étaient quelquefois décorés de peintures ou revêtus de marbre. Les trophés, les statues et les bas-reliefs abondaient aussi.

A Rome, toutes les maisons, et on en comptait 48,000 après l'incendie qui dévasta la ville sous le règne de Néron, étaient isolées, séparées les unes des autres, de telle sorte que l'air et

(1) Le dessin que nous donnons représente un brasier de bronze trouvé dans les ruines d'un établissement de bains à Rome. L'usage des brasiers dans les thermes est attesté par Cicéron, qui dit : « Hypocausta in alterum « apodyterii angulum promovi, propterea quod ita erant posita, ut eorum « vaporarium, ex quo ignis erumpit, esset subjectum cubiculo. » On ne peut sans doute les comparer qu'à nos chaufferettes en fonte.

« Dissolve frigus, ligna super foco
« Large reponens. . . . . . . »
(HORAT., ode 9, l. I.)

(2) Si le pavé était posé sur des étages de charpente, nommés *contignationes*, on l'appelait *contignatum pavimentum*; si l'aire était en planches, elle était dite *coactatio*. Le pavimentum se composait aussi quelquefois de briques.

le soleil leur arrivaient de toutes parts. Elles avaient plusieurs étages, mais pour prévenir l'insalubrité qui résultait de leur trop grande élévation dans une cité aussi populeuse, Auguste borna leur hauteur exrême à 70 pieds, et Trajan la réduisit à 60 seulement (1). On appelait *insula* un groupe de maisons habitées par plusieurs familles; et *domus*, la maison qui n'appartenait qu'à une seule famille.

### Villas.

Les Grecs comme les Romains recherchaient la vie des champs avec passion : « Vous autres, disait Périclès aux Athéniens, vous n'aimez que vos jardins et les ouvrages d'ostentation que vous y avez élevés. » Et, en effet, ils s'y donnaient tous les agréments et toutes les commodités possibles. La maison était exposée au midi, et, comme à la ville, les appartements des hommes étaient séparés de ceux des femmes. Mais les Romains surpassèrent de beaucoup les Grecs par le luxe qu'ils déployèrent dans leurs villas, par l'étendue qu'ils leur donnèrent, et par les richesses qu'ils y accumulèrent. Comme les autres édifices privés, elles avaient commencé par être très-simples; celles de Caton et de Scipion avaient presque une apparence de pauvreté. Les murailles de leurs maisons n'étaient pas même crépies. Ce ne fut que sur la fin de la république et pendant l'empire que les villas prirent l'accroissement qu'elles ont eu. Cicéron avait plus de vingt villas; Tibère en possédait douze dans l'île de Caprée seulement (2). Les villas de Caligula et de Néron étaient immenses; celle d'Adrien comprenait une superficie de terrain qu'on a évaluée à dix milles d'Italie. On y trouvait des thermes, des théâtres, des temples, des palais, etc.

(1) « ... Quibus omnibus Trajanus per exquisita remedia opitulatus est, « statuens ne domorum altitudo sexaginta superaret pedes, ob ruinas « faciles et sumptus, si quando contingeret exitiosos. » (Aurel. Victor.)

(2) Voyez Norbert Hadrawa, *Lettres sur différentes antiquités découvertes dans l'île de Caprée*. Voyez aussi Sénèque, lettre 86.

Les maisons de campagne, d'abord appelées *horti*, reçurent ensuite le nom de *fundus*, de *prædium* et de *villa*. C'est ce dernier nom qui a prévalu. On choisissait, pour les établir, les contrées les plus fertiles et les sites les plus pittoresques. On les plaçait sur les bords de la mer ou des lacs, au penchant des collines ou au pied des montagnes. La Campanie, les environs de Baïes, Tusculum, Tibur, sont célèbres par les riches villas dont ils offrent encore des ruines imposantes.

On distinguait dans une villa trois parties : 1° la maison de plaisance, *villa urbana*, *prædia urbana* (1); 2° la métairie, *villa rustica;* 3° le fruitier, *villa fructuaria*.

Dans la maison de plaisance, on trouvait les appartements d'été, *æstiva*, et les appartements d'hiver, *hiberna*. Elle différait de la maison de ville, en ce qu'on y arrivait par un péristyle, et qu'on entrait dans une cour entourée de portiques pour la promenade. En face de la porte d'entrée, il y avait la salle à manger : d'un côté étaient disposées les salles de festin, les chambres à coucher et la bibliothèque; l'autre côté était réservé pour les bains et pour le logement des esclaves. On y voyait quelquefois aussi une galerie de tableaux. Le jardin qui dépendait de cette maison était décoré avec beaucoup de soin; les allées, les bosquets, les piscines, les grottes artificielles, les tapis de gazon, présentaient mille aspects divers suivant la nature des lieux; enfin, des statues, des fontaines de marbre et d'autres objets d'art précieux, embellissaient ces séjours de luxe et de mollesse (2).

La *villa rustica* se composait de l'habitation du régisseur, *villicus*, de celle du caissier, et des cellules pour les esclaves. Il y avait des salles pour renfermer les instruments aratoires; une prison, une infirmerie, des cuisines, des étables, un colombier, etc. Tout cela était disposé autour d'une cour appelée *cohors*.

(1) Vitruve l'appelle *pseudo-urbana*, et Suétone, *prætorium*.

(2) Suivant Varron, on habitait continuellement les maisons de campagne, et l'on n'allait à la ville que tous les neuf jours pour ses affaires.

On serrait dans la *villa fructuaria* tous les fruits et toutes les denrées. Les murs des greniers étaient couverts d'un enduit fait d'argile et d'*amurca*, qui était un mélange de lie d'huile et de feuilles d'olivier. Le vin était conservé dans de grands vases appelés *dolia* (1), et dans des amphores, *amphoræ*. Au dehors de la *fructuaria*, on trouvait les basses-cours, *palearia*, qui se divisaient en plusieurs parties ; l'endroit où l'on élevait les poules était le *gallinarium ;* l'endroit destiné aux oies, le *chenoboscium ;* pour les oiseaux, c'était l'*ornithon* (2); pour les lapins, le *glirarium ;* pour les lièvres, le *leporarium ;* pour les pourceaux, le *suile ;* pour les escargots, le *cochleare*. Il y avait encore les ruches pour les abeilles, *apiarium ;* le parc d'animaux, *vivarium ;* les viviers pour les poissons, *piscinæ*. Là, enfin, se trouvaient les granges, *fœnilia*, le four et le moulin.

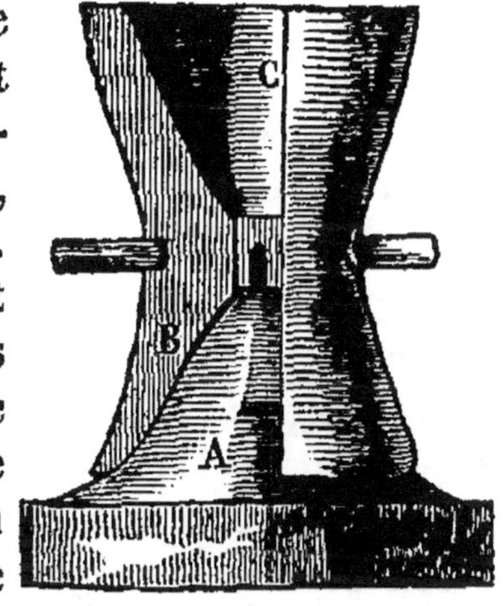


Le moulin à bras avait une forme particulière. Il se composait de deux pierres, l'inférieure, conique A, s'adaptant à la supérieure, qui était creusée en cône, B et C. La coupe que nous plaçons ici peut donner une idée exacte de ces sortes de moulins. On comprend que le grain étant mis dans la partie creuse, C, était écrasé entre la surface convexe A, et la surface concave B, à laquelle on imprimait un mouvement de rotation.

Les différentes villas que nous venons d'énumérer étaient quelquefois réunies en une seule, ou bien elles formaient autant d'édifices que faisaient communiquer entre eux des galeries. Tout aux alentours, on voyait des champs, des prairies, des espèces de parcs, des bois, des étangs, des vignes et des jardins.

(1) Les *dolia* contenaient dix-huit amphores. Sur ce dernier mot, voyez l'article *Poteries*.

(2) On appelait *seclusorium* la partie des volières où l'on engraissait les oiseaux.

Si l'on veut apprécier la magnificence exquise des maisons de campagne, il faut lire la description que Pline le Jeune fait, dans ses lettres, de ses villas du Laurentin et de Toscane (1).

### Les théâtres.

Les Grecs attribuent l'invention du théâtre, θέατρον, *theatrum* (2), à Bacchus, et ce fut à ce dieu qu'ils consacrèrent la plupart des monuments de ce genre. Ils mirent de grands soins à les construire, parce que les représentations scéniques qui s'y donnaient faisaient partie du culte. Les théâtres servaient en outre souvent à recevoir le peuple pour les assemblées publiques.

Les jeux de théâtre furent d'abord célébrés sous une tente (3), ou sous des cabanes faites de branches d'arbres, dans lesquelles les acteurs étaient à l'abri des rayons du soleil. Bientôt on vit s'élever des échafaudages en bois, qui ne tardèrent pas à être remplacés par des édifices plus durables. C'est aux Grecs qu'on doit les règles suivant lesquelles on bâtit et on décora les théâtres; mais les Romains les surpassèrent en grandeur et en magnificence.

Le premier grand théâtre d'Athènes fut creusé, au temps de Thémistocle, dans le flanc et sur la pente de l'Acropolis. Ceux d'Égine, d'Épidaure et de Mégalopolis étaient très-célèbres dans l'antiquité. Les Étrusques imitèrent les Grecs, et l'on voit encore à Adria, à Volaterra, à Eugubium, des restes de théâtres. A Rome, Marcus Lépidus fit bien élever un théâtre en bois, muni de siéges; mais ce fut Pompée qui fit construire en pierre, vers l'an 669, pour recevoir 40,000 personnes, le premier monument durable de ce genre.

Voici comment ces édifices étaient disposés. On choisissait,

(1) 1° la lettre 6 du livre v, adressée à Apollinaire; 2° la lettre 17 du livre II, adressée à Gallus.

(2) De θεάομαι, je regarde.

(3) En grec σκηνή, d'où l'on a fait le mot latin *scæna*, scène, qui signifiait primitivement, comme on voit, une tente.

quand on le pouvait, le penchant d'une colline, afin d'asseoir plus solidement les siéges, et l'exposition au nord, afin que les spectateurs eussent moins à souffrir des ardeurs du soleil. Le monument entier était de forme demi-circulaire. Suivant la ligne qui figure le diamètre du demi-cercle, on élevait un bâtiment transversal, qui comprenait la scène; à la circonférence du demi-cercle étaient disposés les siéges ou gradins étagés les uns au-dessus des autres. L'aire du demi-cercle était appelée orchestre, ὀρχήστρα, *orchestra* (1). L'ensemble des gradins formait le κοῖλον, la *cavea;* chaque rang de gradins était désigné par les mots de *cavea prima, cavea secunda... ultima,* selon qu'ils étaient plus ou moins rapprochés de la scène. Il y avait deux ou trois étages de gradins, suivant la grandeur du théâtre; ces étages sont appelés précinctions, διαζώματα, *præcinctiones, baltei.* On arrivait à ces étages par des escaliers pratiqués verticalement, et qui formaient comme des rayons dont le centre était l'orchestre. Les siéges compris entre deux de ces escaliers avaient à peu près la configuration d'un coin, κερκίδος, *cuneus,* d'où il arriva qu'on appela *excuneati,* hors des coins, les spectateurs qui, arrivant trop tard, ne trouvaient pas de place, et étaient obligés de se tenir sur les escaliers. Dans le principe, on était assis sur des siéges de pierre ou de bois; mais Caligula permit d'y mettre des coussins et des tapis. Pendant la république, tous les ordres, toutes les classes de citoyens étaient placés sans distinction aucune. Peu à peu cet état de choses se modifia; à l'époque de Scipion l'Africain, les édiles Serranus et Stribonius destinèrent l'orchestre, comme nous l'avons dit, aux sénateurs. Sous Pompée, on accorda aux chevaliers les quatre premières rangées de gradins; derrière les chevaliers on réservait des places pour les jeunes gens appartenant à des familles illustres. Après eux venaient les plébéiens, le *populus;* le reste, la *summa cavea*, était abandonné au menu peuple,

(1) Ὀρχεῖσθαι, danser, parce que c'était là, dans les théâtres grecs, qu'on exécutait les danses et les ballets.

au *plebs:* enfin, plus tard, les soldats eux-mêmes eurent des gradins particuliers. Les places étaient indiquées par une ligne gravée sur la pierre du gradin, et numérotées. Des employés spéciaux, *designatores,* conduisaient chaque spectateur à la place qui lui était réservée.

La scène, dont la longueur, suivant Vitruve, égalait deux fois le diamètre de l'orchestre, et qui avait cinq pieds au-dessus du sol, offrait le plus souvent une façade en hémicycle, présentant un renfoncement qui ressemblait à une niche. Cette façade était en général ornée de colonnes, de statues et de peintures. Le devant de la scène s'appelait προσκήνιον, *proscenium,* avant-scène. En avant du proscenium, et faisant corps avec lui, s'élevait le λογεῖον, ou ὀρχίδας, le *pulpitum.* C'était une plate-forme construite en bois, qui s'avançait dans l'orchestre, et sur laquelle les chœurs se faisaient entendre. Les acteurs déclamaient sur le proscenium. Le derrière de la scène présentait le *parascenium*, παρασκήνιον, désigné encore par les mots de *postscenium*, et *poscesnium;* c'est là que les acteurs s'habillaient. La scène se divisait encore en deux étages; l'*episcenium* était l'étage supérieur, et l'*hyposcenium* l'étage inférieur: celui-ci comprenait différentes pièces destinées au service du théâtre.

C'était dans l'orchestre que se tenaient, chez les Grecs, les chœurs de la danse et des chants. Au milieu s'élevait le *thymelé*, petit autel sur lequel on sacrifiait à Bacchus au commencement du spectacle. Cet autel occupait le centre réel de l'édifice.

Pour bien faire comprendre le rapport qui existe entre les diverses parties dont se composait un théâtre antique, nous donnons ici le plan du *petit théâtre d'Herculanum*, d'après le dessin de Mazois et l'explication que ce savant en a publiée. Maras a publié aussi le plan et les détails du *grand théâtre d'Herculanum;* on trouvera dans son livre des détails intéressants sur ce sujet.

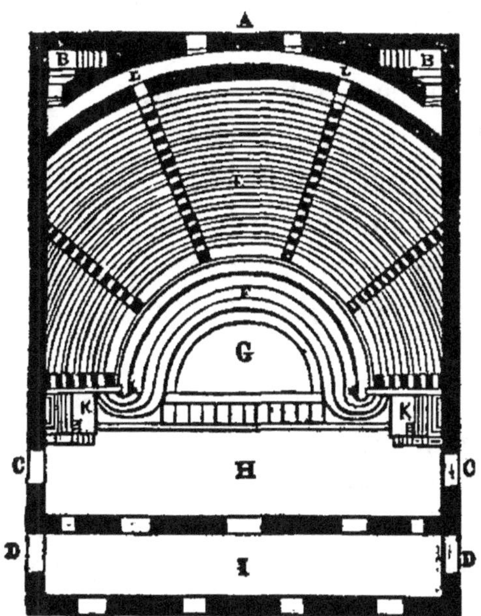


A, Entrée par laquelle on pénètre dans les couloirs, et jusqu'aux escaliers qui conduisent aux vomitoires du centre ; B, escalier que l'on trouve à droite et à gauche, en entrant par les deux portes donnant dans le passage A ; CC, deux portes carrées qui servaient à éclairer le proscenium ; l'une donne sur la rue, l'autre sur un portique ; E, gradins au-dessus de la précinction : ils sont au nombre de 17, et sont divisés par six escaliers en cinq *cunci ;* F, quatre gradins inférieurs plus larges et plus commodes que les autres, et réservés sans doute pour l'ordre équestre ; G, aire de l'orchestre pavé de marbre ; H, la place du proscenium ou pulpitum ; I, postscenium, d'où l'on arrivait par trois portes : celle du milieu s'appelait la porte royale, les deux latérales *hospitales*, ou des étrangers ; K, deux espèces de tribunes pareilles à nos loges d'avant-scène : l'une est garnie de deux gradins, l'autre de trois ; l'une était réservée aux préteurs et aux décemvirs (1), et l'autre aux vestales ; LL, deux vomitoires par où l'on descend sur les gradins ; à côté du théâtre, il y a un portique donnant sur la rue, et servant d'abri aux spectateurs, en attendant le spectacle.

Nous ferons observer que ce théâtre n'a pas complétement la forme demi-circulaire ; mais c'est là une exception.

La scène était ornée d'une manière monumentale ; elle offrait une ordonnance de colonnes de pierres plus ou moins précieuses, percée de cinq portes au plus, de trois au moins, qui se fermaient quelquefois au moyen de tentures ; c'est à travers ces portes, παροδον, *thyra*, que les spectateurs apercevaient

(1) Suétone, *Auguste*, chap. 14.

les décorations. Il y avait trois espèces de décorations, suivant le genre de pièces que l'on jouait. Pour la *tragédie*, on figurait sur les côtés de la scène des bâtiments rehaussés de portiques et de statues, et, dans le fond, de grands édifices, presque toujours un temple ou un palais; pour la *comédie*, on voyait des rues et des places publiques; enfin, pour les pièces satyriques, dites *atellanes*, la scène montrait des cavernes, des montagnes, des bosquets, enfin tout ce qui compose un paysage.

Les décorations se faisaient d'après deux systèmes; on appelait *versatiles* celles qui tournaient sur un pivot, *periactos*: c'étaient des prismes triangulaires dont chaque face était ornée de peintures reproduisant un des sujets que nous venons d'indiquer. Les décorations *ductiles* étaient de grands tableaux que l'on faisait glisser dans des coulisses, et qui, étant retirés, laissaient voir d'autres tableaux placés par derrière.

Ces changements ne se faisaient pas toujours à vue dans les théâtres romains; on pouvait fermer la scène au moyen d'une toile, d'un rideau, *siparium, aulæum*, qui était orné de divers sujets peints, brodés ou tissés.

Les représentations dramatiques se donnaient en plein jour. Or, on conçoit que les spectateurs devaient avoir à souffrir cruellement des ardeurs du soleil; c'est pourquoi ils se cachaient la tête ou sous le chapeau thessalien, à larges bords, ou au moyen d'un capuchon, *cucullus*, ou d'un parasol, *umbrella*.

Il y avait sur la scène un grand nombre de machines dont la dénomination grecque indique assez l'origine. Voici les plus importantes : le *keraunoscopion*, ou tour à foudroyer, servait à imiter la foudre lancée par Jupiter; avec le *bronteion*, placé sous la scène, on produisait le bruit du tonnerre : on employait pour cela des outres remplies de petites pierres, que l'on roulait sur des bassins d'airain. On appelait *kradè* une espèce de grue au moyen de laquelle on enlevait les héros et les chars dans les airs. Les *katablemata* étaient des toiles ou des cloisons de planches sur lesquelles on peignait de vastes étendues de pays, pour décorer le fond de la scène. Le *scope* était une tour élevée où se tenaient les gardiens chargés de veiller à la sûreté publique. Le *théologeion* était une machine pour les apparitions: elle occupait la partie supérieure de la scène. L'*anapeisma*, espèce de trappe, avec escalier, servait à faire monter les divinités de dessous le théâtre sur la scène. Il y avait un autre passage, *escalier de Caron*, pour l'apparition des ombres infernales. Enfin, on cite plusieurs autres machines : les *geranos*, *stropheion*, *phryctorion*, *distegia*, *pegma*, *ekkyclema*, etc., dont on ne connaît pas bien l'usage.

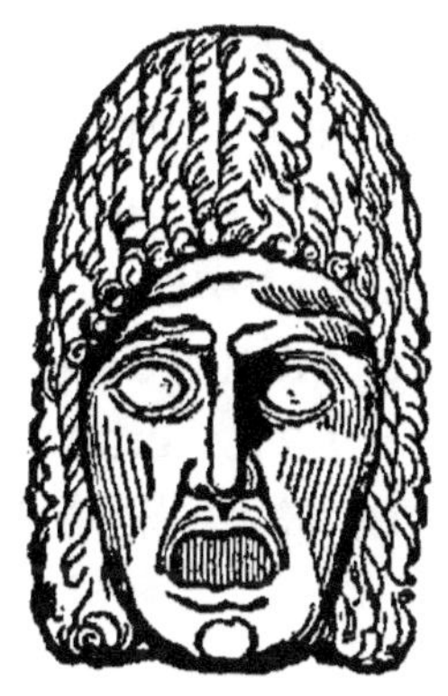

Parmi les objets accessoires des théâtres, nous devons mentionner les masques, *personæ*, dont les acteurs se couvraient la figure pour jouer. Leur invention est attribuée, par Suidas et Athenée, au poëte Charile, contemporain de Thespis, et par Horace à Eschyle. Les premiers furent faits d'écorce d'arbre, puis on en fabriqua en cuir, en bois et en cuivre. Leur bouche, toujours ouverte et garnie de métal, donnait du retentissement à la voix de l'acteur. Ils étaient fort légers, et renfermaient la tête en entier. Les cheveux, les oreilles, la barbe, les bijoux des femmes, étaient représentés avec la plus grande exactitude. Suivant les trois genres de pièces, il y avait des masques tragiques, comiques et satyriques.

La voix des acteurs était encore renforcée par un autre moyen : on disposait sous les gradins du théâtre, dans des niches faites tout exprès, des vases de bronze ou de terre, en forme de cruche, *echea*. Ils avaient leur ouverture dirigée en face de la scène. Leur conformation était telle qu'ils rendaient toutes les consonnances, depuis la quarte et la quinte jusqu'à la double octave.

Quelquefois on étendait au-dessus des spectateurs une grande toile, teinte en pourpre ou ornée de dessins (1). On

(1) L'usage d'étendre des voiles au-dessus des spectateurs ne date que des derniers temps de la république. Ce fut Quintus Catulus qui, le premier, fit

l'attachait d'un côté à des mats placés au milieu de l'orchestre ; de l'autre côté, on la fixait aux murailles. Enfin, on alla jusqu'à rafraîchir les théâtres, en faisant pleuvoir, au moyen d'une pompe foulante, une pluie fine d'eau parfumée d'essences.

Dans l'origine, l'entrée des théâtres était purement gratuite. Plus tard, on paya les places. En Grèce, l'entrée était d'un drachme (1), et même moins. On distribuait un billet, *tessera theatralis* (2), à chaque spectateur, billet qui lui indiquait sa place. En voici un modèle. Dans certaines solennités, à Rome, les empereurs faisaient donner au peuple des représentations gratuites.

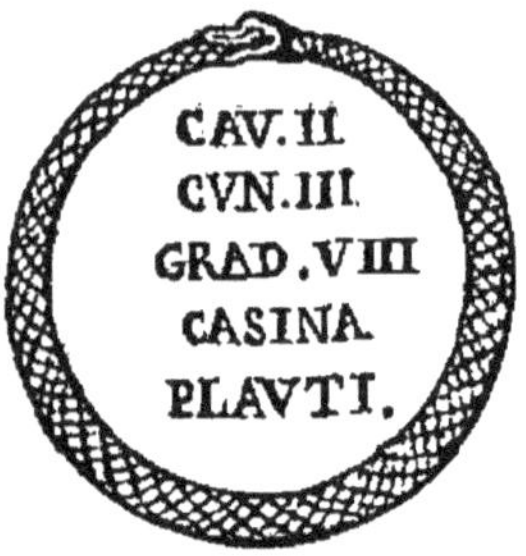

CAV. II
CVN. III
GRAD. VIII
CASINA
PLAVTI.

Il existe, en France, les ruines de plusieurs théâtres antiques ; nous citerons celles d'Arles, de Vienne, de Néris, de Fréjus et de Saintes. Le mieux conservé est celui d'Orange.

déployer en l'air une voile de pourpre, dans les jeux qu'il donna lors de l'inauguration du Capitole reconstruit. Lentulus Spinter fit de même dans les fêtes célébrées en l'honneur d'Apollon. Jules César fit disposer une voile sur le forum et la voie sacrée, depuis sa maison jusqu'au Capitole. Enfin, Néron fit border d'or une voile de pourpre ornée de peintures, où il était représenté sous les traits d'Apollon conduisant le char du soleil, et s'en servit dans cette fastueuse *journée d'or*, si célèbre par les fêtes qu'il donna au roi d'Arménie Tiridate.

(1) D'après l'abbé Barthélemy, le *drachme* équivaut à 18 sols de notre monnaie. Pour les autres monnaies grecques, il faut savoir que l'*obole* vaut 3 sols ; le *tétradrachme*, 3 livres 12 sols, et le *talent*, 5,400 livres. En poids, le *drachme* vaut 1 gros 7 grains ; la *mine*, 1 marc 5 onces 7 gros 25 grains ; le *talent*, 51 livres 7 gros 24 grains. Enfin, disons que la *stade* grecque est représentée par 94 toises et demie ; huit stades font un mille romain.

(2) L'inscription de la *tessera* que nous donnons doit être traduite ainsi qu'il suit : Deuxième travée, troisième coin, huitième gradin. *La Maisonnette*, comédie de Plaute.

### Amphithéâtres. Naumachies.

On a cru pendant longtemps que l'amphithéâtre(1) *visorium* offrait un genre d'édifice particulier aux Romains; mais des découvertes récentes ont démontré que ce peuple a été, sur ce point comme sur tant d'autres, l'imitateur des Étrusques (2). On a vu, en effet, sur une peinture trouvée dans un tombeau à Corneto, la représentation d'un combat de gladiateurs au milieu d'un amphithéâtre dont les gradins sont soutenus par des échafaudages (3). Un autre monument, plus remarquable et d'une autorité plus décisive, est un amphithéâtre de construction étrusque, qui se trouve sur l'emplacement de l'ancienne ville de Sunium. Il est creusé en entier dans un rocher qui domine le sol. Quoi qu'il en soit, il est certain que les Romains se sont appropriés de la manière la plus heureuse les amphithéâtres étrusques, et les ont surpassés par les grandes dimensions qu'ils donnèrent à ces monuments et par le luxe d'ornements qu'ils leur prodiguèrent.

Le premier amphithéâtre qui ait été construit à Rome date du temps de César. On le dut à la munificence de Caïus Scribonius Curion', qui, pour célébrer les funérailles de son père, donna de grandes fêtes au peuple (4). Cet édifice offrait deux

(1) Ἀμφὶ et θέατροι, théâtre de côté et d'autre, théâtre double. L'étymologie même du mot indique la configuration du monument qu'on peut se représenter par deux théâtres réunis sur la ligne de leurs diamètres.

(2) « Romani ubi primum ludos facere cœperunt, hinc asciti artifices ab « etruscis civitatibus fuerunt; sero autem ludi omnes qui nunc à Romanis » celebrari solent, sunt instituti. » (Athenæus, l. IV, cap. 17.) Les amphithéâtres alors n'étaient que de vastes fossés creusés dans la terre et environnés de gradins en gazon.

(3) *Encyclopédie pittoresque*, t. I, p. 477.

(4) Voici ce que Pline dit à ce sujet : « Curion fit construire en bois deux théâtres très-vastes, placés l'un contre l'autre et posés sur un pivot. Pendant la matinée, on jouait des pièces sur ces deux théâtres, qui étaient alors adossés, afin que les actions ne s'interrompissent pas. Ensuite on les faisait tourner tout à coup de manière qu'ils se trouvaient en présence, leurs quatre extrémités venant se joindre, et ils formaient ainsi un amphithéâtre,

théâtres en bois, réunis suivant leur diamètre, et tournant horizontalement sur des pivots avec tous les spectateurs en place. Quand ces théâtres étaient ainsi assemblés, on enlevait la scène, et l'on avait un amphithéâtre. Il paraît, d'après un passage de Tacite, qu'un affranchi, nommé Attilius, fit bâtir aussi un édifice de ce genre en bois, à Fidenes (1). Cette construction s'écroula pendant une représentation, et, à la suite de cet accident, cinquante mille personnes furent tuées ou blessées (2).

Statilius Scaurus, ami d'Auguste, fit élever dans le Champ de Mars le premier amphithéâtre en pierres qu'il y ait eu à Rome, en l'an 725 de la fondation de cette ville. Ce monument, incendié sous Néron, puis restauré, fut démoli par la suite. Les empereurs en firent faire plusieurs, mais le plus célèbre de tous fut le *Colisée* (3), ou *amphitheâtre Flavien*. Il fut commencé par Vespasien et achevé par Titus, qui en fit la dédicace, l'an 80 de l'ère chrétienne. D'après les calculs de Fontana, il pouvait contenir cent neuf mille spectateurs. En 804, le Normand Guiscard, craignant qu'il ne pût servir de

dans lequel les gladiateurs venaient se livrer des combats moins dangereux que la promenade aérienne que faisait le peuple romain pour y assister. » Pendant longtemps on n'a pu comprendre comment, en imprimant un simple mouvement de rotation à ces deux théâtres, en contact par leur partie circulaire, on parvenait à les réunir suivant la ligne de leur diamètre. M. Weinbrenner, de Carlsruhe, a donné une excellente solution géométrique de ce problème. Voyez, dans le *Magasin encyclop.*, la traduction de ce curieux travail, par M. le chevalier de Winkler.

(1) Tacit., *Hist.*, l. II, cap. 2.

(2) Il arriva alors qu'un sénatus-consulte défendit aux citoyens qui n'avaient pas au moins 400,000 sesterces de revenu (78,000 fr.) de donner au peuple des spectacles de gladiateurs.

(3) Ainsi appelé parce qu'il y avait auprès une statue colossale de Néron; peut-être même le peuple lui donna-t-il ce nom (*colosseum*) en raison de ses dimensions gigantesques; aussi tous les anciens en parlent-ils avec admiration. Martial, entre autres, dit:

« Omnis Cæsareo cedat labor amphitheatro;
« Unum pro cunctis fama loquatur opus. »

Chose incroyable, le Colysée fut achevé au bout de deux ans et neuf mois.

citadelle contre lui, en détruisit la moitié. L'autre moitié a fourni des matériaux pour la construction des palais Farnèse, Saint-Marc et della Cancellaria. Afin de sauver ces précieux débris de l'art antique, le pape Benoît XIV plaça le Colisée sous la protection de la mémoire des martyrs.

L'amphithéâtre se composait de deux parties principales : l'arène, *arena*, A ; le *visorium* proprement dit, B, c'est-à-dire l'ensemble des gradins élevés en retraite les uns au-dessus des autres et destinés aux spectateurs.

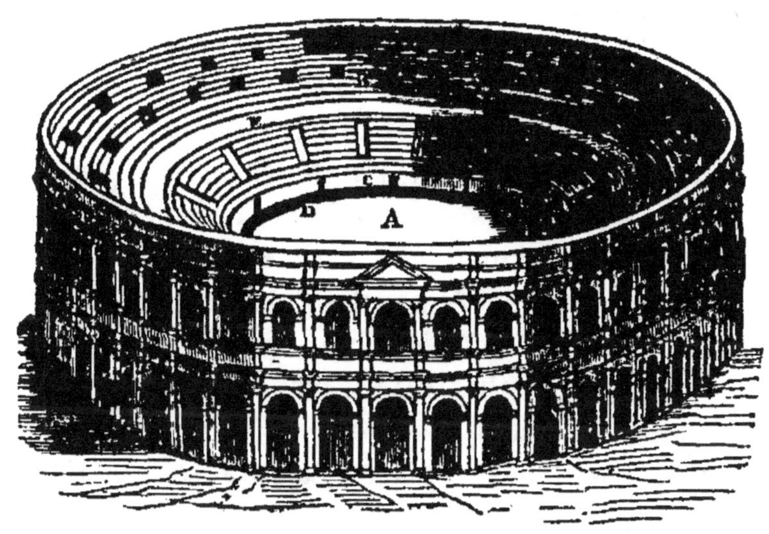


L'arène était un espace vide, ménagé au centre du monument, quelquefois de forme circulaire, mais plus généralement ovale. On l'appelait ainsi parce que la portion du sol qu'elle comprenait était couverte de sable. Ce sable était destinée à absorber le sang des animaux et des hommes, et à affermir le pied des combattants. Caligula fit couvrir l'arène de terre rouge, et Héliogabale de paillettes d'or et d'argent, tout cela pour cacher aux yeux du public cette terrible couleur du sang. Autour de l'arène, et dessous les gradins les plus inférieurs, s'étendaient de vastes substructions voûtées, *carceres*, *caveæ*, dans lesquelles on renfermait les bêtes féroces. Le sol était encore percé de trappes, à travers lesquelles on faisait sortir des décorations. On entrait dans l'arène par deux portes placées aux extrémités de son plus grand axe.

L'arène était circonscrite par un large fossé plein d'eau, *euripus*, D, et par un mur élevé de 12 à 15 pieds au-dessus du sol. Sur ce mur régnait une galerie, *podium*, C, qui était réservée aux spectateurs de la plus haute condition. C'est là qu'était le trône de l'empereur, *suggestus*, surmonté d'un dais, *cubiculum* ou *papilio*. Le podium était muni d'un parapet, *lorica*, ou de grilles en fer, *ferrea clathra*. Le fossé et les grilles mettaient les spectateurs à l'abri des attaques des bêtes féroces qui combattaient dans l'arène. C'est sur le premier rang que siégeaient encore les consuls, les sénateurs, les ambassadeurs, les vestales, les magistrats, rangés suivant l'ordre de leurs dignités. Un mur, *balteus* (baudrier), percé de portes et de fenêtres, et richement décoré de colonnes et de statues, séparait le podium du reste de l'amphithéâtre. Derrière s'élevaient les uns au-dessus des autres plusieurs séries de gradins, *gradationes*, formant plusieurs étages, *mœniana*, dont la séparation était indiquée par des galeries, *præcinctiones*, E; des escaliers, *scalæ*, *scalaria*, divisaient chaque étage de gradins, comme dans les théâtres, en coins, *cunei;* dans ces coins se trouvaient des officiers, *cunearii*, *locarii*, chargés de maintenir l'ordre et de distribuer les places. Les gradins qui s'élevaient au-dessus du podium étaient réservés aux prêtres, aux chevaliers, aux tribuns civils et militaires, et aux citoyens romains. Enfin les gradins supérieurs, *popularia*, étaient destinés au menu peuple, divisé en tribus. Les femmes avaient une galerie spéciale; quant aux esclaves, ils étaient sur le *mœnianum* le plus élevé. Bien plus, Auguste assigna des places différentes aux hommes mariés et aux célibataires, aux jeunes gens et à leurs pédagogues.

Nous devons dire que l'on arrivait aux divers étages de gradins par des portes que Macrobe appelle *vomitoria*. L'espace vide au-dessous des gradins présente plusieurs étages de galeries voûtées, *fornices*, *concamerationes*. La galerie principale recevait la foule des promeneurs dans tous les moments de la journée, et renfermait un grand nombre de boutiques. La façade extérieure de l'amphithéâtre était divisée en deux ou trois étages ornés d'arcades, de colonnes, de pilastres, et même de statues. Les ouvertures des arcades laissaient pénétrer dans l'intérieur de l'édifice des parfums que l'on faisait brûler sur des trépieds pendant les représentations; enfin, des fontaines jaillissantes, placées dans des niches, répandaient partout une agréable fraîcheur.

Comme dans les théâtres, on étendait une grande voile, *velarium,* au-dessus des spectateurs. On ignore complétement le mécanisme suivant lequel les anciens disposaient ces grandes voiles; on a seulement observé, dans l'attique de plusieurs de ces monuments, au sommet de la façade, une série de consoles en pierres, percées verticalement d'un trou, dans lequel on fixait un cylindre de bois; c'est autour de ce cylindre qu'on attachait les cordes du velarium à sa périphérie; à son centre, il était tendu au moyen de câbles ajustés à des mâts disposés autour de l'arène.

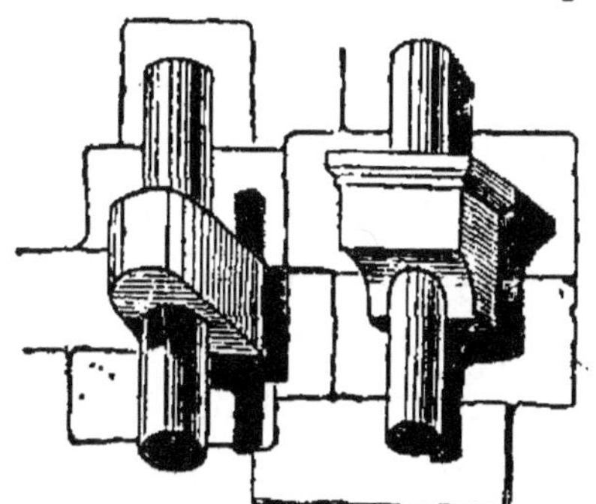

On assistait à trois sortes de combats dans les amphithéâtres. Les combats d'animaux entre eux s'appelaient *venationes*, ceux des hommes, *bestiarii,* contre les animaux, ceux des gladiateurs (1) à pied ou à cheval, *munera*. Le citoyen qui faisait célébrer ces jeux était désigné par les mots de *munerarius*, *munerator, editor*. On ne saurait se faire une idée de ces fêtes sanglantes. Sylla et Scaurus furent les premiers qui firent entrer dans l'arène des lions et des panthères en liberté. Pompée fit combattre vingt éléphants, quatre-cent-dix panthères, et six cents lions; César, quatre cents lions et quarante éléphants. Pour la dédicace du temple de Marcellus, on mit à mort deux cent soixante-huit lions et trois cent dix panthères. Auguste, pendant son règne, fit s'entretuer, devant le peuple romain, trois mille cinq cents bêtes sauvages de

(1) Du mot *gladium*, épée.

toute espèce, comme le constate l'inscription d'Ancyre. Suivant Eutrope, cinq mille bêtes, et suivant Dion, neuf mille, périrent pour l'ouverture de l'amphithéâtre de Titus, le *Colisée.* Dans les jeux célébrés sous Trajan, à l'occasion de la défaite des Parthes, onze mille bêtes féroces furent mises à mort. Si l'on en croit Volpinus, Probus fit planter une forêt au milieu de l'arène, placer des rochers et imiter des montagnes; puis il y fit jeter une multitude innombrable d'animaux, parmi lesquels se trouvaient plus de mille autruches, mille cerfs et mille sangliers.

On pense que l'usage d'immoler les prisonniers sur le tombeau des guerriers, et les esclaves sur la sépulture de leurs maîtres, a donné naissance aux combats de gladiateurs. C'est ainsi que, vers l'an 490 de la fondation de Rome, on commença à voir des hommes s'entretuer pour les funérailles des personnages illustres. Ce qui n'était d'abord que l'accessoire d'une cérémonie religieuse, finit par devenir un jeu que le peuple recherchait avec passion. Les gladiateurs étaient d'ordinaire des prisonniers de guerre, des esclaves condamnés, et même des hommes libres réduits à la misère. Les entrepreneurs des jeux les achetaient, les renfermaient dans des maisons appelées *ludi*, et leur faisaient apprendre le maniement des armes par des maîtres, *lanistæ*. Il y avait plusieurs classes de gladiateurs, suivant leur mode de combat. Nous citerons les *Secutores* (1), les *Retiarii* (2), les *Thraces* (3), les *Mirmillones* (4) ou *Gaulois*, les *Samnites* (5), les *Essedarii* (6), les *Andu-*

(1) De *sequi*, suivre. Ils portaient un casque, une épée, un bouclier, et quelquefois une massue plombée.

(2) Ils avaient un trident et un filet.

(3) Ils étaient armés d'une dague, d'un poignard, et d'un bouclier rond.

(4) Ils avaient une faux, un bouclier, et un casque surmonté d'un poisson.

(5) Ils étaient distingués par un baudrier, un bouclier d'argent ciselé, une botte à la jambe gauche, et un casque à aigrette.

(6) Ils combattaient sur des chariots.

*butes* (1), les *Dimachères* (2), les *Laquearii* (3). On leur donnait encore d'autres noms dans l'arène, suivant les circonstances où ils se trouvaient. Ainsi, on appelait *Meridiani* ceux qui étaient réservés pour l'heure de midi, *Supposititii*, ceux qui remplaçaient leurs camarades fatigués ou vaincus; *Postulatitii*, ceux qui spécialement étaient demandés par le peuple; *Catervarii*, ceux qui combattaient en troupes (4).

On sait que les gladiateurs passaient devant la loge de l'empereur, le saluaient avec leurs armes, en disant : *Morituri te salutant*, «destinés à mourir, les gladiateurs te saluent;» puis ils commençaient le combat avec le baton, *rudis*, et des armes émoussées ou de bois, *arma lusoria*. Bientôt on en venait aux armes meurtrières. Quand un gladiateur était blessé, il suffisait d'un signe du peuple pour qu'il fût mis à mort. Quand il était tué, des esclaves entraînaient le cadavre avec un crochet de fer, *unco*, par la *porte de la mort, porta libitinensis*, et le conduisaient dans un charnier, *spoliarium*.

Quelquefois les amphithéâtres servaient de naumachies (5); on y représentait des scènes nautiques et des combats entre des galères montées par des gladiateurs. L'eau qui alimentait l'arène, convertie en un grand lac, était contenue dans de vastes bassins creusés dans le sol, ou bien elle arrivait par de nombreux tuyaux communiquant avec les aqueducs de la ville.

Les Romains construisirent en Italie un grand nombre d'amphithéâtres. Ils en dotèrent aussi les principales villes des provinces impériales. En France, nous avons ceux d'Arles, de Fréjus, de Saintes et de Nîmes.

Ce dernier, généralement appelé les *arènes*, est le plus intéressant. On ne sait pas l'époque où il a été construit. Quelques

(1) Ils combattaient à cheval et les yeux bandés.
(2) Ils s'attaquaient, chaque main armée d'une épée.
(3) Ils avaient un cordon.
(4) *Magasin pittor.*, 1835, p. 330.
(5) On a reconnu des restes de naumachies à Metz et à Saintes

auteurs le font dater du règne de Vespasien ou de Titus. D'autres l'attribuent à Agrippa ; enfin, certains critiques veulent qu'il soit de l'époque des Antonins.

Son plan a la forme d'un ovale parfait, dont le grand axe, qui s'étend d'orient en occident, a de longueur 133 mètres 38 centimètres, et le petit axe 101 mètres 40 centimètres (1). Sa façade extérieure présente un rez-de-chaussée, un premier étage, et un attique qui sert de couronnement. Deux entrées, à l'extrémité du grand axe, conduisent dans l'arrène ; deux autres entrées à l'extrémité du petit axe donnent accès dans le visorium. Le rez-de-chaussée et le premier étage ont chacun soixante arcades. Trente-cinq gradins, de 49 à 50 centimètres de haut, sur 75 à 80 centimètres de large, s'élevaient les uns au-dessus des autres, à partir du podium jusqu'à l'attique. Ces gradins formaient quatre *précinctions*, ayant chacune leurs escaliers et leurs *vomitoires*. Le nombre des spectateurs que pouvait contenir cet amphithéâtre s'élève à vingt-quatre mille deux cents (2). Ce vaste monument, qui est décoré au rez-de-chaussée de pilastres, au premier étage de colonnes engagées, se rapprochant de l'ordre dorique, est construit avec d'énormes pierres de taille, assemblées sans mortier ni ciment, mais reliées entre elles au moyen de crampons de fer. C'est l'amphithéâtre antique le mieux conservé après celui de Vérone.

### Cirques hippodromes.

Le cirque, *circus* (3), était un genre d'édifice particulier aux Romains, mais qui avait beaucoup de rapport avec le

(1) Quelque grandes que paraissent les dimensions des *arènes*, elles n'approchent pas de celles du *Colysée*. Le principal diamètre intérieur de celui-ci est de 86 mètres 40 cent. de longueur, et le plus petit de 53 mèt. 50 c. Ces diamètres, prolongés jusqu'à l'extérieur, sont, l'un de 188 mètres 50 c., l'autre de 155 m. 50 c. La hauteur totale de l'édifice est de 49 mètres.

(2) *Antiquités de Nîmes*, par M. Ménard ; in-8°. Voyez aussi le savant ouvrage de Clerisseau.

(3) Quelques auteurs ont cru que ce mot venait du nom de *Circé*, qui

stade des Grecs. Il était surtout destiné aux courses de chars ou de chevaux. On donna aussi, dans l'espace libre qu'il comprenait, des combats de gladiateurs et de bêtes féroces. Le premier cirque que l'on éleva à Rome, le *circus maximus*, datait de Tarquin l'Ancien. Il occupait un très-grand espace entre le mont Aventin et le mont Palatin. Depuis Tarquin, on construisit plusieurs de ces monuments, dont voici la disposition générale.

Leur plan peut être comparé à un ovale très-allongé. L'aire du cirque, *area*, était circonscrite, depuis César, par un canal rempli d'eau, *euripus*. Bien qu'il fût fait pour préserver les spectateurs pendant les combats d'animaux, il avait cependant un caractère religieux; on le regardait comme l'image de la mer; et l'on voyait sortir de son sein des statues de Neptune et d'autres divinités marines (1). Un mur, large, mais peu élevé, partageait obliquement l'*area* en deux parties, dans le sens de son grand axe. C'était la *spina* (2), l'épine; on l'ornait de statues et d'autels dédiés à Rome, à la Fortune, à Neptune. Au milieu de ce mur s'élevaient un obélisque et un petit temple dédié au soleil. Il y avait même là souvent un bassin plein d'eau pour faire boire les chevaux et mouiller les roues des chars.

A chacune des extrémités de la spina, on plaçait trois bornes, *metæ*, autour desquelles les concurrents, dans les courses, devaient passer un certain nombre de fois. Ordinairement chaque meta se composait de trois cônes placés sur une base et surmontés d'une masse de forme ovoïde.

L'euripus et l'area du cirque étaient renfermés dans une

aurait institué les jeux équestres en Italie; d'autres le font venir du mot κύκλος, cercle, parce que, dans le principe, le peuple se mettait en rond pour voir les spectacles du cirque.

(1) « Euripus maris vitrei reddit imaginem; inde illinc delphini æquorei « aquas confluunt. » (Cassiodore.)

(2) Elle était souvent construite en briques; sa hauteur était de 4 pieds, et sa largeur de 12 pieds. Voyez *Scholias. in Juven.*, VI. 587, et Cassiodore, epist. 3.

enceinte de portiques, supportant des gradins, *sedilia*, pour les spectateurs. Les deux lignes, d'abord parallèles, de ces portiques, se réunissaient à l'une des extrémités, en forme de théâtre. C'est dans cette partie demi-circulaire que se trouvait la *porte Triomphante* par laquelle sortaient les vainqueurs. A l'extrémité opposée, les deux lignes parallèles étaient rattachées l'une à l'autre par un bâtiment oblique, *oppidum*, dont le rez-de-chaussée offrait des remises, ψαλιδωταὶ, *carceres*, *cellæ*, *repagula*, pour les chars et les chevaux. L'obliquité de la spina et de l'oppidum était calculée de telle sorte que tous les chars et les chevaux qui s'élançaient hors des carceres avaient le même avantage de distance pour tourner autour des bornes. Des individus, *moratores*, retenaient sur une même ligne les chevaux qui sortaient de leurs loges par des ouvertures appelées *ostia*. Enfin, on élevait, à l'entrée des carceres, des statues en l'honneur de Mercure, *hermuli*.

Les gradins étaient disposés à peu près comme dans les amphithéâtres. L'empereur avait sa place, *pulvinar* (1), en face de la première *meta*, du côté gauche du cirque. De là, il avait vu sur l'*area* tout entière, et pouvait juger de l'arrivée et du départ des concurrents; ceux-ci, de leur côté, pouvaient très-bien voir le signal qu'il leur donnait avec la *mappa*.

Outre la porte Triomphante, il y en avait encore deux: l'une, par laquelle entrait la procession, *pompa circensis*, que l'on faisait en l'honneur des dieux avant les courses; l'autre, appelée *porta Libitinaria*, était celle par où l'on emportait les individus qui périssaient dans les jeux du cirque.

On connaît les luttes ardentes et passionnées que firent naître ces jeux, à partir de la fin de l'empire romain (2); on sait qu'il y avait quatre factions, qui se distinguaient par la cou-

(1) Ainsi appelé du mot latin *pulvinus*, coussin.

(2) Du temps de l'empereur Justinien, il s'éleva une discussion si furieuse entre la faction verte et la faction bleue, qu'il y eut près de quarante mille hommes de tués. Depuis cet affreux événement, le nom de *faction* fut aboli.

leur des vêtements des gens qui composaient chacune d'elles. Ces couleurs, suivant Isidore, signifiaient les quatre éléments, et, suivant Cassiodore, les quatres saisons de l'année. Ainsi la faction blanche, *factio alba*, ou *albata*, se rapportait à l'automne, et, d'après Tertullien, à l'hiver et au zéphyr; la faction rouge, *factio russata*, aurait été consacrée à l'été et à Mars; la faction verte, *factio prasina*, au printemps et à Cybèle; la faction bleue, *factio venata*, à l'automne et à Neptune. Suétone nous apprend que Domitius forma deux autres factions : la pourpre, *purparata*, et la dorée, *aurata ;* mais ces deux dernières ne durèrent pas un siècle. On peut consulter les histoires de l'*Empire* et du *Bas-Empire*, et l'on jugera de l'importance et de la gravité des événements auxquels les luttes du cirque ont souvent donné lieu.

Les courses de chars et de chevaux se faisaient encore dans l'*hippodrome*, vaste espace ayant la forme d'un carré long, et présentant, à l'une de ses extrémités, une borne qu'il fallait atteindre. Cet espace était circonscrit par un mur à hauteur d'appui, autour duquel se rangeaient les spectateurs. Il y avait à Constantinople un hippodrome qui renfermait un grand nombre de magnifiques monuments, et dont l'étendue était sept fois celle du Champ-de-Mars, à Paris.

« La France (1) a conservé des ruines de ces édifices de luxe et de plaisir; et plus d'un hippodrome dont les constructions auraient disparu pourra se reconnaître aux formes des terrains, aux pentes alignées des collines voisines des villes, à des terrasses couronnant des arènes naturelles. C'est alors qu'on cherchera les rapports que présentera la longueur avec le stade ou les mesures romaines. La grande étendue de ces monuments ne permit souvent d'établir que des bancs de bois; dans ce cas, on retrouvera l'enceinte générale, qui fut aussi solidement construite que si elle avait été destinée à supporter des gradins en pierre. »

(1) *Instruction du Comité historique des arts et monuments*, 1er cahier, p. 60.

Pour bien faire comprendre la disposition des cirques, nous donnons ici une vue restaurée du *circus maximus;* on y retrouvera les diverses parties que nous avons notées dans ce genre d'édifice.—A, oppidum, sous lequel sont disposées les

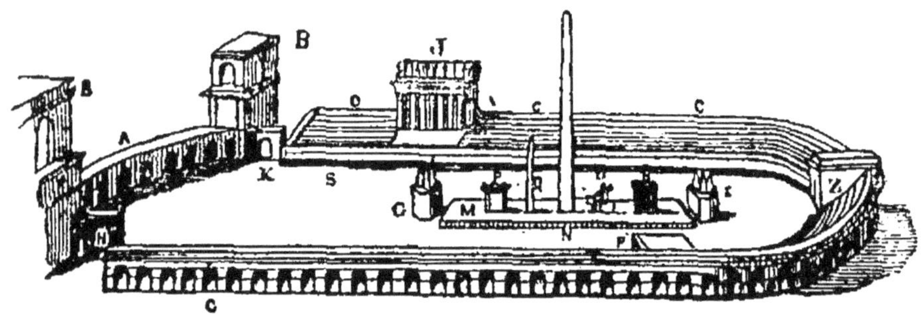


*carceres;* B, les tours, qui souvent étaient surmontées de quadriges; CCC, gradins en amphithéâtre pour les spectateurs; F, place pour les juges; J, pulvinar, place de l'empereur; Z, porte triomphale; K, porta Libitinaria; H, porta Lænavivaria; S, euripe. — Dans l'arène, nous trouvons, les deux metæ G et I, la spina M, sur laquelle on voit l'obélisque dédié au soleil, N; un obélisque plus petit, Q, dédié à la lune; deux petits temples, P et R; la statue de Cybèle, D. On y voyait aussi les statuts de la Victoire, de Rome et de la Fortune sur une colonne.

Les cirques étaient d'ordinaire construits sur des proportions gigantesques; il nous suffira de dire que celui de Sextus Rufus pouvait contenir deux cent quarante mille spectateurs.

### Sépultures.

Comme toutes les pratiques qui se rattachent à la religion, l'inhumation chez les Romains se faisait avec beaucoup de solennité. Dans les deux modes qui furent suivis sous la république et pendant la période impériale, on observait avec un rigoureux scrupule les moindres rites, les plus insignifiantes cérémonies. Quand une personne était sur le point d'expirer, le plus proche parent recueillait son dernier soupir avec sa bouche, et lui fermait les yeux : on plaçait ensuite le corps à terre, et des esclaves, appelés *pollinctores,* le lavaient et le parfumaient; on vêtissait ensuite le mort de sa plus belle robe, et on le plaçait sur un lit, dans le vestibule de sa maison, les pieds hors de la couche, pour indiquer qu'il était à son dernier départ. On lui mettait dans la bouche un *triens*, ou une obole pour payer le passage de l'Achéron (1). Dans les premiers temps de la république, les Romains enterraient leurs morts; mais plus tard, ils empruntèrent aux Grecs l'usage de les brûler. Sylla fut le premier de la branche patricienne de la famille Cornelia qui ait été mis sur un bûcher. Il y avait deux modes de sépultures : l'une publique, l'autre particulière. Les funérailles publiques étaient dites *funus indictivum,* de la coutume d'inviter le peuple par un héraut; *funus publicum*, si le mort était inhumé aux frais de l'État; *funus collectivum*, si c'était par une contribution publique. Les funérailles des fonctionnaires de la république s'appelaient *funus censorium*, *consulare, prætorium, triumphale,* suivant la dignité du défunt; celles d'un particulier, *funus tacitum*, *plebeium*, *commune;* celles d'un enfant, *funus acerbum*, *immaturum.*

Le jour des funérailles, le défunt, suivant son rang et sa fortune, était porté au bûcher par ses parents ou ses affranchis, ou des esclaves, *vespillones.* Les musiciens ouvraient la marche, et étaient suivis des pleureuses, *præficæ*; puis venaient les histrions et les bouffons, parmi lesquels se trouvait l'*archimimus*, chargé de jouer le personnage du défunt, d'imiter ses gestes et de reproduire sa physionomie; puis venaient enfin les affranchis et des licteurs. A la suite du mort marchaient ses amis et ses parents. Le lieu de la sépulture était hors de la ville, et l'endroit où l'on élevait le bûcher était nommé *ustrinum* ou *ustrina* (2).

(1) Voyez A. Adam, *Antiquités rom.*, t. VII, p. 309 et suiv.

(2) On en a trouvé un près de Clermont, sur lequel M. Mongez a publié un mémoire.

Le bûcher funéraire (1), *rogus* ou *pyra*, était formé de bois très-inflammable, et était plus ou moins haut, suivant le rang plus ou moins distingué du défunt. On plaçait le corps sur le bûcher, et les parents, après avoir embrassé le cadavre, allumaient ce bûcher avec une torche, en détournant le visage. On livrait aux flammes les objets qui avaient appartenu au mort, tout ce que l'on croyait pouvoir lui être agréable ; on versait quelquefois des parfums dans les flammes, et, comme on attribuait aux mânes une grande avidité pour le sang, on immolait différents animaux que l'on jetait dans le bûcher. Après avoir éteint le feu, on répandait du vin sur les charbons ; les plus proches parents recueillaient les os et les cendres, et les enfermaient dans une urne, *urna*, de terre, d'airain, de marbre, d'argent ou de cuivre, dans des coffres de marbre, de porphyre ou d'argile, que l'on déposait dans le sépulcre, *sepulcrum*, *cinerarium*, *conditorium*, qui était en bois ou en pierre : quelquefois on confiait simplement les urnes à la terre (2).

On distinguait plusieurs espèces de tombeaux. Le *monumentum* était l'édifice consacré à la mémoire d'une personne sans aucune cérémonie funèbre ; de sorte que le même mort pouvait avoir plusieurs *monuments* à la fois. Le *cenotaphium* ou *tumulus honorarius* était fait pour honorer un homme dont on ne pouvait retrouver le corps. Le mausolée, *mausoleum*, était un monument d'une grande magnificence. Il y avait encore des *pyramides*, des *columelles* ou petites niches.

Le *columbarium* était un réceptacle d'urnes cinéraires. Ce réceptacle offrait une chambre dans le mur de laquelle étaient pratiquées plusieurs niches cintrées, analogues aux trous où les pigeons font leurs nids (3). Le dessin ci-dessous représente un *columbarium* découvert entre les voies Asinaria

(1) Voyez à la page 140 ce que nous avons dit des bûchers funéraires en général.

(2) Dans le cimetière, du grec κοιμητεριον, endroit où l'on dort.

(3) Gori et Bandini ont décrit le columbarium des affranchis de Livie. Nous renvoyons pour plus de détails aux ouvrages de ces deux érudits.

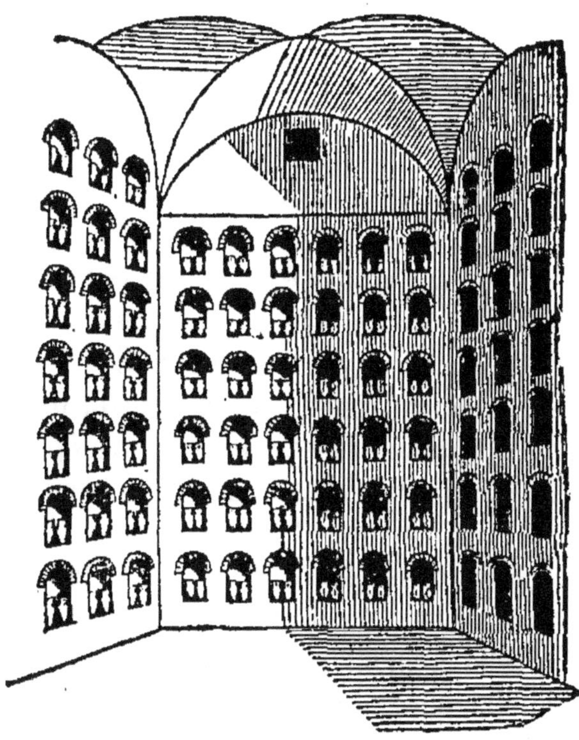

et Appia à Rome, et dessiné dans l'ouvrage de Ciampini (1). Quelquefois les cendres des pauvres étaient placées entre deux lignes d'urnes ou d'amphores, de briques ou de tuiles.

Ordinairement les Romains se faisaient ériger leur tombeau pendant leur vie, ce qui est indiqué par les inscriptions suivantes qu'ils y faisaient poser : V. F., *vivus fecit*, ou V. F. C., *vivus faccindum curavit;* ou V. S. P., *vivus sibi posuit*. On distinguait les *tombeaux particuliers, sepulcra privata* ou *singularia*, les *tombeaux de famille, sepulcra familiaria*, les *tombeaux héréditaires, sepulcra hæreditaria*. Quelquefois une inscription défend d'inhumer dans le tombeau de famille aucun des héritiers ; alors elle est ainsi conçue : H. M. H. N. S., c'est-à-dire : *hoc monumentum hæredes non sequitur*, ou H. M. AD. H. N. T., c'est-à-dire : *hoc monumentum ad hæredes non transit*. Un espace de terrain, déterminé dans l'inscription, suivait la même destinée que le tombeau. On ornait les mo-

(1) *Vetera monimenta*, p. 170, tab. 42, fig. 4.

numents funéraires de différentes sculptures, de statues, de colonnes et d'emblèmes. Mais ce qu'il y avait de plus remarquable, c'était l'épitaphe, *titulus, epitaphium, elogium ;* elle commençait ordinairement par ces lettres : D. M. S., *diis manibus sacrum,* ou plus simplement, D. M., *diis manibus.*

On trouvait aussi en tête ces deux mots : *memoriæ æternæ,* suivis du nom de la personne, et d'une notice des principales circonstances de sa vie. On employait souvent encore ces mots : *hic situs est,* ou *hic jacet ;* et si la personne avait vécu dans une heureuse union maritale, on ajoutait : *sine querela, sine jurgio,* etc. Quelquefois l'inscription commence par les noms du mort, au nominatif ou au datif; ces noms sont suivis de ses titres civils ou militaires, de son âge, des noms et qualités des personnes qui lui ont consacré le monument, du nom de la tribu à laquelle il appartenait (1), et des conditions générales relatives aux dimensions et à l'existence du monument et des terres qui en dépendaient (2). Quelquefois on lit cette formule : *sub ascia dedicavit.* Elle a fait l'objet d'une foule de dissertations qui ne l'ont pas expliquée d'une manière bien évidente (3). L'ascia est un instrument qui ressemble à un sarcloir (4) pour arracher les herbes. Marocchius (5) et

(1) Les citoyens des villes et provinces conquises étaient inscrits en masse dans une des tribus de Rome.

(2) Voyez l'article *Inscriptions gallo-romaines,* livrais. 5 de *l'Art en province.*

(3) Parmi ceux qui ont écrit sur cette formule, il faut citer Alde Manuce, Marocchius, Spon, Fabretti, Fasciolatus, Menestrier, D. Martin, Gruter, Maffei, Gutherius, Pierius, Geofferius, Guichard, Saumaise, Munster, Gronovius, Mabillon, Bartoli, Montfaucon, Lebœuf, Valbonnois, de Caylus, etc.

(4) On l'a pris tour à tour pour un polissoir de marbrier, un rabot, une scie, une gâche à faire le mortier, une truelle, un marteau de maçon, une bêche, une houe, une hache, une doloire, une coignée, une erminette, un ancre. M. de Caylus, qui a inséré sur ce sujet un travail dans les *Mémoires de l'Académie de Toulouse,* regarde l'ascia comme le tau des Hébreux, et pense que les premiers chrétiens s'en sont servi pour signifier la croix ; mais le fait certain, c'est que l'ascia se trouve non-seulement sur les sépultures chrétiennes, mais aussi sur les monuments païens.

(5) *De Dedicatione sub ascia,* p. 118.

la plupart des savants regardent cet instrument comme celui dont on se servait pour commencer le tombeau, et comme, dans ce cas, on faisait peut-être des prières, des cérémonies religieuses, on figurait cet instrument pour conserver le souvenir de ces pratiques. D'autres écrivains ont pensé que l'ascia était une pioche dont les fossoyeurs, *fossores,* se servaient dans leurs travaux; et que les tombeaux sur lesquels on voit cet instrument figuré, doivent être regardés comme un monument élevé à la mémoire d'ouvriers ayant la profession de creuser le sol.

Il est difficile de préciser l'époque où l'on aura renoncé à brûler les corps pour les ensevelir et les enterrer. M. de Caumont pense, avec raison, que l'inhumation a dû exister plus longtemps dans certaines parties des Gaules, et qu'il faut attribuer au IIIe et au IVe siècle, c'est-à-dire à l'introduction du christianisme, ce dernier mode d'inhumation. Quand on ne brûla plus le corps, on le renferma avec une foule d'ornements dans un cercueil (*arca, loculus, feretrum, capulus, labrum* ou *labellum, sarcophagus*) (1). Ces monuments sont d'une seule pièce, unis ou ornés de moulures, et munis d'un couvercle plat ou convexe. Quelques cercueils sont en terre cuite, d'autres en plomb, en maçonnerie, et même de pierres plates posées sur champ, de manière à revêtir la fosse creusée dans la terre. Plus généralement les caisses sépulcrales sont de forme parallélipipède; les angles sont arrondis, et la partie supérieure se termine comme un fronton qui porterait à ses angles des corps coniques, appelés *cornes*, ainsi qu'on en voit à certains autels.

Ils sont ornés encore de baguettes et de cannelures. Les tombeaux des IIIe et IVe siècles imitent un temple, et portent à leurs angles des colonnes ou des pilastres. Du reste, la nature des ornements, le style de la sculpture, offrent, avec

(1) Du grec σάρξ, chair, et φαγεῖν, dévorer; parce que l'on faisait les cercueils en pierre assienne (*Assos*, ville de la Troade), qui avait la propriété de consumer en quarante jours le corps, excepté les dents.

les inscriptions, un ensemble de caractères qui feront toujours distinguer les monuments antiques des monuments modernes.

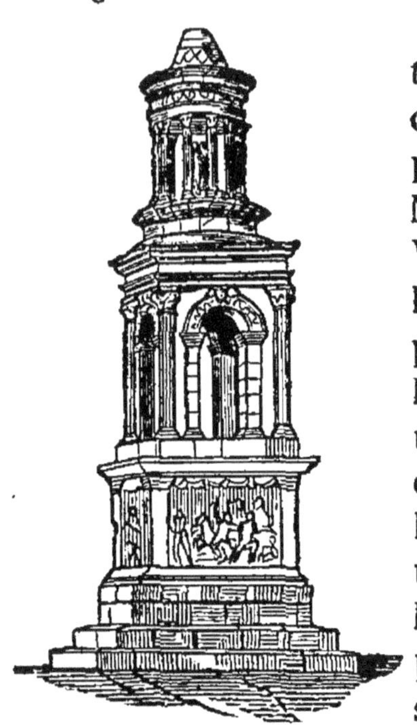

Les formes pyramidales pour les tombeaux ont aussi été en usage chez les Romains. Nous citerons la pyramide de *la Pène* entre Saint-Michel et Aubagne, le tombeau de Vienne, dans le département de l'Isère, qui offre un soubassement percé d'arcades, surmonté d'un obélisque. Le *tombeau d'Aix* présente un massif decoré de pilastres et de colonnes. Enfin, nous donnons ici le *tombeau de Saint-Remi*, comme une des constructions funéraires les plus belles, élevées pendant la période gallo-romaine. Le soubassement de ce monument s'appuie sur deux gradins, et est décoré à ses angles de pilastres, et sur chaque face, de bas-reliefs d'une excellente exécution. Au-dessus s'élèvent quatre arcades, encadrées de colonnes corinthiennes engagées. Cette seconde partie de l'édifice est surmontée d'un entablement complet, puis d'une colonnade circulaire; la partie supérieure se termine par une espèce de comble orné d'imbrications en forme d'écailles; tout, dans ce tombeau, est traité avec un goût parfait et une rare habileté.

L'usage de meubler la tombe en y placant les objets ou l'image des objets qui avaient servi aux besoins et aux plaisirs de la vie était commun à l'Égypte, à la Perse et à la Grèce. Cet usage passa de là aux Latins. On trouve dans leurs monuments funéraires, des figurines de bronze, d'or ou de terre cuite, représentant les dieux Pénates et les dieux infernaux. On mettait ainsi chaque sépulture sous la protection de la divinité ; on y plaçait, en outre, la tête ou l'image des animaux immolés. L'intérieur du tombeau était décoré de

33.

bas-reliefs religieux en terre cuite, peinte ou dorée, et des divers ustensils qui servaient dans les sacrifices, des vases, des couteaux, des scapules, des cuillers, des chenets, et des grilles sur lesquels on faisait cuire la chair des victimes, des bassins pour les lustrations, des brasiers réels dans lesquels on brûlait les parfums, de candelabres ayant la même destination, de miroirs en bronze qui étaient en usage dans les initiations de Bacchus et de Cérès. Les lampes en terre ou en bronze, qui simulaient la présence de la lumière éternelle, ont été aussi rassemblées en grand nombre. Nous signalerons enfin de petites tablettes en os, enduites de cire, des lames de plomb roulées, des plaques d'or portant des inscriptions funéraires, imprimées en creux, et des fragments de tubes en ivoire, percés de trous. On les regarde comme des morceaux de flûte, brisés après la cérémonie funèbre.

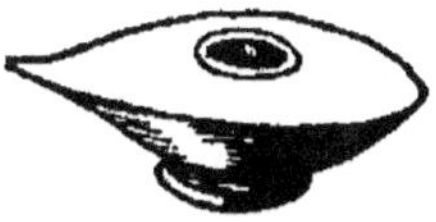

Les vases peints qu'on recueille dans les tombeaux, doivent être considérés sous deux rapports: les uns avaient une destination funéraire, les autres n'étaient placés là qu'en qualité de meubles. On les mettaient aux pieds, entre les jambes, sous les aisselles, à la hauteur des hanches et près de la tête du mort (1). Souvent on a vu des vases plus grands et plus beaux que les autres aux quatre coins de la chambre sépulcrale, ou bien dans des cavités, ou suspendus aux murs à des clous de bronze: rarement ils renferment des cendres, ils offrent plutôt des restes de parfums, de liquides; quelquefois on jetait dans le bucher funéraire les plus beaux vases que possédait le défunt, et on en déposait les débris brûlés dans son monument. Une preuve encore que ces vases étaient simplement des objets d'art, c'est qu'on en voit beaucoup qui n'ont jamais eu de fond.

Les vases de bronze ont aussi servi d'urnes funéraires, de

(12) Voyez dans le *Bull. dell' instit. archeol.*, fasc. 2, § 5, un travail de M. Gerhard,

*balsamaires*, d'*unguentaria* ; dans ce cas ils sont accompagnés de petites cuillers en métal, *ligulæ*, qui servaient à extraire les parfums, les onguents. Les vases en albâtre, dépourvus d'anses, et ayant eu le même usage, ne sont pas rares non plus ; il en est de même des vases de verre, verdâtres, irisés, en pâte diversement colorée, quelquefois ayant un bec à trois ouvertures. Enfin, dans les tombeaux romains, on a recueilli des vases à vin et à eau.

Il y a une autre classe de monuments que l'on rencontre en grande quantité dans les tombeaux. C'était un usage qui remontait à la plus haute antiquité que de mettre dans le tombeau des guerriers leurs plus belles armes. Les sépultures grecques et romaines ont fourni des pointes de lance, des épées, des flèches, des carquois, des casques, des cuirasses, des cnémides, des boucliers, le tout en bronze, en fer ou en acier.

Citons encore les instruments ou les symboles de chaque profession : les enfants emportaient leurs jouets, des hochets, des poupées, des pantins en os, en ivoire, en bois, en terre cuite. Il y avait, de plus, divers petits objets servant d'amulettes, telles que des phallus et les bulles, *bullæ*, que les enfants portaient au cou jusqu'à l'adolescence ; on emplissait cette bulle, tantôt en étoffe, tantôt en métal, d'amulettes, *prœbiæ*, ou de préservatifs, *remedia*. Puis, c'étaient des strigiles, symbole de l'éphébie chez les Grecs, des cerceaux, *trochi*, de bronze, des fuseaux en terre cuite et en ambre. Les anciens comparaient la vie au jeu de dés (Platon, Térence, Aristophane) ; aussi mettait-on dans les sépultures, des dés, *toli*, *tesseræ*, en os, en ivoire, en terre cuite, avec le cornet, *pyrgus*, *fritillus*, et la table à jouer, *tabella lusoria*.

Tous les bijoux que nous possédons, anneaux, colliers, fibules, bracelets militaires, médailles et médaillons pendus à des chaînes d'or, plaques en forme de diadème ou de nimbe, qui se fixaient au front avec des chaînes d'or, couronnes d'or en feuilles de laurier, d'olivier, de myrthe, en épi de blé, pendants d'oreilles, glands, épingles, proviennent des tombeaux grecs et romains.

Dans des coffrets ornés de plaques et de bas-reliefs d'ivoire, on a trouvé des miroirs, des petits vases, des flacons, des curre-dents, des tablettes enduites de cire, des stylets pour écrire A; bien plus, on déposait près du mort, et pour son usage, des monnaies en guise de trésor.

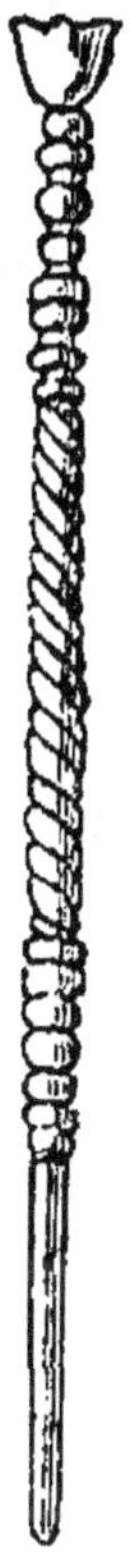

Les anciens ne manquaient jamais de placer près des restes de leurs parents, des vases renfermant toute sorte de comestibles (1): c'est ainsi qu'on a découvert dans une foule de vases, des os de volatiles, des arêtes de poissons et des coquilles d'œufs (2); et jusqu'à de l'eau et du vin, à Pompeï. Les couteaux, les cuillers et les fourchettes sont un accompagnement nécessaire. Il n'y a pas jusqu'à des instruments de cuisine, tels que pincettes, chenets, broches, grilles, fournaux, qu'on ait pris soin d'enfermer dans les chambres sépulcrales.

C'est ainsi que les tombeaux des Grecs et des Romains nous montrent l'image de tous les usages et de toutes les conditions de leur vie. Les hommes y reposaient avec leurs armes, les femmes avec leurs bijoux, les enfants avec leurs jouets, tous les états avec les instruments qui leur sont propres, chaque individu avec les symboles et les simulacres de la religion (3).

A

On a exploré en France l'emplacement de plusieurs cimetières où les urnes funéraires abondaient, et d'autres où il n'y avait que des tombeaux de pierre. On trouve un grand nombre de ces sarcophages en pierre, ornés de sculptures, dans le cimetière d'*Éliscamp* (Champs-Élysées) à Arles. Auprès d'Autun, il y a le *Champ des urnes*. Les vases les plus communs sont en terre; ceux en verre sont plus rares, et ont dû

(1) Voyez sur cet usage tous les témoignages puisés dans les auteurs classiques et rassemblés par Middleton, *Antiquit.*, p. 91.

(2) Les œufs formaient un élément essentiel du repas des morts.

(3) Voyez *Nouv. mém. de l'Acad. des insc. et bell.-lett.*, t. XIII, art. de M. RAOUL-ROCHETTE.

être employés pour les personnes riches. D'autres sont en cuivre battu et ciselé. Ces urnes sont placées à une petite profondeur en terre, et sont pleines de cendres et de débris d'ossements; quelques-unes ne renferment rien.

Les cimetières de Bordeaux et de Poitiers sont les plus célèbres; ceux de Loing et de Gien ont aussi été explorés. Du reste, on peut dire que partout où il y avait une ville ou une bourgade, il y avait aussi un cimetière; partout donc où l'on découvrira des urnes, il faudra diriger des recherches qui pourront amener à des résultats plus importants.

### Armées. Camps.

Pour bien faire comprendre la division et la disposition des camps consulaires, il est assez à propos de parler des différents corps de troupes qui composaient une armée romaine, et des soldats dont les légions étaient formées.

La légion se partageait en dix cohortes, une cohorte en trois manipules, et un manipule en deux centuries. Ainsi on comptait trente manipules et soixante centuries dans une légion. Si les centuries eussent été toujours composées de cent hommes, la légion aurait compté six mille hommes; mais souvent les centuries n'avaient que soixante hommes, de sorte qu'au temps de Polybe les légions ne se composaient que de quatre mille deux cents hommes.

Un corps de cavalerie, appelé *justus equitatus*, *ala*, renforçait chaque légion. On le divisait en dix escadrons, *turmæ*, et chaque escadron, en trois décuries, *decuriæ*, ou réunion de dix hommes.

Quant à la légion proprement dite, elle se composait de trois espèces de fantassins, nommés : 1° hastaires, *hastati*; 2° princes, *principes*; 3° triaires, *triarii*.

Les premiers étaient ainsi appelés du nom de leur lance, *hasta*. C'étaient les plus jeunes soldats; ils formaient la première ligne aux jours de bataille.

Les deuxièmes étaient des hommes dans la vigueur de l'âge; ils occupaient la seconde ligne.

Enfin, les troisièmes étaient de vieux soldats d'une valeur à toute épreuve. On les plaçait à la dernière ligne, et c'est de là que leur est venu le nom par lequel on les désigne.

Il y avait encore une quatrième classe de fantassins armés à la légère, nommés *velites*, pour leur adresse et leur agilité. Ils ne faisaient pas partie de la légion, et n'avaient aucun rang déterminé. On leur adjoignait des frondeurs, *funditores*, et des archers, *sagittarii*. La légion était commandée par six tribuns militaires sous les ordres du consul. Les centuries avaient à leur tête des centurions, *centuriones*, qui portaient pour marque distinctive une verge de vigne. Chaque manipule avait deux centurions qui prenaient le nom, l'un de *prior centurio*, et l'autre de *posterior centurio*.

L'enseigne générale de la légion était l'aigle, *aquila*, portée sur une perche, se terminant en plateau. Cette enseigne était confiée au centurion de la première centurie du premier manipule des triaires.

Les vexilles, *vexillæ*, étaient les enseignes des cohortes. Elles se composaient d'une pique soutenant par le haut une traverse à laquelle était attachée une pièce d'étoffe ornée de broderies d'or, et portant inscrits le nom de la légion et le nombre de la cohorte. Plus tard, la pièce d'étoffe fut remplacée par l'image d'un dragon. Les porte-étendards étaient appelés *vexillarii*.

Les enseignes des centuries, *signa*, étaient une pique surmontée d'une main droite ou d'une couronne, ou de la figure d'une divinité. Ceux qui les portaient étaient désignés sous le nom de *signarii*.

Les armes des différentes troupes étaient à peu près les mêmes.

Les armes défensives, *arma ad tegendum*, étaient un bouclier oblong, *scutum*, fait en bois joint par de légères bandes de fer; un casque, *galea*, en cuivre ou en fer, surmonté d'un panache, *crista*; une cotte de mailles, *lorica*, faite de cuir, couverte de plaques de fer en forme d'écailles ou d'anneaux de même métal; on la remplaçait souvent par une cuirasse d'airain. Enfin, on portait une sorte d'armure, *ocreæ*, pour défendre les jambes.

Les armes offensives, *arma ad petendum*, étaient l'épée, *gladius, ensis*, tranchante des deux côtés, et deux javelots, *pila;* enfin, les flèches et la fronde.

Le général avait un manteau de couleur écarlate, bordée de pourpre, appelé *paludamentum* ou *chlamys*. Les principaux officiers le portaient aussi quelquefois. L'habit militaire des officiers et des soldats, *sagum, chlamys*, était une espèce de manteau ouvert que l'on mettait par-dessus les autres vêtements, et que l'on attachait avec une agraffe. C'était l'opposé de la toge, *toga*, la robe de paix.

Les troupes des alliés occupaient avec la cavalerie les ailes de l'armée. Elles avaient des préfets, *præfecti*, correspondant aux tribuns de la légion; elles se divisaient en cohortes, comme l'infanterie romaine, et avaient à peu près les mêmes armes.

Deux légions avec le nombre déterminé de cavalerie et les alliés formaient une armée consulaire, *exercitus consularis*, environ vingt-mille hommes. On peut voir, pour plus de détails, l'ouvrage d'A. Adam, p. 143 et suiv.

La discipline romaine était si sévère, que l'armée ne passait pas une nuit sans établir un camp et sans se défendre par un retranchement et par un fossé. Il y avait plusieurs espèces de camps. Les camps fixes, servant de retraite à des troupes préposées à la garde du pays, s'appelaient *castra stativa;* les enceintes fortifiées, où les troupes prenaient leur quartier d'hiver, et qui réunissaient des magasins, *armaria*, des ateliers, *fabricæ*, une infirmerie, *valetudinarium*, étaient nommées *castra hiberna*. Ces deux espèces de camps ont donné naissance, dans la plupart des provinces romaines, à des villes et à des bourgades. Les *castra æstiva* étaient des camps temporaires moins importants que les autres.

Voici comment on procédait à l'établissement d'un camp, et la place qu'y occupaient les différents corps de l'armée.

L'armée était précédée des officiers, *metatores*, chargés de choisir l'emplacement du camp; ils recherchaient surtout un terrain en pente douce, exposé au midi, et les hauteurs d'où l'on pouvait dominer les contrées voisines et découvrir un vaste horizon. Quand on était arrivé sur cet emplacement, on assignait à chaque corps son quartier distinct en plantant des étendards; puis une partie des soldats se mettait à l'œuvre. Ils creusaient d'abord avec leurs épées un fossé, *fossa,* large de neuf pieds et profond de douze; puis ils fichaient en terre des palissades dont les branches entrecroisées formaient une haie et empêchaient l'éboulement des terres. Ils élevaient aussi un rempart, *vallum,* garni de tours ou tertres artificiels, en saillie sur la ligne du rempart, et plus élevés que lui. Le terre-plein était garni de parapets, d'une fraise faite de pieux, et muni de pierres pour les frondes et les balistes.

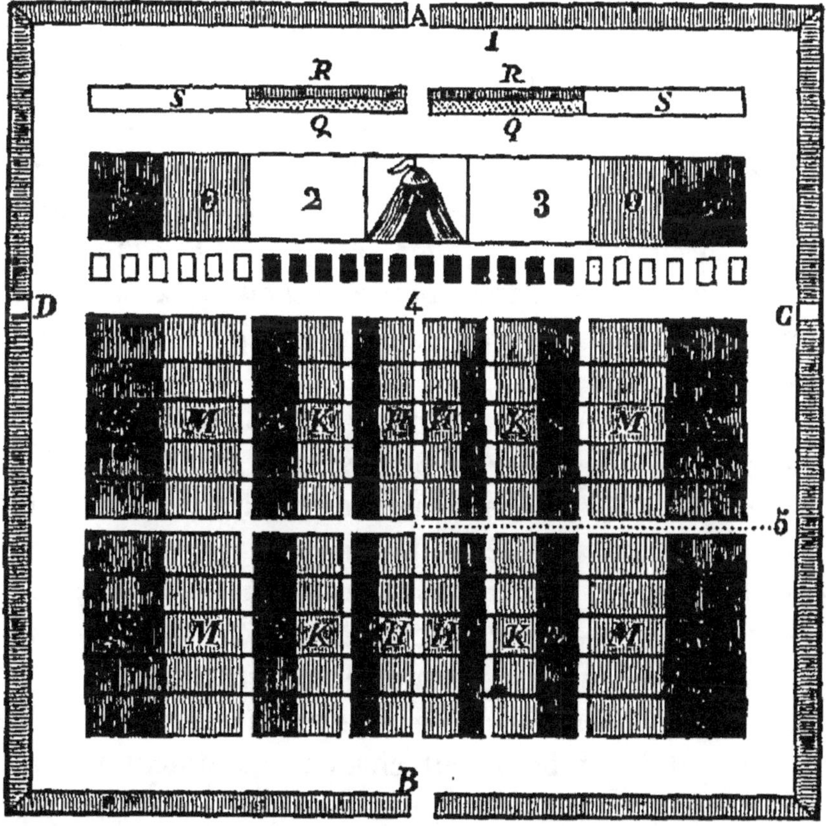


Les camps avaient généralement la forme d'un carré long,

dont les angles quelquefois étaient arrondis, ainsi qu'on en voit un exemple près d'Orléans. On sent que la configuration des camps a dû varier avec la nature des lieux ; mais une chose sûre, c'est qu'ils affectaient la forme carrée autant que possible. Voici comment un camp consulaire, d'après Polybe, était disposé : il avait quatre portes ; celle qui regardait l'ennemi s'appelait porte prétorienne, *porta prætoria*, A ; l'autre qui lui était opposée, B, était la porte décumane, *decumana ;* les portes principales latérales étaient dites *porta principalis sinistra*, D ; *porta principalis dextra*, C. Le camp était divisé en deux parties, l'une haute, l'autre basse, par une grande rue qui le traversait d'un bout à l'autre, dans le sens de sa largeur, et appelée *via principalis* ou *principia*, 4. Immédiatement au-dessus de cette rue, on voit les tentes des douze tribuns et celles des douze préfets des troupes auxiliaires. Au-dessus se trouve la tente du général, *prætorium*, à droite, 3 ; puis à gauche, celle du questeur, *quæstorium*, 3 ; enfin le forum, où se tenait le marché et les assemblées. Les emplacements désignés par la lettre O étaient réservés aux cavaliers d'élite qui formaient la garde du général ; et ceux désignés par la lettre P renfermaient les vétérans fantassins ; l'espace Q était destiné à la cavalerie supplémentaire des alliés, *extraordinarii equites*, et l'espace R à l'infanterie supplémentaire alliée, *extraordinarii pedites ;* aux extrémités SS, on logeait les étrangers et les renforts qui se réunissaient à l'armée.

Du prétoire à la porte décumane, il y avait une rue en ligne droite, de soixante pieds de largeur. La cavalerie, H, occupait les deux côtés de cette rue ; les triaires, I, étaient derrière la cavalerie ; après eux, il y avait des rues longitudinales de 50 pieds de large ; à droite et à gauche, le long de ces rues, étaient campées la cavalerie des alliés, M, et derrière, l'infanterie alliée, N. Il y avait encore une rue transversale parallèle à la *via principalis*, qu'on appelait *via quintana*, 5. Les rangs de tentes qui bordaient chaque rue étaient nommés *strigæ ;* c'étaient celles des centurions. Outre les tentes et les retranchements, il y avait un espace de 200 pieds, *via singu-*

*laris*, qui facilitait aux légions l'accès du rempart, et mettait les tentes à l'abri des attaques de l'ennemi. Chaque tente, *tentorium*, occupait un espace de dix pieds carrés, avec un pied de vide autour pour planter les piquets. On couvrait les tentes de peaux ou de cuirs tendus avec des cordes, et on y logeait dix soldats commandés par un doyen, *decanus*. Ces soldats s'appelaient alors *contubernales*.

Sous les empereurs, le camp était inspecté par un officier particulier, *præfectus castrorum*. Les portes, les retranchements, les tentes des principaux chefs, étaient gardés par des manipules. On appelait *vigiliæ* les gardes de nuit, et en général *excubiæ* ceux de jour et de nuit. Les *custodiæ* étaient les gardes des retranchements, et les *stationes*, ceux des portes.

Voilà ce qu'on peut dire de plus général sur la castramétation des Romains, qui s'est modifiée plus tard, alors qu'il y eut fusion entre les soldats de Rome et les soldats étrangers, et que les armées, au lieu d'être composées de deux légions, le furent de trois. Dès lors le camp dut s'agrandir et se diviser autrement. On peut consulter sur ces changements successifs Hygin, qui écrivait sous Adrien, et Végèce, qui vivait au IVe siècle. Un fait certain, c'est qu'à cette époque les camps avaient perdu de leur régularité et de leur force.

On peut dire, en résumé, que le caractère des murs et des travaux peut surtout les faire reconnaître et faire apprécier leur époque. On trouve dans les camps vraiment d'origine romaine des débris d'armes, des médailles, des agrafes, des anneaux, des fragments de poterie.

On doit surtout rapporter l'établissement des enceintes fortifiées à l'époque où les Romains eurent à lutter contre les invasions des Barbares; il est certain que la plupart ont dû être élevées aux IIe et IVe siècles : elles se trouvent très-souvent dans le voisinage des villes et des bourgades qu'elles protégeaient.

Les camps romains sont généralement attribués à César par la tradition. Nous n'avons pas besoin de faire remarquer qu'il ne peut y en avoir qu'un fort petit nombre qui puisse remonter jusqu'à lui. On les appelle encore *camps des Romains, castellies, castels*, etc.

**Poteries. Vases peints.**

Nous avons dit plus haut que l'art de travailler et de faire cuire l'argile avait été porté à un grand degré de perfection par les Romains. Les urnes que l'on découvre tous les jours et depuis tant de siècles prouvent non-seulement leur extrême habileté, mais encore le profond sentiment qu'ils avaient de la beauté de la forme. Les poteries les plus belles et les plus précieuses qu'ils aient laissées sur notre sol sont les poteries rouges, couvertes d'un vernis brillant et décorées de figures en relief. Le grain en est fin et serré; la délicatesse et la légèreté du tour sont incomparables. M. Dolomieu a pensé que la couverte de ces vases n'était pas métallique, mais que c'était seulement la surface de l'argile vitrifiée. M. Rever a écrit que cette couverte était souvent préparée avec une terre plus fine que celle des vases, délayée et étendue au pinceau (1). MM. de Caumont et Jollois ont pensé que, pour obtenir cette belle couleur rouge si uniforme, on a dû mélanger avec la terre une poudre rouge pulvérisée, sans doute l'oxyde de fer. Du reste, la pâte de ces vases est faite avec une argile plus ou moins compacte, et d'une couleur plus ou moins foncée, que l'action du feu fait varier, d'après une observation de M. de Caumont. Dans l'emplacement de plusieurs fabriques, on a trouvé des débris de tours, tels que des roues en terre cuite, percées au centre pour recevoir l'axe du tour, et garnies à leur circonférence de chevilles pour donner prise à la main chargée d'imprimer à ce plateau un mouvement de rotation. On a trouvé et décrit des fours découverts, les uns dans le canton de Lezoux, en Auvergne, et les autres à Rheinzabern, dans la Bavière rhénane. Ils se composaient généralement : 1° d'un cendrier faisant fonction de foyer, construit en briques cimentées; 2° d'un laboratoire d'une seule pièce de terre cuite ren-

(1) *Observations sur les poteries trouvées au Mans en* 1809.

flée dans sa partie moyenne, ayant une ouverture de communication avec le cendrier, et une autre ouverture supérieure communiquant avec une cheminée de deux pieds de hauteur. C'est dans le laboratoire que l'on disposait les vases pour la cuisson. Ces fourneaux étaient souvent plus grands, et des tuyaux de chaleur les faisaient communiquer avec le cendrier. On a recueilli encore une notable quantité de moules, au moyen desquels on imprimait sur les vases des figures en relief. M. Artaud est parvenu à fabriquer avec ces moules des vases semblables à ceux des anciens, et il a constaté que, par la dessiccation, l'argile se resserrant, le vase à bas-relief sortait tout entier du moule, la hauteur du relief étant en rapport avec la quantité du retrait causé par cette dessiccation. Quelquefois, cependant, les moules étaient composés de plusieurs pièces; alors on les appliquait successivement autour du vase. Il est probable que les moules, faits par des artistes habiles de l'Italie, étaient envoyés dans les provinces; leur perfection et l'identité des noms qu'on retrouve dans différentes localités très-éloignées le feraient croire. Il paraît aussi que la confection du moule a été ramenée à une opération très-simple, consistant à y imprimer en creux, au moyen de patrons en métal, les figures qui devaient sortir en relief sur les vases. Les dessins dont ces poteries sont décorées présentent une très-grande variété. Les ornements les plus ordinaires offrent des moulures dont les cordons et les gorges sont bien arrondis, et les angles très-vifs; des frises, le plus souvent rehaussées d'or et de guillochis; sur la panse on voit souvent des fleurs, des fruits, des rinceaux, des chasses, des pêches, des courses, des danses, des sujets mythologiques et des scènes historiques. Ainsi, on a observé sur quelques-uns des bacchantes, Apollon, Diane, des satyres, etc., et tout cela généralement d'un dessin pur et d'un beau style. Au fond du vase, on remarque à sa surface intérieure des marques de différentes formes, dont les lettres sont en relief. Elles indiquent le nom du fabricant ou du potier qui les fournissait au public. On trouve encore, mais très-rarement, cette marque sur le corps du vase. Les noms et les signes y sont gravés, sans doute après la cuisson, avec un instrument tranchant. Les caractères romains sont quelquefois mêlés de lettres grecques, ce qui indiquerait l'influence de l'art hellénique. Ces noms, alors au génitif, sont précédés généralement des lettres O ou O F, et même O F I, pour *officina*. Quelquefois le nom est suivi du mot *manu*, en toutes lettres ou en abrégé. Souvent le nom de l'ouvrier est au nominatif, et, après lui, on voit un F ou FE, pour *fecit*. MM. Grimaud et de Caumont ont publié un grand nombre de ces noms de potiers, pris sur des vases conservés dans une foule de cabinets en France.

La forme des vases offre une telle diversité, qu'il est difficile de leur assigner un usage certain; cependant tout porte à croire que la belle poterie rouge servait pour la table et dans les sacrifices.

Parmi les différentes espèces de vases, il faut distinguer les urnes funéraires A : elles sont généralement de forme allongée, mais pure et gracieuse. Les plus ornées présentent des cannelures et des filets, entre lesquels on a tracé des hachures. D'autres urnes ressemblent à des jattes dont le ventre est renflé ; d'autres peuvent être comparées à des flacons à col rond, et munis d'une ou deux anses. L'ouverture des urnes était fermée avec des plaques métalliques, ou avec des tessons de briques ou de poterie.

A

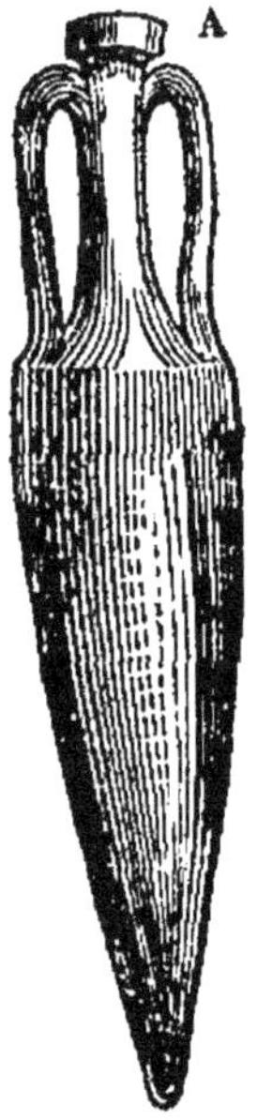

Les fioles appelées *lacrymatoires* par les anciens archéologues sont regardées, avec raison, aujourd'hui, comme des vases qui ont servi à renfermer des onguents, des huiles et des baumes odoriférants.

Il ne faut pas regarder comme funéraires tous les vases que l'on trouve à côté des urnes; plusieurs étaient déposés avec le mort, parce qu'ils lui avaient servi pendant la vie. C'est ainsi qu'on y voit des coupes et de petits vases à col étroit et allongé, présentant les lettres D. M. des inscriptions funéraires, et même le nom du potier.

Parmi les vases qui servaient aux usages domestiques, il faut citer les amphores, *amphoræ* ou *testæ*, renflées par le ventre, B, et munies de deux anses, d'où on les appela *diotæ*. Elles se terminaient par une base très-étroite, et quelquefois pointue : aussi, pour les mettre debout, les engageait-on dans la terre. Elles servaient à renfermer l'eau, le vin, l'huile, etc.; leur capacité était très-grande d'ailleurs (1). De même que les urnes, les amphores sont faites d'une terre rouge ou jaunâtre commune.

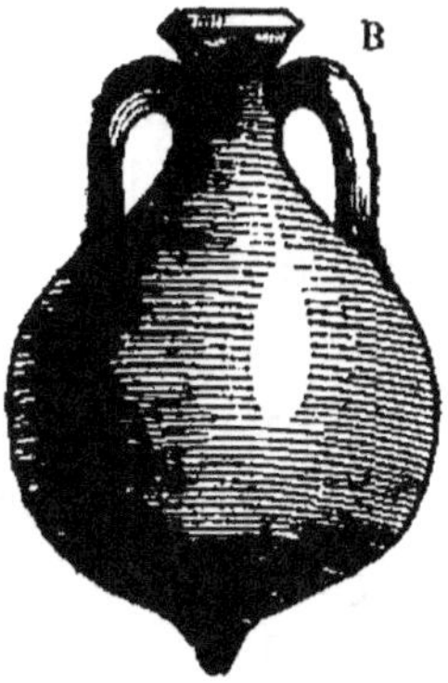

B

On servait le vin dans des cruches à large ventre, *mapulæ*, ou dans des bouteilles de verre. Tous ces vases portaient une étiquette, *titulus*, *pittaccium*, qui indiquait la qualité et l'âge du vin. Ce vin était mêlé avec de l'eau dans un grand vase, *crater*, d'où on le versait dans les coupes, *pocula*. Les coupes avaient plusieurs noms, et étaient faites de différentes matières. Les coupes dont les bordures étaient ornées de feuilles de fougère étaient appelées *filicatæ*; si c'était de pampre, *pimpinatæ*; d'acanthe, *acanthinæ*; de lierre, *hederatæ*. On appelait encore *guttus*, *gutturium*, un petit vase servant aux libations de vin que l'on faisait tomber goutte à goutte. Les *patères* avaient été empruntées aux Étrusques; elles étaient en terre cuite ou en bronze. C'étaient des vases ronds et plats, ayant une large ouverture, et étant soutenus par un manche rond cannelé, terminé en tête d'animal.

(1) L'amphore, que l'on appelait encore *quadrantalis* ou *carus*, contenait 1 pied cube romain, ou 2 *urnæ*, ou 3 *modii*, ou 8 *congii*, ou 48 *sextarii*, ou 96 *heminæ* ou *cotylæ*.

Un sextarius ou sextier contenait 2 *heminæ*, 4 *quartarii*, 8 *acetabula* et 12 *cyathi*. Le *cyathus* était la mesure de la liqueur qu'on pouvait avaler d'un trait; il contenait quatre *sigulæ*, ou *cochlearia*, cuillerées. Les coupes étaient dites *sextantes*, *quadrantes*, *trientes*, suivant le nombre de *cyathi* qu'elles pouvaient contenir. La plus grande mesure de capacité était le *culeus*, qui équivalait à 20 amphores. Voyez A. Adam, *Antiq. rom.*, t. II, p. 367 et suiv.

Le *præfericulum* était un vase allongé, à une seule anse, semblable à nos aiguières. Ceux qui étaient faits en forme de corne s'appelaient *rhyton*.

Du reste, les Romains ont décoré leurs vases avec une profusion pleine de magnificence. Parmi les coupes les plus célèbres, on cite les *théricléennes*, qui étaient de terre : ils servaient à boire. Pline est le premier qui ait fait connaître les vases *murrhins*, ou de pierres précieuses, telle que la sardoine.

Les vases en bronze de Délos, de Corinthe et d'Égine, étaient fort renommés. Pline (1) dit que les poteries les plus belles sont celles de Cos, mais les plus solides, celles d'Adria; celles de Samos ne sont pas moins excellentes. Nous allons terminer cet article en parlant des différentes espèces de poteries qu'on trouve en France, et nous dirons un mot des vases peints que l'on rencontre dans toutes les collections, et qui sont d'un si haut intérêt pour la science et pour l'art.

*Poteries rouges.* — Nous nous sommes déjà étendu longuement, dans le courant de cet article, sur cette espèce de poterie. Nous nous bornerons donc à dire que les vases que l'on trouve le plus fréquemment sont des espèces de coupes ressemblant à nos bols; ils ont généralement les parois plus élevées, quelquefois cependant plus basses, et présentent une panse quelquefois peu renflée. Ces vases ne se trouvent guère que par fragments; mais ces débris sont toujours curieux à cause des figures qui les décorent. On en peut voir des collections dans presque tous les musées de province, et en particulier au Mans, à Orléans, à Paris, etc. Les localités qui ont fourni aux antiquaires la plus grande partie de ces vases sont : le Châtelet, près Saint-Dizier (2), Bavay, Clermont-Ferrand, Autun, Châlons-sur-Saône, Lyon, Nîmes, Vienne, Paris, Arles, Bordeaux, Bayeux, Néris, Vichy, Nancy, Labatthie, etc. (3).

(1) *Hist. nat.*, l. XXXV.

(2) Voyez les bulletins de cette fouille, par Grignon; 1772 et 1774.

(3) Voyez Grivaud, *Antiquités découvertes dans le palais du Sénat.*

*Poteries noires.*—Elles sont de formes aussi élégantes que les autres, mais elles sont d'une pâte moins compacte. Cette pâte, d'une couleur grise blanchâtre, est revêtue d'une couverte noire très-égale. On en voit rarement qui soient décorées de bas-reliefs.

*Poteries communes.* —.Elles sont faites d'une terre assez grossière, grise ou rouge, remplie de grains de sable. Tous les vases d'un usage domestique, les amphores, les plats, les cruches, des urnes aussi, sont composés avec une pâte de cette nature. On rencontre encore d'autres poteries communes, d'un rouge peu foncé, et qui n'ont jamais été vernies; d'autres ont une coùleur bronzée ou cuivrée, au moyen de paillettes de mica qu'on a appliquées sur leur surface extérieure.

*Vases en verre.* — Leur usage a été général dans l'antiquité Les Romains s'en servaient pour les besoins les plus communs et les plus ordinaires de la vie. Le peuple les a même employés dans les sépultures (1). Ils ont été coloriés de manière à refléter les couleurs les plus brillantes (2); ils sont du reste très-rares. Les vases faits de métaux précieux sont encore plus rares. Cependant on en a recueilli de très-beaux à Berthouville. On peut les voir aujourd'hui dans le cabinet des médailles de la Bibliothèque du roi à Paris. Ils ont fait aussi l'objet d'un très-savant mémoire de M. Auguste Leprévost (3).

*Vases peints.* — Ils reçurent d'abord le nom de vases étrusques, que leur donna Dempster. Buonarotti et Gori soutinrent l'origine italienne de ces monuments, parce qu'ils pensaient illustrer ainsi leur patrie. Il paraît prouvé que ce genre de poterie a été travaillé en Grèce dans les temps les plus reculés, qu'il a été apporté de là dans la Grande-Grèce et la Sicile par les colonies qui vinrent s'y établir, et que le goût ensuite s'en répandit dans toute l'Italie. Du reste, les sujets de peinture qui

(1) De Caylus, *Recueil d'ant.*, t. I, p. 218.

(2) Winckelmann, *Hist. de l'art*, t. I, p. 144.

(3) *Vases de Berthouville*, 1 vol. in-4, avec planches.

les décorent sont empruntés à la mythologie et aux mœurs grecques ; les inscriptions qu'on y lit sont grecques ; enfin on a depuis découvert de ces vases à Athènes, à Mégare, à Corfou et dans les îles de la Grèce. Cependant, c'est dans la Grande-Grèce qu'on les trouve en plus grande abondance, à Capoue, à Naples et à Nola. Ils sont placés dans les tombeaux jusqu'à la surface de la terre, excepté dans la dernière ville que nous avons nommée, où ils sont ensevelis sous les cendres amoncelées par les éruptions du Vésuve. Ces tombeaux sont formés de briques, et ressemblent à de petites chambres dont les murs sont décorés de statues et de peintures. Les vases sont rangés autour du mort, et leur nombre et leur richesse répondent au rang du personnage inhumé (1).

On a pensé pendant longtemps que ces vases étaient tous funéraires. Les savants penchent à croire qu'ils ont servi aux usages domestiques, aux sacrifices, et même comme simples ornements dans l'intérieur des habitations. Ces vases affectent surtout la forme d'une bouteille au cou allongé, d'un præfericulum posé dans sa patère, d'une coupe, d'une urne avec ou sans anses. Généralement, leur galbe est d'une élégance extrême, et leur exécution d'une perfection incomparable. La finesse de la matière et la solidité des vernis les feront toujours rechercher. Les sujets de leurs peintures se rapportent à la mythologie, à l'histoire grecque ; elles représentent surtout des sacrifices, des processions, les mystères du culte de Cérès et de Bacchus, les actions des héros. Le contour des figures est de la plus sublime simplicité, de la plus parfaite beauté.

On a divisé les vases peints en deux classes : ceux qui sont véritablement d'origine étrusque, et ceux qui sont d'origine grecque.

*Vases peints étrusques.*— On les trouve surtout à Vollaterra, Tarquinia, Viterbe, etc. La terre dont ils sont faits (2) est

(1) Voyez p. 263 et sqq. ce que nous avons dit sur les sépultures.

(2) *Encyc. port.*, ARCH., t. I, p. 186.

d'un jaune pâle ou rougeâtre; leur vernis est terne, le travail est assez grossier; les ornements sont dépourvus de goût d'agrément, et le style des figures est remarquable par la roideur et le défaut de proportions ainsi que par leur costume qui est celui de la vieille Italie. Les hommes et les héros portent une barbe et une chevelure volumineuse; les dieux et les génies ont de grandes ailes. Les vases étrusques sont très-rares.

*Vases peints grecs.* — Ils sont composés d'une terre plus ou moins fine mais très-légère (1). Leur couverte extérieure paraît être une espèce d'ocre jaune ou rouge réduite en poussière très-fine, mêlée avec un corps gommeux ou huileux, et appliquée au pinceau. La couverte intérieure est noire, et a l'éclat de l'émail. La manière suivant laquelle sont appliquées les couleurs constitue deux espèces de vases: les uns sont couverts en dedans d'une couleur noire; le dehors est un fond jaune ou rouge, et les figures sont tracées aussi en noir, comme une espèce de silhouette; les vêtements, les accessoires, les harnais des chevaux et les roues des chars, sont retouchés en blanc: ce sont les vases noirs.

On couvrit ensuite tout le vase de la même couleur noire, en épargnant seulement en dehors la place et la forme des figures, qui sont alors de la couleur de la pâte du vase. Les plis des vêtements, les masses des cheveux, se font aussi de couleur noire. Ils sont moins anciens que les précédents.

Le sujet de la peinture est sur la panse du vase. Le pied ou le col du vase porte des ornements en labyrinthe formé par des carrés liés entre eux, en méandres, en vagues, en palmettes, etc. Si le vase a deux rangs de peintures sur la panse, il est appelé à *deux registres*.

Ces peintures n'ont pas toutes le même mérite, mais on y reconnaît toujours le sentiment du bel art grec; elles ne sont pas faites au moyen de patrons, ainsi qu'on l'a cru longtemps, mais avec une pointe et un pinceau: ce qui prouve la prodi-

(1) Voyez *Encyc. port.*, ARCH., et Millin, *Introduction à l'étude des vases peints*, t. I; Peinture des vases grecs.

gieuse habileté de main des artistes qui les exécutaient. Cependant on a trouvé quelques vases dont les dessins sont tout à fait identiques, comme s'ils étaient calqués l'un sur l'autre. Dans ce cas, on doit admettre que les artistes se servaient de patrons, sinon il leur eût été impossible d'arriver à des reproductions aussi exactes que celles qui ont été signalées. Quelquefois, le nom grec de l'artiste est écrit sur le vase : ce nom est suivi souvent des mots grecs εποιεσεν, εγραψεν, εγραφε, *faisait, peignait*, ou *a peint*. On y lit encore un nom propre suivi du mot καλὸς, *beau* (1). On pense que cette épithète ne s'adressait pas toujours au potier, mais qu'elle accompagnait souvent aussi le nom de la personne à laquelle le vase était destiné. C'était un compliment, un salut, en quelque sorte un *vivat!* En sortant des fouilles, le vase est couvert d'une couche de terre blanchâtre, qui disparaît au moyen de l'eau forte ; quelques-uns ont été restaurés : l'œil exercé les reconnaît facilement ; on doit aussi se méfier des imitations qu'on en a faites, à diverses époques, dans les temps modernes.

### Inscriptions latines.

Un des phénomènes les plus curieux de la conquête des Gaules par les Romains fut la facilité et la promptitude avec lesquelles les vaincus s'approprièrent la civilisation florissante des vainqueurs. En peu de temps, le latin devint la langue parlée, et les anciens dialectes disparurent ou furent confinés dans quelque province reculée. Après que les Romains eurent perdu leur autorité dans notre pays, après

(1) M. Champollion apprend encore que ces vases ont été connus pour la première fois au XVIIe siècle. Lachausse en publia quelques-uns dans son *Museum romanum* en 1690, Berger et Montfaucon firent de même. Dempster, Gori, Buonarotti et de Caylus en traitèrent avec une certaine étendue. Winckelmann et Hamilton poussèrent la science des vases peints fort loin. Tischbein, Bœttiger et Millin, continuèrent leur œuvre avec enthousiasme. Le grand ouvrage de MM. Ch. Lenormant et de Witte, intitulé *Élite des monuments céramographiques*, offre l'ensemble de tous les travaux dont les vases peints ont été l'objet. Voyez dans la bibliog. l'art. *Poteries*.

que se fut établie la domination des Francs, des Goths et des Bourguignons, le latin conserva encore pendant quelque temps sa prépondérance sur les dialectes celtiques, et pendant tout le moyen âge, alors que nos idiomes nationaux se constituaient, le latin demeura la langue écrite et monumentale.

Il n'est donc pas étonnant que la France ait été couverte d'inscriptions latines. Celles-ci sont d'un immense intérêt pour l'histoire. Elles nous fournissent des documents précieux sur la hiérarchie des pouvoirs, la généalogie des hommes illustres, la chronologie des événements fameux, sur les croyances et les usages des peuples des premiers siècles de notre ère. On ne saurait attacher trop d'importance à leur étude. Les savants en ont recueilli et publié une énorme quantité, mais par malheur, bien souvent quand on a pu vérifier les textes, on a été forcé de reconnaître qu'elles étaient inexactes. Leur interprétation exige d'ailleurs des connaissances historiques étendues ; le style lapidaire a de plus ses formules, ses abréviations, ses signes particuliers, avec lesquels il faut être familiarisé.

On a proposé plusieurs classifications méthodiques des inscriptions. La plus simple et la plus rationnelle est sans contredit celle qu'on trouve dans l'ouvrage épigraphique d'Orelli (1) : non-seulement il a adopté les grandes divisions : religion, histoire, géographie, etc., mais il a établi, en outre, plusieurs subdivisions essentielles sous le titre de *historia litteraria, studia, ludi, res scenica, magistratus et honores veteris reipublicæ, opera publica, res municipales, vita communis, matrimonium, sententiæ sepulcrales*, etc.

On trouvera des inscriptions religieuses sur les temples, les autels, et les statues des dieux. Outre le nom de la divinité à laquelle le monument est consacré, et qui est au datif, on trouve le nom de la personne qui l'a fait édifier, le magis-

(1) *Inscriptionum latinarum selectarum amplississima collectio*; Zurich, 1828, 2 vol. in-8.

trat qui a présidé à l'érection, et des dates. Pour les édifices publics, on observe de même le nom des princes qui les ont fait bâtir, et des dates précises; tels sont les arcs de triomphe, les cirques, les théâtres, les colonnes, les bains, les aqueducs, les colonnes milliaires. Les titres des empereurs et des magistrats sont énumérés longuement. Nous avons parlé ailleurs des inscriptions funéraires, nous dirons seulement ici quelles sont les plus connues de toutes.

D'ordinaire, ce sont les abréviations qui offrent le plus de difficulté dans l'interprétation des inscriptions. Pour connaître leur signification, il faut recourir aux grands recueils épigraphiques, et par la comparaison, on arrivera aisément à restituer les mots dans leur intégrité. Pour faciliter cette étude, M. Champollion (1) a dressé un tableau succinct des principales abréviations que l'on trouve dans les inscriptions gallo-romaines. Ce petit travail, fait avec une entière connaissance de cause, nous semble si utile que nous n'hésitons pas à le reproduire ici.

A., ager ; annis ; augustales ; augustalis.
A. A., apud agrum.
AB. AC. SEN., ab actis senatus.
Æ. CVR., ædilis curulis.
A. FRVM., a frumento.
A. H. D. M., amico hoc dedit monumentum.
A. K., ante kalendas.
A. O. F. C., amico optimo faciendum curavit.
A. P., ædilitia potestate ; amico posuit.
A. S. L., animo solvit libens ; a signis legionis.
A. T. V., aram testamento vovit.
A. XX. H. EST, annorum viginti hic est.
B. A., bixit (pro vixit) annis.
B. DE. SE. M., bene de se meritæ, *vel* merito.
B. M. D. S., bene merenti, *vel* bene merito de se.
B. P. D., bono publico datum.

(1) *Encyclopédie portative*, ARCHÉOLOG., t. II, p. 193 et suiv.

B. Q., bene quiescat.

B. V., bene vale.

BX. ANOS. VII. ME. VI. DI. XVII., vixit annos septem, menses sex, dies decem septem.

7, centuria; centurio.

C., centurio.

C. B. M., conjugi bene merenti; et F., conjugi bene merenti fecit.

CENS. PERP. P. P., *vel* CENS. PERP. p.r., *vel* CENS. P. P. P., censor perpetuus; pater patriæ.

COH. I. AFR. C. R., cohors prima africanorum civium romanorum. FL. BF., flavia beneficiariorium.

C. I. O. N. B. M. F., civium illius omnium nomine bene merenti fecit.

C. K. L. C. S. L. F. C., conjugi carissimo loco concesso sibi libenter fieri curavit.

C. P. T., curavit poni titulum.

C. R., civis romanus; civium romanorum; curaverunt refici.

C. S. H. S. T. T. L., communi sumptu hæredum, sit tibi terra levis.

D., decimus; decuria; decurio; dedicavit; dedit; devotus; dies; diis; divus; dominus; domo; domus; quinquaginta.

D. C. D. P., decuriones coloniæ dederunt publice.

D. D. Dedit, dedicavit.

D. D. D. S., decreto decurionum datum sibi; dono dedit de suo.

D. K. OCT., dedicatum kalendis octobris.

D. M. ET. M., diis manibus et memoriæ.

D. N. M. E., devotus numini majestati ejus.

D. O. S., deo optimo sacrum; diis omnibus sacrum.

D. P. P. D. D., de propria pecunia dedicaverunt; de pecunia publica dono dedit.

D. S. F. C. H. S. E., de suo faciundum curavit, hic situs est.

D. T. S. P., dedit tumulum sumptu proprio.

E. CVR., erigi curavit.

EDV. P. D., edulium populo dedit.

E. E., ex edicto; ejus ætas.

E. H. T. N. N. S., exterum hæredem titulus noster non sequitur.

E. I. M. C. V., ex jure manium consertum voco.

E. S. ET. LIB. M. E., et sibi et libertis monumentum erexit.

E. T. F. I. S., ex testamento fieri jussit sibi.

E. V. L. S., ei votum libens solvit.

FAC. C., faciendum curavit.

F. C., facere curavit; faciendum curavit; fecit conditorium; felix constans; fidei commissum; fieri curavit.

F. H. F., fieri hæres fecit; fieri hæredes fecerunt.

F. I. D. P. S., fieri jussit de pecunia sua.

F. M. D. D. D., fecit monumentum datum decreto decurionum.

F. P. D. D. L. M., fecit publice decreto decurionum locum monumenti.

F. Q., flamen quirinalis.

F. T. C., fieri testamento curavit.

F. V. F., fieri vivens fecit.

G. L., genio loci.

G. M., genio malo.

G. P. R., genio *seu* gloria, populi romani.

G. R. D., gratis datus, *vel* dedit.

G. S., genio sacrum; genio senatus.

G. V. S., genio urbis sacrum; gratis votum solvit.

H., habet; hac; hastatus; hæres; hic; homo; honesta; honor; hora; horis; hostis.

H. B. M. F., hæres bene merenti fecit. F. C., faciendum curavit.

H. C. CV., hic condi curavit; hoc cinerarium constituit.

H. D. D., hæredes dono dedere; honori domus divinæ.

HE. M. F. S. P., hæres monumentum fecit sua pecunia.

HIC. LOC. HER. N. S., *vel* HIC. LOC. HER. NON. SEQ., hic locus hæredem non sequitur.

H. L. H. N. T., hunc locum hæres non teneat.

H. M. AD. H. N. T., *vel* H. M. AD. H. N. TRAN., hoc monumentum ad hæredes non transit.

H. N. S. N. L. S., hæres non sequitur nostrum locum sepulturæ, *vel* hæredem... locus, etc.

HOC. M. H. N. F. P., hoc monumentum hæredes nostri fecerunt ponere.

H. P. C., hæres ponendum curavit; hic ponendum curavit. L. D. D. D., hæres ponendum curavit loco, dato decreto decurionum.

H. S. C. P. S., hic curavit poni sepulcrum; hoc sepulcrum condidit pecunia sua; hoc sibi condidit proprio sumptu.

H. T. V. P., hæres titulum vivus posuit; hunc titulum vivus posuit.

I. AG., in agro.

I. C., judex cognitionum.

I. D. M., inferis diis maledictis; Jovi deo magno.

I. F. P. LAT., in fronte pedes latum.

II. V. DD., duumviris dedicantibus.

II. VIR. AVG., duumvir Augustalis.

II. VIR. COL., duumvir coloniæ.

II. VIR. I. D., duumvir juri dicundo.

II. VIR. QQ. Q. R. P. O. PEC. ALMENT., duumviro quinquennali quæstori reipublicæ operum pecuniæ alimentariæ.

III. VIR. AED. CER., triumvir ædilis cerealis.

IIII. V., quatuorviratus.

IIII. V. A. P. F., quatuorviri argento publico feriundo, *vel* auro.

IIII. VIREI. IOVR. DEIC., quatuorviri juri dicundo.

IIIIII. VIR. QQ. I. D., sexvir quinquennalis juri dicundo.

IN. AG. P. XV. IN. F. P. XXV., in agro pedes quindecim in fronte pedes viginti quinque.

I. O. M. D. D. SAC., Jov. optimo maximo, diis deabus sacrum.

I. P., indulgentissimo patrono; innocentissimo puero; in pace; jussit poni.

I. S. V. P., impensa sua vivus posuit, *vel* vivi posuere.

K. B. M., carissimæ bene merenti, *vel* carissimo.

K. CON. D., carissimæ conjugi defunctæ.

K. D., kalendis decembris; capite diminutus.

L., liberta; lucia.

L. B. M. D., libens bene merito dicavit; locum bene merenti dedit, *vel* libertæ, *seu* liberto.

L. F. C., libens fieri curavit; libertis faciendum curavit; libertis fieri curavit, *vel* locum *aut* lugens.

LIB. ANIM. VOT., libero animo votum.

L. L. FA. Q. L., libertis libertabus familiisque libertorum.

L. M. T. F. J., locum monumenti testamento fieri jussit.

LOC. D. EX. D. D., locus datus ex decreto decurionum.

L. P. C. D. D. D., locus publice concessus, datus decreto decurionum.

L. Q. ET. LIB., libertisque et libertabus.

L.XX. N. P., sestertiis vigenti nummum pendit.

MAN. IRAT. H., manes iratos habeat.

M. B., memoriæ bonæ; merenti bene; mulier bona.

M. D. M. SACR., magnæ deum matri sacrum.

MIL. K. PR., milites cohortis prætoriæ.

M. P. V., millia passuum quinque; monumentum posuit vivens, *vel* memoriam.

NAT. ALEX., natione Alexandrinus.

NB. G., nobili genere.

N. D. F. E., ne de familia exeat.

N. H. V. N. AVG., nuncupavit hoc votum numini augusto.

N. N. AVGG. IMPP., nostri Augusti imperatores.

NON TRAS. H. L., non transilias hunc locum.

N. T. M., numini tutelari municipii.

N. V. N. D. N. P. O., neque vendetur, neque donabitur, neque pignori obligabitur.

OB. HON. AVGVR., ob honorem auguratus;... II. VIR, duumviratus.

O. C., ordo clarissimus.

O. E. B. Q. C., ossa ejus bene quiescant condita.

O. H. IN. R. S. F., omnibus honoribus in republica sua functus.

O. LIB. LIB., omnibus libertis libertabus.

O. O., ordo optimus.

OP. DOL., opus doliare, *seu* doliatum.

P. B. M., patri bene merenti, *vel* patrono, *seu* posuit.

P. C. ET. S. AS. D., ponendum curavit et sub ascia dedicavit.

PED. Q. BIN., pedes quadrati bini.

P. GAL., præfectus Galliarum, *vel* præses.

PIA. M. H. S. E. S. T. T. L., pia mater hic sita est : sit tibi terra levis.

P. M., passus mille; patronus municipii; pedes mille; plus minus; pontifex maximus; post mortem; posuit merenti; posuit mœrens; posuit monumentum.

P. P., pater patriæ; pater patratus; pater patrum; patrono posuit; pecunia publica; perpetuus populus; posuit præfectus; prætorio præpositus; propria pecunia; pro portione; proprætor; provincia Pannoniæ; publice posuit; publice propositum, publii *duo*.

P. Q. E., *vel* P. Q. EOR., posterisque eorum.

P. S. D. N., pro salute domini nostri.

P. V. S. T. L. M., posuit, voto suscepto, titulum libens merito.

Q. K., quæstor candidatus.

Q. PR., *vel* Q. PROV., quæstor provinciæ.

Q. R., *vel* Q. RP., quæstor reipublicæ.

Q. V. A. I., qui vixit annum unum, *vel* quæ. A. III. M. II., annos tres, menses duos. A. L. M. IIII. D. V., annos quinquaginta, menses quatuor, dies quinque. A. P. M., qui vixit.... annos plus minus.

R. C., romana civitas; romani cives.

R. N. LONG. P. X., retro non longe pedes decem.

ROM. ET. AVG. COM. ASI., Romæ et Augusto communitates Asiæ.

R. P. C., reipublicæ causa; reipublicæ conservator; reipublicæ constituendæ, retro pedes centum.

R. R. PROX. CIPP. P. CLXXIIII., rejectis ruderibus proxime cippum pedes centum septuaginta quatuor.

R. S. P., requietorium sibi posuit.

S., sacellum; sacrum; scriptus; semis; senatus; sepulcrum; sequitur; serva; sibi; singuli; situs; solvit; stipendium.

S., uncia.

S., centuria.

S., semuncia.

SB., sibi; sub.

S. D. D., simul dederunt, *vel* dedicaverunt.

S. ET. L. L. P. E., sibi et libertis libertabus posteris ejus.

S. F. S., sine fraude sua.

SGN., signum.

S. M. P. I., sibi monumentum poni jussit.

SOLO. PVB. S. P. D. D. D., solo publico sibi posuit, dato decreto decurionum.

S. P. C., sua pecunia constituit; sumptu proprio curavit.

S. T. T. L., sit tibi terra levis.

S. V. L. D., sibi vivens locum dedit.

TABVL. P. H. C., tabularius provinciæ Hispaniæ citerioris.

T. C., testamento constituit, *vel* curavit.

T. T. F. V., titulum testamentum fieri voluit.

V. C. P. V., vir clarissimus præfectus urbi.

V. D. P. S., vivens dedit proprio sumptu; vivens de pecunia sua.

V. E. D. N. M. Q. E., vir egregius devotus numini majestatique ejus.

VI. ID. SEP., sexto idus septembris.

VII. VIR. EPVL., septemvir epulonum.

V. L. A. S., votum libens animo solvit.

VO. DE., vota decennalia.

V. S. A. L. P., voto suscepto animo libens posuit.

V. S. L. M., votum solvit libens merito.

V.V. C.C., viri clarissimi.

VX. B. M. F. H. S. E. S. T. L., uxor bene merenti fecit, hic situs est, sit tibi terra levis.

X., mille.

X. ANNALIB. decennalibus.

X. IIII. K. F., decimo quarto kalendas februarii.

X.VIR. AGR. DAND. ADTR. IUD., decemvir agris dandis attribuendis judicandis.

XV. VIR. SAC. FAC., quindecemvir sacris faciendis.

XXX. P. IN. F., triginta pedes in fronte.

XXX. S. S., trigesimo stipendio sepultus.

Telles sont les principales abréviations usitées dans les inscriptions gallo-romaines; on a pu voir que souvent une même lettre était l'initiale de plusieurs mots différents; dans ce cas, c'est le sens général de l'inscription qui indiquera le mot véritable qu'elle représente. Avec un peu d'habitude et de sagacité, il est facile de distinguer les noms propres des autres substantifs. Pour les familles romaines, le nom de la tribu à laquelle elles appartenaient se trouve exprimé, mais le mot *tribu* est toujours sous-entendu. Pour les dates, elles sont déduites de l'indication que fournit l'année du règne de l'empereur sous lequel le monument a été élevé, ou du nombre des *tribunities* de l'empereur, qui correspond toujours au nombre des années depuis lequel il règne. Les consulats ne donnent pas un renseignement toujours précis, car un empereur pouvait n'avoir été consul que quelquefois seulement pendant un long espace de temps. Enfin, nous ferons une dernière remarque, c'est que les titres des empereurs sont très-nombreux, et qu'il était d'usage qu'on appliquât à chacun de ces princes, après sa mort, l'épithète de *divus*. On trouve dans les traités de *Diplomatique*, dans l'*Art de vérifier les dates*, dans les *chronologies*, l'indication des années auxquelles correspondent les tribunats et les consulats que fourniront les suscriptions.

## Les catacombes romaines.

Les premiers chrétiens, pour se soustraire aux édits sanglants que les empereurs romains avaient portés contre eux, et aussi pour éviter les affreux supplices auxquels ils étaient condamnés, cherchèrent un asile dans les catacombes de Rome (1). C'est là qu'ils se réunissaient dans de fraternelles agapes, là qu'ils purifiaient par le baptême les néophites du péché originel, là qu'ils cachaient la dépouille mortelle des saints martyrs, là enfin qu'ils célébraient les mystères de la religion. Les hommes employés à l'extraction de la pouzzolane étaient des gens de la dernière condition. Or, on sait que les premiers prosélytes de la foi nouvelle appartenaient à la classe du peuple, et que plusieurs fois les chrétiens furent condamnés en masse au travail des carrières (2). On conçoit donc que les sectateurs du Christ aient pu se réfugier dans ces lieux, qu'ils connaissaient parfaitement, et où il leur était facile d'échapper aux persécutions de leurs implacables ennemis. Là, du moins, ils pouvaient se livrer en paix et en sécurité aux pratiques de leur nouveau culte. Les catacombes sont regardées avec raison comme le berceau de l'art chrétien, qui revit tout entier pour nous dans les bas-reliefs des sarcophages, et dans les peintures à l'encaustique des chapelles sépulcrales.

(1) Les catacombes furent exploitées, dès la plus haute antiquité, pour l'extraction de la pouzzolane et du tuf volcanique que l'on employait dans les constructions. Cette extraction nécessita des travaux si considérables, que le sol de toute la campagne de Rome est sillonné de souterrains, qui se divisent et se ramifient dans mille sens divers. Les anciens désignaient les catacombes par le mot *arenariæ*, carrières. Ainsi Cicéron dit (*pro Cluent.*, c. 13) : « Asinius autem.... in arenarias quasdam, extra portam Exquilinam, « perductus, occiditur. » — Suétone, *in Neron.*, 48, dit que Phaon conseilla à ce prince de se réfugier « in sepecum Egestæ arenariæ. » — Vitruve, *de Archit.*, lib. II, cap. 4, se sert du même mot et dans le même sens. Les premiers chrétiens employaient aussi ce mot ; on trouve, de plus, le mot *cimæteria*, *area* et *cryptæ* ; ainsi Tertullien dit (*ad Proc. scapul.*, cap. 3) : « Quum de *areis* sepulturarum nostrarum admonestent... » Enfin saint Jérôme a écrit (*in Esech.*, cap. 40) : « Dum essem puer, et liberalibus studiis « erudirer, solebam, cum cæteris ejusdem ætatis et propositi, diebus domini- « cis, sepulcra apostolorum et martyrum circumire, et crebro *cryptas* in- « gredi... » Le premier auteur dans lequel on trouve employé le mot *catacombes*, *catacumbæ*, est le pape saint Grégoire le Grand, et encore ne l'appliquait-on de son temps qu'aux souterrains qui avoisinaient la basilique de Saint-Sébastien. Dans les temps modernes, on a donné aussi aux catacombes les noms de latomies, de cryptes, de cimetières.

(2) *Ad arenam fodiendam*, termes empruntés aux *Actes des martyrs*.

Pendant une longue série d'années, ces mystérieux souterrains avaient été oubliés. On ne songea nullement durant tout le moyen âge à les visiter; ce ne fut qu'au XVIe siècle que l'on commença à les explorer. Depuis cette époque, on en a extrait une grande quantité de sarcophages, de vases, d'instruments et d'ustensiles avec lesquels on a formé le curieux *Musée du Vatican*, à Rome. Nous allons pénétrer dans ces vastes excavations à la suite des savants qui les ont visitées avec le plus de soin, depuis Boldetti (1), le pieux chanoine de Sainte-Marie-*in-Transtevere*, jusqu'à M. Raoul Rochette (2).

Quand on considère ces immenses nécropoles creusées aux portes et aux environs de Rome, et qu'on étudie les monuments quelles renferment, on juge qu'on y a exécuté des travaux à diverses époques. Ainsi, l'irrégularité du plan de certains souterrains montre que ce sont les corridors des plus anciennes carrières, tandis que d'autres corridors, plus réguliers dans leurs directions et dans leurs embranchements, peuvent être regardés comme des catacombes nouvelles, *cryptæ novæ* (3), qui ont été pratiquées spécialement par les chrétiens, quand les premières excavations devinrent trop petites pour les recevoir tous en commun. Le style décoratif des catacombes chrétiennes a pu faire connaître aussi celles qui ont commencé par servir de lieu de refuge. C'est ainsi qu'on a été ammené à penser que les cryptes de Saint-Sébastien, situées sous la voie Appienne, ont dû être affectées des premières aux sépultures chrétiennes. Les catacombes des *SS. Saturnin* et *Thrason*, près de la porte Solaria, et celles de *Saint-Marcelin*, hors de la porte Majeure, qui offrent des détours si compliqués, sont aussi fort anciennes. Cette dernière peut nous donner une idée des autres.

Figurez-vous un inextricable labyrinthe, à deux étages,

(1) *Osservazioni sopra i cimeterii di Roma;* 1720, in-fol.

(2) *Tableau des catacombes de Rome;* Paris, in-12, 1837.

(3) Ainsi que l'attestent les inscriptions tumulaires qu'on y a découvertes. (Boldetti, p. 53, ouvr. cité, note 1.)

percé d'une multitude de voies, tantôt larges, tantôt étroites, tantôt fort basses, tantôt élevées, qui se dirigent et s'entre-croisent en tout sens. Dans les galeries les plus spacieuses vous rencontrez çà et là de petites chapelles, évidemment creusées après coup. Les galeries les moins grandes, celles qui ont environ quatre à cinq pieds de large, sur sept à huit de haut, offrent de chaque côté, sur leurs parois, dans le sens de la hauteur, cinq ou six rangs de niches destinées à recevoir le corps des premiers chrétiens. Il y a des catacombes où l'on distingue des excavations appartenant à différents âges, et exécutées à diverses profondeurs. Quelques-unes ont jusqu'à quatre étages, et sont toutes remplies de tombeaux. Ce sont là les cimetières les plus récents, les *cryptæ novæ*, ainsi que le prouvent le style grossier des ornements qu'on a examinés, et la barbarie des inscriptions qu'on y a recueillies. La superposition des étages, qui communiquent entre eux au moyen d'escaliers taillés dans le sol même, montre très-bien que ces catacombes ont été occupées à plusieurs époques, et que, creusées d'abord par les Romains de la république, elles ont été successivement converties en lieux de sépulture par les fidèles. De loin en loin, les voies s'élargissent, et forment des espèces de carrefours ou de places publiques décorées de monuments; dans plusieurs galeries on a trouvé des puits ou des citernes qui renfermaient l'eau nécessaire pour le baptême, et de petits temples que l'on peut comparer aux premières basiliques chrétiennes. Ce n'est pas ici le lieu de raconter l'impression que produit sur l'esprit, et les émotions que font naître dans l'âme, la vue de ces profondes solitudes cachées dans les entrailles de la terre: pour le but que nous devons nous proposer, il importe plutôt de faire connaître les divers monuments, appartenant au christianisme, qu'on a découverts dans les catacombes romaines, monuments tout à fait analogues, d'ailleurs, à ceux qui ont été observés dans les latomies de Naples.

On rencontre d'espace en espace, dans les galeries, des salles, *cubicula,* quelquefois assez spacieuses, et d'une forme plus ou moins régulière, qui servaient, à n'en pas douter, pour les réunions appelées *synaxes*, et pour la célébration des saints mystères. Elles sont taillées dans le tuf volcanique. A l'entour on a ménagé des *gradins* pour les fidèles, et contre la paroi principale, des siéges pour les pontifs qui présidaient à l'assemblée. C'est même dans ces salles que l'on faisait ces repas funèbres, appelés *agapes*, dont nous parlerons plus loin avec détail. Quelquefois le plafond de ces chambres est soutenu sur des piliers qui ont été pris sur pièces dans la masse du sol, et qui sont enduits de stuc. Nous devons encore indiquer de petits édifices en partie creusés dans le tuf, en partie construits de matériaux rapportés, telles que les basiliques de *Probus* et de *Bassus*, dans les cryptes du Vatican; les petits temples accouplés des saints Sylvin et Boniface, dans les catacombes sous l'ancienne voie Solaria; l'église de Saint-Hermès, dans le cimetière de ce nom, et le temple rond des saints Marcellin et Pierre, dans les souterrains de la voie Labicane (1).

M. Raoul Rochette établit très-bien que les *catacombes de Saint-Sébastien*, qui forment une grande partie du *cimetière de Saint-Calixte*, ont été les premières occupées par les chrétiens, et que leur décoration remonte au règne d'Alexandre Sévère. Ce sont celles aussi dont l'accès est le plus facile, qui ont été visitées avec le plus de soin, et qui ont offert les objets les plus intéressants pour l'histoire qui nous occupe en ce moment. Des monuments qui les décorent, les uns ont été exécutés pendant les temps de persécution, les autres, par l'ordre des papes, alors que les fidèles allaient prier sur les tombeaux des martyrs de la foi. Les nombreuses chambres que renferme le cimetière de Saint-Calixte servaient à la célébration des divins mystères, quand les chrétiens voulaient se soustraire aux édits de proscription qui les frappaient. Le

(1) Voyez les plans de ces divers édifices dans Bottari, *Pitt. e sculpt.*, t. I. p. 53, t. II, tav. 185, t. I, tav. 4, et t. II, 84.

saint sacrifice se faisait toujours sur le tombeau d'un martyr : ce tombeau servait donc d'autel, et cet usage remonte au pape saint Félix (1). Ces chambres ou chapelles n'offrent rien de régulier dans leur plan ; il y en a de toutes les formes : de carrées, de triangulaires, d'hexagones, de circulaires, de pentagones. Dans leurs parois latérales sont creusés trois ou quatre rangs de sépulcres, disposés parallèlement et en nombre égal de chaque côté. La paroi antérieure de la salle n'offre presque toujours qu'un seul tombeau, surmonté d'une voûte en forme d'arc, couverte de peintures (2). Le tombeau du martyr, ou autel, *memoria, confessio, martyrium, titulus,* quelquefois au milieu de la pièce, souvent adossé, a la forme d'un sarcophage, ou d'une caisse quadrangulaire, *arca*, recouverte d'une table de marbre, *mensa.* C'est ce tombeau, à n'en pas douter, qui a servi de type aux autels de nos églises. M. Raoul Rochette prétend trouver encore l'origine des chapelles latérales de nos édifices religieux dans tous ces édicules qui renferment des tombeaux; enfin il veut voir, dans les niches en cul de four de quelques-unes de ces sépultures, une disposition qu'on aurait copiée dans les premières basiliques ouvertes au culte; cependant nous savons que celles-ci étaient imitées tout à fait des basiliques profanes. Il a bien incontestablement raison quand il regarde ces chambres funéraires comme des modèles d'après lesquels on a construit les cryptes dans les églises latines. Il cite à l'appui de cette opinion plusieurs exemples qui doivent faire autorité. C'est ainsi que saint Pancrace fut inhumé dans un tombeau placé au milieu d'une confession souterraine. Au IVe siècle, on a bâti au-dessus de cette confession une église dans laquelle le sépulcre du martyr correspond exactement à la place où s'élève l'autel principal. Nous aurons occasion de revenir sur cette particularité que nous offrent nos plus anciens édifices religieux.

(1) Au IIIe siècle. ANASTASE, *in Vita S. Fel.*, dit : «Hic constituit supra «*memorias* martyrum missas celebrari.»

(2) C'est ce qui a fait appeler les sépulcres des chrétiens, faits de cette manière, *monumenta arcuata.*

Tel est l'aspect que présentent les catacombes romaines, tels sont les monuments qu'on y a observés, telles ont été aussi les premières pratiques du culte, alors que le christianisme naissant luttait avec les empereurs romains, et versait le plus pur de son sang pour régénérer la société humaine. Avant de sortir de ces lieux funèbres, où sont venus prier, souffrir, et dormir d'un sommeil éternel les premiers confesseurs de la religion du Christ, il nous reste à examiner les emblèmes et les symboles que ceux-ci ont employés, et à apprécier les divers ouvrages d'art qui se rapportent à leurs mœurs et à leurs croyances.

**Peintures et sculptures observées dans les catacombes.**

Un fait d'observation constaté par tous les antiquaires qui ont étudié l'art des catacombes, c'est que les peintures et les sculptures chrétiennes, soit dans leurs principaux motifs, soit dans leurs dispositions générales, ont été empruntées aux païens. Il est vrai que les prosélytes de la foi nouvelle donnaient à leurs représentations figurées une intention et une signification qu'elles étaient loin d'avoir dans le polythéisme antique. Il n'y a là rien qui doive étonner : c'étaient d'innocentes concessions faites aux vieux préjugés, aux idées reçues; on ne voulait pas rompre en visière avec les usages les plus enracinés. C'était surtout un moyen de conciliation entre les sectateurs de la religion chrétienne et les païens, ainsi que le témoignent saint Paulin de Nysse, le pape saint Grégoire le Grand, et saint Grégoire de Nolle. Aussi, dans les monuments des catacombes, retrouve-t-on la pratique de l'art romain pour tout ce qui tient au mode de représentation : on dirait qu'ils sont l'ouvrage de mains païennes. Les peintures des chapelles sépulcrales et les bas-reliefs des sarcophages sont une imitation exacte des modèles de l'antiquité (1). Une chose sûre encore, c'est que les premiers chré-

(1) D'Agincourt (*Hist. de l'art*, p. 18) dit : L'esprit d'imitation chez les chrétiens agissait en cela d'autant plus naturellement, que les usages

tiens professaient une grande haine pour les productions de l'art païen, qui se confondait chez eux avec leur horreur pour l'idolâtrie (1). Saint Clément d'Alexandrie, quand il indiquait les symboles dont les chrétiens devaient se servir, avouait qu'ils étaient empruntés du paganisme (2). Buonarotti, Mamachi et Allegranza, de pieux antiquaires dont l'orthodoxie n'a jamais été mise en suspicion, déclarent que les chrétiens s'attachèrent à rendre les idées les plus abstraites et les plus populaires à l'aide de symboles dérivés de l'idolâtrie. Enfin tout le monde sait que les premiers fidèles ne se contentèrent pas d'emprunter une foule d'allégories au polythéisme; ils s'emparèrent aussi d'un grand nombre de monuments auxquels ils donnèrent une nouvelle destination religieuse. Quant aux ouvrages de peinture et de sculpture qui leur appartiennent en propre, on est forcé de reconnaître qu'ils sont d'une exécution tout à fait barbare, et de beaucoup inférieurs aux monuments publics de Rome et à ceux dont les empereurs enrichirent leurs palais. Plus les ouvrages chrétiens sont anciens, comme ceux du cimetière de Saint-Calixte, par exemple, plus ils sont riches, plus ils sont parfaits; mais aussi ils offrent des rapports plus intimes avec les ouvrages profanes; plus l'imperfection du travail est notable, et moins les réminiscences antiques sont faciles à saisir; peu à peu, en effet, le vieil art expire dans le symbolisme chrétien, et se transforme pour prendre une autre vie. On comprend donc que les monuments des catacombes présentent, au premier coup d'œil, une physionomie toute païenne dans leur décoration; mais il est facile de démêler, sous ces représentations profanes, sous ces images

civils étaient les mêmes et que souvent un père idolâtre avait des enfants chrétiens. (Voyez art. SCULPT., p. 23.)

(1) «Pingit illicite, nutit assidue, legem Dei in libidinem defendit, in ar«tem contemnit, bis falsorius et canterio et stylo.» (Tertull., *Advers. Hermog.*, c. 1.) Cependant peut-être vaut-il mieux voir dans ces paroles sévères la condamnation d'un mauvais chrétien, que celle de l'art en général.

(2) *Pædag.*, l. III, cap. 11.

créées par le polythéisme, une intention chrétienne : ils adoptent certaines formes, certains emblèmes ; mais en leur donnant une signification toute spiritualiste, toute morale. Ce sont là des analogies et des différences que nous allons établir dans les pages suivantes. Une observation générale à faire encore, c'est que, dans toutes les représentations figuratives que l'on voit peintes ou sculptées, on ne trouve que des images de paix, d'union, de bonheur et d'espérance. Quand la foi nouvelle eût conquis son droit de cité dans toutes les capitales du vaste empire romain, les sujets de ces images des catacombes furent reproduits sur les murailles des basiliques. Il arriva ensuite que plusieurs évêques virent dans cette pratique quelque chose de dangereux : alors de graves dissentiments s'élevèrent au sein de l'Eglise, sur la question de savoir si les tableaux et les bas-reliefs qu'on exécutait n'étaient pas un reste du fétichisme grossier des anciens. C'est dans ces circonstances que le concile d'Illiberis défendit d'admettre dans les églises des peintures qui eussent rapport au culte et à la foi des chrétiens (1). Ce décret, dont se font autorité les iconoclastes, a été l'objet d'interminables discussions. Buonarotti n'a vu dans cette défense, faite en l'an 305, qu'une sage mesure pour empêcher la profanation à laquelle les saintes images étaient exposées pendant la persécution de Dioclétien. Ce qui vient à l'appui de cette idée, c'est que les pères du concile recommandaient aux fidèles les *diptyques*, peintures portatives exécutées sur des tablettes de bois, qu'il était facile à chacun de soustraire aux perquisitions de ses ennemis. Enfin, ce qui prouve qu'il n'y eut rien d'absolu dans la défense du concile, c'est qu'à partir d'Alexandre Sévère les papes se sont plu à décorer des images du Christ, de la Vierge et des apôtres, les catacombes romaines. Les monuments religieux que nous allons passer en revue maintenant sont peu intéressants peut-être au point de

(1) « Placuit *picturas* esse in ecclesia non debere, ne quod colitur et adoratur in parietibus depingatur. » (*Conc. Illib.*, can. 36. Voyez aussi *Inst. lithurg.*, par Dom Guéranger, t. I, p. 67.)

vue de l'art, mais ils se recommandent puissamment à notre attention par le caractère religieux dont ils sont revêtus.

On conçoit que les chrétiens, ayant imité les chambres sépulcrales des anciens Romains, aient adopté en grande partie leur système décoratif. Ces chambres, quelle que soit leur forme, se terminent toujours par une niche, dont la voûte en cul de four est ornée de peintures. Le centre de la voûte est rempli par une figure ou un motif principal, et les côtés sont divisés en quatre compartiments séparés par des enroulements et divers rinceaux de feuillages; des sujets empruntés à l'ancien ou au nouveau Testament occupent ces compartiments; l'arc qui couronne la niche est aussi rehaussé de peintures.

Examinons maintenant les sujets que l'on observe plus généralement sur les murs des catacombes. Dans cet aperçu nous suivrons encore M. Raoul Rochette, un des derniers explorateurs des antiques sépultures chrétiennes, l'archéologue qui peut-être a su apprécier le mieux les travaux de ses savants devanciers sur cette matière (1).

Le *Bon pasteur* est un des sujets de prédilection reproduits sur les monuments chrétiens : un homme jeune porte sur l'épaule la brebis égarée, et tient à la main le *pedum*, ou bâton pastoral antique (2). On a toujours pensé que le motif de cette représentation était emprunté à la parabole qu'on lit dans l'évangile selon saint Luc (3). Ce sujet se retrouve encore fréquemment sur les calices et les vases sacrés. Un fait certain, c'est que les anciens ont employé, en lui donnant une

(1) M. Raoul Rochette a publié le résultat de ses observations sur l'art chrétien des catacombes romaines, dans le 13e volume des nouveaux *Mémoires de l'Académie des inscr. et bell.-lett.* Quant aux autres écrivains des catacombes, voyez l'art. bibliog. aux noms de Bosio, Aringhi, Boldetti, Rœstell, Münter, Allegranza, Mamachi, Bottari, etc.

(2) Voyez des dessins de cette peinture dans Bottari, *Pittur. sag.*, t. II, tav. 55 ; dans Bellori, *Pitt. ant. sepulch.*, no 6, et Bosio ; *Rom. sott.*, p. 59, 95, 292, 313 ; Aringhi, *Rom. subt.*, t. I, p. 291, 327, 619, et t. II, p. 143, 266.

(3) L. IV, vers. 4 et 5 «... Et cum invenerit eam (ovem), imponit in humeros suos, gaudens...»

autre signification, une peinture toute semblable pour décorer leurs grottes funéraires, ainsi que le témoignent les tombeaux des Nasons, et celui de P. Cel. Sabinus (1).

L'invention de cette figure de berger, avec un animal sur les épaules, appartient à l'antiquité grecque. Le type de cette représentation avait été fixé par un habile sculpteur du nom de Calamis. La statue de cet artiste se voyait encore à Tanagra, au temps de Pausanias, qui nous apprend (2) que, le jour de la fête de *Mercure Kriophore*, le plus beau des jeunes gens de Tanagra parcourait la ville, une brebis sur les épaules. Calpurnius (3) et Tibulle (4) retracent cette image champêtre dans leurs vers. La belle statue du *faune à la chèvre* (5) peut être encore assimilée au *Bon pasteur*.

L'origine païenne de ce symbole touchant ne peut donc être mise en doute. Nous dirons plus : c'est que, dans le cimetière de Saint-Calixte, on voit le Bon pasteur accompagné de quatre figures représentant les *quatre saisons* de l'année, avec les attributs qu'on leur donnait en Grèce et en Italie ; l'automne, par exemple, tient la corne d'abondance (6). Nous nous arrêterons à ces quelques indications, qui montrent comment la figure allégorique dont nous venons de parler a, sinon son type, du moins son analogue dans l'antiquité la plus reculée.

Parmi les sujets bibliques qui ont été reproduits le plus souvent dans les catacombes par les peintres chrétiens, nous signalerons l'histoire de *Jonas*. L'aventure de ce prophète, qui avait un sens allégorique, rappelait pour les nouveaux

(1) Publié par le P. Mabillon, t. I, p. 223 de son *Itin. Ital.*—Bellori, *Pitt. antiq.*, supp. tav. 3, no 6, a publié un autre *Bon pasteur* païen.

(2) Pausan., l. IX, c. 22.

(3) Calpurn., *Eclog.*, V, vers. 39 et sqq.

(4) Tibull., *Eleg.*, I, vers. 11 et 12.

(5) Elle fait partie de la collection de saint Ildefonse, et a été publiée par Maffei, *Raccolta di statue*, etc., tav. 122

(6) Dans le tombeau des Nasons, on voit aussi un berger avec une chèvre sur ses épaules, et entouré des signes allégoriques des quatre saisons.

fidèles certaines traditions fort respectées des païens, et tout à fait semblables à celles des Hébreux, c'est-à-dire le mythe d'*Hercule avalé par une baleine, et sortant de son sein au bout de trois jours* (1). Sur un vase grec, on voit également un sujet tout à fait identique : Jason rejeté tout armé de la gueule du dragon qui l'avait englouti (2). En conséquence Jonas fut représenté comme Hercule et Jason. L'histoire de Noé avec l'arche est également un des sujets qu'on a observé le plus fréquemment; et cela évidemment encore parce qu'elle avait son pendant dans les croyances païennes. En effet, les médailles (3) antiques, où l'on voit représenté le déluge de Deucalion, nous offrent exactement les mêmes détails que nous trouvons dans les peintures des catacombes, où Noé est figuré recevant de la colombe le rameau d'olivier, en signe de réconciliation et de paix. Nous devons faire observer aussi que les artistes ne s'en tenaient point à la lettre des livres saints. C'est ainsi que, loin de donner à Noé la physionomie d'un homme avancé en âge, ils l'ont peint sous les traits de la jeunesse dans toute sa vigueur. Ils ont fait de même quand ils ont reproduit les quatre principales circonstances de la vie de Moïse (4) : celui-ci apparaît, dans leurs peintures, jeune et superbe. Parmi les motifs de fresques tirés de l'Ancien Testament, qu'ils ont traités avec prédilection, nous devons citer Adam et Ève tentés par le serpent, le sacrifice d'Abraham, Daniel dans la fosse aux lions, Tobie avec le poisson, Job, enfin Élie emporté au ciel (5).

Un fait, singulier de prime abord, c'est de trouver Orphée

(1) Voyez Bottari, t. III, p. 42 ; sur le mythe d'Hercule, le scholiaste d'Homère, *ad Iliad.*, XX, 143, et le scholiaste de Lycophron, ad. v, vers. 34.

(2) *Jason des Drachen*, etc., p. 12, in-4°, 1831 ; par Ed. Gerhard. Voyez aussi l'art. de M. Welcker, dans le *Rheinische Museum*, t. III.

(3) Frappées à Apomée, en Phrygie, à partir de Septime-Sevère.

(4) 1° Moïse touchant de sa verge le rocher d'Horeb ; 2° Moïse recevant de l'Éternel les tables de la loi ; 3° Moïse debout et ayant sept vases pleins de manne à ses pieds ; 4° Moïse occupé à détacher sa chaussure, à l'approche du buisson ardent.

(5) Voyez Bottari, *Pitture*, etc., t. II et III.

souvent représenté parmi les personnages de la Bible, dans les cimetières chrétiens des catacombes, absolument tel qu'il est figuré sur les médailles païennes (1). Cependant cette circonstance ne semble plus extraordinaire, quand on sait que les vers de ce poëte furent interpolés, et qu'on y ajouta divers passages annonçant la mission du Christ. Théophile d'Antioche (2) et saint Clément d'Alexandrie (3) nous apprennent aussi qu'on voyait alors, dans le mythe d'Orphée adoucissant les bêtes féroces par le son de sa lyre, une sorte d'image symbolique du Dieu fait homme pour régénérer l'humanité, et Eusèbe, qu'Orphée était un emblème de la mission du Christ sur la terre (4). On crut voir aussi dans les livres sybillins des passages qui faisaient allusion à la venue du Sauveur, et les sybilles figurèrent à côté des prophètes de la loi judaïque, dans les monuments religieux des premiers âges du christianisme (5).

Sur plusieurs tombeaux romains, et sur des mosaïques, on trouve une allégorie de la vie, représentée par les *vendanges*. Les chrétiens se sont emparé de cette allégorie. C'est ainsi que, dans le cimetière de Saint-Calixte, on voit une vigne de laquelle de jeunes enfants, dans des attitudes diverses, détachent des raisins. Bottari (6) a publié le dessin d'une autre peinture de ce genre, dans laquelle il y a des génies ailés occupés à faire la vendange, et accompagnés d'animaux dédiés à Bacchus, tels que des chèvres, des tigres et des panthères. Près.

(1) On le voit dans deux peintures du cimetière de Saint-Calixte (Bottari, t. II, tav. 71), sur une pierre gravée (Mamachi, *Ant. Christ.*, t. III, n° 81), et sur des lampes. (Aringhi, *Rom. subt.*, l. VI, c. 21, 22; Bosio, p. 239, 258; Aringhi, t. I, p. 547, 563; d'Agincourt, *Peinture*, pl. 5, 6, 7, 8, 9, 10.)

(2) *Orat. ad Pison.*, 9. 391, v. 3.

(3) *Cohort. ad gent.* (apud Bottari, t. I).

(4) *Laud. Const.*, l. XIII, c. 1, et F. Borromée, *de Pictcar.*, t. II, c. 2.

(5) Eusèbe de Césarée nous a conservé une oraison de Constantin, qui s'efforce de prouver aux païens que les vers acrostiches de la sibylle d'Érithrée, prédisant le Christ, sont authentiques. On sait que Michel-Ange a peint les sibylles dans la chapelle Sixtine, au-dessus du dais pontifical.

(6) *Pitt. e scult.*, t. III.

de sainte Agnès, Constantin fit bâtir un baptistère qu'il décora d'une mosaïque représentant également des vendanges.

Il nous reste, pour finir avec les peintures qui rappellent l'antiquité païenne, à parler des *agapes*, ἀγάπαι (1), repas sacrés qui se faisaient dans les catacombes, le jour de la fête des martyrs, et dans diverses circonstances, à l'occasion des mariages, des dédicaces, des funérailles et des naissances, d'où on les désigna par les mots *connubiales*, *dedicatoriæ*, *funerales*, *natalitiæ*. Les repas de mort et de naissance étaient les plus fréquents, et rappellaient un usage tout à fait païen (2). Chez les Grecs, ce festin s'appelait περίδειπνον, Ἑκάτης δεῖπνον; et chez les Latins, *comparatio*, *silicernium*. Il se célébrait neuf jours après l'inhumation des défunts. On en trouve la représentation sur les vases funéraires et sur les stèles. Saint Paulin de Nolle nous apprend que le sénateur Pammachius traita dans une église tous les pauvres de Rome (3). Nous savons, d'autre part, d'après saint Augustin, que saint Ambroise blâma les agapes, parce qu'elles étaient une superstition païenne (4).

On trouve des peintures représentant des repas dans les cimetières de saint Calixte, de sainte Priscille, des saints Marcellin et Pierre. Sur une niche sépulcrale de ce dernier cimetière, on voit trois convives : une femme entre deux hommes (5) assis devant une table demi-circulaire, *sigina*, aux bouts de laquelle deux matrones occupent des siéges séparés. Sur une table ronde, *cibilla*, sont déposés les mets du repas; un jeune esclave debout tient le verre à boire, *cyathus*; quant à l'office des deux matrones, il est indiqué par

(1) D'ἀγάπη, charité.

(2) Voyez Juste-Lipse, *ad Tacit. Annal.*, VI, 5.

(3) *Epist.*, 13, c. 11.

(4) *Confess.*, l. VI, c. 2 : «Quod illa parentalia superstitioni Gentilium essent simillima.»

(5) Dans les repas funèbres, les Romains étaient assis; mais aux repas ordinaires ils étaient couchés, comme chacun sait : «Feminæ, cubantibus viris, sedentes cœnitabant.»

deux inscriptions, l'une conçue ainsi : **YRENE, DA CALDA**; et l'autre, **AGAPE, MISCE MI**, c'est-à-dire : *Irène, donne (l'eau) chaude,* et *Agapê, mêle-moi (de l'eau dans le vin)* (1). Sur une autre peinture, on a figuré, sur la *cibilla*, des pains ronds présentant une incision en forme de croix (2), et des œufs, symboles de l'expiation chez les anciens.

Ce ne fut que dans les premiers temps du christianisme qu'Abraham et Moïse, Jonas et Daniel, furent presque les seuls héros des peintures exécutées par les artistes de la nouvelle foi. On les représenta à peu près comme les anciens avaient figuré Persée, Bellérophon, Hercule et Thésée. Plus tard, on puisa des motifs de peinture dans le Nouveau Testament. Le Christ est toujours le principal personnage de ces compositions religieuses (3). Quant à l'histoire de leurs persécutions, les chrétiens n'en ont pas retracé l'image dans les catacombes ; on n'y trouve guère que la représentation du *martyre de la vierge Salomé*, et encore d'Agincourt pense-t-il que cette peinture ne doit pas remonter plus haut que le x^e^ siècle. Mais, dès que les basiliques pourront s'élever glorieusement à la place des édifices profanes, nous verrons la religion, fière du triomphe de ses premiers confesseurs, retracer leurs luttes et leur victoire dans toutes ses peintures décoratives.

Nous avons parlé des sujets historiques retracés dans les catacombes; il nous reste à donner quelques détails sur le sys-

(1) Voyez le dessin et la description de cette peinture, dans le *Tableau des catac.*, par M. Raoul Rochette, pl. 3.

(2) C'était le pain domestique des Romains, qui l'appelaient, à cause de cette incision, *quadra*.

(3) Les principaux, d'après Raoul Rochette (*Tabl. des catac.*, p. 177), sont ceux-ci : 1o le Christ *sur les genoux* de la Vierge, recevant les présents des rois mages ; 2o Jésus-Christ assis au milieu des docteurs ; 3o Jésus-Christ assis au milieu de ses disciples, ou avec les douze apôtres, ou entre saint Pierre et saint Paul ; 4o Jésus-Christ multipliant les pains ; 5o guérissant un paralytique ; 6o rendant la vue à l'aveugle ; 7o ressuscitant Lazare ; 8o en bon pasteur. Nous ferons remarquer encore que les divers sujets puisés dans l'Évangile ne rappellent que des idées de paix et de charité ; les épisodes de la passion, comme nous l'avons dit déjà, n'apparaissent que plus tard.

tème d'ornementation des sépultures chrétiennes, et sur les symboles qu'on retrouve dans ces souterrains.

Les *fleurs,* disposées de toute façon, en guirlandes, en couronnes, en faisceaux, dans des vases ou des corbeilles, ont été employées avec profusion par les artistes dans les monuments sépulcraux. C'était là une tradition purement romaine, ainsi que le prouvent les peintures des tombeaux antiques. On sait de plus que les Latins avaient l'habitude de jeter des fleurs sur la tombe des défunts, et que les gens riches achetaient même une partie de terrain, *hortus, cepitaphium,* autour de leur sépulture, pour qu'on y cultivât des fleurs. On plaça également des fleurs sur les tombeaux des martyrs (1) Dans les peintures, ces fleurs sont quelquefois portées par de petits génies nus et ailés; d'autres fois on voit des paysages avec des oiseaux et des animaux. Il arrive que les couronnes servent d'encadrement à un sujet ou à une image ou buste (2). Les arbres, comme chez les anciens, étaient l'image du paradis.

Les chrétiens inhumèrent leurs morts bien souvent dans des sarcophages païens, décorés de bas-reliefs païens (3). C'est là un fait qui se reproduit si souvent, que nous n'en citerons qu'un exemple pour donner une idée du peu d'attention qu'on faisait à ces ouvrages profanes. On a trouvé dans le cimetière de Sainte-Agnès un sarcophage sur lequel on voit sculptés Bacchus entouré de petits amours nus, et des

(1) Voyez D. Martenne, *de Ant. eccles. ritil.,* l. III, cap. 14, nº 9; et Bottari, t. I, p. 165, t. II, p. 123, et t. III, p. 49.

(2) C'est une imitation des images sur bouclier, *imagines clypeatæ* des anciens.

(3) Il y en a de deux sortes : les uns, fort grands, sont ornés de bas-reliefs représentant des personnages ou des sujets historiques et religieux sur leurs quatre faces; les autres, plus petits, sont décorés, sur leurs petits côtés, de cannelures appelées *strigiles,* et sur leur face antérieure, d'un bas-relief. Ces sculptures sont disposées souvent sous une espèce de portique à arcades. Sur la frise des grands sarcophages, on voit au milieu, assez fréquemment, le portrait du défunt en buste, et au-dessus un cartouche pour l'épitaphe; on y lit aussi quelquefois la formule funéraire antique, D. M. ou D. M. S.

génies des saisons. L'inscription apprend qu'il a reçu les dépouilles d'*Aur. Agapetilla,* qualifiée *ancilla Dei* (1). La même chose arriva en France : saint Honorat fut renfermé dans un cercueil représentant, sur sa face extérieure, plusieurs personnages romains (2). On ne doit donc pas être étonné que les chrétiens aient aussi adopté plusieurs des figures allégoriques consacrées par les païens. Les anges sont figurés sur les sarcophages comme les génies de l'antiquité. Les fleuves, les villes et les provinces y sont également personnifiés. Les génies des saisons étaient placés sur les sarcophages romains comme l'image du cours de la vie; pour les chrétiens, ils devinrent un des symboles de la résurrection. Chez les païens, le ciel était symbolisé par une demi-figure d'homme, qui tenait de ses deux mains un voile déployé au-dessus de sa tête (3). Dans plusieurs monuments, le ciel est ainsi figuré sous les pieds du Christ. Mais il y a encore bien d'autres images empruntées presque toutes aux religions de l'antiquité; d'ailleurs, nous le répétons, saint Clément d'Alexandrie, dont l'autorité doit être acceptée de tout le monde, le déclare positivement (4) : nous allons faire connaître les principaux. Nous trouvons d'abord l'*agneau*, qui est figuré tantôt seul, tantôt avec la croix, et qui personnifie le Sauveur : c'est là une allégorie tout à fait chrétienne. Quelquefois on voit douze agneaux ; six sont rangés d'un côté, six de l'autre côté : ils représentent les apôtres. Un troisième est au milieu ; il est surmonté d'un nimbe ou d'une croix, indiquant suffisamment qu'il personnifie le Christ. Les mo-

(1) Boldetti, *Osservaz...*, p. 466.

(2) Bien plus, la conque de porphyre qui formait le couvercle de l'urne funéraire de l'empereur Adrien a servi de cercueil au pape Innocent II : on en a fait depuis des fonts baptismaux, qui servent encore à Saint-Pierre de Rome. Enfin, disons qu'on a converti souvent les autels antiques en troncs pour les aumônes.

(3) L'*autel d'Auguste*, par exemple, dont M. Raoul Rochette a publié un dessin, *Mon. inéd. d'antiq. fig.*, pl. 69. Voyez aussi Aringhi, p. 317.

(4) S. Clem., *Pædag.*, l. III, cap. 2. On peut consulter encore, sur ce sujet, le savant ouvrage d'Allegranza, *Spiegazione e riflessioni sopra alcuni monumenti antichi di Milano*; Milan, 1757, in-4o.

numents dont nous allons parler ont été en usage chez les Romains. Le *cerf* rappelle le baptême, et semble aussi être une interprétation de ces mots du psalmiste : *Quemadmodum desiderat cervus ad fontes aquarum ; ita desiderat anima mea ad Deum ; — sitivit anima mea ad Deum, fontem vivum* (1). Le *coq* devint une image de la vigilance. S'il est représenté dans un combat avec une palme, il indique la victoire. La *colombe* fut un symbole de la pureté de l'âme. Souvent elle porte au bec un rameau, et alors c'est la colombe de l'arche de Noé. Le *paon*, consacré à Junon, devint l'emblème de l'apothéose des impératrices, comme l'aigle était le symbole de l'apothéose des empereurs. Le christianisme s'empara également de ces oiseaux symboliques. Les pégases ailés avaient la même signification ; le nimbe aussi. L'origine orientale du *phénix*, qui rappelait l'éternité, l'apothéose, ne peut être mise en doute (2). Chez les chrétiens, il signifie l'immortalité de l'âme et la résurrection. On a pensé pendant longtemps que la *palme* et la *couronne* étaient l'emblème exclusif de la victoire des martyrs. Cette opinion nous paraît fondée. Cependant, il est certain que les anciens en déposaient sur leurs tombeaux, en peignaient sur leurs urnes funéraires, en sculptaient sur leurs sarcophages ; mais elle n'était que le signe d'une victoire temporelle. Souvent, sur les sépulcres chrétiens, elles accompagnaient l'image du phénix, pour exprimer des idées de renaissance et de félicité éternelle, sans allusion aucune au martyre. D'ailleurs, on a continué à les employer encore à une époque où il n'y avait plus de martyrs. On sait que le *poisson* était, dans les premiers siècles de notre ère, d'un usage universel pour représenter Jésus-Christ, en quelque sorte une tessère commune à tous les fidèles. Nous rappellerons que le mot grec ἰχθὺς, qui signifie poisson, offre les cinq lettres initiales des mots Ιησους

(1) Psalt. 41, vers. 1 et 2.

(2) Les mots, *consecratio, æternitas,* qui l'accompagnent, indiquent assez sa signification. Voyez là-dessus Henrischen, *Diss. de phenicis fabula apud Græc., Rom., et popul. Orient.;* Hanriæ, 1825.

Χριστὸς Θεοῦ υἱὸς, σωτὴρ, *Jésus-Christ, fils de Dieu, sauveur.* Le nom et la figure du poisson devinrent, à cause de cela, un signe de ralliement. Cependant nous devons dire que le poisson figure à un tout autre titre sur les monuments funéraires des anciens (1). Chez les chrétiens, le mot ἰχθὺς est souvent gravé sur le tombeau avec le monogramme du Christ ☧ ou avec les lettres Α et ω, qui signifient le commencement et la fin de toutes choses. Souvent le poisson accompagne un navire (2). L'*ancre* est plutôt un symbole de salut que d'espérance. Saint Clément d'Alexandrie recommande aux fidèles de la porter gravée sur leurs anneaux. Le *navire voguant en pleine mer* est l'emblème d'une navigation heureusement accomplie. On trouve ce sujet dans les peintures des catacombes. Boldetti (3) a rassemblé le témoignage des pères de l'Eglise sur la signification chrétienne de cette représentation. L'autorité de saint Clément d'Alexandrie est sans réplique. Or, c'est encore là un symbole tout païen, souvent reproduit sur les tombeaux antiques. Les philosophes considéraient, ainsi que chacun sait, la mort comme un port placé au terme d'un long voyage, et

(1) Sur ce sujet, voyez S. Clément, *Pædag.*, l. III, cap. 10, et l. V, cap. 2. — Tertullien, *Baptism.*, cap. 1. — S. Jérôme, epist. 43. — Origène, in *Leviticon*, l. VII, cap. 10. — S. Eucheius, *Forma spiritualis*, cap. 4. — S. Ambrosius, *de Sacramentis*, l. III, cap. 1. — S. Optatus, *Contra Parm.*, l. III. — S. Augustinus, *de Civ. Dei*, l. XVIII, cap. 23. — S. Prosperus, *de Predicatione*, part. II, cap. 19. — Aringhi, *Rom. subt.*, l. V, cap. 19; l. VI, cap. 38. — Fabretti, *Inscript. antiq.*, cap. 8, p. 568, et cap. 4, p. 282. — Du Cange, *de Inferioris ævi numismatib.*, n^os^ 35 et 64. — Enfin le P. Ans. Cottadoni, *Diss. del pesce, simbolo di Gesu Cristo, presso gli antichi cristiani.*

(2) La majorité des antiquaires catholiques a pensé que le champ elliptique au milieu duquel on voit représenté Jésus Christ ou la Vierge, ou un salut, tel qu'il y en a souvent sur les frontons des églises en sculpture ou en peinture dans des chapelles, rappelle l'antique symbole du poisson. Cet encadrement est appelé *vesica piscis*. D'autres archéologues veulent voir làdedans un nuage, une émanation de rayons lumineux; mais ils oublient que, dans les plus anciens monunents, la *vesica piscis* n'est souvent formée que par deux lignes courbes si grossièrement accusées, qu'on ne peut en aucune façon comparer dans ce cas à une auréole, etc.

(3) *Osserv.*, p. 23, 505, 525.

assimilaient la vie à une navigation sur une mer semée d'écueils (1).

Une autre composition, également antique, est celle du *cheval*, en repos ou en course, seul ou avec une palme. Le cheval vainqueur à la course était une allégorie du cours de la vie humaine arrivée avec bonheur à son terme.

Nous entrons dans une autre série d'emblèmes sculptés sur les monuments funéraires. Nous signalerons d'abord des *animaux* qui ont de l'analogie avec le nom du défunt : c'est ainsi que l'épitaphe d'une femme nommée *Maritima* est accompagnée d'une ancre et de poissons, qu'un âne est représenté près du nom d'un certain *Onager*, un dragon près de l'inscription d'un certain *Dracontius*. Dans l'antiquité grecque et romaine, il était d'usage de sculpter sur les tombeaux l'image des *instruments* propres à la profession du défunt, ou les insignes de sa dignité (2); cette coutume est passée aux chrétiens. C'est ainsi qu'on voit sur des monuments funéraires de ces derniers des haches, des tenailles, des marteaux, ailleurs un métier à tisser, etc.

Il n'y a rien qui doive étonner dans toutes ces analogies que nous venons de signaler entre l'art tumulaire des païens et celui des chrétiens; car presque toujours ceux-ci ont changé la signification des symboles antiques, quand ils les ont acceptés : toutes les fois qu'ils leur ont conservé leur signification première, c'est qu'ils n'y trouvaient rien qui fût contraire à l'esprit de la nouvelle religion. Le témoignage des écrivains religieux les plus orthodoxes met ce système archéologique à l'abri de toute controverse (3).

Quand nous avons parlé des sépultures gallo-romaines (4),

(1) Cicero, *de Senect.*, l. XIX, cap. 71. — Seneca, epist. 70. — Plutarch., *de Tranquill.*, l. II.

(2) Voyez pag. 27.

(3) C'est ce qui faisait dire au savant bénédictin dom Mabillon : « Dum « cruda adhuc quorumdam christiana religio aliquid de paganici ritus su- « perstitione, retinebat... » (*Itiner. Ital.*, p. 70.)

(4) Voyez pag. 269.

nous avons dit qu'on était dans l'usage d'orner, de meubler, pour ainsi dire, les chambres sépulcrales, avec les objets qui avaient été le plus chers au défunt, de faire en un mot des tombeaux une image de la demeure que la mort forçait de quitter. Nous devons dire qu'on retrouve dans les sépultures chrétiennes les mêmes bijoux, instruments, meubles, amulettes, armes, ustensiles divers, que nous avons signalés. On y a surtout recueilli un très-grand nombre de *lampes*. Leur disposition dans les catacombes indique un double but dans leur usage. Celles qui sont posées sur des consoles, ou placées dans des petites niches, ou suspendues aux voûtes par des chaînes, servaient évidemment à éclairer la marche des fidèles dans ces sentiers ténébreux. Les lampes attachées au dehors des tombeaux, ou placées dans les sépulcres, avaient une signification religieuse (1); elles sont toutes en terre cuite ou en bronze, et de formes très-variées; beaucoup cependant ressemblent à une petite nacelle; elles sont ornées de figures d'animaux symboliques et de divers emblèmes religieux. — Les vases ne manquent pas non plus dans les catacombes : ils sont analogues à ceux que nous avons décrits dans notre article sur les sépultures romaines, et ils ont eu la même destination. Les fioles que l'on appelle *lacrymatoires*, et qu'on pensait avoir contenu le sang des martyrs (2), ont plus probablement contenu des parfums. Il est certain que les premiers chrétiens, comme les païens, répandaient sur les morts des essences odorantes, ainsi que l'attestent ces deux vers :

Martyris hi tumulum studeant perfundere nardo
Et medicatæ pio referent unguenta sepulchri (3).

(1) S. Jérôme dit : «Cum alii cereos, lampadesque, alii choros psallentium ducerent.» Ailleurs, il ajoute qu'on les plaçait sur le tombeau des martyrs, *pro honore martyrum*; voy. *Contra vigilant.*, no 8. Cet usage s'est conservé jusqu'à nous : aux funérailles ou ailleurs, un grand nombre de cierges. Sur ces lampes, voy. Bingham, *Orig.*, l. XXIII, c. 3, § 22; Middleton, *Antiquitat.*, p. 105; Bottari, *Pitt. e scul.*, t. III, p. 67, et Boldetti, *Osservaz.*, p. 524.

(2) L'*Ampolla di sangue* des antiquaires.

(3) S. Paulin, de Nole, *Natalia*, VI.

Nous dirons plus, c'est qu'on a découvert dans les tombeaux des cassolettes à parfums avec leurs cuillers. Tous les vases que l'on trouve dans les sépultures des catacombes ne sont pas funéraires. Il est certain qu'il y en a qui ont servi à la célébration des agapes. C'est ainsi que sur des vases à boire, en verre, on lit : PIE, ZEZES, ou bien BIBE ET PROPINA. Paroles qui doivent avoir un sens tout à fait mystique. Enfin disons qu'au fond de ces vases on voit gravée, sur une feuille d'or, l'image du Christ, des apôtres ou des martyrs, et que toutes ces images sont généralement accompagnées du nom des personnages qu'elles représentent.

Les différentes espèces d'antiquités religieuses que nous venons d'indiquer très-rapidement se voient en grand nombre dans le curieux *Musée du Vatican,* fondé par le pape Benoît XIV. C'est là qu'on peut surtout étudier avec fruit, et d'une manière positive, les origines de l'art chrétien.

### Iconographie chrétienne.

*De la beauté du Christ.* — L'opinion la plus généralement admise dans les temps modernes est que le Christ avait en partage une beauté divine; cependant, c'est là un des points d'histoire les plus controversés. Les pères de l'Église ont été partagés sur cette question, qui n'a jamais été décidée solennellement. Les plus anciens écrivains chétiens ont presque tous affirmé que le Christ était laid. C'est l'opinion de saint Irénée, qui dit que, comme homme, Jésus n'était pas beau, mais que, comme Dieu, il était saint et admirable (1). Saint Justin s'exprime à peu près dans les mêmes termes (2). Origène nous apprend que cette laideur, généralement reconnue, était un des arguments dont se servaient les païens pour nier la divinité du Sauveur (3). Celse disait : «Il n'est pas beau, donc il

(1) « Homo indecorus et passibilis... Dominus noster et mirabilis consiliarius et decorus specie. » (L. III, cap. 19.)

(2) *Dialog. cum Typho.*, cap. 85, 88, 100.

(3) Orig., *Contra Cels.*, l. VI, cap. 75.

n'est pas Dieu! » Origène avouait qu'Isaïe avait, à la vérité, prophétisé que le Christ ne serait distingué ni par la beauté de son visage, ni par les qualités extraordinaires de son corps; mais que si le Fils de Dieu n'était pas beau selon les hommes, toujours était-il que sa figure était noble et céleste. Avant Origène, saint Clément d'Alexandrie trouve le passage d'Isaïe concluant: « Nous l'avons vu, dit ce prophète, et il n'avait ni grâce, ni beauté; mais sa beauté était dans le mépris, et au-dessous de la beauté des hommes (1). Cependant, si la beauté est un bien, fait observer saint Clément, qui la méritait mieux que le Seigneur? Il avait non la beauté de la chair, qui paraît aux yeux, mais la vraie beauté de l'âme et du corps. La beauté de son âme consistait dans son inclination à faire du bien à tout le monde, et celle de son corps, dans l'immortalité » (2). Ailleurs (3), saint Clément dit que le chef de l'Église est venu en chair, sans beauté corporelle, pour nous enseigner à élever nos cœurs vers les objets invisibles et dégagés de la matière. Saint Cyrille d'Alexandrie était dans les mêmes sentiments que les écrivains précédents... « Et afin, dit-il, que nous comprissions que la chair comparée à la divinité n'est rien, le Fils de Dieu a voulu paraître dans une forme qui n'était nullement belle (4). David, dit-il, n'a pas prédit que Jésus-Christ serait beau dans ses formes corporelles, gardons-nous de le croire. » A ce sujet Tertullien est bien plus explicite: « Si Jésus est laid aux yeux des hommes, s'écrie-t-il, si ses traits sont grossiers et vils, je reconnais en lui mon Dieu! » Il va plus loin, il ajoute que le Christ, en se manifestant aux hommes, a voulu se faire, en quelque sorte, outrage à lui-même, et que, s'il eût été beau, personne n'eût osé lui infliger les igno-

(1) *Isaïe*, l. LII, v. 13, 14, 15.

(2) *Pædag.*, l. III, c. 1.

(3) *Stromat.*, l. I et l. VI. (Voyez, pour plus de détails, Dom Calmet, *Dissert. sur la beauté de Jésus-Christ*, p. 430 du 3e vol. des *Dissertations* de ce savant bénédictin; Paris, 1720, in-4.)

(4) Glaphyr., *in Exod.*, l. I.

minies de sa passion (1). Enfin saint Augustin enseigne aussi que le Christ, comme homme, était laid, mais que, comme Dieu, il était beau (2). Il concilie de cette manière le passage d'Isaïe que nous avons cité, et un passage du Psalmiste qui, en parlant du Fils de Dieu, dit qu'il serait beau entre tous les hommes. Aussi reproche-t-il aux Juifs (3) de ne pas avoir reconnu cette beauté morale; ce n'est donc que de cette beauté qu'il entend parler, quand il s'écrie: «Il était beau dans le sein de sa mère, beau dans les bras de ses parents, beau sur la croix, beau dans le sépulcre (4).»

C'est à partir du temps de saint Jérôme et de saint Jean Chrysostôme, que les écrivains chrétiens commencent à vanter la beauté du Sauveur des hommes. Saint Jérôme écrit que l'éclat qui brillait sur le visage sacré de l'Homme-Dieu, et la majesté de sa divinité qui rejaillissait sur son humanité, étaient capables d'attirer à lui, dès la première vue, les cœurs des personnes qui avaient le bonheur de le regarder (5). Nous lisons dans saint Chrysostôme: «Roi de gloire, image visible de l'invisible majesté du Très-Haut, Jésus-Christ fut choisi entre dix mille; les proportions de son corps étaient

(1) *Adv. Marc.*, l. II, c. 17: «Si inglorius, si ignobilis, si inhonorabilis, «meus erit Christus, talis enim habitu annonciabatur...» *Adv. Jud.*, c. 14: «Ne aspectu quidem honestus.» Ailleurs, *de Carne Christi*, c. 9: «Ne hu«manæ honestatis fuit corpus ejus.»—«An ausus esset aliquis ungue summo «perstringere corpus novum, sputaminibus contaminare faciem non me«rentem?» *De Patientia*: «Sed contumeliosus insuper sibi est.»

(2) S. August., *in Psalm.* 44: «Ut homo, non habebat speciem, sed spe«ciosus forma ex eo quod est præ filiis hominum.» *In Psal.* 118: «Et ipse «sponsus, non carne, sed virtute formosus.»

(3) S. August., *in Psalm.* 87: «Nisi fœdum putarent (Judei), non insi«lirent, non flagellis cæderent.»

(4) S. August., *in Psalm.* 44. On fait encore observer qu'on ne trouve pas un mot dans l'Évangile qui dise que le Christ fût beau; on ajoute que S. Jean (l. II, v. 15) affirme que Marie-Magdeleine prit le Christ, après sa résurrection, pour un charpentier.

(5) S. Jer., *in Matth.*, 9: «Certe fulgor ipse, et majestatis divinitatis oc«cultæ, quæ etiam in humana facie relucebat, ex primo ad se videntes tra«here poterat aspectu.» Voyez encore S. Jérôme, *in Matth.*, XXI, 12 et 13, et *ad Princ.*, epist. 65, c. 8 et 9.

élevées et pures; tout ce qui était créé en lui était plein de grâce et de vérité » (1). Il faut ajouter à l'opinion de ces deux saints pères l'autorité des SS. Ambroise et Grégoire de Nysse. Depuis cette époque, on a adopté un type à peu près invariable, d'après lequel on est dans l'usage de représenter le Christ. Maintenant nous allons examiner et parler de quelques-uns de ces portraits auxquels la tradition accordait une origine miraculeuse, mais dont l'authenticité n'a pas été acceptée par les écrivains ecclésiastiques les plus érudits et les plus judicieux (2).

Un fait certain, positif, c'est qu'on n'a jamais eu une représentation historique incontestable des traits du Christ; car là-dessus, saint Augustin s'explique très-nettement: il affirme que, de son temps, on ne possédait aucune image réelle du Christ ni de la Vierge (3). Après une telle déclaration de ce saint personnage, on admettra facilement le peu de valeur que l'on doit attacher aux portraits dont nous allons parler.

On a appelé *archeiropoiètes* les portraits du Christ non faits de main d'homme. Le plus ancien et le plus célèbre de tous est celui qu'a possédé Abgare, roi d'Édesse, ville située au delà de l'Euphrate. Saint Jean de Damas raconte que ce roi, étant atteint d'une maladie incurable, et ayant entendu parler du bruit que faisaient en Syrie les miracles opérés par Jésus-Christ, lui écrivit pour le prier de le venir guérir. Jésus-Christ lui répondit qu'il ne pouvait faire ce voyage,

(1) S. Chrys., *in Matth.*, homel. 27, c. 2. Voyez encore, sur la beauté du Christ, les témoignages du même père, *in Isa.*, l. XIV, c. 52. S. Ambr., *de Myst.*, c. 6; *de Fide*, l. II; *in Psalm.* 44, c. 2. S. Gregor. Nyss., *in Cant. cantic.*, homel. 13, 14.

(2) Voyez Molanus, *de Histor. SS. imagin.*; Lugd., 1617, in-8, p. 370 et sqq.

(3) S. August., *de Trinitate*, l. IV: « Qua fuerit ille Christus facie nos « penitus ignoramus... Nam et ipsius dominicæ facies carnis, innumerabi- « lium cogitationum diversitate variatur et fingitur, quæ tamen una erat, « quæcumque erat... Neque enim novimus faciem virginis Mariæ...Nec novi- « mus omnino, nec credimus. » C'est aussi ce que saint Irénée nous apprend dans son livre *Contra hæres.*, l. I, c. 25.

mais que, dès que sa mission serait finie, il lui enverrait un de ses disciples qui lui rendrait la santé (1). Abgare, affligé de cette réponse, envoya à Jérusalem un peintre pour faire le portrait de Jésus; mais ce peintre ne put réussir dans son travail, empêché qu'il était par l'éclat éblouissant que présentait le visage qu'il voulait reproduire. Jésus-Christ prit le portrait, le trempa dans l'eau, se l'appliqua sur la figure, et ses traits demeurèrent empreints à jamais (2). Ce portrait fut porté à Édesse, et y fut conservé jusqu'en 944. A cette époque, il fut cédé à l'empereur Lecopène, et envoyé à Constantinople (3), où il fut longtemps honoré d'un culte public. De là, il a été transféré à Rome, où on le conserve, dit-on, dans l'église de Saint-Sylvestre *in capite*. Dans ce portrait les yeux sont ronds et les sourcils très-arqués.

Plusieurs historiens ont dit que saint Luc était tout à la fois médecin et peintre. Théodore le Lecteur, qui vivait en 518, et saint Jean de Damas, l'ont écrit positivement (4), ainsi que l'auteur de l'*Epître synodale* à l'empereur Théophile (5). D'après ces écrivains, il paraitrait que saint Luc aurait peint un portrait du Christ. Nous ne dirons rien du saint suaire, encore conservé au Vatican, ni du *sancta sanctorum* de Saint-Jean-de-Latran, qui sont des objets trop vénérés pour figurer dans une histoire de l'art.

Une statue du Christ qui a longtemps eu une grande célé-

(1) On rapporte qu'Abgare fut, en effet, guéri par Thadée, un des 72 disciples, envoyé à Édesse par saint Thomas. La correspondance de Jésus-Christ et d'Abgare a été conservée par Eusèbe de Césarée, qui vivait au IVe siècle, et qui dit avoir recueilli ces lettres dans les archives d'Édesse; voyez son *Hist. eccl.*, l. I, c. 13. S. Éphren, le Syrien, parle de ces lettres comme d'une chose connue de son temps (379), ainsi que Procope et saint Théodore le lecteur. Les critiques Noël, Alexandre et Dupin les croient fausses. Tillemont, *Hist. eccl.*, et Bergier, *Dict. de théol.*, les regardent comme vraies.

(2) S. Johan. Damascen., *de Orthod. fide*, l. IV, c. 17, et Nicéph., *Hist. eccl.*, l. II, c. 7.

(3) Voyez Fleury, *Hist. de l'Égl.*, l. LV.

(4) *Opera*, édit. de Lequien, t. I, p. 618.

(5) Combefis, *Orig. rerumque Constantinop. manipul.*; Paris, 1661, in-4.

brité dans tout l'Orient était celle que l'on attribuait à l'Hémorroïsse. On sait que saint Matthieu (1), saint Marc (2), et saint Luc (3), nous apprennent qu'une femme fut guérie d'un flux de sang par notre Sauveur. Or les écrivains ecclésiastiques ont recueilli plusieurs traditions à ce sujet. Jean d'Antioche (4) nous dit que cette femme s'appelait Véronique, et Eusèbe, qu'elle habitait Panéade (5). Il paraît qu'après sa guérison miraculeuse elle s'adressa au roi Hérode II, afin d'obtenir de lui la permission d'élever la statue dont il est question, et que cette permission lui fut accordée. Alors elle fit couler deux statues d'airain qu'elle plaça devant sa maison: elle apparaissait dans l'une agenouillée et suppliante; l'autre représentait le Christ drapé dans son manteau, et étendant la main vers elle. Eusèbe dit avoir vu cette statue et l'avoir trouvée ressemblante aux autres portraits du Christ existant de son temps. Astérius, évêque d'Amasie, dont les écrits nous ont été conservés par Photius, parle de ce monument (6): il dit qu'elle fut enlevée de Panéade par les ordres de l'empereur Justinien, et portée à Constantinople. Enfin Zozime (7) et Philostorge (8) déclarent qu'elle fut traînée et brisée sur la place publique du temps de l'empereur Julien l'Apostat (9).

Tels sont les divers monuments représentant le Christ qui auraient été exécutés de son vivant, ou peu de temps après sa mort. On ne peut ajouter une grande foi aux traditions que nous venons de rapporter, car elles sont consignées par des écrivains postérieurs à saint Augustin, dont l'opinion doit faire autorité par-dessus tout. On conçoit parfaitement d'ailleurs que les premiers chrétiens, en haine de tout ce qui

(1) Ch. 9, v. 20.
(2) Ch. 5, v. 25.
(3) Ch. 8, v. 43.
(4) *Chronographia*, p. 305; Oxon., 1691, in 8.
(5) *Hist. eccl.*, l. VIII, c. 18.
(6) *Bibliot.*, p. 15-17.
(7) L. V, c. 21.
(8) L. VII, c. 3.
(9) Voyez Fleury, *Hist. de l'Égl.*, l. XV, § 20.

rappelait l'idolâtrie et l'adoration de la matière, et ne comptant parmi eux qu'un fort petit nombre d'artistes inhabiles, n'aient pas recherché les images du Christ. Bien plus il ne faut pas oublier que les pères de l'Église les plus anciens, qui étaient aux sources de la tradition, affirment que le Christ avait un physique repoussant, et ne parlent pas de toutes ces images miraculeuses et *anciennes* mises en honneur par les pères et les écrivains religieux, à partir du IV^e siècle. Ce n'est réellement qu'à cette époque qu'on a admis la beauté corporelle de l'Homme-Dieu (1).

Bien plus, aucun écrivain ancien ne nous a dépeint le Christ avec détails; nous ne commençons à trouver son portrait que dans l'histoire ecclésiastique du Grec Nicéphore Callixte, qui écrivait vers l'an 1350, mais qui s'était alors entouré de tous les documents que la tradition avait conservés de son temps. Cet auteur nous représente Jésus comme étant très-beau de visage, et ayant une taille de sept palmes (2); ses cheveux étaient à peu près blonds; ils n'étaient pas fort épais, mais un peu frisés ou crépus. Ses sourcils étaient noirs, et ne formaient pas exactement un demi-cercle. Il avait les yeux grands, vifs, et tirant sur le jaune; le nez long, la barbe rousse et assez courte; mais il portait de longs cheveux, car le ciseau ne passa jamais sur sa tête quand il était jeune (3)... « Son col n'était pas roide et élevé, et son port n'était pas haut et fier, mais il marchait la tête un peu penchée. Son teint était à peu près

(1) Nous devons dire pourtant que la dispute a continué, dans les temps modernes, entre les théologiens. Il paraît même que tout le monde y prenait part, car le père Vavasseur (*de Forma Christi*; Paris, 1649) dit que de son temps les hommes voulaient que le Christ eût été laid, les femmes, qu'il eût été beau. Le père Delon, dans ses notes sur Origène, reproche aux artistes d'avoir fait le Christ trop beau. Le père Pouget et Martianey (*Notes sur saint Jérôme*, t. I, col. 377, not. *a*, et t. VII, col. 50) s'expriment dans les mêmes termes.

(2) C'est-à-dire 5 pieds 4 pouces 2 lignes.

(3) « Capitis porro capillos tulit procilliores. Novacula enim in caput ejus « non ascendit, neque manus aliqua hominis, præterquam matris, in tenera « duntaxat ætate ejus. »

de la couleur du froment (1). Son visage n'était ni rond, ni en pointe, mais il était, comme celui de sa mère, un peu allongé et assez vermeil » (2). Ce passage est curieux en ce qu'il nous fait bien connaître l'idée que les Grecs se faisaient de la beauté du Christ, et que le portrait qu'il nous retrace se rapporte parfaitement aux types reproduits si souvent par l'école byzantine.

Les Latins publièrent aussi leur manifeste sur la beauté du Christ. Une fraude pieuse fit supposer qu'on avait retrouvé la lettre dans laquelle Lentulus donnait au sénat romain le signalement du Christ (3). L'écrivain anonyme nous représente le Fils de Dieu comme étant d'une taille élevée, ayant un visage sévère, et des cheveux roux, lisses sur les oreilles, et descendant en boucles sur les épaules. De plus, ses cheveux étaient partagés à partir du sommet de la tête, à la manière des Nazaréens. Il avait une barbe épaisse et fourchue; ses yeux étaient bleus, et son visage tout à la fois grave et gracieux. L'auteur ajoute que le Christ avait les mains longues et belles, et que c'est au Fils de Dieu qu'on pouvait surtout appliquer les paroles du Psalmiste : « qu'il était le plus beau des enfants des hommes. » On voit qu'en Occident, les traditions n'étaient pas tout à fait les mêmes qu'en Orient, et qu'on ne s'y faisait pas tout à fait la même idée de la beauté. Nous avons cru devoir donner ces deux portraits, parce qu'ils nous semblent caractériser assez bien le goût grec et le goût latin.

Nous allons parler maintenant de plusieurs monuments d'une antiquité authentique, sur lesquels on trouve des images du Christ. On pense que ces images n'ont pas circulé entre les mains des chrétiens avant le IIIe siècle de notre ère. Il paraît que c'étaient des portraits de convention, représentant le

(1) « Porro tritici referens colorem ; non rotundam, aut acutam habuit « faciem... »

(2) Voyez le texte grec de Nicéphore, *Hist. eccles.*, l. II, c. 40.

(3) Voyez cette lettre dans Fabricius, *Cod. apocryp. novi Testam.*, p. 301.

Christ sous des formes laides et repoussantes, suivant le précepte de saint Clément et de saint Irénée. Ils avaient été mis en honneur par les gnostiques, qui les exposaient couronnés de fleurs, dans leurs conciliabules, avec les images de Pythagore et de Platon. C'est un fait qui ne peut être mis en doute pour la secte de Carpocrate (1). On a recueilli plusieurs pierres gravées que ces gnostiques portaient au cou comme une amulette, et qui offrent la figure du Christ : autour on lit le nom grec Χριστου, et au-dessous on voit la représentation du poisson symbolique (2). Une preuve encore que, même au IVe siècle, ces portraits étaient une chose rare, c'est que nous voyons Constantia, sœur de l'empereur Constance, prier Eusèbe de Césarée de lui procurer une image du Christ (3).

Les représentations du Fils de Dieu se trouvent sur plusieurs ordres de monuments que nous allons successivement passer en revue. Le plus ancien portrait peint se voit dans le cimetière de Saint-Calixte, à Rome. Le Sauveur s'y montre avec ce visage de forme ovale légèrement allongée, cette physionomie grave, douce et mélancolique, cette barbe courte et rare, ces cheveux séparés sur le milieu en deux longues tresses qui retombent sur les épaules, tel à bien peu de chose près qu'il apparaît sur plusieurs bas-reliefs du Vatican, dont le style et le travail appartiennent au règne de Julien. Nous sommes à peu près sûr d'avoir là le type de la figure du Christ, tel qu'il avait été fixé d'abord dans le sein de l'église grecque, et adopté par les fidèles de l'Occident du IVe au Ve siècle, tel qu'il se reproduit invariablement sur les monuments de la période byzantine, dans les miniatures des ma-

(1) Voyez saint Irénée, *Adv. hæres.*, l. I, c. 25, § 5. — Saint Epiphane, *Hæres.*, l. XXVII, § 6.

(2) Une de ces pierres fait partie du cabinet de M. Fortia d'Urban ; elle est dessinée dans l'ouvrage de M. Raoul Rochette, *Tabl. des catac.* : voyez la p. 359 de cet ouvrage.

(3) *Recueil des conciles* de Labbe, t. VII, col. 493 et suiv. *Lettre d'Eusèbe.*

nuscrits, sur les verres peints, sur les mosaïques, tel enfin qu'il s'est conservé jusqu'au Giotto (1). Un autre portrait fort ancien se voit sur une mosaïque qui représente le Christ quand il apparut à Constantin le jour de la consécration de l'église de Saint-Jean-de-Latran : il présente également des cheveux longs et une barbe (2).

Le Christ est sculpté sur un grand nombre de sarcophages où l'on voit entremêlés des sujets empruntés à l'ancien et au nouveau Testament. On retrouve une grande variété de types dans les figures du Sauveur, et cette observation vient à l'appui des paroles de saint Augustin, quand il dit qu'on représentait le Christ de différentes manières (3). Nous avons remarqué que presque toujours on le voit jeune et imberbe, quand on nous le montre dans une des circonstances de sa vie, et qu'il est le plus souvent barbu, même vieux, quand il occupe le milieu du sarcophage. Sur beaucoup de sépulcres il apparaît à l'un des angles, armé d'une baguette et ressuscitant Lazare ; celui-ci est figuré par une petite momie emmaillotée, placée dans une niche, laquelle est surmontée d'un fronton, et exhaussée sur quelques degrés (4). Une remarque importante à faire, c'est qu'on voit souvent, dans un même bas-relief, le Christ jeune et imberbe, vieux et barbu (5). Tout cela prouve, nous le répétons, que pendant longtemps il n'y a pas eu de type arrêté pour l'image du Christ, ainsi que l'a écrit

(1) Raoul Rochette, *Tabl. des catac.*, p. 261. Voyez la gravure de ce portrait dans Bottari, *Pittur. e scult.*, t. II, tav. 70, p. 42.

(2) Voyez-en la gravure dans Seroux d'Aginc., *Hist. de l'art*, Peinture, planc. 16, fig. 1.

(3) Voyez la note 3 de la page 320.

(4) On en verra de nombreux exemples dans Aringhi ; voyez t. II, p. 293, 295 297, etc.

(5) Voyez dans Aringhi (ouvr. cit.) le Christ représenté vieux et barbu, t. II, p. 329 et 333 ; t. I, p. 295, 301 et 307 ; Ciampini, *Veter. monum.*, t. II, tab. 28, et *de Edif. sacr.*, tab. 13, 14, 30. Voyez la représentation du Christ, jeune et beau, foulant de ses pieds nus le lion et le dragon ; Gori, *Thesaur. veter. dypt.*, t. III, tab. 4 ; Boldetti, *Osserv. sopra i cimet. dei SS. Mart.*, etc., l. I, c. 39, tav. 12, fig. 2.

saint Augustin. Il est certain, en effet, que du temps du saint évêque d'Hippone, il y avait des figures du Christ, de la Vierge et des apôtres (1), mais que, ces figures étant arbitraires, il ne pouvait les considérer comme des portraits, ce qui lui faisait dire : *Neque novimus*, etc.

Nous avons dit déjà (2) que dans les premiers siècles de l'Église on ne représenta aucune scène de la passion. Les idolâtres tournaient en ridicule l'image de Jésus crucifié. Les saints pères usèrent de ménagements à cet égard, pour ne pas éloigner de la vraie religion les gens d'esprit faible, que ce scandale aurait arrêtés (3). Ce n'est qu'à la fin du VIIe siècle que le crucifix a été introduit dans les églises. Cependant Grégoire de Tours (4) dit que, de son temps, on en voyait un dans la cathédrale de Narbonne, et que l'évêque le fit couvrir d'un voile (5). Au VIe siècle, pourtant, le concile *quinixeste* tenu à Constantinople ordonna de préférer la vérité au symbole, et enjoignit de représenter la croix (6) et tous les instruments du supplice. Il paraît que dans le principe on

(1) En effet, il dit ailleurs, *de Consens. evangel.*, l. I, c. 16 : « Quod « pluribus locis simul eos (apostolos) cum illo (Christo) pictos viderent... « in pictis parietibus. » Passage cité par le cardinal Borgia, *de Confess. vatic.*, p. 125.

(2) Voyez p. 304.

(3) Voyez, à l'appui de cette opinion, saint Maxime de-Tyr, sermon 7 et 9, *de Paschate*. On trouvera des renseignements dans Casali, *de veter. sacr. Christ. rit.*, part. I, c. 1 ; Aringhi, *Rom. subt.*, l. VI, c. 10 ; Fr. Gori, *de Mitrat. capit. J. C. crucif.*, c. 5, § 3, et c. 8, § 4 ; *Symb. med. ævi*, t. III, p. 104-179, et Gretzer, *de Cruce*...

(4) *De Glor. martyr.*, c. 23.

(5) Un des plus anciens crucifix est celui du cimetière de Saint-Just, gravé dans Bosio et Gori.

(6) « Antiquas ergo figuras et umbras, ut veritatis signa et caracteres ec« clesiæ traditos, amplectentes, gratiam et veritatem proponimus, eam ut « legis implementum suspicientes. Itaque... jubemus. » (*Concil. Quin.*) La décision du concile ne fut pas adoptée par le pape Sergius, au nom de l'Église latine. Ce ne fut qu'en 705, que le pape Jean VII permit de représenter le Christ sur la croix. Dès lors la réalité domine ; on renonce au symbole antique, et tous les personnages chrétiens, sauf certains martyrs, sont figurés avec des vêtements à la façon byzantine.

représenta le Christ sur la croix, jeune et imberbe, inaccessible à la douleur, et couronné du bandeau royal. Peu à peu on renonca à l'allégorie, on exprima la souffrance d'une mort cruelle, la réalité de la passion.

Enfin, nous retrouvons des portraits du Christ sur un autre genre de monuments, sur les médailles des empereurs chrétiens. Nous citerons une monnaie de Justinien II, mort en 711 : à la place de l'effigie du prince, on voit le Christ, la tête couronnée de rayons, et tenant à la main un livre, qu'il semble expliquer. Nous ne devons pas oublier une médaille juive (1), où l'on observe la tête du Christ, vue de profil, telle qu'elle est décrite dans la lettre de Lentulus, avec des cheveux tombant sur les épaules, et une barbe fourchue; la tête n'offre pas de nimbe ni d'auréole.

Tels sont les monuments et les traditions qui se rapportent aux images de Jésus-Christ. Nous dirons que le plus souvent on le voit représenté drapé à la manière antique, quelquefois vêtu d'une longue tunique. Quand il est en buste, comme dans les *images à bouclier* des anciens, il est représenté encore dans l'action de bénir. Les diverses positions de la main ont diverses significations: si l'index est étendu, et l'annulaire un peu plié, les autres doigts étant appliqués contre la paume de la main, l'index indique la lettre I ou J, et l'annulaire la lettre C (2); si le premier et le dernier doigt seuls sont ouverts, ils représentent les lettres A et Ω. Enfin le pouce, l'index et le médius étant tendus, font allusion à la Trinité (3). Pour plus de détails sur la variation des types du Christ, nous renvoyons au travail que M. Settelle a publié dans le t. VIII des *Atti dell' Acad. Rom.*

(1) Cette médaille, publiée par le rév. R. Walsh, dans ses *Essais* sur les numismat. chrét., rappelle les types gnostiques du moyen âge, et est considérée comme ne remontant pas à une haute antiquité par Heyne et par M. Raoul Rochette.

(2) Ce qui signifie Jésus-Christ : « Etenim secundus digitus, dum rectus « extensus, litteram I denotat; tertius, paululum inflexus, elementum et de-« scribit. »

(3) Les Grecs, eux, joignent et ferment l'annulaire et le pouce.

*Portraits de la Vierge.* — Rien, dans l'Évangile ni dans les écrits des premiers pères de l'Eglise, ne nous dit que la Vierge fût belle. Saint Augustin nous a déjà appris que de son temps il n'y avait pas de portrait authentique de la mère du Sauveur. Saint Ambroise nous fait savoir seulement que son visage respirait le sentiment de l'honnête (1) : cependant, plus tard, au VIe siècle, saint Épiphane, suivant en cela l'exemple des saints pères, qui faisaient le Christ beau, nous dépeint Marie sous les plus belles couleurs : « La gravité et la décence, dit-il, régnaient dans toutes ses actions. Sa taille était moyenne; elle avait le teint couleur de froment, les cheveux blonds, les yeux vifs, la prunelle tirant sur le jaune, à peu près semblable à la nuance d'une olive; les sourcils d'un beau noir et peu arqués, le nez assez long, les lèvres vermeilles, dont il ne sortait que des paroles pleines de suavité; sa figure n'était ni ronde ni allongée, mais ovale; elle avait enfin les mains et les doigts longs. » Un autre écrivain (2) a fait à peu près le même portrait de la Vierge; il vante en elle des traits fins et gracieux, un teint clair et brun, un front découvert, des yeux bleus, des mains déliées, des habits de laine brune, et son air d'affabilité, de candeur, de modestie et de pudeur. C'est là l'opinion la plus universellement admise sur la beauté de la mère de Dieu.

Les auteurs ecclésiastiques ont parlé de plusieurs portraits acheiropoiètes de la Vierge, que nous devons indiquer : c'est d'abord *Notre-Dame d'Edesse*. Nicéphore nous apprend qu'un roi de Perse, voisin du roi Abgard, enchanté du portrait du Christ, envoya à Jérusalem un peintre pour faire l'image du Sauveur et de sa mère. Le portrait de la Vierge fut porté d'Edesse à Constantinople. Plusieurs villes, dans les temps modernes, se sont disputées l'honneur de le posséder. — C'est en-

(1) « Ut ipsa corporis facies simulacrum fuerit mentis, figura probitatis; bona quippe domus in ipso vestibulo debet agnosci. » (*De Virgin.*, l. II, c. 2.)

(2) L'écrivain à qui ce portrait est emprunté est cité par M. Peignot, dans un ouvrage dont on trouvera le titre à notre article *Bibliog.*

suite une autre image qu'on dit s'être peinte sans le secours des hommes sur une colonne de l'église élevée à Lydda ou Diospolis, par les saints Pierre et Jean, en l'honneur de la mère de Dieu. Nicéphore (1) a écrit que saint Luc avait peint la Vierge, que ce tableau se voyait, dans le principe, à Antioche, et que l'impératrice Eudoxie l'envoya à Constantinople, à sa sœur Pulchérie. Quelques auteurs ont prétendu qu'au XIII^e siècle, le doge H. Dandolo le fit porter à Venise; d'autres ont dit qu'à la prise de Constantinople, au XV^e siècle, les Turcs l'ont traîné dans les rues et mis en pièces (2).

C'est encore dans les catacombes qu'on trouve les portraits de la Vierge, dont l'antiquité est incontestable. Le plus ancien se voit dans le cimetière de *Saint-Calixte*. Elle est représentée assise et voilée, portant le costume d'une dame romaine. A ses côtés se tient le Christ, drapé comme un dieu antique; plus bas on remarque cinq figures de femmes, qui sont sans doute les vierges sages. Du IV^e au V^e siècle, le type change: les sarcophages nous la montrent pleine de grâce et de beauté; elle a près d'elle saint Joseph; souvent elle tient l'enfant Jésus sur ses genoux, et reçoit les rois mages. C'est ainsi qu'elle est représentée dans les bas-reliefs, les peintures, et sur les vases antérieurs au IV^e siècle de notre ère. Ce fait prouve qu'il existait, dès les premiers siècles du christianisme, un modèle de la figure de la Vierge, adopté par les fidèles; ce qui détruit les allégations des auteurs protestants, qui, tels que Basnage (3), soutiennent qu'on n'a représenté la Vierge qu'après

(1) *Hist. eccles.*, l. XV, c. 14.

(2) Si l'on en croit les traditions, il existerait sept portraits de la Vierge peints par saint Luc: l'un serait à Sainte-Marie-Majeure, à Rome; l'autre à Notre-Dame-de-Lorette; un 3e, à Notre-Dame-de la-Garde, à Bologne; un 4e, à Naples; un 5e, en Pologne; un 6e, à Notre-Dame-de-la-Garde, en Sicile; enfin, le 7e à Notre-Dame du Salut, à Dijon. Bien plus, on en compte jusqu'à quatre à Rome. Lami et Lanzi attribuent ces portraits à un peintre, du nom de Luca, qui vivait au XIe siècle. (G. Lami, p. 66 et 67, et Lanzi, éd. de 1795, t. I, p. 349 et 350.)

(3) *Hist. eccles.*, l. XIX, c. 1, § 1, et l. XX, c. 1, § 7 et 10

le concile d'Ephèse. Ce fut, en effet, pour combattre l'hérésie des nestoriens, que ce concile décida que l'on offrirait à l'adoration des fidèles l'image de la mère de Dieu, avec l'enfant Jésus sur ses genoux.

On voit d'autres portraits de la Vierge sur les médailles des empereurs chrétiens. Déjà sous le règne d'Anastase Dicorus [491], on remarque sur le revers des monnaies de ce prince un M couronné d'étoiles ou de petites croix, et quelquefois accompagné de l'X et du C entrelacés. En 959, l'impératrice Théophanie mit le portrait même de Marie sur ses monnaies; celle-ci a la tête couronnée d'un nimbe, est voilée et a les mains jointes sur la poitrine; on lit à l'entour le mot Θεοτοκ, mère de Dieu. Le second mari de cette princesse, Jean Zimiscès, fit frapper une médaille où l'on voit, d'un côté, le Christ, avec le mot Εμμανυελ, et de l'autre côté la Vierge avec l'enfant Jésus sur ses genoux, et les rois mages; au-dessus des étoiles, au-dessous deux colombes. Enfin sur le champ des médailles de Romain IV [1064], la Vierge est vue avec l'enfant Jésus contre sa poitrine; elle n'a pas de voile, porte le diadème et les habillements propres aux impératrices; on lit au revers: Θεκο. ρωμανω δεσποτη τω Διογενει, c'est-à-dire, que la mère de Dieu soit propice à l'empereur Romain Diogène (1).

Il nous reste à dire quelques mots de certains portraits noirs de la Vierge: c'est là une circonstance qui a semblé assez difficile à expliquer aux archéologues catholiques. Quelques-uns ont pensé qu'en agissant ainsi, on avait voulu interpréter un passage du *Cantique des cantiques* (2), dans lequel on croit que Salomon faisait allusion à la mère de Dieu, et qui dit: *Nigra sum, sed formosa,* « Je suis noire, mais je suis belle. » Ce genre de portrait remonte à une époque très-reculée, car il y en a un dans les catacombes de *Saint-Pontian* (3). M. Raoul Rochette voit dans le culte qu'on rendait aux ma-

(1) *Annales de philosophie chrét.*

(2) L. I, v. 6.

(3) D'Agincourt, *Peinture*, pl. X, n° 12.

dones de saint Luc une réminiscence obstinée de l'adoration dont la mauvaise image de la Diane d'Ephèse était l'objet. Il trouve une analogie bien plus positive encore dans ces statuettes noires de la Vierge en bois de cèdre, telles que la madone de Lorette, de Notre-Dame du Puy, de Notre-Dame d'Insieldin en Suisse, etc., qui ressemblent, dit-il, presque de tous points à la Diane, par la matière, par le style, et par les circonstances mêmes de la légende qui les concerne (1). C'est là un point de doctrine dont nous laissons toute la responsabilité à son auteur.

Dans les monuments chrétiens du premier âge, on ne s'est jamais permis de représenter Dieu le Père; sa présence est exprimée par une main qui sort d'un nuage (2). Origène, saint Cyrille et saint Augustin se sont prononcés positivement à cet égard. Théodore Studite, qui mourut en 826, assure que de son temps les Grecs n'ont jamais peint le Père éternel (3). Enfin, Nicéphore Callixte reprochait aux jacobites, comme une absurdité, l'usage où ils étaient de figurer Dieu le Père (4). Ce n'est que plus tard qu'on a songé à donner à l'Éternel les traits de l'humanité.

*Portraits des apôtres Pierre et Paul.* — Il paraît que le type des portraits des SS. Pierre et Paul a été fixé très-anciennement. Dès le IIIe siècle il circulait des images de ces apôtres entre les mains des fidèles. Cependant, c'étaient sans doute encore là des figures de convention; car saint Augustin ne peut pas se contredire à ce point de dire ici qu'on ne connaissait pas les portraits de Jésus, de la Vierge ni des apôtres, et là, que partout ces portraits étaient vénérés par les fidèles. Dans ce dernier cas, comme nous l'avons dit ailleurs, il est clair que ce saint docteur ne parle que de représentations idéales conser-

(1) *Disc. sur les types primitifs de l'art chrét.*; Paris, 1828, broch. in-8, p. 38.

(2) Voyez Aringhi, t. I, p. 423; Bottari, *Pitt. e scult.*, t. I, p. 147, 151, 174, et Buonarotti, *Vetri antichi*, p. 5.

(3) *Antirrect.*, l. I, c. 2 et 10.

(4) *Hist. eccles.*, l. XVIII, c. 53.

vées par la tradition. Une chose sûre, c'est que, dès le temps d'Eusèbe, il existait un grand nombre de ces portraits en peinture; bien plus, on doit être porté à penser qu'on possédait dans le trésor de l'église un modèle consacré. On trouve, en effet, dans les actes de saint Sylvestre et dans une lettre du pape Adrien (1), le récit du fait suivant : L'empereur Constantin avait vu en songe deux personnages. Le pape Sylvestre l'interrogea, et lui ayant fait mettre devant les yeux, par un diacre, le portrait des deux apôtres que l'on conservait au Vatican, il s'écria, en présence de toute sa cour, qu'il les reconnaissait, qu'ils représentaient parfaitement les deux saints qui lui étaient apparus dans son sommeil (2); après cela il n'y avait pas à douter de la ressemblance de ces peintures. Saint Ambroise parle de l'image de saint Paul, comme ayant été conservée par la tradition. Enfin, on rapporte de saint Jean-Chrysostôme qu'il avait toujours près de lui le portrait de saint Paul, en lisant ses *Épîtres*, afin de pouvoir fixer tour à tour ses regards et sa pensée sur les écrits et sur la figure de cet écrivain sacré.

M. Raoul Rochette (3) dit que les images du Vatican ont servi de modèle dans les âges suivants, toutes les fois qu'il s'est agi de représenter les deux apôtres, depuis les portraits de la basilique Liberiana et de *Saint-Paul hors-les-murs*, exécutés dans les premières années du v<sup>e</sup> siècle, sous Xyste III et Léon I<sup>er</sup>, jusqu'à ceux de Sainte-Marie *in Domnica*, de Sainte-Praxède et de Sainte-Cécile (4), qui datent du commencement du IX<sup>e</sup> siècle, sous le pontificat de Pascal I<sup>er</sup>. Ce qui justifie encore cette tradition, c'est l'usage qui s'était établi, dès le siècle de saint Jérôme, d'orner les vases de *verres peints* de l'image des

(1) *Conc. de Nic.*, act. 2, dans les *Act. concil.*, t. IV, col. 81, 82, 825.

(2) On pense que ces portraits sont conservés au Vatican ; voyez là-dessus Polidori, *Sulle imagini des SS. Piet. et Paolo* ; Foggini, *de Roman. d. Petri itiner.*, § 20 ; Borgia, *de Confess. vaticana*, etc.

(3) *Tabl. de catac.*, p. 267-68.

(4) Voyez Ciampini, *Veter. monim.*, t. I, p. 196 et 232, et t. II, tab. 44, 47 et 52.

deux apôtres (1) : or le témoignage du saint docteur est formel sur ce point, et les nombreux fragments de vases de verre, avec les portraits de saint Pierre et de saint Paul, qui ont été trouvés à diverses reprises dans les catacombes de Rome, suffiraient seuls pour constater ce point d'archéologie chrétienne. Plusieurs de ces verres chrétiens ont été publiés par Buonarotti (2) ; d'autres ont été recueillis plus tard aux mêmes lieux par Boldetti (3) ; d'autres enfin ont été ajoutés ou reproduits d'une manière plus exacte par Bottari (4). Le dernier de ces savants a publié un de ces vases qui mérite d'être décrit pour donner une idée des autres (5). Ce vase représente les *deux apôtres* assis vis-à-vis l'un de l'autre, saint Pierre à droite, comme il est presque toujours figuré, faisant de sa main droite un geste de *bénédiction*, qui convient à sa qualité de chef de l'Église ; saint Paul est à gauche, dans l'attitude de la *prédication*, qui n'est pas moins propre au caractère de sa mission ; l'un et l'autre, du reste, avec un *volume* pour tout *attribut*, conséquemment sans *glaive* et sans les *clefs*, attributs dont l'invention et l'emploi ne datent que d'une époque assez récente (6). Entre eux est placée une *couronne*, symbole de la récompense divine promise à la perfection chrétienne, et cette couronne renferme le monogramme du Christ. Les noms PETRVS et PAVLVS, qui accompagnent les deux figures, ne permettent pas de méconnaître les apôtres. On retrouve aussi sur ce verre, malgré l'imperfection du travail, quelques-uns des linéaments qui avaient été appropriés, dès le principe, à ces deux figures chrétiennes. Saint Paul y apparaît avec le *front dépouillé* de cheveux, avec le *nez droit et allongé*, qui constituaient aux yeux mêmes des païens les deux principaux traits de la figure ; saint Pierre s'y montre

(1) *Commentar. in lib. Jon.* 6, 4.

(2) *Vetri antichi*, tav. 10, 11, 12, 13, 14, 15, p. 75 et suiv.

(3) *Osservaz. sop.*, etc., p. 191 et suiv.

(4) *Pittur. e scult.*, t. III, tav. 97-98.

(5) T. III, tav. 97.

(6) *Vetri antichi*, Buonarotti, p. 96.

de même avec cette *touffe de cheveux sur le haut du front*, qui dut former de bonne heure aussi les éléments conventionnels de son image: d'où l'on voit que les artistes chargés d'exécuter de pareils travaux suivaient un modèle consacré, en reproduisant toujours le même type.» Nous trouvons cette dernière proposition de l'auteur que nous venons de citer beaucoup trop absolue : les représentations de saint Pierre et saint Paul n'offrent pas cette invariabilité de type ; car on les voit sur les sarcophages, tantôt imberbes, et tantôt ayant de la barbe, tantôt jeunes et tantôt vieux (1). C'est surtout sur les tombeaux exécutés après le règne de Julien qu'on voit arrêtés définitivement les portraits des apôtres. Nous ferons observer que, si au moyen âge on a représenté saint Jean jeune et beau, il n'en était pas ainsi dans les premiers siècles de notre ère. Les chrétiens de ces temps reculés n'avaient pas oublié que saint Jean écrivait son évangile à l'âge de 94 ans : aussi le peignaient-ils sous les traits d'un vieillard à large front, à tête chauve, à grande barbe (2). Le Christ, les apôtres, et en général les saints, à partir du v^e^ siècle, présentent au-dessus de leur tête une espèce d'auréole souvent semi-lunaire qu'on appelle *nimbe*. On a beaucoup écrit sur l'origine de cet attribut. Les auteurs les plus versés dans l'étude de l'archéologie le font remonter à la plus haute antiquité. Les académiciens d'Herculanum et Visconti ont établi que les Grecs disposaient un cercle métallique en forme de croissant, μηνίσκος, au-dessus de la tête des statues de leurs dieux, placés en plein air, afin de les préserver des chocs et des intempéries des saisons. Plus tard ce cercle devint un des symboles caractéristiques de la divinité; enfin la flatterie le fit servir à signifier l'apothéose des empereurs. C'est ainsi que Trajan, sur la célèbre colonne qu'il fit élever, est représenté la tête surmontée d'un nimbe. Les chrétiens adoptèrent le nimbe pour désigner les saints. Une preuve qu'on ne prétendait pas,

(1) Voyez Aringhi, t. I, p. 22, 23, 201, 298.

(2) Voyez Gori, *Thes. veter. dyptic.*, t. III, tav. 24 et 29.

comme quelques antiquaires le pensent, figurer de cette manière une masse de rayons émanants de la tête, mais bien peindre un disque d'or ou d'argent, c'est qu'on le décorait de pierreries, de feuillages et de divers ornements. Il paraît que les saints représentés encore vivants portaient sur la tête un nimbe carré, d'une nuance bleu-de-ciel; les saints représentés après leur apothéose avaient un nimbe rond et doré. C'est ce qu'on observe à Rome sur une mosaïque de l'église de Sainte-Marie *in Domnica.*

Nous dirons peu de chose de la représentation figurée des *anges;* nous noterons seulement qu'on les a peints toujours jeunes et beaux, les pieds nus ou chaussés du cothurne (1), les ailes déployées, et vêtus d'une tunique bleue, d'un manteau blanc. C'est ainsi, d'ailleurs, qu'en parle saint Grégoire de Naziance (2). On sait que c'est un usage ancien de mettre leur image à côte de l'autel pour rappeler les chérubins qui couvraient de leurs ailes l'arche d'alliance : saint Jean-Chrysostôme et saint Ambroise le Grand recommandent de les disposer ainsi. Tantôt on les voit dans des nuages, tantôt portant les emblèmes de la Passion, tantôt avec divers instruments de musique (3).

Tels sont les types chrétiens qui ont été reproduits dans les monuments de la primitive Église. Ce qui distingue les peintures et les sculptures dont nous venons de parler, c'est plutôt le caractère grave et réfléchi de l'expression des têtes que l'exécution plastique; elles appartiennent tout à fait à la décadence de l'art. Le geste est naturel, mais les mouvements sont roides; quant au dessin, il est lourd, dur et sec. L'étude de ces monuments est d'un haut intérêt cependant, car avec eux nous remontons aux sources de l'art chrétien; ils

(1) Les apôtres sont toujours représentés les pieds nus : on a donné diverses explications de cette circonstance. Voyez Molanus, ouvr. cit., l. IV, cap. 27.

(2) *Orat.,* 23 et 25.

(3) Voyez Molanus, ouvr. cité, l. III, c. 41.

nous montrent aussi les types, fixés plus tard par les Byzantins, de ces innombrables figures dont sont décorés les édifices du moyen âge. Il ne faut pas oublier qu'à partir de l'époque où éclata en Orient la persécution des iconoclastes, le style des nouveaux Grecs fit irruption en Occident. Une foule d'artistes, presque tous appartenant à l'ordre de saint Basile, fondèrent des écoles d'art dans l'Église latine, et furent les auteurs des peintures dont on couvrit les murs des basiliques, des tableaux que renfermaient les dyptiques, et des mosaïques qui s'élevaient du pavé des églises jusqu'aux voûtes. On conçoit que les types qui avaient été déjà consacrés par le sentiment religieux se soient immobilisés entre leurs mains, comme les types des divinités païennes l'avaient été dans l'antique Égypte et dans la Grèce primitive. Voilà les circonstances à la suite desquelles l'art byzantin s'est naturalisé en Occident, et a exercé son influence jusque dans notre pays.

### Des basiliques.

En peu de temps le christianisme avait pris un grand développement. Deux siècles après la mort du fils de Dieu, les chrétiens formaient dans Rome un peuple entier, *ingens multitudo*, comme le dit un écrivain ancien. Si, aux époques de persécution, ils se retiraient dans les catacombes, il est certain que, lorsque la haine de leurs ennemis se lassait de les poursuivre, ils avaient des lieux publics de réunion, des édifices où ils s'assemblaient. Dans le principe, y célébrat-on les saints mystères? C'est ce dont il est permis de douter, après avoir lu un passage de Minutius Félix, qui répond ainsi aux reproches que les gentils faisaient aux chrétiens de ne pas élever de temple à leur Dieu, et de ne pas lui offrir de sacrifice : « Quels temples, disait Minutius, bâtirons-nous en l'honneur de celui que l'univers ne peut contenir? Ne vaut-il pas mieux lui construire un temple dans notre âme, et lui dresser un autel dans notre cœur?» (1) Il faudrait donc inférer de là que les églises, ainsi que le mot l'indique, n'étaient que des constructions où les premiers fidèles venaient prier en commun (2). Quoiqu'il en soit, Ciampini (3) a prouvé qu'on avait fait un grand nombre d'églises avant le règne de Constantin. Un fait, entre autres, qui vient à l'appui de l'opinion de Ciampini, c'est qu'il est constant que Dioclétien porta plusieurs édits pour ordonner la démolition des églises. Celles qui avaient été réédifiées furent incendiées en 236 (4). On sait que Grégoire le Taumaturge en dédia une à Néocésarée, vers l'an 245, et que l'empereur Adrien, après avoir lu l'apologie de saint Quadrat, permit aux chrétiens de se réunir dans de petits édifices qui prirent le nom d'*adrianées*. Enfin, au IIIe siècle, on comptait plus de quarante églises dans la seule ville de Rome.

Il faut arriver au IVe siècle pour voir de nombreux monuments chrétiens s'élever dans tout l'empire romain. Constantin, converti à la religion nouvelle, encouragea les travaux des fidèles, fit enlever les portes et les toits des temples païens, et arracha de leurs autels les statues des dieux. Pour faire cette besogne de destruction, il envoya des émissaires dans toutes les villes de l'empire (5). En compensation, on lui doit

(1) Minutius vivait à la fin du IIe siècle; son Dialogue, vanté par saint Jérôme et Lactance, se trouve dans les œuvres de saint Cyprien, f° 1666.

(2) Suivant l'opinion reçue, la première église aurait été le *cénacle* où J. C. célébra la pâques avec ses apôtres et institua le sacrement de l'eucharistie. C'était une salle à manger d'une grande dimension, suivant l'expression de l'Évangile: *Cœnaculum grande, stratum*. C'est là aussi que les apôtres reçurent le Saint-Esprit, que se fit l'élection de saint Mathias, que se tint le premier concile général, et que commencèrent à se réunir les nouveaux fidèles. On sait, en effet, que c'est dans un appartement semblable que saint Paul célébra les saints mystères de Troade. Ces salles se trouvent quelquefois dans le lieu le plus élevé de la maison, ainsi que nous le voyons au chap. 20 des *Actes des apôtres*.

(3) Fleury, *Hist. de l'Égl.*, l. II, ch. 33.

(4) *De Sacris edificiis a Constantino Magno constructis*; in-f°; l. I, cap. 7.

(5) Voyez Origène, tract. 28 *in Math.*; id., *in Psalm.*, p. 81, *Hexapl.*, t. I

un grand nombre d'églises; il en fit élever huit à Rome, et trois ou quatre à Jérusalem. Toutes ne furent pas bâties sur la même place: ainsi, on sait qu'il en avait consacré à Constantinople et dans la Palestine, dont le plan figurait un octogone ou un parallélogramme. La plupart de ces églises, bâties à la hâte et par des architectes inhabiles, eurent une existence si éphémère, qu'il fallut que l'empereur Théodose, qui fit de la religion chrétienne la religion de l'État, ordonnât de les reconstruire.

Il est certain que les chrétiens, par un sentiment de répulsion instinctif pour tout ce qui rappelait le polythéisme, se refusèrent, en général, à consacrer au culte nouveau les temples païens. Ces édifices, si étroits à l'intérieur, offraient un espace suffisant à peine pour contenir les prêtres. Dans leur cella, comme le dit May, les idoles disparaissaient souvent dans un grain d'encens. Il est vrai de dire, pourtant, que l'on finit par se servir de quelques-uns de ces monuments. Ainsi, dans Rome, on a converti en églises le Panthéon, le temple de Minerve et celui de la Fortune virile. On fit également une église de la grande salle des bains de Dioclétien, et d'une salle des thermes d'Agrippa.

On a dit avec raison que les premières églises ne furent que des temples retournés. Le culte païen était tout extérieur; la décoration des édifices fut donc tout extérieure. Les exigences du christianisme étaient tout opposées. Le culte était tout intérieur: il fallut, par conséquent, que la décoration fût intérieure. Les colonnes passèrent du dehors au dedans des monuments.

Il y avait à Rome un genre de constructions dont la forme et la disposition semblaient très-appropriées aux besoins du christianisme, et qui, par leur destination primitive, n'avaient rien d'hostile aux idées nouvelles; nous voulons parler des *basiliques*.

La basilique, suivant Vitruve, était une salle qui faisait partie du palais des souverains (1). On pense encore

(1) Βασιλικὴ (sous-entendu οἰκία, maison), dérivé de βασιλεὺς, roi.

que c'était là que les princes rendaient ou faisaient rendre la justice en leur nom. A Rome, c'était un espèce de tribunal où siégeaient des juges. Les basiliques devinrent par la suite des bourses commerciales où les négociants se réunissaient pour traiter des affaires. Les rhéteurs y venaient quelquefois déclamer des vers et des harangues. Les jurisconsultes y donnaient des consultations, et les jeunes orateurs s'y exerçaient à la déclamation. Enfin, elles présentaient des portiques inférieurs, qui étaient occupés par des marchands. Pline nous apprend qu'il y eut à Rome jusqu'à dix-huit basiliques. En faisant des recherches sur l'emplacement du forum de Trajan, on a découvert des ruines magnifiques appartenant à ce genre d'édifice. Dans des fouilles exécutées à Otricoli, on a trouvé aussi une petite basilique. Il existe de beaux débris d'une de ces salles à Pompeï. On peut en voir enfin de figurés sur les médailles de la famille Æmilia. Elles étaient décorées, du reste, avec une grande magnificence, si l'on en juge par les ruines de celle qui fut élevée jadis sur le forum de Trajan. Son pavé était en marbre précieux; elle offrait à l'intérieur des colonnes en granit. Suivant un auteur ancien, la charpente était faite de bois de cèdre ainsi que le toit et les plafonds. Cette absence de voûtes, et la légèreté des murs extérieurs de ces monuments, ont été pour eux une cause de destruction presque générale.

Pour se faire une idée générale des basiliques profanes, il faut se représenter un édifice à peu près rectangulaire, trois fois plus long que large. Le plus souvent, il s'élevait sur les places publiques, dont il était un des plus beaux ornements. Les murailles extérieures étaient décorées avec la plus grande simplicité; on y voyait des fenêtres dont le cintre était composé de briques seulement, ou de briques alternant avec des voussoirs de pierres. Quant à des colonnes, on n'en voyait qu'à l'intérieur. La façade principale présentait un portique ou porche E, qui était occupé par des marchands; trois portes conduisaient dans le nonument. La cella

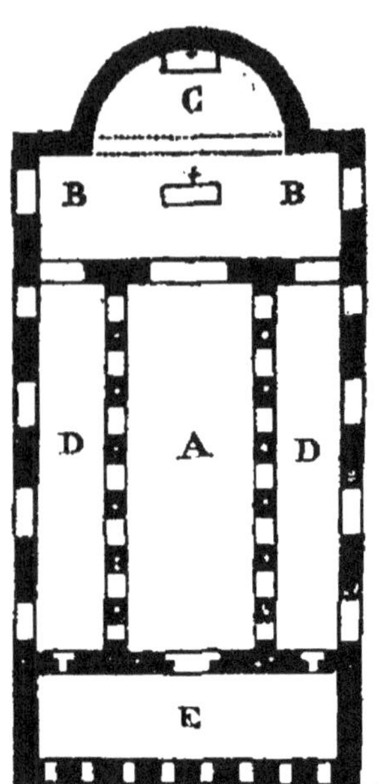


était divisée en trois parties (1) : l'une, centrale, A, plus large et plus haute que les autres, était formée par un double rang de colonnes supportant des arcades; les autres parties latérales DD, les deux ailes, ou bas-côtés, étaient réservées, l'une aux hommes, l'autre aux femmes. Ces trois avenues parallèles aboutissaient à une construction transversale B, un transept (transseptum), élevé de quelques degrés et défendu par un mur peu élevé ou par une balustrade. C'était une place occupée par les avocats, les greffiers et les jurisconsultes. En face de l'allée centrale, et au delà du transsept, l'édifice s'arrondissait en hémicycle C, formant supérieurement une tête de niche, c'est-à-dire offrant un renfoncement qu'on peut comparer à un quart de sphère. C'est notre voûte en cul de four, appelée *concha* par les Latins, et άφις par les Grecs. C'était là qu'était le siége, *tribuna* (2), du juge principal et de ses assesseurs. Quelquefois, à droite et à gauche de l'abside, on ménageait des salles carrées ou demi-circulaires qui avaient diverses destinations. Il paraît que ces édifices ont été couverts de différentes manières. Ainsi nous avons dit que la basilique Ulpienne, ou du forum de Trajan, avait un plafond en bois, revêtu de plaques de bronze. Souvent la nef centrale restait découverte, les bas côtés seuls avaient un toit pour mettre le peuple à l'abri des intempéries des saisons. Enfin on pense que quelques-unes ont été voûtées. Ces édifices n'appartenaient qu'à la civilisation grecque et romaine. Ils avaient quelquefois de fort grandes dimensions : ainsi Pline (3) nous apprend que, dans une de

(1) Il y avait des basiliques qui présentaient cinq allées ; la basilique Ulpienne en particulier.

(2) C'est de là qu'on a appelé *tribunaux* nos cours de justice.

(3) Pline, liv. VI, c. 33.

ces basiliques, 130 juges siégeaient à la fois : «Un cercle immense d'avocats, dit-il, et d'assistants enveloppait par ses vastes contours le tribunal où étaient les juges. Les femmes qui étaient admises dans la salle avaient leur place dans les tribunes.» Cependant Salomon avait fait élever une construction analogue auprès du temple de Jérusalem. Enfin les synagogues des Juifs étaient également des monuments en forme de parallélogramme, que l'on peut comparer aux basiliques. Les synagogues servirent aussi de lieu de réunion aux chrétiens. On sait que saint Paul prêcha souvent dans ces édifices en Grèce et en Asie.

On voit tout de suite le parti que les chrétiens pouvaient tirer de cette sorte d'édifices pour la célébration des mystères de leur culte (1). Les *constitutions apostoliques* (2) voulaient que l'église représentât le vaisseau de Saint-Pierre : or, l'avenue centrale de la basilique, A, offrait bien l'image de ce vaisseau, *navis*, nef. Les galeries latérales recevaient l'assemblée des fidèles, et une partie de la nef, fermée, du reste, par une cloison, pouvait être réservée aux chantres qui psalmodiaient les louanges du Sauveur, et garnies d'*ambons* ou pupitres, à l'usage des diacres qui lisaient les saintes écritures. L'autel sur lequel on offrait le saint sacrifice se plaçait naturellement à l'extrémité de la nef, au centre de cette travée ou transsept qui, par sa disposition à l'égard de la nef, semblait déjà, au sein du paganisme, présager le triomphe futur de la croix. Dans l'abside centrale, il était facile d'élever un siége dominant également l'autel et l'assemblée: là, au lieu du magistrat, pouvait siéger l'*episcopus*, l'évêque, dont le nom, comme la charge, impliquait le devoir de surveiller tout ce qui l'entourait; tandis que le clergé, rangé à droite

(1) L'origine profane des basiliques ne peut être mise en doute. Saint Isidore de Séville dit positivement : « Basilicæ prius vocabantur regum « habitacula, unde nomen habent. Nunc autem ideo divina templa basilicæ « nominantur, quia ibi regi omnium, Deo cultus et sacrificia, appellantur. » (*Origin.*, lib. v, cap. 4.)

(2) L. II, c. 57. Voyez les notes de Cotelier.

et à gauche, représentait les assesseurs du magistrat. Quant aux salles ou absides latérales, elles pouvaient servir de sacristies et de lieux de purification (1).

Nous reviendrons avec plus de détails sur la disposition de ces édifices ; nous allons auparavant parler de la construction de ceux qui furent élevés à partir du IVe siècle. Constantin après avoir converti en églises deux véritables basiliques, la Sessorienne et celle du palais de Latran, en fit bâtir d'autres sur le même modèle, et celles-ci servirent longtemps de types à dans Rome et tous les pays où prévalut le rite latin.

Les basiliques étaient précédées d'un portique, *narthex*, ormé par des colonnes isolées, qui était garanti de l'air extérieur par des rideaux suspendus à des tringles. Avec le temps, le narthex prit de l'extension extérieurement, et se développa en une cour quadrilatère analogue aux cours que l'on voyait devant plusieurs temples, devant celui du Soleil à Balbeck, par exemple, et à la chapelle d'Isis à Pompeï. Les colonnes des nefs étaient le plus souvent dérobées à quelque construction antique, de sorte qu'elles étaient de nature et de dimensions différentes; sur leurs chapitaux s'appuyaient des arcades au-dessus desquelles s'élevait un mur percé de fenêtres cintrées, qui supportait les poutres et les solives du toit central ; les ailes avaient un toit moins élevé. On est assez porté à penser aujourd'hui que toutes les églises primitives n'avaient pas de plafonds, mais qu'il y en avait plusieurs qui étaient voûtées. Les basiliques, comme on voit, n'offraient, si l'on en excepte leurs colonnes antiques, aucune moulure, aucune partie qui ressortît et se détachât de leur surface plane et perpendiculaire ; elles ne présentaient, au-dessus de leurs murailles nues, que la charpente transversale de leur plafond et de leur toit ; elles ressemblaient, en un mot, à de vastes granges que l'on aurait bâties de somptueux matériaux ; mais la simplicité, la pureté, la magnificence, l'harmonie de toutes leurs parties constitu-

(1) Hope, *Hist. de l'arch.*, p. 80.

tives, donnaient à ces granges un air de grandeur que nous cherchons en vain dans l'architecture plus compliquée des églises modernes (1). Au point de vue de l'architectonique, elles appartenaient tout à fait à la décadence de l'art (2). On remarquera que les impostes des arcades d'un même rang de colonnes reposent immédiatement sur les chapiteaux de ces colonnes. L'architrave est complétement supprimée. Voici une vue intérieure de l'église *Saint-Paul-hors-les-murs*, qui donnera une idée de la disposition relative des arcades, des fenêtres et du plafond des autres basiliques. Parmi celles qui sont le mieux conservées à Rome, nous citerons les églises de Saint-Laurent, de Saint-Georges *in Velabro,* de Sainte-Marie-Transtéverine, de Sainte-Marie-Majeure, de Saint-Jean-de-Latran, donnée par Constantin au pape saint Syl-

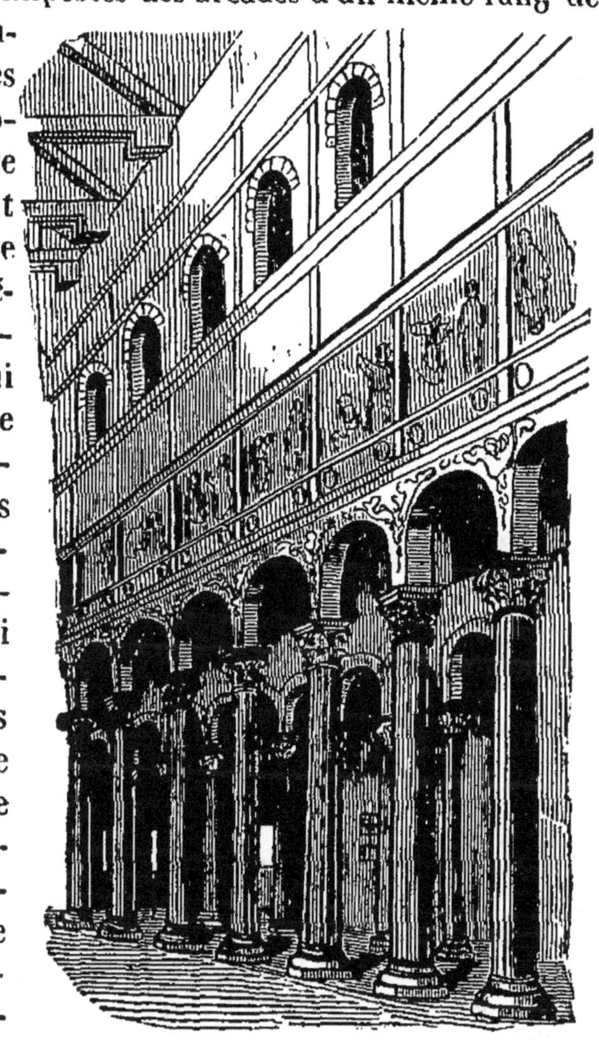

(1) Hope, *id.*, p. 84.

(2) Pour prouver combien l'art était altéré, Seroux d'Agincourt donne pour exemple le palais de Dioclétien à Spalatro. On voit à la façade du *tablinum* deux étages de colonnes, employées sans motif, élevées les unes au-dessus des autres, sur des piédestaux de mauvais goût, et surmontées de corniches et d'architraves interrompues par de larges fenêtres, entre les-

vestre (1), et Saint-Clément, dont nous publions le plan plus loin. La forme basilicale se retrouve dans une foule d'autres églises : à Sainte-Marie, située dans l'île de Torcello à Venise, à Sainte-Apollinaire de Ravenne, à Saint-Zéno de Vérone, et à Saint-Ambroise de Milan. Quant aux matériaux employés dans leurs constructions, nous devons dire que l'on se servit au IVe siècle de moellons alternant avec des assises de briques en liaison. Au Ve siècle, la brique surtout fut employée; et alors de grandes tuiles formaient les cintres des arcades. L'intérieur de ces édifices fut dans le principe revêtu en marbre ou en stuc, puis couvert de mosaïques émaillées à fond d'or, mosaïques dont on décora bientôt les façades elles-mêmes des basiliques.

L'usage de tourner les églises vers l'orient n'a pas été toujours suivi à Rome : leur direction se croise en tout sens. Quand une basilique est *orientée*, son grand axe va de l'est à l'ouest, c'est-à-dire que les portes regardent l'occident, et l'abside, l'orient. C'était une règle établie par les constitutions apostoliques; mais dans les premiers siècles du christianisme on jugea à propos de ne s'y pas conformer. D'ailleurs, les hérétiques ayant imaginé de voir Jésus-Christ dans le soleil, le respect pour l'ancienne règle céda au danger de paraître autoriser la superstition (2); c'est à ce point, qu'on pourrait

quelles se trouvent des niches accompagnées d'autres colonnes qui s'appuient sur les consoles. Le tout se termine par des frontons brisés et sans bases. Les colonnes sont de matériaux divers, le galbe des chapitaux varie, les bas-reliefs sont incohérents, et les entrecolonnements hors de proportions : tout cela est le produit d'un art qui tombe dans la confusion et la barbarie (*Hist. de l'art*, t. I, p. 10).

(1) Elle fut d'abord dédiée au Sauveur, puis à saint Jean de Latran. Elle est considérée comme l'église la plus respectable de la chrétienté : « Sacrarum Lateranensis basilica omnium urbis et orbis ecclesia mater et caput. »

(2) Voyez sur cette question le travail de l'abbé Cahier, dans les *Ann. de phil. chrét.*, t. XIX, p. 352. On trouvera là des exemples et des citations d'écrivains sacrés, qui viennent à l'appui de ce que nous avançons. Voyez aussi Baronnius, *de Mystico respectu veter. christianor. in condendis templis*, ad annum 314. Toujours est-il que l'usage d'orienter les

regarder l'orientation des églises antiques de l'Italie comme une exception. Parmi les basiliques de Rome, il n'y a guère que celle de Sainte-Marie-Majeure qui ait la disposition hiératique dont nous venons de parler. Il faut en dire autant de la basilique du Vatican, si bien décrite par Ciampini (1). Elle présentait cinq nefs, divisées par quatre rangées de vingt colonnes. Le pignon de la façade offrait déjà cet œil-de-bœuf, origine des magnifiques roses du moyen âge. Nous avons cité

basiliques était fort ancien : « Que l'église, disent les constitutions apostoliques, soit tournée vers l'Orient, aussi bien que les deux sacristies qu'elle doit avoir, l'une à droite, l'autre à gauche. Que le trône épiscopal soit au milieu ; que les prêtres soient assis des deux côtés de l'évêque, et que les diacres demeurent debout afin d'être toujours prêts à marcher. Leur soin doit être de faire placer les laïcs dans leur rang et honnêtement, en sorte que les hommes soient séparés des femmes. Le lecteur, étant dans un lieu élevé, doit lire les livres de Moïse ; le diacre et le prêtre, les évangiles... Que le portier garde l'avenue de l'endroit où les hommes sont placés, et que les diaconesses en fassent autant à l'égard des femmes... Les jeunes filles doivent être à part, si le lieu le permet ; s'il ne le permet pas, elles doivent être derrière les femmes mariées. Les vierges, les veuves et les femmes âgées doivent être les premières de toutes. » On voit par ce passage que tout était réglé dans l'ancienne Église.

(1) Voici quelques extraits de la description de ce savant antiquaire : « Octoginta octo quarum singuli ordines, viginti inter se parallelis columnis æque « constabant, ad ordinem illum columnarum porticus templi Salomonis al« ludentes totidemque fenestrarum quot columnæ.

« Frons, templi in mediana orientem versus, tribus in primo totidemque « in secundo ordine fenestris illustrabatur, quæ viginti duobus palmis in « altum se attollebant, et latitudine quatuordecim singulæ extendebantur. In « tertio vero ordine juxta tectum unica tantum, eaque rotunda ad instar « *magni oculi*, cujus diameter erat palmarum quatuordecim...

« Preterea hiis januis (tres a facie atrii in occidentem), totidem aliæ appo« nebantur, solis ortum et gradus basilicæ spectantes, et æquali positæ spa« tio marmoreis postibus, æneis valvis, et quatuor columnis ornabantur, « quæ nimium illas ante faciem tentorii positas in introïtu atrii tabernaculi « Mosis, significabant. Porro istæ januæ ea fuerunt arte constructæ, ut, æqui« noxii tempore, sol exoriens, per illarum medianam ingrederetur, et aram « maximam, intra sancta sanctorum positam, ad basilicæ caput, apostolorum « corpora continentem, recto fulgore illustraret, idemque in occasum ver« gens, per posteriores basilicæ fenestras, ipsam aram totam et basilicam « irradiaret. »

le texte de Ciampini; si l'on veut connaître les auteurs plus anciens qui ont fait la description des édifices chrétiens, on peut consulter Fleury (1). D'après lui, la première église dont parlent les SS. Pères est celle de Tyr, bâtie vers l'an 313. Il paraît qu'une enceinte de murailles environnait le lieu saint. Il y avait d'abord une cour carrée où l'on enseignait les néophytes, et des fontaines où les fidèles se lavaient les mains et le visage : cette coutume était un symbole de la purification spirituelle. La façade de l'église était tournée à l'orient (2) et percée de trois portes; chaque porte correspondait à une nef : à l'intérieur était une basilique comme celles que nous avons décrites. Cependant Eusèbe (3) nous apprend une particularité pour l'abside de l'église du Saint-Sépulcre : il dit qu'elle était couronnée par douze colonnes, en l'honneur des douze apôtres, et que leurs chapiteaux étaient de grandes coupes d'argent. On voit que la disposition mystique des diverses parties, dans les basiliques, a été adoptée aux premiers siècles de l'ère chrétienne. Nous devons dire qu'elle s'est maintenue d'une manière beaucoup plus stable dans l'Église grecque que dans l'Église latine.

Pour faire bien comprendre la disposition des basiliques chrétiennes, nous avons choisi le plan de l'église de Saint-Clément, tel qu'il est figuré dans l'ouvrage de Ciampini, un des savants qui ont le mieux étudié les antiquités chrétiennes (4). Nous allons faire connaître maintenant les diverses parties que

(1) *Hist. de l'Église*, l. X et XI.

(2) Dans le moyen âge, les porches des églises étaient un centre de réunion où l'on venait traiter publiquement des affaires; les commerçants s'y établissaient et y vendaient toutes sortes de denrées; enfin les seigneurs y tenaient leurs plaids. Le clergé regarda toujours un tel état de chose comme un abus; mais les conciles, malgré les édits qu'ils portèrent, ne purent jamais le déraciner pour longtemps.

(3) *Const. vit.*, l. XLIII, c. 4.

(4) Il paraît que l'église actuelle de Saint-Clément, telle que nous en donnons le plan, a été reconstruite au IXe siècle, sur l'emplacement d'une basilique plus ancienne, édifiée sous le même vocable.

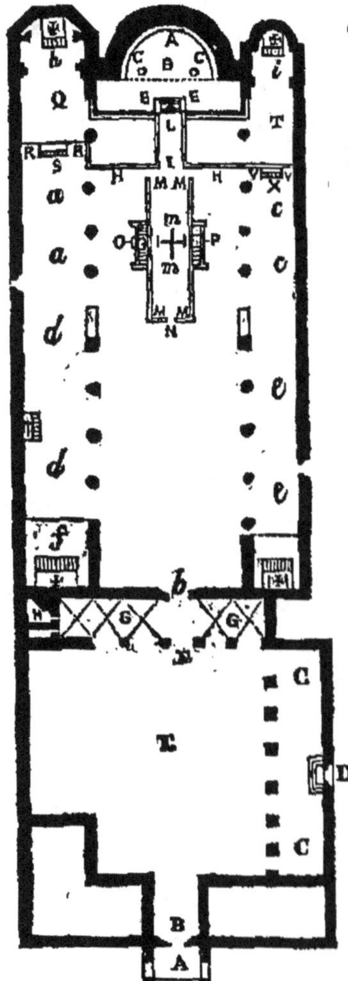

cet écrivain distingue dans ce monument (1). A, *prothyrum*, vestibule de la porte, orné de quatre colonnes de marbre numide : les deux dernières sont corinthiennes; les deux premières sont ioniques ; il était pourvu de baguettes de fer auxquelles on suspendait des tentures, les jours de fête. B, porte : celle-ci ouvre dans une cour, ou *atrium*, dont il existe encore, sur un côté, un portique, CC. On voit sur le même côté une seconde porte D, qui conduisait dans le couvent, *cœnobium*. C'est dans l'atrium que se tenaient les pénitents. F, portique du porche de l'église, et place de la grande porte, μεγάλαι πύλαι, *porta magna*. GG, vestibulum, narthex; ici il est très-étroit. On y a ménagé à gauche un clocher H : c'est là que se trouvait, dans le principe, la piscine baptismale.

L'ensemble de l'église présente trois nefs parallèles, délimitées par des colonnes en marbre de Numidie et de Paros. L'*area*, le pavé, se compose d'une marquetterie de marbre.

Si maintenant nous examinons l'extrémité orientale de la basilique, nous trouvons le grand autel B, au-dessus duquel s'élève le ciborium, ou tabernacle; A, siége épiscopal, *cathedr*… sous l'abside; c et c gradins, *subsellia*, pour les prêtres, … droite et à gauche de la cathedra, autour de l'abside. L'en… ble de l'hémicicle, DD, formait le presbytère, *presby*… *n*, … *res*, qui était réservé, comme on voit, à l'assemblée de…

(1) Plusieurs écrivains ont publié des plans de basiliq… détaillés que celle-ci. Nous citerons entre autres le plan de Fréd… heim, qui l'a emprunté lui-même à Bedveridge. Il en existe enco… nelli, etc.

EE, sanctuaire, *sacrarium*, espace compris entre le grand arc de la nef, ou *arc triomphal*, et l'arc qui forme l'entrée de l'abside. Nous avons maintenant HH, une balustrade, *cancellum*, qui sépare la nef du sanctuaire; L, l'escalier qui conduit de la nef au sanctuaire, plus élevé que l'aire général de l'église; I, la porte du chancel, ou du sanctuaire, ἅγιαι πύλαι, *porta sancta, regia*, gardée par des acolytes; entre l'abside et le narthex se trouve l'église proprement dite, *ecclesia*, la nef, dans laquelle on distingue diverses parties.

Les lettres MMMM indiquent le collége des chantres, *chorus, scola chantorum*, enceinte circonscrite par un mur à hauteur d'appui. Il y avait là des stalles disposées pour les sous-diacres et les clercs mineurs (1); l'espace qui s'étend quelquefois entre le chœur et le sanctuaire est désigné par le mot *solea*. N, entrée du chœur; O, ambon (2), pupitre pour la lecture de l'évangile; P, ambon pour la lecture de l'épître; Q, emplacement destiné aux sénateurs, *senatorium*; RR, balustrade, *septum*, séparant le bas-côté du *senatorium*; S, porte conduisant au senatorium; T, *matroneum*, ou place des matrones; VV, septum séparant le bas-côté du matroneum; X porte conduisant au matroneum. Dans le bas-côté droit, εμβολος, *porticus dexter*, on trouve *aa* nef des hommes; *dd* place des cathécumènes; *f* sacristie; dans le bas-côté gauche, *porticus sinister*, *cc* nef des femmes; *ee* femmes cathécumènes et femmes pénitentes; *h* place des moines, *monachi*; *i* place des femmes vouées au service de Dieu; *mm* ligne de chandeliers en croix, où l'on chantait *Kyrie, eleison, Christe, eleison*. Quelquefois l'abside *i* servait de sacristie, διακόνικον, *secretarium*; les diacres y con-

(1) On trouve encore chez les anciens écrivains les mots *peribolum*, *rivalium*, employés pour désigner, ou le chœur des chantres ecclésiasti-s, ou les stalles de ce chœur. Le collége des chantres avait été fondé par pe saint Hilaire; il fut réformé par le pape saint Grégoire.

ou verbe ἀμβαινεῖν, monter, à moins que le mot ambon ne vienne a des deux côtés, soit parce qu'il y en avait deux, soit parce qu'il y li escalier à droite et à gauche de chaque tribune; ou d'αμβω, Saint Cyprien appelle l'ambon *tribunal*.

servaient les vêtements sacerdotaux et.es vases sacrés; l'autre abside *h* était une salle appelée προθεσις, *oblatorium*, et c'est là où le pain et le vin étaient consacrés. A la lettre *b*, enfin, on voit la porte de la grande nef, ωραῖαι πύλαι, *porta speciosa*. Au-dessus de la porte, dans la nef, était la place des *prosternés*, στάσις των υποπιπτοντων, *statio penitentium prostatorum*; au-dessus, à droite et à gauche, la place des fidèles, στάσις των πιστων, *statiofidelium*, et des pénitents admis à la confession, καί συνισταμεναν, et *consistentium* (1).

Maintenant que nous avons indiqué les dispositions que l'on distinguait dans les basiliques les plus complètes, nous allons revenir avec plus de détails sur les principales parties que nous venons d'énumérer. Les *portes* étaient, pour les premiers chrétiens, un objet de vénération; les fidèles s'arrêtaient sur leur seuil pour prier. Charlemagne nous apprend qu'elles étaient consacrées aux reliques des saints (2). L'enceinte extérieure, l'atrium, est désignée dans les auteurs par un grand nombre de mots, προπυλον μεγα, πραυλἰον πρωτον, εισοδος, αθρος χωρος, αυλη του ναρθῆκος; puis encore *atrium, area, ambulaculum, impluvium, catacumba, area Dei, area subdialis, pa-*

(1) Il y avait quatre ordres de pénitents: 1° ceux qui étaient exclus de l'assemblée, *hiemantes*; 2° ceux de la classe des prosternés; 3° les pénitents de la classe des *consistants* ou *écoutants*, admis à l'assemblée comme les fidèles: ils écoutaient l'épître et l'évangile, mais s'en allaient au moment de la communion; 4° les *communiants*, ceux admis tout à fait dans l'assemblée, mais toujours distingués des autres fidèles. Voyez là-dessus Sirmond, *de Penitentia publica*.

(2) L. IV. Voyez aussi là-dessus S. Paulin, dans les *Natalia*; S. Jérôme, dans ses *Lettres*; Prudence, *Hymn.*, 2 et 11; S. Jean-Chrysostôme, homélie 30 et hom. 2, *aux Corinthiens*; S Évodius, dans son livre *des Miracles* de S. Étienne. S. Apollinaire et Grégoire de Tours attestent également le respect des fidèles pour les portes des églises; Baronius, dans son *Martyrol. roman.*, novemb. 18, dit: « Moris erat adeuntibus basilicam, « ante ejus ingressum ad limina procumbere, portas deosculari ac preces « fundere. » De là vient l'usage d'orner les portes des églises de statues, afin d'exciter la piété des fidèles. Voyez le mot PORCHE dans le *Dictionnaire de théologie*, par Bergier. On plaça même les reliques des saints martyrs près des portes pour servir de *memento* aux fidèles qui entraient.

*radisus:* c'est le portique, le porche proprement dit. Il faut se figurer une esplanade à ciel ouvert, entourée, sur trois côtés, de portiques. Les fidèles se reposaient là en attendant l'assemblée, et les pauvres y venaient implorer la charité publique (1). Cet espace ou parvis était souvent planté d'arbres. Quand on renonça à inhumer les chrétiens dans les catacombes, on les enterra dans l'atrium des basiliques (2). Au milieu de la cour dont nous parlons, il y avait un bassin ou des fontaines jaillissantes, φιαλη, χερνιβοξεστον, *cantharus, labrum, nymphæum.* Les fidèles s'y lavaient les mains avant d'entrer dans le lieu saint: de là vint l'usage de placer de l'eau bénite dans des vases à l'entrée des églises, en dehors ou en dedans (3). Saint Grégoire le Thaumaturge (4) nous apprend qu'il y avait des pénitents publics du premier degré qui restaient dans cette partie des basiliques, exposés aux intempéries des saisons, vêtus d'habits de deuil, la tête couverte de cendre, implorant la pitié des fidèles, et les priant d'intercéder pour eux auprès de la justice divine. En bas de l'atrium, à droite et à gauche, se trouvaient, en effet, les pénitents appelés χειμαζομενοι, *hiemantes, hibernantes ;* plus haut c'était la στασις των προσκλαιοντων, *statio lugentium,* la place des pleurants, pénitents exclus de l'assemblée, et n'ayant pas satisfait aux pénitences publiques ; là se tenaient enfin aussi les lépreux, λεπροι, *leprosi.*

Le *narthex,* προναος, ναρθεξ, *ferula.* Le narthex ouvrait dans l'église par trois portes: des deux latérales, l'une était pour les hommes, l'autre pour les femmes. Au-dessus de cette partie de la basilique régnaient plusieurs salles, κατηχουμενα,

(1) S. Jean-Chrysostôme, hom. 2, *ad Corinth.*

(2) Cette coutume d'enterrer les morts dans une cour placée au-devant des églises s'est conservée jusqu'à nos jours dans nos campagnes. Les plus grands personnages tenaient à y avoir leur sépulture. Pépin voulut être inhumé près du porche de Saint-Denis, *Ann.* de Baronius, 337, n° 21, Concil de 593 à 800.

(3) Voyez sur ces fontaines S. Paulin de Nole, *Natalia,* 9 ; Eusèbe, l. x, c. 4 ; et Ferrari, *de Ritu sacrarum ecclesiæ veteres concionum,* l. II, c. 22.

(4) *Epist. canonic.,* ap. Galland, t. III, cap. 11.

*cœnacula*, destinées à l'instruction religieuse des cathécumènes (1). Dans le narthex, il y avait en bas, à droite et à gauche, la place des cathécumènes, στάσις τῶν κατηχουμενων, *statio cathecumenorum;* plus haut, la place des énergumènes, des démoniaques, στάσις των ενεργουμένων, *statio demoniacorum.* Enfin, à droite et à gauche de la porte, les pénitents de la classe des écoutants, στάσις τῶν ἀκρουμενων, *statio auscultantium.* Dans le principe, le baptistère, ϐαπτιστηρων, φωτιστήριον, κολυμϐηθρα, *piscina, aula baptismalis, fons*, était en dehors de l'église, le plus généralement à gauche, dans le narthex. Ce ne fut qu'au VII^e^ siècle qu'on plaça les piscines dans le bas-côté gauche des églises. Il fallait en quelque sorte un édifice spécial pour le baptême, qui primitivement se pratiquait toujours par immersion.

Quand le pape saint Sylvestre eut reçu de Constantin la basilique de Latran, il fit construire derrière elle un baptistère de forme octogone, dont le toit était supporté par les huit plus belles colonnes de porphyre que l'on connaisse. Il fut consacré à saint Jean-Baptiste, comme le furent par la suite à peu près tous les édifices du même genre. On fit encore des baptistères circulaires, hexagones, carrés et en croix. Un des plus beaux baptistères est celui de Ravenne, bâti en 540 par saint Orso. Il est formé de deux cercles concentriques, délimités chacun par huit arcades : le moins élevé s'appuie sur des colonnes qui ne sont qu'une grossière imitation de l'ordre corinthien, et supporte un dôme formé de tubes ou cylindres creux en briques, à la manière des Byzantins. Il y en a encore de très-remarquables à Bologne, à Canosa, à Parme, à Vérone et à Florence.

Au milieu du baptistère, il y a un bassin, *labrum, lavacrum*, qu'on emplissait d'eau, ou qui communiquait avec une source.

(1) On n'est pas très-sûr, à ce qu'il paraît, sur la position du narthex dans les basiliques; on ne sait pas même s'il n'y en avait pas plusieurs. Voyez Nibby, *Dissert. sur la forme des anciennes églises*, et *Durandus rationalis divinorum officiorum.* Voyez aussi Eusèbe, l. X, cap. 14, in *Vit. Constant.*, l. III, c. 25.

Ce bassin était quelquefois en pierre magnifique. On élevait des oratoires avec des autels, où l'on disait la messe pour donner la communion aux néophytes après le baptême. Enfin, on y a vu des cheminées où l'on faisait du feu, afin de préserver les enfants des atteintes du froid (1). A l'intérieur, on disposait des bancs pour les cathécumènes; presque toujours, en face de la porte d'entrée, il y avait une statue de saint Jean l'Evangéliste. Quand le baptistère était placé dans le porche, ce porche recevait souvent le nom de *cathécumène*.

Les formes du lavacrum ont varié beaucoup : dans le principe, on se servait de cuves de granit, de porphyre ou de marbre, enlevées aux thermes impériaux. On assembla encore sur un plan polygone, le plus souvent carré, des tablettes de pierre, dressées autour d'une aire de béton, qui formait le fond de la cuve, assez grande pour contenir plusieurs personnes. Ces tablettes furent décorées de moulures diverses et de placage en marbre.

La *nef*, εκκλησια, ναος, *carena, gremium, aula, templum, navis*, vaisseau, ne présente pas de particularités à noter après ce que nous avons dit, si ce n'est que souvent la nef du milieu, la maîtresse-nef, était séparée des nefs secondaires, ou collatéraux, ou bas-côtés, κλιτοι, μεροι, *latera*, par un mur à hauteur d'appui, quelquefois aussi l'entre-colonnement des portiques longitudinaux, étaient fermés par des rideaux, pour empêcher toute communication entre les hommes et les femmes.

Quelques nefs présentent deux ordres de colonnes superposées : c'est qu'alors il règne sur les bas-côtés une galerie, *triforium*. Celle-ci ouvre sur la nef même, et était occupée alors par les vierges et par les femmes qui se consacraient à Dieu (2). Cette disposition est rare dans les églises latines; on

(1) Voyez la lettre de Lupi au savant Gori, et l'ouvrage d'Allegranza.

(2) Cette galerie se retrouve toujours dans les églises grecques, et alors on y monte par une pente très-douce, comme on le voit à Sainte-Sophie de Constantinople.

n'en connaît guère que deux exemples à Rome. Nous avons dit déjà que quelquefois l'intérieur de la basilique était divisé en cinq parties, c'est-à-dire qu'elle offrait quatre rangs parallèles de colonnes, et que la nef principale était accompagnée, de chaque côté, de deux collatéraux : tels étaient Saint-Paul-hors-les-murs, Saint-Pierre-du-Vatican et Saint-Jean-de-Latran.

Les auteurs ne sont pas d'accord sur ce que l'on doit appeler la *droite* ou la *gauche* dans les anciennes basiliques. D'après les écrivains qui doivent faire autorité sur cette matière, nous serions porté à appeler collatéral gauche celui qui est à gauche des fidèles assemblés : dans les églises orientées, ce collatéral serait donc exposé au nord ; le collatéral droit, conséquemment, serait au midi. Nous devons dire que c'est là une question non résolue. Dans l'église actuelle, le côté de l'épître est la droite, le côté de l'évangile, la gauche.

Nous avons indiqué déjà la disposition des fidèles dans l'église ; nous n'y reviendrons pas. Dans le chœur, χορος, *cancellum*, siégaient les lévites et les trois chœurs de chant, composés : 1° de l'orchestre pour accompagner les psalmistes ; 2° des sous-diacres chantant l'épître, 3° des diacres chantant l'évangile et lisant les lettres et les édits des évêques. Sur les faces latérales de la clôture s'élèvent l'*ambon*, αμβων, πυργος, *pulpitum*, *suggestus*, *gradus*, *auditorium*, *dictorium*, *auditorium*, *pyrgus*, *lectorium*, *lectricium*, *analogium*, *letrier*, *jubé*, *pupitre* : on appelle ainsi des chaires auxquelles on arrive par un double escalier. Leur forme et leur disposition ont beaucoup varié : le plus souvent ils sont octogones ou carrés ; la plupart sont construits en marbre, et sont ornés de sculptures et de mosaïques. En général, il y a deux ambons placés l'un vis-à-vis de l'autre, l'un au nord, où on lit l'évangile, l'autre au sud, où on lit l'épître ; quelquefois il y en avait un troisième pour le récitatif des psaumes et des livres des prophètes (1).

(1) Très-souvent l'ambon se transformait en une construction qui séparait complétement le sanctuaire de la nef et qui formait le chancel : alors

Il existe des ambons dans trois anciennes basiliques : à Rome, dans Sainte-Marie-*in-Cosmedin*, dans Saint-Laurent, et dans Saint-Clément. Voici, d'après Ciampini, le dessin d'un de ces deux ambons. La lettre P indique la chaire proprement dite, avec son pupitre, soutenu par de petites colonnettes. Des escaliers I et H conduisent dans la chaire. On voit que l'ambon tient à droite et à gauche, au septum C et C qui circonscrit le chœur des chantres. Sur un des pilastres qui le décorent, s'élève une colonnette torse qui servait, suivant l'opinion la plus généralement admise, à porter le cierge pascal ; suivant quelques auteurs, il ne faut voir, dans cette colonnette, que le flambeau ordinaire de l'Évangile.

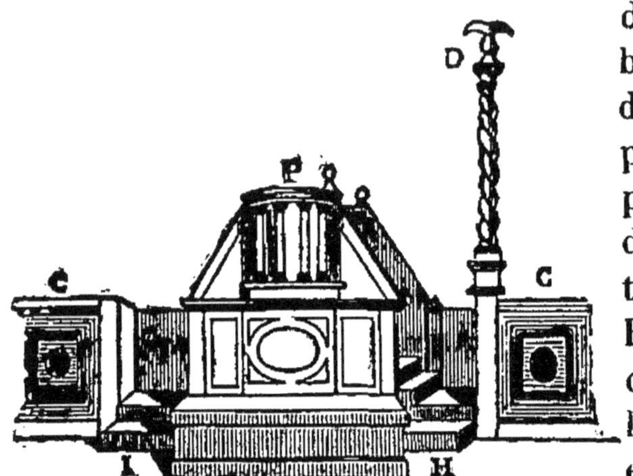


Le sanctuaire, αδυτον, ιερον βημα, ἱερατειον, αγιαστηριον, *sacrarium*, était séparé du chœur, avons-nous dit, par une

il était muni d'un seul pupitre au milieu, accompagné de deux portes latérales, ou de deux pupitres entre lesquels il y avait une porte ouvrant sur l'axe de la nef. Quelquefois il n'y avait qu'une tribune, et elle occupait la droite ou la gauche de l'église. L'ambon pouvait être assez grand pour qu'il y eût un autel, comme celui de Saint-Jean à Lyon, où l'on disait la messe tous les jours après matines. On n'y lisait pas seulement l'épître et l'évangile, on y lisait aussi les lettres de paix ou de communion, on y publiait les excommunications, les miracles, les lettres et les édits des évêques, et les décisions des conciles. Suivant saint Jean-Chrysostôme, c'est du haut du jubé que le diacre appelait les fidèles à la communion, en criant *sancta sanctis,* les choses saintes sont pour les saints ( homel. 17, c. 10). Tres-anciennement encore on y lisait les diptyques, δίπτυχα, doubles tablettes sur lesquelles étaient inscrits les noms des vivants et des morts pour lesquels il fallait prier. Enfin, disons que jusqu'au XIII<sup>e</sup> siècle les ambons ont servi de chaire à prêcher.

balustrade formée de grilles en fer ou en bois, καγκελλοι, κιγκλιδες, *cancelli,* et était plus élevé que le sol de la nef. Dans les églises grecques, la vue du sanctuaire était fermée aux fidèles par l'*iconostase*, grand tableau couvert de peintures. Chez les Latins, des voiles en tapisseries, παραπετασματα, *aulæa*, remplissaient l'office de ces tableaux pendant une partie de la célébration des saints mystères (1).

L'autel, θυσιαστηριον, βωμος, ἱερα τραπεζα, *sacra mensa*, était placé au milieu du sanctuaire; il était formé le plus souvent d'une table de pierre, placée sur le sarcophage d'un confesseur de la foi, en marbre, en granit ou en porphyre. Ce sépulcre était décoré de sujets chrétiens. Souvent les reliques du martyr étaient dans une crypte, *confessio, martyrium*, et alors la table de l'autel était soutenue par quatre petites colonnes d'un riche travail (2).

Nous avons expliqué plus haut les circonstances qui firent élever les autels au-dessus des cryptes (3). Il y en a encore plusieurs exemples à Rome, dans Sainte-Cécile, Saint-Laurent, Saint-Césaire et Saint-Martin, et dans un grand nombre de villes de l'Italie. En général, on descendait de la nef dans les cryptes ou caveaux, creusés au-dessous du niveau du sol, par un certain nombre de degrés. En face de ces degrés il y en avait d'autres par où l'on montait de la nef dans le sanctuaire dont l'entrée était d'ailleurs interdite aux fidèles. Dans les églises primitives, il n'y avait jamais qu'une crypte et qu'un autel; et cet usage subsiste encore dans les temples

(1) S. Grégoire de Nazianze parle d'une manière mystique des balustrades formant jubé. Cette balustrade est au milieu des deux mondes, le ciel et la terre, dont l'un est stable, et l'autre variable, entre le sanctuaire et la nef, entre les ecclésiastiques et les laïcs.

(2) On mit toujours un grand luxe dans la confection des autels. Nous savons que Constantin en fit faire un grand nombre en argent; l'impératrice Pulchérie en donna un à une église de Constantinople, en or, garni de pierreries. Ils étaient supportés, tantôt sur quatre colonnes, quelquefois sur six, et même sur une seule.

(3) Voyez p. 301. Les gardiens des cryptes étaient appelés *martyrarii*

non-seulement du rite grec, mais encore du rite latin de saint Ambroise. Comme on n'avait pas, partout où l'on fondait une église, la dépouille mortelle d'un martyr, on se contenta de renfermer quelques parcelles de reliques dans la pierre sacrée, scellée sur la table des autels. La vénération que l'on avait pour les saints fit qu'on leur éleva des oratoires privés, des chapelles, *oracula, cubicula,* qui faisaient partie de la basilique, et qui chacun avaient un autel spécial.

L'autel n'était pas toujours aussi simple que celui que nous venons de décrire. A ses quatre angles s'élevait le *ciborium* (1) *umbraculum tegimen altaris:* c'était un baldaquin formé de quatre ou six colonnes, dont les chapiteaux étaient surmontés d'une coupole élégante, ou d'un entablement formant un dais au-dessus de la sainte table. Celui de Saint-Clément, dont voici la représentation, était couronné par un petit fronton. La lettre A fait voir la disposition de ce ciborium; B est la porte grillée à travers laquelle on aperçoit le corps du martyr déposé dans la crypte. L'autel ici est accompagné d'une balustrade en marbre, C et C, qui joint les deux absides latérales de l'église. Il arrivait souvent que l'on suspendait sous le ciborium une colombe d'or ou d'argent, dans laquelle on conservait la sainte

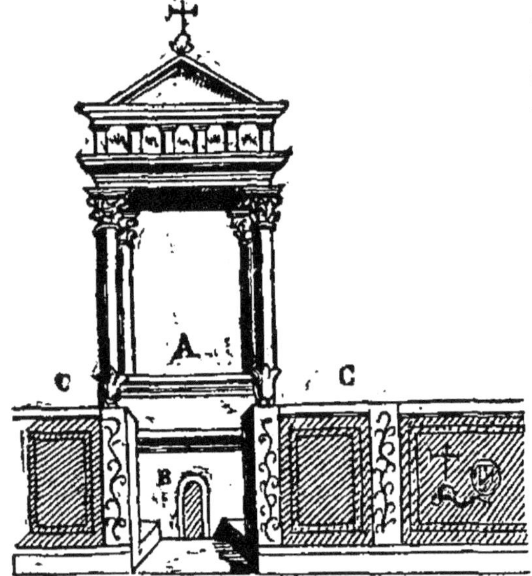


(1) On n'est pas d'accord sur l'étymologie du mot *ciborium.* Quelques écrivains veulent que ce mot vienne de *cibus,* parce que c'est sous le ciborium qu'étaient conservée l'eucharistie pour les malades; d'autres veulent, avec plus de raison, que le tabernacle ait été appelé ainsi, parce que sa forme rappelle celle d'une coupe renversée. Voyez là-dessus Du Cange, *Gloss. med. et inf. latin.,* au mot CIBOR.; Macri, *Hierolexicon,* au même mot; Bingham, *Orig. et antiq. ecclesiast.,* t. III, l. VIII, c. 6, § 18.

eucharistie, ce qui fit encore appeler le tabernacle *peristerium* (1).

Enfin, disons que souvent on plaçait au-dessus de l'autel des couronnes d'or et de pierreries. Charlemagne en donna une magnifique à la basilique de Saint-Pierre de Rome, et le pape Pascal Ier à l'église de Sainte-Praxède.

L'autel était quelquefois accompagné de deux tables : l'une, à droite, παρατραπεξον, remplaçait cette partie de l'église que nous avons appelée προθεσις, *oblationarium*, *paratorium*, sur laquelle les fidèles déposaient leurs offrandes (2) ; à gauche, il y en avait une semblable, appelée crédence, *secretarium minus*, près de laquelle se tenaient les diacres pour le service de la messe (3). On voit encore deux tables semblables dans l'é-

(1) L'eucharistie était quelquefois conservée dans un coffret appelé *pyxis*. Les tabernacles où on la renfermait n'étaient peut-être pas autre chose que le παστοφόρα des Grecs, le θάλαμος de saint Jérôme. Les baptistères avaient aussi une colombe d'or pour les hosties consacrées. Il y en avait, en France, un d'argent à Tours, et un d'or sur l'autel élevé au-dessus du tombeau de saint Denis, à Paris. Enfin au lieu de ciborium, on plaça souvent sur l'autel des tours, faites de métaux précieux. Il y avait aussi de petits ciboires qu'on disposait sur des autels portatifs pour dire la messe en voyage. Dans les églises on y plaçait aussi des reliques ; ces ciboires portatifs sont certainement l'origine des châsses.

(2) Ou pour mieux dire, ces tables occupaient la place que nous leur assignons quand elles n'étaient pas disposées dans les absides latérales dont nous avons parlé.

(3) Ces deux tables, en usage surtout chez les Grecs, représentent deux autels accessoires : sur celle de droite on plaçait les charbons, le feu, l'encensoir, les livres, les vêtements sacrés, les chandelles et les cierges ; on y déposait aussi la patène, le calice, la lance, le voile, l'étoile, enfin tout ce qui était nécessaire à la célébration de l'office divin. Sur l'autre table, appelée aussi *mensa propositionis*, on mettait les pains appelés *eulogies*, et le vin de *proposition*, avant que le prêtre les eût consacrés au grand autel. C'est là aussi qu'était l'eau bénite le jour de la Théophanie, eau que le diacre présentait pendant la célébration des saints mystères aux pénitents exclus de la communion.

Les crédences n'ont pas été beaucoup en usage dans l'Église latine ; elles étaient souvent remplacées par une armoire ménagée derrière l'autel, ou par une armoire placée en face de l'autel (à Cluny, par exemple), ou par deux armoires, à droite et à gauche, ainsi qu'on en voyait dans plusieurs églises des chartreux.

glise des saints Nérée et Achillée. Enfin il y avait, au pied de l'autel, une piscine, θαλασσα, χονειον, *lavacrum*, où le prêtre jetait des débris qui devaient être recueillis avec soin (1).

L'autel et la confession étaient les parties les plus importantes de la basilique, celles qui étaient décorées avec le plus de recherche et de magnificence; le tabernacle, avec ses colonnes, son entablement, son fronton ou sa coupole, acquit, pour ainsi dire, l'importance d'un monument complet. Pour comprendre avec quel soin, avec quelle splendeur on construisait le ciborium et la confession, il faut nous les représenter tels qu'ils existaient dans l'ancienne église de Saint-Pierre-du-Vatican à l'époque du pape Adrien Ier. La confession était précédée d'un portique de douze colonnes torses ou cannelées, de porphyre, d'albâtre, ou de marbre précieux; les entre-colonnements étaient fermés par une grille de bronze; le sol, à partir de ce portique jusqu'au tombeau, était revêtu de lames d'argent du poids de 150 livres; l'entablement qui surmontait cette colonnade était rehaussé de bas-reliefs en argent, représentant, d'un côté Jésus-Christ entouré des douze apôtres; de l'autre côté, la Vierge Marie accompagnée des saintes femmes; enfin le couronnement était formé de lampes et de candélabres d'argent pesant 700 livres.

L'argent avait été également employé à profusion dans la crypte. La grille qui entourait les tombeaux était faite de ce métal, ainsi que les candélabres qui l'éclairaient, les colonnes et les arcs ornés de tentures précieuses et de chérubins d'or. A l'entrée, on voyait une croix d'or massif, du poids de 100 livres, donnée par Bélisaire, qui y avait fait représenter ses victoires. Toute la crypte fut même revêtue de lames d'or par le pape Léon III. Pour le pavé seul, on employa 453 li-

(1) Le prêtre allait aussi se laver les mains dans une piscine après la communion. Pierre de Cormieu (1245) et le cérémonial de Paris (1662) enjoignent de placer un bassin près de l'autel. Chez les Grecs, ce bassin était placé sous l'autel; quelquefois il était fait de matière précieuse: tel était celui de l'église Saint-Marc à Venise, dont Codinus dit: «Mare, seu lavacrum, sacræ mensæ pretiosis lapidibus extruxit et auro circumvestivit.»

vres de ce métal ; sur ces lames, on avait sculpté divers épisodes empruntés à l'ancien et au nouveau Testament. Tout autour du caveau il y avait très-anciennement des statues en argent du Sauveur, des apôtres Pierre et Paul, de saint André, et sans doute des quatre évangélistes. Adrien Ier remplaça ces statues d'argent par des statues d'or. Enfin le tombeau proprement dit était un ouvrage de bronze doré, sur lequel s'élevait une croix d'or massif de 150 livres pesant, donnée par Constantin, qui y avait fait graver cette inscription (1).

CONSTANTINVS AUG. ET HELENA AVG.
HANC DOMVM REGALIS SIMILI FVLGORE
CORVSCANS AVLA CIRCVMDAT.

Ce n'est pas tout : l'autel de la basilique de Saint-Pierre fut revêtu par Adrien Ier de lames d'or pesant 597 livres. Le ciborium, d'abord d'argent, fut remplacé par un ciborium d'argent doré, orné de quatre colonnes d'argent, le tout du poids de 2,704 livres et un quart.

Dans le principe, la confession de Saint-Pierre offrait une disposition particulière, que nous devons noter, parce qu'elle nous rappelle une circonstance curieuse de la dévotion des premiers fidèles : l'autel, placé, comme toujours, au-dessus du tombeau du martyr, était environné d'une grille qui s'ouvrait pour quiconque voulait faire sa prière : le fidèle alors se mettait à genoux, et ouvrait une petite fenêtre qui donnait dans la crypte, au-dessus du tombeau ; il passait la tête à travers cette ouverture, appelée *jugulum ;* et c'est dans cette position qu'il intercédait le saint apôtre. On avait soin de faire descendre sur le tombeau un linge, *palliolum* (2); ce linge avait été préalablement pesé avec soin dans une

(1) Voyez Anast. le Bibliot., *in S. Sylvest.*, § 17... « Ubi scriptum est « hoc... ex litteris puris nigellis in cruce ipsa. » Le procédé avec lequel cette inscription était gravée répond sans doute aux nielles des modernes.

(2) Ces sortes de linges s'appelaient encore *sanctuaria, sudoria.* Ils sont aussi désignés par le mot *brandea* dans les écrits du pape S. Grégoire le Grand.

balance; on le laissait sur le monument pendant que l'on priait, et il servait à reconnaître si Dieu avait exaucé les vœux du fidèle qui lui adressait ses supplications. Les chrétiens ne doutaient pas que Dieu ne les eût écoutés favorablement, quand ce linge, retiré de la confession, pesait plus que quand on l'y avait mis. Plus tard, ces sortes de linges furent considérés comme des reliques, et les papes en envoyèrent dans toute la chrétienté. Au XVIIIe siècle, on conservait encore dans l'église de Saint-Germain-des-Prés, à Paris, un de ces linges sanctifiés (1).

Le *presbytère,* avons-nous dit, appelé aussi αψισ, εξεδρα, *concha, tribunal, absida gradata,* est la partie en hémicycle opposée à la principale porte de la façade de l'édifice. C'était, en quelque sorte, la salle du haut clergé. Au centre, on voyait le siége en marbre de l'évêque, θρόνος, επισκοπον, *tronus, cathedra,* assez élevé pour que tous les fidèles pussent voir le pontife, et pour qu'il pût lui-même, placé derrière l'autel, surveiller l'assemblée. Ce trône était souvent fait avec beaucoup d'art. On en voit un dans l'église de Saint-Césaire, à Rome, qui est d'une grande magnificence : il est en marbre, et décoré de pierres dures et de mosaïques émaillées. Il y en a encore à Saint-Clément, à Sainte-Marie-in-Cosmedin, à Sainte-Marie-Transtévérine, etc. En général, il était d'usage que ce trône fût élevé de trois degrés au-dessus de l'aire du sanctuaire. Le reste de la partie circulaire de l'abside, à droite et à gauche du siége de l'évêque, était garni de gradins moins élevés, συνθρονος, *sedillia, sellæ, linteatæ sedes, cathedræ velatæ,* scellés dans les murailles, et d'ordinaire couverts de tapis. Ils étaient destinés aux prêtres et archiprêtres officiants, ou assistants à l'autel.

On trouve à Rome, dans l'église des saints Nérée et Achillée, près de la porte Capène, une belle mosaïque qui représente une abside et la disposition des personnes qui y avaient leur place marquée; à droite et à gauche du trône central de l'évêque, sont assis, sur deux rangs, de graves personnages

(1) Raoul Rochette, *Tabl. des catac.*, p. 84 et suiv.

à longue barbe ; ceux du rang supérieur ont la mitre en tête, les autres sont de simples diacres (1).

Enfin dans les dépendances de la basilique, outre les deux absides latérales closes au moyen de tentures, et construites à partir du ve siècle, διακονικον, σκευοφυλακειον, et προθεσις, il y avait un bâtiment appelé τό ξενοφύλακιον, grande hôtellerie destinée aux prêtres en voyage. Le diaconicum conserva toujours sa destination première ; mais on consacra plus tard la προθεσις aux archives et à la bibliothèque.

Dès le principe, les basiliques furent richement dotées, et jouissaient de gros revenus (2). De plus, les princes leur donnaient de magnifiques ornements d'argent et d'or enrichis de pierres précieuses. Si l'on veut se faire une idée de l'opulence de ces édifices religieux, il faut lire dans Baluze (3) l'inventaire des meubles de l'église de Carthage.

Tel fut le plan adopté pour les basiliques, plan qui s'est maintenu dans ses dispositions générales, pendant une partie du moyen âge en Occident. Cependant, dès le siècle de Constantin, une modification importante s'était introduite. Le transsept, ou *croisée,* qui n'existait pas toujours, prit alors de l'extension dans tous les sens, surtout en longueur ; et il dépassa les bas-côtés de manière à former avec la nef et l'abside une croix, symbole mystérieux de celle qui apparut à Constantin pendant la bataille qu'il livra à Maxence. Quand les bras de la croix C et C ont moins d'étendue que la nef B et que l'abside A, c'est la croix latine, pl. 1. Si, au contraire, les croisillons sont égaux entre eux, c'est la croix grecque, pl. 2. Les basiliques bâties sur ce dernier plan sont rares en Occi-

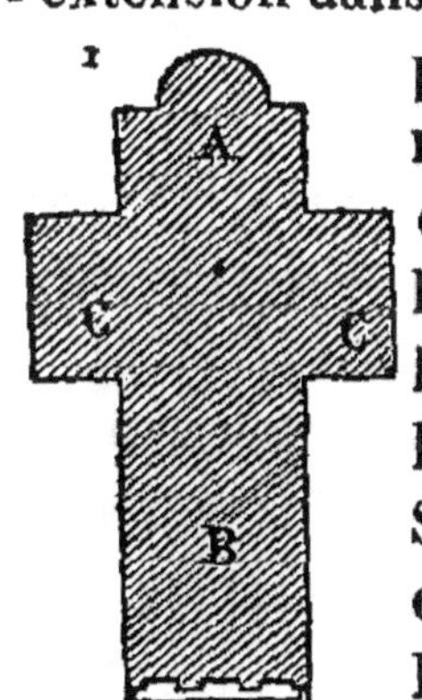


(1) Hope, ouvr. cit., p. 91.

(2) Des domaines en Italie, en Afrique et dans la Grèce, formaient à l'église de Latran un revenu de 13,934 *sous d'or.* Voyez là-dessus le bibliothécaire Anastase.

(3) *Miscel.,* t. II, p. 93.

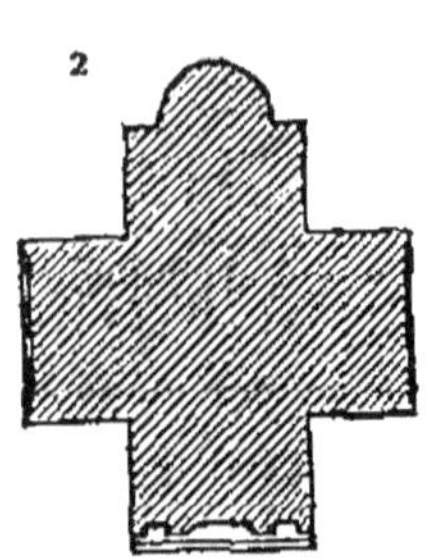

dent (1). Le plan en croix latine, au contraire, est, comme chacun sait, sacramentel pour nos églises.

Tels ont été les premiers édifices publics ouverts pour la pratique du culte chrétien. Nous retrouverons cette disposition, à peu de chose près, dans la plupart des belles basiliques qu'on a élevées en France au moyen âge. Avant d'étudier l'architecture nationale, nous allons jeter un coup d'œil sur les constructions de l'école byzantine, et indiquer les différences les plus notables qu'il y a entre le style latin et le style des monuments de Constantinople.

### Art byzantin. Sainte-Sophie de Constantinople.

Constantin ayant transféré, en l'an 328, le siége de l'empire à Byzance, à laquelle il donna son nom, voulut qu'elle pût rivaliser de grandeur et de magnificence avec Rome. Le site de cette cité était des plus imposants, et, par une curieuse analogie, la configuration du terrain permit de diviser la nouvelle capitale en sept collines, qui rappelaient les collines de Rome. Au centre de la ville, il fit placer le milliaire d'or, d'où partaient toutes les grandes voies publiques. Constantinople eut son cirque et son forum; partout on construisit des édifices imposants avec des débris arrachés aux plus célèbres monuments de la Thrace et de la Propontide. Constantin fit bâtir quatorze palais pour lui et ses enfants, plusieurs arcs de triomphe, huit bains publics, et quatorze églises. Il décora Byzance des chefs-d'œuvre des arts dont il dépouilla l'Italie, la Grèce et l'Asie; de plus, il fit exécuter un nombre considérable de peintures, de mosaïques, de bas-reliefs, et de statues en marbre, en bronze et en or (2). Ce

(1) On voit en France deux exemples d'églises dont le plan est en croix grecque, à *Saint-Genest*, à Nevers, et à *Sainte-Croix*, à Mont-Majour.

(2) Eusèbe, *de Vit. Const.*, l. III, c. 47 ; Anonyme, *Antiq. Constant.*, l. I; Banduri, *Imper. Orient.*, t. I, p. 6, 7, 19 et sqq.

prince embellit aussi les autres villes de l'empire : il édifia des églises à Capoue, à Rome, à Naples, à Antioche, à Jérusalem, et à Bethléem (1), et toutes ces églises étaient incrustées de marbres divers, enrichis de peintures, de sculptures, de dorures, de mosaïques (2), et d'une foule de vases précieux. Son zèle pour le christianisme alla plus loin : il défendit les sacrifices de l'ancien culte, ordonna de briser les idoles, de fermer et démolir les temples (3). « Pendant plus d'un siècle

(1) Eusèbe, *Hist. eccles.*, l. x, c. 4 ; *de Vita Const.*, l. I. cap. 29 ad cap. 36; Anast. bibl., *de Vita pont. S. Sylvest.*, c. 13 ad 18.

(2) Les mosaïques sont une importation grecque. La marqueterie, que Pline appelle *genus pavimenti græcanici*, se composait de fragments de marbre, de porphyre et d'autres pierres, enchâssés les uns dans les autres, comme les pièces d'un jeu de patience, et formant diverses figures géométriques. Les Grecs de Byzance ont exécuté une énorme quantité de ces pavés, auxquels on a donné le nom d'*opus Græcum*. Il est certain qu'on en a confectionné beaucoup dans ce système en Italie, au moyen âge ; on en retrouve, en effet, dans une foule d'édifices. Pour la décoration des murs, c'était un autre système. Des pièces de marbre furent encadrées dans des bordures formées de parcelles de porphyre, de serpentine, dorées, puis recouvertes d'une feuille de verre. On voit de ces mosaïques aux trônes des évêques, aux ambons, sur les frises et les corniches. Ces ornements, manufacturés à Constantinople, se répandirent en Occident et en Orient ; on en voit dans un grand nombre d'églises en Italie et en Sicile.

Ciampini attribue l'invention de la mosaïque en émail aux Persans, qui enseignèrent cet art aux Assyriens, d'où il passa aux Grecs et aux Romains; mais ce furent les Byzantins qui réussirent à donner au verre transparent ou opaque la plus grande variété de nuances. Ils faisaient ainsi des dessins qui brillaient d'un vif éclat. Cette mosaïque, composée de cubes de verre émaillés, fut employée surtout pour décorer les murs intérieurs, les absides, les archivoltes des grandes arcades et les pendentifs des coupoles. En Italie, on a même été jusqu'à les placer à la façade des églises ; d'ailleurs nous savons par le bibl. Anastase qu'on faisait venir d'Orient des ouvriers mosaïstes pour orner les édifices. Pendant la persécution des iconoclastes, ils passèrent en si grand nombre en Italie, que les papes leur firent bâtir des monastères ; enfin, au 15e siècle, il y avait encore des mosaïstes à Byzance.

(3) Eusèbe, *de Vita Const.*, l. II, c. 44 ; l. III, c. 54 ; Sozom., *Hist. eccles.*, l. II, c. 5. Nous voyons encore d'autres empereurs vouer à la destruction aussi les ouvrages d'art qui rappelaient la civilisation païenne. Honorius et Théodose ordonnèrent, à peu près dans les mêmes termes, ces destructions; à leurs édits, ils ajoutent ces mots : «Si qua etiam nunc in templis, fanisque

l'univers retentit du bruit des marteaux qui renversaient les chefs-d'œuvre des Scopas, des Polyclète et des Callimaque. *Enfin l'ardeur fut si vive,* que les Barbares, dans leurs irruptions dévastatrices, trouvèrent la besogne de destruction presque achevée » (1).

C'est ainsi que le vieux monde se transformait, que le vaste empire romain changeait de face; partout la religion nouvelle s'élevait triomphante sur les débris de l'art païen. Mais les chrétiens déjà, au milieu d'une société corrompue, vivaient dans le plus grand luxe; tout le monde recherchait avec avidité les riches étoffes et les meubles précieux. On fabriquait chez les Grecs des tissus de soie ornés de toute sorte de dessins, représentant des fleurs, des animaux (2), et les divers épisodes de la vie du Christ. Sur une tunique ou sur un manteau, on voyait jusqu'à six cents figures: ce qui faisait dire à saint Asterius, « que les habits des chrétiens efféminés étaient peints comme les murailles de leurs maisons » (3). On tenait à avoir des lits, des coffrets, des vases d'airain, d'ébène, d'ivoire, d'or et d'argent. Le goût pour tous ces objets d'un travail précieux était si répandu, que saint Jean-Chrysostôme s'écriait: «Toute notre admiration aujourd'hui est réservée pour les orfèvres et les tisserands.» Les arts plastiques, du reste, dès le ve siècle, étaient tombés dans la barbarie: c'en était fait de la beauté idéale de la forme. Aux yeux des pères de l'Eglise, le chef-d'œuvre de la création, l'homme, n'était plus qu'un sépulcre blanchi. Les artistes étaient obligés de renoncer aux anciennes traditions, de créer des types nouveaux, et ils cherchaient l'éclat et la richesse plutôt que la beauté. C'est aussi là ce qui arriva pour l'architecture. Les

«constituunt.» (*Cod. Theod.*, tit. 10, l. XIX, *de Pag. sacr. et templ.*) Ce qui indique que les monuments de l'antiquité avaient subi déjà d'affreux ravages.

(1) Voyez Libanius, orat. 10, *in Juli. necem*, t. II, p. 314.

(2) Anast. bibl., *Vita pont. S. Hadria.*, in Leon III, Greg. IV, Leon. IV, S. Steph. VI, p. 110, 127, 160, 161, 196, 266.

(3) *Homel. de divite et Lazaro* (ed. Ruben.), p. 3 et 4.

Grecs donnèrent à leurs églises une disposition tout à fait différente de celles des basiliques romaines. Voici, d'après M. Hope (1), les caractères qui distinguaient les constructions religieuses en Orient. « Au centre, dit-il, d'un vaste carré, dont les côtés se prolongeaient à l'extérieur en quatre nefs plus courtes et égales entre elles, se trouvaient quatre piliers liés par quatre arcades qui s'appuyaient sur eux; les pendentifs entre ces arcs étaient disposés de manière à former avec eux, à leur sommet, un cercle qui portait une coupole; cette coupole ne devait point, comme celle du Panthéon, à Rome, ou celle du Saint-Sépulcre, à Jérusalem, reposer sur un vaste cylindre, placé entre elle et le sol, mais elle s'élançait dans les airs au-dessus de ces quatre immenses arcades; et pour qu'elle réunît, autant que possible, la légèreté et la solidité avec le plus grand développement, elle était construite avec des tubes cylindriques de terre agencés l'un dans l'autre. Des demi-coupoles fermaient les arcs sur lesquels s'appuyait le dôme central, et couronnaient les quatre nefs au bas de la croix; l'une de ces nefs, terminée par l'entrée principale, était précédée d'un portique ou narthex; la nef opposée formait le sanctuaire, tandis que les deux branches latérales étaient coupées dans leur hauteur par une galerie destinée aux femmes; souvent encore il s'en échappait de petites absides, couronnées de demi-dômes, ou des chapelles surmontées de petites coupoles; et comme l'on avait ménagé de longues et étroites fenêtres plein-cintre dans les murailles parallèles qui supportaient le toit des nefs et des absides dans les basiliques romaines, ainsi l'on perça des fenêtres semblables à la base des coupoles et des demi-coupoles qui couronnaient toutes les parties des églises grecques.

« Ce fut probablement à Constantinople que la cour carrée, qui pouvait rarement trouver place dans les quartiers populeux de Rome, commença à devenir d'un usage général; elle subsiste encore dans les églises grecques, que les Turcs chan-

(1) Ouvrage cité, p. 110.

gèrent en mosquée à la prise de cette ville. Remarquez que les Turcs ont toujours employé des Grecs à la construction de leurs édifices religieux, et que ceux-ci ont toujours bâti les mosquées mahométanes sur le modèle des églises grecques : aussi sont-elles encore aujourd'hui précédées chacune d'un beau portique quadrilatéral, surmontées de plusieurs rangs de coupoles égales, et le temple, auquel conduit ce portique, est-il couronné d'une pyramide de dômes qui s'élèvent l'un sur l'autre.

« Ainsi, l'on voyait partout des arcs sur des arcs, des coupoles sur des coupoles : on peut dire que toutes les surfaces rectilignes, carrées, angulaires, des temples d'Athènes se changèrent, dans les églises de Constantinople, en surfaces circulaires, curvilignes, concaves à l'intérieur, convexes à l'extérieur. »

On comprend que ce fut là tout un nouveau système d'architecture. Il paraît que les basiliques bâties par Constantin présentaient déjà les principaux traits que nous venons d'indiquer, la croix grecque et le dôme central : telle était du moins, d'après saint Grégoire de Naziance, l'église des apôtres ; mais tous les édifices religieux construits à Byzance quand cette ville devint le siége de l'empire, avaient été faits à la hâte : aussi la plupart disparurent-ils en peu de temps, à la suite des séditions et des tremblements de terre.

L'église la plus grande et la plus magnifique élevée par les Grecs était celle de Sainte-Sophie ; nous allons donc entrer sur son histoire et sa construction dans des détails circonstanciés.

La vingtième année de son règne, Constantin fonda à Constantinople une église qu'il dédia à la sagesse de Dieu, τῇ ἁγίᾳ σοφίᾳ (1). L'empereur Constance en fit agrandir la nef, et la réédifia en partie (2) ; elle ne subsista dans cet état que soixante-quatorze ans, car en 404 elle fut brûlée par les ariens, dans une

(1) Paul Diacre, l. II ; Nicéphore Callixt., l. VII, c. 49.
(2) Socrate, l. II, c. 16 ; Philostorgius, l. III, c. 2.

émeute dirigée contre saint Jean-Chrysostôme(1). Théodose la fit réparer et couvrir d'une voûte demi-cylindrique; mais il sembla qu'elle fût condamnée à une ruine inévitable, car elle fut de nouveau brûlée pendant la célèbre sédition qui s'éleva entre les factions du cirque, et à la suite de laquelle périrent trente-cinq mille hommes (2).

Immédiatement, Justinien résolut de réédifier cette basilique, et il voulut qu'elle fût «le plus magnifique monument qu'on eût fait depuis la création.» Il écrivit aux satrapes d'Asie et aux gouverneurs des provinces d'Occident, de rechercher avec soin les marbres, les colonnes, les sculptures de tout genre, qu'ils jugeraient pouvoir lui être utile dans sa nouvelle construction; et bientôt il reçut les dépouilles des temples, des thermes, des portiques qui ornaient les villes des pays d'Orient, d'Occident et des Iles. Une dame romaine, Marcia, lui envoya de Rome, sur des radeaux, huit colonnes provenant du temple du Soleil, bâti à Balbeck par Aurélien (3). Constantin, préteur d'Éphèse, lui fit parvenir, de son côté, huit autres colonnes de marbre vert tacheté de noir, enlevées sans doute au fameux temple de Diane.

Justinien rassembla des ouvriers de toute part, et confia la direction des travaux à des architectes grecs, Anthémius de Thralles et Isidore de Milet (4); vis à vis du public, ils étaient censés chargés seulement d'exécuter les ordres de l'empereur, à qui un ange, disait-on, avait donné le plan de l'édifice: on eût pu, en effet, croire la chose vraie, en voyant l'empressement et la sollicitude avec laquelle Justinien suivait les travaux. L'église n'était pas loin du palais impérial; il fit joindre son palais à l'emplacement de l'édifice par une galerie,

(1) Socrate, l. VI, c. 16.

(2) Dans ce travail nous suivons Du Cange, qui a donné une histoire très-détaillée de Sainte-Sophie, et M. Texier, un des voyageurs modernes qu l'ont le mieux vue et le mieux décrite.

(3) Anonyme, l. IV.

(4) Voyez Paul le Silentiaire, pars 1, v. 134, et Procope, *de Edif* l. I, c. 1.

afin de pouvoir à toute heure, sans être vu, venir surveiller les ouvriers. Dans cette circonstance, il était vêtu d'une mauvaise tunique de lin, avait la tête enveloppée d'un mouchoir, *sudorium,* et tenait un bâton à la main. Il avait soin de récompenser les travailleurs les plus zélés.

Les architectes avaient sous leur direction cent maîtres maçons, qui avaient chacun cent ouvriers sous leurs ordres. Cinq mille ouvriers étaient distribués sur le côté droit, et cinq mille sur le côté gauche. Ils étaient payés dès qu'ils avaient posé une pierre (1).

Quand on eut mis à découvert le terrain résistant sur lequel on devait asseoir le monument, le patriarche fit des prières pour que Dieu répandît ses bénédictions sur ces immenses travaux, et l'empereur, une truelle à la main, jeta lui-même le premier mortier dans les fondements. Le mortier était fait avec de l'eau d'orge, de la chaux et du ciment; on le mêla avec de l'écorce de saule, et on en fit une espèce de béton qui acquit la dureté du fer. C'est sur une couche de vingt pieds d'épaisseur de ce mélange que l'on éleva les premières fondations des piliers. Les murs furent construits en briques, mais on bâtit les piliers en grandes pierres calcaires, qui furent reliées par des crampons de fer, ainsi que les tables de marbre, dont tous les murs étaient décorés (2).

Quand il fut question de construire le dôme, l'empereur envoya à Rhodes ses trois confidents, Troilus, Basile et Coloquinte, pour y surveiller la confection des briques dont on devait se servir dans ce difficile travail. Ces briques étaient faites avec une terre si légère, que douze d'entre elles ne pesaient pas plus qu'une brique ordinaire; elles portaient l'inscription suivante: « *C'est Dieu qui l'a fondée, Dieu lui portera secours.* » On les disposa par assises régulières; de douze en douze assises on mettait des reliques, et les prêtres disaient

(1) Il rassembla des ouvriers dans toutes les parties du monde, dit Eusèbe, *de Vit. Const.*, l. III, c. 31: « Artifices coegit toto in orbe. »

(2) Texier, *Rev. franc.*, t. XI, p. 53 et 54.

des prières *pro ecclesiæ structura et firmitate.* On conçoit que l'on dut prendre des précautions minutieuses pour la construction de ce dôme, qui était vraiment alors un tour de force en architecture.

Le temple terminé, on songea à le décorer avec magnificence. L'or et les mosaïques furent prodigués sur toutes les surfaces; tous les murs étaient revêtus de marbres précieux; les chapitaux et les corniches furent dorés, les voûtes des bas-côtés peintes à l'encaustique, la coupole rehaussée d'une mosaïque dorée et colorée. En général, toutes les peintures étaient sur fond d'or : c'est un des caractères de l'architecture polychrôme des Byzantins, caractères que l'on retrouve dans les églises des XI^e et XII^e siècles de notre pays, et surtout en Sicile et en Italie. Il y avait à Sainte-Sophie, d'ailleurs, une énorme profusion de vases précieux et de candélabres : c'est ainsi que tous les vases sacrés dont on se servait pour les grandes fêtes, tels que patène, calice, ciboire, étaient de l'or le plus pur. Il y avait vingt-quatre grands Évangiles, dont chacun pesait 2 quintaux, à cause des ornements dont ils étaient enrichis; de plus, nous devons mentionner six mille candélabres en or massif, et enfin, deux autres candélabres également en or, plus grands et plus beaux, du poids chacun de 100 livres, et sept croix en or massif, du poids d'un quintal (1). Les siéges du clergé, l'autel et l'ambon n'étaient pas moins précieux; nous en parlerons en faisant la description des diverses parties de l'édifice.

Il est certain que pour mener à bonne fin un monument aussi vaste et aussi splendide, l'empereur dépensa des sommes énormes. Il y a employé, en effet, le tribut que lui payait les provinces de l'empire, et les dépouilles des barbares; mais tout cela fut insuffisant. Les impôts furent augmentés, on retint les honoraires des professeurs, on fondit les tuyaux de plomb des fontaines de la ville, et on les rem-

(1) Paul le Silentiaire dit, part. 2, vers. 435, qu'il y avait dans cette église tant de lampes suspendues par des chaînes d'airain, et tant de candélabres, que ces lampes semblaient nager dans un océan de feu.

plaça par des tuyaux en terre. Pour donner une idée des dépenses, nous dirons que Justinien avait déjà payé 452 quintaux d'or, quand les murs ne s'élevaient encore qu'à un mètre au-dessus du sol.

Enfin, seize ans après avoir été commencée, la basilique de Sainte-Sophie était achevée (1). L'empereur voulut que la dédicace du nouveau momument fût faite avec éclat; il monta dans un char attelé de quatre chevaux, et alla dans l'hippodrôme, où l'on tua mille bœufs, dix mille moutons, six cents cerfs, mille porcs, dix mille poules, et dix mille poulets, qui furent distribués au peuple ; puis, accompagné du patriarche Eutycthès, il marcha vers le temple. Les portes ouvertes, il courut à l'ambon, et, plein d'admiration pour son œuvre, il s'écria : « Gloire à Dieu qui m'a jugé digne d'accomplir cet ouvrage ; je t'ai vaincu, Salomon ! » νενίκά σε, Σαλομῶν. L'église fut bénie, et le magister, Stratégius, répandit alors sur le pavé de l'édifice 3 quintaux d'or, qui furent ramassés par le peuple. Les prières, les holocaustes, les festins publics et les distributions d'argent durèrent quatorze jours (2).

Nous allons examiner maintenant en détail chacune des parties de l'église de Sainte-Sophie, que les anciens écrivains ont comparée, pour sa disposition, à un hippodrome. Nous ferons observer tout d'abord que, suivant l'usage adoptée par le rite grec, le chœur de la basilique fut tourné vers le tombeau de Jésus-Chrit, à Jérusalem, de sorte que le chevet regarde l'Orient, et les portes l'Occident. L'église était isolée

(1) C'est-à-dire en l'an 548. Justinien, en effet, est monté sur le trône en 527 ; il a commencé à rassembler les matériaux nécessaires pour bâtir l'église, à partir de la 5e année de son règne (532); cette opération a durée sept ans et demie ; puis les travaux ont été entrepris et n'ont été finis qu'au bout de huit ans.

(2) Du Cange dit qu'il y eut deux dédicaces (*encænia*) : l'une, quand les constructions furent achevées ; l'autre, quand l'autel, le ciborium et l'ambon furent posés, et il place cette seconde dédicace à la 32e année du règne de Justinien (559). Nous pensons que les détails que nous venons de donner se rapportent à cette dernière cérémonie.

vers le sud, et était attenante à l'est au forum Augustum, sur lequel Constantin fit ériger 427 statues païennes, empruntées aux villes de la Grèce et de l'Italie. Le baptistère s'élevait au nord. Le plan que voici donnera une idée de l'ensemble du monument : A, *atrium ;* B, exonarthex ; F, esonarthex ; D, nef inférieure; C, dôme ; D, nef supérieure ; I, abside ; E et E, portiques conduisant au gynœconitès ; *a*, *a*, *a*, *a*, pendentifs de la coupole ; *i*, prothesis ; *i*, diaconicon ; *o* et *o*, deux autres absides à l'Occident ; scevophylacium, secretarium, à droite et à gauche de l'abside I ; *e*, *n*, *b*, *c*, bas-côtés divisés en trois chapelles dans le sens de la longueur, coupés transversalement par les portiques EE, et séparés de la maîtresse nef par des colonnes.

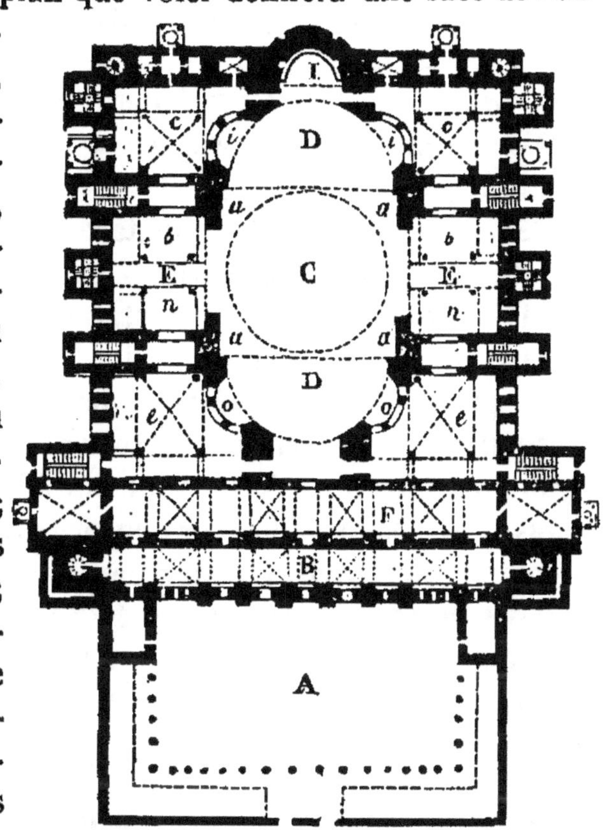


Il nous reste maintenant à faire connaître chacune de ces parties en particulier (1). L'*atrium* était une cour carrée, entourée de portiques d'ordre ionique, et pavée en marbre (2); au milieu s'élevait un bassin de jaspe, φιάλη, d'où s'échappait un jet d'eau : c'est dans ce bassin que les fidèles puisaient

(1) Pour la destination et les divers noms qu'avaient les portes de l'église que nous venons d'énumérer, nous renvoyons à notre article sur les basiliques en général, p. 357 et suiv.

(2) Theopha., p. 203, et Cedrenus, 387, désignent encore cette cour par un mot grec barbare, γαρσονοστασιον, la cour des garçons.

eau pour les ablutions, car on n'entrait pas dans l'église avant d'avoir ôté sa chaussure et s'être lavé les pieds, le visage et les mains. Les prêtres avaient une fontaine particulière pour leur service. Là, les eaux de la pluie étaient reçues dans douze grandes coquilles, et lancées de la gueule de douze lions et de douze daims de marbre; ce lieu, pour cela, fut appelé λέονταριον. L'atrium avait aussi son avant-cour, προούλια : c'était une place appelée *Augustæum,* parce que l'on y voyait la statue que Constantin fit élever à sa mère après lui avoir conféré le titre d'Auguste. Plus tard, il y avait sur cette place la statue d'argent de Théodose au sommet d'une colonne. Enfin, Justinien, y fit dresser sa statue équestre.

L'exonarthex (de 60 mèt. de long sur 6 mèt. de profondeur) présente quatre portes : deux de face ouvrent sur l'atrium, et deux latérales conduisent sous les portiques latéraux de l'atrium; c'est là que les fidèles déposaient leurs chaussures. Ses murailles sont en briques et sans ornements. Il communique avec l'ésonarthex par cinq portes fermées avec des ventaux de bronze ornés de croix. Cette seconde galerie, qui a 60 mètres de long sur 10 de large, est voûtée en berceau, et présente un soubassement en marbre vert. La voûte était ornée de mosaïques; l'une de ces peintures représentait l'archange saint Michel faisant la garde, son épée nue à la main; aux deux extrémités de l'ésonarthex, deux portes conduisaient au dehors: l'une est en bronze, elle offre une inscription en lettres d'argent incrustées, et elle est décorée de méandres et de feuilles de vignes.

On entre dans l'intérieur de l'église par neuf portes qui correspondent à la nef et aux bas-côtés. Ces portes étaient ornées d'ivoire, d'ambre et d'argent; et même on croyait que le cèdre avec lequel on les avait faites était un débris de l'arche de Noé. Pour donner une idée de la construction intérieure de Sainte-Sophie, nous citerons ici textuellement M. Texier : « L'église, dit-il, est bâtie sur un plan carré, de 81 mètres de long sur 69 de large; au centre de ce carré, s'élève la coupole C, dont le diamètre, de 40 mètres, détermine la largeur de la nef D;

la coupole est supportée par quatre grands arcs qui forment quatre pendentifs, *a,a,a,a;* sur les deux arcs perpendiculaires à l'axe de la nef s'appuient deux voûtes hémisphériques D et D, qui donnent au plan de la nef une forme ovoïde: chacun de ces deux hémisphères est lui-même pénétré par deux hémisphères plus petits *o, o, i, i,* qui sont soutenus par des colonnes. Cette superposition de coupoles, dont les points d'appui ne sont pas apparents, donne à toute la fabrique une apparence de légèreté inimaginable. »

Pour supporter la retombée des arcs qui soutiennent toutes ces voûtes, il y a huit piliers carrés, πινσος, *fulcimentum, aggeres;* les quatre principaux, qui portent la coupole, présentent un de leurs angles au centre de l'église; les pendentifs prennent naissance sur ces angles saillants, comme d'une légère nervure, de sorte que le dôme semble n'avoir pas de points d'appui et être suspendu dans les airs: c'était là une hardiesse par trop téméraire. Dix-sept ans après avoir été construit, le dôme, ébranlé par un tremblement de terre, s'écroula en partie et écrasa l'autel ainsi que l'ambon. L'empereur Justin chargea Isidore le Jeune de le reconstruire (1). On employa encore les briques de Rhodes. On laissa les échafaudages un an, afin de donner le temps au mortier de se bien sécher; puis, quand il fallut les enlever, on emplit d'eau l'enceinte de l'église à la hauteur de quatre aunes, pour que les poutres et les solives, jetées d'une telle hauteur, n'ébranlassent pas le sol en tombant. Comme on s'aperçut aussi que les quatre gros piliers carrés pouvaient manquer de solidité, on les renforça en leur accolant extérieurement d'énormes murs, longs de 20 pieds et larges de 8 pieds. Quatre piliers moins volumineux rattachent les demi-coupoles DD à la grande coupole centrale.

La nef proprement dite, réservée aux fidèles, comprenait tout l'espace qui s'étendait depuis l'ésonarthex jusqu'à un

(1) Il donna 14 aunes de moins au diamètre de la courbe que décrit la coupole.

peu au delà du centre du dôme. Le pavé est en marbre vert de Proconèse, taillé et ajusté de telle sorte que ses couleurs rubanées représentent les ondes de quatre fleuves coulant vers la mer. Nous avons dit que la cóupole était rehaussée de mosaïques; on voyait au milieu le Père éternel figuré dans des proportions colossales. Il en était de même des quatre pendentifs : suivant quelques auteurs, ceux-ci représentaient les apôtres; suivant d'autres, c'étaient des chérubins.

La corniche, qui règne à la base de la coupole, est en marbre blanc; son profil est très-simple. De cette corniche partent des nervures perpendiculaires qui aboutissent au centre de l'hémisphère. La coupole est percée par quarante-quatre fenêtres cintrées; elle est couverte avec des lames de plomb, qui autrefois étaient dorées.

Les bas-côtés, qui se développent au midi et au nord, sont séparés de la nef par quarante grosses colonnes (1), nombre que M. de Hammer regarde comme mystique chez les Orientaux. Ces colonnes supportent des arcs plein-cintre, dont les archivoltes sont décorés de feuillage. Les chapiteaux n'appartiennent à aucun ordre, et offrent également des feuillages découpés, ou des entre-lacs; leur tailloir est épais, orné de moulures, de croix et d'inscriptions. Les bas-côtés sont divisés, comme nous l'avons dit, dans le sens de leur longueur, en trois parties, qui communiquent entre elles par de grands arcs. Au-dessus des bas-côtés règne une galerie qui se continue à l'occident, au-dessus de l'ésonarthex: c'est le gynœconitès, ou tribune des femmes. Là se trouvaient aussi des places pour les cathécumènes. La voûte de cette partie de l'église repose sur soixante colonnes (2); les bas-côtés sont éclairés par des fenêtres cintrées, fermées par des vitraux retenus dans des encadrements de stuc. Les fenêtres du gynœconitès sont

(1) Les huit colonnes qui supportent les quarts de sphère, *a*,*a*,*a*,*a*, sont celles qui ont été envoyées de Rome par la dame Marcia.

(2) Ce qui porte à 100 le nombre total des colonnes de Sainte-Sophie.

plus grandes, closes inférieurement avec de la pierre spéculaire, et en haut par des vitraux. C'est au bout des bas-côtés que se trouvaient, à droite *c*, la place des impératrices, et à gauche *c*, la place des empereurs.

Nous allons continuer maintenant à nous avancer dans l'Eglise. L'ambon s'élevait à l'entrée de la nef D; il était fait de marbre précieux, décoré de colonnes dorées et de pierres rares; il était surmonté d'un dais en forme de dôme, qui portait à son point culminant une croix d'or rehaussée de perles fines. L'espace compris entre l'ambon et le sanctuaire était désigné par le mot *solea:* c'est là que se tenaient les lecteurs. Le sanctuaire ou bêma était fermé par un mur en bois de cèdre, décoré de douze colonnes accouplées et revêtues d'argent, et de médaillons représentant la Vierge, les apôtres, les prophètes et le Christ; par-dessus tout, on voyait le monogramme de l'empereur Justinien et de sa femme Théodora. Ce mur ou chancel était percé de trois portes, par lesquelles on pénétrait de la nef dans le sanctuaire : celle du milieu était plus élevée que les deux autres, et toutes se fermaient avec des voiles splendides.

Le sanctuaire I se terminait supérieurement par une voûte en cul de four; il était éclairé par trois fenêtres qui étaient illuminées par le soleil levant (1); au milieu s'élève la sainte table, ἅγια τραπεζα, l'autel. On voulait que cette table fût plus précieuse que l'or : pour cela on fit un mélange de perles et de diamants, d'or et d'argent, de fer et de platine, et l'on fit fondre toutes ces matières ensemble (2). La partie exca-

(1) Justinien avait voulu d'abord que l'abside ne fut percée que d'une fenêtre, puis il en voulut deux; mais les historiens racontent qu'au moment d'exécuter ses ordres, un ange vêtu de la pourpre impériale et portant des souliers rouges apparut aux architectes, et leur dit : « Je vous ordonne d'éclairer l'autel par trois fenêtres, en l'honneur du Père, du Fils et du Saint-Esprit. » (Texier.)

(2) Cedremus dit qu'il était fait d'or, d'argent, de toutes sortes de pierres précieuses, de bois, de métaux, enfin de tout ce que produisent la terre et la mer, de tous les matériaux que l'univers entier peut fournir, » ὅσσα τε γῆ φέρον, καὶ θάλασσα, καὶ πᾶς ὁ κόσμος.

vée de l'autel fut incrustée des pierres les plus rares ; le sol sur lequel il reposait fut recouvert de lames d'or ; enfin la table elle-même était supportée par quatre colonnes d'or. Au-dessus s'élevait, en forme de tour, le ciborium. Quatre colonnes d'argent servaient de point d'appui à quatre arcs d'argent ; sur ces arcs reposait une coupole d'or, enrichie de fleurs de lis d'or ; au milieu de ces fleurs était posé en amortissement un globe d'or pesant cent dix-huit livres, et surmonté d'une croix d'or de quatre-vingts livres. Sur la surface concave de ce dôme on avait peint l'image du ciel. C'est dans cette espèce de tour que l'on conservait la sainte eucharistie renfermée dans un coffret, *pyxis*, ou dans une colombe. De superbes tentures servaient à fermer à volonté les entre-colonnements du ciborium. Enfin dans la partie semi-circulaire du sanctuaire, dans l'abside, on voyait le trône du patriarche, et les sept siéges des prêtres qui l'accompagnaient : ils étaient en argent doré.

A droite de l'abside se trouvait une salle qui servait de diaconicum, de sacristie : c'est là que l'on conservait les habits sacerdotaux et les vases de l'église. C'est aussi dans le diaconicum que siégeait le tribunal ecclésiastique, ainsi qu'on le voit dans les supplications du diacre Basile au concile d'Ephèse. Il y avait là des lits sur lesquels l'empereur venait se reposer avant ou après les offices. Dans ce cas, on appelait aussi la sacristie *metatorium* (1). Elle était dite encore *salutatorium*, parce que les diacres, et peut-être aussi les pénitents rentrés en grâce, allaient y saluer le pontife, avant la célébration des saints mystères.

A gauche de l'abside, il y avait une autre salle nommée σκευοφυλάκιον, *scevophulacium*, où l'on conservait les vases, et où il y avait des lits pour porter les cadavres des morts. On y voyait particulièrement quatre lits faits de matières précieuses pour les personnes distinguées de l'empire, et un

(1) Anast. bibl., in *Vit. Gregor. IV*.

autre tout rehaussé d'or pour les plus hauts dignitaires : ces lits étaient portés par quatre hommes (1).

Les détails dans lesquels nous venons d'entrer peuvent donner, il nous semble, une idée de la splendeur et de la richesse que devait présenter l'église de Sainte-Sophie sous les empereurs grecs. On voit que la hardiesse de la construction le disputait à la beauté des matériaux, et que toutes les parties de l'édifice étaient parfaitement appropriées à sa destination. Aussi Sainte-Sophie peut-elle passer à juste titre pour une des antiques merveilles de la chrétienté.

Si nous nous demandons ce qu'est devenue cette magnifique basilique depuis qu'elle est changée en mosquée, c'est M. Texier encore qui nous l'apprendra. Aujourd'hui elle est dépouillée de tous ses ornements; de grands tapis cachent son beau pavé de marbre; ses mosaïques sont impitoyablement badigeonnées tous les deux ans, et arrachées pièces par pièces par les jeunes softas, qui les vendent aux étrangers. Tout ce qui est peinture d'ailleurs a été effacé. Deux espèces de chaires surmontées de minarets forment tout son ameublement. Le grand sultan a conservé sa place dans le lieu même destiné aux empereurs chrétiens. Deux grandes urnes de marbre blanc, qui furent découvertes à Pergame, sont disposées dans les petits hémicycles *o* et *o* de notre plan, à droite et à gauche de la porte, et servent pour les ablutions des musulmans (2). Au dehors, l'église a été solidifiée par d'énormes contreforts et des arcs-boutants. Un croissant de bronze a été placé par les ordres du sultan Amurat III au sommet de la coupole : il n'a pas moins de cinquante aunes de diamètre; sa dorure seule a coûté cinquante mille ducats. A la place de l'image du Père éternel qui décorait l'intérieur du dôme, on a écrit un

(1) Voyez un dessin représentant les funérailles suivant le rite grec, à la fin du livre de Du Cange sur Sainte-Sophie; consultez aussi les règlements portés sur les inhumations, *Cod. Just.*, l. IV et X. III, et *Leo imper.*, nov. 12.

(2) On pense que ces vases étaient destinés dans l'antiquité à contenir le vin nécessaire pour les festins publics ; ils tiennent chacun 1250 kil. d'eau.

verset du Coran, qui signifie : « Dieu est la lumière du ciel et de la terre » (1). Quant à l'extérieur de l'édifice, entouré d'une foule de constructions accessoires, il ne présente pas un aspect qui soit en rapport avec la beauté de l'intérieur ; il ne produit même plus aucun effet.

Telle a été et telle est aujourd'hui la célèbre basilique de Justinien. Triste et nu, peut-être un jour ce temple retrouvera-t-il une partie de sa splendeur ; le christianisme peut-être encore y viendra-t-il étaler les magnificences de son culte. Qui sait si les événements qu'annonce la légende turque ne se réaliseront pas dans l'avenir ! Quand les musulmans se furent rendus maîtres de Constantinople, dit la légende, Mahomet II entra à cheval dans Sainte-Sophie : les fidèles y étaient rassemblés pour la prière ; un prêtre y célébrait la messe, entouré de diacres et de desservants. La foule des chrétiens frappée de terreur se dispersa en tumulte ; le prêtre quitta l'autel, et sortit de l'église par une porte pratiquée dans une des galeries. A peine le ministre de Dieu était-il sorti, que cette porte se trouva tout à coup fermée par un mur de pierres. Lorsque les chrétiens, ajoutent les Turcs, reprendront Constantinople, cette porte s'ouvrira d'elle-même, et le prêtre viendra achever sa messe.

*Eglises grecques.* — Si nous nous sommes étendu longuement sur la description de Sainte-Sophie, ce n'est pas que cette basilique présente, par la disposition générale de ses parties, un type absolu qui ait souvent été imité, mais bien parce qu'elle nous offre un des monuments les plus vénérables de la chrétienté, et qu'elle renferme un élément architectonique d'une haute importance, *la coupole sur pendentifs,* qui est venue modifier plus tard le plan de la basilique latine. Elle caractérise aussi par plusieurs de ses détails les églises grecques anciennes et modernes.

Ces églises offrent presque toutes la croix grecque telle que nous l'avons représentée, page 363 ; ou bien cette croix est

(1) La longueur des lettres est de 10 aunes.

inscrite dans une enceinte carrée, comme à Sainte-Sophie (1), ou dans un périmètre polygonale, comme la basilique des SS. Sergius et Bacchus. Dans tous ces édifices, au point d'intersection des branches de la croix, s'élève un dôme que soutiennent quatre grands arcs. Les espaces triangulaires, *trigoni*, les pendentifs compris entre les arcs, ou bien présentent une surface courbe et concave, ou bien, ce qui est plus commun, cet espace offre une petite voûte en corbellement, qui décrit un quart de sphère, et qu'on ne peut mieux comparer qu'à une niche (2). Cette voûte sert à racheter les angles du plan carré au-dessus duquel s'élève le dôme; en un mot à rattacher un périmètre rectangulaire à un périmètre circulaire. Les voûtes ainsi disposées sont dites *sur pendentifs* (3).

Il est rare que, dans les églises grecques bâties à partir du VIIe siècle, il n'y ait qu'une coupole centrale; quelquefois on en compte cinq : une au milieu, une sur chaque transsept, une sur le chœur, et une dernière sur la nef. Enfin il y a des édifices où ces dômes sont plus petits et plus multipliés dans les bas-côtés et dans la nef.

Ces églises présentent d'autres caractères moins importants. A la façade, on remarque souvent que l'appareil en pierre est encadré dans des rangées de briques posées verticalement. Avec ces briques, on forme encore sur les murs divers dessins, des croix, des rosaces. Les corniches sont également construites avec des briques. La façade, dans les plus anciennes églises grecques, ne présente pas de pignon, comme dans les basiliques latines; l'inclinaison du toit n'est jamais

(1) Bien que le plan de l'église soit carré, cependant il présente la croix grecque; les angles rentrants de la croix sont formés, en effet, par les quatre piliers qui soutiennent la coupole; les deux croisillons sont représentés par les deux parties des bas-côtés E et F.

(2) C'est à partir du Ve siècle que les pendentifs ont présenté la disposition en niche, figurant une section conique.

(3) Nous renvoyons au dessin détaillé que nous donnons plus loin de la coupole qui existe encore dans l'église de Tournus, en Bourgogne, et qui peut être regardée comme une des mieux construites de la France.

indiquée, car ce toit manque; il est remplacé par une terrasse, *solarium*, munie d'une balustrade, quelquefois garnie d'ornements en bronze doré, comme aux églises des SS. apôtres (1) et des SS. Sergius et Bacchus. Au-dessus des terrasses s'élèvent les coupoles percées d'un grand nombre de fenêtres prises sur la base du dôme, puis sur le tambour ou mur cylindrique, qui servit, à partir des VII et VIIIe siècles, à exhausser les dômes. Une circonstance importante à noter, c'est que dans les églises grecques il règne toujours au-dessus des bas-côtés un *triforium*, ou galerie, qui est destiné aux femmes, et qui ouvre sur la nef. Nous retrouverons cette disposition dans toutes les basiliques importantes qui ont été élevées au moyen âge dans notre pays. Ces galeries sont éclairées par des fenêtres dont l'archivolte est formée de briques, ou de briques alternant avec du moellon. Ces fenêtres sont garnies de tables de marbre fort minces, et percées de trous ronds pour laisser passer la lumière. Au VIIIe siècle, les églises grecques présentent des fenêtres geminées à plein-cintre, dont la double arcade retombe sur une colonnette. Cette disposition se trouve très-fréquemment dans nos anciennes constructions religieuses.

Les portes sont généralement encadrées par trois morceaux de marbre ou de pierre faisant un chambranle; un arc en plein-cintre les surmonte pour former une décharge au-dessus du linteau. Leurs moulures sont très-saillantes, imitées de l'architecture antique, arrondies, et séparées par des lignes fouillées profondément. Aux façades latérales on remarque souvent un pignon indiquant le transsept. Le milieu du pignon offre une ouverture tantôt unique et cintrée, tantôt forme une arcade geminée (2), c'est-à-dire divisée au milieu par un pilier, et comprise dans un cintre beaucoup plus développé. La façade postérieure se termine par une ou par trois

(1) Eusèbe, *Hist. eccl.*, l. IV, c. 58.

(2) Cette disposition est si commune en France, que nous aurons plus d'une fois occasion d'en montrer le dessin.

absides, semi-circulaires ou à pans coupés; celles-ci sont décorées d'un ou deux étages de niches, et présentent souvent trois fenêtres en arcade simple ou geminée. Son porche ou narthex, voûté et orné souvent de peintures, occupe toute la largeur de l'édifice. Nous avons parlé de la disposition des coupoles dans la nef et les bas-côtés, nous dirons seulement que les piliers et les pendentifs des dômes sont fréquemment rehaussés de mosaïques, ou de placage de marbre. L'autel est un cube, quelquefois un cylindre. Il n'était pas, comme chez les Latins, pourvu de gradins, car les flambeaux se placent aux quatre angles de la sainte table. Le ciborium est orné de draperies; le chancel existe toujours. Quant aux détails de sculpture, il faut se reporter à ce que nous avons dit sur Sainte-Sophie. Les Byzantins ont oublié, bien plus vite que les architectes de l'Occident, les belles formes du chapiteau antique; ils l'ornèrent de feuillages aigus et peu saillants, et en peignirent les surfaces planes. Les moulures furent simplifiées, unies également, enrichies de peintures et de mosaïques, dont les dessins sont en partie imités de l'antique. Un caractère important de leur moulure, c'est l'emploi des perles et des galons contournés ou entre-lacs, et pour leur sculpture les plis tuyautés. Nous verrons que ce genre de décoration a été très en faveur dans une grande partie de la France, aux XIe et XIIe siècles (1).

## Style byzantin en Italie et en Russie.

Nous avons indiqué les principaux éléments de l'architecture byzantine en Orient, mais ce n'est pas seulement là qu'il faut les aller chercher; on les retrouve aussi en Italie, dans des monuments religieux élevés par des artistes grecs. Nous

(1) *Instructions du comité des arts et monum.*, 1er cahier, p. 146 et sqq.

citerons d'abord l'église de Saint-Vitalis de Ravenne, bâtie en 534 : c'est un édifice octogone, au centre duquel s'élève une belle coupole. Sa porte principale, jadis précédée d'un atrium, son abside en conque ornée de mosaïques, ses arcades geminées, sa galerie servant de gynœconitès, et ouvrant sur la nef, ses revêtements de marbre, son pavé en mosaïque, tout dans ce monument accuse la main d'un architecte grec. Les chapiteaux A, de forme cubique, amincis par le bas, décorés de feuillages en bas-reliefs, de lignes croisées et de losanges, sont surmontés d'un énorme tailloir, qui lui-même est un second chapiteau, et qui est caractéristique.

La cathédrale de Saint-Marc, à Venise, commencée en 976, et terminée en 1071, présente la croix grecque dans toute sa perfection (1). A l'intersection des quatre branches de la croix s'élève un dôme, et chacun des bras de cette croix est surmonté d'une coupole plus petite, oblongue, entourée d'une ceinture de fenêtres, comme à Sainte-Sophie; puis ce sont des galeries pour les femmes, un chancel muni de ses tentures, des chapiteaux carrés, et des mosaïques : on ne peut trouver un modèle plus pur du style byzantin. Dans l'île Torcello, l'église de Santa-Fosca présente la croix grecque et la coupole, et des chapiteaux à dessins en réseau. Saint-Cyriaque d'Ancône, bâtie au xe siècle, alors que cette ville appartenait encore aux empereurs d'Orient, présente le même plan et la même coupole. Les arcs de la coupole, là, se rapprochent de l'ogive; seulement les chapiteaux sont évidemment imités de l'antique. Enfin, on retrouve la reproduction des coupoles orientales à Parme, à Plaisance, à Milan et à Padoue.

(1) Vasari dit que l'église de Saint-Marc fut bâtie dans le style grec, par des architectes grecs en 970; Félibien prétend de son côté qu'elle fut reconstruite en 1178 par un architecte que le doge S. Ziani avait fait venir de Constantinople.

La seule inspection de ces monuments indiquerait leur parenté avec les constructions religieuses de l'Orient; mais l'histoire vient, pour la plupart d'entre eux, confirmer les inductions archéologiques : toutes sont bâties dans un style qui n'a nullement sa source dans d'autres édifices préexistants chez les Latins. Nous n'ignorons pas que la grande salle des bains de Caracalla, et le Panthéon d'Agrippa, à Rome, offrent une coupole; mais un fait certain, c'est que les architectes romains ne l'ont pas imitée avant que les artistes grecs soient venus leur enseigner l'art de les construire. C'est que les basiliques élevées en Italie du IIIe au VIe siècle, Sainte-Marie-Majeure, Saint-Clément, Saint-Paul, et toutes les autres, sont conçues sur un plan qui diffère tout à fait de celui des églises grecques: non-seulement on n'a signalé dans aucune l'existence du dôme central sur pendentifs, mais elles présentent, dans leurs chapiteaux, dans leurs moulures, dans le dessin même de leurs peintures, une imitation, maladroite si l'on veut, mais directe, de l'architecture romaine.

Personne, nous le pensons, ne contestera au style byzantin non-seulement son originalité, mais encore l'immense influence qu'il a eue dans la construction de la plupart des monuments élevés tant en Orient qu'en Occident. Il pénétra jusqu'en Russie, où il s'est maintenu avec ses formes natives plus longtemps qu'en aucun autre pays. Dans le Xe siècle, la princesse Elga fit bâtir à Kief une église dans le style grec. En 988, le grand duc Wladimir en fit édifier une autre, dédiée d'abord à la Sagesse divine, sur le même plan que Saint-Marc de Venise, c'est-à-dire avec cinq coupoles dorées, dont une centrale. Au XIe siècle, des artistes grecs en élevèrent à Novogorod une autre ayant une forme identique à la précédente : sur le dessin que nous en donnons, on voit, A, la coupole centrale; B, C, D, trois des quatre coupoles placées au-dessus de quatre chapelles; I, O, O, les tambours des coupoles; et P, des bâtiments claustraux. Il y avait un grand nombre d'églises semblables, qui ont été détruites dans les irruptions des Tartares, au XIIIe siècle. On continua d'employer encore longtemps après des architectes grecs. Les coupoles prirent alors la forme bulbeuse

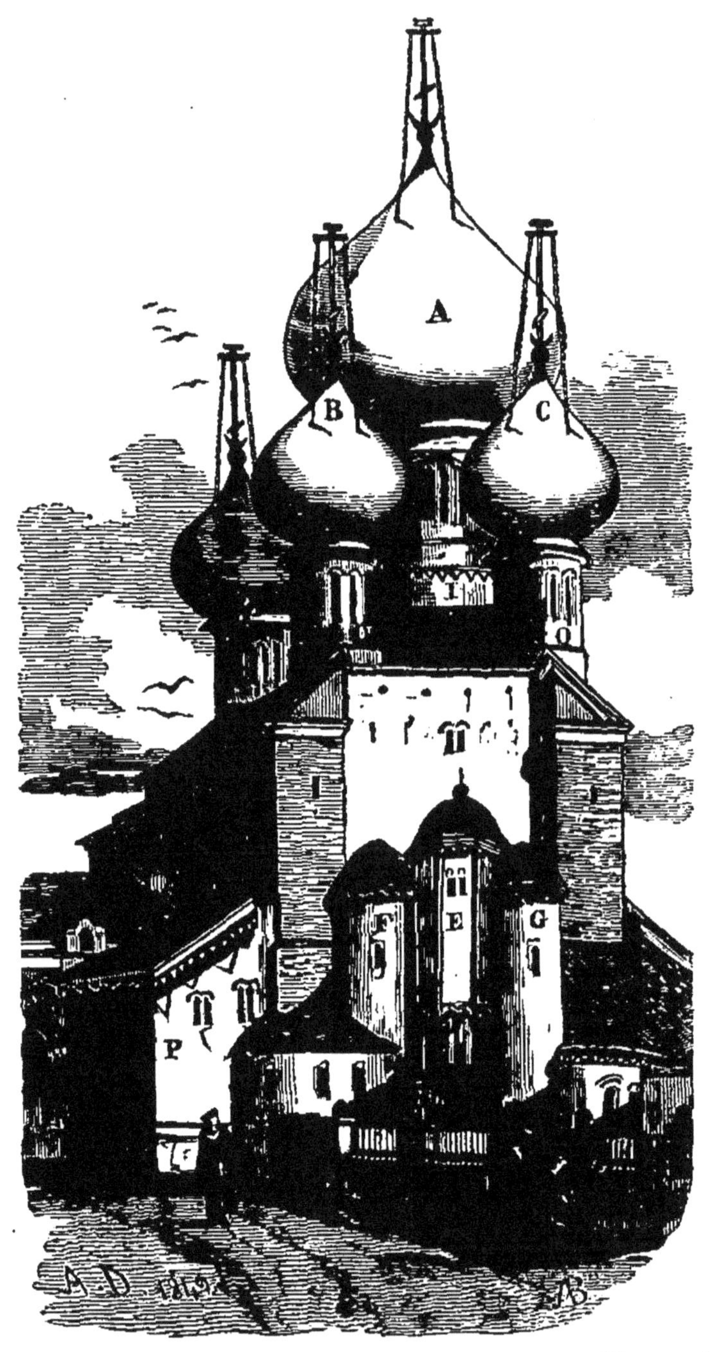


des mosquées moresques, et les cloches rappelèrent les minarets d'Ispahan ou du Caire. M. Hope établit que l'architecture byzantine de la Russie a des rapports intimes avec celle des Arabes et des Persans, et qu'elle a étendu des ramifications au nord de l'Europe, comme au sud de l'Asie, sur les rivages de la mer des Indes comme sur les bords de l'Océan atlantique. Aussi, dit-il, reconnaît-on, dans le Marché de Novogorod le Meïdoun d'Ispahan, dans la cathédrale de Kieff, la mosquée du Caire, et dans le Kremlin de Moscou, les minarets d'Agra et de Delhi.

### Architecture persane et arabe.

Nous avons déjà indiqué les deux principales ramifications de l'art byzantin; nous allons suivre maintenant les transformations que lui ont fait subir les peuples soumis à la loi de Mahomet. Plusieurs rois de la dynastie des Sassanides avaient attiré en Perse des artistes grecs qui avaient élevé déjà dans ce pays des coupoles à une époque antérieure à l'islamisme. Lès Persans, eux, avaient une architecture dont il reste à peine quelques débris, mais dans la décoration de laquelle on retrouve ce système de faces et d'angles qui imitent des cristallisations, et qui a été importé dans l'empire d'Orient. Le goût persan a pu, en effet, donner quelques éléments à l'art byzantin, car nous savons que Justinien II employa un architecte persan pour décorer ses édifices : c'est là sans doute l'origine de ces entre-lacs qui jouent un si grand rôle dans l'architecture des bas-temps.

La plus ancienne mosquée d'Ispahan, bâtie sans doute du IIe au IIIe siècle de l'hégire, avait une coupole centrale de plus de cent pieds de diamètre, environnée de plusieurs autres coupoles plus petites, toutes basses et ovales comme celles des premiers édifices de Constantinople. Dans les monuments plus modernes d'Ispahan, on trouve les dômes plus élancés de la seconde période de l'art byzantin. Enfin l'ancien style grec de Constantinople est reproduit dans le grand monastère d'Ecsmiasen, à deux lieues d'Erivan.

Les Arabes, peuple nomade et grossier, n'ont laissé aucune trace d'une littérature ni d'un art original, avant d'être convertis à la religion de Mahomet. Mais sous les khalifes abassides, ils nous offrent la civilisation la plus avancée de l'Asie et de l'Afrique. La Grèce leur envoie des médecins, des philosophes, des astronomes, des artistes, et toute une bibliothèque (820), dont Al-Mamoun-Abdallah fait traduire et lire les ouvrages dans les colléges de Barsa, de Cufa, du Caire et de Tripoli. L'arc de l'aqueduc de Justinien et la coupole de Saint-Marc sont reproduits dans tous les pays où les Arabes s'établissent, dans la mosquée qu'on élève à Jérusalem sur l'emplacement du temple de Salomon (637), comme dans celle d'Amroun (632) au Caire (1).

C'est peut-être en Espagne que l'architecture arabe a produit ses plus beaux monuments; c'est aussi là qu'elle a été le mieux étudiée. Une observation qui frappe tout d'abord, quand on examine les plus anciennes constructions mauresques de la Péninsule, c'est que non-seulement leur ornementation, mais aussi leur disposition, est évidemment inspirée de l'art byzantin. Ce fait n'a rien d'étonnant, car nous savons que les empereurs grecs envoyèrent plusieurs fois à Abdérame des ambassadeurs chargés de lui offrir les produits de leurs arts et de leur industrie. Les savants et les artistes accouraient même de toutes parts aux écoles de Cordoue, dont la renommée s'étendait au loin (2).

Le plan des mosquées ne rappelle pas, autant qu'on l'a dit, celui des anciennes basiliques chrétiennes : il offre, en général, un carré long, orienté du nord au sud, et entouré sur

(1) Justinien II envoya au calif Walid des architectes et des décorateurs capables d'embellir les mosquées de Médine, de Damas et de Jérusalem.

(2) Ainsi on lit le passage suivant dans l'historien Ibn Khaldoun (l. v, c. 24) : « Du temps du kalife Ovalid, fils d'Abdalmelek, lorsqu'il voulut élever une mosqué à Médine, une autre à Jérusalem, et une autre à Damas, où cette dernière porte son nom... Il fut obligé d'envoyer à Constantinople demander à l'empereur grec des ouvriers habiles dans la bâtisse, et ce souverain lui adressa effectivement des gens en état de lui construire ces édifices. »

chaque face de portiques couverts; au milieu de l'espace libre s'élève une fontaine pour les ablutions. Au sud, se présente la mosquée proprement dite, qui a trois portes assez souvent, et se divise en un grand nombre de nefs. Le sanctuaire, tantôt placé à l'extrémité sud, tantôt au milieu de l'édifice, est surmonté d'une coupole ornée avec un grand luxe de mosaïques, de marbre précieux, et d'inscriptions du Coran; il est toujours fermé avec des grilles. A sa gauche se trouve le mimbar, espèce de chaire très-élevée, d'où l'iman lit les prières à haute voix. En face du sanctuaire, ou à sa gauche, une autre tribune sert à annoncer l'heure des prières au peuple. Dans le principe, la coupole ne couvre que le sanctuaire, qui alors est très-étroit; mais peu à peu elle prend plus d'importance, et elle finit par s'élever sur la presque totalité du temple, comme à Sainte-Sophie.

Telle est l'idée qu'on doit se faire du plan des mosquées. Il importe maintenant d'étudier quelques-uns des plus célèbres monuments arabes. Nous parlerons d'abord de la mosquée de Cordoue, commencée par Abdérame I^er (786), et terminée par son fils Haschem. Onze grandes nefs dirigées du nord au sud aboutissaient à une cour carrée comme celles dont nous venons de parler, et que les Espagnols appellent *patio*. Trente-trois autres nefs plus petites, coupant les premières à angle droit, formaient ainsi un vaste quinconce de colonnes. Il paraît qu'au x^e siècle El-Manjour ajouta à ce premier édifice encore huit grandes nefs, courant du nord au sud, et coupées par trente-cinq autres nefs. On conçoit quel effet imposant devait produire cette multitude de galeries, cette forêt de piliers au milieu desquels l'œil s'égare, surtout quand ce labyrinthe de nefs, resplendissantes des plus vives couleurs, était éclairé par plus de quatorze cents lampes. Une allée plus large et plus ornée que les autres partage le monument, aboutit, d'une part, à la porte principale, et d'autre part au sanctuaire.

Les murs sont construits en pierre, avec de larges briques, et en terre. La porte se termine supérieurement par un arc en fer à cheval, appelé encore arc outrepassé (1). Son tympan et sa frise sont décorés d'inscriptions et d'ornements en stuc, en terre cuite et en mosaïques de faïence (2). A l'intérieur, on compte huit cent cinquante colonnes de marbre, de porphyre et de granit, la plupart antiques, et enlevées à l'Espagne, à la Gaule et à l'Afrique romaine : c'est dire qu'elles sont de hauteur et de modules différents. Les chapiteaux sont corinthiens et composites, un peu allongés. Il y en a très-peu de terminés ; ceux qui le sont montrent des feuillages fouillés profondément au ciseau et surtout au trépan. Leurs tailloirs, de forme trapezoïde, rappellent tout à fait ceux de Saint-Vitalis de Ravenne. Les arcs sont tantôt outrepassés, tantôt découpés de lobes, leurs voussoirs sont formés de pierres qui alternent avec des briques. Les anciens plafonds se composaient de charpentes peintes de diverses couleurs. Les moulures des pilastres de la galerie centrale sont une combinaison de losanges, de chevrons, de faces à angles saillants et rentrants, qui ont été reproduits dans nos monuments des XI^e^ et XII^e^ siècles. La partie de la mosquée la plus ornée est le sanctuaire : il est couvert de mosaïques, et surmonté d'une coupole en marbre blanc. Dans ces mosaïques, dans ces rinceaux, ces enroulements, ces entre-lacs, nous retrouvons tout à fait le goût byzantin.

La description détaillée que nous venons de faire de la mosquée de Cordoue peut donner une idée de la magnificence des premiers monuments arabes en Espagne. Pour mieux faire comprendre le style des ornements qui caractérisent cette période de l'art, nous donnons ici le dessin d'un fragment

(1) On verra un dessin de cet arc dans la planche que nous publions, p. 389. Les Anglais appellent cet arc *horse shoe arch*.

(2) Ces inscriptions sont tout à fait caractéristiques. Aucune nation n'a poussé aussi loin que les Arabes les combinaisons géométriques pour engendrer des formes applicables à la décoration des édifices; ils supplèerent, par tous ces ingénieux enlacements de lignes droites et courbes qui sont si bien en harmonie avec leur caractère d'écriture, à la représentation des êtres animés, qui leur était interdite par la loi mahométane.

d'architecture, incrusté dans le mur de la porte occidentale du cloître de la cathédrale à Terragone : il est en marbre, et

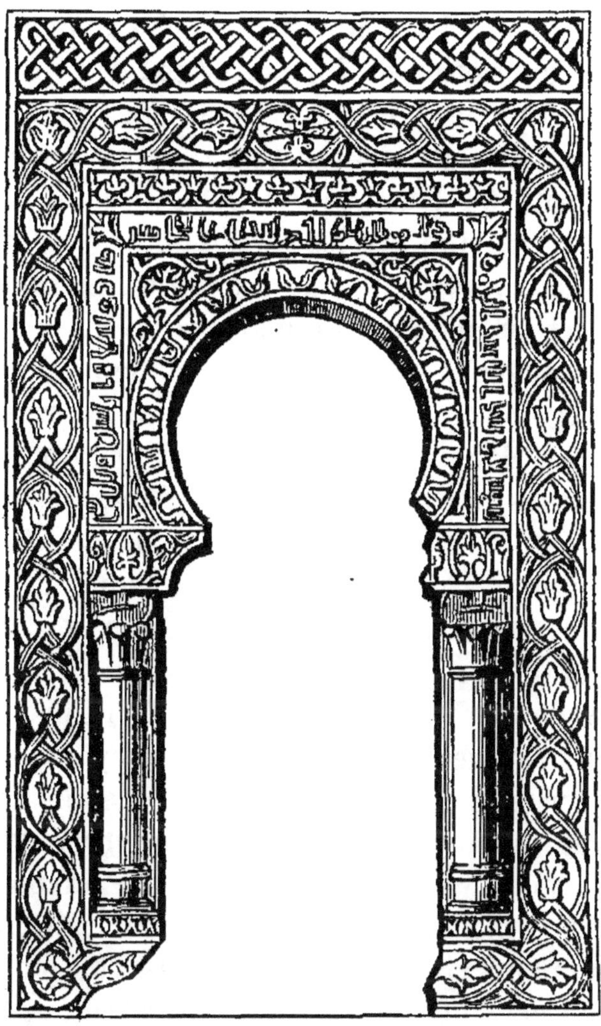

sculpté avec soin. Il paraît que cette arcade a été enlevée au sanctuaire d'une mosquée bâtie dans cette ville, au xe siècle. Les chapiteaux des colonnes, à peine ébauchés, rappellent l'antique. L'archivolte de l'arc outrepassé est décoré de moulures grecques, ainsi que les tympans et l'encadrement de ses arcades (1). C'est là un spécimen très-pur et très-complet de l'architecture byzantine exécutée par les Arabes.

(1) L'arc est encadré dans une inscription arabe qui se termine par ces mots : « Ceci est du nombre des constructions qu'il (Abd el Rahman) a fait exécuter par les mains de Djar, son homme et son affranchi, l'an 349. »

Les califes déployèrent, dans la construction de leurs palais, un luxe aussi grand que celui qu'ils avaient montré dans les mosquées. Nous ne pouvons mieux faire comprendre la magnificence des habitations des princes maures qu'en esquissant la description de l'Alcazar (château royal) qu'Abdérame III se fit bâtir en 936 à Zara, près de Cordoue (1). Il était entouré de tous côtés par de superbes jardins qu'arrosaient les eaux du Guadalquivir. Quatre mille trois cents colonnes d'un marbre précieux et d'un travail parfait (2) décoraient les diverses salles de cet édifice. Le pavé était en marqueterie et en mosaïque de marbre; les murailles étaient également recouvertes de marbre; les plafonds peints en or offraient d'élégants ouvrages en damasquinure, ornés d'entrelacs. On voyait dans quelques salles des fontaines, dont les eaux jaillissantes étaient reçues dans des bassins de marbre. Dans la salle appelée du Calife, il y avait une fontaine en jaspe ornée d'un cygne d'or, monument exquis de goût et de fini, qui avait été exécuté à Constantinople. Au centre des jardins s'élevait sur une hauteur un pavillon supporté par des colonnes de marbre blanc, dont les chapiteaux étaient dorés. C'était au milieu de ce pavillon qu'il y avait, dit-on, cette grande vasque de porphyre, remplie de vif-argent, qui, par un mécanisme ingénieux, jaillissait continuellement, reflétant d'une manière éblouissante l'éclat des rayons du soleil.

Le plafond, ainsi que les murs de cette salle, était couvert de mosaïques en marbre transparent et à fond d'or, qui venaient de Constantinople (3). Sur chaque côté se trouvaient huit portes offrant des arcades d'ivoire et d'ébène incrustées d'or et de pierres précieuses, et supportées par des colonnes de marbre varié et de cristal pur.

(960 de J. C.) *Essai sur l'arch. des Arabes et des Maures en Espagne*, par Girault de Prangey; Paris, 1841, in-8.

(1) Cette description, tirée de Maccarty, Condé et Murphy (voyez l'art. *Bibl.*), est publiée dans l'*Essai* de M. G. de Prangey, p. 51.

(2) 1013 venaient d'Afrique, 19 de Rome, 140 de Constantinople, le reste, de diverses contrées de l'Europe.

(3) Tous les auteurs arabes s'accordent à regarder ces mosaïques en

On rencontrait encore dans ces jardins délicieux des bains, avec leurs réservoirs de marbre, et leurs étoffes tissées de soie et d'or, et représentant des fleurs et des paysages, étoffes que les Grecs fabriquaient avec une rare perfection. La fontaine avait été apportée par le Grec Ahmad ; le calife y fit placer douze figures d'animaux en or et en pierres précieuses, exécutées à Cordoue : l'eau s'échappait continuellement par leur gueule.

Pour élever ce palais, dont la longueur, de l'est à l'ouest, était de 2,700 coudées, et la largeur, de 1,500 coudées, Abdérame avait réuni les plus habiles architectes de Bagdad et de Constantinople : dix mille ouvriers y travaillaient chaque jour ; quatorze cents mulets et mille animaux de trait étaient employés à y transporter des matériaux ; tous les trois jours, onze cents charges de terre et de plâtre y étaient amenées ; enfin le nombre des pierres taillées mises en œuvre chaque jour était de six mille, sans compter celles qui n'étaient pas taillées ni les briques. L'architecte qui présida à ces travaux s'appelait Abdoullah-ben-Younas : quelques écrivains cependant lui donnent le nom de Mulismatou-ben-Abd-Allah.

Cette construction, qui eut une bien courte existence, puisqu'on commença à la démolir vers l'an 1008, n'est pas moins merveilleuse que ces palais enchantés que nous voyons dans les récits fabuleux des *Mille et une nuits*. Cependant il faut bien croire à la réalité de ces prodiges d'architecture, car les historiens qui nous en ont conservé la description ont aussi dépeint la mosquée de Cordoue, et leur récit pour ce dernier édifice est encore exact au bout de dix siècles.

Il existe en Espagne plusieurs monuments appartenant, comme la mosquée de Cordoue, à la période byzantine de l'architecture arabe. A partir du XIe siècle, cette architecture se mo-

verre émaillé et en pâte de couleur comme venant des Grecs. Suivant Ebn Saïd, une des conditions de la paix conclue entre Walid et l'empereur de Constantinople fut que ce dernier fournirait une certaine quantité de ces matières émaillées. Enfin, Edrisi dit positivement que le sanctuaire de la mosquée de Cordoue fut couvert d'un enduit placé par des ouvriers grecs et apporté de Constantinople.

difie peu à peu, se transforme, s'éloigne de plus en plus de sa source, et prend un caractère plus original, pour atteindre à son plus haut degré de perfection dans le palais de l'Alhambra, à Grenade, bâti au IIIe et au IVe siècle. Les édifices de transition sont la chapelle Villa-Viciosa à Cordoue, et la tour de la Giralda à Séville. A côté de sa colonne antique, de son chapiteau grec et de ses ornements byzantins, on trouve les mosaïques en faïence vernissée, et des inscriptions en caractères légers perdus au milieu des fleurs et des entre-lacs. Les petites coupoles en pendentifs se multiplient de plus en plus, et finissent par être employées avec une profusion vraiment incroyable. L'arc ogive remplace aussi le plus souvent l'arc outrepassé des premiers temps; enfin toutes les lignes, toutes les surfaces, se surchargent de l'ornementation la plus riche et la plus brillante.

Grenade, devenue capitale du royaume de Mohammed-ben-Alhamar, put bientôt passer pour une des villes les plus belles et les plus florissantes du monde. Un historien arabe en parle avec une vive admiration, et dans ces termes hyperboliques particuliers aux écrivains de l'Orient : il l'appelle «la Damas d'Andalousie, les délices des yeux, la contemplation de l'âme. Dieu, dit-il, l'a embellie, en la plaçant comme une tour de garde qui domine d'immenses plaines où l'or liquide des rivières brille à côté de l'émeraude des arbres, où la brise des montagnes vient rafraîchir l'air en le parfumant des plus suaves odeurs.» Mais revenons à la forteresse de l'Alhambra, commencée en 1248, et décorée de ses plus beaux monuments de 1354 à 1391. Cette forteresse, placée sur un rocher escarpé presque de tous côtés, et défendue par de hautes murailles, offrait dans son enceinte une ville entière pour ainsi dire; on y trouvait des cours ou patio, les habitations des officiers du prince, des tours, des galeries, des fontaines, une mosquée, et les deux bâtiments du palais royal composés d'un nombre infini de salles plus magnifiques les unes que les autres. Les cours et les chambres étaient pavées de marbre, les murs couverts de mosaïques en faïence vernissée, ou de stuc peint des plus vives couleurs, Les plafonds sont en bois de cèdre, à compartiments, rehaussés de moulures ciselées avec art, peints et dorés, et présentent une foule de petites coupoles

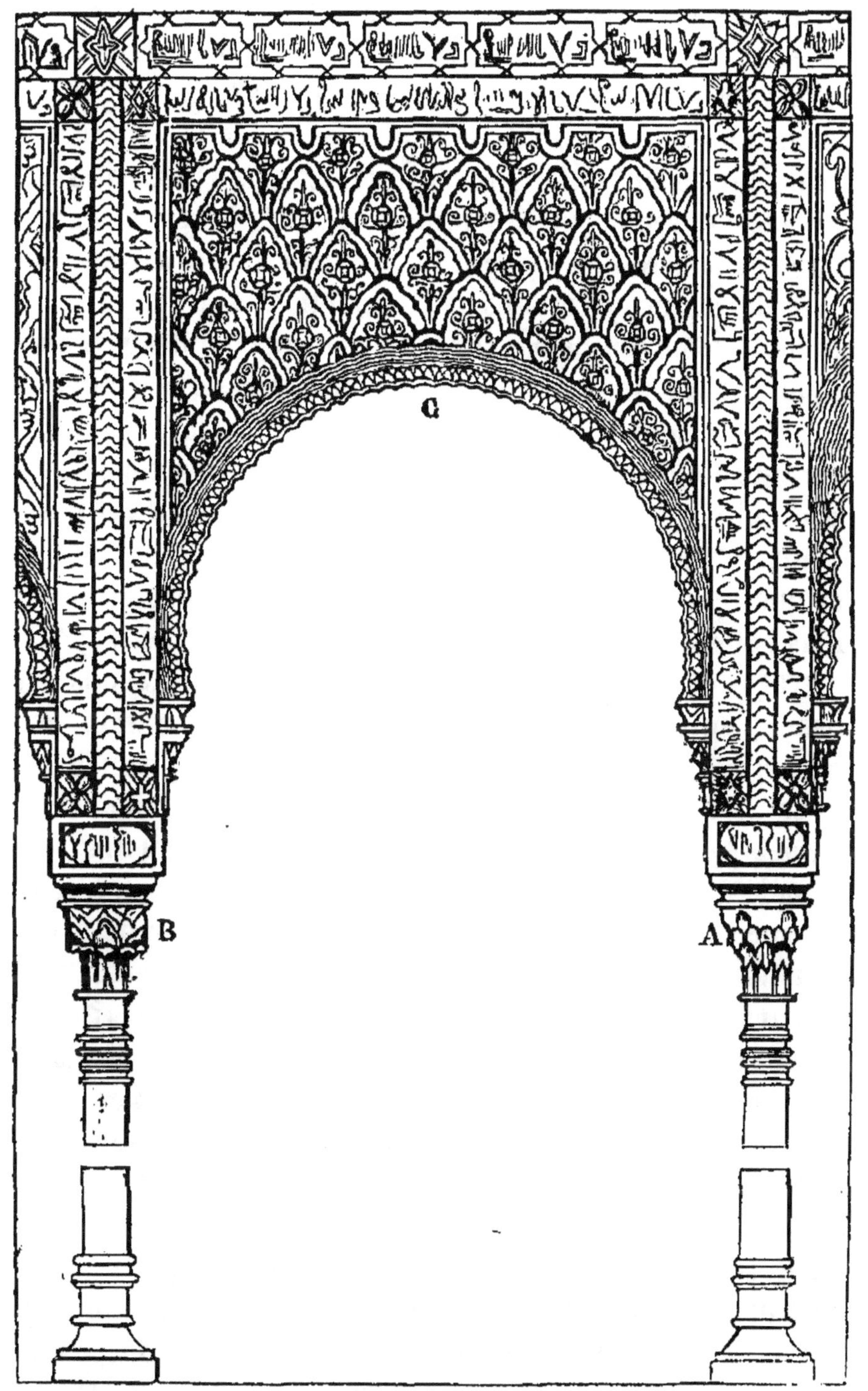


également dorées et peintes. Les colonnes offrent souvent deux ordres; celles du second appuient leur base sur une console placée en avant du tailloir de la colonne inférieure. Les chapiteaux à vase cubique, dont les angles inférieurs sont arrondis, sont formés ou de petites coupoles en pendentifs A, ou de feuilles de lotus enlacées de mille manières B. Les archivoltes des arcades présentent de charmantes broderies en stuc, qui découpent la circonférence cintrée des arcs C. Au-dessus de l'arcade on remarque des losanges coulés en stuc, dont les angles sont arrondis, et dont l'intérieur est orné d'arabesques. L'arcade est encadrée dans des inscriptions : on remarque que l'archivolte ne tombe pas sur le tailloir du chapiteau, mais est reçue sur une console en saillie au-dessus de ce tailloir. La base des colonnes est une modification de la base antique. L'arcade dont nous avons donné le dessin fait partie d'une galerie qui conduit au *patio de l'Alberca*, ou cour du Bassin.

Nous n'entreprendrons pas la description de toutes les beautés que renferme l'Alhambra : nous dépasserions le but que nous nous sommes proposé; nous aimons mieux renvoyer aux ouvrages de M. Girault de Prangey que nous avons cités disons seulement que les salles où l'on voit l'architecture mauresque arriver à son plus splendide développement sont les salles des Deux sœurs, des Abencerages, du Jugement, et la célèbre cour des Lions, qui remontent à la fin du XIVe siècle. La salle du Jugement surtout nous semble correspondre parfaitement à notre gothique flamboyant. C'est le type de l'exagération ornementale de l'architecture mauresque. Toutes les surfaces, depuis le sol jusqu'au sommet des petites coupoles, en forme de pomme de pin, qui surmontent le plafond, sont surchargées de dessins peints ou sculptés. Les arcades sont une ogive évasée, à l'archivolte et à l'intrados de laquelle pendent, comme des stalactites, ces petites coupoles en pendentifs accumulés, qui distinguent surtout au XIVe siècle l'architecture mauresque. Les diverses coupoles qu'on remarque à l'Alhambra sont allongées, rarement hémisphérique; elles sont supportées par un système de charpente faisant plate-forme dans les angles. Les milliers de petites niches, superposées en encorbellement, pendantes comme des cristallisations, qui décorent toute la surface concave de la voûte, prennent leur point d'appui sur ces plates-formes. L'arc ogive est tantôt aigu, tantôt largement ouvert; le plus souvent, l'intrados est orné de festons en briques polies, comme s'il était découpé à l'emporte-pièce. Ce genre de décorations se retrouve dans quelques monuments religieux du midi de la France. Nulle part, du reste, l'architecture mauresque n'a obtenu un développement aussi complet qu'à Grenade. Cependant les anciens monuments arabes de la Sicile, le palais de la Cuba et de la Ziza près de Palerme, qu'on suppose avoir été élevés vers le xe siècle, ont le plus grand rapport avec les constructions de l'Espagne, et même de celles du Caire; l'ogive y est seulement employée beaucoup plus souvent qu'ailleurs. Quand les Normands se furent rendus maîtres de la Sicile, ils continuèrent encore à bâtir dans le goût arabe, mais ce goût fut modifié peu à peu sous l'influence des artistes byzantins. Les églises que ces derniers conquérants ont élevées appartiennent par leur plan au style latin, par leurs mosaïques au style grec, par leurs moulures au style roman du xie siècle en France et en Angleterre, par leurs inscriptions en caractères cufiques au goût arabe.

Nous avons, dans ce chapitre, essayé de montrer l'influence que les Byzantins avaient exercée sur les arts pendant une partie du moyen âge. M. Hope (1) leur fait une part bien plus large que nous : Partout, dit-il, où la domination musulmane se maintint pendant un assez long espace de temps, nous voyons l'arc et la voûte suivre, dans leur développement et leurs diverses modifications, toutes les phases d'existence qu'ils ont parcourues dans leur terre natale. L'arc en ogive, le surbaissé, l'arc en segment de cercle ou à contre-lobes, l'arc même en fer à cheval, furent successivement à la mode à Constantinople et dans le reste de l'empire grec; de là, ils passèrent aussi tour à tour dans les villes d'Italie liées à cet empire par des rapports

(1) Ouvrage cité, p. 134.

de commerce ou de dépendance. Il en fut ainsi dans les divers pays soumis à la domination mahométane, dans l'Inde, la Perse, la Syrie, l'Egypte, l'Afrique et l'Espagne, à Agra, à Ispahan, à Damas, au Caire, à Tripoli, à Tunis, à Fez et à Grenade. Dans les mosquées et les médrassées, dans les palais et les pavillons, dans les bazars et les ponts, dans le tombeau de Mahomet à la Mecque, comme dans celui de la sainte Vierge à Jérusalem, ou dans la salle de Saladin au Caire, nous trouvons l'arc non-seulement avec les deux lignes courbes formant l'ogive au centre, mais avec les côtés très-évasés: ce que nous considérons dans le nord de l'Europe comme la dernière modification du système ogival. Il semble même que c'est chez les mahométans de l'Inde que cette forme de l'ogive a paru pour la première fois, et s'est maintenue le plus longtemps; ils s'y sont attachés presque exclusivement. Elle se montre également dans la mosquée funéraire d'Ackbar à Secundra, et dans celle de son fils le chah Jean, le fameux Tajemahad, près d'Agra. Nous voyons Constantinople et les pays mahométans marcher aussi sur deux lignes parallèles pour ce qui concerne la coupole. Nous avons dit déjà que le dome de l'ancienne mosquée qui subsiste encore à Ispahan est basse et large, comme celles que l'on construisait à Constantinople dans les premiers siècles; il en est de même de toutes les vieilles mosquées que l'on trouve, à l'est, dans l'Hindoustan, et, à l'ouest, dans l'Asie mineure, et enfin en Égypte. Mais lorsque, plus tard, la mode des coupoles elliptiques passa de Constantinople à Venise et à Vienne, les pays mahométans l'adoptèrent également.

Il ne faudrait pas croire pourtant que les artistes byzantins, tout habiles qu'ils étaient, et bien qu'ils eussent imposé leurs lois dans une foule de contrées, n'aient pas à leur tour subi l'influence du goût particulier aux peuples avec lesquels ils se trouvaient en rapport. Leur penchant pour la pompe et le faste dans la décoration fut encore exagéré par les Persans et les Arabes, dont l'imagination était bien plus ardente. Nous avons dit plus haut comment cet art byzantin lui-même fut modifié et approprié aux besoins d'un nouveau culte; nous l'avons suivi dans toutes ses transformations en Asie et en Afrique: nous le retrouverons bientôt en France, où il n'a cependant jamais régné souverainement, ni d'une manière absolue.

## MOYEN AGE.

### De la classification des styles architectoniques.

Quand on lit les ouvrages qui traitent des anciens monuments de la France, on est étonné de la variété de mots que les auteurs ont employés pour désigner les différents styles d'architecture qui ont été en honneur dans notre pays. Pendant longtemps on caractérisa par le mot *gothique* (1) tous les édifices qui avaient été élevés depuis la conquête des Gaules, par les Francs, jusqu'au milieu du XVe siècle. Les constructions antérieures au XIIIe siècle portaient un caractère de vétusté qui ne pouvait échapper à l'attention des antiquaires, qui leur appliquèrent l'épithète *gothiques anciennes*. Les monuments de cette dernière classe furent ensuite regardés comme des ouvrages propres à chacun des peuples qui s'étaient établis dans les divers pays où on les observait, et l'on eut le style *normand* dans la Neustrie, le *saxon* en Angleterre, le *teutonique* en Allemagne, le *lombard* dans l'Italie méridionale. Enfin, en France, on prit de plus en considération la période pendant laquelle on pensait que ces vieux édifices avaient été bâtis, et l'on en fit le style *carlovingien*.

On conserva le mot de gothique pour les châteaux et les églises dans lesquels l'ogive était le principal élément archi-

(1) A partir de la renaissance les antiquaires trouvaient que nos vieux monuments avaient une physionomie barbare, et les attribuèrent aux nations barbares. Cependant, il est juste de dire qu'à des époques très-reculées, les édifices que l'on éleva dans les pays habités par les Goths sont indiqués dans les auteurs comme étant construits *manu gothica*. Au XIIe siècle il n'y avait plus de nation gothique, mais ce mot resta dans la langue, et encore aujourd'hui il s'emploie très-fréquemment comme synonyme du mot *ogival*.

tectonique. Comme quelques auteurs pensaient que ce style était une invention des Arabes, ils l'appelèrent aussi *mauresque, sarrasin, oriental*. Toutes ces désignations se fondaient sur des hypothèses hasardées, et ne pouvaient prévaloir dans le domaine de la science. Nous avons cru devoir les énumérer pour qu'on sache bien la valeur de ces divers synonymes.

On a donc abandonné ces dénominations ; d'autres ont été proposées, qui sont plus rationnelles, et qui sont plus généralement acceptées. M. de Gerville, considérant qu'on appelait *romane* la langue latine dégénérée, que l'on a parlé pendant la première moitié du moyen âge, proposa d'appeler style *roman*, le style dans lequel ont été conçus les monuments antérieurs au XII^e siècle. Cette dénomination a été popularisée par M. de Caumont, et a été adoptée par la plupart des archéologues de ces quinze dernières années. Pour la seconde moitié du moyen âge, la classification sous le titre général de *style ogival* a prévalu jusqu'à présent sans contestation, sur celle du *style gothique* que l'usage avait consacrée et que l'on emploie également encore.

C'est d'après ces indications, que M. de Caumont a dressé son tableau chronologique des styles d'architecture qui ont duré en France pendant tout le moyen âge. Pour les subdivisions et les époques, il adopta celles qui avaient été établies par les antiquaires anglais Dallaway et Milner. Voici son tableau.

| | | |
|---|---|---|
| ARCHITECTURE ROMANE | Primordiale . . . . . . . . | depuis le V^e siècle jusqu'au X^e. |
| | Secondaire. . . . . . . . . | depuis la fin du X^e siècle jusqu'au commencement du XII^e. |
| | Tertiaire ou de transition. | fin du XI^e siècle, et XII^e. |
| ARCHITECTURE OGIVALE | Primitive . . . . . . . . . | XIII^e siècle. |
| | Secondaire. . . . . . . . . | XIV^e siècle. |
| | Tertiaire. . . . . . . . . . | XV^e siècle. |
| | Quartaire. . . . . . . . . . | XVI siècle (première moitié). |

La classification et les caractères n'ont de valeur absolue que pour les provinces de l'ouest de la France qu'il donne de chaque style, et ne peuvent plus s'appliquer rigoureusement pour les pays qui s'étendent entre la Loire et la Méditerranée. Il est presque impossible d'établir, dans l'état actuel de la science, le synchronisme des styles d'architecture; nous ne sommes pas assez avancés dans l'étude de nos antiquités nationales. Qu'il nous suffise de dire, pour appuyer ce que nous venons d'avancer, que le style à plein-cintre dominait encore au XIIIe siècle dans le Languedoc et la Provence : ce sont des circonstances dont nous tiendrons compte dans le courant de ce livre; mais nous ferons comme les autres antiquaires, nous généraliserons notre classification, tout en faisant nos réserves pour les exceptions.

Dans ces derniers temps, les auteurs des *Instructions du comité des arts et monuments*, et M. Albert Lenoir (1), ont considéré les églises bâties en France, du IVe au XIe siècle, comme étant tout à fait imitées des basiliques romaines, et ils ont appelé *latin* le style d'architecture qui a régné pendant cette période: cette dénomination peut être parfaitement acceptée. Mais la question est plus difficile à traiter pour ce qui est du XIe siècle. Quelques auteurs ont voulu ne voir dans l'architecture de cette époque qu'une dégénérescence de l'architecture antique, et lui ont donné, comme nous l'avons dit, le nom de romane; d'autres, en considérant la multiplicité et le style des peintures et des sculptures qui la caractérisent, ont pensé que c'était là le goût néo-grec importé dans nos contrées, et l'ont appelée *byzantine*.

Pour nous, nous appellerons ce style *romano-byzantin*, et voici nos raisons. On ne peut nier, en effet, que nos édifices civils ou religieux du XIe siècle, par leurs dispositions générales, par leur appareil de construction, par le profil de leurs moulures, et par certaines parties de leur décoration, ne soient une imitation directe des monuments romains; pour ces raisons on peut très-bien appeler *roman*, le style dans lequel ils sont conçus. Mais ces édifices renferment d'autres éléments étrangers à l'art antique, inventés, ou perfectionnés, ou mis en usage d'une manière systématique par les Grecs de Byzance, du VIe au VIIe siècle; nous voulons parler

(1) *Magas. pittor.*, année 1839, et *Revue d'architect.*, t. I.

de la coupole sur pendentifs, des arcatures employées comme décoration, des fenêtres geminées, des chapiteaux cubiques ornés d'entre-lacs et de feuillages divers, aigus et peu saillants, toutes choses qui n'appartiennent en aucune façon à l'architecture romaine, et qu'on retrouve dans les plus anciens monuments byzantins de la Grèce et de l'Italie. Le style des peintures et des sculptures elles-mêmes est byzantin : ce fait, d'ailleurs, est depuis longtemps acquis à la science. Il est juste de dire, toutefois, que l'influence grecque n'a pas eu la même intensité dans toutes les provinces de France, ni ne revêt pas partout le même caractère : c'est ce que nous devons constater tout de suite. Nous dirons donc d'une manière générale, que les constructions des XI^e et XII^e siècles appartiennent au style *romano-byzantin.*

A partir de la fin du XII^e siècle, une modification capitale s'introduit dans l'architecture : l'arc brisé, ou ogive, remplace peu à peu le plein-cintre. Dans tout le cours du même siècle on trouve ces deux sortes d'arcs employés simultanément. Sauf la forme de l'arc, c'est toujours le style romano-byzantin qui prévaut; c'est le commencement d'une ère nouvelle, c'est l'architecture de transition.

Quant au style ogival, son développement du XIII^e au XVI^e siècle a été assez uniforme, et sa classification n'a pas été l'objet de discussions sérieuses.

Nous établirons donc tout d'abord trois grandes divisions fondées sur la forme de l'arc, élément générateur de tous les styles. Nous appelons *style à cintre,* le style de tous les monuments élevés depuis l'établissement du christianisme dans les Gaules jusqu'au XI^e siècle inclusivement; le *style à cintre et à ogive* comprend tout le XII^e siècle ; et enfin le *style ogival,* qui a régné, comme nous l'avons dit, du XIII^e siècle jusqu'à la Renaissance.

Ce sont là les trois périodes principales qu'a parcourues l'art en France pendant le moyen âge. Cela posé, voici le tableau chronologique des divers styles, tel qu'il nous semble devoir être établi.

|  |  |  |
|---|---|---|
| 1re période. — Architecture à plein-cintre. | Style latin. . . . . . . . | Du IVe au XIe siècle. |
| | Style romano-byzantin primaire. . . . . . . . . | XIe siècle. |
| 2e période. — Architecture à plein-cintre et à ogive. | Style romano-byzantin secondaire ou de transition. | Fin du XIe, et XIIe siècle. |
| 3e période. — Architecture à ogive. | Style ogival primaire, ou en lancette . . . . . . . . | XIIIe siècle. |
| | Style ogival secondaire, ou rayonnant . . . . . . . | XIVe siècle. |
| | Style ogival tertiaire, ou flamboyant, ou fleur. . . . | XVe siècle, et première moitié du XVIe. |

Les archéologues ont jusqu'à présent recherché les caractères de ces divers styles surtout dans les édifices religieux; nous pensons que l'étude de nos antiquités monumentales peut être de beaucoup simplifiée.

Dans toute construction, il y a une disposition de lignes, un agencement de matériaux, un goût d'ornementation, qui font reconnaître, au premier coup d'œil, le style auquel elle appartient. Ainsi, la forme de l'arcade, l'appareil, le profil des moulures, le dessin des surfaces peintes ou sculptées, sont des indications suffisantes pour faire apprécier l'âge d'un édifice, qu'il s'agisse d'une église ou d'un cloître, d'un château-fort ou d'une habitation privée. Quand nous aurons passé en revue, d'une manière, pour ainsi dire, abstraite, les principaux caractères de l'architecture à ses diverses périodes, nous étudierons en particulier, dans leur ensemble et dans leurs détails, les constructions religieuses et civiles du moyen âge, en France.

Quand on veut apprécier l'âge d'un édifice, il y a diverses considérations qu'il ne faut jamais perdre de vue. Ainsi la même église peut appartenir à plusieurs époques : en tenant compte de la différence des styles, il faut rechercher la ligne de raccord dans l'appareil, ligne qu'indique souvent et la diversité des matériaux, et l'irrégularité des assises. On est assez généralement disposé aussi à faire remonter à des époques reculées des constructions dont l'exécution est grossière, et qui offrent des sculptures d'un dessin barbare ; mais ce ne sont pas là toujours des indices certains. Les ouvriers, en effet, n'avaient pas partout la même habileté, et de plus, tous les matériaux ne se prêtaient pas également à une mise en œuvre délicate. C'est ainsi que, dans une même province, les églises en pierre calcaire sont toujours décorées avec plus de recherche que celles qui sont bâties avec du granit, comme en Bretagne. Une commune pauvre ne pouvait faire des dépenses aussi considérables que les riches paroisses, que toutes ces opulentes abbayes dont nous admirons encore les travaux. Le plus ou moins de perfection dans l'exécution ne doit être très-souvent qu'un caractère secondaire, et même insignifiant. Les influences locales sont diverses, comme on voit, et l'on doit toujours en tenir compte. Il ne faut pas oublier, non plus, que les changements dans le style ne se sont opérés jamais brusquement, qu'il y a toujours eu des temps de transition, où les divers éléments architectoniques se modifiaient et se transformaient peu à peu ; que, dans bien des constructions, on observe le mélange de deux styles, ou leur superposition ; de sorte qu'il ne faut pas accepter d'une manière rigoureusement absolue les limites de temps que nous avons assignées aux périodes qu'a parcourues l'art monumental. Chaque système a ses exceptions, que les esprits droits savent parfaitement reconnaître. Enfin, il faut toujours, quand les documents écrits existent, compléter les notions que fournit l'archéologie par les renseignements que fournit l'histoire. De cette manière, on arrivera facilement à la solution de tous les problèmes que présente aux antiquaires l'étude de nos monuments du moyen âge.

## PREMIÈRE ÉPOQUE.

### Style latin.

*Généralités historiques.* — Si l'on en croit la tradition, le christianisme aurait pénétré de très-bonne heure dans les Gaules. On rapporte que vers l'an 35 de notre ère, sainte Marthe, sainte Marie-Madeleine et saint Maxime, montérent dans une barque, et abordèrent à Marseille. En eux, la nouvelle religion eut ses apôtres dans notre pays. Dès le commencement, elle eut aussi ses martyrs : saint Pothin, envoyé à Lyon par saint Polycarpe, confessa la foi au milieu des tortures. La première martyre fut sainte Blandine, et le premier docteur de notre église, saint Iréné, qui succéda à saint Pothin. Les persécutions n'arrêtèrent pas le zèle des prédicateurs de la foi évangelique. Sous Decius, sept missionnaires vinrent de Rome, se répandirent dans nos provinces (1), et furent institués en qualité d'évêques dans diverses villes : c'est ainsi que saint Gratien dirigea l'église de Tours, saint Trophyme celle d'Arles, saint Saturnin celle de Toulouse, saint Denis celle de Paris, saint Austremoine celle de Clermont-Ferrand, et saint Martial celle de Bourges. En 257, douze nouveaux apôtres arrivent en Gaule : Quentin va à Amiens, Régule à Senlis, Lucien à Beauvais, Crespin et Crespinien vont à Soissons, Rufin et Valère à Reims, Fuscien et Victorin à Moriane; Prat sacré par saint Denis, est envoyé à Tournay, et Eugène a la liberté de prêcher où il veut. Ainsi, dès le IIIe siècle, le christianisme avait déjà de nombreux prosélytes dans notre pays. Les historiens nous représentent tous les personnages que nous venons de nommer, fondant des églises, et élevant la croix sur les débris des temples païens. Saint Martin fut le premier qui lutta de front avec l'idolâtrie, qui poussa à renverser les idoles, et qui propagea les institutions monastiques. Cependant les païens résistaient plus qu'en Italie; ils défendaient même leurs autels avec acharnement. Si d'un côté, dans le Midi, les institutions romaines persistaient; de l'autre côté le druidisme se réfugiait dans la Bretagne (2); enfin les usages germains prévalaient sur les bords du Rhin, et même en Bourgogne. Il est inutile de rappeler longuement que le triomphe du christianisme dans les Gaules date de Clovis,

(1) *Hist. Francor.*, l. I, c. 28.

(2) L'enchanteur Merlin, au Ve siècle, donna quelque force au druidisme

que ce prince fut baptisé dans la basilique de Reims, qu'il fut le premier roi catholique, et reçut pour cela le titre de fils aîné de l'Église. Après cet événement, le nombre des chrétiens s'accrut d'une manière considérable; mais les idées et les superstitions païennes ne furent réellement déracinées que par les édits de Charlemagne (1). C'est à partir du règne de ce prince que le christianisme devient la seule religion de notre pays, et que la nation française commença à acquérir en Europe la haute prépondérance qu'elle a toujours eue depuis.

Nous n'avons que des renseignements très-vagues et peu intéressants sur l'histoire de l'art, depuis le IVe siècle jusqu'au XIe. Pendant cette longue période, il ne se crée rien de nouveau, il ne se fonde rien de grand. La pratique de l'art romain tombe dans une si complète décadence, qu'on ne trouvait même plus de sculpteurs pour décorer de moulures les édifices publics. On comprend, en effet, que les arts n'aient pas prospéré au milieu des luttes religieuses, des guerres terribles, des nombreuses invasions, qui remplis-

(1) Après la conquête des Francs, Vienne, Arles et Trèves deviennent des foyers où se concentrent les idées païennes. En Aquitaine, la corruption des mœurs était excessive. Salvien dit : « Nusquam improbior voluptas, nusquam inquinatior vita, nusquam corruptior disciplina. » Le pape Céleste Ier, en 428, écrivait aux évêques de la Narbonaise, et se plaignait à eux de l'ignorance où étaient les prêtres gaulois et aussi de l'ignorance des fidèles. Saint Grégoire de Tours (*Vit. Nic.*), assure que, de son temps, les divinités romaines étaient encore l'objet d'un culte dans les provinces méridionales. Aussi le concile d'Arles (*Conc.*, t. V. p. 852) fulmina-t-il contre les partisans de l'ancienne erreur... « Sesquipedas erroris antiqui. » Bien plus, les hagiographes parlent toujours, même au VIIe siècle de l'erreur des Gentils, *error Gentilium*. A Rouen même il y avait encore, outre les temples de Jupiter, de Mercure, d'Apollon, un autre temple dédié à Vénus, dont le poëte de saint Roman nous fait la description :

« In medio castri patet arca more theatri
« Quo fanum Veneris titulus, spurcæ mulieris
« Falso frequentatur, scorti species veneratur. »

Tout le monde sait que dans les capitulaires, *de Partibus Saxoniæ*, Charlemagne prononce la peine de mort contre les Saxons qui refusent le baptême.

sent l'histoire des premiers siècles de la monarchie française.

On bâtit pourtant un grand nombre d'édifices; mais ils étaient si mal construits, que c'est à peine s'il en reste, depuis bien long-temps, quelque souvenir. Des palais, des églises, des monastères s'élèvèrent de toutes parts, dans le goût latin dégénéré. Clovis fit construire les églises des saints Pierre et Paul sous les murs de Paris (1), l'abbaye de Saint-Pierre à Chartres, et celle de Saint-Mesmin, près d'Orléans.

L'impulsion était donnée. Les successeurs de Clovis fondèrent également un grand nombre de basiliques chrétiennes et de monastères. Dans toutes les provinces, les évêques président à ces pieuses fondations: Omatius fait le plan de l'église des saints Gervais et Protais à Paris; Léon, évêque de Tours, et saint Germain, évêque de Paris, sont envoyés par Childebert pour diriger la construction de deux églises, l'une à Angers, et l'autre au Mans; enfin, Avitus fonde les églises de Thiers et de Notre-Dame du Port à Clermont (2). Nous savons que saint Ferréol, évêque de Limoges, Dalmaze, évêque de Rhodez, et Agricola, évêque de Châlons, étaient architectes, et que saint Éloi a attaché son nom à l'origine de l'église de Saint-Paul et de Saint-Martin, à Paris. C'était un artiste dont les anciens historiens ont vanté l'habileté (3): il construisit plusieurs édifices, et des églises rehaussées de marbre et de mosaïques (4). Dagobert fit bâtir l'abbaye de Saint-Denis, qui fut également décorée de marbre, de peintures et de bas-reliefs. A cette époque, l'art avait atteint en France un assez beau développement, pour que la France pût fournir des architectes à l'Angleterre (5). Après Dagobert, on éleva très-peu de monuments. Il faut ar-

(1) Depuis, cette église fut consacrée à sainte Geneviève.

(2) Greg. Tur. *Hist.Franc.*, l. x, c. 31; l. VII, c. 10; l. v, c. 37.

(3) Il était, dit saint Ouen (*S. Eligii vita*, l. I, c. 5): «In omni arte fabri-«candi doctissimus.»

(4) «Multa in civitate illa edificia fecit, domus composuit, ecclesiam fa-«bricavit quam columnis fulcivit, variavit marmore, musivis depinxit.»

(5) Voyez Edeics, *Vita S. Elfridi episc.*, l. I, p. 60, et Bentham, *Essay Got. archit.*, p. 38 et 39.

river à Charlemagne pour voir l'architecture prendre un nouvel essor, mais pour un temps bien court, à la vérité. Il aimait le faste et la grandeur : on sait qu'il se fit élever des palais magnifiques à Nimègue et à Waltorf. Pour bâtir la basilique d'Aix-la-Chapelle, il fit venir des *sculptures* et *des colonnes* arrachées aux monuments antiques de l'Italie, et avait chargé des sculpteurs et des architectes du même pays de diriger les travaux (1). Mais ces artistes étaient élevés à l'école des Byzantins : la basilique d'Aix, en effet, présentait à son centre un vaste dôme sur pendentifs surmonté d'un globe d'or massif, et les murs étaient ornés de peintures et de mosaïques en stuc.

Après le règne de Charlemagne, pendant tout le xe siècle, les peuples découragés, et attendant la fin du monde, non-seulement ne construisirent aucun édifice, mais laissèrent même se dégrader et tomber en ruine ceux qu'on avait élevés dans les âges précédents : tout était désordre, confusion, impuissance et barbarie. Ce n'était pas la fin du monde qui devait s'accomplir, mais l'anéantissement à tout jamais des derniers restes de la civilisation païenne.

*Caractères architectoniques du style latin.* — Il est probable que les premiers chrétiens des Gaules, pendant les temps de persécution, se rassemblèrent, comme leurs frères de Rome, dans des lieux souterrains, et se réunirent dans des grottes naturelles, ou dans d'anciennes carrières. On conçoit que ces cryptes ne présentent aujourd'hui rien de caractéristique ; il en est quelques-unes, cependant, qui offrent encore le modeste autel de pierre des anciens temps, et autour de leurs parois, des siéges grossièrement taillés pour les fidèles. Il est certain encore que plusieurs de ces cryptes ont dû être ornées,

(1) « Ad cujus sculpturam, cum columnas et marmora aliunde habere « non posset, e Roma et Ravena, descendere curavit. » (*Script. rer. franc.*, t. v.) « Basilica antiquis romanorum operibus prestantior ab eo fabricata, « ex omnibus cismarinis regionibus magistris et opificibus advocatis. » (*Leg.*, l. I, c. 32.)

comme les chapelles des catacombes, de colonnes et de peintures, qui sont faciles à reconnaître, parce qu'elles sont exécutées tout à fait dans le goût antique corrompu. Il y en avait dans les environs de presque toutes les grandes cités, mais elles ont partout perdu leur vieille physionomie. Quand le christianisme devint triomphant, ces lieux vénérés, qui renfermaient quelquefois la dépouille des martyrs et des saints évêques, furent l'objet d'une grande vénération, et l'on y construisit à diverses époques des chapelles et des églises, et aussi des monastères. On y trouve des colonnes de modules différents, souvent empruntées à d'anciens monuments, et couronnées par des chapitaux corinthiens et composites. Les cryptes les plus anciennes que nous connaissions en France sont celles de Lyon, d'Agen, de Montmajour, des cimetières de Jouarre et de Saint-Gervais à Rouen. Nous ne pouvons citer, comme exemples de constructions appartenant à la première période de notre histoire, que des édifices religieux. Nous ne connaissons pas de monuments civils ou militaires aussi anciens; et pourtant nous savons que Charlemagne, en particulier, a bâti plusieurs villes, des ponts, des palais. De tout cela il ne reste rien qui mérite d'être indiqué.

Les caractères essentiels des ouvrages exécutés du v^e^ au xi^e^ siècle se tirent surtout de l'*appareil*, de l'emploi de la brique, des colonnes et des fenêtres. Nous avons dit que le style latin découlait de l'imitation directe de la pratique romaine. Cette opinion, qui s'appuie sur l'observation des monuments, est encore soutenue par le témoignage des écrivains, qui disent bien souvent que l'on construisait de leur temps, *more romano*, à la manière des Romains.

L'appareil le plus généralement employé est le *petit appareil* des anciens, en pierres cubiques, et la maçonnerie appelée *opus incertum*, avec des chaînes de briques mises à plat, ou disposées dans les murailles, soit pour rétablir le parallélisme des assises, soit comme moyen de décoration. Il arrive, comme on en voit un exemple dans la façade de l'église de Savenières (1), que les briques sont placées sur leur côté étroit, et arrangées de manière à former l'*opus spicatum*. Le moyen appareil se rencontre quelquefois, mais le grand appareil, aux larges pierres taillées à vive arrête, est infiniment rare.

Les *fenêtres* sont toujours à plein-cintre et très-étroites. L'arcade était formée de voussoirs cunéiformes, séparés par d'épaisses couches de ciment; quelquefois elle était tout en briques; ailleurs, enfin, les voussoirs en pierre étaient séparés les uns des autres par deux ou trois briques. Quelquefois leur archivolte est décorée d'un cordon en saillie de briques simples ou doubles. Le cintre de la fenêtre repose plus souvent sur un pied-droit que sur une colonne. Les portes sont carrées, et leur linteau est surmonté par un cintre de décharge.

Les *colonnes* sont le plus souvent rondes, et couronnées de chapitaux qui tantôt rappellent la corbeille corinthienne, tantôt sont ornées de divers feuillages lourdement dessinés, et de plusieurs moulures à la manière antique, mais d'un style barbare. Quelquefois, ainsi qu'on en voit des exemples à Saint-Martin d'Angers, à la *basse-œuvre* de Beauvais, à la cathédrale d'Aix-la-Chapelle, les arcades s'abattent sur des piliers carrés, munis d'un simple imposte en général taillé à peu près en biseau.

Les *corniches* sont très simples et s'appuient sur des modillons qui simulent l'extrémité des solives. Il nous semble douteux que ces modillons ou corbeaux, aient déjà à cette époque représenté des figures bizarres. Du reste, partout l'architrave et la frise sont supprimées, comme dans les monuments de la décadence romaine.

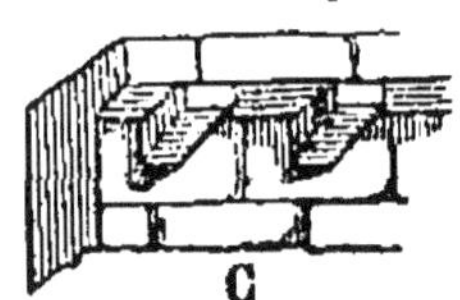
C

On était tombé dans une si grande ignorance de l'art de bâtir, qu'on ne savait, pour ainsi dire plus construire les voûtes : aussi celles-ci sont-elles rares dans les monuments élevés du v^e au xi^e siècle. Quand elles existent, il est très-probable qu'elles ont été faites après coup, et plus tard que

(1) Voyez p. 470.

le reste de l'édifice. Dans quelques églises, l'abside est voûtée en cul de four, et alors la demi-coupole qu'elle présente est faite avec des moellons de très-petit volume, noyés dans le mortier.

Quant aux moulures il nous en reste fort peu de modèles; nous pouvons dire seulement qu'elles sont presque toujours imitées de celles qu'on retrouve dans les monuments gallo-romains, et surtout dans les arabesques des mosaïques : ce sont des zigzags, des frettes, des fleurons, des palmettes, qui furent très-employés dans l'ouest de la France, du XIe au XIIe siècle; et dont nous donnerons des dessins dans le chapitre suivant. Ces moulures sont sculptées en très-bas reliefs, et par des mains inhabiles. Les pierres de diverses couleurs, les briques disposées de manière à présenter des dessins, sont des ornements qu'on observe parfois dans les vieilles ruines qui nous occupent.

Des inscriptions gravées sur la pierre, et placées sur le linteau des portes, sur les murailles ou sur le tailloir des chapiteaux, offrent d'utiles renseignements. Ces inscriptions sont toujours écrites en *grandes capitales romaines*, qui ne sont autre chose, comme le disent les bénédictins, que les lettres majuscules que nous voyons aux titres de nos livres imprimés. L'emploi exclusif des capitales sur d'anciens monuments est toujours une preuve qu'ils remontent à une époque antérieure au XIe siècle (1).

Il est probable que pendant les cinq siècles que comprend la première période de notre histoire monumentale, il s'est opéré plusieurs modifications dans l'art de bâtir; mais les spécimens de ces modifications sont trop rares, trop incomplets, trop défigurés, pour qu'on ait pu les étudier d'une manière systématique.

(1) Il est clair qu'il faut aussi tenir compte du sens de l'inscription; car, on a employé dans la maçonnerie d'un grand nombre d'églises, comme à celle de Polignac et du Puy-en-Velay, des pierres qui portent des inscriptions latines, provenant d'édifices païens beaucoup plus anciens.

## DEUXIÈME ÉPOQUE.

### Style romano-byzantin.

L'an 1000 arriva, et nul cataclysme n'avait ébranlé notre planète sur son axe. Les peuples saluèrent avec joie l'aurore d'un monde nouveau, oubliant le passé qui avait été pour eux rempli de tant de misères et tout de crimes. C'est vraiment de cette époque, ainsi que le fait observer M. Guizot, que datent les commencements de la civilisation moderne (1); c'est alors seulement que la féodalité et la commune s'organisent.

L'art comme la société, sortait de sa longue léthargie et se transformait. Les premières églises, la plupart bâties en bois, étaient tombées en ruines ou étaient devenues la proie des flammes. Les châteaux des seigneurs avaient été aussi en grande partie détruits par les guerres qui avaient déchiré si longtemps le sein de la France. L'élan fut général pour réparer tous ces désastres; les rois et les seigneurs, les monastères et les communes rivalisèrent d'abnégation et de magnificence. En effet, dit le moine Radulph Glaber (2), les fidèles ne se contentèrent pas de reconstruire toutes les églises épiscopales; ils embellirent aussi tous les monastères dédiés à différents saints, et jusqu'aux chapelles des villages (3). Ce que dit Glaber est si vrai, que, sauf les cathédrales et les basiliques des plus riches abbayes, la majeure partie des églises de la France, surtout entre la Loire et la Méditerranée appartiennent au style romano-byzantin.

*Moyens d'exécution, franc-maçonnerie.* — Il y a des faits

(1) *Cours d'hist.*, t. III.

(2) *Hist.*, l. III, c. 4.

(3) Guil. de Jumieges (*Hist. Duc. norm.*, l. VII, c. 22), assure que les gens riches de Normandie rivalisaient de zèle pour bâtir des églises et pour doter les monastères, afin que les moines priassent pour leur salut. Le même phénomène s'observe en Angleterre; Guil. Malmesbury (*de Reg. Angl.*, l. III), fait observer, de plus, que les constructions que l'on éleva au XIe siècle furent faites dans un nouveau style: « novo ædificandi genere. »

qui ont été si invinciblement démontrés, qu'il serait inutile d'en fournir de nouveau la preuve. Tout le monde sait que pendant les guerres internationales, les invasions des barbares, les luttes sociales, à la suite desquelles la société européenne s'est reconstituée; tout le monde sait, disons-nous, que l'étude des sciences et des lettres et la pratique des diverses branches de l'art, s'étaient refugiées dans les monastères. On cultivait dans ces retraites, non-seulement la peinture, la sculpture, la gravure sur métaux et la mosaaïque, mais aussi l'architecture. Dès qu'il s'agissait de bâtir une église, c'était presque toujours un ecclésiastique qui en fournissait le plan, et des moines qui en exécutaient les travaux sous sa direction. Les religieux réguliers, en voyageant de couvent en couvent exercaient les uns sur les autres une influence réciproque. On conçoit pour cela que les couvents d'un même ordre aient mis en vogue presque toujours le même style, et que l'art se soit modifié à peu près de la même façon partout.

Il y avait aussi hors des cloîtres des ouvriers laïcs qui travaillaient sous la direction des ecclésiastiques : ils étaient pour la plupart formés à l'école italienne, et arrivaient de la Lombardie qui fut au xe siècle, un centre actif de civilisation. Là, il y avait des corporations jouissant de priviléges exclusifs, et, en particulier, une association de francs-maçons ou d'ouvriers, qui, après avoir passé par les divers dégrés d'apprentissage, étaient reçus maîtres et avaient le droit d'exercer partout, et pour leur compte, leur profession. Les souverains, dans chaque pays, accordèrent des priviléges aux confréries de francs-maçons et les papes les leur garantirent pour les pays catholiques où ils allaient travailler. Les loges maçoniques augmentèrent de plus en plus. Un grand nombre d'artistes grecs se refugièrent en Italie pendant les troubles politiques de Constantinople et les persécutions dirigées par les iconoclastes. Ces artistes se firent recevoir dans les loges, et enseignèrent à leurs frères d'Occident les procédés byzantins. Bientôt ces corporations se répandirent en France, en Angleterre et en Allemagne, où elles furent employées presque exclusivement par les ordres religieux, qui leur faisaient bâtir des églises et les dirigeaient dans l'ordonnance générale des constructions. Les abbés, les prélats, tiennent à honneur d'entrer dans l'ordre des francs-maçons, ce qui ajoute infiniment à la considération et à la stabilité de cette institution. Tous les frères étaient liés entre eux par un contrat solidaire d'hospitalité, de secours et de bons offices, ce qui leur permettait de faire à peu de frais et en sûreté les plus longs voyages. Partout où ils étaient employés, ils avaient un chef pour les surveiller. Ils étaient divisés en groupes de dix hommes dirigés par un maître maçon. Ils campaient autour des édifices qu'ils élevaient, et leur besogne achevée, ils allaient chercher fortune ailleurs. Il arrivait souvent qu'ils étaient secondés par les populations qui charriaient les matériaux, et par les seigneurs qui leur donnaient des gratifications en argent ou en objets de consommation nécessaires à la vie (1).

(1) Les papes avaient attaché à la construction des églises les mêmes indulgences que gagnaient les hommes qui partaient pour la croisade; aussi tous les habitants qui ne pouvaient entreprendre des pèlerinages dans *les lointaines contrées de l'Orient*, s'empressaient-ils de prêter leur concours pour élever des édifices religieux. C'est ce qu'on voit dans une lettre de Hugues, évêque de Rouen, écrite à Thierry, évêque d'Amiens. Il dit que les habitants de Chartres ont contribué à la construction de leur cathédrale en chariant des matériaux; que les Normands, également pleins de zèle pour les choses saintes, ont formé des associations pour aider à bâtir les églises et les monastères, et qu'ils élisent des chefs sous la conduite desquels ils traînent leurs chariots en silence et avec humilité. Les confréries, après avoir reçu la bénédiction de leur évêque, se transportaient partout où l'on avait besoin de leur aide. Chaque escouade de frères avait son genre de besogne, sa spécialité, qu'on nous passe le mot, dans laquelle elle excellaient. Si l'on veut se faire une idée du zèle que les populations apportaient à ces travaux, du recueillement qui régnait dans ces nombreuses assemblées, des exercices religieux auxquels on se livrait aux diverses heures du jour, il faut lire la lettre qu'Haimon, abbé de Saint-Pierre de Dives écrivit en 1145 aux religieux de l'abbaye de Fustebury, en Angleterre.

La franc-maçonnerie fut organisée en Allemagne sur une plus large base qu'en France. La construction de la cathédrale de Strasbourg donna lieu à

Le lien de fraternité qui unissait tous les membres de la société franc-maçonnique explique comment il arrive que bien des monuments élevés dans les divers pays de l'Europe offrent une analogie, pour ne pas dire une identité invariable, surtout à partir du XIII^e siècle. «Les architectes de tous les édifices religieux de l'Église latine avaient puisé leur science à une même école centrale; ils obéissaient aux lois de la même hiérarchie; ils se dirigeaient dans leurs constructions d'après les mêmes principes de convenance et de goût; ils entretenaient ensemble, partout où on les envoyait, une correspondance assidue; en sorte que les moindres perfectionnements devenaient immédiatement la propriété du corps entier et une nouvelle conquête de l'art.» L'auteur, à qui nous empruntons ces observations, fait remarquer avec raison qu'il résulte de là, qu'il est impossible d'assigner les pays où se sont opérées les diverses modifications introduites successivement dans l'architecture du moyen âge; et que l'on s'explique très-bien la rapidité avec laquelle les modifications étaient acceptées sur des points très-éloignés les uns des autres. Il paraît que les frères étaient obligés de suivre le plan général adopté pour les édifices, mais qu'ils avaient le droit de suivre leurs idées et leurs propres inspirations pour ce qui regardait les détails. Tout ce qui est ornement, moulure, sculpture, est un ouvrage de caprice individuel. La noble émulation qui existait entre les artistes fit faire à l'architecture des progrès rapides. Qu'il nous suffise de dire que l'on calcula très-bien le poids et la pression que supportent les arcades, les appuis et la résistance qu'ils exigent, et les formes qu'il fallait donner aux contreforts, aux arcs-boutants, aux pinacles, aux pierres mêmes, pour assurer la parfaite adhésion de toutes les parties entre elles (1).

plusieurs associations de maçons et de tailleurs de pierres, dont il se fit une assemblée générale en 1450, à Ratisbone, où l'on discuta et où l'on rédigea en corps de loi tous les statuts de l'association franc-maçonnique.

(1) *Hist. de l'arch.*, p. 33.

Ce ne fut toutefois que pendant la période de l'architecture ogivale que l'on remarqua cette fixité de principes et de style que nous venons de signaler. Au XIe siècle, bien que l'unité française commencât à se consolider, les diverses provinces conservaient encore leur individualité de race, qui se manifestait tout à la fois dans la conformation physique des populations, dans leurs usages, leur langue, leur costume, et aussi dans les monuments de leurs arts. Les dispositions générales des édifices sont partout les mêmes à peu près, mais ils diffèrent essentiellement dans le goût de leur ornementation. Ces différences tiennent à certaines circonstances locales, à la nature des matériaux, aux modèles que les artistes avaient sous les yeux et qu'ils pouvaient imiter, enfin à des influences étrangères qu'il est toujours très-difficile d'expliquer. C'est ainsi que les monuments contemporains de l'Alsace, de la Normandie, du Poitou, de la Bourgogne, de l'Auvergne et de la Provence, présentent, surtout au point de vue de leur décoration, une physionomie toute particulière, qu'un observateur attentif ne peut méconnaître et que nous avons été, nous le croyons, les premiers à signaler. Ces différences de style dans les provinces de la France, proviennent que les sociétés de francs-maçons formaient plusieurs écoles indépendantes; d'un autre côté, la réproduction des sujets identiques sculptés sur des chapiteaux appartenant à des églises fort éloignées les unes des autres, prouvent que les confréries de maçons allaient travailler là où on les appelait.

Pour le XIe siècle encore, les monuments les plus importants, les plus complets et les plus intéressants sont les édifices religieux. Ce sont donc eux surtout que nous aurons en vue dans la suite de cet article: leur plan, comme nous l'avons dit, appartient au style latin; mais rappellent-ils l'architecture néo-grecque, par leurs coupoles en pendentifs, leurs appareils de diverses couleurs, leurs incrustations en mosaïque, et surtout par le goût de leurs peintures et de leurs sculptures décoratives. Toutes les statues sont vêtues à la mode byzantine, et offrent de riches étoffes, des draperies mouillées et des plis à petits tuyaux, ainsi que sont représentés tous les personnages exécutés, soit en mosaïque, soit en miniature, soit en peinture, à partir du ve siècle, par des artistes de la Grèce.

Nous avons cru, pour expliquer la grande transformation qui s'est opérée dans notre art monumental au xie siècle, nous avons cru, disons-nous, devoir entrer dans ces considérations, que nous aurions pu, si l'espace nous l'eût permis, étendre beaucoup et corroborer de preuves nombreuses. Maintenant nous allons exposer les caractères les plus généraux du style que nous avons appélé *romano-byzantin.*

*Appareils et décorations murales.* — Les pays riches en matériaux, ceux où se sont le mieux conservées les traditions antiques, ont employé surtout le grand appareil. C'est ce qu'on remarque dans le midi de la France. Seulement les assises ne sont pas toutes d'égale hauteur, et les pierres ne sont pas apprêtées avec autant de soin et de perfection que dans les monuments romains. Le moyen appareil a été aussi souvent mis en usage. Enfin, une foule d'églises de peu d'importance sont bâties en moell ons. On voit dans l'ouest de la France, les pierres de cet appareil inclinées alternativement à droite et à gauche, de manière à former l'*opus spicatum* des anciens(1) ou maçonnerie en *feuilles de fougère*, en *arête de hareng.*

La surface intérieure et extérieure des murs, ne montrent pas toujours seulement des pierres quadrangulaires; on l'a décorée quelquefois d'un parement dont les dessins sont très-variées: les pierres offrent le plus souvent diverses figures géométriques, et sont reliées avec du ciment rouge. Ailleurs, on a disposé des matériaux de diverses couleurs, de manière à produire un effet agréable pour les yeux.

Les moulures les plus fréquemment employés sont celles dont voici le dessin. On appelle *imbrications* l'ensemble des

(1) Voyez la page 197 et le dessin de la page 432.

demi-cercles agencés comme on le voit à la fig. A. La fig. B, représente la moulure à *compartiment* (nef de la cathédrale de

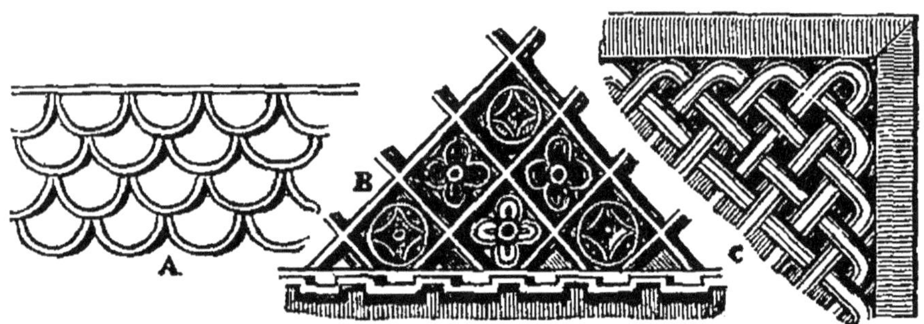


Bayeux), et la fig. C, des *nattes* ou *entre-lacs*. Dans les frontons ou pignons des églises, on voit fréquemment l'appareil *réticulé* (1); il arrive aussi que les tympans des arcades sont décorés de cette manière. Dans l'*appareil obliqué*, les assises offrent des pierres en losanges, inclinées deux à deux en sens inverse; puis ce sont des appareils composés de pierres exagones, emboîtées les unes dans les autres et unies par du ciment, de pierres pentagones, de pierres disposées en étoiles, de pierres triangulaires ou de pierres carrées, de deux couleurs, de sorte que ces deux dernières figurent un damier. On peut prendre une idée de ces divers appareils dans le dessin que nous donnons de l'abside de l'église d'Issoire (2). A Notre-Dame de Poitiers, on voit des pièces circulaires rangées côte à côte: les vides qui existent entre elles sont remplies avec du ciment. Un appareil commun en Poitou est celui qui présente des pierres allongées, arrondies par un bout, carrées par l'autre bout, et qui sont disposées de manière à former une sorte d'imbrication plus simple que celle que nous avons montrée fig. A, de cette page. Telles sont les décorations murales des édifices du XIe siècle: la plupart sont évidemment une imitation de dessins gallo-romains, car quelques-uns de ces appareils eux-mêmes se retrouvent dans les monuments antiques. Nous devons dire qu'ils sont plus souvent encore employées au XIIe qu'au XIe siècle.

(1) Voyez la page 196.
(2) Voyez la page 485.

*Arcs.* — Toutes les constructions romano-byzantines présentent des arcs cintrés; le plus commun est l'arc en plein cintre, celui dont la courbe décrit une demi circonférence. Nous ne donnerons pas le dessin de l'arcade à cintre surbaissé, c'est-à-dire, celle dont la courbe est moindre qu'un demi-circonférence, ou encore dont le centre est sur une ligne plus basse que la retombée de l'arc indiquée dans la planche ci-dessus par la lettre C.

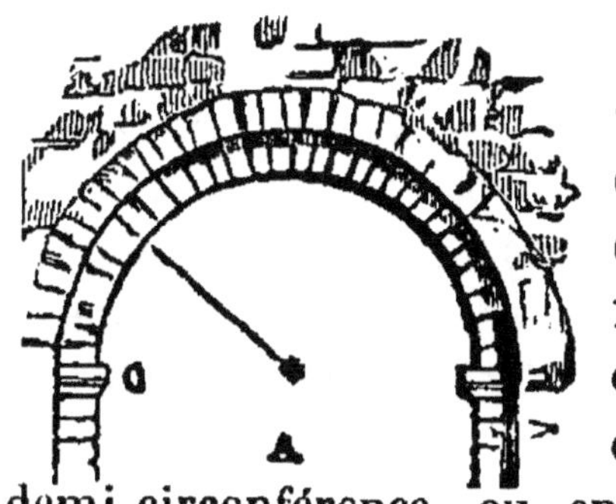

L'*arcade surhaussée* est celle qui est formée par une courbe demi-circulaire dont les côtés se prolongent parallèlement au-dessous de son centre. La figure ci-contre fait connaître cette disposition.

Il arrive dans un grand nombre d'églises que le cintre n'est pas complet. Il ne décrit qu'un quart de cercle, dont le côté inférieur même se prolonge quelquefois suivant une ligne droite. Ces quarts de cercle forment la voûte des bas-côtés dans beaucoup de basiliques romano-byzantines du centre de la France. C'est là évidemment l'origine des arcs-boutants si fort en usage pendant toute la période ogivale. (Voir la lettre F de la planche intercalée à la page 475.)

Une dernière forme d'ouverture particulière à la façade des églises, est la fenêtre circulaire ou *œil de bœuf*. Les plus anciennes ont une archivolte simple; puis le cercle est divisé en compartiments par des colonettes qui simulent des rayons. (Voyez la planche 1 de la pag. 433. C'est là l'origine des belles *roses* du style ogival.

Quant à l'*arc outre-passé* ou en *fer à cheval*, nous en avons donné un spécimen à la page 390, où l'on voit la représentation d'une construction arabe de Terragone.

L'arc *elliptique,* employé dans quelques cryptes, est formée par deux portions d'ellipse. On appelle encore cet arc *en anse* de panier. On voit qu'on peut le considérer comme étant formé d'un arc très-surbaissé, se terminant, inférieurement et de chaque côté, par des arcs d'un rayon beaucoup plus court. L'arc elliptique a été surtout employé, avec une ornementation particulière aux XV^e^ et XVI^e^ siècles.

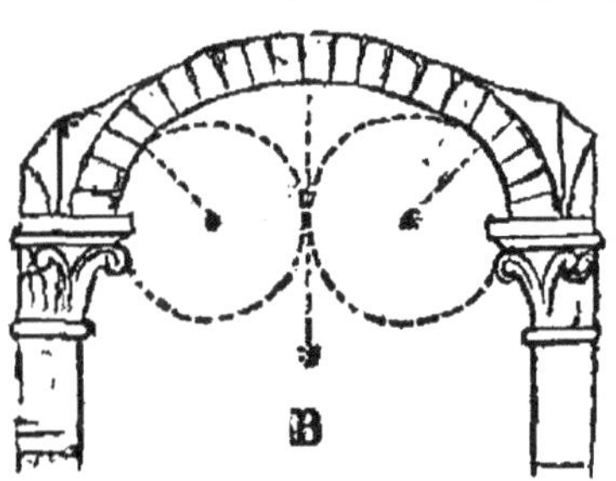


L'*arcade géminée,* dont nous avons parlé déjà, et que nous avons dit avoir été employée primitivement à Constantinople, montre deux petites arcades qui s'appuient sur une colonne centrale commune, et qui sont comprises sous une arcadre plus grande. Cette disposition est extrêmement fréquente dans les édifices du XI^e^ siècle; elles sont quelquefois géminée trois à trois; dans ce cas l'arc du milieu est plus élevé que les deux autres.

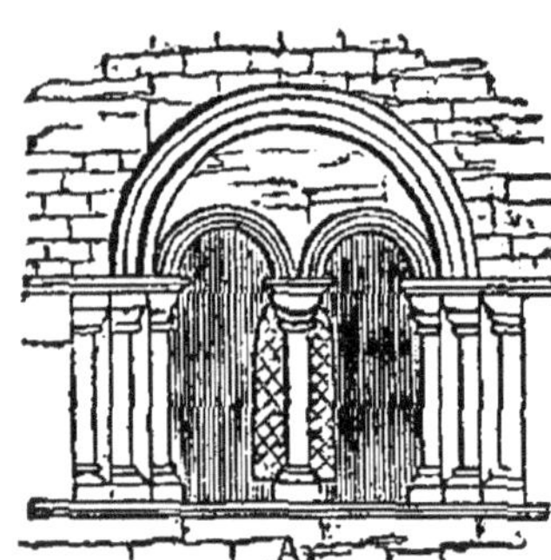


Voici une forme d'arcade en *mitre* ou *fronton,* qui est très-curieuse, mais qu'on observe beaucoup moins fréquemment que la précédente. Les côtés de cette arcade, si l'on peut lui donner ce nom, offrent deux côtés rectilignes qui se réunissent à angle aigu, et qui ont également des colonnes pour point d'appui. On retrouve encore à Constantinople d'anciens exemples de l'arcade en mitre; on le voit dans les anciens murs de cette grande cité, et dans l'édifice appelé le palais de Constantin. Les antiquaires l'ont signalé dans de vieux édifices de Rome, de Côme, et d'Ancône. Nous en connaissons de nombreux exemples en France et en Angleterre (1).

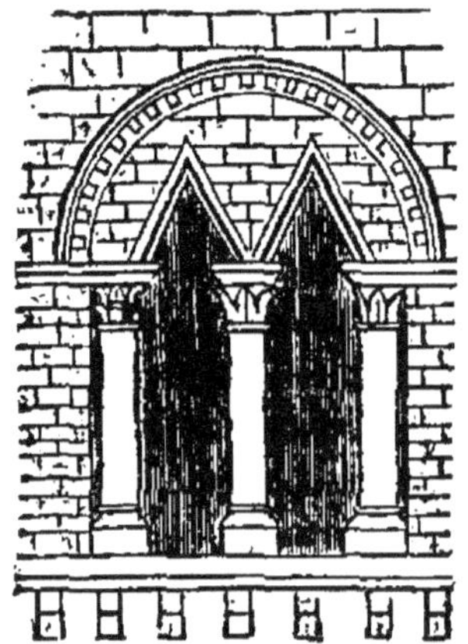

(1) Il est bien certain que les architectes des bas-temps se sont servi de

Enfin il y a une autre sorte d'ouvertures que nous avons observée souvent au-dessus de la corniche des toits dans les églises d'Auvergne, et formant des fenêtres dans des maisons romano-byzantines de la Bourgogne. Cette ouverture est simplement carrée, et divisée, dans le sens de sa hauteur, par une colonnette; on peut voir la représentation de ces ouvertures quadrangulaires à la lettre *kk* de notre dessin, page 485.

Toutes ces arcades peuvent être ouvertes; mais elles servent aussi à décorer la face des murailles, et alors elles sont bouchées : on les appelle dans ce cas, *arcades simulées, borgnes* ou *aveugles.* Cette décoration se retrouve dans presque tous les

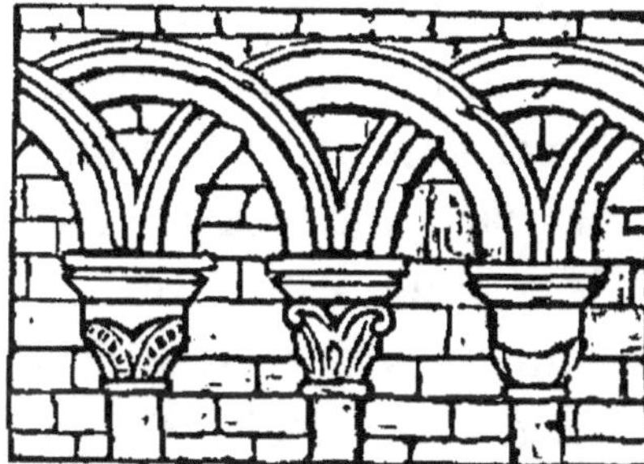

édifices de la période romano-byzantine. Les arcades simulées, au lieu d'être formées d'arcs posés les uns à la suite des autres, offrent aussi des *arcs enlacés.* Nous ferons remarquer que les deux segments qui se trouvent au-des-

l'arcade en mitre, et c'est par eux, à n'en pas douter, qu'elle a été importée en Occident. C'est d'ailleurs une de ces formes élémentaires qui appartiennent à tous les pays. On la retrouve souvent dans les monuments celtiques, et dans les constructions cyclopéennes; enfin les Grecs en ont fait souvent usage. Nous en citerons seulement deux exemples, l'un se voit dans les murailles de la ville de Messène; l'autre à la porte d'un théâtre de cette même cité (voy. l'*Expéd. de Morée,* par M. Blouet, t. I.). Cette forme d'arc était donc chez les Grecs de Constantinople une forme traditionnelle.

On voit de ces arcades pointues à la tour de la vieille église de Saint-Jean, à Boston, dans le Lincolnshire, et au clocher de l'église de Clapam, dans le comté de Bedfort. La plupart des antiquaires anglais, MM. Britton, Godwin, Rickman, ont cru, en raison de cette arcade pointue à côtés droits, dont ils ne connaissaient pas de précédents, devoir attribuer ces monuments aux Saxons; mais cette opinion tombe complétement devant ce fait, que ces arcs pointues ont été mis en usage, non-seulement au moyen âge, dans des pays qui n'avaient rien de commun avec les Saxons, en Auvergne et en Bourbonnais, par exemple; mais aussi par les Byzantins, les Grecs anciens et les Pélasges. Les antiquaires qui regardaient cette arcade pointue qui a tant d'analogie avec l'ogive, comme particulière aux Saxons, en attribuaient aussi l'invention à ces mêmes Saxons. Les observations qui précèdent nous dispensent de réfuter ce système qui ne repose que sur l'ignorance des faits.

sous du point d'intersection des cintres forment un *arc pointu*, ce qu'on appelle enfin l'ogive.

Les voussoirs de toutes ces arcades se composent le plus souvent de pierres d'appareil moyen, taillées carrément; ces pierres généralement sont en nombre pair, de sorte que l'archivolte n'est pas décorée d'une agraffe, comme dans les arcades gréco-romaines(1). Dans le midi de la France, il n'est pas rare de voir ces voussoirs faits avec des pierres de couleurs différentes qui alternent entre elles. Enfin nous avons souvent remarqué en Auvergne des voussoirs dont la tête est angulaire, qui s'emboitent les uns dans les autres par leur face oblique, à la manière d'angles saillants et rentrants.

*L'ornementation* des arcades est importante à noter; tantôt l'archivolte est décoré d'un *arc doubleau*, dont le nom indique la disposition telle qu'on peut la voir à la lettre A du dessin imprimé à la page 489; tantôt leur angle est décoré de gros tores ou boudins, moulures cylindriques qui caractérisent surtout les fenêtres dans le style du XII^e siècle. Quant aux autres moulures, qui peuvent rehausser l'archivolte des arcades, ce sont les mêmes qu'on observe aux frises, aux corniches, etc., des billettes, des dents de scie, des étoiles, des rinceaux, des entre-lacs, toutes choses que nous allons bientôt faire connaître.

*Des piliers, des pilastres, des pieds-droits et des colonnes.* — Le pilier est un support cylindrique ou carré, privé de chapiteaux et de base. Les pilastres sont des supports quadrangulaires de peu d'épaisseur, engagés dans une muraille munis d'une base et d'un chapiteau (2). Quand le plan d'un support est carré, c'est un pied-droit. Il est d'ordinaire couronné par un imposte taillé en biseau. La colonne est un support presque toujours cylindrique, quelquefois prismatique, s'appuyant fréquemment sur une base, et toujours surmonté d'un

(1) Cependant les arcades du cloître de la cathédrale du Puy-en-Velay, ont une agraffe ornée d'une figure sculptée en ronde bosse, nous croyons que c'est là une exception.

(2) Voyez le dessin des pages 122 et 502.

chapiteau. Dans l'étage supérieur des églises, on voit des colonnes qui reposent, ou sur des consoles, ou sur le tailloir de chapiteaux appartenant à des colonnes placées à un étage inférieur.

Examinons maintenant les diverses configurations des bases. Celles-ci sont une imitation grossière, ou une dégénérescence, si l'on aime mieux, de la base attique. Elle se compose de filets, de tores et de scoties d'un dessin plus ou moins pur. Pour qu'on puisse mieux comparer les modifications qui caractérisent les diverses bases qui rappellent l'antique, nous réunissons plusieurs dessins de bases appartenant à des édifices élevés du XI^e au XIII^e siècle.

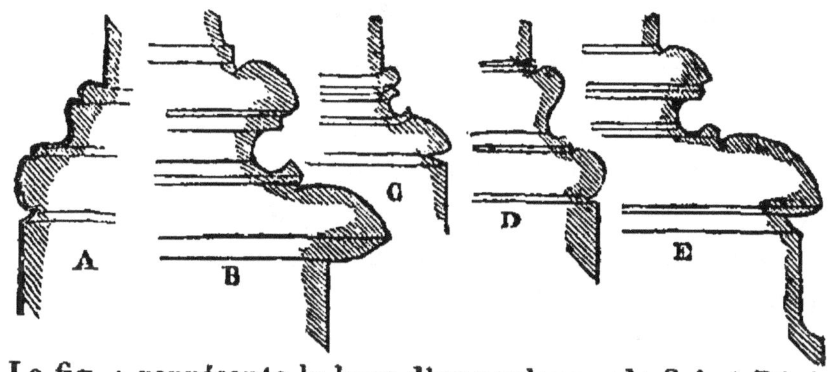


La fig. A représente la base d'une colonne de Saint-Bénigne de Dijon ; la fig. D, une base de l'église de Saint-Étienne d'Auxerre ; la fig. C une base qni se voit à l'église de Montréal, dans le comté d'Auxerre ; fig. B, une base de Saint-Étienne d'Auxerre ; enfin à la figure, E une base de Notre-Dame de Dijon. Ces trois dernières hases appartiennent à l'art du XIII^e siècle. Nous les avons placées ici pour qu'on puisse les comparer aux bases du XI^e siècle, qui sont aussi le plus souvent celles du XII^e.

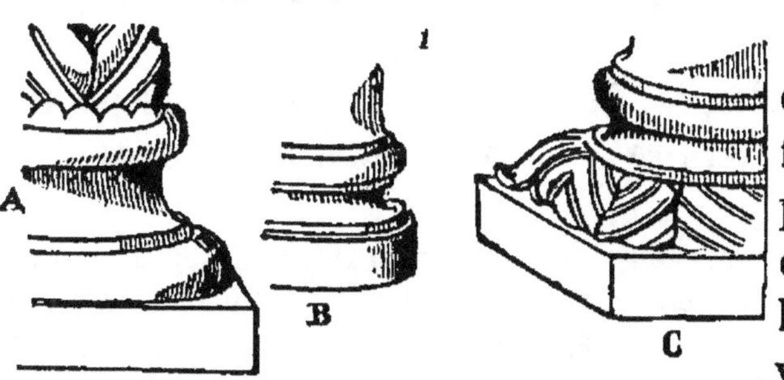


La base attique est imitée bien des fois avec plus de perfection, quoique d'une manière barbare, ainsi qu'on le voit à la fig. B, base d'une colonne tirée de l'église de Chatel-de-Montagne, en

Bourbonnais. Mais les bases ne sont pas toujours aussi simples : elles sont souvent décorées de figures, de feuillages et de moulures diverses. Les feuillages, comme il y en a à la fig. C de la planche 1, et à la fig. B de la planche 2, se replient sur eux-mêmes aux quatre angles de la plinthe et forment des espèces de *pattes ou griffes*. Il arrive même que le gros tore de ces bases est lisse, et présente seulement aux angles de la plinthe, comme on le voit à la fig. A de la planche 2, une patte, qui est formée d'une large feuille découpée (1). Enfin, la fig. A représente la base d'une colonne placée au portail de la cathédrale d'Autun. Toutes sont munies d'une plinthe, qui souvent est assez élevée pour être regardée comme un socle.

2

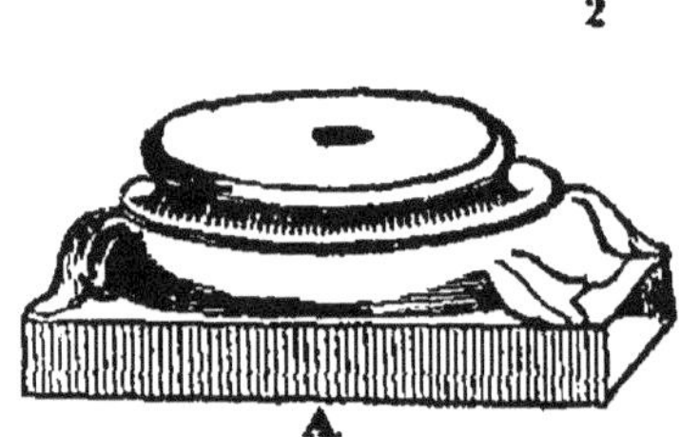

A

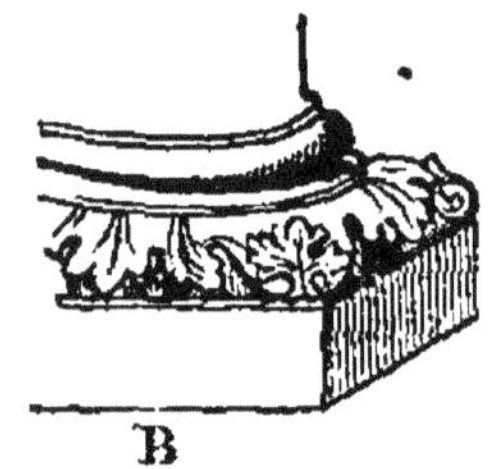

B

La base des colonnes peut être encore plus compliquée ; elle peut présenter des figures humaines accroupies, portant le fût sur leur dos. Au portail des églises, la base des colonnes souvent se compose de figures de lions et d'animaux divers, ainsi qu'on en a un exemple à la façade de Saint-Trophime, d'Arles, page 498. Nous ne finirions pas si nous voulions énumérer les formes variées que les architectes ont données aux bases, qui encore, tantôt se composent de chapiteaux renversés, tantôt figurent des briques carrées de grandeur différente, placées les unes au-dessus des autres, les plus grandes sur le sol, les plus petites sous le fût de la colonne. Enfin, disons qu'il y a bien des cas où les colonnes sont privées de bases.

Aux XIe et XIIe siècles, les fûts sont tout aussi variés que les bases, et nous pouvons dire à l'avance, que les chapiteaux.

(1) La fig. C de la pl. 1 représente une base empruntée au portail de l'église de Vermanton, en Bougogne; la fig. B de la pl. 2, une base tirée du portail de l'abbaye de Saint-Bénigne, à Dijon, et la fig. A de la pl. 2, une base de l'église de Germigny en Bourbonnais ; on en voit d'analogues à Saint-Germain-des-Prés, à Paris, etc.

Les auteurs des *Instructions du com. des arts et mon.* les considèrent sous plusieurs points de vue que nous allons faire connaître. Ce qui manque aux études archéologiques, c'est une langue technique, bien arrêtée: c'est dans ce but qu'ont été rédigées les *Instructions* du comité. Nous serons heureux si nous pouvons contribuer, pour notre part, à populariser les principes les meilleurs qu'ils ont posés dans leur travail.

Nous dirons d'abord que sous le rapport de sa forme, le fût peut être *fuselé* A, *renflé* B, en *balustre* C, *cylindrique* D, et *conique* E. Le fût offre presque jamais, le renflement léger que nous avons signalé dans les colonnes des ordres antiques.

Sous le rapport de leurs dispositions, les fûts peuvent être, ainsi qu'on les a représentés dans le dessin ci-contre, *simples* A, *croisés* B, *entrelacées* C, *brisés* D, *noués* E ou *annelés* à divers points de leur hauteur F.

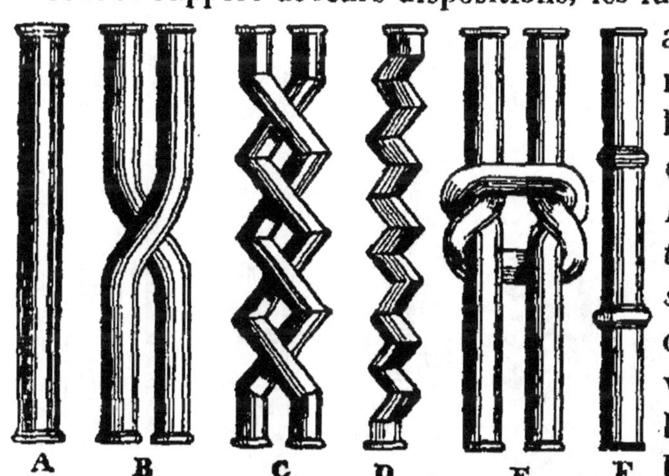


Il faut ajouter à ces diverses dispositions celle de la colonne *torse* que tout le monde connaît. Enfin, il y a des fûts qui sont affaissés, infléchis sur eux-mêmes, qu'on peut se représenter par une ligne ondulée, mais non brisée, alternativement convexe et concave.

Il faut de plus examiner les fûts des colonnes sous le rapport de leurs surfaces. Ils sont surtout, à partir de la deuxième moitié du XIe siècle, chargés d'une foule de moulures

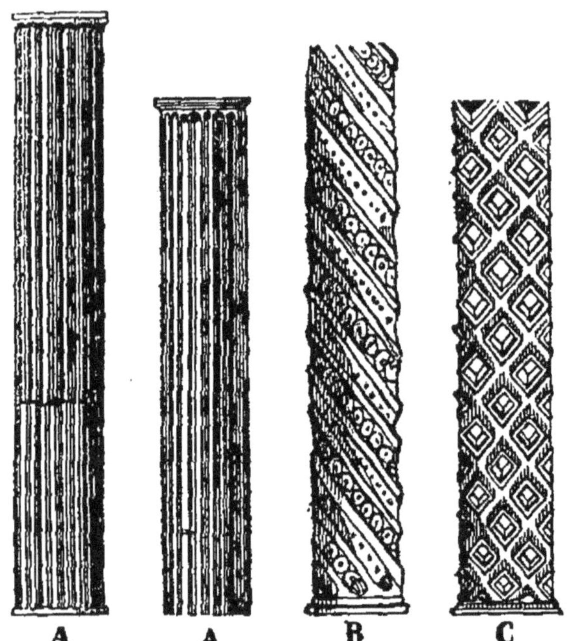


dont nous ne pouvons indiquer toutes les variétés. Voici les principales. Le fût peut être *canelé* avec ou sans rudentures A, verticalement ou horizontalement; les canelures sont quelquefois en *spirale* B; le fut est dit en *losange*, quand il offre les compartiments disposés comme ceux représentés à la fig. C. p. 417.

Nous avons à la lettre D le fût *gaufré;* aux lettres E et F le *chevroné;* à la lettre G le *contre-chevroné*, l'*imbriqué* à la

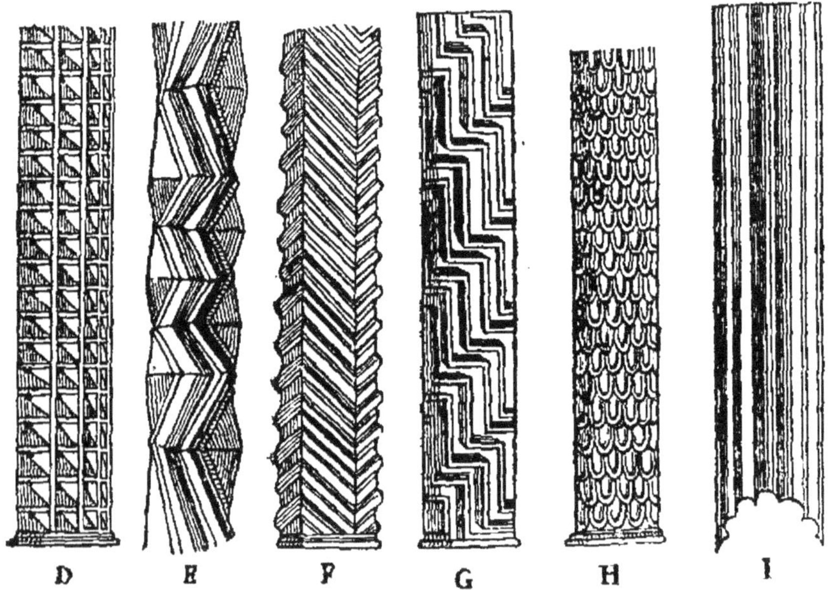


fig. H, et le *godroné* à la fig. I. Pour les autres variétés nous citerons les fûts *striés, rubanés, nattés* (1), à moulures en *da-*

(1) Voyez à la page 417 le dessin natté.

*mier* (1) ; les fûts représentant des troncs d'arbres ébranchés; les futs ornés d'entrelacs, de rinceaux de feuillages, d'enroulements, etc. Quelquefois le fût de la colonne est remplacé par une cariatide; enfin si la colonne est polygonale, ses faces peuvent offrir des figures des êtres historiques, ou naturelles, ou fantastiques, sculptées en bas-reliefs dans des panneaux encadrés.

Les chapiteaux, dans les édifices de la période romano-byzantine, sont variés à l'infini ; on remarque dans tous une corbeille et un tailloir, en général, de très-forte proportion. La corbeille, réduite à sa plus simple expression, présente une pyramide à quatre pans, tronquée et renversée, dont les arêtes, sont arrondies inférieurement pour pouvoir s'ajuster avec la colonne; ou bien encore c'est un cône tronqué et renversé. La corbeille de forme cylindroïde est moins commune. On a appelé, corbeille *godronée* celle du chapiteau A, et *cubique,* celle du chapiteau B. Ces deux formes se retrouvent dans un grand nombre de monuments religieux des bords du Rhin et d'Angleterre.

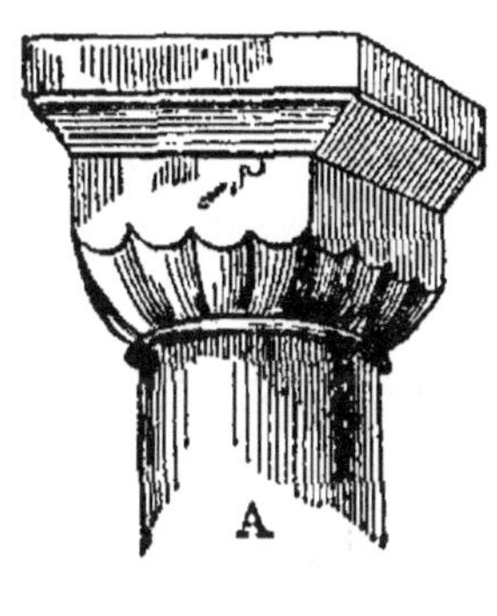


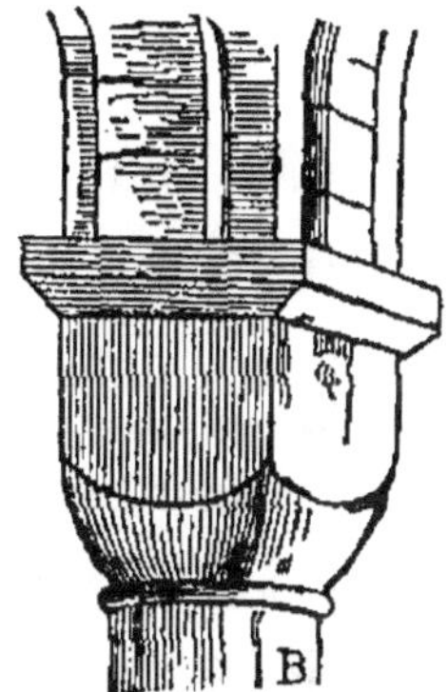


Dans le midi et le centre de la France, on a employé des chapiteaux qui sont une imitation, quelquefois très-heureuse, de la corbeille corinthienne; seulement les volutes perdent de leur ampleur et se réduisent quelquefois à une simple moulure. Les feuillages n'offrent pas non plus le beau galbe de l'achante antique. Le fleuron, enfin, peut être même remplacé par un masque humain. La fig. B de la planche placée à la page suivante, reproduit un chapiteau imité de l'antique, pris à l'église romano-byzantine de Notre-Dame-du-Port à Clermont. On appelle chapiteau *historié* celui sur lequel on a sculpté des

(1) Voyez à la page 429 le dessin en damier, n° 1, lett. H.

scènes historiques, ou des allégories religieuses. On voit à la fig. A un chapiteau sur lequel on a représenté, par la gueule

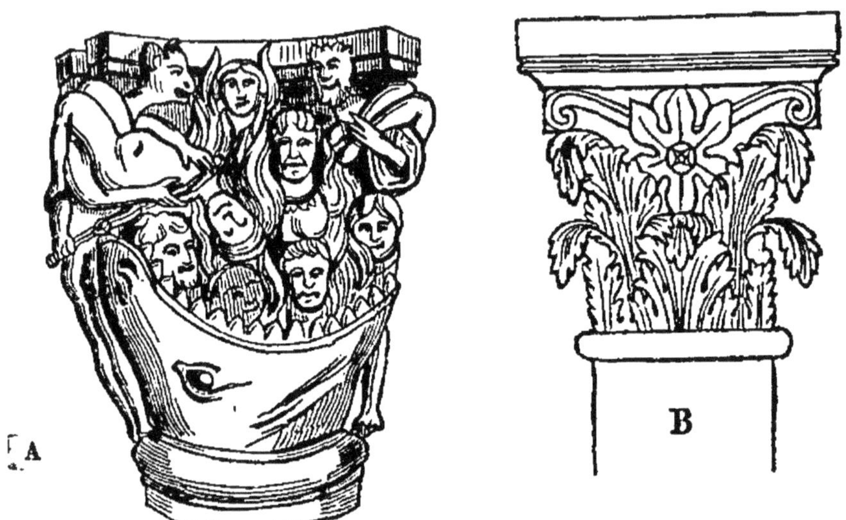


d'un monstre, l'entrée de l'enfer, dans lequel des démons précipitent les damnés ; ce chapiteau est emprunté à l'église de Saint-Guilhem-du-Désert.

Enfin les figures exécutées sur les chapiteaux peuvent être symboliques comme celle de l'agneau, ou fantastiques, c'est-à-dire inventées par le caprice et dans un simple but d'ornementation, tels que les griffons, les syrènes, les chimères, les licornes, etc. ; quelquefois enfin on reproduit des scènes qui rappellent les professions et les usages du temps.

Les corbeilles des chapiteaux sont très-souvent rehaussées de palmettes, d'entre-lacs, de feuilles d'eau larges, pointues et épaisses, et de feuilles brodées de perles à la manière orientale. En un mot, les artistes ont répandu sur les faces des chapiteaux toutes les richesses de leur imagination, puisant les motifs de leur décoration dans le monde réel, comme dans le monde imaginaire, les empruntant aux légendes, aux traditions, aux livres saints, et les tirant des règnes de la nature. *On comprend par là tout l'intérêt que présente l'étude de ces sculptures.*

Le tailloir des chapiteaux, en général, à de lourdes proportions : tantôt il est simple et lisse, tantôt il est décoré de moulures diverses ; enfin, souvent au milieu, on voit une croix gravée en creux, ou des inscriptions qui expliquent le sujet sculpté sur le chapiteau.

Dans les nefs des églises, les colonnes ne sont pas toujours employées isolément : on y observe des piliers formés d'un assemblage de colonnes entières ou engagées. Deux dispositions surtout doivent être notées : dans l'ouest de la France, il y a des piliers dont le plan est une croix grecque ; de chaque face se détache une colonne cylindrique engagée d'un tiers ; et chaque angle rentrant de la croix offre une colonnette de même hauteur que les autres. C'est un acheminement aux colonnes *fasciculées* du XIII$^{e}$ siècle. Dans le centre de la France, le pilier est carré ; et sur chaque face il y a une colonne engagée. En Auvergne, il arrive souvent que la face du pilier qui regarde la maîtresse-nef n'est pas munie de colonne engagée. Dans certaines localités, dans la Bourgogne, en particulier (1), au lieu de colonnes, les piliers carrés ont sur chaque face un pilastre cannelé dont la base et le chapiteau sont ornés comme nous l'avons expliqué plus haut.

Nous n'avons pas besoin de dire que, sauf toutefois dans plusieurs églises de Provence, les colonnes ne sont pas calculées dans leurs dimensions d'après les règles des ordres antiques. On n'a pas suivi la loi des proportions qui a été établie entre le diamètre et la hauteur du fût ; bien plus, dans un même édifice, les proportions des colonnes n'ont rien de fixe.

*Des moulures.* — L'archivolte des arcades et des portes, les bandeaux, les tailloirs des chapiteaux, et même la surface des murs présentent divers ornements caractéristiques, dont nous allons indiquer les principaux. Nous citerons d'abord les *étoiles* dont voici le dessin à la lettre B ; elles sont disposées, tantôt sur un, tantôt sur plusieurs rangs.

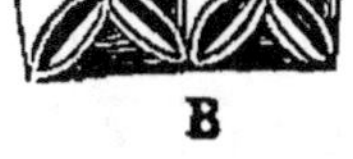

B

(1) Voyez à la page 501 au dessin de la cathédrale d'Autun.

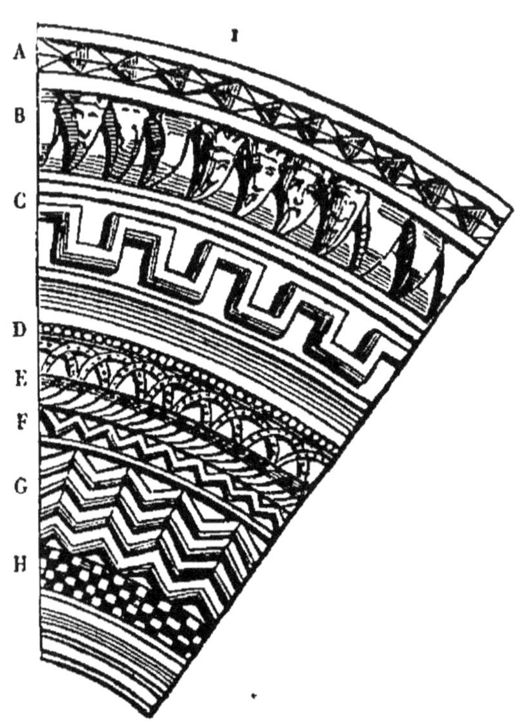


Le tore simple ou *gros tore,* tel que nous l'avons montré à la lettre D, page 99, est souvent employé. Les sculpteurs du moyen âge lui ont donné diverses formes. On voit à la lettre E le *tore tordu* ou *cable;* à la lettre F le *tore brisé* ou *zigzag;* la lettre G le *tore guivré*, assemblage de zigzags dont les angles saillants et rentrants se correspondent. Quand deux zigzags seulement sont ainsi réunis, on appelle la moulure *tore chevroné;* si deux zigzags sont opposés par leurs angles, c'est le *zigzag contre-zigzagué*, ou *contre-chevroné*. A la lettre *c* de la fig. 2, on voit les *tores rompus* ou *billettes :* on ne peut mieux les comparer qu'à des morceaux d'un bâton cylindrique, de même grandeur, et placés à des distances égales les uns des autres. Cet ornement est fréquemment employé pour décorer le bandeau qui circule autour des fenêtres dans les monuments de l'ouest et du centre de la France. Il y a des

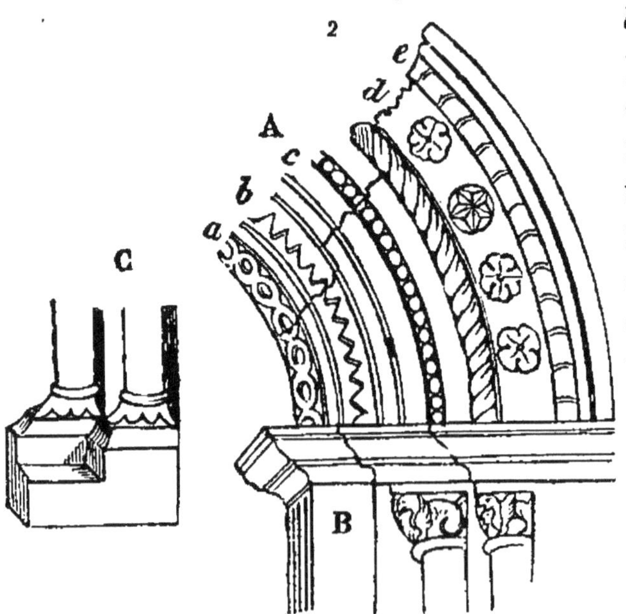

billettes carrées et des billettes prismatiques à facettes. Quand autour du tore se déploie en spirale un ruban ou une chaîne de perles, c'est la *torsade*. La fig. A de la pl. 1, présente des têtes de clous, qui tantôt se touchent, tantôt sont séparés. La lettre B montre des *masques* ou figures bizarres, appelées encore *têtes saillantes, têtes plates,* suivant qu'elles ont plus ou moins de relief ; à la lettre C, ce sont les *méandres* ou *frette crénelée rectangulaire ;* cette frette peut affecter la forme *trapézoïde,* c'est-à-dire, présenter deux côtés obliques. Il arrive enfin que la frette ressemble tout à fait à la *grecque* ou *labyrinthe,* tel qu'on la voit dans les monuments antiques; souvent elle est perlé ou percé de trous à la façon byzantine. A la lettre D, on a figuré des *cintres enlacés* et perlés. A la lettre H, est le damier, formé de petits carrés en relief, lesquels sont souvent remplacés par des billettes cylindriques.

Sur la fig. 2, nous trouvons des *oves a,* des *dents de scie b,* des *perles c,* des *fleurons détachés d.* Nous avons déjà parlé du cable et des billettes qu'on voit encore sur ce dessin qui représente un fragment du portail de l'églse d'Iseure, près de Moulins.

Les moulures que nous venons d'énumérer ont été plus spécialement employées dans le nord et l'ouest de la France. On les retrouve également dans les monuments du XIe siècle, en Angleterre. Il ne faudrait pas croire qu'elles étaient alors une invention nouvelle: les sculpteurs en avaient emprunté le dessin aux bordures des mosaïques sur lesquelles on voit les frettes, les damiers, les nattes, les étoiles, etc. L'innovation a consisté seulement à les appliquer à la décoration des édifices.

Outre les méandres, les damiers, les oves, les perles, les billettes prismatiques ou rondes, on observe dans le midi des dessins d'un style tout différent, qui rappellent les moulures décoratives gréco-romaine, tels que les rinceaux, les enroulements, et des feuillages enlacés et perlés, des palmettes et des raies de cœur fleuronnées à la manière byzantine: tous ces feuillages sont larges, vigoureux et parfaitement découpés. Au XIIe siècle, ce genre de décoration a atteint son plus riche développement. Les façades des églises de transition ressemblent à un immense bas-relief. Pour donner une idée de ce nouveau genre d'ornementation, nous avons fait reproduire quelques-unes des moulures qui décorent le portail de Notre-Dame de Poitiers qui est une église de transition romano-byzantine, et dont on trouvera une vue d'ensemble à la page 499; on remarquera l'analogie frappante qui existe entre les entrelacs à palmettes de la fig. A, avec les moulures qui encadrent l'arcade prise à Terragone, que nous avons publiée à la page 390. Il est évident que ces deux sculptures exécutées dans des pays si loin l'un de l'autre et presque à la même époque, appartiennent à la même école. Il est impossible de méconnaitre, dans l'une comme dans l'autre, le goût byzantin. On retrouvera d'ailleurs les mêmes éléments décoratifs dans les églises bâties par les Grecs en Italie. Nous devons faire une autre observation pour ce qui regarde la décoration des frises, des archivoltes et des tympans en Provence, en Languedoc, en Dauphiné, dans le Périgord : c'est qu'on ne se contente pas des feuillages et des rinceaux ; on a sculpté aussi en ronde bosse une foule de figures naturelles ou fantastiques, qui donnent aux édifices où l'on voit cette décoration, un aspect tout particulier. On peut en juger par le dessin D ; en bas ce sont des espèces de griffons, au-dessus, deux rangs de raies de cœur dégénérées, et

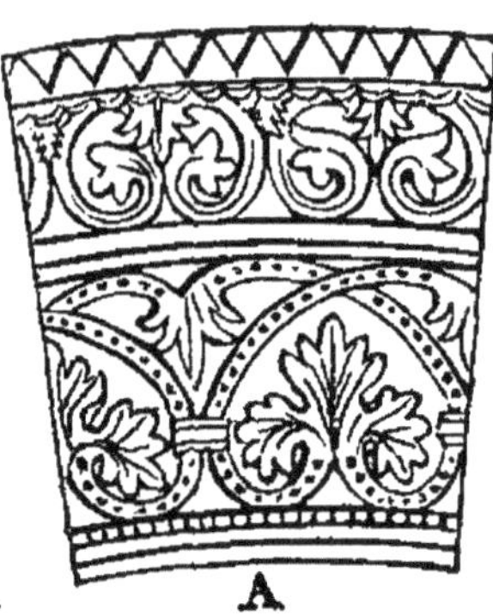

A

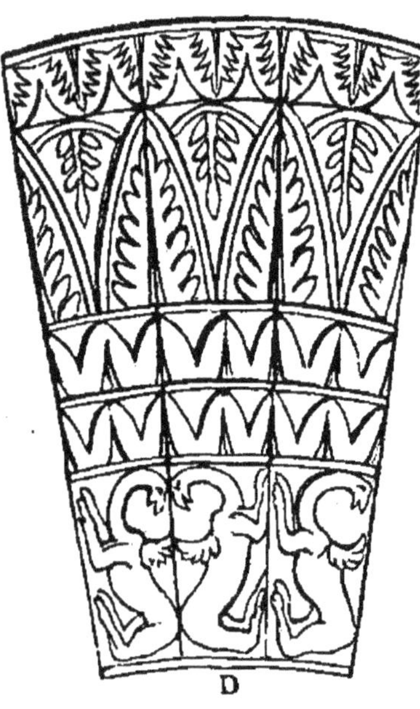

D

en troisième ligne des sortes de palmettes maigres et aiguës. La planche D est aussi emprunté à la façade de Notre-Dame de Poitiers.

Il nous reste encore à parler des *modillons* et des *couronnements*, dont il existe aussi une très-grande variété. L'extrémité supérieure des murailles est rarement surmontée d'un véritable entablement, sauf dans quelques constructions de la Provence, où ils ne sont qu'une imitation incomplète de l'antique. Les parties saillantes du sommet de la muraille consistent souvent en un larmier, avec ou sans congé. Ce larmier s'appuie sur des modillons carrés ou rectangulaires, ornés de têtes grimaçantes, de monstres et de figures d'hommes, dans les positions les plus bizarres. Voici comment se présentent les corbaux à têtes grimaçantes ; on les trouve employées surtout dans le centre et dans l'ouest de la France. En Bourbonnais, en Auvergne, en Nivernais, les modillons affectent encore une forme particulière, dont le dessin ci-contre, A, donnera une idée ; on ne peut guère les comparer qu'à des consoles assemblées. En Provence, nous avons remarqué des corniches soutenues sur des consoles renversées, comme dans les monuments d'ordre corinthien ; la partie inférieure de la console est ornée d'une feuille d'achante. Enfin en Italie, et surtout dans la Lombardie, dans le midi et l'est de notre pays, ainsi que dans les provinces que baigne le Rhin, les modillons du couronnement, et les cordons qui indiquent les étages, présentent de légères arcatures de très-peu de relief. Cette arcature figurée suit la ligne des toits et les rampants des pignons. Dans les *Instructions du comité des arts* (1), il est dit que ce couronnement doit son origine à l'imitation des arcatures de briques, disposées en *opus spicatum*, qui forment le sommet de la muraille dans quelques constructions romaines des bords du

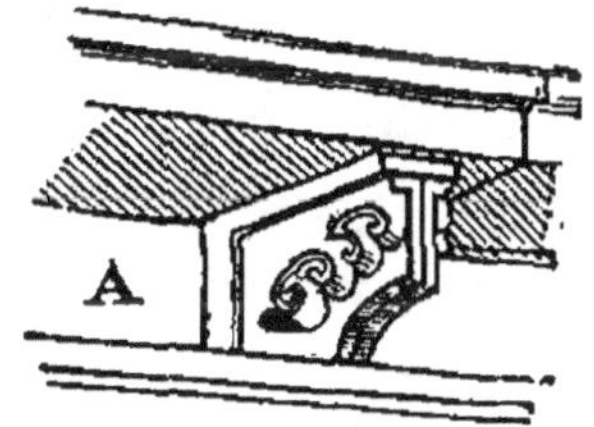


(1) 2e cahier, page 56.

Rhin. Nous ne pensons pas que ce soit là l'origine véritable de cette ornementation : les plus anciens et les plus nombreux exemples s'en trouvent en Italie. Or là, les impostes de l'arcature ne restent pas toujours suspendues sur la muraille, les arcs sont supportés d'abord sur des colonnettes, ainsi qu'on peut le vérifier au pignon de Saint-Michel de Pavie, du dôme de Parme, et du dôme de Plaisance, dont voici un fragment.

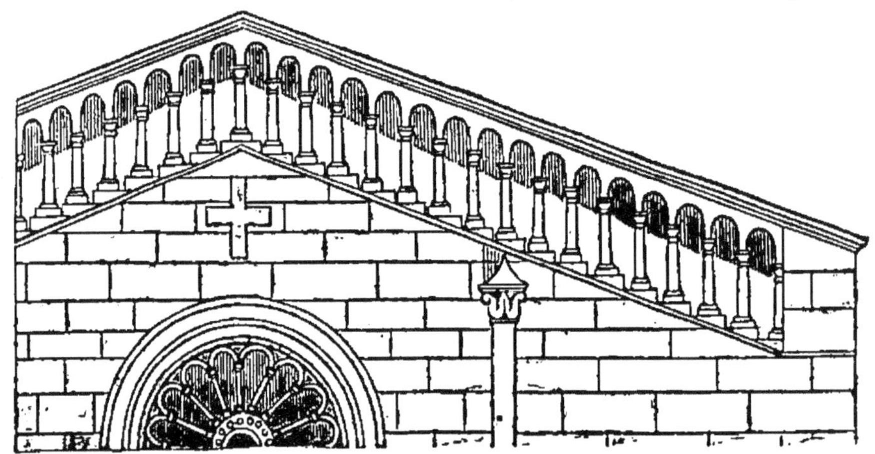

L'arcature que forme la corniche du premier étage a aussi des colonnettes semblables (1). Il est facile de suivre les modifications qu'a subies cette arcature pour arriver à celle qu'on retrouve dans les édifices des pays que nous avons cités et dont on voit un spécimen complet dans le pignon de l'église de San-Cyriaco, à Ancône. Ainsi on observe des édifices où il n'y a plus de colonnes ou de pilastres que de deux en deux, quelquefois de trois en trois arcades, jusqu'à ce qu'enfin les colonnes ou les pilastres

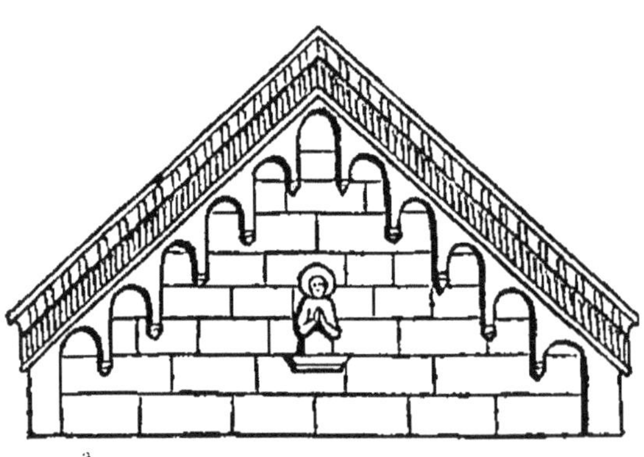

soient tout à fait supprimés, ainsi qu'on peut s'en assurer

(1) On voit une arcature de cette façon à l'abside de la cathédrale de Worms, à l'église des Apôtres et à celle de Saint-Géréon, à Cologne ; dans ce dernier monument il existe, superposées, des arcatures, tantôt avec, tantôt sans colonnettes, ainsi qu'à la cathédrale de Spire, à celle de Bonn, etc.

en considérant le dôme vieux à Brescia, le baptistère de Padoue, San-Zeno, à Vérone, et Saint-Ambroise, à Milan, édifices éminemment byzantins, ce qui nous porterait à regarder cette espèce de couronnement comme appartenant au style néo-grec : on peut même suivre cette transformation en France ; nous indiquerons seulement l'abside de l'église de Saint-Guilhem du Désert.

La retombée de ces petites arcatures est reçue souvent sur des modillons ornés de moulures, de têtes d'animaux, ou de faux chapiteaux. Ces franges festonnées répétées à chaque étage, donnent aux édifices un physionomie toute particulière.

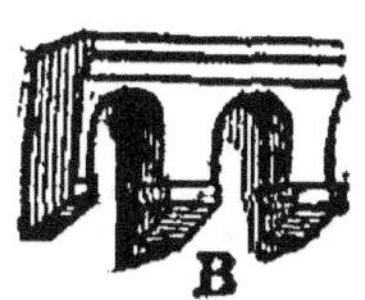


L'arcature n'est pas toujours très-plate, quelquefois elle est saillante, comme dans le dessin que nous offrons ici; quelquefois, enfin, les arcatures sont enlacées à la manière de celles que nous avons figurées à la page 420.

Presque tous les édifices publics sont couverts par des *voûtes* qui affectent deux formes principales ; les unes décrivent une concavité à plein-cintre, et sont souvent renforcées par des arcs-doubleaux, ainsi qu'on en verra un exemple à la lettre A, de la vue de l'église de Chapaize, page 489 : c'est ce qu'on appelle *voûte cylindrique*, et plus généralement *voûte en berceau*. Les autres voûtes, qu'on peut se figurer être formées par l'intersection, sous un angle variable de deux voûtes en berceau, s'appellent *voûtes d'arêtes;* on peut en voir un dessin à la page 266. Ces arêtes se coupent par le milieu et dirigent leurs quatre extrémités sur quatre points opposés : ces arêtes elles-mêmes sont quelquefois, surtout au XII^e^ siècle, renforcées par de gros tores ou boudins en pierres d'appareil, faisant office d'arcs doubleaux. Dans les églises du centre, de l'est et du midi, il s'élève des coupoles sur pendentifs au-dessus du transsept des églises. Nous ferons connaître leurs dispositions quand nous parlerons de l'architecture religieuse au XII^e^ siècle (1). Les voûtes

(1) Voyez page 503, le dessin de la coupole de Tournus, et page 493 la vue intérieure de Saint-Étienne de Nevers.

en berceau et celles d'arêtes sont bâties en moellons noyés dans le mortier. Les demi-coupoles, ou voûtes en cul-de-four formant abside, sont aussi construites en moellons ; mais pour en alléger la masse, on a noyé dans le mortier des vases creux en terre cuite, disposition dont nous avons vu un grand nombre d'exemples. Nous avons déjà parlé à la page 418, des voûtes en demi-berceau que l'on observe dans les bas-côtés de plusieurs églises ; nous y reviendrons, pag. 475.

Au XIe siècle, les inscriptions ont un caractère qui peut aussi aider pour apprécier l'âge des monuments ; elles sont écrites en lettre capitales romaines et en lettres *onciales*. On applique ce dernier mot à certaines lettres majuscules qui ont des formes arrondies. On peut consulter sur ce point les divers traités de diplomatique.

Avec les indications que nous venons de donner, et à l'aide des dessins qui accompagnent nos explications, il nous semble qu'il sera toujours facile de reconnaître les constructions de style romano-byzantin. Qu'il s'agisse d'un porche, d'un clocher, de l'abside d'une église, d'un cloître, d'une maison, on aura toujours une arcade, ou des colonnes, ou des moulures, qui permettront d'apprécier leur âge facilement. La statuaire elle-même fournira aussi de bons renseignements : figures maigres, attitudes roides, expression calme de la physionomie, proportions lourdes, ou, au contraire, très-allongées, vêtements le plus souvent ornés de galons et de pierreries à la manière orientale, draperies à plis fins et pressés, tels sont les caractères de la statuaire du XIe siècle (1).

(1) La statuaire byzantine présente ce caractère particulier, que les robes et les manteaux sont toujours plissés à très-petits plis. Sur plusieurs parties des vêtements, on voit aussi des plis concentriques ou plutôt en spirale. M. Mérimée fait observer que les étoffes en usage en Orient, offrent encore le même aspect, et cela tient, je crois, ajoute M. Mérimée, aux procédés de blanchissage. Au lieu de les repasser et de les aplatir comme nous faisons, les Orientaux les tordent sur elles-mêmes : de là les plis en spirale si souvent reproduits dans la sculpture byzantine (*Notes d'un voyage dans le midi*, page 37). Cette imitation de l'art oriental est si vraie, que nos artistes ont copié jusqu'aux monstres fantastiques ; tels que la *simorgue*

## ÈRE ROMANO-BYZANTINE.

### Style de transition.

Le XIIe siècle est une époque non moins brillante que le siècle précédent pour les arts et la littérature. A cette époque, le style byzantin domine encore en architecture, et même présente son développement le plus complet. Tout le monde est d'accord pour penser que les incessantes périgrinations que les populations faisaient en Orient, à l'époque des croisades, ont contribué puissamment, pendant deux siècles, à transformer chez nous, comme nous l'avons dit, le style latin, après l'an 1000.

Pour tout ce qui tient aux murailles, aux moulures, aux colonnes, on remarquera peu de différence entre les monuments du XIe et ceux du XIIe siècle. Nous devons dire qu'en général, l'exécution matérielle est plus parfaite, les pierres sont mieux appareillées et mieux ajustées. Les moulures sont employées avec profusion, d'un dessin plus correct, plus délicat, plus élégant : on voit que l'art est en progrès. Les colonnes, telles que nous en avons donné des spécimens à la page 425, sont, surtout à cette époque, substituées aux colonnes lisses ; toutes, en général, sont plus sveltes, plus légères que dans la période précédente. C'est également au XIIe siècle que les bases se couvrent de moulures, telles que celles que nous avons figurées à la page 425. Les chapiteaux historiés deviennent plus rares, et sont remplacés par des chapiteaux à feuillages dont, au milieu du XIIe siècle, on commence à puiser les motifs dans la Flore du pays. Les animaux imaginaires y dominent encore cependant, surtout dans les monuments du midi, où

célébrés dans les contes arabes. On peut d'ailleurs comparer nos sculptures des XIe et XIIe siècles, avec les dessins des Mss., et les mosaïques exécutées par des artistes byzantins, et l'on ne doutera pas de l'influence que ces artistes ont exercé en Occident. Enfin disons que la mode des étoffes dont nous venons de parler, est très-ancienne en Orient ; on l'observe en effet sur tous les ouvrages de sculpture de Persépolis, etc.

l'on s'éloigne de plus en plus du modèle de la corbeille corinthienne. Les moulures, les bas-reliefs, les niches, les arcatures, se multiplient à la façade des édifices religieux : les statues s'allongent, et semblent traitées par des mains plus habiles. Les façades que nous donnerons des églises de Saint-Trophime, à Arles, et de Notre-Dame-la-Grande, à Poitiers, montreront jusqu'à quel point les architectes du XIIe siècle ont surchargé leurs édifices de toute sorte d'ornements. Mais ce n'est pas seulement cette richesse de décoration, cette perfection dans les moyens de construction, qui seules caractérisent l'architecture de la seconde période romano-byzantine : c'est l'introduction d'un nouvel élément, de l'arc ogival (1). Dès la fin du XIe siècle, l'ogive se montre dans les monuments religieux, employée simultanément avec l'arc plein cintre; mais alors elle ne constitue pas encore un système architectonique : ce n'est qu'une variété d'arcades, employée, tantôt par fantaisie, tantôt parce que la forme aiguë convenait mieux que le demi-cercle pour supporter de grandes masses. Ainsi nous connaissons des églises du XIe siècle où toutes les travées de la nef, où toutes les portes, toutes les fenêtres, sont en plein cintre; les quatre grandes arcades du transsept, qui supportent la coupole, sont des ogives : du reste, au XIIe siècle, cette dernière forme d'arc ne modifie en rien le style byzantin; l'ornementation reste la même. Les archivoltes sont décorées exactement de la même manière que les cintres; mais ils ne sont pas seulement munis d'arcs doubleaux; leur circonférence présente déjà des boudins, que nous retrouverons à toutes les arcades en ogive du XIIIe siècle; ces boudins existent presque toujours également aux voûtes d'arêtes.

Il y a plus, c'est qu'on remarque, dans le centre de la France, des églises qui appartiennent au XIe siècle par leur plan, par le goût de leur décoration et par la forme de leurs piliers et dont toutes les ouvertures sont ogivales (2). Ce fait prouve que les

(1) Ainsi appelé, parce que l'angle qu'il forme a de l'analogie avec l'angle externe de l'œil.

(2) Ces églises pourraient, il me semble, fournir les caractères du *style ogi-*

architectes du XIII^e^ siècle ont trouvé un système architectural déjà défini, qui s'était constitué peu à peu avant eux et qu'ils n'ont fait que le perfectionner et le rendre plus homogène dans son ensemble.

Mais ce n'est pas seulement l'arc ogival qui vient modifier le style romano-byzantin, il s'introduit une autre forme d'arc très-employée dans les édifices élevés à partir du XI^e^ siècle, par les Maures d'Espagne, c'est l'arc dont l'archivolte présente une découpure de trois, de cinq ou de six arcs de cercle; c'est là une arcade découpée de contre-lobes (1). Les *roses*, ou ouvertures circulaires sont également découpées par des arcatures. On verra à la page 487 la rose de l'église de Royat, qui offre six lobes, et dont l'archivolte est décorée de boudins, ainsi que sur la planche 1^re^ placée à la page 433. Dans le fronton A qui surmonte le pignon du clocher de Saint-Germain, il existe une ouverture à quatre lobes, qu'on désigne par le mot *quatre feuilles* (2). Quand l'ouverture n'a que trois contre-lobes, c'est ce qu'on appelle un *trèfle* (3). Aux XIII^e^ et XIV^e^ siècles, ces ouvertures festonnées d'arcatures deviennent très-communes, surtout dans les fenêtres et les galeries; mais alors les moulures qui les encadrent changent de caractère.

Pour nous résumer, nous dirons que le style romano-byzantin du XI^e^ siècle, non-seulement est conservé au XII^e^, mais est encore perfectionné, sous le point de vue de l'exécution dans les détails; l'ornementation est plus riche, plus compliquée; les colonnes se groupent autour des piliers, et les boudins se

*val primaire;* car c'est l'ogive qui est le principe générateur de tous les vides; leur archivolte est décorée comme les cintres, d'arcs-doubleaux dont les voussoirs sont appareillés de la même manière. Ce sont des églises absolument ogivales, si l'on fonde le style sur la forme de l'arc; ce sont, au contraire, des églises romanes, si l'on se fonde sur le style de leurs moulures, sur leur plan, sur la décoration de leurs chapiteaux historiés. J'avoue être fort disposé à faire remonter la construction de ces églises au XI^e^ siècle.

(1) On voit un bel exemple de ce système d'arcatures dans ce qui reste de l'église de l'ancienne abbaye de bénédictins à la Charité-sur-Loire.

(2) Voyez aussi les lettres AA de la planche placée à la page 452.

(3) Voyez la lettre D, planche de la page 452.

montrent aux voûtes d'arête et aux arcades; enfin l'arc ogive et l'arc plein cintre sont employés simultanément avec le même caractère décoratif.

### Différentes formes de l'ogive.

On appelle *ogive*, une arcade formée par deux arcs de cercle qui se croisent à leur sommet. Nous allons donner le dessin des cinq espèces d'ogives qui se rencontrent le plus souvent.

1° Le *plein cintre brisé*, arc presque circulaire, qui présente à son sommet un angle très-évasé et à peine sensible, et dont les arcs qui forment les côtés ont chacun leur centre en dedans du contour de l'arcade, ainsi qu'on peut le voir sur le dessein ci-contre. C'est là l'ogive la plus anciennement usitée en France; on en verra un exemple au portail de Saint-Trophime d'Arles.

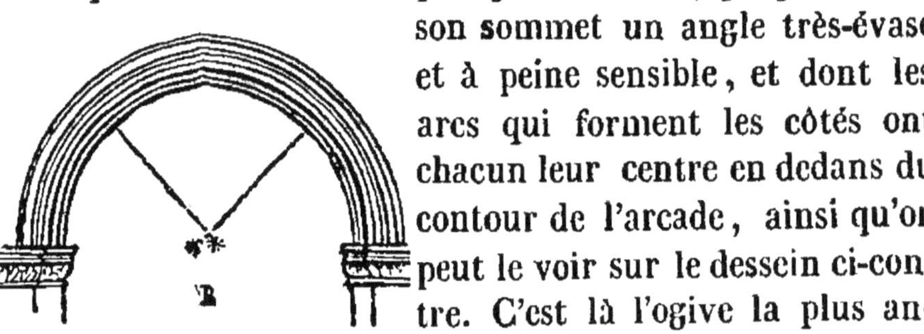

2° On appelle *ogive en lancette*, ou *pointue*, *aiguë*, une arcade pointue formée par deux arcs qui ont leur centre en dehors du contour de l'arcade : le rayon est plus grand que l'ouverture de l'arcade dans laquelle on peut inscrire un triangle à angles aigus. Cette ogive domina à la fin du XII^e^ et pendant le XIII^e^ siècle. Dans les âges suivants, si on l'emploie, c'est dans les espaces réserrés, aux portes des forteresses et dans les arcades en hémicycle du sanctuaire.

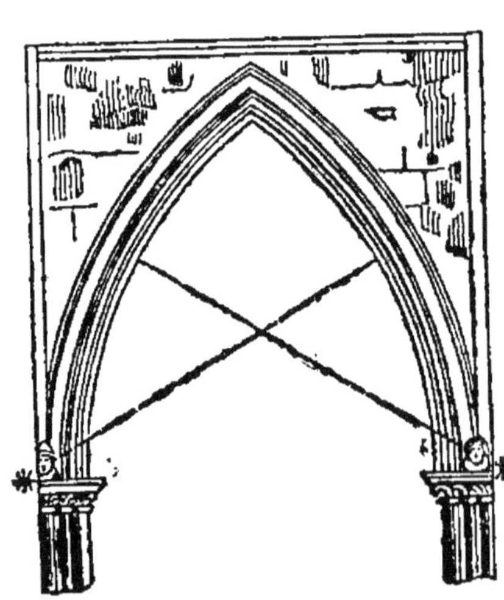

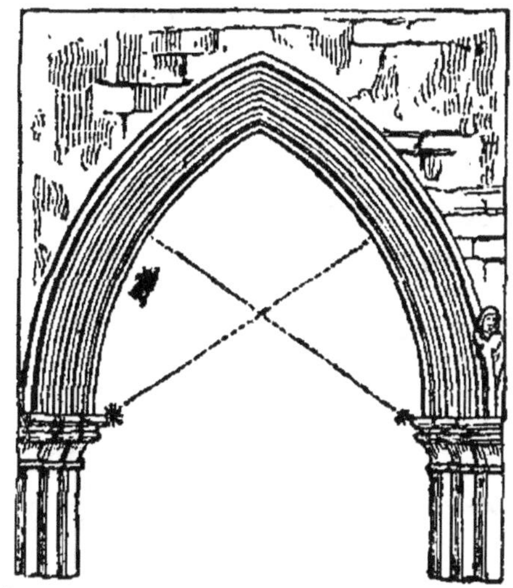

L'*arcade à tiers-point* est formée par deux arcs qui ont leur centre, chacun à la naissance de l'arc de cercle qui lui est opposé. L'ouverture de l'arcade a alors la même longueur que les rayons, et peut servir de base à un triangle équilatéral dont l'angle supérieur aboutit au point d'intersection des deux arcs de cercle. Cette arcade a été en honneur surtout pendant le XIVe siècle.

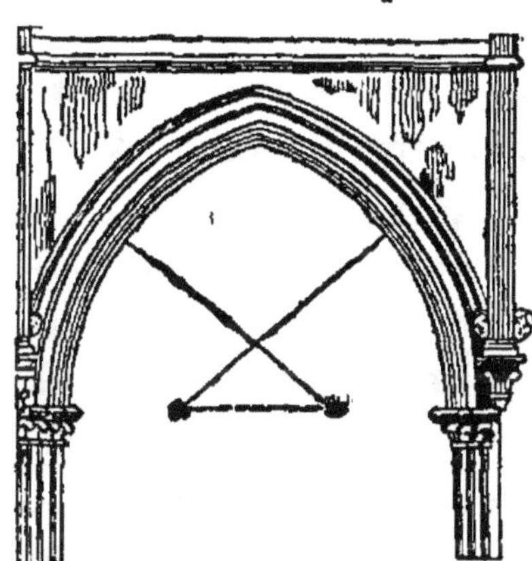

4° Nous avons ensuite l'*ogive surbaissée* qu'on peut encore appeler *arcade pointue obtuse*, et qui se dessine mieux que l'ogive n° 1, dont elle est une variété. On remarquera que les arcs qui la constituent, sont décrites avec un rayon plus court que l'ouverture de l'arcade. — 5° Les architectes du XVe siècle l'ont particulièrement mise en œuvre, ainsi que la suivante, qu'on retrouve encore, même dans les monuments de la première moitié du XVIe siècle: c'est l'*arcade en talon* ou *accolade*. La partie inférieure de l'arcade est à courbure simple; la partie supérieure, à contre courbure. On remarquera que cette arcade est formée par quatre arcs de cercle; les deux arcs de cercle inférieurs ont leur centre dans l'ouverture de l'arcade; les deux supérieurs ont leur centre au-dessus et en dehors de l'arcade.

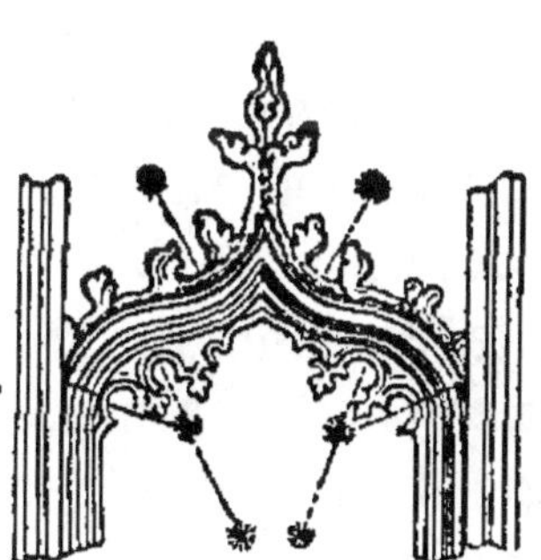

6° L'*arcade en anse de panier*, ou *arc Tudor* des Anglais, a été figuré à la page 419. Il fut aussi très en faveur à la fin du XV^e et au commencement du XVI^e siècle. Souvent il forme le linteau des portes, et est couronné alors par une sorte de pinacle dont la configuration est celle de l'arc Tudor très-allongé. Voyez la lettre A, dessin de la page 514.

Les arcades 1, 2 et 3 peuvent être *surhaussées*, c'est-à-dire, que les deux arcs peuvent se prolonger, inférieurement, au-dessous de la ligne de leur centre, sur deux lignes qui tendent de plus en plus à devenir parallèles.

Nous devons encore indiquer deux autres formes d'arcades; l'une, l'*ogive lancéolée,* formée de deux arcs, dont la courbure se prolonge au delà de la ligne des centres (1); l'autre, qu'on peut appeler *ogive mauresque*, n'est autre chose que l'arc en fer-à-cheval brisé; on ne la rencontre en France que très-exceptionnellement.

On trouve chez nous, pour former diverses arcatures décoratives, des ogives enlacées à la manière des ceintres dont nous avons publié un dessin à la page 420. L'archivolte des ogives, est souvent ornée de trèfles, ainsi qu'on le voit dans les fenêtres de la Sainte-Chapelle de Paris, page 452, lettres CC. Au XV^e siècle, cette archivolte présente une broderie de contre-arcatures très-élégantes, et découpées à jour dans le genre de celles que la lettre A indique à l'arc-boutant de l'église de Senlis, page 514, et aussi comme on le voit à l'arcade en talon n° 5, placée à la page précédente.

Enfin, nous rappellerons que les ogives peuvent être géminées, et que même on en voit trois comprises sous un arc plus grand. On a un exemple de cette disposition au triforium A de Notre-Dame de Paris (planche de la page 451).

Nous avons assigné les époques auxquelles certaines formes de l'ogive ont été plus particulièrement employées, Nous le répétons, il ne faudrait pas faire une règle absolue de ce que nous avons dit; car on a souvent été déterminé dans le choix des formes de l'arc brisé par la disposition des lieux qui exigent un arc plus ou moins surhaussé, plus ou moins pointu.

(1) L'ogive de l'arcade empruntée à la cathédrale d'Autun, publiée à la page 501, affecte très-sensiblement la forme lancéolée.

*De l'origine de l'ogive.* — La question de l'origine de l'ogive peut être regardée comme un des problèmes les plus obscurs de l'histoire de l'art; on a bâti à cet égard système sur système : chaque peuple de l'Europe a revendiqué l'honneur d'avoir inventé l'arc brisé, et de l'avoir, le premier, appliqué à la construction des édifices religieux. Quelques antiquaires de France, d'Allemagne, et d'Angleterre, se sont disputés cette invention. Nous avouons que cette polémique nous semble de peu d'importance; cependant nous allons passer rapidement en revue les idées émises à ce sujet par les archéologues dont le nom a le plus d'autorité dans la science.

L'ovige a-t-elle pris naissance en Angleterre? Oui, suivant Bentham et Milner. Tous les deux prétendent que le croisement des arcs demi-circulaires (voyez pag. 420) a fourni le premier modèle de l'arc brisé, et, comme de juste, que c'est en Angleterre qu'on trouve les plus anciens exemples de cet enlacement d'arcade. Ce système n'a pas besoin d'être réfuté. L'intersection des cintres, comme moyen de décoration, est commune à tous les peuples; on a prouvé, d'ailleurs, à ces messieurs, que cette opinion n'était pas soutenable; et d'abord, l'Angleterre n'a pas, que nous sachions, produit d'édifices à ogives qu'on puisse comparer aux monuments du continent, puis on ne compte pas un seul architecte anglais parmi les artistes qui ont élevé des églises hors de la Grande-Bretagne, ce qui serait arrivé s'ils avaient fondé une école d'architecture; on ne peut nier encore que les architectes qui ont présidé à l'érection des édifices anglais au moyen âge, n'aient presque tous des noms étrangers. Enfin la comparaison des dates prouve de plus que la France et l'Allemagne ont des constructions ogivales plus anciennes que celles de la Grande-Bretagne. Quelques antiquaires anglais vont plus loin que nous : ils prétendent, en se fondant sur des données historiques, que leur pays doit aux Normands ses premiers édifices de style roman et de style ogival.

Les Italiens n'ont jamais élevé de prétentions sérieuses relativement à l'ogive. Sans cesse en présence des belles constructions antiques, ils s'appliquèrent à conserver la tradition de l'art greco-romain avec les modifications qu'ils avaient reçues des Byzantins ; jamais ils n'ont adopté absolument, comme les peuples du nord, le style ogival. Les quelques édifices de l'Italie construits dans ce principe ont une physionomie bâtarde et disgracieuse. A Pavie, à Pise, à Vérone, le plus souvent l'arc pointu accompagne le plein cintre lombard. Cette répugnance que les architectes d'Italie semblent avoir eue pour le nouveau style est si vraie, qu'ils ont été les premiers à revenir aux traditions latines ; dès la fin du XIV^e^ siècle, en effet, Orcagna employait dans la *Loggia dei Sañzi,* à Florence, l'arc demi-circulaire, aux applaudissements de tous ses compatriotes. Il y a encore plus : c'est que les monuments à ogive de l'Italie qui offrent quelque perfection ont été élevés par des architectes allemands : telles sont certaines parties de la cathédrale de Milan, que les écrivains italiens disent être bâtie dans la *maniera tedesca* (1). Nous pourrions citer un grand nombre de faits de ce genre; ce qui n'empêche pas Maffei et Muratori de prétendre que jamais Goths ni Allemands n'ont introduit aucune espèce d'art ni d'architecture dans leur pays ; mais ils sont restés seuls de leur avis. On voit jusqu'à quel point un mesquin amour-propre national peut faire errer des hommes d'une science incontestable.

M. Wiebeking, de Munich, a soutenu hardiment que c'est l'Allemagne qui a été le berceau du système ogival; et à l'appui de son opinion, il cite des églises qui, selon lui, remonteraient à une époque très-ancienne; mais cet écrivain s'abuse évidemment sur l'âge reculé des monuments qu'il indique. Cependant M. Hope est très-disposé à se ranger à l'avis de l'antiquaire bavarois. Voici en quelques mots ses raisons, qui sont bien loin de nous sembler plausibles. On trouve un grand nombre de magnifiques cathédrales appartenant au style ogival, et conçues dans un ensemble harmonieux : les formes aiguës de ces monuments convenaient parfaitement à un climat où les neiges règnent

(1) L'archit. à ogive, pour Vasari et Cedrinus, est *tudesque* ou *gothique;* deux mots qui, dans leur pensée sont des synonymes de l'épithète *barbare.*

en abondance ; les monuments civils et privés sont bâtis dans ce style. On ne rencontre qu'en Allemagne, dans les archives, des plans d'édifices exécutés ou projetés (1). Pour M. Wiebeking cet ensemble de faits est une preuve que le style ogival qui fut employé dans les autres branches de l'art est une invention toute allemande, et que c'est de là qu'il passa en Italie. Tout ce que M. Hope dit là de l'Allemagne peut parfaitement s'appliquer à la France. D'ailleurs toutes ces inductions spéculatives et qui manquent d'une base solide (2) tombent devant les faits que nous allons faire connaître un peu plus loin.

Quelques antiquaires ont parlé de la Normandie comme du pays où l'architecture ogivale a pris naissance, et cela, parce que cette province renferme une foule de superbes constructions dans ce style ; comme si dans le reste de la France on ne trouvait pas des cathédrales, nullement normandes, aussi belles, aussi pures que les églises de l'antique Neustrie, il nous suffira de citer celles d'Amiens, de Chartres, de Reims, de Paris, de Clermont, de Bourges, etc. : cette opinion, nous lâchons le mot, nous semble absurde.

Quant aux Arabes d'Espagne, à qui l'on a attribué l'invention de l'ogive, on ne peut plus aujourd'hui, après l'examen attentif qu'on a fait de leurs monuments, leur faire honneur de cette découverte. Ils ne l'ont pas employée avant le XIe siècle, et ce n'est qu'au XIIIe qu'elle est devenue, chez eux, comme chez nous, d'un usage général. Là encore, le style ogival a-t-il conservé une physionomie particulière, dont on ne retrouve aucune inspiration dans nos édifices gothiques (3).

(1) Il en existe aussi en France. Et qui sait si le pillage des archives, à la Révolution, n'en a pas détruit un grand nombre.

(2) Nous avons l'intime conviction que l'ogive n'a été importée en Allemagne, comme dans le nord et l'ouest de la France, que dans le milieu du XIIe siècle, quand déjà au XIe siècle elle était employée dans le midi de notre pays. Nous citerons pour l'Allemagne, l'église de l'abbaye de Neubourg, qui très-certainement est du XIIe siècle, et qui est encore tout à plein cintre.

(3) On verra plus loin (lettre de M. Lenormant) que les Arabes ont dû emprunter l'ogive aux Persans.

Quelques antiquaires ont été chercher l'origine de l'ogive dans l'imitation des forêts du Nord. C'est ce qui a inspiré à M. de Châteaubriand ces phrases plus poétiques que vraies : «Les forêts des Gaules, dit-il, ont passé dans les temples de nos pères, et nos bois de chêne ont ainsi maintenu leur origine sacrée. Ces voûtes ciselées en feuillage, ces jambages qui appuient les murs, et finissent brusquement comme des troncs brisés, la fraîcheur des voûtes, les ténèbres du sanctuaire, les ailes obscures, les passages secrets, les portes abaissées : tout retrace les labyrinthes des bois dans les églises gothiques, tout fait sentir la religieuse horreur, les mystères et la Divinité » (1).

D'après tout ce que nous venons de dire, on peut juger qu'il y a peu de questions historiques plus obscures que celles que nous traitons. M. Charles Lenormant est le seul écrivain qui nous semble avoir résolu ce problème d'une manière satisfaisante : il partage l'opinion de lord Aberdeen, Whittington, de Haggit, qui pensent que l'architecture à arc brisé nous vient de l'Orient. Voici les principaux passages d'une lettre remplie de précieuses observations, qu'il a adressée à M. de Caumont (2)... « La première architecture des Arabes a été byzantine (3), témoin la mosquée d'Amrou, au Caire, ouvrage du VI<sup>e</sup> siècle, entièrement à plein cintre, et presque sans encorbellement des archivoltes sur les impostes. Dans le commencement du siècle suivant, les Arabes font la conquête du second empire de Perse, et l'architecture des Sassanides devient leur architecture favorite. Consultez les voyageurs anglais qui ont donné le palais de Cosroës, et généralement tous les monuments de cette monarchie, et vous trouverez constamment l'arc brisé dans toutes ses applications (4). Jusque-là l'ogive, connue des Grecs anciens, et qu'on retrouve

(1) *Génie du christ.*, Part., III, c. 8.

(2) COURS D'ANT. MONUM., *Archit. relig.*, p. 206.

(3) Voyez ce que nous avons dit là-dessus à la page 387.

(4) Le *Cabinet des médailles* possède un dessin précieux du *Tak-Kesra*, ou palais de Cosroës, qui subsiste encore au milieu des ruines de Ctésiphon, sur le Tigre. Ce dessin, rapporté par l'abbé de Beauchamp, vicaire aposto-

dans les monuments pélasgiques, dans plusieurs tombeaux helléniques de la Sicile, à l'ouverture de l'aqueduc de Tusculum, l'ogive n'avait été qu'un accident, un caprice, une irrégularité. Chez les Sassanides, elle nous apparaît comme règle, comme habitude, comme principe de goût... Au Caire, où, à l'influence persane et byzantine, vient se joindre celle des monuments si voisins et si frappants de Memphis, la série des monuments à ogive commence par le *meqiâs*, ou nilomètre de l'île de Rodah, enceinte carrée, sur les parois de laquelle se dessinent, si je ne me trompe, quatre ogives, une pour chaque face, interrompant une frise décorée d'une inscription cufique (1). Je ne suis pas à même de vous affirmer rien de certain sur le contenu de cette inscription ; mais ce qui me paraît incontestable, c'est, 1° que le meqiâs a été construit vers l'an 800 de notre ère ; 2° que les ogives font partie intégrante et nécessaire de la décoration originelle; 3° que les réparations successives n'ont altéré en rien la décoration de ce monument. Mais le meqiâs nous manquerait, que nous trouverions un argument plus que suffisant, pour nous autres occidentaux, dans la mosquée d'Ebn-Touloun, lieutenant des califs en Égypte, pendant la dernière moitié du IXe siècle, mosquée qui subsiste en son entier... et qui nous présente dans son ensemble le plus riche spécimen du goût de Arabes, à la plus belle époque de leur histoire... Pour les époques qui suivent, le classement offre de grandes difficultés. Je ne puis donc vous citer avec certitude que la mosquée d'El-Hasar, construite sous les califes fatimites, par conséquent, dans le cours du XIe siècle, et où j'ai trouvé le premier exemple du

lique à Bagdad, ne laisse subsister aucun doute sur le caractère *ogival* de l'architecture sassanide.

Il y a plus, M. Mérimée va publier un curieux travail, dans un prochain numéro de la *Revue d'Architecture*, sur le tombeau de Tantale, à Smyrne, construction absolument ogivale, et qui remonte très-sûrement au VIe ou VIIIe siècle avant notre ère.

(1) M. Haggit a remarqué également des inscript. cufiques sur des arcades en tiers-point. Or, il paraît certain que cette coutume fut abandonnée dans le siècle.

sur-élèvement des arcs par le prolongement de l'archivolte. Au XIIe siècle, nous arrivons aux monuments de Saladin, nombreux au Caire, et dont la parité avec les églises du XIIIe siècle (sauf la naïveté qui n'est pas en Orient), ne me paraît pas plus contestable que la lumière du jour...»

«... Quoi qu'il en soit, admettez pour constant qu'il existe en Égypte des ogives du VIIIe siècle, ou au moins du IXe siècle; admettez pour constant aussi que des ogives semblables se retrouvent au palais de la Zisa, construit à Palerme par les conquérants arabes (1), dans le courant du Xe siècle, que la chapelle royale, et plusieurs églises de la capitale de la Sicile, bâties par les rois normands dans la première moitié du XIIe siècle, continuent sans interruption cette chaîne, et montrent l'application de l'ogive aux monuments chrétiens; de là, aux premières ogives reconnues qui existent dans le nord, il n'y a plus qu'un pas (2). Je ne parle ni de l'Italie, ni du midi de la France, qui nous offriraient des preuves non moins frappantes; il me paraît que la Sicile suffit bien, surtout dans ce qui se rapporte à la Normandie. Mais, direz-vous, comment l'ogive a-t-elle passé d'Orient en Occident? Ce n'est point un fait précis, à jour fixe : c'est par infiltration, par les voies militaires, religieuses ou commerciales, par les étoffes, les meubles, les récits des voyageurs, et même par les émigrations d'artistes.

« Maintenant l'ogive d'Orient est-elle identiquement la même que l'ogive classique du XIIIe siècle? Pas plus que l'ogive à lancettes de Coutances n'est la même que celle

(1) Les parties les plus anciennes de la Cuba et de la Ziza, les seules que la plupart des auteurs attribuent aux Arabes, présentent l'emploi simultané de l'ogive et du plein cintre : ce serait donc un édifice de transition. Cette ogive qui n'a aucun rapport de forme avec celle en usage dans notre pays, remonterait au Xe siècle, d'après la plupart des archéologues qui ont visité la Sicile.

(2) Les auteurs qui ont publié les monuments arabes de la Sicile, M. Hittorf, le prince Serradifalco, M. Gally-Knight, partagent l'opinion de M. Lenormant sur l'emploi de l'architecture ogivale par les Arabes de la Sicile, avant le XIe siècle.

de Cologne. Il y a ici, comme partout, dépôt d'une premier fait, accumulation de traditions sur un seul point, et sur cette base, un édifice neuf, original, complet, réglé surtout, comme l'esprit des peuples occidentaux l'est comparativement à celui des populations africaines et asiatiques.»

«Je n'ai pas besoin de vous rappeler combien les objections tirées de l'absence de l'ogive en Espagne, avant le XIII^e siècle, ont peu de force. Qui dit Maure ne dit pas Arabe; il y a toute la différence qui existe entre un grec d'Alexandrie et un rhéteur de Carthage, entre Callimaque et Apulée, entre Chrysostôme et Augustin (1). Le monde latin devait rester plus longtemps que tout autre fidèle au plein cintre, le grand instrument de l'architecture romaine. L'Espagne appartenait au monde romain; je dis plus, c'était le monde de Lucain et de Sénèque. Les Maures, comme toutes les populations d'origine normande, ont dû commencer par adopter l'architecture du pays dont ils faisaient la conquête. Ainsi, que l'ogive de l'Espagne descende de Westminster ou remonte du Caire, peu importe à la solution générale du problème; la question mauresque n'est qu'accessoire.»

Nous n'avons que peu de chose à ajouter à ces réflexions si judicieuses. Ce qui a fait errer les antiquaires sur la question de l'ogive, c'est qu'ils se sont imaginé que l'architecture gothique a été inventée tout d'une pièce; qu'elle est sortie du cerveau de quelque artiste, telle que nous la voyons régner au XIII^e siècle; mais il ne faut pas oublier que l'ogive n'a été admise d'abord que comme un élément nouveau dans l'ar-

(1) Quant à l'influence de l'architecture ogivale de l'Orient sur les monuments du midi de la France aux XI^e et XII^e siècles, cf. Lenormant, *Lettre à M. Caumont* (*Revue normande*, 1831), et la *Camargue* (*Revue de Paris*, 1833), l'ogive composée de claveaux, alternativement noirs et blancs, qui décore la façade de l'église de Maguelonne (Renouvier, *Maguelonne*, pl. V), porte la date de 1178. Le goût tout à fait arabe de ce monument doit exciter l'attention dans une ville qui entretenait à cette époque des rapports suivis avec l'Orient. Parmi les églises du nord de la France qui paraissent offrir des traces directes de l'influence orientale, on peut citer celle de *Cande* (Maine-et-Loire) et celle de *Gamache* (Somme).

chitecture : c'est une forme d'arc qui a remplacé une autre forme d'arc, et qui a suivi tous les progrès que l'on a successivement faits dans l'art de bâtir. Quand on commença à se servir de l'ogive en France, les monuments restèrent ce qu'ils étaient sous le rapport du plan, de l'ornementation. Nous l'avons dit : dans le principe, l'ogive fut employée quand les arcs devaient avoir une grande portée, aux quatre hautes arcades du transsept, par exemple, et à la voûte de la maîtresse nef; ce ne fut que plus tard, et peu à peu, qu'elle devint un élément architectonique généralement accepté.

Quand l'ogive fut introduite dans notre pays, l'architecture marchait rapidement dans une voie de progrès : on apprenait à construire les voûtes avec plus d'art, on multipliait les ouvertures, ce qui donnait aux murs plus de légèreté. Peu à peu, les lourds piliers romans font place aux colonnettes minces et effilées; peu à peu les artistes s'éloignent des traditions antiques, et, au lieu de puiser leur sujet de décoration dans les ouvrages romains et byzantins, ils les empruntent aux productions du sol qu'ils habitent. Les moulures qui donnaient à l'architecture grecque son caractère de solidité disparaissent; on efface le plus possible toutes les saillies sur les murs; afin d'éviter toute pression inutile, les voûtes furent désormais d'arêtes; les nombreuses nervures qui s'entrecoupaient à la surface de ces voûtes, étaient construites avec soin, et supportaient le poids de l'énorme charpente qui s'éleva sur les combles de tous les édifices. En résumé, on peut dire que, dans le style ogival, toutes les formes essentielles, fondamentales, étaient sveltes, ténues, effilées : c'est le règne des piliers longs et élancés, des ouvertures hautes et étroites, des arcs pointus, multipliés latéralement, ou superposées en chaînes infinies, et se coupant l'un l'autre dans toutes les directions : tout cela fut imité et répété dans les plus petites subdivisions des moindres ornements, jusqu'à ce qu'enfin les édifices religieux, avec leurs pinacles, leurs flèches, leurs aiguilles, leurs arcatures, présentassent l'apparence d'un réseau ou d'une dentelle, et étalassent cette richesse de décoration, qui est le dernier effort de l'art gothique expirant au XVI^e siècle. L'architecture ogivale a produit des merveilles, surtout quand on l'a appliquée à la construction des édifices chrétiens. Il est certain que tous les hommes qui n'ont pas été préoccupés par des questions d'école, par un engouement exclusif pour les monuments, admirables d'ailleurs, de l'art grec, ne sont jamais entrés dans une de nos belles cathédrales gothiques, sans éprouver cette émotion que produit toujours en nous la vue des grands spectacles de la nature. Que d'écrivains nous pourrions citer, qui ont exprimé avec éloquence leur vive admiration pour les magnifiques basiliques du moyen âge! Il y a longtemps que Montaigne écrivait ses lignes qui devaient faire rougir les esprits-forts de nos académies : « Il n'est âme si revesche, dit-il, qui ne se sente touchée de quelque révérence à considérer la vastité de nos églises, la diversité d'ornemens, à ouïr les sons dévotieux de nos orgues, et l'harmonie si posée et religieuse de nos voix. »

## TREIZIÈME SIÈCLE.

### Style ogival en lancettes.

L'élément essentiel du style ogival, avons-nous dit, est l'arc brisé, arc qu'on retrouve dans tous les vides, aux portes, aux fenêtres, aux galeries, et comme, système de décoration sur le plein des murs, et, en général, sur toutes les surfaces, larges ou étroites. La forme et la décoration de l'ogive nous semble donc surtout devoir être prise en considération dans l'appréciation des monuments où elle est employée.

L'appareil ne présente rien de caractéristique. Les architectes ont presque partout mis en œuvre le grand appareil; seulement les assises n'offrent que par hasard la régularité qu'on remarque dans les constructions antiques.

Ce sont donc les arcs qui doivent principalement fixer l'attention. En thèse générale, on peut dire qu'au XIII^e siècle c'est

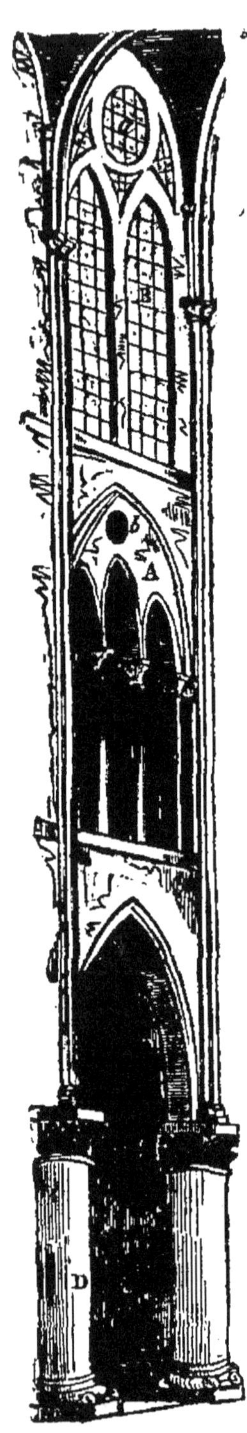


l'arcade aigu ou lancette qui domine partout : souvent ausi cette arcade est surhaussée ainsi qu'on en voit un exemple au triforium de Notre-Dame de Paris, à la lettre A.

Sa décoration est très-simple : elle se compose toujours de tores ou boudins qui délimitent son archivolte, et qui s'appuie sur une petite colonnette. Quand l'ouverture ogivale est pratiquée dans un mur épais, comme aux portes et aux baies des tours, cette ouverture est évasée de dedans en dehors, et sa voussure est encore ornée de deux à quatre boudins en retraite les uns au-dessous des autres, et reçues également sur des colonnettes juxta-posées.

Pour les fenêtres et les galeries, les architectes ont combiné l'ogive de diverses manières. Dans les petites églises, les arcades pointues sont accouplées deux à deux ou trois à trois, et surmontées d'un œil-de-bœuf *a* et *b*, ou d'une rosace D comme on en voit un exemple dans la fenêtre dessinée à la page suivante.

Dans les édifices plus importants, les arcades sont géminées ; il y a des cas où trois arcades (et souvent celle du milieu est plus élevée) sont comprises sous une quatrième, comme à la lettre A, de la travée de Notre-Dame de Paris, alors elles sont surmontées d'un œil-de-bœuf *b* ou d'un trèfle.

Dans l'exemple que nous citons, on voit l'ogive de la fin du xiie et du commencement du xiiie siècle ; mais bientôt les combinaisons de l'ogive se compliquent sans que celle-ci perde rien de sa mâle élégance ; non-seulement l'ogive est géminée et couronnée par un œil-de-bœuf, mais dans l'entrados de chacun des arcs on voit inscrit un trèfle, comme le représente la lettre C du dessin ci-dessous ; l'œil-de-bœuf de chaque arcade géminée se transforme en un trèfle ou un quatrefeuille A, ou en une rose à six lobes B. Ces trèfles et ces roses sont dessinés par des tores circulaires; de cette manière, les fenêtres et les arcades vraies ou simulées présentent deux ou quatre divisions dans le sens de leur hauteur, divisions déterminées par des colonnettes cylindriques simples ou fasciculées. L'archivolte de l'arc supérieur, qui encadre les arcs plus petits, est souvent ornée de feuillages plats, ou recourbés en haut en forme de crosse, ainsi que nous le dirons plus loin et comme on le voit ici. Ce dessin représente la vue extérieure de la Sainte-Chapelle de Paris, un des monuments les plus pures du XIII^e^ siècle.

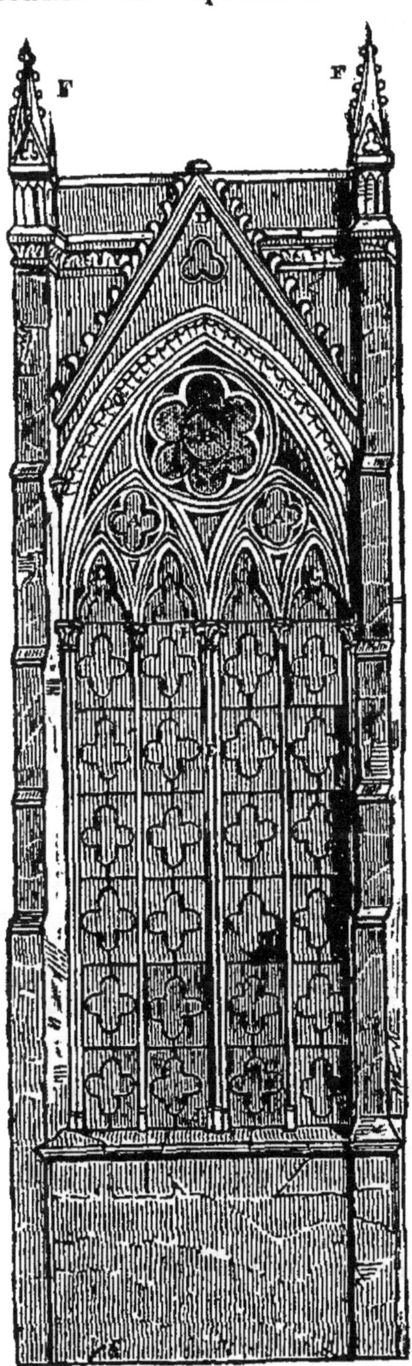


Ces arcades élancées, divisées en deux ou quatre compartiments, ornées de trèfles et de quatre-feuilles, ces meneaux cylindriques, ces roses à contre-lobes cintrés caractérisent très-bien l'architecture ogivale du XIII^e^ siècle. Ce sont toujours des lignes droites et diverses combinaisons du cercle.

Les piliers disposés à l'intérieur des édifices se présentent sous deux formes principales. Dans les premières années du XIIIe siècle, on retrouve encore quelques restes du style romano-byzantin. Les colonnes rondes ont été souvent employées, ainsi qu'on en a un exemple à Notre-Dame de Paris; c'est encore la dégénérescence de la base attique s'élevant sur un socle carré, et présentant des *pattes* aux quatre angles (fig. A de la planche placée page 423). Le chapiteau est décoré de feuilles à larges pétales, qui se recourbent supérieurement en volutes ou crochets *d*, et s'épanouissent légèrement en feuillages; il est toujours surmonté d'un épais tailloir, carré ou octogone, qui reçoit la retombe de l'arcade, et quelquefois la base des colonnettes *e*, qui gagnent la partie supérieure des voûtes. Quant à leurs bases, elles conservent encore les lignes principales de la base attique, et les griffes qui décorent leurs angles au XIIe siècle; mais elles s'altèrent de plus en plus, ainsi qu'on en jugera par les profils B,C,E, que nous avons donnés à la page 422. Dans d'autres édifices du XIIIe siècle, le pilier est rond encore, mais autour de son fût sont rangées des colonnettes à peine engagées, munies d'une base et d'un chapiteau, comme nous venons de le dire. Ailleurs, le pilier a la forme d'une croix grecque; ses faces présentent deux colonnes accouplées, et ses quatre angles rentrants sont cantonnés chacun d'une colonnette semblable. Ces colonnettes peuvent d'ailleurs être groupées de différentes manières, et font suite, les unes avec les tores qui ornent l'archivolte des arcades, les autres avec les arcs doubleaux et les nervures croisées des voûtes. Nous devons dire encore que, quelquefois, ces colonnettes sont annelées.

Les meneaux qui divisent les croisées dans le sens de la hauteur, sont également formées de colonnettes cylindriques; leur base se termine par un socle très-élevé et prismatique, et présentant presque toujours cinq faces. Les chapiteaux sont rehaussés de larges feuillages, et couronnés par un tailloir épais, également à pans: ces colonnes sont encore groupées au nombre de deux ou trois pour faire suite aux tores dont sont formées les ogives principales, les ogives géminées et leurs trèfles; c'est ce qu'on observe dans la fenêtre de la Sainte-Chapelle de Paris, à la page 452.

On verra dans cet exemple, qu'il arrive que chaque fenêtre est surmontée extérieurement d'un fronton ou pignon D, dont les rampants sont ornés de crochets étagés les uns au-dessus des autres.

Les arcatures simulées sont faites exactement sur le modèle des fenêtres, soit qu'elles décorent un mur, les faces d'un clocher, des contreforts ou des pinacles qui les surmontent; soit qu'elles se dessinent sur des niches, des dais; soit qu'elles forment des galeries quelles qu'elles soient, et les balustrades qui couronnent l'entablement à la naissance des toits.

Les voûtes sont d'arêtes, et leurs nervures formées de deux tores épais, qui présentent des fleurons à leur point d'intersection; quelquefois ils sont tapissés de feuillages. Les tores qui constituent ces arceaux *g*, sont reçus sur des colonnettes groupées *e, f* (dessin de la page 451), comme nous les avons décrites. Ces voûtes sont, dans les grands édifices, construites en pierres, mêlées avec du mortier; dans les cathédrales, en petites pierres carrées appareillées avec beaucoup de soin.

Les corniches qui soutiennent les toits, et les bandeaux qui circulent autour des monuments, sont d'un profil très-simple; ils ont une gorge, sur la concavité de laquelle sont sculptés des feuillages divers, qui le plus souvent se terminent supérieurement par un crochet, ou tout au moins se détachent du mur. Ces feuillages sont, en général (1), empruntés à la flore de notre pays: tantôt ce sont des trèfles à feuilles arrondies ou lancéolées, des quatre-feuilles, des fleurs à cinq ou six pétales lancéolées, auxquelles on a donné le nom de *violettes;* quelquefois le calice est en saillie, et on désigne cet ornement par le mot de *fleuron;* les feuilles disposées les

(1) Quelques chapiteaux du sanctuaire de la cathédrale de Reims présentent encore une imitation élégante de la feuille d'achante, ce qui prouve bien que l'architecture gothique ne s'est dépouillée que peu à peu des traditions antiques.

unes à côté des autres, sur une longue ligne, s'appellent *feuilles entablées*. Dans les compartiments distribués sur les murs, sur le jambage des portes, dans les petits tympans, au-dessus des arcatures simulées, on a ciselé en bas-relief, quelquefois on a gravé en creux des rinceaux, des trèfles, des feuillages, des animaux fantastiques.

Enfin, les statues et les bas-reliefs ont un caractère tout à fait nouveau: les figures ont plus de mouvement, se rapprochent plus de la nature; les têtes sont remarquables, en ce sens que les artistes les reproduisaient souvent d'après les modèles moulés sur le vivant; les draperies offrent beaucoup de simplicité et d'élégance dans leur ajustement; enfin les personnages historiques sont revêtus de costumes civils, militaires ou religieux de leurs temps.

A partir du XIII^e siècle, l'écriture des inscriptions présente un caractère qu'il faut noter : on abandonne les lettres capitales et onciales pour les lettres gothiques, dans lesquelles les lignes droites et les lignes courbes des siècles précédents sont remplacées par des lignes brisées, comme dans l'alphabet allemand.

## Style ogival rayonnant.

Quelques antiquaires considèrent le XIV^e siècle comme l'époque où le style ogival est arrivé à son plus haut degré de perfection: ils trouvent que l'architecture a gagné en élégance ce qu'elle a perdu de sa noble sévérité, on pourrait dire, il nous semble, de sa pureté de l'époque précédente. Cependant les caractères de ce style ne sont pas absolument définis ; on pourrait presque dire, que c'est un système qui retient quelques-uns des détails particuliers au style du XIII^e siècle, et qui porte en germe les innovations qui sont propres au style du XV^e. Voici cependant des signes qui le peuvent faire reconnaître. C'est à cette époque seulement que le goût ogival est définitivement constitué, car alors il ne présent plus rien qui le rattache au passé.

On ne retrouve que rarement l'arcade en lancette, et dans tous les cas, elle n'est pas surhaussée: c'est plutôt l'ogive équilatérale qui domine, telle que nous l'avons dessinée fig. 1re de la page 440. Les colonnettes sont encore groupées dans les arcades, mais souvent aux fenêtres elles sont engagées dans un meneau prismatique. Ces meneaux se compliquent et se multiplient; une seule arcade présente jusqu'à six ou huit divisions perpendiculaires; c'est-à-dire que les ogives sont comprises jusqu'au nombre de six sous une ogive plus grande. Les espaces qui restent entre les arcs géminés sont remplis par des roses à six ou à quatre lobes, plutôt que par des trèfles, et l'intérieur de l'arc le plus grand offre même une rose composée de sept quatre-feuilles; le quatre-feuille lui-même, au lieu d'être formé par quatre portions de cercle, finit par être engendré plutôt par quatre arcs brisés. Enfin il arrive même qu'au lieu d'ogives géminées dans les fenêtres, l'ouverture de celles-ci soit divisée par quatre ou six meneaux réunis supérieurement par un arc trilobé, et ajustés avec des quatre-feuilles.

Les piliers se composent toujours de colonnettes fasciculées, plus légères, plus grêles que dans le siècle précédent. Les socles sont le plus souvent prismatiques, les chapiteaux toujours ornés de feuillages élégants, comme de feuilles de lierre, de chêne, de fraisier. S'il y a des colonnes, le plus souvent il se détache de leur pourtour une ou plusieurs colonnettes qui filent vers les voûtes, et s'y ramifient en arceaux; leurs chapiteaux, dans tous les cas, sont cylindriques, et montrent des feuillages vigoureusement accentués, et un peu contournés déjà.

Les ornements sont encore ceux du siècle précédent, à peu près. Les fleurons sont très en faveur; les crochets existent en quantité partout, aux corniches, aux angles des pignons et des pinacles; mais ils sont plus serrés les uns contre les autres, et leur volute s'épanouit avec plus d'élégance que dans la première période du style ogival. Quand on a employé les trèfles sur les murs, on leur a donné moins de relief, ainsi qu'aux quatre-feuilles ; on les voit souvent compsosés d'arcs brisés dans les balustrades en amortissement sur les murs extérieurs. Les corniches et les boudins sont profilés de la même manière qu'au XIIIe siècle, seulement on y voit des rinceaux de feuillages indigènes, détachés vivement de la gorge du bandeau, et de toutes les surfaces susceptibles de recevoir une décoration de fleurs, de rosaces et de feuillages.

Les voûtes sont construites comme nous l'avons dit précédemment, les arêtes munies de nervures qui sont de moins en moins cylindriques, et dont la coupe se rapproche de la forme d'un cœur.

Les ouvriers du XIVe siècle sont plus habiles que ceux du XIIIe. Toutes leurs sculptures sont plus élégantes, plus légères, plus fines, d'une exécution plus recherchée. Dans les statues, les draperies sont jetées déjà avec une certaine afféterie ; les figures restent maigres, mais les étoffes sont amples, et à plis brisés. Nous n'avons pas besoin de dire que le modelé reste toujours sec, aride, maladroit, comme il l'a été dans tout le moyen âge. Une tendance importante à noter cependant, c'est que l'art s'approche de plus en plus de la réalité, et par conséquent, perd déjà de son caractère religieux.

En résumé, ogives équilatérales, meneaux cylindriques des fenêtres très-effilés, multiplication des rosaces rayonnantes sous une même ogive, feuillages délicats, parfaitement rendus, crochets épanouis, larges arcades, tels sont les caractères les plus distinctifs du style ogival à sa seconde période.

### Style ogival fleuri ou flamboyant.

Le style ogival dans cette troisième période, se transforme, et marche rapidement vers sa décadence. Les monuments de cette époque, si riches de détails, surchargés de dentelures et de feuillages, avec leurs pinacles découpés à jour, leurs arcades festonnées, leurs niches et leurs aiguilles à jour, avec leurs moulures prismatiques et leurs lignes brisées, présentent une physionomie facile à saisir entre toutes.

L'ogive équilatérale est encore en usage ; mais on trouve

aussi très-souvent l'arc brisé un peu surbaissé, employé pour les fenêtres et les arcades. L'ogive s'évase, s'affaisse sur elle-

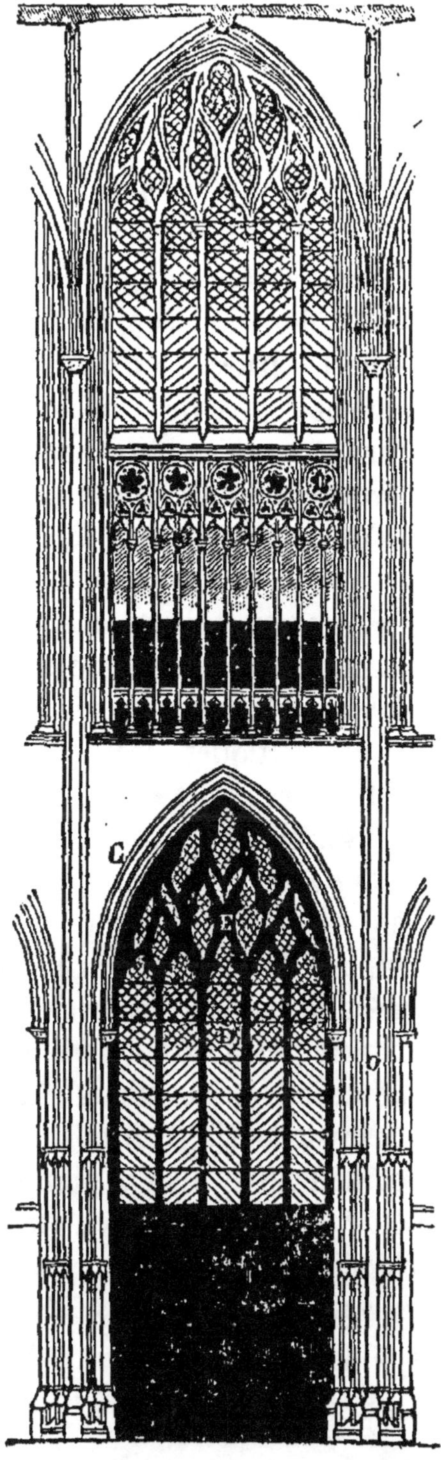


même, ou bien ses côtes se prolongent sur deux lignes parallèles au-dessous de la ligne des centres, comme à l'arcade indiquée par la lettre C. Quelquefois même les ouvertures sont délimitées supérieurement par un arc en anse de panier ou en accolade (fig. 3 de la page 440). La division des fenêtres et leur ornementation sont très-caractéristiques; les meneaux cylindriques deviennent très-rares et sont remplacés par des meneaux D, prismatiques, à arêtes. Ces meneaux se ramifient dans une direction toujours ascendante, et formant des dessins que l'on a comparés aux nervures d'une feuille. Diverses projections du cercle sont toujours les éléments générateurs de ces dessins A et D; ils figurent des triangles ou des quadrilatères curvilignes, des courbes alternativement concaves et convexes qui finissent en pointe, et qu'on a comparées avec une flamme droite ou renversée: c'est pour cela qu'on a appelé *flamboyant* le style architectonique du XV^e^ siècle. Sous la main des artistes de cette époque, la pierre semble être ductile et molle, tant ils ont su la plier et la recourber de mille façons délicatement et avec grâce, suivant leur fantaisie.

L'arcade des portes est tantôt une large ogive décorée de moulures prismatiques, et surmontée d'une sorte de pinacle formé par deux courbes concaves en dehors, et à leur sommet s'épanouissant en feuillages frisés, comme on en a un exemple au portail de Senlis, lettre A, page 514. Souvent aussi la ligne supérieure que décrivent les arcades, les portes, les baies des clochers, est une courbe surbaissée en anse de panier, et couronnée par un pinacle flamboyant, comme nous venons de l'indiquer. Voyez là dessus les baies du clocher de Thann, page 515, à la lettre A. Souvent l'ogive de la porte est encadrée dans un immense fronton, dont la surface entière est ornée de panneaux ou toute découpée à jour, et en saillie sur les murs de la façade, ainsi qu'on le voit au portail de la cathédrale de Rouen.

A cette époque encore, les arcades, qu'elles soient en ogive ou en anse de panier, ou en accolade comme celle que nous avons figurée au n° 3 de la page 440, ont leur voussoir décoré de festons ou de contre-arcatures prismatiques découpées à jour qui rappellent les arcades trilobées des XII^e^ et XIII^e^ siècles ; mais cette ornementation qui a commencé à paraître au XIV^e^ siècle, acquiert son plus grand développement, surtout dans les édifices du commencement du XVI^e^ siècle.

L'archivolte des arcades se compose de moulures prismatiques, séparées par des gorges ornées de feuillages capricieux. La partie extérieure de l'arcade montre, étagées les unes au-dessus des autres, des feuilles de chardon, de choux frisé (planche de la page 514), devenant en dehors horizontales ou formant des crochets. Le sommet de l'ogive ou du pignon est alors couronné par un bouquet épanoui semblable, mais porté sur un pédicule qui est quelquefois *mouluré*.

Ces formes d'arcades à nervures variées, à bouquets frisés, sont simulées en grand nombre sur la face des murailles sur les *pinacles simulés* qui sont en application sur les murs extérieurs ou intérieurs des édifices, à droite et à gauche des portes, et posés en amortissement sur les contreforts. Ce sont des pyramides dont les angles présentent ces feuillages épanouis dont nous avons parlé (voyez la lettre F de la planche placée à la page 508). Les dais eux-mêmes qui forment la partie supérieure des niches, sont couronnés aussi de pinacles très-compliqués, découpés à jour par un grand nombre de dentelures, et ornés de toute sorte de feuillages.

Au XV^e siècle, les colonnes cylindriques sont rarement employées; s'il y en a dans les fenêtres, pour meneaux, elles sont encore plus effilées que précédemment, et sur une base plus élevée, mais elles sont presque toujours engagées dans un pilastre. A l'intérieur, dans les églises, elles ont un chapiteau orné de feuillages frisés, formant des bouquets disposés sur deux rangs. Toutefois, ce qui caractérise très-bien le style du XV^e siècle, c'est l'absence de tore saillant, et de colonnes cylindriques: ils sont remplacés par des nervures à arêtes tantôt vives, tantôt mousses, pressées les unes contre les autres, et séparées par des rainures ou des cavets. Tel est l'encadrement de l'ogive figurée à la porte de l'église de Senlis (lettre C, page 514). Des nervures semblables sont groupées autour des piliers qui soutiennent des arcades, et partant de terre, filent sans chapitaux jusqu'aux voûtes de l'édifice, où elles se ramifient. Il arrive que ces nervures, au lieu d'être perpendiculaires, tournent en spirale autour d'une colonne ronde, comme on le voit dans l'église Saint-Severin à Paris.

Les voûtes sont ce qu'elles étaient dans le siècle précédent, seulement les nervures prismatiques qui ornent les piliers des arcades, en arrivant à la voûte, se ramifient à sa surface pour former des combinaisons de lignes compliquées. Au XVI^e siècle, ces nervures sont ornées de contre-arcatures pendantes à leur point d'intersection, se réunissent en faisceaux, se confondent, s'allongent, et s'épanouissent en feuillages pour former des *clefs pendantes*. On ne peut mieux comparer cet ornement qu'à des stalactites suspendues aux voûtes.

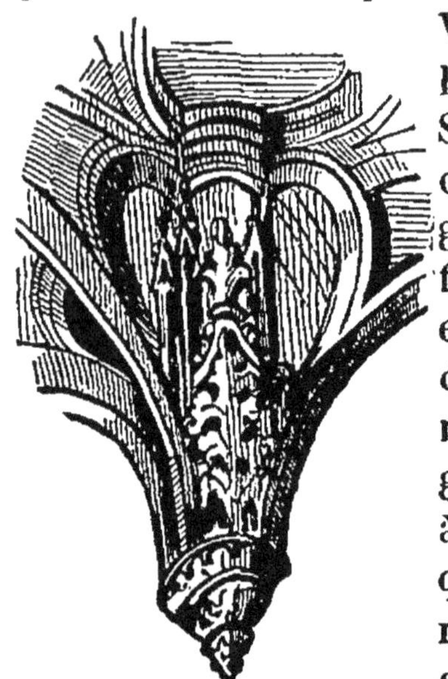

Voici le dessin de la clef pendante de la chapelle de la Vierge, dans l'église Saint-Gervais à Paris. Les Anglais ont exagéré à un point incroyable ce genre de décoration dans leurs édifices des XV^e et XVI^e siècles. On peut en juger par la chapelle de Henri VII, dans l'église de Westminster. Les rampes d'escaliers, les balustrades des galeries, les chaîneaux des toits, sont à jour comme avant; mais les dessins qu'on y voit ne sont plus ni des roses ni des trèfles aux pétales arrondies et mousses, comme nous les avons montrées, ce sont encore des combinaisons de lignes formant des dessins allongés, des nervures prismatiques, comme on les a vues aux lettres A et F de la page 458. On peut en voir encore des exemples aux balustrades figurées aux deux étages de la façade latérale de l'église de Senlis, lettres C et D, page 514.

Quant aux détails d'ornementation, il nous reste peu de chose à dire. En général, certains murs intérieurs, les faces mêmes des tours des manoirs à l'extérieur, sont divisés en compartiments ou *panneaux*, par des nervures verticales et horizontales. Le dedans des panneaux est rempli par des arcatures simulées, semblables en tout point aux fenêtres flamboyantes.

Les choux frisés et contournés, les feuilles aiguës et déchiquetées du chardon, et les rinceaux de branches de vigne, une foule de plantes indigènes, imitées avec un art incroyable, et formant des guirlandes, se voient sur les bandes, sur les corniches, autour de l'archivolte des arcades; les guirlandes sont quelquefois enlacées avec des rubans; quelquefois aussi l'artiste a placé divers animaux au milieu de ces feuillages.

La statuaire a beaucoup perdu de sa naïveté : on ne voit guère d'étoffes minces et collantes; les draperies sont lourdes, et jetées avec prétention. Les plis sont très-épais, et se rompent à angles très-saillants; le modelé est en progrès : les têtes et les mains sont copiées sur la nature, quelquefois avec un admirable sentiment de vérité; la sculpture rend même souvent avec bonheur les diverses passions de l'âme. On excelle également à reproduire des figures grotesques et monstrueuses, qui ont quelque analogie avec celles qu'on voit dans les bas-reliefs du XIe siècle; l'artiste songe plutôt à faire de la raillerie, de la satire, qu'à rappeler les types religieux et sévères de l'histoire de l'Église. Sous le rapport de l'habileté de l'exécution, ils n'ont vraiment rien à envier aux artistes d'aucune autre époque; mais ils manquent de ce goût délicat et épuré, qui donne tant de prix aux productions de l'art.

Le style ogival flamboyant n'a pas régné en France pendant le XVe siècle seulement; il a aussi été en honneur pendant une partie du XVIe siècle; et dans cette dernière période son ornementation a acquis une richesse exhubérante : c'est surtout l'époque des dentelures, des festons, des pinacles, des clefs pendantes. En considérant les monuments de ce style, on croirait que les plantes et les fleurs se sont pétrifiées, que les architectes ont voulu rivaliser avec les broderies les plus délicates que les femmes exécutent pour se parer. C'est là le dernier effort du style ogival, qui tout à coup fut délaissé, et dont les ouvrages furent regardés depuis comme les productions d'un génie barbare.

### Considérations sur le style ogival.

L'Italie n'avait accepté l'architecture gothique qu'avec une sorte de répugnance. Les plus beaux monuments qu'elle vit élever dans ce goût furent bâtis souvent, comme nous l'avons dit, par des artistes allemands. Il ne faudrait pas croire que l'ogive subit exactement au delà des Alpes les modifications que nous lui avons vu subir chez nous. Les constructions gothiques de l'Italie ont quelque chose d'emprunté dans leur physionomie; il semble que, sous ces formes ogivales, on retrouve la charpente des édifices latins.

L'Allemagne adopta avec tant d'enthousiasme le style à arcade pointue, que plusieurs antiquaires ont atribué aux peuples d'outre-Rhin l'insigne honneur d'avoir créé l'ogive. Dans beaucoup de villes, on voyait des églises très-remarquables, et ce, qui est plus rare, une foule d'édifices civils appartenant à l'art gothique, tels que l'hôtel de ville de Nuremberg, et la bourse, aujourd'hui démolie, de Mayence. On peut adjoindre la Belgique à l'Allemagne, quand on parle du moyen âge. C'est encore là un des pays les plus riches en magnifiques églises ogivales. Nulle part, d'ailleurs, on ne trouvera des bourses, des hôtels de ville, des maisons plus belles que les édifices bâtis du XIII^e au XVI^e siècle en Flandre.

Le style ogival a suivi en Angleterre les mêmes phases que chez nous. Les monuments contemporains de la Normandie et de la Grande-Bretagne ont absolument la même physionomie jusqu'à la fin du XIV^e siècle. A cette époque, le style ogival, chez nos voisins d'outre-Manche, présente un caractère particulier : c'est le règne presque exclusif de l'arc en anse de panier, et de l'ogive en forme d'accolade. Les meneaux qui divisent les fenêtres, qui ornent les panneaux, ne se ramifient pas comme chez nous : ils se coupent à angles droits, de sorte que les fenêtres présentent l'aspect d'un immense treillis de pierre. A cause de cette forme de fenêtres, M. Rickman a appelé *perpendiculaire* la dernière période du style ogival en Angleterre; ce que les autres ont appelé *gothique fleuri*, *orné*, *style d'Élisabeth*, *style Tudor*. Voyez le tableau que M. Rickman a dressé des caractères que présente l'architecture anglaise au moyen âge (*Art. en province*, t. 2).

Le style ogival n'a pas brillé dans toutes les provinces de France avec le même éclat. C'est surtout dans le centre et le nord qu'il a produit ses plus beaux ouvrages : Bourges, Clermont et Lyon fixèrent au centre les points principaux de la ligne qui sépare le nord du midi. Il n'a jamais été en grande faveur dans le Languedoc ni dans la Provence. Il semble que les artistes aient tenu à conserver les traditions de l'art antique dont ils avaient sous les yeux de si précieux ouvrages. Cependant nous croyons que si le style ogival n'a pas acquis un grand développement dans les provinces méridionales, c'est qu'aux XIe et XIIe siècles on avait élevé un grand nombre d'églises solidement construites, en bons matériaux, qui ont eu à peine besoin de quelques réparations pour durer jusqu'à nos jours. Le style ogival, dans le midi, peut n'être considéré que comme une exception. Tout prouve qu'il n'a guère été mis en usage que dans le milieu du XIIIe siècle; bien que longtemps avant la fusion de l'architecture à plein cintre et de l'architecture à cintre brisé eût commencé à s'opérer. « L'ogive, dit M. Renouvier, de Montpellier, produit dans les édifices méridionaux l'effet d'un élément étranger et bizarre; elle ne se marie pas avec les autres parties des édifices : elle y vient en corps, pour ainsi dire, et non en esprit; l'arc plein cintre est devenu aigu, sans que ses proportions aient été changées: il n'est ni plus étroit ni plus élevé, et la pointe qui le termine est souvent si peu prononcée, qu'il faut un œil attentif pour l'apercevoir. L'architecture est restée la même; les colonnes sont courtes et rares, les chapiteaux carrés, historiés, à feuilles grosses ou à enroulements; les ornements imités de l'antique ou barbares; les façades sont toujours percées de larges portes cintrées, ou d'une ogive à peine sentie, surmontées d'un fronton à peine plus exhaussé que les frontons antiques; les tours sont rares et massives. Ce climat, qui se rapproche déjà de celui de l'Italie, et n'exige pas de toits aigus, résiste tant qu'il peut à l'élancement ogival, et ces monuments conservent longtemps les traces nombreuses de l'art romain auquel ils doivent leur naissance.» Nous ajouterons que les églises entièrement à arcs brisés du midi datent surtout des XIVe et XVe siècles, telles que les cathédrales d'Alby et de Rhodez. M. Mérimée pense aussi què l'ogive n'a été adoptée dans le sud-est de la France que par nécessité, et en raison de la facilité et de la solidité de sa construction, et aussi pour varier la décoration des édifices, car on voit des façades dont l'étage inférieur offre l'ogive, tandis que le supérieur, datant du même âge, présente le cintre. Les architectes du Midi, les premiers en France, ont connu l'ogive, comme nous l'avons dit; mais ne l'ont rarement employé d'une manière systématique et absolue.

On voit, par ces quelques observations, sur quels points il faut modifier les classifications architectoniques que nous venons de passer en revue.

## Renaissance.

Nous ne dirons que quelques mots sur le style d'architecture qui a régné à l'époque qu'on a appelée la *Renaissance.*

C'est en Italie qu'a commencé la révolution qui devait faire oublier le style ogival. Les auteurs l'ont attribuée à plusieurs causes : les uns ont pensé que l'exhumation des ouvrages des poëtes grecs et latins, pour lesquels on se prit d'une vive admiration, et les découvertes des chefs-d'œuvre de la statuaire antique, modifièrent le goût des artistes, qui se prirent à étudier avec enthousiasme les nombreux et magnifiques débris de l'architecture romaine, dont le sol de l'Italie était couvert. D'autres écrivains ont avancé qu'après la prise de Constantinople par les Turcs, une foule d'artistes grecs émigrèrent en Italie, et eurent une grande influence sur la direction que prirent à cette époque les études relatives à l'art. Cette conjecture n'a pas l'ombre de probabilité. A cette époque, les lettres et les arts étaient tombés, chez les Grecs d'Orient, dans un état complet de décadence et de décrépitude, tandis que l'Italie pouvait se glorifier d'avoir vu naître le Dante, Pétrarque, le Cimabue et le Giotto; bien plus, les Pisans avaient produit déjà des ouvrages d'art très-estimables, et d'un goût sévère. Il est plus certain que les Italiens, qui n'avaient jamais adopté le style gothique d'une manière absolue, qui avaient conservé toujours quelques-unes des traditions de l'art antique, y sont revenus peu à peu. C'est ainsi que Brunelleschi, qui était né en 1377, et avait été élève de Donatello, décora à la manière antique les palais des Strozzi et des Ricardi à Florence. Amuonati, Alberti, Bramante, et Michel-

Ange, tout en s'inspirant des monuments romains, fondent ce style nouveau qu'on a appelé *style de la Renaissance.* Le plein-cintre reconquiert sa prééminence absolue; les cinq ordres, plus ou moins modifiés dans quelques-unes de leurs moulures et de leurs proportions, sont adoptées exclusivement; les matériaux de grand appareil sont recherchés avec soin; les feuillages et les enroulements de toute sorte, avec des animaux ou réels ou imaginaires, étaient agencés à la manière des arabesques antiques, qu'on avait découvertes en pratiquant des fouilles dans les constructions romaines. Ces ornements furent appliqués aux entablements sur les pilastres et sur tous les panneaux. On affectionne singulièrement les ordres superposés; les revêtements de marbre, les médaillons, furent aussi en grande faveur. On appliqua aux édifices les éléments qu'offrait l'architecture antique; mais on n'imita pas pour cela, dans leurs formes et leurs dispositions, les monuments antiques eux-mêmes. Voilà ce qu'il ne faut pas perdre de vue.

Le style de la Renaissance pénètre d'abord en France, puis en Angleterre, puis en Allemagne. On a pensé que la raison qui avait amené tout à coup l'abandon du style ogival, c'est que les laïcs se livrèrent à cette époque à la pratique des beaux-arts, et que les grandes écoles de la franc-maçonnerie, qui conservaient les secrets de la science dans l'art de construire suivant le style ogival, furent dissoutes et dispersées, en perdant l'appui des papes. Les conséquences de cettte dissolution de la société franc-maçonnique, au XVe siècle, furent telles, qu'en très-peu d'années on avait oublié complétement de construire ces arcs pointus et ces voûtes si élevées qui caractérisent nos grandes cathédrales du moyen âge. Dès lors, il n'y eut plus dans l'architecture chrétienne cette unité de conception et de goût qui faisait que des édifices construits dans des provinces éloignées avaient, dans leur ensemble et leurs détails, une si frappante analogie. L'individualisme règne et se montre dans les produits de l'architecture, comme dans les œuvres d'art et de littérature.

Toutefois, il ne faudrait pas croire que le style de la Renaissance se fût introduit tout d'un coup en France (1). On n'adopta d'abord que certains motifs de décoration, tels que les cartouches à médaillons, les guirlandes de feuilles et de fleurs, et les enroulements. Le portail latéral de Saint-Eustache, à Paris, se construisait à la même époque que le portail latéral de la cathédrale de Beauvais, ce qui prouve que la révolution architectonique ne s'opéra pas complétement sur tous les points de la France. La façade du château de Gaillon, qu'on voit dans la cour du palais des Beaux-Arts, à Paris, montre un beau modèle du style de transition. Nous citerons, comme appartenant à la Renaissance, les églises de Gisors et de Villeneuve-le-Roi. Le palais du Louvre et du Luxembourg peuvent passer avec raison pour les plus beaux monuments qui aient été élevés en France dans le courant du XVI^e siècle. Toutes ces constructions sont trop connues pour que nous en donnions le dessin et la descriptiou, qu'on trouvera d'ailleurs dans une foule de livres.

Il est inutile aussi de rappeler ici que le style de la Renaissance s'est introduit dans notre pays à la suite des guerres de Charles VIII, François I^er et Louis XII en Italie, et par la présence d'artistes italiens, tels que Joconde, Léonard de Vinci, le Rosso, Primatice, André del Sarte, Benvenuto Cellini, Serlio, Pierre-Ponce Trebati, que les rois avaient attirés à la cour de France. Ce sont là des détails historiques connus de tout le monde. Enfin on sait aussi que la France put bientôt se glorifier d'avoir donné le jour à des architectes éminents,

(1) Il paraît que l'architecture gothique fut encore regardée pendant quelque temps comme caractéristique des édifices religieux. Nous voyons, en effet, la cathédrale *Sainte-Croix d'Orléans*, bâtie au XVI^e siècle, présenter tous les détails essentiels du style ogival arrivé à sa décadence. Jean Bullant, qui appartenait, comme architecte, à l'école de la Renaissance, édifia le château d'Écouen pour le duc de Montmorency, dans le nouveau style italien; mais quand il s'agit de la chapelle qu'il devait annexer à ce château, il conserva le goût gothique. Il fit de même pour l'église d'Écouen. Nous pourrions citer à l'appui de notre opinion d'autres exemples du même genre.

parmi lesquels nous citerons J. Bullant, Viart, Gohier, Becquet, Pierre Lescot, qui bâtit le Louvre et la fontaine des Innocents, Philibert Delorme, à qui l'on doit le pavillon central des Tuileries, J. Desbrosse, qui éleva le portail de Saint-Gervais et le palais du Luxembourg. Parmi les sculpteurs, nous avons J. Cousin, Jean Goujon, Bontèmps, G. Pilon, J. Juste, etc.

## ARCHITECTURE RELIGIEUSE.

### Style latin.

Dans les quelques considérations qui précèdent notre article sur le style latin, nous avons établi que ce ne fut guère qu'à partir du ve siècle que l'on éleva des églises en France. Il est certain qu'elles furent construites sur le plan des basiliques romaines; c'est-à-dire que leur plan était un rectangle terminé par une abside semi-circulaire. Les églises importantes présentaient trois nefs, mais les chapelles des campagnes n'offraient qu'une salle carrée, à la manière de la *cella* antique. Perpetuus fonda plusieurs églises, celle, entre autres, qui s'élevait sur le tombeau de saint Martin (1). Grégoire de Tours (2) nous apprend qu'elle avait 160 pieds de long sur 60 de large, qu'elle était haute de 45 pieds, percée de 42 fenêtres, et décorée de 120 colonnes (3). Namatius, évêque de Clermont, présida à la construction de la cathédrale de cette ville, qui avait des dimensions presque aussi grandes que celles de l'église de Saint-Martin. Le plan était celui de la croix latine; elle avait des collatéraux et une abside. Les murs du sanctuaire étaient décorés d'incrustation de marbre de toute sorte (4). Déjà on était dans l'usage de les orner de peintures,

(1) Le sanctuaire de l'église Saint-Martin de Tours était circulaire. Nous reviendrons plus loin sur cette disposition.

(2) *Hist. franc.*, l. II, § 14.

(3) *Hist. franc.*, l. II, § 16.

(4) «...Totumque edificium in modum crucis habetur expositum... Parietes ad altarium opere parturio, ex multo marmorum genere exornatos «habet...»

car le même auteur nous apprend que la femme de Namatius ayant fondé deux églises, lisait les livres saints aux artistes pour leur fournir les sujets des tableaux qu'ils devaient exécuter. On les décorait également de mosaïques, ainsi que saint Ouen l'a constaté dans la *Vie de saint Éloi*. Le poëte Fortunat dit aussi que la basilique de *Saint-Germain-des-Prés*, qu'il appelle la *maison dorée de Germain*, était enrichie de mosaïques à fond d'or. Enfin les fenêtres étaient fermées avec des vitres, d'après le témoignage de saint Grégoire de Tours (1).

Quelques églises furent bâties sur un plan circulaire. Les Romains avaient donné cette forme à quelques temples, ainsi que nous l'avons dit (2); mais ils l'avaient surtout adoptée pour leurs mausolées: nous citerons ceux de Cecilia Metella, d'Auguste et d'Adrien. Au ve siècle, les chrétiens suivirent cet exemple. La fille de Constantin fut inhumée dans un baptistère circulaire bâti par l'empereur près de la basilique de Sainte-Agnès à Rome. L'église que l'impératrice Hélène fit élever sur le Saint-Sépulcre à Jérusalem, était également circulaire, ainsi que le tombeau de Théodoric à Ravenne. L'église d'Aix-la-Chapelle, dont Charlemagne voulait faire son monument funéraire, était ronde. Il y avait des églises rondes enfin à Trèves, à Rome. En France, outre le sanctuaire de la basilique de Saint-Martin, à Tours, il y avait Saint-Bénigne de Dijon, fondée au ve siècle par saint Grégoire, et à Paris, Saint-Germain-le-Rond, sur l'emplacement duquel nous voyons Saint-Germain-l'Auxerrois. Ces églises étaient pour la plupart consacrées au Saint-Sépulcre.

Il reste en France très-peu dédifices de ce genre. A vrai dire, il n'y a pas beaucoup d'églises antérieures au XIe siècle. Ces anciennes constructions, presque toutes plafonnées en bois, ont été facilement incendiées; d'autres, mal construites, sont tombées d'elles-mêmes; d'autres, enfin, devenues trop

(1) «... Effracta vitrea sunt ingressi...» (*Hist.*, t. VI, c. 10.)

(2) Voyez page 217.

petites, ont été reconstruites après les stériles frayeurs de l'an mil.[1]

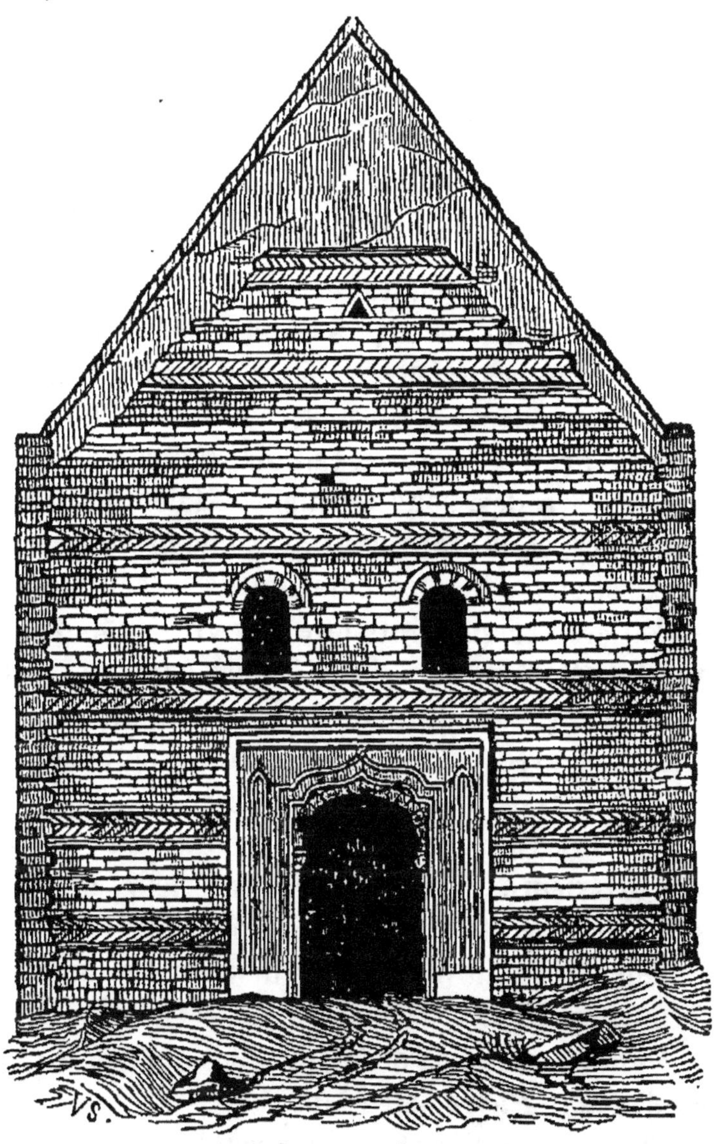


Nous nous sommes expliqué déjà sur les caractères architectoniques qui distinguent les monuments appartenant au style latin. Il est facile d'en faire l'application ; nous citerons seulement les principales constructions appartenant à cette période. La façade de l'église de *Savenières*, non loin d'Angers, sur la rive droite de la Loire, dont voici la reproduction, donnera une idée de l'appareil usité dans ces monuments.

On peut la faire remonter au VI^e^ ou VII^e^ siècle. Le parement des murs, en marbre et en silex, est formé de pierres à peu près carrées, qui rappellent tout à fait le petit appareil romain. Six bandeaux de briques disposés en *opus spicatum*, divisent cette façade horizontalement; on y voit aussi quelques cordons de briques posées à plat; les deux fenêtres ont également leur archivolte construite en briques. Nous n'avons pas besoin de faire observer que la porte est beaucoup plus moderne que le reste de l'édifice, dont l'ensemble d'ailleurs appartient à plusieurs époques.

La *crypte de Saint-Gervais*, à Rouen, peut remonter au IVe siècle: elle présente des murs de petit appareil, une voûte en berceau, décorée d'un arc doubleau, qui est reçu sur des pieds-droits, dont le tailloir est taillé en biseau. On y voit deux arcades, sous lesquelles étaient les tombeaux des deux évêques, et qui rappelent les *monumenta arcuata* des premiers chrétiens dans les catacombes. L'église de *Saint-Jean* de Poitiers est un baptistère du VIe siècle. La façade est surmontée d'un fronton dans les proportions antiques, avec entablement complet; il est orné de roses, de triangles, d'une croix grecque, d'un arc cintré et de pilastres très-courts. Des chaînes de briques et des pierres, plus larges que hautes, rappelant l'appareil allongé des anciens, composent la surface extérieure des murs. A l'intérieur, on voit des colonnes de marbre, deux fenêtres à plein cintre, séparées par une niche en forme de mitre, disposition que l'on retrouve fréquemment aux XIe et XIIe siècles (1). Enfin citons les églises de *Saint-Eusèbe*, près de Gennes, de la *Basse-OEuvre*, à Beauvais, de *Saint-Pierre*, au Mans.

*Des cloches.* — Avant de terminer cette notice sur le style latin, nous allons dire quelques mots de l'usage qu'on fit des cloches, à partir du VIIe siècle, pour appeler les fidèles au service de Dieu, usage qui apporta une modification importante dans la disposition des basiliques.

Les Romains se servaient de sonnettes et d'espèces de grelots; mais ils ne connurent pas les grosses cloches. On dit que

(1) Voyez le dessin de la page 403, à la lettre *b*.

ce fut saint Paulin, évêque de Nole, en Campanie, qui employa le premier cet agent sonore, mais que l'on ne suivit son exemple que dans les premières années du VIIe siècle, sous le pape Sabinien. En 610, les cloches avaient déjà de grandes dimensions, puisque le bruit de celles de Saint-Étienne de Sens mirent en fuite l'armée de Clotaire II. Anastase le Bibliothécaire nous apprend que le pape Étienne II fit placer trois cloches dans une tour bâtie sur la basilique de Saint-Pierre, à Rome. Sous Charlemagne, le moine Tauchon était réputé très-habile dans l'art de fondre les cloches, art dont la pratique devint assez facile, puisque saint Aldric, évêque de Meaux, fit poser dans une tour de son église douze cloches à la fois. Au XIe siècle, leur usage était devenu général par toute la chrétienté. On les disposa dans des constructions qui s'élevaient: 1° tantôt au-dessus du transsept; 2° tantôt au-dessus de la principale façade: c'est là ce qu'on appelait un *clocher*. 3° Quand on mettait les cloches dans une tour isolée de l'église, comme on en voit beaucoup en Italie, cette tour s'appelait *campanille*. Les clochers, dans nos monuments religieux, présentent une assez grande variété de formes, qu'on peut réduire à deux, pourtant: les tours carrées, couvertes d'un toit ou en terrasse, et les tours surmontées d'une haute pyramide à six ou huit pans, pyramide qui porte le nom de *flèche* ou d'*aiguille*. Enfin on rencontre aussi dans les campagnes, au-dessus du pignon des églises, le *clocher-arcade;* il présente une ou plusieurs arcades dans une petite construction carrée surmontée d'un pignon. Quelquefois ces ouvertures sont décorées de colonnettes, et de diverses moulures qui indiquent leur style; suivant la date de leur érection, les arcades sont à plein cintre ou à ogive.

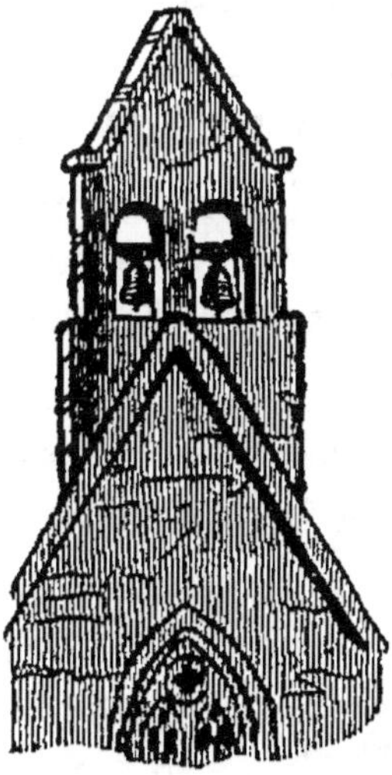

En traitant des styles d'architecture religieuse, nous parlerons de la disposition et de la décoration des différents genres de clochers.

## Eglises romano-byzantines.

Nous n'avons à nous occuper ici que de la distribution des basiliques du XIe siècle, et de la décoration de leurs diverses parties, car nous avons déjà fait connaître les caractères architectoniques de cette époque.

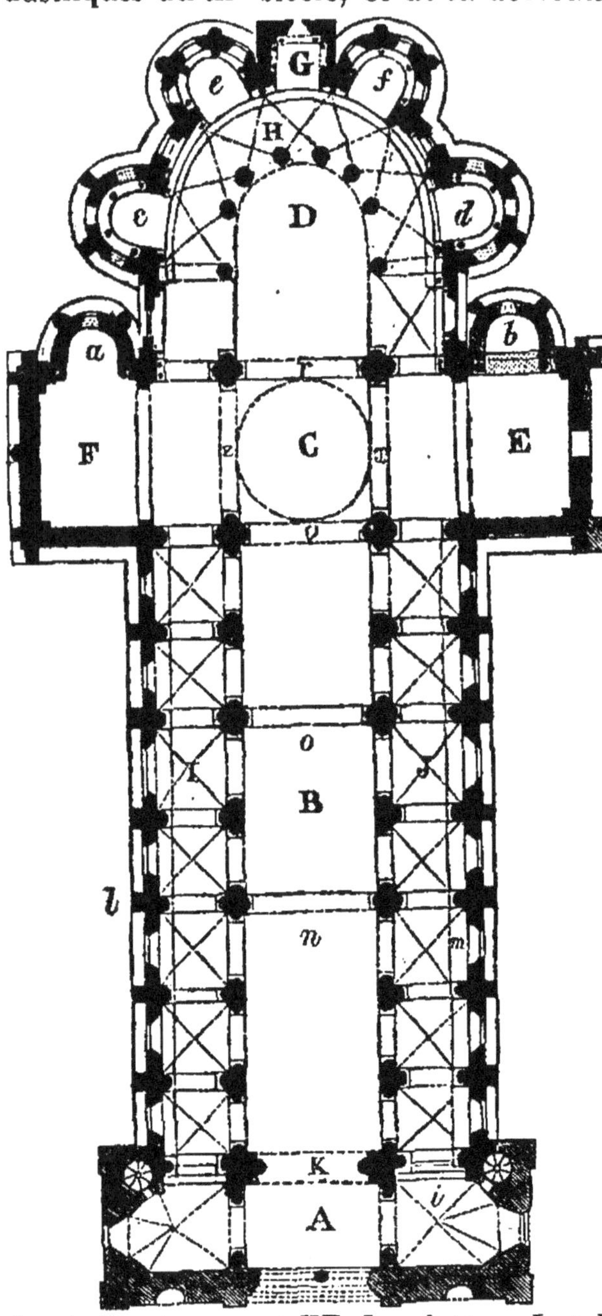


Le plan des églises est, en général, celui d'une croix latine. Nous avons choisi comme un des spécimens les plus simples et les plus sévères des églises romano-byzantines, le plan de Saint-Paul d'Issoire, en Auvergne (1). On voit à la lettre A, le porche, qui aujourd'hui n'existe plus; à la lettre B, la nef; à la letre C, la coupole sur pendentifs qui s'élève au point d'intersection de la nef, du chœur D, dont l'aire est plus élevée que celle de la nef, et des deux bras du transsept EF. Les lettres I et J indiquent les bas-

(1) Sa longueur totale est de 56 mèt., sa largeur de 16 mèt. 60.

côtés, les nefs collatérales, appelées encore collatéraux ou *courtines*. Le transsept ou *croisée* présente deux chapelles *a* et *b*; les collatéraux H, *deambulatoria*, tournent outour du chœur ou sanctuaire, et permettent aux fidèles de circuler dans l'église sans troubler l'exercice divin. Enfin, autour du sanctuaire il y a toujours trois ou cinq, et même sept chapelles rayonnantes *c*, *e*, *f*, *g*, G, voûtées en-cul-de-four, et percées d'ordinaire de trois fenêtres. Quand les bas-côtés se déploient autour du sanctuaire, l'abside principale, la tribune des anciennes basiliques, où dans le principe était placé l'autel, est quelquefois carrée G, quelquefois polygonale; elle sert de chapelle et est dédiée d'ordinaire à la Vierge. Ces chapelles sont presque toujours en nombre impair, et on pense que dans leur rayonnement il y a une intention mystique, celle de rappeler la couronne d'épine, ou les micubes des saints (1).

On entrait dans l'église par trois portes, une principale au milieu *k*, et deux latérales.

Sept arcades ou travées divisent la nef dans le sens de sa longueur; la maîtresse nef et les transsepts sont voûtés en berceau et renforcés par deux arcs doubleaux *n* et *o*; le transsept a également des voûtes en berceau; les bas-côtés ont des voûtes d'arêtes. Les chapelles absidales et celles des transsepts offrent une section de sphère, c'est-à-dire, sont voûtées en cul-de-four. La coupole qui supporte le clocher central est sur pendentifs et s'appuie sur quatre grands arcs *n*, *q*, *r*, *p*.

Au-dessus des bas-côtés règne une galerie, triforium, qui ouvre par un série d'arcades sur la maîtresse nef. Cette galerie se retrouve dans quelques basiliques latines, mais ne manque presque jamais dans les églises grecques. La voûte du triforium est un demi-berceau, ce qui revient à dire qu'elle décrit un quart de cercle (2). On a pensé avec raison que ces voûtes qui

(1) Il y a des cas où les chapelles rayonnantes sont en nombre pair, comme à Notre-Dame-du-Port.

(2) Nous connaissons bon nombre d'églises en Bourbonnais, de petites

contrebuttent la maîtresse-nef, avaient donné naissance aux arcs-boutants qui solidifient les voûtes, si élevées, des églises gothiques. Le triforium est éclairé par des fenêtres pratiquées dans les murs extérieurs de l'édifice.

La coupe transversale de la basilique de Notre-Dame-du-Port, à Clermont, que voici, indique très-bien cette disposition. A la lettre B, on voit le bas-côté de l'église; à la lettre D, la disposition des fenêtres qui éclairent le bas-côté; à la lettres A, l'ouverture sur la nef du triforium, et à la lettre C, le dessin de ces ouvertures; enfin à la lettre F, la voûte en demi-berceau dont nous avons parlé. Nous n'avons pas besoin de faire remarquer que toutes les arcades de cette église sont à plein cintre. On a conservé, dans beaucoup d'édifiees byzantins, la tradition

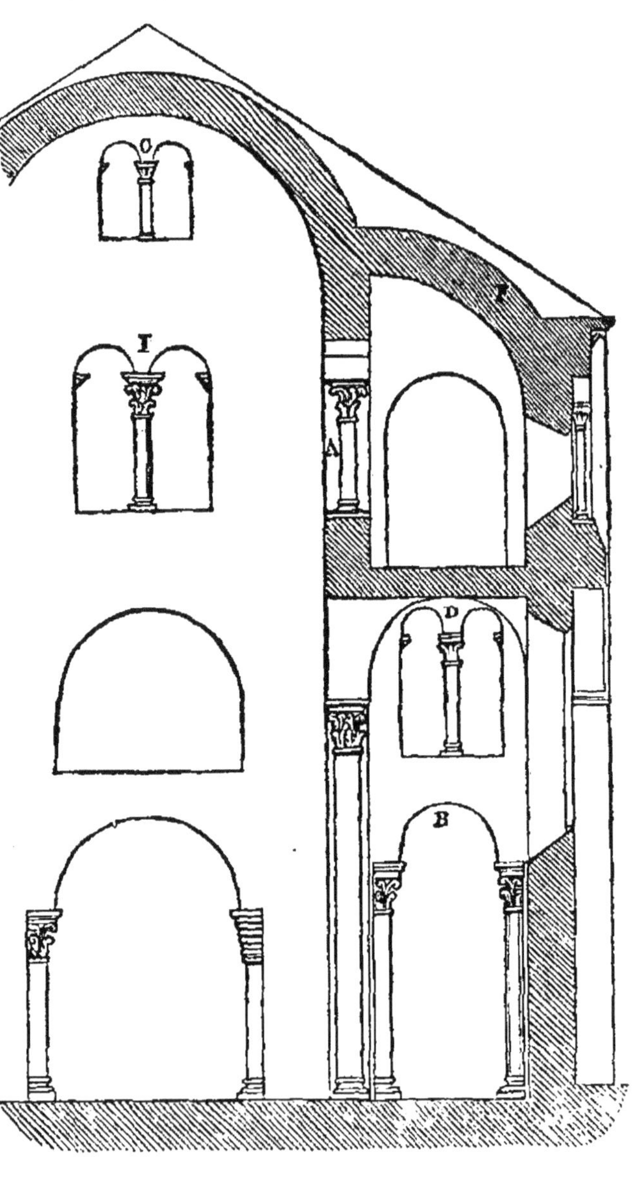


dimensions, qui n'ont pas de triforium, et dont les bas-côtés sont ainsi voûtés en demi-berceau.

des confessions ou cryptes, au-dessus desquelles, dans la primitive Église on édifia les basiliques. Le plan de la crypte d'Issoire est encore un des plus beaux que nous puissions offrir. On voit que les chapelles rayonnantes s'y répètent.

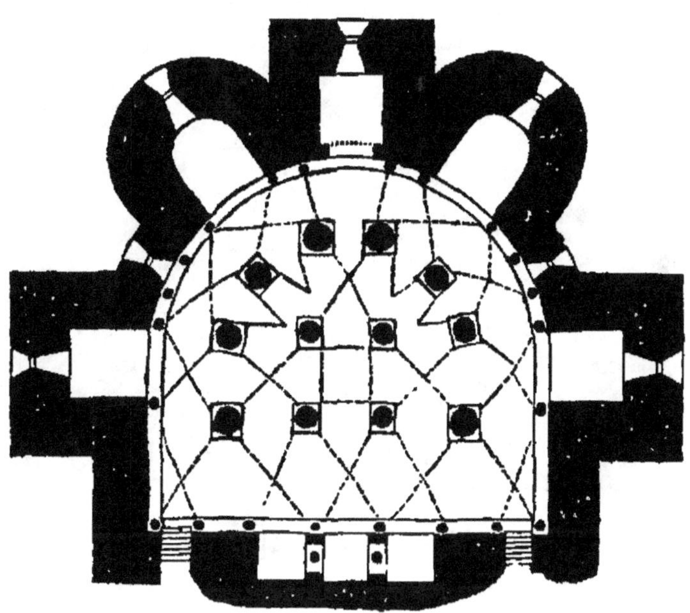

Les colonnes supérieures du sanctuaire correspondent en effet aux colonnes en hémicycle de la confession. Ses voûtes d'arêtes s'entrelacent avec art en tout sens. Cet asile souterrain reçoit sa lumière par quelques fenêtres étroites et allongées; et on y arrive par des escaliers qui ouvrent sur chaque bras du transsept. Les colonnes qui soutiennent cette voûte sont courtes et trapues, et leurs chapiteaux décorés de moulures plus sévères que dans le reste de l'édifice. Les quatre colonnes centrales correspondent au maître autel, placé dans le sanctuaire. On comprend que les colonnes devaient être multipliées et rapprochées pour recevoir les retombées des voûtes qui ne pouvaient prendre un grand développement, en raison de leur peu de hauteur.

Les cryptes n'ont pas toujours la forme semi-circulaire du sanctuaire sous lequel elles se développent. Voici la vue de la crypte d'une petite église du Bourbonnais, de Vic, dont le plan est carré. Il faut remarquer dans cette construction, le plafond qui est plat et qui remplace la voûte d'arêtes dont nous avons parlé, des cintres un peu surhaussés, et les bases des

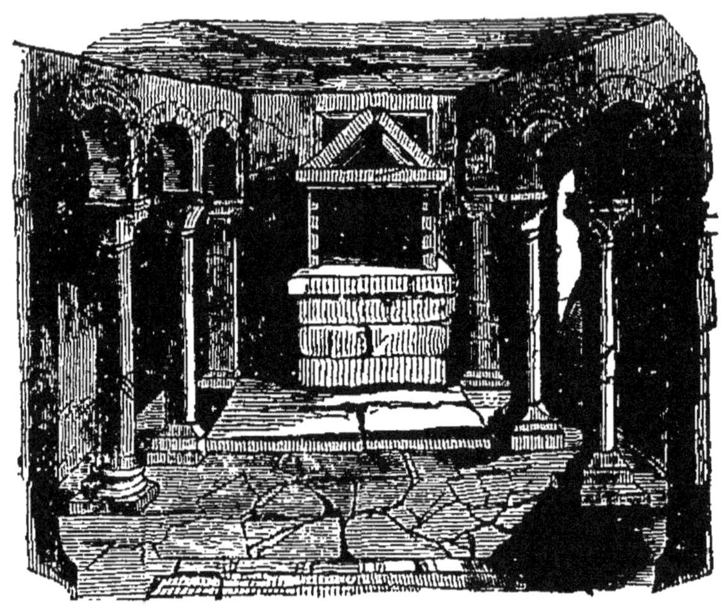

colonnes, qui ressemblent beaucoup aux chapiteaux. L'autel n'est pas moins curieux : il est en pierres de taille et surmonté d'une espèce de tabernacle fermé par des grilles de fer, et couronné par un fronton très-rustique. Nous ne doutons pas que cet autel, comme le reste de l'édifice, ne remonte au commencement du XIe siècle.

Telle est la distribution des plus belles églises romano-byzantines. Il est clair que certains petits édifices ne présentent pas toutes les parties que nous venons d'énumérer : ainsi, dans quelques-uns, les bas-côtés manquent ; dans d'autres, ils accompagnent la nef, mais ne tournent pas autour du chœur ; dans ceux-ci il n'y a qu'un abside, dans ceux-là il y en a plusieurs, ou bien on n'en voit pas au transsept. Il n'y a que les basiliques importantes qui aient un triforium au-dessus des bas-côtés, et des cryptes sous le sanctuaire ; cependant on en a bâti sur un plan qui diffère tout à fait de celui que nous avons montré : ainsi, sur la frontière du Bourbonnais, nous avons vu des églises qui offrent trois cryptes contiguës, une centrale, correspondant au sanctuaire et à la chapelle de la Vierge, et deux latérales, pratiquées sous les chapelles absidales. — Au lieu de trois portes, il y a des églises qui n'en présentent qu'une. Enfin la coupole centrale se retrouve plutôt dans les églises bâties entre la Loire et la Méditerrané, que dans le nord et l'ouest de la France.

Nous avons dit que l'abside était généralement demi-circulaire, ainsi que les chapelles groupées autour d'elle. Quelquefois, ainsi qu'on en a de nombreux exemples en Champagne,

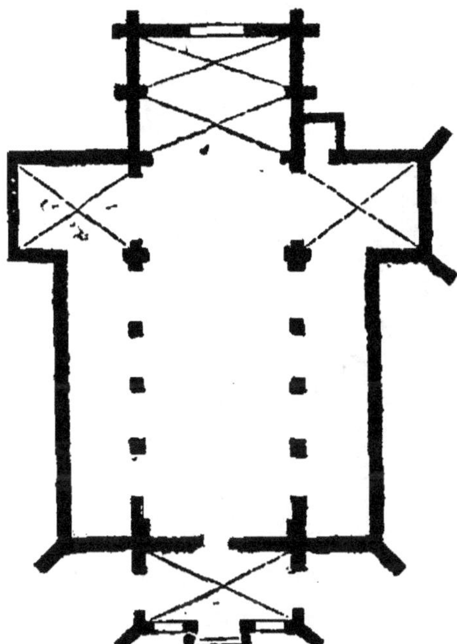

l'abside est carrée. Nous en donnons un exemple dans le plan de la petite église de Prouilly. On y remarque l'absence de toute chapelle absidale, la forme carrée des piliers, et les voûtes d'arêtes du transsept et du sanctuaire (1). Enfin, disons que dans certaines églises, les chapelles absidales ne rayonnent pas autour du chœur : elles font suite aux bas-côtés, en sont un prolongement, ainsi qu'on peut le vérifier à Saint-Georges de Bocherville. Enfin, dans le midi de la France, l'abside est triangulaire ou à pans, à l'extérieur, bien qu'elle soit voûtée en cul-de-four à l'intérieur. Telles sont les dispositions générales des églises du XIe siècle. Nous allons maintenant passer en revue chacune de leurs parties.

Le *porche* des basiliques présente divers aspects : tantôt il est formé par l'étranglement de deux clochers latéraux; tantôt il est pratiqué à la base d'un clocher placé en avant de la façade ; tantôt il est produit par le retrait des portes en arrière de la masse de la façade ; tantôt enfin il est ménagé avec

(1) La nef de cette église est à plein cintre, le sanctuaire appartient au style ogival ; on connaît des églises romanes qui sont construites en entier sur ce plan.

intention, comme dans les basiliques antiques, et offre une construction particulière.

La façade n'a pas de disposition bien fixe: la plus simple

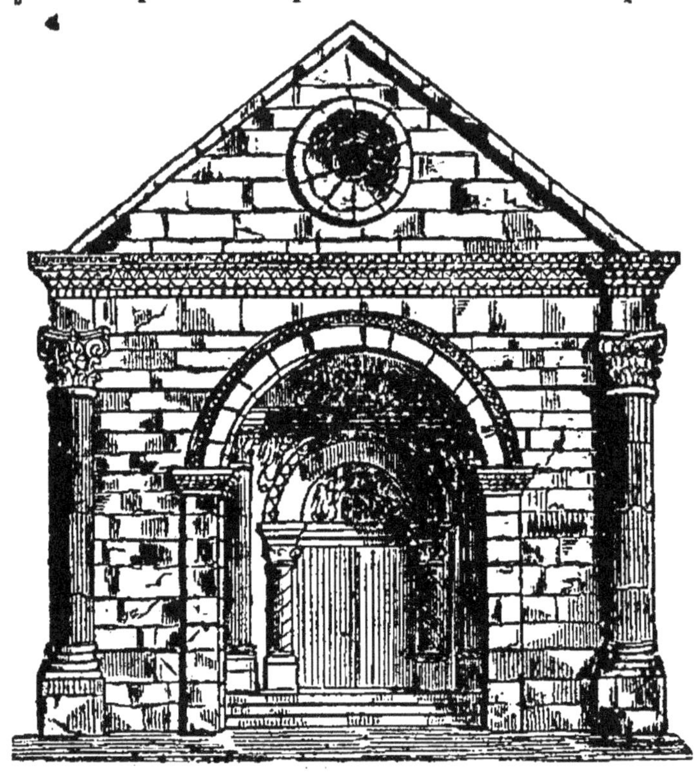

est analogue à celle de Notre-Dame-des-Doms, à Avignon (1). Celle-ci est surmontée d'un fronton dont l'inclinaison rappelle les règles antiques, et qui présente l'œil-de-bœuf, que nous avons signalé dans les premières basiliques latines. L'entablement qui soutient ce fronton, les deux colonnes d'ordre corinthien sur lesquelles s'appuie l'entablement, l'arcade du porche, tout est le produit d'une imitation évidente de l'architecture romaine. Ce n'est ni le grand ni le petit appareil qui a été employé, mais un appareil moyen, assez bien ajusté. La tour carrée du clocher s'élève au-dessus du porche,

La façade trinitaire des églises romano-byzantines de quelque importance offre deux tours carrées, surmontées souvent

(1) Les antiquaires ne sont pas d'accord sur l'âge de cette église: les uns la font remonter au VIIIe ou IXe siècle ; les autres veulent qu'elle soit du XIe. Nous nous rangeons à cette dernière opinion.

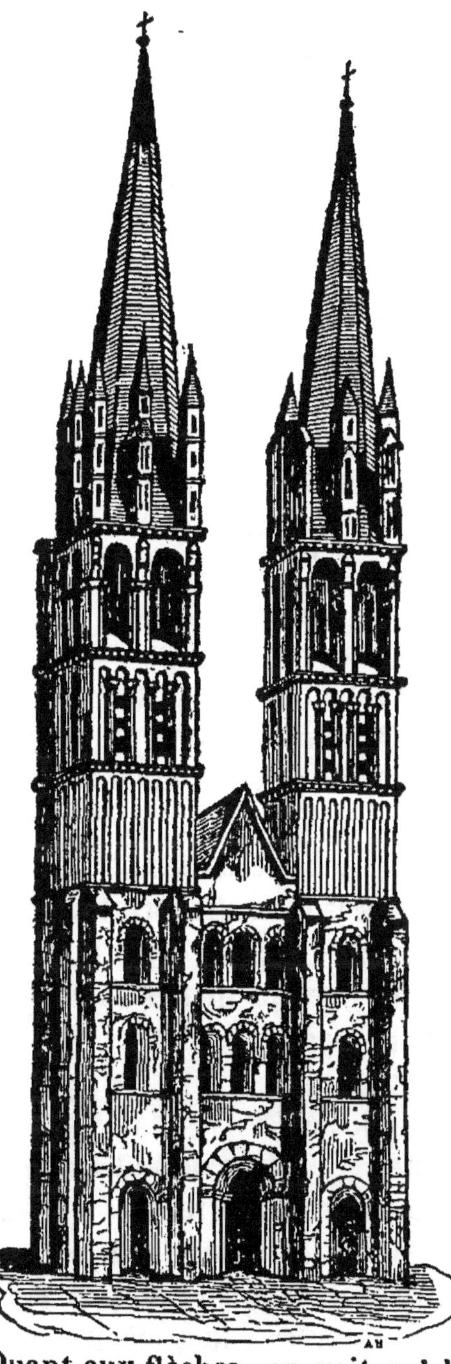

d'une flèche très-élancée, comme on en voit un exemple à l'église de l'abbaye de Saint-Denis, ou comme celle de l'église de l'abbaye de Saint-Étienne, à Caen, dont voici une vue. C'est là une façade sévère par sa disposition, et qui aidera à faire comprendre que l'architecture à plein cintre se prêtait aussi très-bien à la construction des grands édifices religieux. Cette église fut bâtie par les ordres de Guillaume le Conquérant, vers l'an 1064. On remarquera que les trois portes et que les fenêtres symétriques du premier et du second étage sont à plein cintre. La décoration des tours mérite aussi de fixer l'attention : la légère arcature à bandes lombardes du premier étage, l'arcature plus vigoureuse du second étage, enfin les baies, toutes grandes ouvertes, de l'étage supérieur où sont placées les cloches, tout cela est bien ajusté et d'un goût sévère. Quant aux flèches, on voit qu'elles s'élèvent sur une base octogone ou à huit pans, et qu'elles sont accompagnées à leur naissance, sur chaque face, d'une espèce de clocheton, ou de tympan, qui quelquefois, comme à Saint-Denis, est remplacé par une pyramide portée sur des colonnettes. M. de Caumont pense que ces flèches ne doivent avoir été faites que dans le courant du XIIe siècle, et cela, parce que au XIe, on ne savait pas ajuster une pyramide à six ou huit pans sur une base carrée. La chose se peut pour la Normandie ; mais nous pouvons assurer que dès le XIe siècle les architectes pouvaient parfaitement surmonter cette difficulté, eux qui savaient bâtir les coupoles sur pendentifs. Cette façade, complète dans son ensemble comme dans ses détails, est un beau spécimen de l'architecture normande du milieu du XIe siècle.

D'après ce que nous avons dit de Notre-Dame-des-Doms, on peut juger que, dans le midi, les façades moins élevées sont décorées avec plus de goût, et qu'elles sont plus remarquables par leurs détails que par leur masse. Le dessin que nous avons publié page 429, du portail de l'église d'Iseure, près de Moulins, a de l'analogie avec quelques façades du midi, avec celle de l'église de Saint-Michel de Lescure (Langued.), par exemple. Dans cette dernière, l'exécution des moulures est plus soignée. En Provence, en Bourgogne, en Dauphiné, les portes se font remarquer par leur style riche, élégant ; des colonnes sveltes, dont le fût est souvent d'un seul bloc de pierre ou de marbre, appuient sur une base de bon style ; les chapiteaux sont historiés, ou bien offrent une dégénérescence de la corbeille corinthienne. Les archivoltes qui forment le cintre de la porte sont surchargées de moulures, telles que nattes, oves, palmettes, achante, perles, méandres. Nous citerons les portes des églises de Serrabonne, de Saint-Bertrand de Comminges, de Nantua, le portail des *Gendarmes* à Narbonne, de l'église de la *citadelle* à Perpignan, de l'église de Cornelia, de celle de Villefranche de Prades, de la *Madeleine* à Tournus, les portes latérales de la cathédrale du Puy, de Bourges, etc. Dans la plupart de ces monuments, les colonnes sont ornées de moulures, et ressemblent à celles que nous avons figurées à la page 425. On peut dire hardiment que ces façades élégantes ne ressemblent en rien à celles de l'ouest de la France. Souvent à la hauteur du tailloir du chapiteau, un linteau richement orné, quelquefois couvert d'un bas-relief, délimite la porte supérieurement ; le tympan de l'arcade au-dessus du linteau est alors rempli par un bas-relief représentant un sujet religieux, plus souvent le Christ dans une gloire, au milieu des quatre figures symboliques des évangélistes. La façade se termine par un fronton bien moins aigu que ceux de l'ouest de la France. Dans ce fronton, qui est souvent muni d'une corniche à modillons, ainsi qu'on le verra à la p. 498, où nous avons représenté l'église de Saint-Trophime d'Arles, est inscrit le cintre qui surmonte la porte. Le mur de la façade est fréquemment renforcé, soit par des colonnes engagées, des pilastres, ou des contre-forts au nombre de deux, s'il n'y a qu'une porte ; de quatre, s'il y a trois portes. Les portes des façades latérales ont, en général, des dimensions moins grandes, mais elles sont construites dans le même système que les précédentes.

Quelquefois les églises du XIe siècle étaient munies de fortifications ; dans quelques-unes, le porche est couronné par une galerie crénelée ; d'autres présentent, au-dessus de la principale porte d'entrée, ainsi qu'on en a un exemple à l'église de Tournus, un assommoir, construction en saillie sur le mur, portée sur des machicoulis, espèce de consoles, séparées par des espaces vides à travers lesquels on jetait des pierres et autres objets sur les assaillants. La face extérieure de l'assommoir est percée de meurtrières allongées, se terminant inférieurement par une ouverture arrondie, à travers desquelles on lançait des flèches, etc.

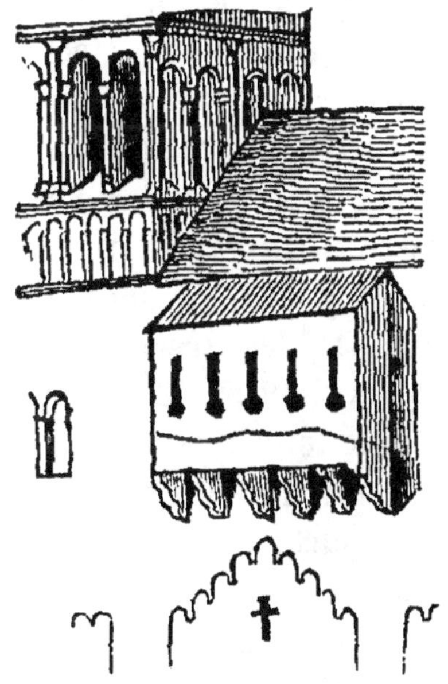

Les clochers offrent une grande variété. En général, ce sont des tours carrées, à deux étages d'arcades en plein cintre, ouvertes ou aveuglées. Il arrive que les arcades, au lieu d'être cintrées, sont en mitre, ainsi que nous en avons donné un exemple à la p. 419. Cette arcature est empruntée au clocher de l'abbaye de Menat, en Bourbonnais. Nous connaissons cinq ou six clochers de ce genre dans le centre de la France. La tour se termine rarement en plate-forme; quelquefois par un toit pyramidal à quatre pans; ailleurs, elle est surmontée d'une haute flèche, en pierre de petit appareil, à base hexagone ou octogone. Souvent, en passant d'un étage à un autre, les constructeurs abattent les angles des étages supérieurs. L'espace laissé libre par les quatre premiers angles abattus est occupé par des clochetons en forme de tourelle, de pyramide, ou de fronton. On peut regarder le clocher de l'église de l'abbaye de Saint-Germain, d'Auxerre, que nous donnons ici, comme un des mieux construits que l'on connaisse. Il y en a qui sont surmontés par des flèches beaucoup plus élancées, il est vrai, mais cette tour a un aspect de solidité qui n'exclut pas l'élégance. Quelquefois dans la campagne, le sommet de la tour présente deux pignons, avec un toit à double pente, ou quatre pignons. On cite des églises qui n'ont qu'un clocher au-dessus de leur façade; il y en a d'autres qui en présentent deux, un à droite et un à gauche de la principale porte. Sou-

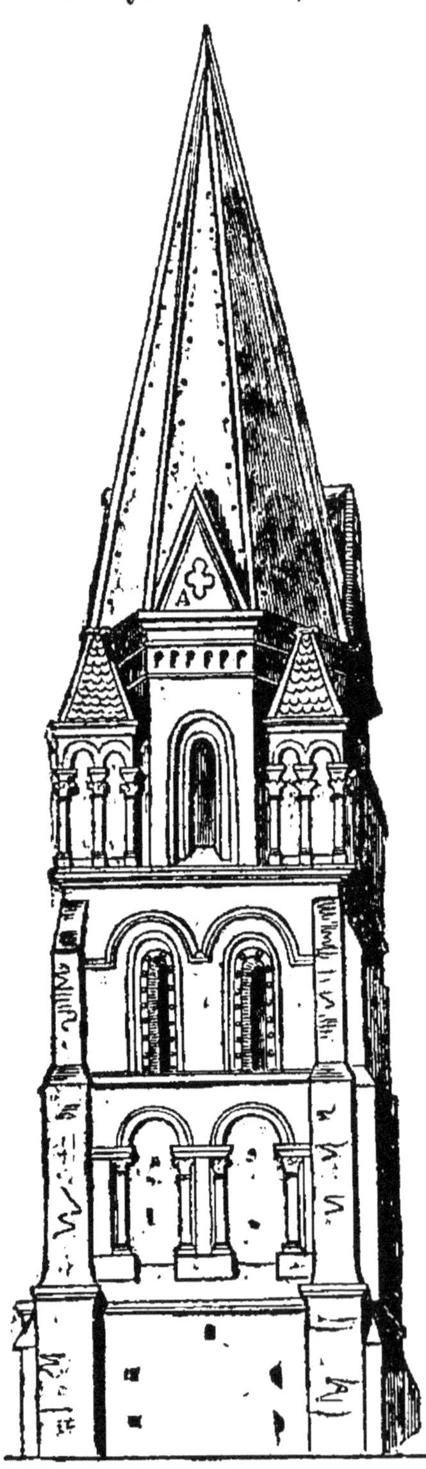

vent il s'en élève un au centre du transsept, bien qu'il y en ait deux déjà à la façade; bien plus, on voyait, à l'église de l'abbaye de Cluny, un clocher sur coupole, au-dessus de chacun des bras du transsept, ce qui faisait cinq clochers; enfin, à Tournay, il y en a deux, à droite et à gauche de chacun des bras du transsept de la cathédrale, outre ceux aussi de la façade et de la croisée; de sorte qu'un édifice pouvait avoir jusqu'à sept clochers à la fois.

Aux façades latérales, il faut remarquer d'abord le mur de la maîtresse nef, et le mur des bas-côtés, qui est moins élevé que le premier. Ces deux murs sont percés de fenêtres cintrées, privées ou munies de colonnettes. Leur couronnement se compose d'une arcature ou d'une corniche reposant sur des modillons, tels que nous les avons figurés à la p. 432. Les murs sont renforcés par des contre-forts : ceux-ci sont tantôt de simples pilastres en saillie sur le mur d'espace en espace, ou des colonnes engagées, ou des constructions carrées plus saillantes, qui se terminent supérieurement par une retraite en larmier, comme dans le dessin ci-contre, lettre A, ou en pignon, lettre B. On voit l'application du contre-fort, noté A, aux angles du clocher publié p. 483. De plus, ces contre-forts peuvent être cylindriques, et leur sommet présenter une configuration conoïde; ils atteignent même les dimensions d'une demi-tour ou d'une tourelle, comme on en voit un exemple dans la partie romane de la cathédrale de Nevers. Enfin les contre-forts du mur de la nef ne sont quelquefois que le prolongement, à l'extérieur, des colonnes engagées contre les piliers intérieurs de la nef.

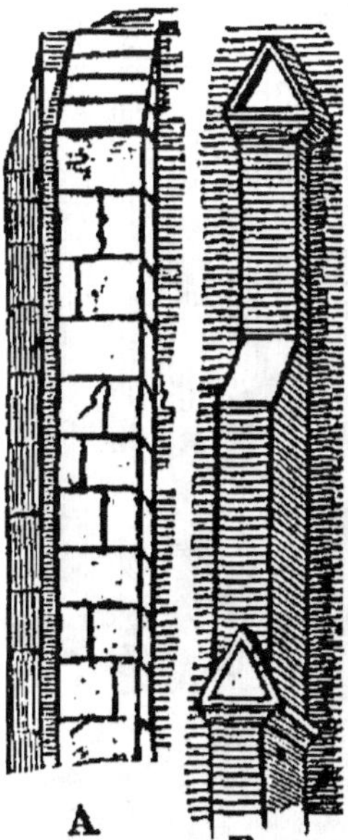

A B

Quand le transsept existe, il présente une façade à pignon, décorée comme la façade principale. A la cathédrale de Tournay, les bras du transsept sont arrondis, et se terminent supérieurement par une voûte en cul-de-four. On voit en Italie et en France quelques autres exemples de cette disposition.

L'abside est une des parties les mieux construites et les plus originales des églises romano-byzantines. Quand l'édifice a peu d'importance, que les bas-côtés ne tournent pas autour du chœur, son extrémité orientale se termine assez communément par une ou par trois chapelles en cul-de-four ou à pans; quelquefois le sanctuaire s'arrondit simplement en hémicycle. Le couronnement du toit, les contreforts et les fenêtres, sont bâtis comme dans le reste du monument. Quand l'église a un transsept, un clocher central, un

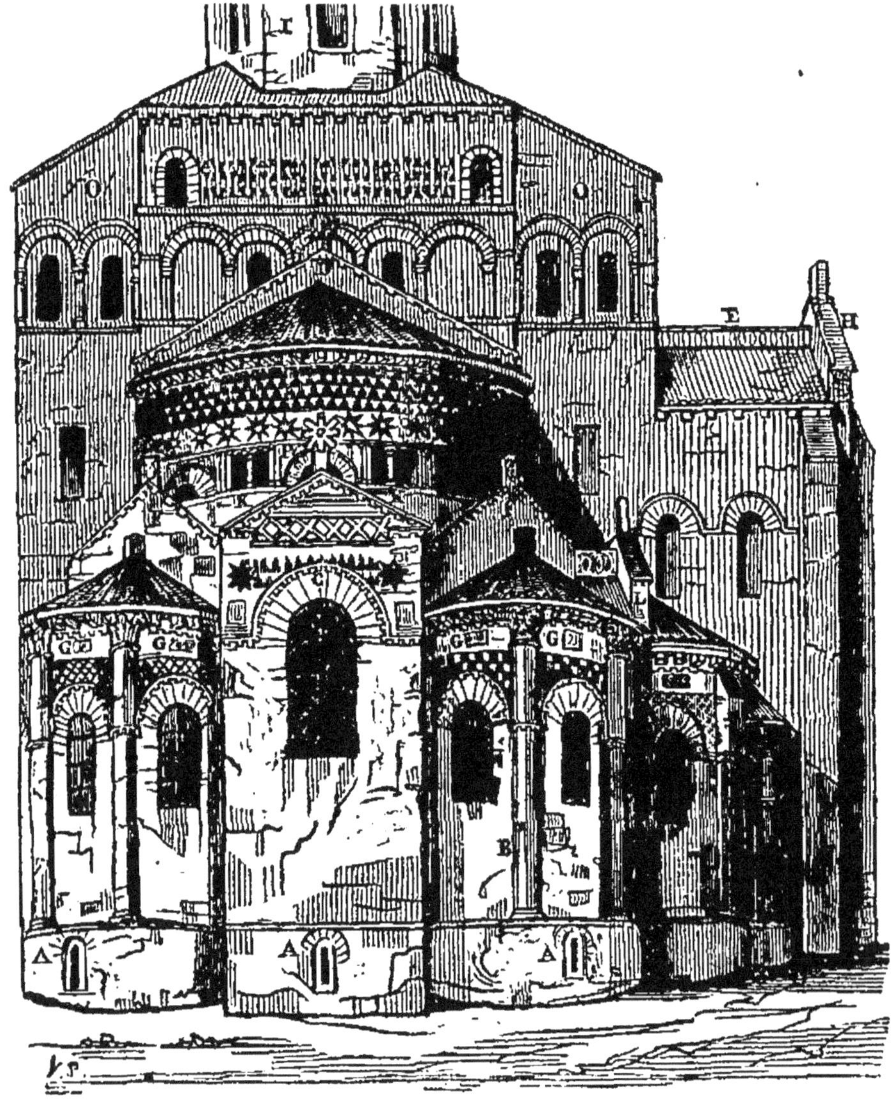

sanctuaire accompagné de chapelles rayonnantes, cet ensemble de constructions, que l'on observe dans l'extrémité orientale, est très-pittoresque. Voici les diverses parties de l'abside de *Saint-Paul* d'Issoire. On remarque à la lettre I la naissance du clocher central, qui s'élève au-dessus d'une coupole sur pendentifs; D, la base carrée du clocher; N, le mur extérieur du sanctuaire, plaqué de mosaïques, ornementation particulière à l'Auvergne. Le toit du sanctuaire est orné d'un fronton D, lequel est surmonté d'une antéfixe. Autour du sanctuaire il règne un étage de fenêtres, décrivant un demi-cercle, alternant avec des niches carrées K et K. Les lettres FF et L indiquent des pignons qui s'élèvent au-dessus de l'arcade que décrit à l'intérieur l'entrée des chapelles absidales. On voit aux lettres G la place qu'occupent des bas-reliefs représentant les divers signes du zodiaque, et aux lettres A, de petites fenêtres éclairant la crypte. La partie du transsept marquée des lettres O est voutée en demi-berceau, tandis que le reste

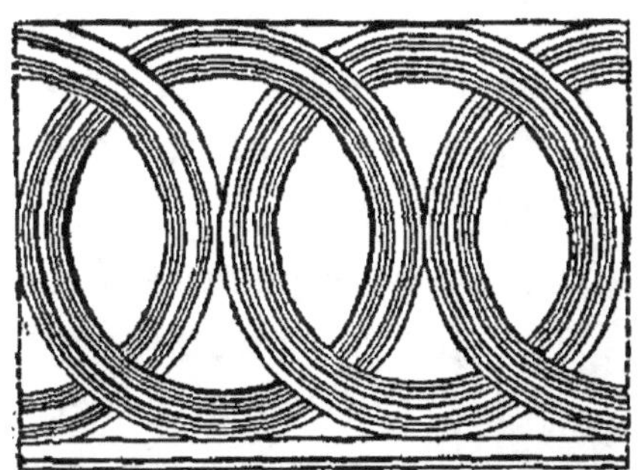

de ce transsept est vouté en berceau. Nous notons à la lettre H le pignon de la croisée, et à la lettre E le couvre-joint du toit, qui se compose d'anneaux de pierres enlacés comme nous les représentons en grand dans ce dessin. Enfin on voit à la lettre P le dessin d'une antéfixe posée en amortissement au-dessus

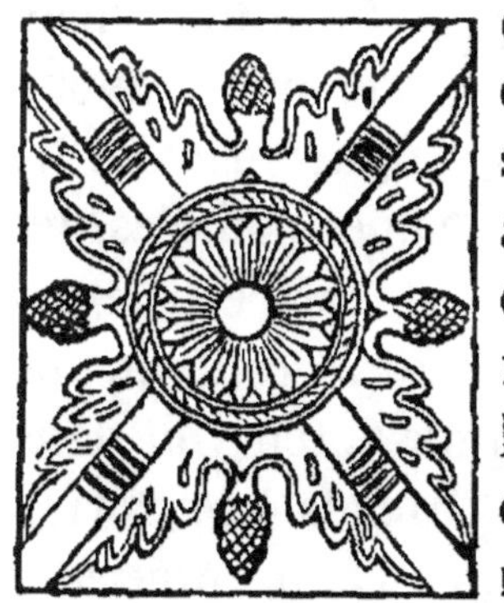

des pignons des absides. Cet ornement si élégant, qu'on observe surtout au-dessus du pignon des façades, ressemble assez à une croix de Saint-André, ainsi qu'on peut en juger par le dessin que nous en donnons d'après M. Mallay (1). Nous n'avons pas besoin de faire observer que les surfaces lisses des absides sont rehaussées de mosaïques en scories noires

(1) *Églises romanes et romano-byz.* du département du Puy-de-Dôme; Moul., 1838, in-fol.

et en grès jaune, formant des losanges, des étoiles, des arêtes, des triangles, des damiers, des rosaces. Disons enfin qu'un cordon de billettes règne à chaque étage autour de l'édifice,et suit les circonvolutions des archivoltes des fenêtres, et que les toits des chapelles sont peu élevés,et couverts en tuiles creuses.

Quelques églises ont, à l'extérieur, la physionomie d'un château fort. Leur muraille est couronnée par une ceinture de machicoulis. Nous pouvons citer, comme exemple, le mur septentrional de l'église du Montet-aux-Moines, en Bourbonnais, qui est une construction du XI<sup>e</sup> siècle; la simple inspection de l'édifice prouve que ces fortifications n'ont été qu'en partie faites après coup. Un autre curieux spécimen de ce genre, c'est l'église de *Royat*, près de Clermont-Ferrand; c'est un monument du XI<sup>e</sup> au XII<sup>e</sup> siècle. Les machicoulis, A, présentent une série d'arcs à plein cintre portés sur des consoles en encorbellement; cette galerie était sans doute surmontée d'un mur crénelé que nous avons figuré par des lignes pointées. Ici il est certain cependant que ces machicoulis ont été faits après coup et ont remplacé une corniche à modillons, comme on en voit dans toutes les églises romano-byzantines. Toutefois leur forme cintrée nous autorise à les regarder comme étant antérieurs au XIII<sup>e</sup> siècle.

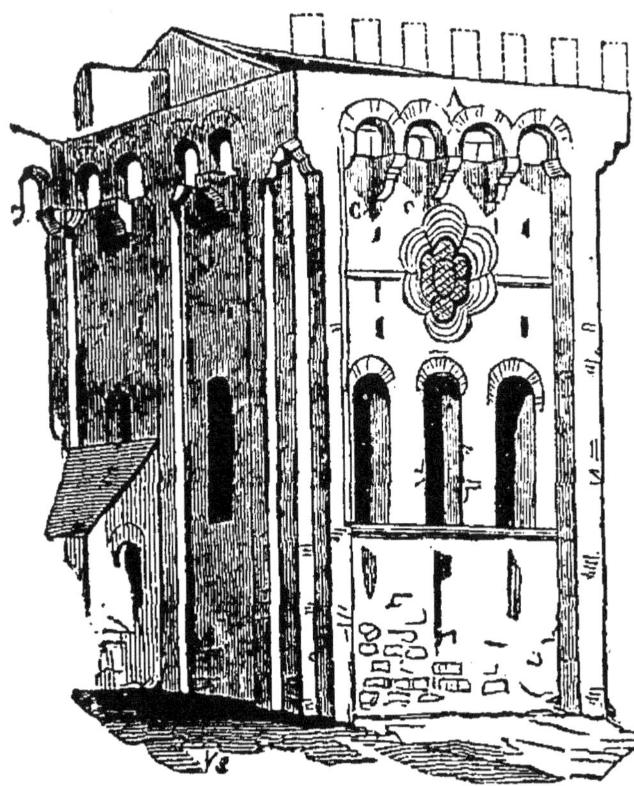

Les antiquaires ont toujours été unanimes pour vanter les vastes dimensions, l'élévation prodigieuse des voûtes, et la richesse d'ornementation des églises gothiques, qu'ils trouvent supérieures à celles des XIe et XIIe siècles. Cette manière d'envisager les productions de notre art monumental ne nous semble pas fort juste. Nous sommes porté à penser que les cathédrales byzantines, que l'on a reconstruites à partir du XIIIe siècle, étaient tres-grandes, très-hautes, et très-riches en sculptures; chez elles, les formes pyramidales dominaient également, leur plan en croix était mieux dessiné, leurs dispositions générales plus simples, plus sévères. Il est certain que l'église de l'abbaye de Cluny était aussi étendue que nos plus belles basiliques gothiques. A l'appui de notre opinion, nous citerons encore, parmi les monuments existants, l'église de l'abbaye de Vezelay (1).

Examinons maintenant l'intérieur de ces églises. Quand on entre par la principale façade, on passe d'ordinaire sous un porche placé en avant de la nef, et formant narthex. Cette disposition des anciennes basiliques latines a été souvent conservée; on en voit un bel exemple à l'église de l'abbaye de Vezelay : ici le narthex porte encore le nom de *cathécumène,* mot qui rappelle la destination primitive de cette partie des édifices religieux.

L'intérieur de l'église présente le plus souvent une nef, et deux collatéraux, l'un à droite, et l'autre à gauche; quelquefois il y a quatre collatéraux. Très-généralement, la nef est voûtée en berceau, les bas-côtés ont une voûte, quelquefois en demi-berceaux, mais plutôt d'arêtes. Les divisions longitudinales sont établies, ainsi qu'on l'a vu dans le plan publié à la page 473, par plusieurs séries parallèles d'arcades à plein cintre. Si l'église a de l'importance, un triforium (voyez la lettre C de la page 491) règne au-dessus des bas-côtés et ouvre sur la nef par deux ou trois arcades. S'il

(1) Elle a 123 mètres de long, 26 mètres de large, et de 17 à 20 mètres sous voûtes.

n'y a pas de triforium, il y a dans le mur au-dessus de chaque arcade une fenêtre cintrée, fréquemment évasée de dehors en dedans ; leur archivolte est reçue quelquefois sur des pieds droits, le plus souvent sur des colonnettes, dont on voit une indication à la lettre B du dessin placé à la page 281.

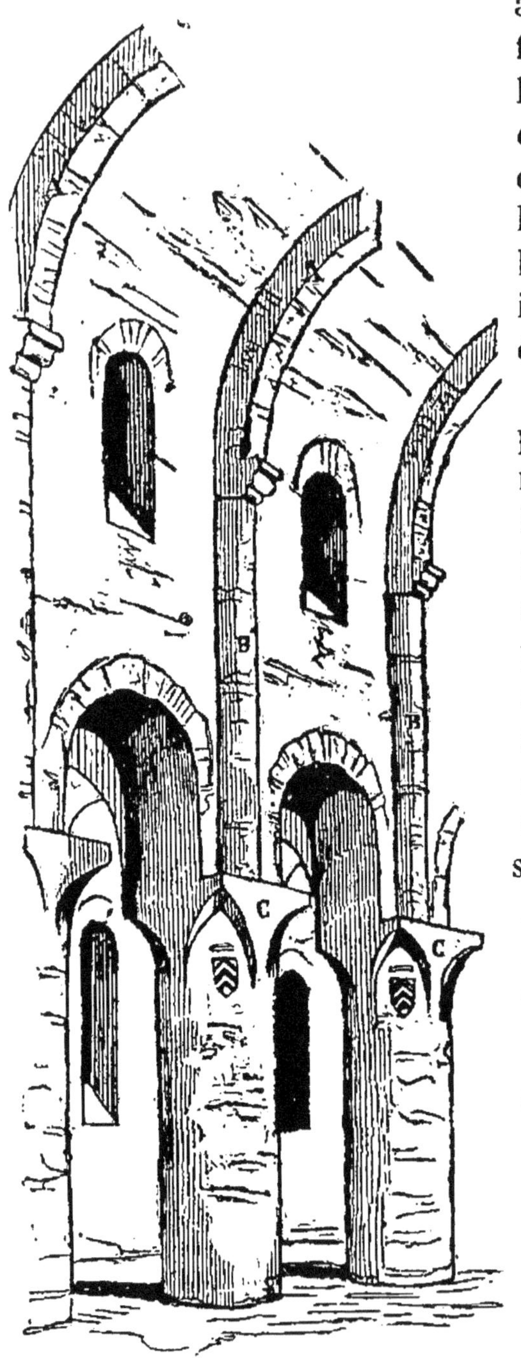


Les piliers sont disposés de diverses manières. Voici deux travées de l'*église de Chapaize*, en Bourgogne, dont la construction est analogue aux parties les plus anciennes de *Saint-Philibert* de Tournus. Tout cet édifice est construit en moellons (1) de petit appareil. De gros-sscolonnes cylindriques supportent des cintres surhaussés, et privés de toute décoration. Ces colonnes n'ont pas de chapiteaux, seulement elles se terminent supérieurement par une plate-forme rectangulaire CC, de sorte que la colonne semble avoir été taillée dans une masse carrée dont on aurait abattu les angles (2). Sur cette espèce de tailloir s'élèvent

(1) Appelés *laves* dans le pays.

(2) A Tournus, les chapiteaux remplacent un tore épais et saillant.

des colonnes engagées BB, qui reçoivent la retombée des arcs doubleaux AA, qui affermissent la voûte principale.

La nef de l'église de Châtel-de-Montagne, en Bourbonnais, nous offre une autre disposition curieuse. Là, il n'y a pas de triforium: le plan des piliers est celui le plus généralement employé au XI<sup>e</sup> siècle. C'est une masse carrée qui offre sur chacune de ses faces une colonne cylindrique engagée; la colonne D file jusqu'à la maîtresse voûte où elle reçoit l'arc doubleau; les deux latérales (voyez l'une d'elles à la lettre C) sont en rapport avec l'archivolte de l'arcade; la colonne engagée sur la face opposée à la nef supporte l'arc doubleau de la voûte du bas-côté. La particularité que présente la travée de l'église de Châtel, c'est que le mur gouttereau qui règne entre les arcades et les fenêtres, A, est percé de trois ouvertures cintrées B, de décharge, dont l'ensemble forme une espèce de *screen* ou écran continu des deux côtés de la nef. On peut voir, dans l'*Ancien Bourbonnais*, un dessin de la porte de l'église de Châtel, qui est une des plus curieuses que nous connaissions pour son style sévère, et l'excellente disposition de ses parties.

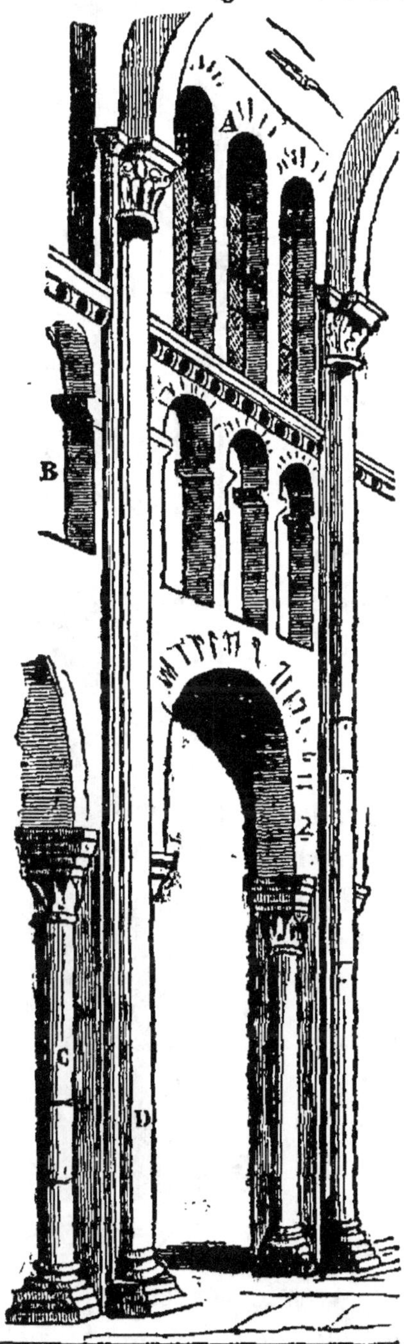


La travée qui vient ensuite est empruntée à l'église de Saint-Georges de Bocherville, en Normandie. Les piliers des

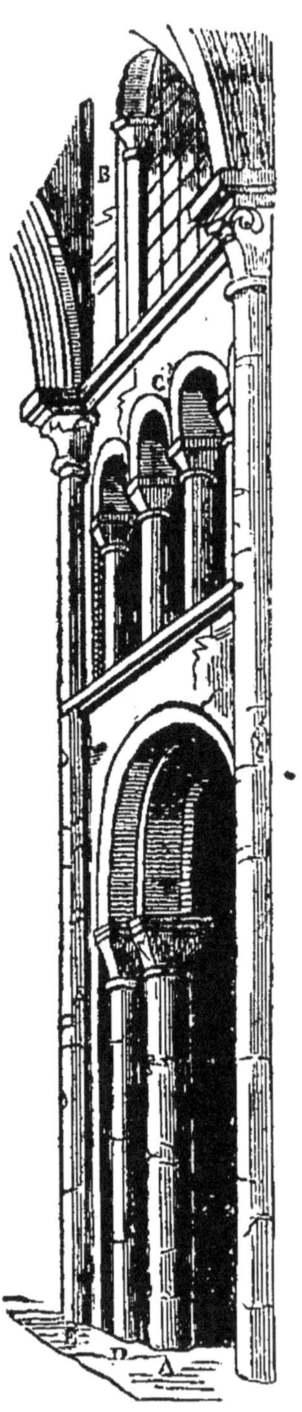


arcades sont groupés, comme nous l'avons dit page 428, autour d'un massif dont le plan peut se comparer à une croix grecque. L'archivolte de l'arcade est double : l'une est reçue sur la colonnette d'angle D, l'autre archivolte, en retraite sur la première, repose sur le tailloir de la colonne engagée A. On voit que le triforium C ouvre sur la nef entre chaque travée, par trois arcades à plein cintre supportées par des colonnes très-courtes.

Dans le midi, et dans le Quercy, en particulier, il y a des églises dont la maîtresse-nef n'est ni en berceau ni d'arêtes ; mais la nef est recouverte supérieurement par trois ou quatre coupoles sur pendentifs. Nous citerons l'église de Souillac, qui appartient au style de transition. Il y a deux coupoles à la nef, et une au transsept ; on en voit de fort belles aux cathédrales de Périgueux et de Notre-Dame du Puy-en-Velay, de Cahors, etc. On ne peut méconnaître là l'influence byzantine ; on verra plus loin la disposition de coupoles des XI$^e$ et XII$^e$ siècles au-dessus du transsept.

Une disposition de voûte très-curieuse, et dont nous ne connaissons qu'un exemple, est la suivante, empruntée à l'église de Tournus en Bourgogne. La nef centrale ne présente pas une voûte longitudinale en berceau ; chaque travée est rattachée supérieurement à la travée correspondante, par une voûte en berceau *transversale*, de sorte que la nef offre une série de voûtes transversales cylindriques indiquées aux chiffres 1,1,1. Les chiffres 2 marquent l'épaisseur des murs de ces voûtes; les chiffres 3, les murs goutteraux de

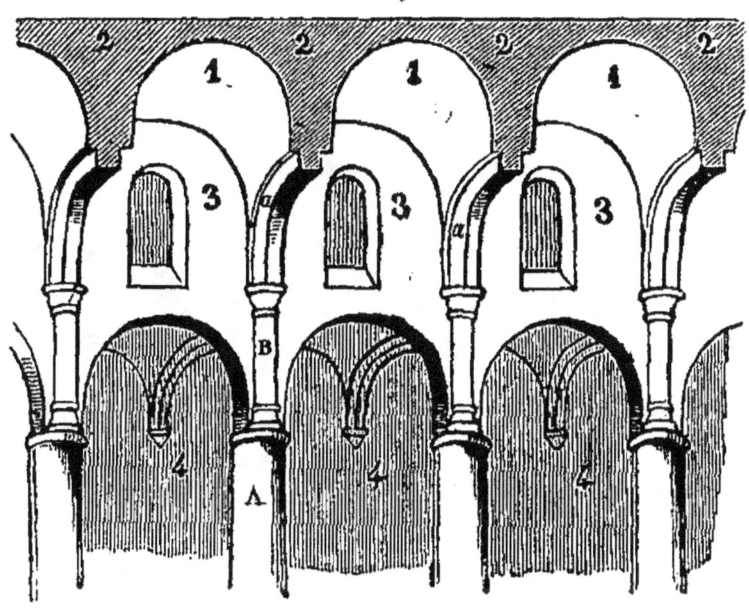


la nef, et les chiffes 4, les voûtes d'arêtes à arcs doubleaux des bas-côtés. On remarquera que les colonnes inférieures A, et les colonnes supérieures B, ont une disposition semblable à celle de l'église de Chapaize.

Le transsept présente diverses dispositions dont nous devons faire connaître les plus importantes. Nous avons choisi pour cela celui de l'église *Saint-Étienne*, à Nevers, dont la construction entière remonte positivement au XIe siècle. Elle offre d'ailleurs, à part son ornementation très-sévère, le type particulier aux églises romano-byzantines : une nef voûtée en berceau, des bas-côtés avec voûtes d'arêtes, un triforium avec voûte en demi-berceau, une abside flanquée de trois chapelles en cul-de-four, des bas-côtés qui tournent autour du chœur, des piliers carrés avec une colonne ronde engagée sur chaque face ; à l'extérieur, arcature basse et trapue au-dessous de la corniche du toit, et le plein cintre partout. On remarquera dans notre dessin, sur le premier plan, et en face, le transsept méridional, dont la voûte est divisée en deux parties par une arcade U : entre l'extrados de celle-ci et la voûte, il y a une arcature, cintrée et à jour, de décharge, que

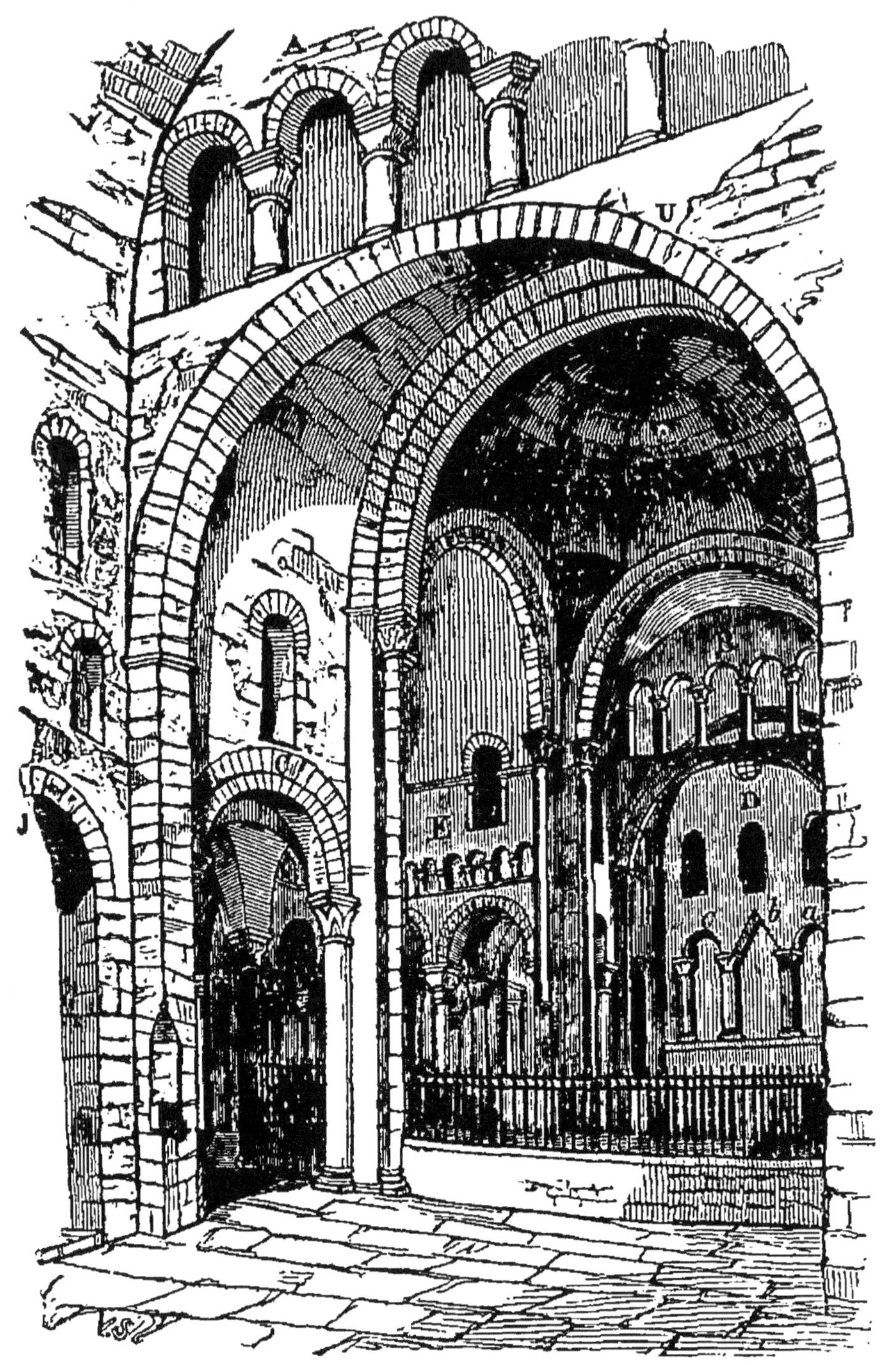


les Anglais appellent *screen*, mot que M. Mérimée propose de traduire par *écran*. En face encore, à la lettre B, on voit l'écran du transsept septentrional. La lettre C indique l'entrée des bas-côtés qui tournent autour du chœur; à la lettre E, une partie du sanctuaire orné d'une arcature d'arcades simulant des fenêtres ; à la lettre F, on observe l'arcade qui ouvre sur le chœur, l'*arc de triomphe;* à la lettre D, le mur du transsept septentrional ; au-dessus de cette même lettre, un œil-de-bœuf ; au-dessus trois fenêtres. La partie inférieure du mur est décorée de deux arcades bouclées à plein cintre *a* et *c*, entre lesquelles se trouve une niche en fronton *b*. Cette disposition d'arcades, au transsept, est particulière à la plupart des grandes basiliques romano-byzantines du centre de la France. La coupole ovoïde qui s'élève au point d'intersection de la croisée, de la nèf et du sanctuaire, est un spécimen des coupoles les plus simples élevées dans nos édifices religieux. Les lettres H montrent les pendentifs de la coupole ; la lettre C, la coupole elle-même ; et la lettre I, une lanterne circulaire. Tous les dômes ne sont pas construits avec cette simplicité; il y en a qui sont plus compliqués à leur base, ainsi que l'on en verra un exemple au chapitre suivant.

Nous avons déjà parlé du caractère de la sculpture byzantine. Nous ne reviendrons pas sur ce sujet ; nous dirons seulement que les statues et les bas-reliefs ne s'observent guère qu'aux façades, si ce n'est encore aux chapiteaux et aux modillons des corniches.

*Peintures murales.* — Les églises romano-byzantines étaient souvent couvertes de peintures. La sculpture polychrôme a été en grande faveur au moyen âge, et bien souvent les bas-reliefs étaient peints et se détachaient sur un fond d'or: c'est une circonstance qu'on a pu vérifier au portail principal de Notre-Dame de Paris. Il en était de même des chapiteaux et des colonnes. Quant aux sujets proprement dits, on en exécutait surtout à l'entrée des églises, aux voûtes des sanctuaires et des absides. Souvent on peignait dans le narthex une figure colossale de Saint-Christophe portant Jésus-Christ sur ses épaules. A Issoire, on a découvert, dans une chapelle placée sous une tour, un saint Michel pesant les âmes des défunts dans une balance. En général, les artistes du moyen âge se sont plu beaucoup à représenter le jugement dernier de cette manière. Dans le sanctuaire, on voyait très-souvent le Christ dans une gloire, accompagné des symboles des évangélistes, l'ange, le lion, l'aigle et le bœuf. On peignait avec la même prédilection la Vierge, les chérubins, les évangélistes, les apôtres, les vertus théologales, et enfin des motifs empruntés à l'ancien et au nouveau Testament (1). En général, toutes ces figures comme celles qui sont sculptées, sont maigres, longues, inanimées, pensives, vêtues à la façon byzantine. Les saints ont la tête couronnée par un nimbe. Les parois des murailles, les fûts des colonnes, les archivoltes des arcades, étaient souvent aussi ornés de peintures ; en général, celles-ci se composaient d'arabesques, de rinceaux de feuillages et de diverses figures géométriques, remarquables par l'harmonieuse combinaison de leurs couleurs. Pour donner une idée de ces peintures, nous avons fait dessiner les ornements d'une arcade de l'église de Chantelle en Bourbonnais; les cordons indiquées par les lettres A sont *rouges-bruns ;* ceux indiqués par les lettres B sont jaunes. L'extrados de l'arcade C est également peint : le dessin se compose de rosaces brunes avec une perle blanche au centre, sur un fond carré D qui est jaune ; les demi-cercles sont blancs, et les parties triangulaires sont brunes.

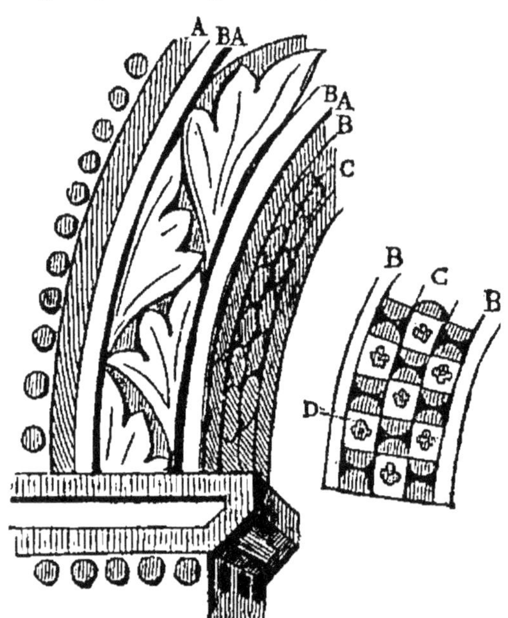


Voici maintenant un autre spécimen de peintures, em-

(1) On voit de ces peintures à Saint-Julien de Brioude, à la cathédrale du Puy-en-Velay, à l'église de l'abbaye de Jumièges, à Saint-Savin, etc.

prunté à la chapelle de Saint-Germain-des-Fossés (Bourbonnais). Les colonnes sont ornées de peintures disposées par bandeaux circulaires, ou par bandeaux en spirale. Voici l'indication des couleurs dans notre dessin : A, fond bleu ; B, fond blanc ; C, fond bleu ; D, fond bleu ; E, fond blanc ; F, fond rouge. Ces carrés sont séparés par des encadrements, dont les carrés sont blancs ; les ovales du dessin inférieur sont sur fond bleu ; enfin tout à fait en bas, on voit trois filets, le premier blanc, le deuxième rouge et le troisième encore blanc. Nous terminerons cet article en donnant un dernier exemple de ces peintures murales. Celui-ci appartient au style

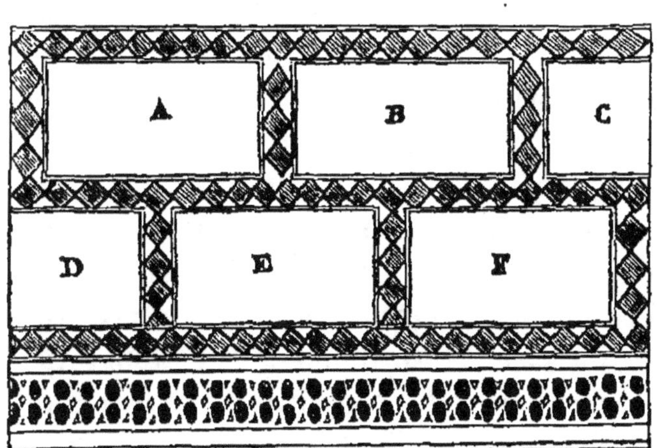


de transition et existe dans l'église de Vicq (Bourb.). L'arcature B décore l'archivolte d'une arcade ogive ; les piliers et les arcades sont bruns, et se détachent sur un fonds blanc A. L'intrados de l'arc D est orné de rinceaux blancs, avec nervures roses, sur un fonds bleu. Ces trois dessins, les seuls que nous ayons pu rassembler, suffisent pour faire connaître le goût des artistes des XI^e et XII^e siècles dans la décoration des murs des églises (1). Nous publierons dans un des chapitres suivants un autre motif de peinture emprunté à l'art du XV^e siècle.

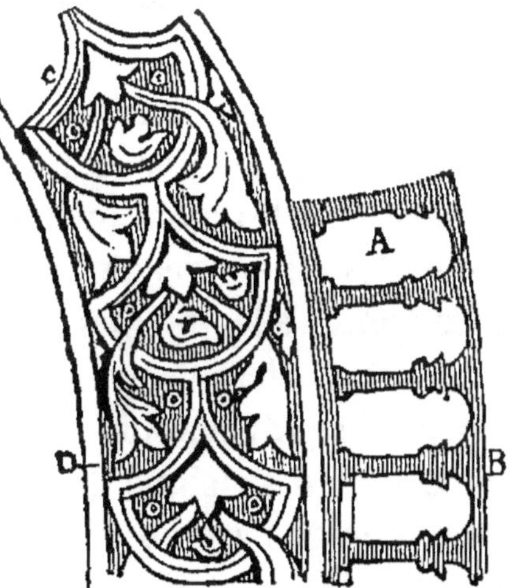


(1) Il existe des traces de peintures analogues à celles dont nous venons de parler à l'église de l'abbaye de Jumièges, en Normandie.

### Églises de transition.

Les édifices du XIe siècle offrent aux investigations des archéologues un intérêt particulier. Les quelques observations que nous avons placées, au commencement de notre article, sur le style romano-byzantin, ont pu déjà donner une idée de la variété de types architectoniques qu'ils présentaient. Nous ne saurions trop appeler l'attention sur ce point : chacune de nos principales circonscriptions territoriales ont eu un système d'architecture particulier aux XIe et XIIe siècles. Nous répèterons ici ce que nous avons dit déjà ailleurs : la Provence, la Bourgogne, l'Alsace, la Normandie, le Poitou, l'Auvergne, la Champagne, ont élevé des constructions qui offrent dans chaque pays d'un type spécial. C'est donc surtout sur cette variété de style que nous appelons l'attention des antiquaires.

Il ne s'est opéré aucune modification importante dans la disposition des édifices religieux au XIIe siècle. Ce qui distingue de la période précédente, les églises de ce siècle, c'est une ornementation plus riche, une exécution matérielle plus parfaite, et la présence de l'ogive qui est employée concurremment avec le plein cintre. On peut dire cependant que le chœur prend une extension plus grande, en raison des cérémonies, qui deviennent plus pompeuses. Les moulures que nous avons signalées dans les monuments de l'ouest de la France se multiplient ; les piliers s'agglomèrent autour d'un pilier principal, et les voûtes elles-mêmes sont construites avec plus de perfection. Les chapiteaux historiés sont un peu délaissés ; on leur préfère les chapiteaux à feuillages qui se recourbent en crochets. On s'éloigne de plus en plus des détails sévères qui caractériseut l'architecture du XIe siècle. Dans le midi et dans le sud-ouest, au contraire, les formes byzantines persistent malgré la présence de l'arc brisé. Ce sont surtout les façades des églises qui méritent de fixer l'attention. Pour montrer avec quel luxe d'ornementation elles étaient conçues, nous avons choisi comme spécimen le portail de Saint-Trophime d'Arles, et celui de Notre-Dame-la-Grande à Poitiers.

A Saint-Trophime, on verra que la tradition de l'art antique n'a rien perdu de son influence. La porte paraît cintrée

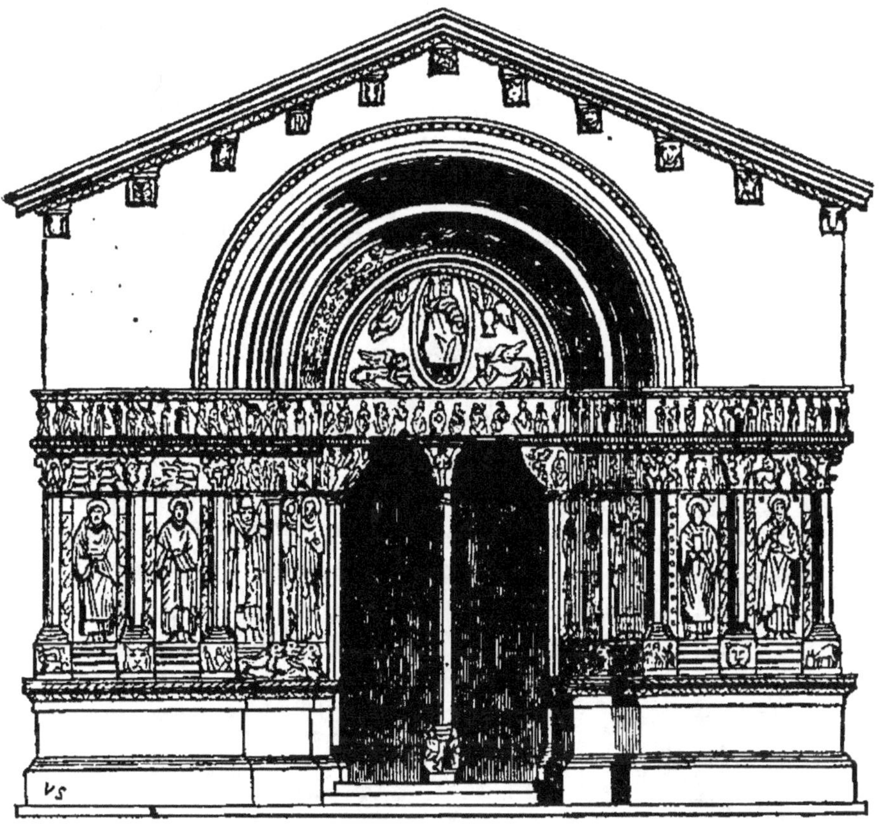

au premier coup d'œil; mais en l'examinant bien, on voit que l'arc qu'elle décrit est légèrement ogival; un fronton angulaire, dont la corniche est ornée de palmettes dans le goût romain, encadre le portail; l'archivolte de l'arcade est décorée de nombreuses moulures; dans le tympan, on voit le Père éternel au milieu des emblèmes des quatre évangélistes; sur le linteau de la porte, on a figuré au centre les évangélistes, à droite les élus, à gauche les damnés. La porte est divisée en deux baies par une colonnette dont la base est formée par des figures de lions (1); les parties latérales de la façade

(1) C'est un usage très-ancien de préposer, pour ainsi dire, des animaux à la garde des portes: tantôt c'était des sphinx, tantôt des griffons, des chimères, mais surtout des lions. Il y en a à la basilique de Saint-Jean-de-Latran. Ces représentations sont communes dans les églises en Italie; il y en a en France encore, au portail de Saint-Gilles. Les abbés rendaient la justice

sont ornées de colonnes en saillie sur le mur ; entre chacune d'elles sont sculptés des saints et des évêques, et au-dessus, divers sujets religieux. M. Mérimée, bon juge en ces matières, dit que cette façade est la copie en petit du portail de Saint-Gilles, un des plus beaux monuments du style romano-byzantin dans le midi (1).

On a, comme nous l'avons dit, un autre bel échantillon du style de transition dans la façade de Notre-Dame-la-Grande

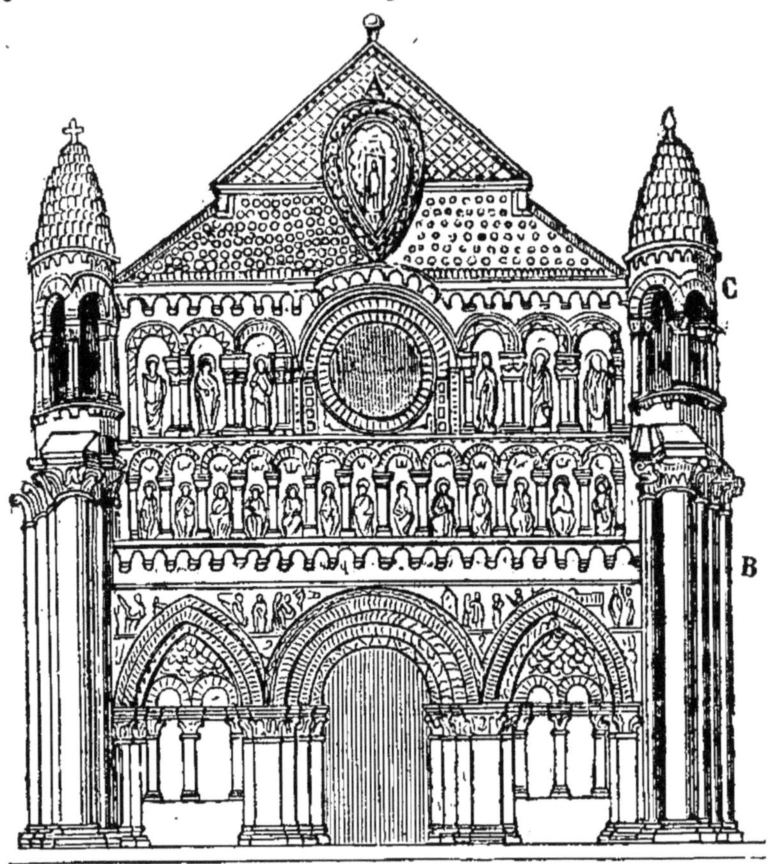


à Poitiers. Cette façade est surmontée d'un fronton brisé,

à la porte des églises ; de là vient cette formule qu'on trouve dans les chartes : *Domino N. abbato sedente inter leones*. Ces lions rappellent sans doute ceux du trône de Salomon.

(1) Voici comment M. Mérimée parle de ce dernier édifice : « C'est sur la façade que s'est épuisé tout le caprice, tout le luxe de l'ornementation byzantine ; elle se présente comme un immense bas-relief de marbre et de pierre, où le fond disparaît sous la multiplicité des détails ; il semble qu'on ait pris à tâche de ne pas y laisser une seule partie lisse : colonnes, statues, frises sculp-

construit de pierres taillées en forme de disque ou en losanges, et ornée d'un bas-relief représentant le Christ dans une *vesica piscis* A, avec les quatre emblèmes des évangélistes, et couronnée par un chœur d'anges. La porte principale est à plein cintre, et accompagnée à droite et à gauche d'une arcade geminée à cintre comprise sous une ogive. Toutes les surfaces sont ornées de moulures dont nous avons montré plusieurs à la page 431 ; au-dessus règne une première corniche à modillons B ; puis vient un double étage d'arcatures, formant autant de niches qu'il y a de cintres ; au milieu du second rang d'arcades, on voit un œil-de-bœuf ; le fronton s'appuie sur une seconde corniche C, également à modillons. Il y a aux angles de l'édifice deux tours rondes, flanquées de colonnes pour contre-forts, et couronnées de petits clochetons, dont le toit conique est couvert de tuiles imbriquées à la manière des écailles de poisson. On peut appliquer à cette façade les réflexions si judicieuses de M. Mérimée à propos de l'église de Saint-Gilles, et voir d'autres modèles du style de transition, dans les églises de Vaison, de Civray, de Cavaillon, de Saint-Lazare d'Autun, de l'abbaye de Saint-Denis, de Saint-Ours à Loches, de Saint-Maurice d'Angers, etc.

Au XII^e siècle, les roses qui décorent la façade prennent de l'accroissement. Ce ne sont plus de simples œils-de-bœuf ; il arrive que leur circonférence est ornée d'une contre-arcature, comme on en a un exemple à l'église de Royat, page 487 ; plus généralement encore elles présentent, soit des colonnes, soit des nervures en pierres, ou meneaux cylindriques disposés comme les rayons d'une roue autour de leur moyeu.

tées, rinceaux, motifs empruntés au règne végétal et animal, tout cela s'entasse, se confond ; des débris de cette façade on pourrait décorer dix édifices somptueux. Devant tant de richesses prodiguées avec tant de profusion inouïe, le spectateur, ébloui d'abord, attiré de tous les côtés à la fois, et ne sachant où arrêter ses regards, a peine à reconnaître des formes générales. C'est l'inconvénient du style byzantin : on ne peut l'apprécier que de près. Du plus loin que l'on aperçoit un monument grec ou romain, on en saisit l'ensemble, on en devine les détails ; mais un édifice du XII^e siècle, c'est un bijou qu'on doit, pour ainsi dire, examiner à la loupe. » Ces remarques peuvent s'appliquer très-bien aux églises de l'Italie bâties par les Lombards.

Ces nervures ne sont bien souvent que des colonnettes ou des balustres supportant des arcades trilobées, ou de simples arcades cintrées. On peut voir cette disposition dans la portion de rose que nous avons figurée à la page 433.

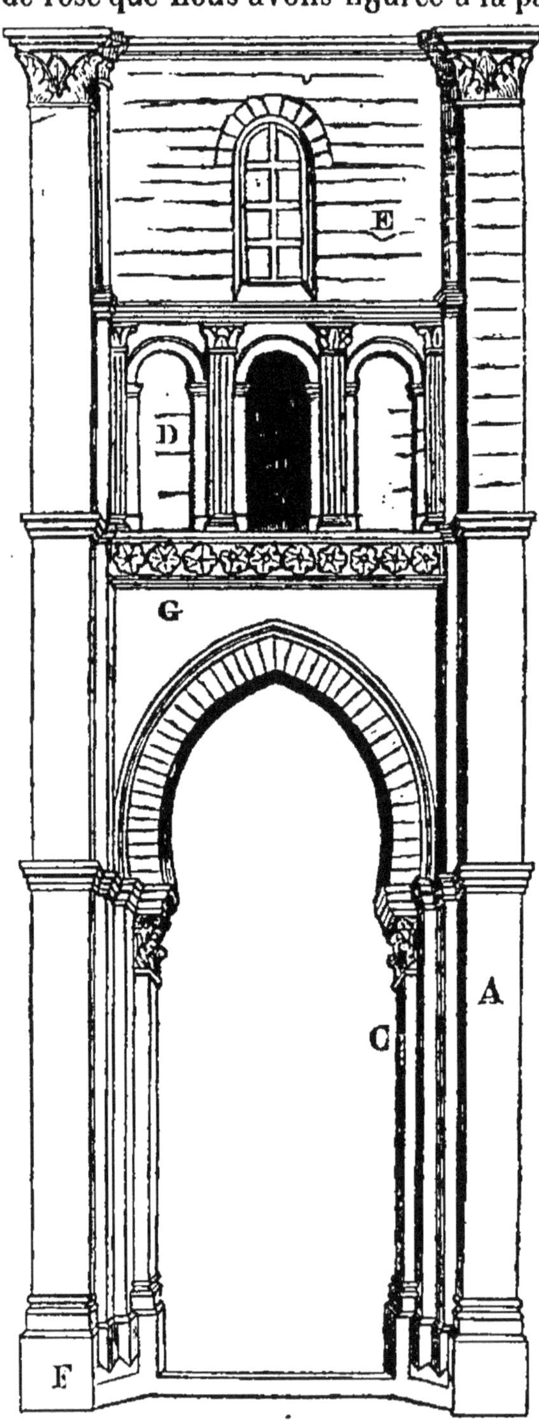


Les travées des nefs n'offrent rien de particulier ; toutes les parties conservent le caractère de l'architecture romano-byzantine ; il n'y a à noter que la forme ogivale des arcades. L'ogive est décorée ou de tores épais, ou d'un arc doubleau construit en voussoirs réguliers, comme on peut en juger dans le dessin ci-contre. Souvent cependant, un cordon de billettes ou de feuillages,etc.,se déploie autour des archivoltes. Les piliers sont composés comme nous l'avons dit précédemment. Nous avons dit que l'influence des monuments romains dans les pays où ils existaient a été grande, sur les conceptions des architectes de la première partie du moyen âge ; nous avons signalé cette influence dans le midi de la France, en Auvergne, pour ce qui regarde les mosaïques des murailles; voici que nous la retrouvons en Bourgogne dans Notre-Dame de Beaune, de Parai-le-Monial, de Saint-Vincent de Saulieu, de Châlons-sur-Saône, de l'abbaye de Cluny, de l'église de Nolans, etc. (1). La travée placée à la page précédente est empruntée à la cathédrale d'Autun (2) : les piliers de la nef se composent d'un massif carré flanqué de pilastres sur chacune de ses faces : un pilastre A s'élève jusqu'à la voûte, et reçoit l'arc doubleau de cette voûte; un second pilastre reçoit l'archivolte de l'arcade; un troisième pilastre C soutient l'arc doubleau de l'arc ogival. Les deux autres faces du pilier sont disposées de la même manière: la base F de ces pilastres est une bonne imitation de la base attique; au-dessus de l'arcade règne un bandeau G orné de rosettes, sur lequel s'appuient trois arcades à plein cintre, à pilastres cannelés, qui par leur disposition et leur ornementation sont une copie incontestable de l'attique de la *Porte d'Arroux* à Autun: c'est un fait qui deviendra évident en comparant l'arcature D de la cathédrale, et l'arcade que nous avons fait dessiner d'après la porte romaine dont nous venons de parler, et que l'on voit ici.

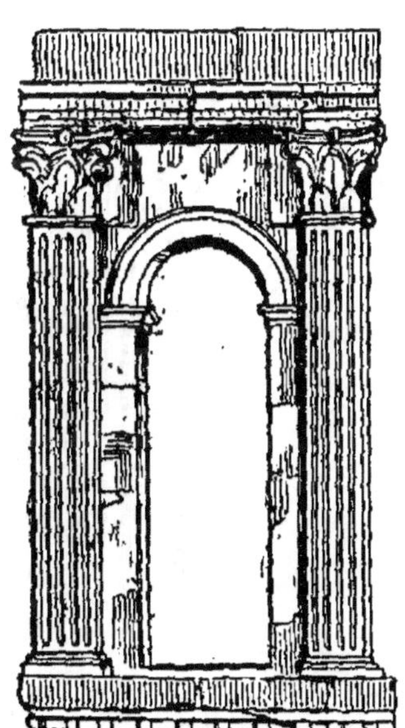

Tout, dans la cathédrale d'Autun, comme dans beaucoup d'autres églises, prouve que les artistes du moyen âge n'étaient pas indifférents aux beautés des monuments antiques, et que, s'ils avaient modifié en quelque chose l'architecture qu'ils avaient sous les yeux, c'était pour l'approprier à la destination de leurs édifices.

(1) Le style bourguignon a été importé dans plusieurs églises du Bourbonnais et du Nivernais, qui dépendaient de l'abbaye de Cluny. A Vienne et à Langres, où il existait des édifices antiques, il y a aussi des églises auxquelles les architectes ont appliqué des pilastres cannelés romains.

Nous terminerons cet article sur les basiliques du XIIe siècle, en faisant connaître une des plus belles coupoles que l'on ait élevées en France : nous voulons parler de celle de l'église de Tournus.

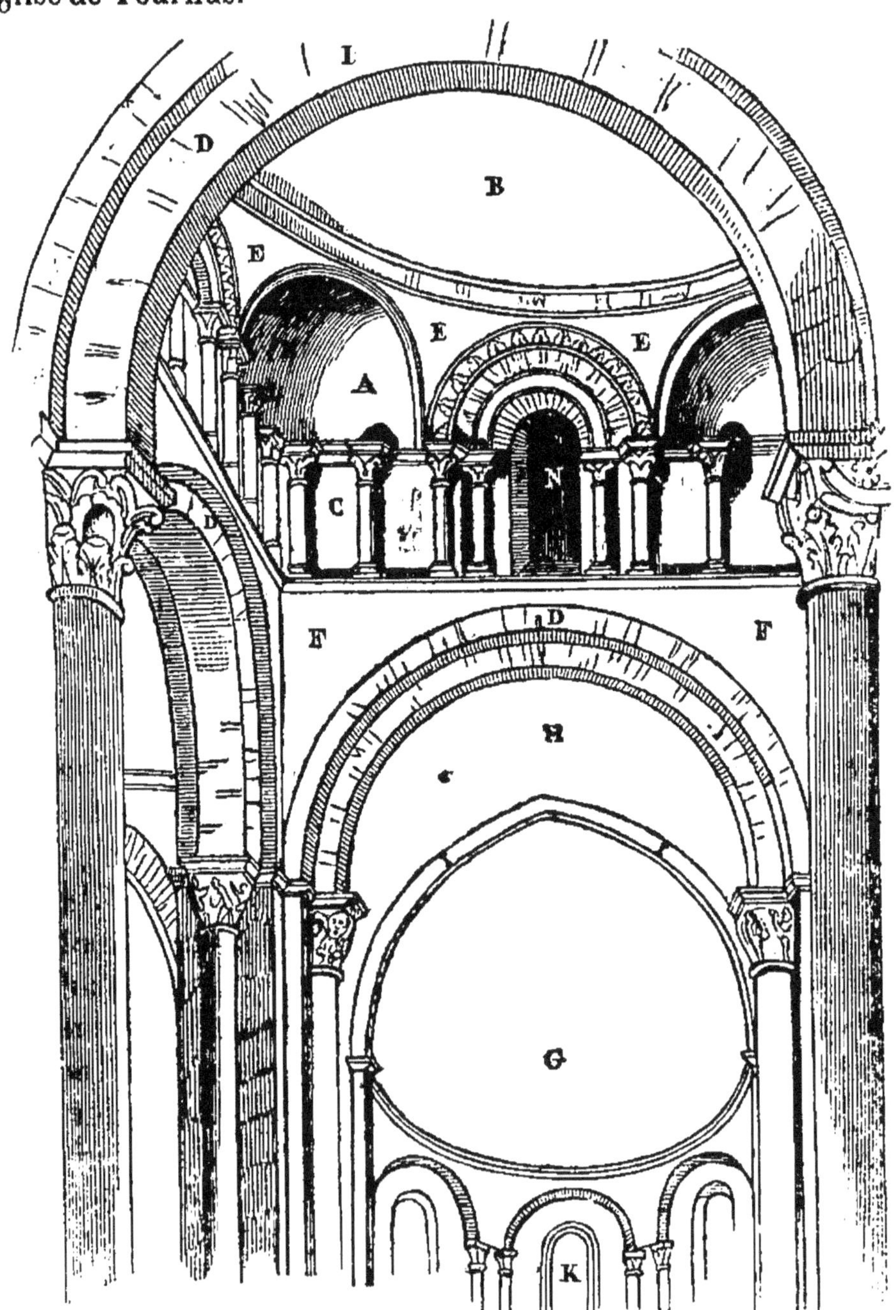


Voici les diverses parties qu'on y remarque : on voit à la lettre D l'arc doubleau qui renforce la voûte de la nef ; à la lettre B, une coupole sphérique; puis on trouve E, pendentifs; A, lunettes des pendentifs; C, base de la coupole ornée de colonnettes dont les chapiteaux ont des feuillages à crochets; N, fenêtres de la coupole à archivoltes, décorées de feuillages dans le goût antique; F, tympan des arcades qui supportent la coupole; D, arc doubleau de l'arc triomphal et de l'un des arcs du transsept; H, voûte en berceau du sanctuaire, indiquant très-faiblement la forme ogivale, ainsi que son arc doubleau I; G, voûte en cul-de-four de l'abside, et K, trois fenêtres cintrées de l'abside.

On peut juger, par ces indications, que cette coupole est construite avec beaucoup plus d'art que celle de Saint-Étienne de Nevers, dont nous avons donné la représentation à la page 493. En général les dômes au-dessus des transsepts s'observent beaucoup plus rarement dans l'ouest de la France que dans le centre et le midi. On en voit de beaux modèles sur les bords du Rhin, et surtout en Italie, dans la Lombardie. Ils ne sont pas toujours en calotte hémisphérique; ils sont quelquefois aussi élevés sur une base octogone.

### Style ogival en lancettes.

Si l'on peut dire que c'est dans nos provinces méridionales que l'on rencontre les plus beaux et les plus curieux monuments de style romano-byzantin, aux XI^e et XII^e siècles, on peut affirmer aussi que c'est dans le pays qui s'étend au delà des rives droites de la Loire, qu'ont été élevés les plus admirables édifices de l'art gothique. C'est au commencement du XIII^e siècle qu'ont été conçues, et qu'on a vu sortir de leurs fondements toutes ces magnifiques cathédrales dont nous sommes fiers à si juste titre. On ne saurait vraiment trop vanter leur ensemble grandiose, leurs dimensions gigantesques, l'harmonie de leurs proportions, la richesse de leurs détails. Qu'il nous suffise de citer les cathédrales de Paris, de Reims, de Chartres, de Rouen, d'Amiens, de Clermont-Ferrand, de Bourges, de Beauvais, les églises de l'abbaye de Saint-Denis, de la Sainte-Chapelle à Paris, Notre-Dame de Mantes, etc.

Dans l'architecture religieuse du XIIIe siècle, il n'y a aucun élément qu'on ne retrouve dans les églises de la période précédente. Les façades trinitaires, accompagnées de deux tours ou de flèches, et ornées d'une rose rayonnante; le plan de l'église en croix avec doubles bas-côtés tournant autour du chœur; le clocher pyramidal au-dessus du transsept, le triforium au-dessus des bas-côtés, les chapelles absidales, les piliers fasciculés, les fenêtres géminées, les chapiteaux à crochets, les voûtes d'arêtes renfoncées d'arceaux croisés : toutes ces choses appartiennent au style romano-byzantin (1). L'église,

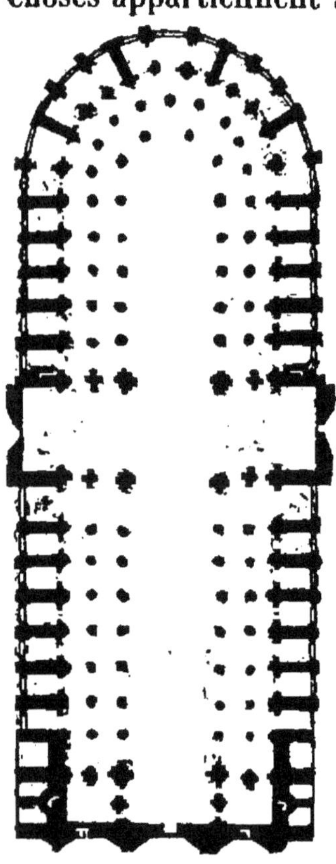

dans sa forme générale, comme dans ses subdivisions, reste ce qu'elle était auparavant; seulement, au XIIIe siècle, elle prend de l'extension dans tous les sens, par la simple multiplication de ses parties élémentaires. La nef et le sanctuaire se dilatent, pour ainsi dire, tandis que les voûtes atteignent à une hauteur prodigieuse. Toutefois ce fut le chœur surtout qui s'allongea, mais aux dépens de la nef, de sorte que le plan de l'édifice ne fut pour ainsi dire plus qu'une tradition de la croix latine. C'est ce qu'on peut vérifier sur le plan de Notre-Dame de Paris, que voici. On remarquera que là, les chapelles absidales ne sont plus voûtées en cul-de-four, comme au XIe siècle: elles sont rectangulaires, et à voûtes d'arêtes. Les autres chapelles, à la nef, ne remontent qu'au XIVe siècle. Nous n'a-

(1) On a fait beaucoup de frais d'imagination, dans ces derniers temps, pour vanter le sens éminemment religieux de l'architecture gothique, que l'on se plaît toujours à regarder comme un système inventé en dehors de toutes les traditions du passé. Nous pensons avoir démontré que c'est là une erreur : sans doute les cathédrales à ogives sont magnifiques, mais les grandes basiliques byzantines nous semblent avoir bien mieux conservé l'esprit mystique et les symboles de la primitive Église.

vons pas besoin de faire remarquer que les collatéraux de chaque côté de la nef sont doubles, et qu'ils tournent autour du sanctuaire. Comme l'usage des orgues devint assez général, on construisit pour les recevoir, en arrière de la façade, une tribune, dont le dessous simule un porche.

Notre-Dame de Paris peut certainement passer pour une des plus belles constructions du XIIIe siècle : aussi allons-nous en parler avec quelques détails. On peut diviser sa façade en trois zones

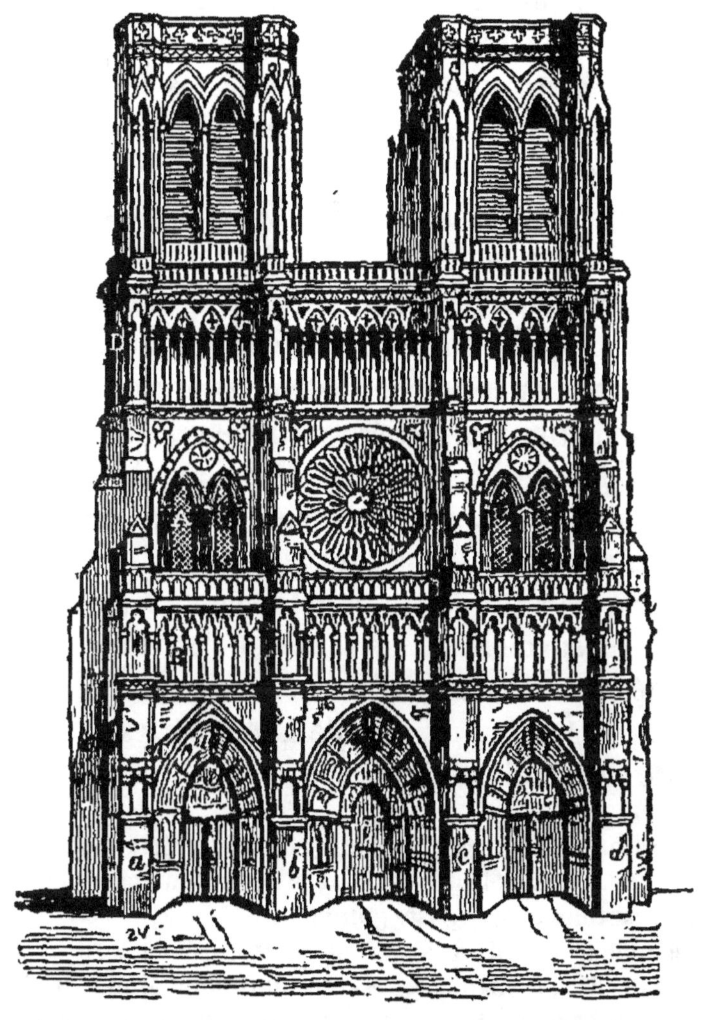


superposées, partagées elles-mêmes en trois parties par quatre contre-forts *a, b, c, d,* décorés de niches. A la zone inférieure, nous voyons trois portiques à ogive, qui forment porche par le retrait des portes en arrière de la masse de la façade, qui s'évasent de dedans en dehors, et qui sont couverts de sculptures en bas-reliefs et en ronde-bosse. Les tympans de ces portes sont ornés de bas-reliefs qui ont trait à la vie de la Vierge, au jugement dernier, etc. Sur les profondes voussures des arcades se détachent des consoles superposées, qui servent de dais et qui supportent des bustes. Les portes sont divisées en deux baies par un pilier central, contre lequel s'adosse une statue. On retrouve sculptées sur ces vastes portiques toutes sortes de figures religieuses : les anges, les prophètes, les patriarches, les martyrs, les rois ancêtres de Jésus-Christ, des abbés, des princes, des seigneurs, sans compter une foule de figures grotesques et d'animaux monstrueux. Au-dessus des portes se déploie une galerie B, à arcades trilobées, formant vingt-quatre niches, dans lesquelles il y avait autrefois vingt-quatre statues de rois. La seconde zone A de la façade comprend deux arcades géminées qui correspondent aux portes latérales, et une de ces roses rayonnantes qui deviennent un des plus beaux ornements des églises gothiques. Enfin, la troisième zone D est formée par une élégante galerie à jour, dont les arcades sont portées par des colonnettes très-déliées et très-sveltes, et qui rattachent la façade avec les deux tours carrées qui la couronnent. Il n'est pas prouvé que ces deux tours, si imposantes, dussent se terminer, comme elles le sont aujourd'hui, par une plate-forme. Quelques antiquaires sont disposés à penser qu'elles devaient être surmontées de flèches : c'est une question qui n'est pas décidée. A l'extrémité des transsepts sont deux autres façades à pignons, ornées de belles portes, de galeries à jour, et de roses splendides (1).

(1) M. Mérimée a apprécié avec un judicieux esprit d'observation les différences qu'il y a dans la disposition des lignes générales que présentent les églises byzantines t les églises gothiques.

«Tout le monde, dit-il, a remarqué dans l'architecture byzantine la saillie des corniches, la manière très-accentuée de marquer les lignes horizontales ; dans l'architecture gothique, au contraire, ce sont les lignes verticales qui prennent cette prépondérance ; et je n'ai pas besoin de faire remarquer le but évident de ce changement. Les divisions horizontales des travées sont faiblement indiquées dans une église gothique ; tandis que la

La poussée des voûtes intérieures, si élevées et si larges, avait besoin d'être contre-balancée extérieurement, et les architectes obtinrent ce résultat en employant non-seulement les contre-forts déjà en usage dans les siècles précédents, mais en portant en dehors les arcs-doubleaux de ces voûtes en demi-berceaux que nous avons signalés dans un grand nombre d'églises romano-byzantines. Le contre-fort le plus extérieur ou éperon A, servait de point d'appui à des arcs-boutants C et D, qui combattaient la pression oblique en sens contraire des voûtes de la nef et du triforium ; de sorte qu'il y a un double étage d'arcs-boutants ; mais, comme on avait calculé qu'une masse verticale pesant sur la partie de l'arc supérieur qui se joint au pilier pourrait contre-balancer la poussée de cet arc contre ce pilier, par la pression excentrique du premier, on superposa aux piliers des masses pyramidales, que l'on a appelées *pinacles* ou *cloche-*

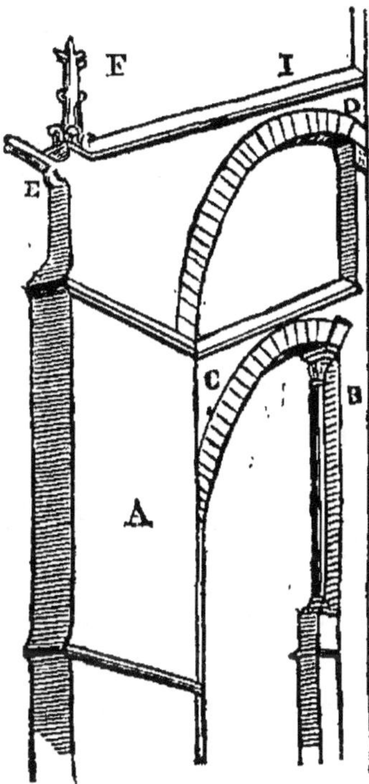


forte saillie des colonnes qui les séparent verticalement attire l'œil sur une ligne dont rien n'interrompt la longueur.

«De même, dans la disposition des façades, les architectes du XIVe siècle se sont particulièrement occupés à faire pyramider l'ensemble du frontispice, en rompant par la multitude de leurs pinacles les lignes horizontales que leurs devanciers exécutaient, au contraire, avec une sorte d'affectation. Pour citer un exemple frappant, je prierai le lecteur de jeter un coup d'œil sur un dessin de la façade de Saint-Gilles, et sur un autre de la façade de la cathédrale de Reims. La comparaison de ces deux édifices, admirables chacun dans leur système, en dira plus que tout ce que je pourrai ajouter. Je ferai remarquer pourtant encore la multitude des plans en saillie et en retraite sur la façade gothique, et le plan uni de la façade byzantine, enfin la division de la première en une infinité de parties distinctes et toutes d'une importance secondaire, mais qui, de loin, se réunissent facilement en un ensemble systématique, et la division de la seconde en un grand nombre de parties, mais beaucoup plus indépendantes les unes des autres.»

*tons* F. Au XIIIe siècle, les pinacles sont généralement carrés, sont ornés, sur leurs quatre faces, d'arcades simulées; les angles de la pyramide présentent des séries de crochets. Quelquefois ils forment une espèce de niche, sous laquelle est placée une statue (Reims). Les arcs-boutants correspondent toujours aux piliers de chaque travée intérieure. On utilisa les arcs-boutants en creusant en chenal leur partie supérieure I pour la conduite des eaux, qui étaient déjetées à terre par des *gargouilles* E, qui plus tard se composèrent de toutes sortes de figures naturelles ou monstrueuses. Dans les grands édifices, il y a le plus souvent tout autour de l'église un double étage d'arcs-boutants, dont l'effet est assez pittoresque, mais que quelques artistes ont considérés comme une malencontreuse invention, disant que ces arcs donnent à tout le monument l'aspect d'une construction étayée de toutes parts.

Quant aux fenêtres extérieures, nous n'en dirons rien; nous renvoyons au dessin que nous avons publié de celles de la Sainte-Chapelle de Paris, à la page 452.

Les charpentes des toits étaient faites avec beaucoup de soin, et on employait pour cela des bois de choix. Longtemps on a cru qu'elles étaient en châtaignier, mais il paraît prouvé que la majeure partie d'entre elles est en chêne. Les plombs qui recouvraient ces charpentes étaient souvent décorés de dessins en reliefs ou incrustés, et l'angle du toit de couvre-joints à jour.

Quant à l'intérieur de l'église, il nous reste peu de chose à en dire. Nous avons fait connaître la forme des arcades, la distribution des fenêtres, la disposition des voûtes; nous ferons une remarque seulement: c'est que toujours les piliers qui soutiennent la base des tours de la façade, et le clocher central au-dessus du transsept, se composent d'une masse de colonnettes fasciculées, dont les proportions élégantes dissimulent la masse de ces énormes supports. Le triforium n'existe pas toujours; quelquefois il n'est que simulé; quelquefois cette galerie est si étroite, comme à Saint-Denis et à Reims, qu'elle ne peut donner passage qu'à une seule personne. Il arrive encore que cette galerie fait le tour même des transsepts. Le chœur était entouré d'une clôture en pierre décorée avec goût, et fermée par un jubé. Il en existe de beaux exemples, mais ils datent surtout des XIV^e^ et XV^e^ siècles. Le pavé se composait de pierres tumulaires avec inscriptions et portraits en buste ou en pied, gravés en creux. Quant aux murs, ils furent encore rehaussés de peintures. Les voûtes furent peintes en bleu, et semées d'étoiles d'or et d'argent ; des banderoles se déployèrent autour des colonnes, et montrèrent des feuillages et diverses combinaisons de l'ogive.

Nous n'avons pas besoin de faire observer qu'au XIII^e^ siècle la coupole a entièrement disparu. Elle ne trouvait plus sa place à côté de ces nefs si élancées, et dont la hauteur paraît disproportionnée avec la largeur : son effet eût été nul. Au lieu d'un clochêr carré, d'une masse imposante pour recouvrir ces dômes, il y eut tout simplement de belles flèches, d'une grande légèreté et toutes découpées à jour.

Nous ne chercherons pas à rendre l'impression que produit sur l'âme la vue de ces magnifiques cathédrales que le XIII^e^ siècle nous a léguées ; tout le monde les connaît, les a admirées : ce sont des temples dignes de la majesté de Dieu, des monuments qui feront l'objet du respect de toutes les générations qui pourront les contempler.

## Style ogival rayonnant.

La plupart des grands édifices religieux commencés dans les premières années du XIII^e^ siècle n'étaient pas achevés, pour la plupart, au bout d'un siècle : aussi est-il rare de trouver une cathédrale d'un style uniforme dans toutes ses parties. Au XIV^e^ siècle, on travailla encore à un grand nombre d'églises, soit qu'on mît la dernière main à quelques-unes de ces basiliques, soit qu'on jetât les fondements de nouveaux monuments.

L'art ogival, pendant cette période, atteint à son plus haut degré de puissance et de perfection ; il allie la grandeur et l'élégance, la majesté et la richesse : mais, pour arriver à cette perfection, il emploie des éléments dont l'abus doit le conduire à une rapide et complète décadence. C'est alors que la tradition de l'art antique est complétement effacée ; on a peine à retrouver la basilique latine, si sévère, si imposante, dans ces cathédrales dont l'œil saisit difficilement l'ensemble, tant les lignes générales disparaissent sous la profusion des détails.

Quoi qu'il en soit, on peut dire que les architectes du XIV^e^ siècle continuèrent la besogne des artistes du siècle précédent. Ils ne modifièrent pas sensiblement le plan des églises, si ce n'est qu'ils ajoutèrent le long des bas-côtés des chapelles correspondant à chaque travée de la nef. Ainsi furent faites les chapelles latérales de Notre-Dame de Paris, et de tant d'autres cathédrales. On dédia ces chapelles à des saints dont on conservait quelques reliques, ce qui rendit inutiles les cryptes des âges précédents ; souvent aussi ces chapelles devinrent la propriété de certaines familles, qui en firent leur lieu de sépulture.

D'ailleurs, le système architectonique reste le même ; les façades conservent les mêmes lignes générales, comme on peut le vérifier en considérant la façade de la cathédrale de Reims. La décoration est seulement surchargée de détails ; les frontons dans lesquels sont incadrées les ogives des portes deviennent plus aigus, se détachent des murs et se couvrent de sculptures. Toutes les niches sont surmontées de pinacles à trois ou quatre faces, ou sont ornés de colonnettes ; les fenêtres se terminent par des frontons sur les rampants desquels s'épanouissent des crosses végétales serrées les unes contre les autres. Le système d'arcs-boutants que nous avons indiqué règne toujours à l'extérieur des édifices. Les balustrades, à la naissance des toits, sont d'un usage général ; les nervures des voûtes sont moins épaisses que précédemment, et leur point d'intersection est orné d'un fleuron à feuillages. Les roses enfin prennent un développement gigantesque. Nous avons parlé ailleurs de la forme déjà évasée des arcades et des fenêtres qui occupent alors toute la largeur de chaque travée; nous avons dit que les chapiteaux étaient rehaussés d'une multitude de fleurs et de feuillages, empruntés à la flore du pays ; que les vides entre les fenêtres, les arcades simulées et les balustrades, étaient couverts de trèfles, de quatre-feuilles, de rosaces, dont les angles rentrants se prolongent plus qu'au siècle précédent, et dont la courbe périphérique se brise ; que les tores enfin sont plus minces et moins saillants: tous ces caractères sont faciles à saisir quand on a pu comparer quelques constructions des XIII^e et XIV^e siècles (1).

Une grande partie des nefs des cathédrales de Reims et de Meaux, de l'église Saint-Ouen, de Rouen, la nef de la cathédrale de Tours, une grande partie de Notre-Dame-de-l'Épine, de la cathédrale de Metz, peuvent passer pour les plus beaux spécimens de l'architecture du XIV^e siècle en France.

### Style ogival flamboyant.

Au XV^e siècle, c'en en fait de l'architecture religieuse : elle arrive à son plus haut degré de luxe, de richesse, mais en même temps elle perd son caractère si grave; elle semble avoir oublié le sens des vieux symboles. Bien plus, la foi s'attiédit, et l'homme, atteint par le doute, comme le dit un écrivain, ne songe plus à faire à ses croyances un abri immortel. On ne construit plus de ces gigantesques églises qui s'élevaient par les efforts de tout un peuple d'ouvriers. On bâtit surtout des manoirs et des palais dont les formes générales disparaissent sous les festons, les dentelles, les feuillages de pierre. L'ogive s'affaisse de plus en plus, comme écrasée sous le poids des pinacles et des frontons dont elle est surchargée.

On dirait que dans ce siècle les architectes luttent d'audace et de témérité; toutes leurs constructions semblent porter un défi aux lois de l'équilibre. Elles sont maintenues par des moyens

(1) Un fait important à noter, c'est la disposition des contre-forts ou éperons : au lieu d'être toujours appliqués carrément contre les murs, on commence à les poser obliquement, et à leur donner une forte saillie ; au lieu de former avec le mur un angle droit, il forme un angle obtus. C'est ce qu'il est facile de constater sur le plan de l'église de Prouilly, figuré à la page 478.

artificiels, parmi lesquels les crampons de fer jouent un rôle plus important que l'art dans la coupe des pierres. Les contre-arcatures qui festonnent les archivoltes des arcades, les arceaux de voûtes, l'intrados des arcs-boutants, les clefs pendantes, nous étonnent encore par leur disposition hardie. On adopte partout le système des porte-à-faux; les tourelles sont comme suspendues aux flancs des édifices; les hautes pyramides qui couronnent les clochers nous paraissent comme un réseau délicat que pourrait emporter le vent. La superfluité d'ornementation que l'on remarque dans le gothique du xv$^{e}$ siècle est un signe de décadenee. Il en a été ainsi à toutes les époques de l'art, comme nous avons eu plus d'une fois occasion de le faire remarquer. Le style ogival recevait son principal caractère de sa tendance vers les formes verticales; au xv$^{e}$ siècle, il a une tendance contraire: comme nous venons de le dire, il est dévié de sa voie normale, et n'offre plus qu'un genre d'architecture bâtarde.

Les grandes cathédrales appartenant au gothique flamboyant sont très-rares en France; cependant il est peu d'édifices de quelque importance dont quelque partie n'ait été faite dans ce style; nous citerons parmi les ouvrages les plus remarquables de cette époque, le portail de Notre-Dame de Rouen, le portail latéral de la cathédrale de Beauvais, Saint-Ouen de Rouen, en grande partie, Notre-Dame de Saint-Lô, Saint-Pierre à Fontenay, Saint-Jacques d'Orléans, la cathédrale de Tours, Saint-Salvy d'Alby, le porche de Saint-Germain-l'Auxerrois à Paris, Saint-Maclou à Rouen, la cathédrale de Moulins, l'église de Notre-Dame de Brou à Bourg en Bresse, avec ses tombeaux qui semblent brodés par les mains des fées. Toutes ces constructions portent un cachet qui les fera toujours reconnaître facilement.

Nous avons choisi, pour donner une idée du goût des architectes du xv$^{e}$ siècle, une vue du portail latéral d'une église de Senlis. On remarquera les nervures prismatiques de la porte C, qui est surmontée, au lieu de fronton, d'un arc à contre-courbure très-aigu A. La voussure profonde de l'ogive est souvent garnie de plusieurs rangs de dais sous lesquels sont placées des statues de saints et d'anges. La rose flamboyante B ne ressemble en rien à celles des siècles précédents : toutes ces

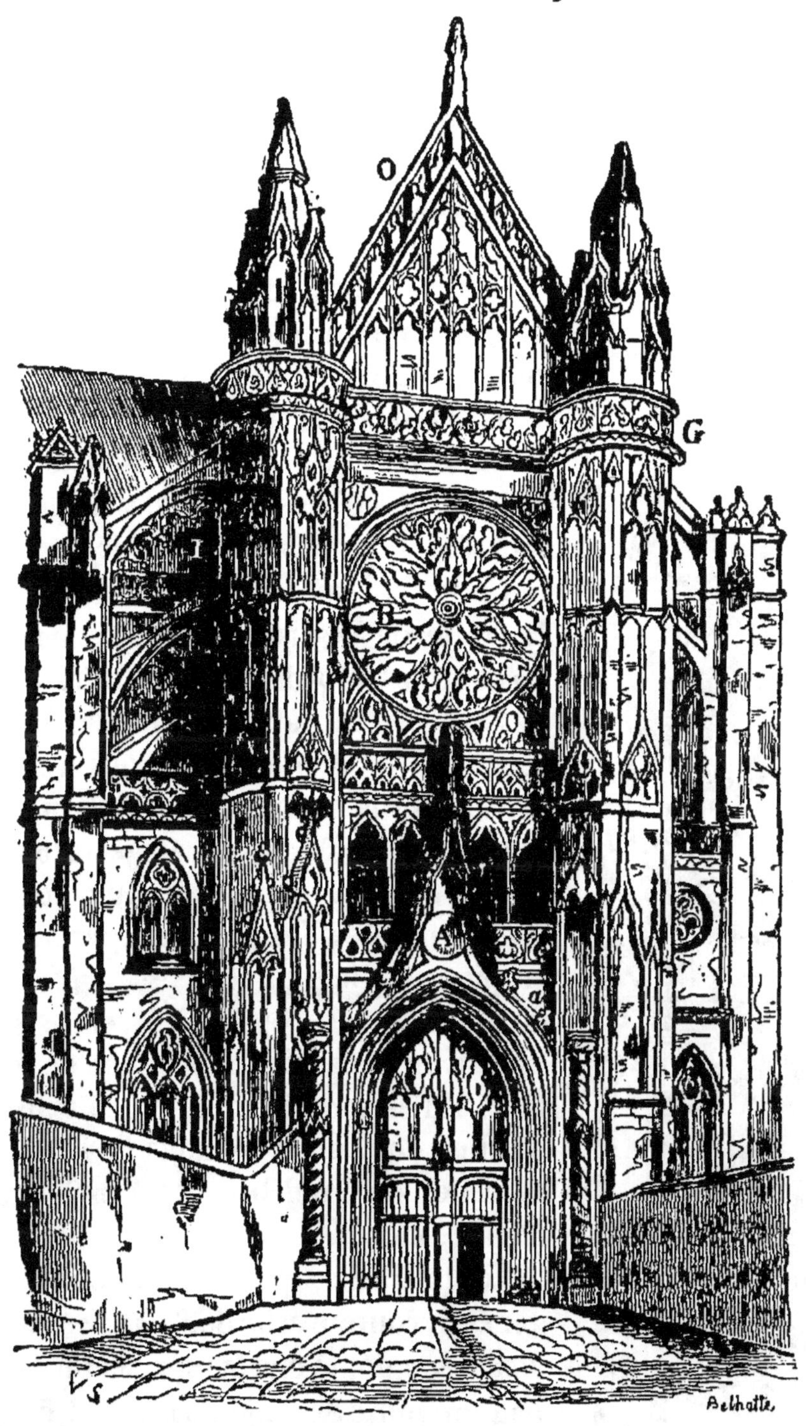


nervures se recourbent et se réunissent sous diverses angles, et en dessinant des courbes allongées. Le pignon O, ainsi que les deux tourelles latérales, sont couverts de panneaux à ogives, dont les meneaux sont prismatiques. Les galeries G, au-dessus et au-dessous de la rose, ne sont plus formées de trèfles ni de quatre-feuilles, mais de nervures recourbées en divers sens, et présentant des dessins dont on verra un spécimen plus détaillé à la page 518. Il n'y a pas jusqu'aux arcs-boutants dont l'intrados I ne soit orné de contre-arcatures trilobées. Ils ont partout, en amortissement, des clochetons hérissés de crosses, de bourgeons, de feuilles de chou frisé; quelquefois des statues, et à divers étages, des niches couronnées d'un dais évidé à jour.

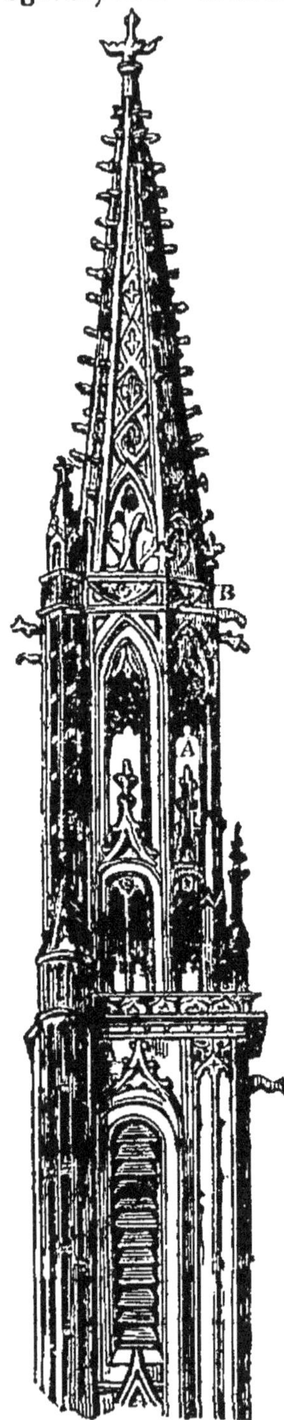


Les flèches, au $xv^e$ siècle, sont, comme le reste de l'église, construites avec une élégance extraordinaire. Les baies A sont évasées et surbaissées, munies d'abat-sons. Un escalier disposé dans une tourelle à jour E, et des galeries B permettent la circulation à chaque étage autour du clocher. La tour, ou carrée, ou octogone, est surmontée d'une flèche pyramidale en pierre : elle est à jour; ses arêtes sont ornées de crosses épanouies, et le sommet se termine par un bouquet de feuillage. Telles sont les flèches de l'église de Thann, dont nous donnons ici le dessin, et celles de Caudebec, de Honfleur, de Mende, etc.

Les tours du $xv^e$ siècle sont carrées, en général, comme celle de *Saint-Jacques-la-Boucherie*, dont voici la représentation à la pag. suivante. Ses angles sont solidifiés par quatre éperons qui présentent des niches à divers points de leur hauteur; elle se termine par une plate-forme décorée d'une balustrade et de gargouilles en forme de monstres, qui font saillie pour l'écoulement des eaux. La forme des arcades, d'ailleurs, et leur décoration, suffisent pour caractériser ces tours. Il arrive qu'elles offrent plusieurs étages de niches, ou seulement des consoles portant des statues : telles sont les tours des cathédrales d'Auxerre et de Nevers, celle de l'église de Clamecy; nous devons citer encore la tour de Beurre à Rouen, et celle de la cathédrale de Bourges.

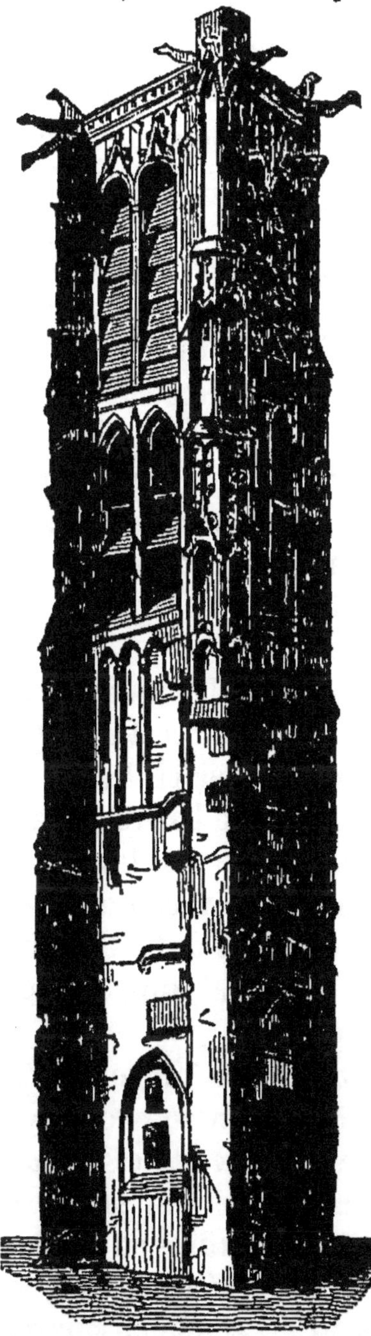

L'intérieur des églises ne nous présente rien de particulier à noter après les détails dans lesquels nous sommes entré quand nous avons traité du style flamboyant d'une manière générale. La forme des arcades, des fenêtres, des galeries, est connue; il nous reste à dire que les jubés, comme celui de Saint-Salvy à Alby, les chaires, comme celle de la cathédrale de Strasbourg, se composent d'un ensemble de panneaux, de niches, de dais, de pinacles, de statues, de nervures enlacées, tous détails que nous avons décrits précédemment. Pour le plan, il a perdu de sa régularité, de sa symétrie. Les chapelles rayonnantes de l'abside, ou sont maladroitement disposées, ou sont supprimées. Une foule de chapelles accessoires, bâties par de riches personnages, se multiplient autour des monuments, sont décorées avec le plus grand luxe, et reçoivent des tombeaux qui, pour la plupart, se composent d'un large sarcophage sur lequel sont représentées, couchées, les mains jointes, les personnes inhumées. Nous avons, à la page 18, dit quelques mots sur les diverses formes que l'on donna aux tombeaux. Nous ajouterons seulement que les faces des sarcophages sont ornées tantôt d'écussons peints, tantôt de niches sous lesquelles sont placées des statuettes représentant les apôtres, les évangélistes, ou d'autres saints. Ce monument, comme à Brou, est quelquefois couvert d'un large dais qui paraît être un autre édifice. Disons enfin que souvent les statues sépulcrales étaient peintes au naturel. Quelques-unes de ces chapelles, comme dans les églises de Brou, de Cluny et de Souvigny, présentent une particularité que nous devons noter. Elles sont munies de foyers à cheminées, où les fondateurs se faisaient faire du feu, l'hiver, afin d'assister tout à leur aise à la célébration des saints offices.

Le pavé des églises est encore formé de dalles tumulaires, représentant les personnages défunts avec leur costume. Ces représentations sont gravées en creux ; quelquefois les mains et la tête, moulées sur nature, sont sculptées en bas-relief dans le marbre, et incrustées dans la pierre. D'autres fois les pierres tumulaires sont décorées d'incrustations en cuivre, ainsi qu'on en voit de nombreux exemples dans les églises de la Belgique.

Comme dans les siècles précédents, les sculptures peintes sont également très-communes.

Les murs intérieurs des églises ont été généralement rehaussés de peintures : tantôt celles-ci représentent des sujets religieux, tantôt des arabesques. Souvent on voit des *ex voto* qui montrent des personnages en présence de leur saint patron. Les arabesques se composent, ici de peintures en damier, à carrés rouges et bleus ; là, de rameaux de feuillages, de fleurs, d'oiseaux. D'autres fois, ce sont des combinaisons des dessins particuliers aux balustrades et aux panneaux en pierre des édifices, ainsi qu'on peut en juger par le spécimen que nous publions, et qui est emprunté au réfectoire de l'ancienne abbaye de Menat en Bourbonnais. Les dessins indiqués par

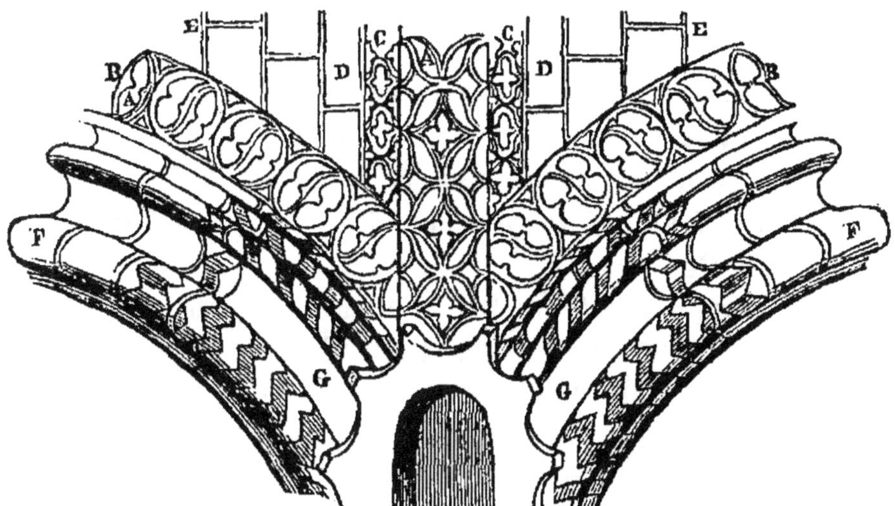


les lettres A, B et C, sont caractéristiques des monuments du XV^e siècle. Les surfaces portant la lettre F sont d'un gris bleu, avec les joints de couleur blanche; celles portant la lettre G sont vertes. Les nervures des rosaces notées à la lettre B sont blanches, sur un fond gris bleu. Il en est de même des autres enlacements de nervures indiqués par la lettre A. Les quatre-feuilles C sont blancs et se détachent sur un fond rouge. Enfin les carrés E D sont blancs, et leurs joints rouges. On peut juger par là de l'effet que produisait la vue des églises du XV^e siècle et du commencement du XVI^e. En un bien petit nombre d'années, tout ce système d'architecture religieuse, tours, arcades, ogives, choux frisés, feuilles de chardon, dais et galeries à jour, pinacles, dentelles de pierre, flèches pyramidales, moulures filant jusqu'aux voûtes, fenêtres aux nervures flamboyantes, tout fut oublié. Le plein cintre remplace l'ogive; les formes carrées et les lignes droites et anguleuses des ordres antiques recouvrent un empire absolu. Les églises bâties dans ce dernier système sont assez nombreuses; elles ont été dessinées assez souvent pour qu'il ne soit pas nécessaire que nous leur consacrions un article spécial. On peut voir un curieux exemple de la fusion du style gothique et du style de la renaissance dans l'étrange église de Saint-Eustache à Paris.

# ARCHITECTURE MILITAIRE.

**Enceintes murales. — Forteresses. — Châteaux.**

De même que nous avons trouvé les éléments de l'architecture religieuse dans les monuments de l'art antique, de même aussi nous devons rechercher les modèles de notre architecture civile au moyen âge, dans le système architectonique des Romains.

Nous avons dit déjà que les fortifications romaines se composent d'une enceinte d'épaisses murailles, flanquées, d'espace en espace, de tours rondes ou carrées (1). La partie supérieure des murailles, ainsi que leur couronnement, était faite avec de grosses pierres d'appareil. Au-dessus on employait des pierres de petit appareil, reliées avec du ciment. Quand les murs étaient renforcés intérieurement par des terrasses qui se trouvaient contenues entre deux massifs de maçonnerie, suivant le précepte de Vitruve, ils prenaient le nom d'*aggeres* (2). Cette enceinte était couronnée par un parapet muni de créneaux, dont les *merlons*, ou parties pleines, étaient en pierres de taille (3). Les tours étaient construites de la même manière que les murailles, et se terminaient en haut par une galerie crénelée; elles étaient percées, à diverses hauteurs, de meurtrières ayant la forme d'un carré long, et divisées par des voûtes en plusieurs étages, auxquels on parvenait par des rampes douces. Il paraît même que les anciens connaissaient les mâchicoulis, car on en voit une représentation sur des peintures antiques (4). Les portes, ainsi que nous l'avons dit, étaient défendues par deux tours, et c'était là une disposition fort ancienne, puisque Homère en parle dans ses poëmes (5), et

(1) Vitruve recommande de construire des tours rondes; cependant celles d'Herculanum sont carrées.

(2) Vitr., *Arch.*, l. I, c. 5, et Veget., *de Re milit.*, l. IV.

(3) Voyez les créneaux figurés par des points, dans la vue que nous donnons de l'église de Royat, page 487.

(4) *Peint. d'Hercul.*, t. I, pl. 49, et t. III, pl. 41.

(5) Θυρος ευεχεος αυλης. (*Iliad.*, 21, v. 240-389.)

présentaient un encorbellement qui couvrait la herse et les montants du pont-levis (1). Les courtines, ou murs de face, étaient rendues plus fortes par des angles saillants, ainsi qu'on peut s'en convaincre en lisant le traité de Végèce (2). Au sommet des murs on déposait toute sorte d'objets nécessaires à la défense des places : celles-ci étaient, en outre, environnées d'un large fossé, que l'on pouvait inonder dans l'occasion. Enfin on ménageait des souterrains pour pouvoir sortir secrètement de l'intérieur des villes. Cet usage remonte à la plus haute antiquité, car leur existence est signalée à propos du siége de Jérusalem et de Babylone.

L'enceinte murale d'Autun, avec ses débris de tours, ses belles portes, ses fortes courtines, donne une grande idée des constructions militaires des Romains ; qu'il nous suffise de dire que cette enceinte a un développement de près de cinq quarts de lieue, et qu'elle présente deux cent vingt tours circulaires.

On distinguait trois sortes de forteresses : les plus importantes s'appelaient *castra* (3), celles du second ordre étaient désignées par le mot *castella*, celles du troisième ordre par le mot *burgi* ; enfin la forteresse pouvait se réduire à une simple tour, *turris*. Le mot *oppida* était réservé pour les places fortes. Les frontières étaient souvent défendues par de grandes murailles, *clausuræ*, munies de camps et de tours. Toutes ces constructions présentent un appareil si caractéristique, qu'il sera toujours facile de les reconnaître après ce que nous avons dit à l'article *Ère gallo-romaine*. Nous rappellerons seulement que les assiégeants se servaient de grosses tours

(1) Voyez le t. I de l'ouvrage de Mazois sur Herculanum. *Les anciens attribuaient l'invention des tours aux Cyclopes et aux Tirinthiens.* Pline, *Hist. nat.*, l. VI, ch. 25.

(2) « Muri per artem obliqui aut introrsum sinuantes, ut latera oppugnantum ad ictus patercuit. » (Amm. Marcel., l. X, cap. 21.) Végèce dit : « Non solum a fronte, sed etiam a lateribus et prope a tergo, veluti in sinum circumclusus, opprimitur. »

(3) Voyez ce que nous en avons dit à la page 275.

en bois, pour arriver à escalader les murs, et que l'attaque, comme la défense, employait les *catapultes,* au moyen desquelles on lançait des pierres et de gros dards (1), et les *balistes*, au moyen desquelles on envoyait à l'ennemi des flèches et des traits d'une longueur et d'un poids prodigieux (2). Ces machines furent également mises en usage pendant une partie du moyen âge.

Les rois mérovingiens et carlovingiens continuèrent cet ordre de choses, veillèrent à l'entretien des forteresses élevées par les soins des empereurs romains, et en firent construire de nouvelles sur le même plan. Non-seulement ils fixèrent leur séjour à Paris, dans le palais des Thermes de Julien, mais ils bâtirent même des amphithéâtres pour donner des représentations au peuple. Ils eurent plusieurs résidences, dont les écrivains nous ont conservé les noms. Il y avait des habitations royales à Nogent, Saint-Cloud, Chelles, Villers-Cotterets, Compiègne, Vernon, etc.

A la fin du x$^{e}$ siècle, quand toutes les provinces devinrent des fiefs, et qu'elles formèrent en quelque sorte des États séparés, elles eurent des limites distinctes, des *marches* qui furent couvertes de fortifications. Des châteaux s'élevaient de loin en loin, au sommet des montagnes, sur le bord des rivières, quelquefois au milieu des forêts. Ils se composaient, en général, de deux enceintes, et quelquefois plus, soit en terre et garnies de palissades en bois, soit en maçonnerie. Au centre de l'enceinte la plus étroite, il y avait une éminence naturelle ou artificielle, ayant la forme d'un cône tronqué. C'est sur cette éminence, qui portait le nom de *motte* (3), que s'élevait le *donjon;* celui-ci était tout simplement une tour ronde ou carrée, en maçonnerie ou en bois, divisée en plusieurs étages, et percée de meurtrières. Il servait d'habita-

(1) Voyez Veget., *de Re milit.*, l. IV, et les dessins du chevalier de Folard, dans son *Traité de l'attaque des places chez les anciens*, Paris, 17 , in-fol

(2) Voyez Amm. Marcellin, l. XXIII, c. 4, et le chevalier de Folard.

(3) Voyez ce que nous en avons dit déjà à la page 174.

tion au commandant. Ces mottes sont très-communes dans le centre, le nord et l'ouest de la France.

Mais il y avait des forteresses plus importantes, construites avec plus de soin. Elles présentaient souvent trois enceintes, dont la configuration se rapprochait le plus possible de la forme rectangulaire, mais qui était nécessairement subordonnée à la configuration des lieux. Les murs étaient fort épais et bâtis soit en moellons, soit en pierres appareillées. Le donjon, en pierres de taille, rond ou carré, était divisé en trois ou quatre étages, et portait, à une certaine hauteur, des corbeaux rustiques, sur lesquels on établissait sans doute un balcon de planches : cette galerie devint dans les siècles suivants plus élégante, et fut faite tout entière en pierres d'appareil. Il faut remarquer aussi que c'était presque toujours par des ouvertures pratiquées au second étage qu'on pénétrait à l'intérieur du donjon ; chaque étage était généralement formé par un plancher que supportaient des poutres engagées dans les murailles parallèles. Les murs sont soutenus par des contre-forts carrés, analogues à ceux dont nous avons donné le dessin à la lettre A, page 448. Ces donjons, enfin, se terminent supérieurement ou par une plate-forme, ou par un toit à quatre pans. Toutes les forteresses du XI^e siècle n'avaient pas de donjons construits à part ; quelquefois une des tours d'enceinte en tenait lieu. Les fenêtres étaient à plein cintre. L'édifice était rarement décoré de moulures ; dans tous les cas, on employait celles qui sont particulières au style romano-byzantin.

Tous les auteurs se sont accordés pour reconnaître dans les châteaux forts du moyen âge une imitation des camps romains. Les fossés, les enceintes avec leurs tours formant autant de bastions, le donjon central qui représente le prétoire consulaire, ne laissent pas de doute à cet égard. Il y a plus, c'est que ces forteresses sont identiquement semblables à celles qu'on éleva dans les bas temps en Orient. Lisez Procope, et vous jugerez que les architectes de Justinien employaient exactement le même système de fortification.

L'essor que l'architecture militaire avait pris au XIe siècle prit un plus grand développement encore au siècle suivant; seulement la manière de bâtir est plus élégante et plus solide: les tours sont couronnées d'une galerie de machicoulis en pierres et surmontées de créneaux; les donjons carrés portaient quelquefois à leurs angles supérieurs des guérites à vigie, bâties en encorbellement. La porte d'entrée, à pont-levis, était pratiquée, comme par le passé, entre deux tours, se fermait par deux portes battantes et au moyen d'une herse qui descendait du haut dans des rainures parallèles. Cette première enceinte, ou *bayle* (*baylum*), contenait des bâtiments qu'on utilisait de diverses manières, et souvent une chapelle; la seconde enceinte renfermait le donjon et l'habitation du baron. Dans la seconde moitié du XIIe siècle, les tours cylindriques furent beaucoup plus communes que les tours carrées, et l'emploi de l'ogive devint un caractère dont il faut toujours tenir compte.

A partir du XIIIe siècle, la France féodale était formée, le réseau des forteresses était complet dans toutes les provinces; on éleva donc peu de châteaux; bien plus, il arriva que les seigneurs, entraînés par les croisades dans des contrées lointaines, négligèrent l'entretien de leurs manoirs. L'architecture militaire de cette époque ne diffère de la précédente que par l'emploi de l'ogive en lancette; les donjons ne reposent plus sur des mottes en terre; les tours d'enceinte sont souvent crénelées et munies d'une ceinture de mâchicoulis; les voûtes, comme celles des églises, sont renforcées par des arceaux qui reposent soit sur des corbeaux, soit sur des colonnettes également espacées. Les constructions les plus soignées offrent des pierres de moyen appareil; quand les tours sont bâties en moellons, elles sont solidifiées par des cordons de pierres de taille placées à diverses hauteurs; l'arc des fenêtres est en lancette, et les arcades sont géminées; la partie inférieure et supérieure de l'ogive est souvent remplie en maçonnerie, de sorte que l'ouverture devient carrée. Quant aux ornements, ils sont les mêmes que ceux des édifices religieux du même temps, et se composent de trèfles, de crochets, de violettes, de fleurons. Les salles d'habitation prirent un grand développement et furent décorées de vitraux et de peintures.

Les progrès que l'on fit dans l'art de bâtir aux XIV^e^ et XV^e^ siècles sont notables dans l'architecture militaire. Le plan des châteaux est plus régulier, et les corps de logis disposés pour les seigneurs et leur suite s'accroissent aux dépens des fortifications. Les escaliers étaient disposés dans les tours des angles ou dans une tourelle élevée en saillie sur la façade du principal bâtiment. Les murs qui ceignent le château sont constamment crénelés et munis de mâchicoulis ; les consoles qui supportent les mâchicoulis sont plus allongées et d'un profil plus élégant qu'au siècle précédent. Ces consoles ne sont pas reliées deux à deux par des pierres posées à plat ou par des arcades cintrées, mais bien par des arcades ogives décorées de trèfles. Des tours d'enceinte rondes ou carrées, les unes se terminent par une plate-forme crénelée, les autres par un parapet crénelé qui reçoit un toit conique; ces toits étaient souvent surmontés de girouettes, signes de noblesse dont tous les seigneurs n'avaient point le droit de se parer. Nous croyons que l'appareil en pierres taillées en diamant, qui prouve déjà de la recherche dans l'art de bâtir, a été mis en usage dans le XIV^e^ siècle; nous citerons à l'appui de cette opinion les belles tours de Bourbon-l'Archambaud, qui datent certainement de cette époque. Les portes sont en ogive ou bien carrées et surmontées d'une ogive en application ou de décharge : il en est de même des fenêtres ; les tours sont percées de meurtrières extrêmement allongées et d'ouvertures carrées pour la disposition des pièces d'artillerie; les ouvertures encore peuvent être à cintre, plus surbaissées que l'arc en anse de panier. Du reste, une galerie intérieure permettait la circulation autour des remparts, et faisait communiquer les tours les unes avec les autres. Nous citerons, comme un des plus beaux modèles de l'architecture du XIV^e^ siècle, les fortifications d'Avignon.

Il n'y a rien de changé dans l'architecture du siècle suivant : les fenêtres seulement sont divisées en deux baies par des meneaux prismatiques perpendiculaires, et souvent en quatre parties par un second meneau transversal. Dans la seconde moitié du xv^e^ siècle, les forteresses perdirent leur caractère imposant de force et de solidité : l'orgueil féodal abaissé par Louis XI, et l'usage de l'artillerie causèrent la ruine des châteaux-forts ; on pressent déjà que, pour éviter les coups formidables du canon, il fallait un nouveau genre de défense. Les maisons seigneuriales n'ont plus que les apparences des anciennes forteresses ; on ne les construit plus sur des hauteurs, on les établit, au contraire, dans de riches vallées et dans des pays fertiles ; leur forme encore reste carrée, et on les entoure de fossés peu profonds ; on emploie la brique dans la maçonnerie surtout aux angles des édifices. La façade du principal corps de bâtiment est partagée par une tour, à pans saillants, qui renferme l'escalier ; d'autres fois, le manoir carré et flanqué de tours ou de tourelles en nid d'aronde à ses quatre angles ; les portes et les fenêtres présentent des arcades en talons ou en accolades. La décoration architecturale, d'ailleurs, est identiquement la même que celle que nous avons indiquée pour l'architecture religieuse : c'est dire qu'on rencontre encore les nervures prismatiques, les dessins flamboyants, les crochets, les feuilles de choux frisés ou de chardons, les rinceaux de vigne, de chêne, les niches, les pinacles en application, les voûtes d'arêtes décorées d'arceaux croisés ; ce sont les mêmes éléments que l'on observe au clocher de *Thann* et à la tour de *Saint-Jacques-la-Boucherie*, que nous avons publiés aux pages 515 et 516. Le luxe s'introduit dans l'ameublement ; on voyait partout des vitraux aux fenêtres, l'*or basané* des fabliaux sur les murs des salons, les dressoirs, les bahuts, les chaises en bois de chêne ciselé, déchiqueté, brodé de feuillages, d'écussons, et divisés en panneaux ; les vases de Flandre, les faïences de *Nevers* et de *Rouen*, les émaux de *Limoges*, les tapisseries de *haute-lice*, donnaient aux appartements un aspect de richesse et de splendeur qu'on retrouve à peine dans nos palais modernes ; en un mot, l'art entre dans l'industrie, et les moindres ustensiles, comme les moindres meubles, sont décorés avec goût (1). Une construction importante à signaler est celle des cheminées, qui présentent à elles seules un édifice entier, tant elles sont vastes et élevées; elles font une forte saillie dans les appartements, et sont ornées d'écussons, de panneaux flamboyants et d'arabesques, de peintures religieuses ou allégoriques et accompagnées de sentences philosophiques. Parmi les plus beaux monuments de cette époque, nous indiquerons, comme des chefs-d'œuvre d'architecture, l'hôtel de *Bourgtheroude*, à Rouen, l'hôtel de *Cluny*, à Paris, et le château de *Meillant*, dans le Bourbonnais.

Enfin nous voici à la renaissance: les châteaux changent complétement d'aspect: plus de murailles épaisses, plus de créneaux, plus de donjons; si le donjon existe, on a plutôt voulu, comme à Chambord, se conformer à la tradition, que faire

(1) Pour donner une idée de l'aspect que présentait l'intérieur des manoirs, nous citerons le passage suivant d'un vieux écrivain français. «Dedans la salle du logis, dit-il (car en avoir deux, cela tient du grand), la corne du cerf ferrée et attachée au plancher, où pendoient bonnets, chapeaux, gresliers, couples et liesses pour les chiens, et le gros chapelet de patenostres pour le commun, et sur le dressoüers ou buffet à deux étages, la *Saincte Bible*, de la traduction commendée par le roy Charles Quint, il y a plus de deux cents ans; les *Quatre fils Aymon, Oger le Danois, Mélusine*, le *Calendrier des Bergers*, la *Légende dorée*, et le *Roman de la Rose*. Derrière la grand'porte, forces longues et grandes gaules de gibier, et en bas de la salle, sur bois cousus et entravez dans la muraille demi douzaine d'arcs avec leurs carquois et flesches, deux bonnes et grandes rondelles avec deux espées courtes et larges, deux halebardes, deux piques de 22 pieds de long, deux ou trois cottes ou chemises de maille dans le petit coffret plein de son, deux fortes arbalestres de passe avec leurs bandages et garrots dedans, et en la grande fenestre sur la cheminée trois haquebutes (c'est pitié : il faut dire à ceste heure harquebuses), et au joignant la perche pour l'espervier, et plus bas à cottes les tonnelles, esclotueres, rets, filets, pantierres, et autres engins de chasse, et sous le grand bac de la salle, large de trois pieds, la belle paille fresche pour coucher les chiens, lesquels pour ouyr et sentir leur maistre près d'eux en sont meilleurs et plus vigoureux, deux assez bonnes chambres pour les estrangers, et en la cheminée de beaux gros bois vert lardé d'un ou deux fagots secs qui rendent un feu de longue durée.»

un édifice utile : par tous leurs détails, ces monuments rappellent le système d'architecture élégant et délicat qui nous est venu d'Italie.

## ARCHITECTURE CIVILE.

### Maisons. — Cloîtres. — Hôtels de ville. — Ponts.

L'architecture civile comprend les édifices qui ne sont ni consacrés au culte, ni destinés à la défense. Les types qui appartiennent à ce genre de construction, malgré leur extrême variété, sont fort rares. C'est à peine s'il nous reste quelques débris de palais, d'hôpitaux, de maisons privées qui remontent au XIe siècle. Et nous devons regretter vivement l'absence de cette sorte de monuments, car leur étude serait d'un grand intérêt pour nous, et nous ferait parfaitement connaître toutes les phases que la civilisation a parcourues dans notre pays, et les habitudes domestiques de nos pères. Nous traiterons donc ce sujet d'une manière succincte.

César nous apprend que ses soldats bâtissaient des cabanes à la manière gauloise, *more gallico*, c'est-à-dire en bois et en torchis, avec une couverture de chaume. Il est probable qu'après la conquête romaine, on éleva, dans notre pays, des maisons suivant la mode latine, telles que nous les avons décrites, et aussi que les plus importantes d'entre elles furent décorées de sculptures et de mosaïques. Quand les Francs eurent chassé les Romains, ils adoptèrent les arts des vaincus, ainsi qu'on a pu le constater dans les quelques indications des écrivains antérieurs au Xe siècle.

La poétique description que saint Sidoine-Apollinaire nous donne de sa villa d'Avitacum, en Auvergne, ne nous permet pas de douter qu'elle ne rappelât les délicieuses maisons de campagne de Baïes et de Tusculum (1). Le principal corps

(1) Sid. Apoll., *Lett. à Domitius*, l. II, lett. 2. Les commentateurs de saint Sidoine ont beaucoup discuté pour savoir quel était l'emplacement d'*Avitacum* : les uns le placent sur les bords du lac de Chambon, les autres

de logis était au pied d'une montagne et en face d'un lac sur lequel on représentait un combat naval, à l'imitation des jeux qu'Énée avait fait célébrer à Drépane. Les bains étaient adossés à un rocher couvert de bois, de telle sorte que les arbres que l'on coupait roulaient jusqu'à la bouche de la fournaise où l'on faisait chauffer l'eau. L'onctuaire, le frigidaire, et la salle où l'eau chaude était amenée dans une piscine demi-circulaire, par des tuyaux dans des murs, étaient carrés. De là, l'eau se rendait par des aqueducs souterrains dans une piscine de la contenance de vingt mille muids. Les eaux de la montagne y étaient conduites par un aqueduc dont les arcades étaient soutenues par des pieds-droits, *per arcuata intervalla,* et sortait par six ouvertures représentant des têtes de lions à gueules béantes. En face, on voyait la salle à manger des femmes, *triclinium matronale* (1), près duquel était l'atelier du tissage et le garde-manger, *cella penuaria*. On entrait dans la maison par un vestibule à colonnes, qui ouvrait sur une longue galerie couverte, agréable pour sa fraîcheur, et que Sidoine appelle *cryptoportique* (2). Tout autour étaient disposés des siéges, *publicum lectisternium*, où s'assemblait la troupe criarde des clients et des nourrices. Le cryptoportique conduisait à la salle à manger d'hiver, *triclinium hiemale,* munie d'un foyer voûté, *caminus arcuatilis*. De là on passait dans une petite salle à manger, *diæta, cœnuntiacula,* où l'on voyait un buffet et des lits. Cette pièce était surmontée d'une terrasse communiquant avec le cryptoportique; on y jouissait d'une vue magnifique, et l'on y mangeait pendant la belle saison. Enfin, il y avait une salle de repos, *diversorium,* exposée au nord, et où l'on se tenait à l'abri des chaleurs de l'été. La curieuse épître de

sur les bords du lac Aydat. On sait que Sidoine avait reçu cette maison de sa femme Papianille.

(1) Le mot *triclinium*, chez les écrivains de la bonne latinité, signifie une salle à manger; les traducteurs de saint Sidoine interprètent ce mot par celui d'*appartement*.

(2) «... Et si non hypodromus, saltem crypto porticus meo mihi jure «vocitabitur.»

Sidoine, avec celles de Pline le Jeune, que nous avons déjà indiquées (1), complètent très-bien les notions que nous possédons sur les villas antiques.

Nous ne dirons rien de la distribution des maisons au moyen âge; nous indiquerons seulement leurs caractères architectoniques. En général, on peut dire qu'elles présentent les mêmes éléments décoratifs que ceux qui appartiennent à chaque style. Elles sont construites en moellons et en pierres de taille. Les briques, disposées par bandeaux, étaient également employées dans les constructions (2); leur usage, toutefois, fut abandonné à partir du XIe siècle. Les portes étaient carrées; on en voit à plates-bandes: et alors elles étaient surmontées d'un cintre de décharge en pierres d'appareil (3); les fenêtres offraient une simple ouverture cintrée, ou bien un double cintre ayant une colonnette commune centrale ou carrée, et dans ce dernier cas, l'ouverture était divisée en deux ou en quatre baies par une ou deux colonnettes (4). Enfin, il y avait aussi des ouvertures qui décrivaient un simple demi-cercle. Il paraît que le rez-de-chaussée était assez généralement voûté, qu'il servait de magasin et d'habitation pour les personnes attachées au service de la maison. Les appartements étaient distribués à l'étage supérieur. Les salles étaient divisées par des colonnes et des arcades qui soutenaient le plancher. Le plan des maisons était le plus souvent rectangulaire. Dans le Nord, elles présentaient un pignon aigu et élevé; dans le Midi, un toit bas couvert en tuiles creuses.

(1) Voyez page 345.

(2) C'est un fait prouvé par une lettre d'Éghinard, secrétaire de Charlemagne. Il commanda des briques de deux espèces, dont il indiqua les dimensions: «...Præcipias ut faciat nobis lateres quadrantes, etc.» Eghin. abb., epist. 38 ap. dom Bouquet, t. VI, p. 379.

(3) Elles ressemblent parfaitement aux niches qui décorent les églises d'Auvergne, telles que nous les avons figurées à la lettre K du dessin placé à la page 485. On en voit de semblables dans plusieurs maisons du XIe siècle à Cluny (Bourg.), et à la façade d'une maison romane de Metz; cette dernière maison est crénelée.

(4) Cette disposition est recommandée par Vitruve. Voyez la page 228 de la traduction de cet écrivain par Perrault; Paris, 1684, in-fol.

Au XII^e siècle, l'ogive s'introduisit dans les édifices privés comme dans les édifices religieux, mais les moulures étaient toujours celles du style romano-byzantin. Aux portes, l'arcade pointue de décharge conserve la même disposition que précédemment, c'est-à-dire qu'elle est coupée par un linteau monolithe portant sur des impostes, d'où il résulte que l'entrée reste carrée (1). Ce linteau, qu'on peut regarder comme une architrave, était encore employé dans le Midi longtemps après qu'on y avait renoncé dans l'Ouest de la France. Les fenêtres sont à plein cintre ou à ogives, tantôt simples, tantôt trilobées.

A quelle époque remonte l'usage des cheminées, c'est ce qu'il est difficile de déterminer. Toujours est-il qu'il en existe qui datent du XI^e siècle. Dans le principe, elles étaient presque toujours cylindriques, quelquefois rétrécies à leur sommet. On en connaît d'hexagones. Il y en a qui sont décorées de colonnes fuselées (*Aquinville*). Nous avons remarqué dans une grande salle attenant à la cathédrale du Puy, une disposition assez curieuse. On voit, en face du foyer d'une de ces cheminées, un petit trou circulaire, dirigé obliquement d'arrière en avant, qui faisait l'office d'un ventilateur à jet continu. Il arrive que les cheminées ne sont pas toujours pourvues supérieurement d'un orifice, mais qu'elles sont percées latéralement de trous par lesquels la fumée s'échappait.

Les maisons en pierres des XIII^e, XIV^e et XV^e siècles ne présentent rien de particulier à noter ; il sera toujours facile de les reconnaître à la forme de leurs arcades et au goût de leurs moulures. Au XV^e siècle, les maisons plus importantes, comme les manoirs, présentent à leur façade ou dans une cour des tours où sont ménagés des escaliers. D'autres escaliers étaient encore pratiqués dans des tourelles d'angle, circulaires ou polygones, bâties en encorbellement, comme on en voit plusieurs exemples à Paris, et en particulier sur la place de

(1) Voyez les *Vieilles maisons de Montpellier*, par J. Renouvier, in-8 broch.; Montp., 1835.

l'Hôtel-de-Ville. Les maisons ont toutes un de leurs pignons tourné du côté de la rue, et percé de fenêtres ogivales; et, pour la dernière époque, de croisées à meneaux prismatiques. Les portes et les croisées en cintre très-surbaissé ou en accolade approchent de plus en plus de la forme rectangulaire; quelquefois elles sont surmontées de moulures grêles à plusieurs filets, supportées sur des consoles à figures grotesques, qui, dans certaines circonstances, portent des écussons.

M. de Caumont (1) cite quelques maisons en bois qu'il regarde comme appartenant au XIII^e siècle. Il dit qu'elles n'offrent des murs en pierres qu'à leurs parties basses, que d'autres fois elles sont toutes construites en bois. Dans ce dernier cas, on plaçait de grosses poutres qui s'élevaient perpendiculairement à une assez grande hauteur, puis on emplissait les intervalles par des murs en moellons, entrecoupés de traverses horizontales et diagonales qui s'emboîtaient dans les pièces principales. Aux XIV^e et XV^e siècles, ce mode de construction était encore suivi. Voici l'aspect que les maisons présentent dans le Nord (2): elles se terminent par un pignon de forme aiguë, dont la saillie, supportée par deux pièces de bois formant ogive, abrite les étages inférieurs de la maison, dans laquelle la charpente apparente est le seul motif de décoration; ces pièces de bois étaient ordinairement peintes, et souvent recouvertes d'ardoises, afin d'assurer leur conservation; et la seule richesse qu'on y trouve quelquefois consiste dans la sculpture des poteaux corniers et de quelques autres parties de pans de bois. Le rez-de-chaussée de ces maisons est généralement occupé par des boutiques et une étroite entrée qui donne accès dans l'intérieur. Au XV^e siècle, on remarque une disposition nouvelle qui se retrouve dans toutes les villes de l'Orient. A cette époque, les étages sont établis en encor-

(1) *Cours d'antiq. monum. Archit. mil. et civ.*; Paris, 1835, in-8 page 437.

(2) *Études d'archit. en France*, par Al. Lenoir. *Magas. pitt.*, 1840, page 302.

bellement les uns au-dessus des autres, de telle sorte que, sur la rue, les pièces du premier étage sont plus grandes que celles du rez-de-chaussée, et ainsi de suite pour les étages supérieurs. De cette manière, les piétons pouvaient circuler, pour ainsi dire, à couvert dans les rues.

Une circonstance importante à noter, c'est que les maisons en bois étaient très-souvent chargées de sculptures représentant des arabesques ou des sujets divers, qui étaient rehaussées de peintures. On lit très-souvent au-dessus des portes, des inscriptions gravées, des devises, des sentences philosophiques ou religieuses.

Les maisons du XVI<sup>e</sup> siècle conservent encore les formes générales que nous avons indiquées pour le siècle précédent; mais, plus délicate, leur ornementation appartient à la renaissance. Dans la Flandre, on voit un grand nombre de pignons dont les rampants sont en gradins, ou qui présentent des frontons brisés. Au résumé, ce que nous avons dit de la décoration des châteaux peut s'appliquer aux habitations privées.

*Des monastères* (1).—Dans cet article, nous nous occuperons principalement de la disposition générale qu'il faut remarquer dans les monastères; car ces édifices ont suivi notre art monumental dans toutes ses variations, et les caractères propres au style de chaque âge peuvent facilement leur être appliqués. Quelques auteurs ont trouvé la plus grande analogie entre ces monuments et les enceintes sacrées disposées auprès des temples de l'antiquité pour servir d'habitation aux prêtres païens: tels étaient les *hieron* du temple d'Esculape à Epidaure, d'Apollon à Délos, et de Jupiter à Olympie. Pour d'autres écrivains, les cloîtres ne sont autre chose que les cryptoportiques dont Cicéron et Pline font mention, que ces cours couvertes, les αὐλη, dont parlent Homère et Hérodote. L'abbé Fleury a établi qu'ils ressemblaient plutôt aux habitations du Latium:

(1) On désignait par le mot *monasterium* un couvent pour plusieurs moines, par le mot *cœnobium*, κοινόβιον, l'habitation destinée à un seul moine.

« Je m'imagine, dit-il, trouver dans les monastères des vestiges de la disposition des maisons antiques romaines, telles qu'elles sont décrites dans Vitruve et dans Palladio. L'église, que l'on trouve toujours la première, afin que l'entrée en soit plus libre aux séculiers, semble tenir lieu de cette première salle que les Romains appelaient *atrium*. De là, on passait dans une cour environnée de galeries couvertes, à qui l'on donnait d'ordinaire le nom grec de *péristyle*, et c'est justement le cloître où l'on entre de l'église, et d'où l'on entre dans les autres pièces, comme le *chapitre* qui est l'*exèdre* des anciens, le *réfectoire* qui est le *triclinium;* et le jardin est ordinairement derrière le reste, comme il était aux maisons antiques. » Nous ne nous arrêterons pas à énumérer les objections que l'on pourrait faire au système de l'abbé Fleury ; c'est là une question toute secondaire, d'autant plus que ces établissements prirent bientôt un caractère tout à fait particulier, tout en conservant ce qu'il y avait d'essentiel dans leurs formes primitives.

On appella *moines* (du mot grec μονος, seul) les hommes qui se retiraient dans la solitude, et *ascètes*, ασκετοι, ceux qui consacraient leur vie à des exercices de piété. Saint Paul, qui se réfugia dans la Thébaïde, l'an 159 de notre ère, passe pour le premier ermite. Un grand nombre de chrétiens imitèrent son exemple, et saint Pacôme les rassembla en communauté. Des monastères furent fondés en 306 dans la Palestine ; saint Basile, à cette époque, dressa une règle de conduite pour les religieux. Trente-quatre ans après, saint Athanase apporta en Occident la vie de saint Antoine, et inspira à une foule d'hommes le désir d'embrasser la vie monastique. Saint Martin de Tours, qui fit tant pour la propagation du christianisme dans les Gaules, fonda des couvents dans notre pays. Bientôt ils se multiplièrent et furent dotés, par les rois, de très-grandes richesses. Pendant les guerres qui ont désolé la France, sous les rois mérovingiens et carlovingiens, ils se retirèrent dans des vallées profondes, au centre des forêts, sur le bord des étangs, au confluent des rivières ;

on sait qu'alors les couvents devinrent un refuge pour les arts, les lettres et les sciences, qui ne furent plus cultivés durant le moyen âge que dans ces solitudes.

Il ne reste rien des monastères de la primitive Église dans notre pays; les plus anciens monuments en ce genre ne remontent pas au delà du XIe siècle. D'après les descriptions que l'on trouve dans les auteurs (1), on est autorisé à penser que ces édifices ont conservé les dispositions générales qui avaient été adoptées, dans le principe, pour l'habitation des communautés religieuses.

Dans les églises conventuelles, il y avait toujours une partie réservée pour les laïcs : c'était ordinairement la nef; les moines avaient leur place dans le chœur. La porte principale de l'église était pour le public; les religieux arrivaient à couvert dans la maison de Dieu, et entraient par une porte latérale. Le cloître, *claustrum* (2), galerie couverte, bâtie sur un plan rectangulaire, se développait le plus souvent le long du bas-côté de l'église, tantôt au nord, tantôt au midi. Ces galeries, qui ont tant de rapport avec le péristyle des maisons antiques, furent décorées avec soin et subirent toutes les variations de l'architecture religieuse. Toutes ces galeries, dans le principe, n'étaient pas voûtées, beaucoup étaient plafonnées en bois. Personne n'ignore que le cloître circonscrit dans son enceinte une cour carrée, sur laquelle il ouvre par des arcades à colonnes, munies de contre-forts d'espace en espace. Ces arcades sont en plein cintre au XIe siècle; au XIIe on trouve, comme on le pense bien, ou le cintre, ou l'ogive. Ces arcades, réunies deux à deux en général, retombent sur l'épais tailloir d'un double chapiteau couronnant des colonnes accouplées. Il est vrai que quelquefois ces colonnes sont simples, d'autres fois, alternativement simples et accouplées, comme au cloître de l'abbaye de Moissac, dont voici une travée. Ce cloître

(1) Voyez en particulier la *Chronique de Fontenelle*, dans le *Spicilegium* de d'Achery, t. III, pag. 238 et sq.

(2) «... Domus includens monachos et moniales...»

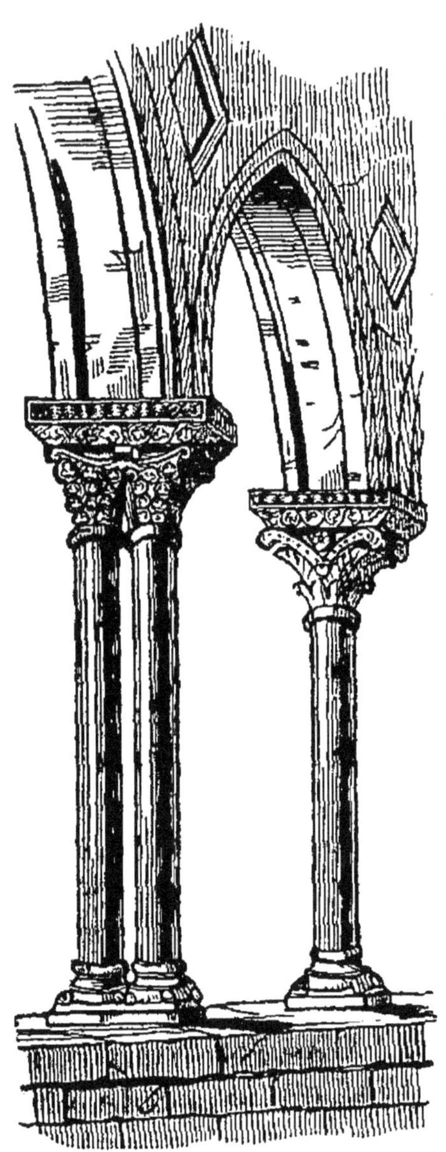

fut terminé l'an 1100 : date précieuse, car elle vient à l'appui de ce que nous avons dit sur l'emploi de l'ogive dans le Midi, à une époque où le plein cintre dominait encore dans les pays septentrionaux. On voit que ces colonnes ont pour point d'appui un stylobate continu ; le style, d'ailleurs, de ce monument, est romano-byzantin, et riche en sculptures. Nous citerons parmi les cloîtres les plus curieux des XI^e et XII^e siècles, ceux de Saint-Georges de Bocherville, de Saint-Trophyme d'Arles, de Saint-Sauveur à Aix, des abbayes de Fontenay, de Fonfroid, d'Elnes, de Saint-Bertrand de Comminges, et de la cathédrale du Puy.

Au milieu de la cour du cloître ou dans l'un des angles, il y avait une fontaine et un grand bassin appelé *lavatorium*. Saint Grégoire nous apprend qu'ils servaient à se laver les mains et le visage avant d'entrer dans l'église, disposition qui se retrouve dans les mosquées mahométanes. Cet usage fut abandonné, et ils ne servirent plus que de lavabo pour les moines à la sortie des repas. Le lavatorium était une espèce d'auge, longue d'environ 7 à 8 pieds, d'une profondeur de 6 à 7 pouces, munie d'un oreiller en pierre à l'une des extrémités, et à l'autre, d'un trou. C'est dans ce bassin qu'on lavait, dans beaucoup de monastères, les corps des défunts avant de les inhumer. On voyait des lavatorium dans les cathédrales de Lyon, de Rouen, à l'abbaye de Cluny, etc. (1).

Après le cloître, c'étaient le réfectoire et la salle capitulaire qui étaient bâtis et décorés avec le plus de soin. Ce sont d'ordinaire de grandes salles voûtées, quelquefois divisées en travées par des colonnes parallèles. Les murs étaient presque toujours ornés de peintures. Le dortoir était également une partie importante dans les monastères. Celui de l'abbaye de Fontenelle, construit au VIII$^e$ siècle, avait 208 pieds de long, 27 pieds de large, et 64 de haut. Il y avait encore une salle spéciale pour la bibliothèque et pour les archives. L'abbé ou le prieur avait un logement séparé, surtout dans les derniers temps. De vastes enclos bien cultivés étaient attenants à tous ces corps de logis. Enfin, les abbayes étaient pour la plupart fortifiées, ceintes de murailles crénelées, flanquées de tours, avec portes à pont-levis, fossés, donjons. Toutes ces constructions présentent le style particulier à l'âge où elles ont été faites. Disons seulement qu'au XV$^e$ siècle les ouvertures des galeries des cloîtres devinrent de véritables fenêtres qui furent garnies de vitraux.

Parmi les autres édifices civils qui appartiennent au moyen âge, nous nous contenterons de citer les *palais de justice* et les *hôtels de ville,* genre de monuments qui ne prirent une grande importance qu'aux XIV$^e$ et XV$^e$ siècles. A l'intérieur, ils étaient décorés comme les châteaux, ainsi qu'on peut en juger par le palais de justice de Rouen, un des plus beaux et des plus riches spécimens de l'art gothique flamboyant. Le palais de justice renfermait toujours une grande salle qui avait une voûte d'arête, ou une voûte en bois : telle est la *salle des procureurs* dans le palais de Rouen. D'ordinaire il y avait des prisons dans la dépendance de ces édifices.

Les hôtels de ville, spécialement destinés à l'administration civile, ne furent dans le principe que de simples maisons où s'assemblaient les chefs de la commune. On les trouve dési-

(1) Le sieur Mauléon en a publié des dessins dans son *Voyage liturgique.*

gnés souvent par les mots de *parlouer aux bourgeois.* Quand le système communal eut pris une grande extension, ces bâtiments eurent de grandes dimensions et furent richement décorés. Ils étaient surtout caractérisés par le *beffroi* qui s'élevait soit au-dessus, soit à côté de l'édifice, tour carrée analogue aux clochers des églises, terminée en plate-forme ou par une flèche, et qui était munie d'une horloge et de cloches, que l'on sonnait le soir pour le couvre-feu, et dans les grandes solennités pour assembler les citoyens. L'hôtel de ville lui-même présente assez généralement un rez-de-chaussée avec portique ouvert, où les marchands se réunissaient pour les affaires, et d'un premier étage où était ménagée une vaste salle pour les assemblées municipales. Les plus beaux monuments de ce genre se voient dans le nord de la France et en Belgique ; nous citerons ceux de Douai, de Dreux, d'Évreux, de Saumur, de Compiègne, d'Arras, de Gand, de Bruxelles, de Louvain, d'Ypres, de Bruges.

Il ne paraît pas qu'au moyen âge on ait été habile dans la construction des ponts, bien qu'il se fût établi une confrérie de *frères pontifs* pour exécuter des travaux de ce genre. Ils ont été détruits pour la plupart, ce qui prouve qu'ils ne présentaient pas de grands éléments de solidité. Le plus ancien que nous connaissions est celui d'Avignon sur le Rhône ; il a été bâti en 1177, par saint Benezet. Les ponts au moyen âge étaient souvent décorés de chapelles, et défendus par des tours, par des forteresses complètes (1). Suivant l'époque où ils ont été élevés, leurs arches sont en plein cintre ou en ogive ; les piles de quelques-uns présentent une saillie à angle aigu ou mousse, faite sans doute pour rompre l'effort du courant contre le pont. Il arrive même qu'on voit de ces saillies en

(1) On lit dans la *Chronique* d'Adon que Charles le Chauve fit construire sur la Seine un pont très-solide dont l'approche était défendue par deux forteresses formidables bâties à ses extrémités pour arrêter les Danois et les Normands. A Paris, le *grand* et le *petit* ponts étaient défendus, l'un par le petit, l'autre par le grand Châtelet. Nous citerons encore le pont d'Orléans, celui de Rouen, de Cahors, qui présentaient une semblable disposition.

amont et en aval du pont. Le bahut ou parapet suit les ressauts que forment les saillies des piles, de sorte que le pont présente latéralement, dans le sens de sa longueur, des espèces de guérites où les piétons pouvaient se ranger quand le pont était encombré (1). Nous avons observé souvent cette disposition des ponts aux XIVe et XVe siècles, dans le centre de la France. Ils sont rarement plats; presque toujours, au contraire, ils présentent une double pente en sens contraire. Ce n'est qu'à partir du XVIe siècle que l'art de bâtir les ponts s'est perfectionné. Une des constructions les plus imposantes de cette époque, dans ce genre, est le Pont-Neuf, à Paris, qui fut fait sous la direction d'un architecte italien, le célèbre Jean Joconde, moine de Vérone.

Nous terminerons ici notre travail sur l'histoire de l'art monumental au moyen âge. Nous regrettons de ne pouvoir entrer dans des détails circonstanciés sur quelques points d'archéologie qui nous semblent offrir un vif intérêt : nous voudrions parler de l'ameublement des églises, de la peinture sur verre surtout; mais nous avons dépassé déjà de beaucoup les limites qui nous étaient tracées pour ce volume. Toutefois, avec les notions générales que nous avons données, il sera toujours facile, il nous semble, de reconnaître l'âge des divers ouvrages que nous ont légués les siècles passés, soit qu'il s'agisse de fonts baptismaux, de coffres, de crosses, soit de meubles ciselés en bois ou taillés dans la pierre. Le goût de l'ornementation, le travail et la nature des feuillages, les combinaisons de lignes dérivant du cintre ou de l'ogive, sont des indices suffisants pour voir à quel style appartient un monument.

(1) Cette disposition est très-commune dans les anciens ponts de l'Egypte et de l'Asie Mineure.

# BIBLIOGRAPHIE ARCHÉOLOGIQUE.

## Ouvrages bibliographiques.

Il existe plusieurs ouvrages sur la classification des travaux relatifs aux diverses branches de la science des antiquités. Le plus ancien livre que nous connaissions sur cette matière remonte au commencement du XVIIIe siècle : c'est la *Bibliotheca antiquaria* de Fabricius, dont Schaffaushen a donné une bonne édition en 1760 ; Hamb., in-4 ; puis vient la *Bibliotheca historica* de Struvius ; il faut chercher dans les t. V et VI de l'édition de ce livre publiée à Leipsick, à partir de 1782. Oberlin a mis un catalogue des livres d'archéologie à la fin de son volume intitulé *Rituum romanorum tabulæ*, in-8, 1784. Il faut consulter aussi, du même auteur, *Orbis antiqui, monumentis suis illustrati, primæ lineæ*, 1776 et 1790, ainsi que le t. VIII du *Repertorium commentationum* de Reuss ; Gœtting., 1810-21, in-4. Dans la continuation de la Géographie de Busching, Hall a donné le titre des ouvrages sur l'Asie et sur l'Inde.

En Angleterre, on a imprimé un répertoire intitulé : *Bibliographical dictionary including Harwood's view of the classics* ; Liverpool, 1801, in-12, supp. 1806. Voyez encore le *Dictionnaire des livres imprimés en Allemagne*, de Théoph. Georgi, 1750, in-f. (on a également fait plus tard un supplément à ce dictionnaire), et le t. IV du *Manuel du libraire*, par Brunet ; Paris, 1814, in-8. Enfin, le meilleur travail que nous possédions en France sur la bibliographie archéologique se trouve à la fin du 3e volume de l'*Archéologie* d'O. Müller, traduit par M. Nicard (à Paris, chez Roret, 1841, in-18). Les ouvrages y sont indiqués par nom d'auteur.

## Journaux et Mémoires.

Avant de parler des livres spéciaux, il convient de donner la nomenclature des traités les plus généraux, et l'indication de ces publications périodiques où tant de savants, depuis plusieurs siècles, viennent déposer le fruit de leurs recherches et de leurs études. Ces publications sont, pour la plupart, si volumineuses, que, malgré les tables décennales qu'elles renferment, les recherches y sont très-difficiles : ce sont de véritables catacombes de la pensée et de la science humaine.

Nous citerons d'abord le *Journal des savants*, qui a d'abord paru de 1665 jusqu'en 1792. Il y a eu alors 111 volumes in-4. Interrompu pendant la Révolution et sous l'Empire, il a reparu en 1816, et se continue encore. Cette collection, combinée avec les *Mémoires de Trévoux*, et divers articles, a été publiée de nouveau à Amsterdam, et ne forme pas moins de 381 volumes in-12.

*Histoire et mémoires de l'Acad. des inscript. et bell.-lett. de Paris* ; de 1701 à 1809, il a paru 50 vol. in-4. La plupart des Académies étrangères ont aussi leurs publications périodiques. Il suffira d'indiquer les

*Mémoires de l'Académie de Suède,* à partir de 1739, de l'*Académie de Berlin,* à partir de 1745, de l'*Académie de Gœttingue,* à partir de 1751, de la *Société des antiques de Cassel,* de l'*Académie impér. des scienc.* de Saint-Pétersbourg, à partir de 1809, de l'*Académie de Bruxelles,* à partir de 1780, de l'*Académie de Turin,* à partir de 1786, les *Acta eruditorum*, publiés à Leipsick, à partir de 1682. Dans les innombrables volumes dont se composent ces diverses collections, les travaux archéologiques sont perdus au milieu des études littéraires et biographiques.

L'*Archæologia, or miscellane ous treaty relating to antiquity, published by the Society of antiquaries of London*, 1770, in-4. C'est là un des plus précieux recueils qui existe sur toutes les matières relatives à l'antiquité; on y trouve surtout de curieux travaux sur les vieux monuments de l'Angleterre.

Il y a aussi beaucoup à apprendre dans les *Transactions philosophical,* publiées à Londres, à partir de 1665, in-4.

Les revues sont aussi très-nombreuses : il y a le *Gentleman's magazine,* qui paraît depuis 1731, le *Montly review,* qui date de 1749.

Le *Magasin encyclopédique,* ou Journal des sciences, des lettres et des arts, rédigé par Millin : ce recueil a paru en 1795, s'est continué jusqu'en 1816, et se compose de 126 vol. in-8. L'année suivante il fut remplacé par les *Annales encyclopédiques,* qui elles-mêmes furent interrompues en 182 , furent continuées jusqu'en 1835, par la *Revue encyclopédique.*

Les *Atti dell' Academia Romana,* in-8°. *Instituto di correspondenza archeologica,* publiés à Rome, se divisent en trois sections : 1° *Annales,* 2° *Monumen. inedit.,* 3° *Bulletino.* Les érudits de toute l'Europe ont fourni des travaux à ce précieux recueil ; mais en 1837, les savants français fondèrent eux-mêmes, à Paris, un nouveau journal, sous le titre de *Nouvelles annales,* publiées par la section française de l'Institut archéologique, Paris, 1832, in-8. Les travaux qui y ont été insérés jusqu'à présent sont du plus haut intérêt.

Il faut consulter aussi l'*Encyclopedia Britannica, or a dictionary of arts, sciences, and miscellaneous litterature,* etc. ; Edinburgh, 1819-23, 30 vol. in-4. Un supplément a paru, de 1816 à 1824 ; ce supplément et l'ouvrage primitif ont été refondus dans une nouvelle édition : *Encyclopedia ;* Edinburgh, 1809-31, in-4 ; *Encyclopedia edinensis ;* Edinburgh, 1816-30, in-4.

*Grosses vollstændiges universal Lexicon,* J. A. von Frankenstein et P. D. Longolius, etc. ; Hall et Leipz., 1732-50, 64 vol. in-fol. avec 4 vol. de supplém., par Ludovici.

*Deutsche Encyklopædie*, par G. Köster et J. Ross. ; Franck., 1778 à 1804, 23 vol. in-4.

## Traités généraux d'archéologie.

*Champollion - Figeac*, Résumé complet d'archéologie. Paris, 1826, in-24 (ouv. cit.).

*Nibby*, Elementa di archeologi. Rom., in-8.

*Steinbüchel,* Abriss der Alterthumskunde. Wien., 1829, in-8.

*Petersen,* Allgem. Einleitung in das Studium der Archæologie, etc. Leips., 1829, in-8.

*Vermiglioni,* Lezioni elementarj di archeologia. 1824, in-8.

*N. Schow*, Laerebog archæologia Kiobenh., 1825, in-8.

*Beck,* Grundriss der Archæologie. Leipz., 1816, in-8.

*Bœttiger*, Audenlungen zu 24 Vorlesungen ueber die archæologie. Dres., 1806, in-8.

*Sybenkœs*, Handbuch der archæologie. Nürb., 1799, in-8.

*F. Bianchini*, La Storia universale provata con monumenti, e figurata con sine loli degli antichi. Rom., 1797, in-4.

*Millin*, Introduct. à l'étude des monuments antiques. Paris, 1796, in-12.

Nous devons noter encore les journaux suivants, parmi les traités généraux d'archéologie qui doivent être cités à part : nous indiquerons l'*Histoire de l'art chez les anciens*, par Winckelmann, 3 vol. in-4 ; le *Dictionnaire d'antiquité*, par *Mongez* ; Paris, 1786-94, in-4 (*Encycl. méth.*) ; le *Dictionnaire d'architecture*, par *Quatremère de Quincy*, 3 vol. in-4.

Ces deux volumes font partie de l'*Encyclopédie méthodique*, publiée par Panckoucke et Agasse, de 1782 à 1832 ; le *Dictionnaire des beaux-arts* : M. Millin en a donné une traduction française, à laquelle il a ajouté beaucoup d'articles ; *Manuel d'archéologie* d'O. Müller, trad. de M. Nicard, ouv. cité plus haut.

Tels sont les principaux recueils où l'on trouve des renseignements et des notions sur l'histoire et l'archéologie des peuples de l'antiquité. Maintenant nous allons donner l'indication des ouvrages spéciaux sur les monuments des arts dans les diverses contrées du monde connu des anciens.

## Asie et Afrique.

Les écrivains de l'antiquité qui ont parlé des civilisations de l'Asie et de l'Afrique se réduisent à un petit nombre. Nous n'avons, outre les livres sacrés des divers peuples, la Bible, le Vedam, les écrits de Zoroastre, nous n'avons, disons-nous, que Bérose, Sanchoniaton, Strabon, etc., puis l'*Histoire de l'Arménie*, de Moïse de Khoren, l'*Ayen Akbery*, mss. persan qui renferme une description de l'Inde, ouvrage dont M. Gladwin a publié un abrégé à Calcutta, de 1783 à 1786.

C'est surtout dans les relations des voyageurs que l'on peut puiser des renseignements sur les mœurs et les croyances des nations de la partie orientale de l'Afrique, et des populations qui ont occupé les régions de l'ouest et du midi de l'Asie. Nous comprenons dans un même article les ouvrages relatifs à ces deux parties du monde, parce qu'il est rare qu'un voyageur qui a visité l'Egypte n'ait pas parcouru aussi quelques-uns des vastes empires de l'Asie Mineure et des Indes. On trouvera donc ici la liste des voyages qui ont été faits à diverses époques, en Egypte, en Nubie, en Abyssinie, en Arabie, en Perse, dans l'Indoustan et jusqu'en Chine.

Au moyen âge on écrivit sur l'Indoustan ; mais les livres qui nous restent de cette époque ne sont qu'un amas des fables les plus étranges, ainsi qu'on peut en juger dans les *Merveilles d'Inde* de Jehan Wauquelin. Ces récits étaient rapportés des croisades, et embellis par l'ignorance et la superstition. De l'Asie, on connut d'abord la Syrie, la Palestine et l'Arabie. Les nombreux pèlerins qui allaient faire leurs dévotions au tombeau du Christ, à Jérusalem, de retour dans leur patrie, racontaient ce qu'ils avaient vu et ce qu'ils avaient appris. Aux $\text{xv}^{e}$ et $\text{xvi}^{e}$ siècles, il se publia un grand nombre d'ouvrages sur la Terre Sainte ; quelques-uns sont fort curieux. On peut consulter les suivants :

*Vander Aa*, Voyages faits principalement en Asie dans les XII^e, XIII^e, XIV^e et XV^e siècles, avec une introduction de P. Bergeron; La Haye, 1729, in-4.

*Mauzi*, Viaggio in Egitto e in Terra-Santa da Nicolo Frescobaldi (1383); publié à Florence en 1818, in-8.

Il y a aussi des relations de Pierre de Sucher, de Hans Tücher, bourgeois de Nuremberg et de Brydenbach, qui sont allés à Jérusalem, l'un en 1336, l'autre en 1459, et le dernier en 1484. Son voyage a été publié en latin dans l'année 1486, in-fol.

Legatio Babylonica, *Petrus Martyr de Angleria*; Basl., 1553, in-fol.

*Baumgartner*, Perigrinatio in Ægyptum, Arabiam, Palestinam, et Syriam, Norimb., 1594, in-4.

Navigationes orientales de *Nicolay*; Lyon, 1568, in-fol.

*Bry* et *Merian*, Collectiones perigrinationum in Indiam orientalem et in Indiam occidentalem, in XXV partibus comprehensæ; Francfort, 1590-1634, in-fol.

*Giov. Zvallardo*, Il devotissimo viaggio di Gierusalemme; Rome, 1595, in-8.

C'est dans le courant du XVII^e siècle que les voyages prennent un caractère vraiment scientifique. Les diverses relations que nous possédons sont assez exactes, et, malgré les nouvelles explorations, méritent d'être consultées. L'Europe, depuis la renaissance, a été à peu près l'unique foyer de l'érudition: il est donc clair que c'est encore dans les voyages de nos savants qu'il faut aller chercher les notions utiles pour bien connaître les anciens peuples de l'Orient. Nous croyons la liste d'ouvrages qui suit à peu près complète; leur titre seul suffit pour faire connaître le contenu de la plupart de ces livres.

*Biddulph*, The travel.s.. in the Africa, Asia, etc.; Lond., 1612, in-4,

*Th. Tretero*, Radzivili Jerosolymitana perigrinatio, ex polonico sermone in latinum translata (à); Anv., 1614, in-fol.

Voyages en Afrique, en Asie et aux Indes orientales et occidentales, de *J. Mocquet*; Paris, 1616, in-8.

*Bauveau*, Relation journalière d'un voyage dans le Levant; Nancy, 1619, in-4.

Itinerarium Ægypti, Arabiæ, Palestinæ, Syriæ, etc.; Norimb., 1621, in-4.

*Const. Lempereur*, Benjamini Tudelensis Itinerarium hebraice, cum versione latina, etc.; Lugd.-Bat., 1633, in-8.

*Bergeron*, Voyage de Vincent Blanc aux Indes orientales et occidentales; Paris, 1649, in-4.

Journal des voyages de *Mauconys*; Lyon, 1665, in-4.

*Maleo*, Terra-Santa illustrata da Piacenza, 1669, in-4.

*Neitzschnitz*, Siebenjährige Welt beschanung; Norimb., 1674, in-4.

*Vinc. Maria di S. Catarina da Siena*, Il viaggio all' Indie orientali; Venet., 1678, in-4.

*Corneille Le Bruyn*, Voyage au Levant et dans les principales parties de l'Asie-Mineure; 1698, en flamand. L'ouvrage a été traduit en français et publié à Delft en 1700, in-fol.

*Le même*, Voyage en Moscovie et aux Indes orientales; Amst., 1713, in-fol.

*J. Struys*, Voyage en Moscovie, en Tartarie, en Perse, aux Indes, etc.; Amst., 1681, in-fol.

*Phil. Avril*, Voyages; 1692, in-4.

*Knox*, Voyage dans l'île de Ceylan; Amst., 1693, in-12.

*François Bernier*, Voyages contenant la description des Etats du Grand-Mongol, de l'Indoustan, du royaume de Cachemyre; Amst., 1699 et 1710, in-12.

*Tavernier*, Voyages en Turquie, en Perse et aux Indes; Paris, 1677-79, in-4.

*Jean Chardin*, Voyages en Perse et autres lieux de l'Orient, 1711, in-12, et Par., in-fol. 1819.

*Paul Lucas*, Voyage dans la Grèce, l'Asie-Mineure; Paris, 1712, in-12.

*Le même*, Voyage au Levant, contenant la description de la haute et la basse Égypte; 1714.

*Le même*, Voyage fait en 1714 dans la Turquie, l'Asie, etc.; Amst., 1720, in-12.

*Kœmpfer*, Amenitates exoticæ; Lemg., 1712, in-4.

*Jos. Pitton de Tournefort*, Relation d'un voyage au Levant, fait par ordre du roi; Paris, 1747, in-4.

*Renaudot*, Ancienne relation des Indes et de la Chine, traduit de l'arabe; Paris, 1718, in-8.

*La Roque*, Voyage de Syrie et du mont Liban; Paris, 1711, in-12.

*Jean Albert de Mandeslo*, Voyages célèbres et remarquables faits en Perse et aux Indes orientales, mis en ordre par le sieur Adam Olearius, traduit par Wicquefort; Amst., 1727, in-fol.

*Drummond's*, Travels through different cities of Germania, Italy, Greece, and several parts of Asia; Lond., 1754, in-fol.

*Pococke's*, A description of the East, and of some other countries; Lond., 1743, in-fol.

*Van Egmont et Jos. Hegman*, Travels through part of Europe, Asia-Minor, etc.; Lond., 1759, in-8.

*Chandler*, Travels in Asia-Minor and Greece; Oxford, 1775, in-4; trad. en français par Servois et Barbier du Bocage.

*Niebuhr*, Description de l'Arabie; trad. de l'allem. par Mourier; Copenh., 1773, in-4.

*Le même*, Voyage en Arabie et en d'autres lieux circonvoisins; Amst., 1776, in-4.

*Büsching*, Erdbeschreibung; 1792.

*Barneck*, Erdbeschreibung von Asia; 1795, in-12.

*J. Bernouilli*, Description histor. et géograph. de l'Inde, contenant la géogr. de l'Indoustan, par Jos. Tieffenthaler, et recherches sur l'Inde par Anquetil-Duperron, etc.; Berlin, 1786, in-4.

*Sonnerat*, Voyage aux Indes orientales et à la Chine; Paris, 1782, in-4, et 1806, in-8, atlas in-4.

*Legentil*, Voyage dans les mers de l'Inde, à l'occasion du passage de Vénus dans le disque du soleil; 1781, in-4.

Voyage en Syrie et en Égypte pendant les années 1783, 84, 85; Paris, an VII, 1799, in-8.

*W. Hodges*, Travels in India; Lond., 1793, in-4.

*Paolino da Bartolomeo*, Viaggio all Indie orient.; Rome, 1796, in-4.

*Silas James*, Narrative of a voyage to Arabia, India, etc.; Lond., 1797, in-8.

*Langlès*, Voyages dans l'Inde, en Perse, etc.; Paris, 1801, in-8.

*G. Forster*, Voyage du Bengale à Pétersbourg, à travers l'Inde; Paris, 1802, in-8.

*William Viricus*, Voyage de Nearque, des bouches de l'Indus jusqu'à l'Euphrate, trad. par Billecoq, an VIII de la rép. franç.

*W. Witman*, Travels in Turkey, Asia Minor; Lond., 1803, in-fol.

*R. Percival*, An account of Ceylan; Lond,, 1803, in-4.

*Luig. Moyez*, wiews of Palestina; Lond., 1804, in-fol.

*Francis Buchanan*, A journey from Madras through the Countries of Mysore, Candjahra and Malabar; Lond., 1807, in-4.

*Abi Parsons*, Travels in Asia and Africa; Lond., 1808, in-4.

*Valentia*, Voyages and travels to India, Ceylan, the Red sea, Abyssinia, etc.; Lond., 1809, in-4 et 1 vol. in-fol. par Salt.

*Ch.-Fr. Tombe*, Voyages aux Indes orientales pendant les années 1802, 3, 4, 5 et 6, revus par Sonini; Paris, 1810, in-8.

*Aru Taleb*, Travels in Asia, Africa and Europa, translated from the Persian by Stewart; Lond., 1810, in-8.

*Daniell*, Pittoresque voyage and travels to India the Way of China; Lond., 1810, in-4.

*Dan. Clarke*, Travels in various countries of Europa, Asia and Africa; Lond., 1813, in-4.

*H. Leght*, Travels in Egypt, Nubia, Holy-Land, mount Libanon and Cyprus; Lond., 1818, in-4.

*Drouville*, Voyage en Perse; St.-Pétersbourg, 1819, in-4.

*Wil. Ouseley*, Travels in various countries of the East; Lond., 1819, in-4.

*Wil. Machmicael*, A journey from Moscou to Constant. with a continuation of the route to Jerusalem the dead Sea, Petra, Balbek, Palmyra; Lond., 1819, in-4.

*Amédée Jaubert*, Voyage en Arménie et en Perse, fait en 1805 et 1806; Paris, 1821, in-8.

*Klaproth*, Voyage au Caucase et en Géorgie; édit. allem. en 1812; édit. franç. en 1822.

*Eberhard*, Denkmäler der Baukunst in Verbindung mit den Werken der Bildauerkunst *und* Malerei des Orients, der Ægypten, etc.; Darmst., 1820, in-18.

*Forbin*, Voyage dans le Levant; Paris, 1819, in-fol.

*Meyendorf*, Voyage d'Oxembourg à Boukhara; Paris, 1820, in-8.

*Luc Indjidjian*, Géographie moderne de l'Arménie; Venise, 1822, in-4.

*Lewis Burckardt*, Travels in Syria and the Holy-Land; Lond., 1820, in-4.

*Irby*, Travels in Egypt and Nubia, Syria and Asia-Minor, etc.; Lond., 1823, in-8.

*Fr. Richter*, Wallfarhrten im Morgenlande, etc.; Berlin, 1823, in-8.

*Kitab 'Manalksal Hadji*, Itinéraire de Constantinople à la Mecque, trad. de Bianchi; Paris, 1826, in-4.

*Buckingham*, Travels in Mesopotamia; Lond., 1826, in-4.

*Sidy Aly Noul Katibi Roumi*, Relation de voyages, trad. du turc en allemand par Diez, et de l'allemand en franç. par Moris; Paris, 1827, in-8.

*G. Keppel*, Personnal narrative of a journey from India to England by Bassorah, the ruines of Babylon, etc.; Lond., 1827, in-4.

*Belfour*, The travels of Macarius, patriarch of Antioch; Lond., 1829, in-4.

*Léonard de Bussières*, Lettre sur l'Orient; Paris, 1829, in-8 avec atlas.

*Burckhardt*, Travels in Arabia; Lond., 1829, in-4.

*V. Fontanier*, Voyage en Orient, entrepris par ordre du gouvernement français, de 1821 à 1824; Paris, 1829, in-8.

*Mignan*, Travels in Chaldea including a journey from Boussorah to Bagdad, Hillam and Babylon; Lond., 1829, in-8.

*Léon de Laborde et Linant*, Voyage dans l'Arabie Pétrée; Paris, 1830, in-fol.

*J. Potoski*, Voyage dans les steppes d'Astrakan, avec des notes de Klaproth; Paris, 1830, in-8.

*Rob. Elliot*, Views in the East comprising India, Canton, etc.; Lond., 1830, in-8.

*Mouraview*, Voyage en Turcomanie et Khiva, trad. et revu par Eyriès et Klaproth; Paris, 1833, in-8.

*Giov. Faciloni*, Viaggio in Syria e nella Terra-Santa; Verona, 1833, in-8.

Travels into Bochara Being the account of a journey from India to Cabul, Tartary and Persia; Lond., 1834, in-8.

*Texier*, Description de l'Asie Mineure. Paris, 1829, in-fol.

Les collections de voyages doivent aussi être indiquées; les plus importantes sont :

*A.-F. Prévost*, L'Histoire générale des voyages continuée par de Querlon et de Surgy; Paris, 1746-49, 20 vol. in-4.

*Fr. Valentin*, Collection des voyages aux Indes orientales, publiée en hollandais; Amst., 1854, in-fol.

Recueil de voyages et de mémoires publiés par la Société de géographie; Paris, 1824, in-4.

*Eyriès, Malte-Brun, Klaproth* et *Larenaudières*, Nouvelles annales des voyages ; Paris.

Il faut ajouter à ces ouvrages le recueil des *Lettres édifiantes et curieuses*, publiées à Paris à partir de 1704, in-4, et les *Nouveaux mélanges des missionnaires jésuites dans le Levant*; Paris, 1818, in-4.

## Religion.

Les religions des peuples de l'Asie ont des rapports si intimes avec toutes les religions, même avec celles des civilisations du nouveau monde, ainsi que M. de Humboldt l'a fait remarquer pour le Pérou et le Mexique, que leur étude est d'un puissant intérêt ; aussi ne manque-t-on pas d'ouvrages relatifs à cette contrée. C'est ainsi qu'on a sur ce sujet :

*J. Seldini*, Syntagma de diis Syris; 1680, in-8.

*Hyde*, Historia veterum Persarum; Oxon., 1700, et Lond., 1760.

Conformités des coutumes des Indiens orientaux avec celles des Juifs; Bruxelles, 1704, in-12.

Saggio sull origine del culto, litteratura e costumi degli Arabi avanti Maometto ; Padova, 1787.

*Hager*, Panthéon chinois ; 1802, in-4.

*Mlle Palier*, Mythologie des Indous travaillée sur des manuscrits authentiques apportés de l'Inde par le colonel Palier ; Paris, 1809, in-8.

*Mohhsen Fani*, Le Dabistan en persan; Calcutta, 1809, in-fol. Cet ouvrage a été traduit en anglais par M. Gladwin.

*Moore*, The Indoo Pantheon; Lond., 1810, in-4.

*Crawfurd*, Researches concerning the laws theology of ancient et modern India; Lond., 1817, in-8.

*Richter*, Recueil des traditions mythologiques des Égyptiens, des Indiens, etc. ; Leips., 1820, in-8.

Die Assyrische Keilschrifterlasser, etc. ; 1820, in-4.

Die Indische Mythologie; 1821, in-4.

*J.-S. Rhode*, Uber religiose Bildung, etc.

*Münter*, Die religion der Babylonier; Copen., in-4, 1827.

*Dubois*, Exposé de quelques-uns des principaux articles de la théogonie des brahmes; Paris, 1820, in-8.

A view of the history litterature and mythology of the Indoos ; Lond., 1822, in-8.

*Lanjuinais*, Religion des Indous selon les vedah... ; Paris, 1823, in-8.

*Dubois*, Mœurs, institutions et cérémonies des peuples de l'Inde; Paris, 1825, in-8.

*Abel Rémusat*, Mélanges asiatiques (mœurs, coutumes, religion) ; Paris, 1825, in-8.

*Félix Lajard*, Recherches sur le culte, les symboles, etc., des monuments figurés de Vénus, en Orient et en Occident ; Paris, in-8.

Die Religion Systeme der heidnischen Valker des Orients... ; Berlin, 1836, in-fol.

On peut consulter aussi :

*Dupuis,* Origine de tous les cultes ; Paris, 1822, in-8.

*J. Guigniaut,* Religions de l'antiquité, considérées principalement dans leurs formes symboliques et mythologiques ; ouvrage traduit de l'allemand, refondu, etc. ; Paris, 1825-37, in-8.

*Suckau,* De la politique et du commerce des peuples de l'antiquité ; Paris, 1831, in-8.

Quelques autres ouvrages traitent de l'Inde d'une manière plus spéciale ; voici les principaux :

*F. Prinseps,* Benarès illustrated ; Calcut., in-fol.

*Daniel-Franc.* Hindoo, Excavations in the mounts of Ellora. Lond., 1796-1808, in-fol.

*Langlès,* Monuments de l'Indoustan ; Paris, 1810, 2 vol. in-fol.

*Edm. Chishull,* Antiquitates asiaticæ ; Oxon., 1728, in-fol.

*Maurice,* Ancient history of Hindostan, in-4.

*M. Graham,* Journal of a residence in India. Edimb., 1812, in-4.

*Davy,* Of the interior of Ceylan. Lond., 1821, in-4.

*Lassen,* De Hentapotamia Indica. Bonn., 1817, in-4.

*F. de Harilland,* Édifices de Madras ; Lond., 1826, in-4.

*Col. J. Tod,* The annals and antiquities of Râdjastân or the central and western Rajpoot states of India ; Lond., 1829, in-4.

*Sykes,* Cavernes d'Ellora ; in-4, 14 grav.

*Geringer* (dessins de M.), *Eug. Burnouf* (texte de M.), L'Inde française ; Paris, 1827, in-fol.

*F. Balthasar Solvyns,* Les Indous ; Paris, 1808, 5 vol. in-fol. avec pl.

## Bibliographie spéciale de l'Indoustan.

On trouvera des renseignements positifs sur les antiquités de l'Indoustan parmi les ouvrages que nous avons indiqués, surtout dans le 2e vol. de Niebuhr, dans les livres de Lassen, de Hodges, de Davy, de Busching, de Langlès, de Syckes, des frères Daniell, dans le t. II de Bœhlen, le t. V de Valentia, le t. I de la *Symbolique* de Creuzer.

Quant aux travaux insérés dans les recueils des Sociétés savantes, nous recommanderons les articles de M. Erskine dans les t. I et III, de M. Salt dans le t. I, de M. Dangerfield dans le t. II, de M. Crawfurd dans le t. II, des *Transactions of the Bombay Society* ; les articles de MM. Grindlay, Babington, Edw. Alexander, J. Todd dans les *Transactions of the roy. asiat. Society* ; les articles de A. Schlegel dans le *Nouveau journal asiatique* (ann. 1828) ; de Seely dans le t. XXX du *Classical journal,* de Macneil dans le t. V de l'*Archæol. britann.* ; de Malet dans le t. VI des *Asiatic researches* ; de Tychsen dans le t. VI des *Commentation. Societ. Gœtting.*

## Babyl., Persépol., Troie, Palmyre, Inscript. cunéif.

Les capitales des nations asiatiques les plus célèbres de l'antiquité, Ninive, Persépolis, Babylone, Troie, Palmyre, ont aussi été l'objet d'études spéciales. Dans plusieurs de ces villes, on trouve des inscriptions en *caractères cunéiformes* qui ressemblent à des fers de lance, et qui ont été étudiées par les savants, mais avec peu de succès, jusqu'à présent. Malgré les admirables travaux de *O. G. Tychsen*, de *Rostoc*, de *Hager*, de *Münter*, de *Sylvestre de Sacy*, de *Dorow*, surtout de *Grotefend*, de *Lichtenstein* et d'*Eug. Burnouf*, les inscriptions des briques et des cylindres de Persépolis et de Babylone n'ont pu être déchiffrées. On a eu plus de succès pour les inscriptions de Palmyre, appelée aussi *Tadmore*, la ville des Palmiers ; bien des érudits s'en étaient occupés en vain, jusqu'à l'*abbé Barthélemy*, qui a fait oublier les élucubrations de *Jos. Scaliger*, de *Samuel Petit*, d'*Abr. Secler*, de *Th. Hyde* et de *Rheinfart*; et malgré les ingénieuses conjectures de *Cuper* et de *Bianchi*, l'abbé Barthelémy ayant trouvé la clef de ces inscriptions, Niebuhr, Georgi et Sylvestre de Sacy ont prouvé que la langue dans laquelle elles étaient composées devait avoir de l'analogie avec la langue particulière aux tribus voisines des antiques cités dont nous avons parlé.

Du jour où l'on sera sûr de posséder le secret de l'écriture cunéiforme, où l'on pourra déchiffrer et traduire les inscriptions de Babylone et de Persépolis, expliquer ces gigantesques bas-reliefs taillés dans les montagnes de l'Assyrie, alors une nouvelle ère commencera pour l'histoire des peuples de l'Asie. Le travail de M. Grotefend a fait faire un pas immense à la science ; espérons que bientôt la Perse et l'Assyrie auront leur Champollion, et pourront être explorées avec fruit.

*Gasp. Waserus*, De antiquis numis Hebræorum ; Tiguri, 1605, in-4.

*Relandi*, Dissertationes de nummis veterum Hebræorum ; Traj. ad Rhen., 1709, in-8.

*F. H. Noris*, Annus et epochæ Syromacedonum in vetustis Syriæ numis, etc.; Flor., 1691, in-fol.

*J. Foy-Vaillant*, Selucidarum imperium ; Hagæ, 1732, in-fol.

*L. Dufour de Longuerue*, Annales Arsacidarum auct.; Argent., 1732, in-4.

*J. Foy Vaillant*, Arascidarum imperium, sive regum parthorum imperium ; Paris, 1725, 2 vol. in-fol.

*Froelich*, Annales compendiarii regum et rerum Syriæ, numis veteribus illustrati, etc. ; Vien., 1744, in-fol.

*Franc. Perezii Bayeri*, De numis Hebræo-Samaritanis dissertatio; Val., 1781, in-fol.

*Du même*, Numorum Hebræo-Samaritanorum vindiciæ ; Val. Edet., 1790, in-fol.

*Eckhel*, Descriptio numorum Antiochiæ Syriæ ; Vien., 1786, in-4.

*Gough*, Coins of the Seleucidæ kings of Syria, etc.; Lond., 1803, in-4.

Collection des médailles asiatiques du cabinet de Saint-Pétersbourg ; Saint-Pétersb., 1821, in-8.

*W. Schlegel*, Médailles bactriennes; in-8.

*Hallenberg*, Numismatique orientale ; 1822.

*Mardsen*, Numismata orientalia illustrata (en angl.) ; Lond., 1823, in-4.

*Erdmann*, Nummi asiatici universitatis Cæsareæ litterarum canensis ; Casani, 1834, in-4.

Die Regen würzmer auf den Feldern der orientalischen Numismatik ; Leipsig, 1830, in-8.

*Adler*, Museum cuficum bergianum velitris ; Rom., 1782, in-4.

*Simonis Assemani*, Globus cœlestis cuficus ; Padova, 1787, in-8.

Museo cufico Mainano illustrato ; Padova, 1787, in-8.

*Castiglioni*, Monete cufiche del I. R. museo di Milano ; Mil., 1819, in-4.

*Castiglioni*, Osservasioni sull'opera

*intitulata : descrizione di alcune monete cufiche del museo Mainoni*; Milan, 1821, in-8.

*Frœhn*, Numi kufici ex variis museis selecti; 1823, in-4.

*Du même*, De musei sprewitzani, Mosquæ, numis kuficis nonnullis antehac ineditis, etc.; Petrop., 1825, in-4.

*Lelewel*, Explication de trois monnoies kufiques samanides du musée de la Société philotechnique de Varsovie; in-8.

*Schrœder*, Catalogus numorum cuficorum in nummophylacio academico Upsiacensi; Ups., 1827, in-4.

*Eichhorn*, Monumenta antiquissimæ historiæ Arabum; Goth, 1775, in-8.

*Eichhorn*, Marmorea palmyrena explicata, in-4.

*Rob. Wood* et *Dawkins*, Les ruines de Palmyre, autrement dite Tadmore au Désert, texte anglais et français; Lond., 1753, in-fol.

*Seller*, Antiquités de Palmyre; Lond., 1696.

*Hallifax*, Voyage à Tadmore; Lond., 1705, in-fol.

*Halley*, Observations sur l'état de Palmyre; Lond.

*J. Perzonis*, Origines babylonicæ et ægyptianæ; 1711, in-fol.

*J.-F. Schrœeri*, Imperium Babylonis et Ninivi; Francof., 1726, in-8.

*Jos. Hager's*, Dissertation on the newly discovered Babylonian inscriptions; Lond., 1801, in-4.

*Ker-Porter*, Travels in Georgia, Persia, Armenia, ancient Babylonia, during the years 1817-18-19-20, Lond., in-4.

*J.-S. Martin*, Essai sur les inscriptions de Persépolis—Observations sur les inscriptions cunéiformes de la Perse, de la Médie et de l'Assyrie; Paris, 1822, in-8; et Mémoires de l'Acad. des Inscrip., ann. 1823.

*Claudius James Rich*, Narrative of a residence in Koodistan and the site of ancient Niniveh; Lond., 1835, in-8.

*Grotefend*, Neue Beiträge zur Erlaüterung der Persepolitanischen Keilschrif... ; Hanov., 1837, in-4.

*Sylvestre de Sacy*, Mémoires sur diverses antiquités de la Perse, trad. du persan de *Mirkond*; Paris, 1793, in-4.

*Danville*, Dissertation sur l'étendue de l'ancienne Jérusalem et de son temple; Paris, 1747, in-8.

*Lechevalier*, Description of the plain of Troy; Lond., 1792, in-4.

*Lechevalier*, Observations of Bryant upon the descript. of the plain of Troy, Lond., 1796, in-4.

*Moritt's*, Additionnal remarks on the topog. of Troy; Lond., 1799, in-4.

*W. Franklin*, Remarks and observations on the plain of Troy in 1789; Lond., 1800, in-4.

*W. Gell*, The topography of Troy illustrate; Lond., 1804, in-fol.

*Worsley*, Museum worsleyanum or a collection of antique Bassorelievos, bustos et with views of places in the Levant; Lond., 1824, in-4.

*C.-F.-C. Hoeck*, De veteris Mediæ et Persiæ monumentis; 1818, in-4.

## Bibl. spéc. de Persép., Suse et Ecbat., Babylone.

Nous commencerons par rappeler les écrivains qui ont traité de la Perse, et que nous avons fait connaître, Chardin, Corneille-Bruyn, Niebuhr (t. II), Ousely, Ker Porter, Edw. Alexander, Buckingam, Morier, Herder.

Voyez ensuite Arrien, l. VI, c. 29, Strabon, l. XV, c. 729, Diodore de Sicile, l. XVII, c. 71, Quinte-Curce, l. V, c. 7, de Caylus, *Hist. de l'Acad.*, t. VIII et IX, Mongez, *Mémoire de l'Inst. nation. litt.*, t. III et IV, Hirt, *Mém. de l'Acad.* de Berlin, ann. 1820, Saint-Martin, *Journal des savants*, ann. 1828, Grotefend, *Bibl. crit.* de Seebode, 1829, Kinneir, *A geog. mem. of the Pers. empire*; Lond., 1813, in-4.

Pour Suse et Echatane, il faut voir Hérodote, *l.* I, c. 98, Polybe, l. x, c. 27, et Diodore, l. XVII, c. 110; puis Olivier, *Voyage de l'Empire ottoman*, t. III, Jacobs, *Mém. de l'Acad.* de Munich, ann. 1810, Ker Porter, Morier, Kinneir.

Pour Babylone, consulter Hérodote, l. I, c. 186, Diodore, l. II, c. 8, Quinte-Curce, l. V, c. 4, Ctésias, Sanchoniaton, éd. d'Orellius, Leips., 1826, in-8, Berose, éd. de Richter, Lips., *1825*, in-8, Strabon, *l.* XVI; puis les *Recherches* de Rich, de Niebuhr, de Keppel, de Ker Porter, de Beauchamp, d'Hoeck, de Landseer, d'Ousely, de Münter, de Morier; enfin, nous indiquerons un travail de Sainte-Croix, dans le t. XLVIII des *Mém. de l'Acad. des insc. et bell.-lett.*, le t. I de l'Amalthea (*Oder museum der Kuntt mythology*), Leips., 1820-25, publ. par Bœttiger.

## Bibliographie spéciale de la Judée et de la Phénicie.

Voyez d'abord, dans la *Bib. ant.* de Fabricius, la liste des anciens ouvrages relatifs à l'art juif; puis, dans la Bible, lisez, *Deutéron.*, 7, 25; *Jérémie*, 3, 10; *Daniel*, 2, 31; le *Livre des Rois*, 7, 46; les *Paralip.*, 2, 11, 14; *Ezéchiel*, 13, 28, et les écrits de Joséphe l'historien; puis Ugolini, *Thesaurus antiquitatum sacrarum*; Venet., 1744, 69 fol.; Hartmann, *Die Hebräerin am Putztische*; Amst., 1809-10, in-8; Hizt. ouv. cit., p. 80; Züllig, *Der Cherubin Wagen*; Heidl., 1832, in-8; de Wette, *Lehrbuch Heb. Judisc. archæol.*; Leips., 1830, in-8.

Il faut consulter, dans les recueils des sociétés savantes, les travaux de Falconnet, dans le t. VI des *Mém. de l'Acad. des insc. et bell.-lett.*; de Eichorn, de Hamberger et Michaelis, dans le t. IV des *Comment. Societ. Gœtt.* de Gruneisen, dans le *Kunstblatt* (ann. 1831); de Hirt, dans les *Abhandt. der Berl. Akad.* (ann. 1816-17).

PHÉNICIE. — Nous possédons peu de travaux sur les antiquités de ce pays. Nous renvoyons aux quelques ouvrages qui suivent: F. Münter, *Der tempel der Himmlischen Gœttin zu Paphos*; Copen., 1824, in-4; Dutens, *Explic. de quelques médailles grée. et phénic.*; Paris, 1773-76, in-4; Lajard, ouv. cité, p. 5; Ch. Lenormant, *Cours d'hist. ancienne*, t. I, 1837; G. Landseer, *Sabaean researches*; Lond., 1823, in-8; Creuzer, *Symb.*, t. II; Hirt, *Berliner kunsblatt*, t. II.

Ajoutez aux indications que nous venons de donner les livres que nous avons fait connaître dans la bibliographie générale de l'Asie.

## Publications périodiques.

Tels sont les divers ouvrages qui traitent des antiquités de l'Asie. Le nombre des travaux, dont les monuments des antiques civilisations ont été l'objet est très-considérable, si l'on songe à la quantité énorme de dissertations qui sont insérées dans les recueils dont nous avons donné plus haut l'indication, et dans les publications spécialement consacrées à l'Asie. Ces publications sont elles-mêmes très-volumineuses, et renferment des mémoires de la plus haute importance. Nous devons dire, cependant, que les sociétés qui font paraître ces recueils s'occupent beaucoup plus de la philologie que des antiquités monumentales.

*Asiatic researches*, publiées en 1788, à Calcutta, in-4. Plusieurs volumes ont paru en français. Une édition en a été aussi faite à Londres.

*Mémoires de la Société asiatique de Paris*, publiés à Paris, in-4.

Les principaux rédacteurs de ce journal ont été: MM. Bianchi, Ed. Biot, Eug. Boré, Brosset, E. Burnouf, Caussin de Perceval, Dubeux, d'Ekstein, C. de Hammer, Hase, Guil. de Humboldt, Eug. Jacquet, Améd. Jaubert, Stan. Julien, Langlès, Molh, S. Munck, Et. de Quatremère, Reynaud, G. de Schlegel, A. Sédillot, Sylvestre de Sacy, Stahl, etc.

*Transactions of the royal asiatic Society of Great Britain and Ireland;* London, 1827, in-4. Les principaux rédacteurs sont: MM. Colebrooke, Davis, William Francklin, Alex. Johnston, Samuel Lee, James Todes, Haymon Wilson, etc.

Il y a aussi beaucoup de renseignements à puiser dans le *The asiatic journal and monthly register*, Lond., in-8; dans les *Transactions of the Madras literary Society*, in-4, 1821; dans les *Transactions of the literary Society of Bombay*; dans l'*Asiatiches Magazin von Weimar;* et les *Archives de la littérature asiatique*, publiées à Saint-Pétersbourg; enfin dans l'ouvrage suivant, rédigé en grande partie par M. de Hammer, et connu en France sous le titre de *Mines* de l'Orient. *Fundgruben des Orients bearbeited durch eine Gesellschaft von Liebharbern;* Vien., 1809-1818, 6 vol. in-fol.

## Égypte, Nubie, Abyssinie.

Les premiers voyageurs qui ont parlé des monuments de l'Afrique orientale sont, comme pour l'Asie, les pèlerins qui se rendaient à la Terre Sainte, et qui allaient visiter les cénobites de la Thébaïde. Les descriptions vraiment importantes et utiles sont encore celles qui ont été faites dans notre siècle. Voici toutefois l'indication des ouvrages que l'on doit consulter pour tout ce qui a rapport à l'Egypte, outre les ouvrages des voyageurs dont nous avons donné l'indication dans notre premier article, *Asie* et *Afrique.*

*Lud. Bartema,* Itinerarium Æthiopiæ, Ægypti, utriusque Arabiæ; Mediol., 1511, in-fol.

*J. Léon,* Historiale description de l'Afrique; Lyon, 1556, in-fol.

*G. Sandis,* Relation of Journey in to Turky empire, Egypt, etc.; Lond., 1621, in-fol.

*Savary,* Relation de ses voyages en Grèce, Terre Sainte, Egypte, etc.; Paris, 1628, in-4.

*J. Lobo,* Voyage historique de l'Abyssinie; Amst., 1728, in-12.

*Granger,* Relation d'un voyage en Egypte; Paris, 1745.

*Mascrier,* Description de l'Egypte; Paris, 1753, in-4.

*Norden,* Voyage d'Egypte; Copenh., 1755, in-fol.

*Abulfedæ,* Descriptio Ægypti, (arab. et lat.); Gœtt., 1770, in-fol.

*J. Bruce,* Travels to discover the source of the Nile; Edinb., 1788, in-4.

*Fourmont,* Description des plaines d'Héliopolis et de Memphis; Paris, 1755, in-12.

*Rob. Wood,* Ruines de Balbec, autrement dite Héliopolis; Paris, 1757, in-fol.

*J. African,* Researches or proceding of the association for promoting the discovery of the interior parte of Africa; Lond., 1790-1803, in-4.

*Const.-Franç. Chassebœuf de Volney,* Voyage en Syrie et en Egypte, pendant les années 1783-84, 1785; Paris, 1799, in-8.

*Browne,* Travels in Africa, Egypt, etc.; Lond., 1799, in-4.

*Cassas,* Voyage pittoresque de la Syrie, de la Phénicie, de la Palestine et de la Basse-Egypte; Paris, 1799, in-fol.

*Sonnini,* Voyage de la Haute et Basse-Egypte ; Paris, 1800, in-8, atl. in-4.

Description de l'Égypte (commission) ; Paris, 18..., in-fol.

*J.-A. Olivier,* Voyage dans l'empire Ottoman, l'Égypte et la Perse ; Paris, 1801, in-4.

*Mayer,* View in Egypt ; Lond., 1802, in-fol.

*Fr. Horneman,* Journal of travels from Cairo to Mourzouk ; Lond., 1802, in-4.

*Denon,* Voyage en Egypte ; Paris, 1802, in-fol.

*J. L. Burckardt,* Travels in Nubia and in the interior of north eastern Africa... ; Lond., 1821, in-4.

*Scholz,* Voyage en Libye; Paris, 1822, in-8.

*Willyams,* A selection of views in Egypt, Palestine, Rhodes, Italy ; Lond., 1822, in-fol.

Proceding of the expedition to explore the northen east of Africa, in 1821 and 1822 ; Lond., 1827, in-4.

*Frédéric Caillaud;* Voyage à Méroé, au *fleuve* Blanc, au delà de Fâzogl, dans le midi du royaume de Sennâr, etc., texte rédigé par Caillaud et Jomard ; Paris, 1828, in-4.

*Fr. Caillaud,* Voyage à l'oasis de Thèbes, et dans les déserts situés à l'orient et à l'occident de la Thébaïde, rédigé et publié par M. Jomard.

*Jomard,* Voyage à l'oasis de Syouah, d'après les matériaux recueillis par MM. Drovetti et Caillaud ; Paris, 1823, in-fol.

En parlant des religions de l'Asie, nous avons indiqué plusieurs ouvrages qui traitent des divers cultes de l'antiquité d'une manière générale ; il est évident qu'on devra les consulter pour ce qui regarde l'Égypte. Les traités particuliers sont les suivants :

Des auteurs anciens, Plutarque est celui qui nous fait connaître le plus de particularités dans ses livres sur le culte d'Isis et d'Osiris. Nous avons ensuite formé une catégorie des ouvrages qui traitent de diverses questions d'archéologie.

*Schmidt,* Dissertatio de sacerdotibus et sacrificiis Ægyptiorum ; Tubing., 1786, in-8.

*F.-H. Delaunay,* Histoire générale et particulière des religions, etc. ; Paris, 1791, in-4 ; un seul volume a été publié, et il traite de la religion égypt.

*Ch. Galliot,* Dissertation sur le dieu Sérapis ; Paris, 1760, in-8.

*Banier,* Origine del culto prestato dagli Egiziani agli animali ; Venez., 1748, in-4.

*J.-C. Prichard,* An analysis of the Egyptian mythology ; Lond., 1819, in-8.

*Jablonski,* Panthéon égyptien ; Francf., 1750, in-8.

*Champollion* et *Dubois,* Panthéon égyptien, collection de personnages mythologiques de l'ancienne Égypte, d'après les monuments, etc., avec texte explicatif ; Paris, 1823, in-4.

*Seyffart,* Mémoire sur la littérature, l'art et la mythologie de l'ancienne Égypte ; Leipsick, 1833, in-8.

*Mercati,* Degli obelisci di Roma ; Rome, 1589, in-4.

*Kircherii* Obelisci ægyptiaci interpretatio ; Rome, 1666, in-fol.

*Abdollatiphi,* Historiæ Ægyptii compendium(arab. et lat.), partim ipse vertit, partim Pocockio versum edendum curavit, notisque illustravit J. Withe ; Oxon., 1800, in-4.

*Grobert,* Description des pyramides de Ghizé, de la ville du Kaire et de ses environs, an IX, in-4.

*G. Jameson,* Spicilegia antiquitatis Ægypti, etc. ; Glasc., 1720, in-8.

Mémoire sur la véritable entrée du monument égyptien qui se trouve à quarante lieues du Caire ; Rome, 1783, in-4.

Monuments égyptiens, gravés sur 200 planches. Rome, 1791, in-fol.

*Brocchi,* Ricerche sopra la sculture presso gli Egiziani; Venezia, 1792, in-8.

*Zoëga,* De origine et usu obeliscarum; Rom., 1797, in-fol.

*Alexander,* Egyptians monuments preserved in the British museum after the drawings; Lond., 1805, in-fol.

Speciments of ancient sculpture egyptian, etruscan, greek and roman, by the Society of dilettanti; Lond., 1809, in-fol.

*Et. Quatremère,* Mémoires géographiques et historiques sur l'Egypte; Paris, 1810, in-8.

*Hirt,* Von den pyramiden; Berl., 1815, in-4.

— Ueber die bildung der Ægyptischen gottheiten; Berl., 1821, in-4.

*Davillers,* Recherches sur les bas-reliefs astronomiques des Égypt.; Paris, 1817, in-4.

*Abdallatif,* Relation de l'Égypte (trad. de M. Sylv. de Sacy); Paris, 1810, in-4.

*Belzoni,* Narration of the operations and recent discoveries within the pyramids, temples, tombs, and excavations in Egypt and Nubia; Lond., 1820, in-4.

*Gau,* Antiq. de la Nubie, 1822, in-4.

*J.-F. Tôchon,* Recherches historiques et géographiques sur les médailles ou nomes de l'Égypte; Paris, 1822, in-4.

*Letronne,* Recherches pour servir à l'histoire de l'Egypte, etc.; Paris, 1823, in-8.

— Mém. sur le monum. d'Osymandias; Paris, 1831, in-4.

*Jomard,* Description d'un étalon métrique, orné d'hiéroglyphes, découvert dans les ruines de Memphis; Paris, in-4.

*Minutoli,* Reize zum Tempel des Jupiter-Ammon in der Libyschen wueste und mach ober Egypten; Berl., 1824, in-4.

*Boudet,* Sur l'art de la vénerie né en Egypte; Paris, 1824, in-8.

*A. Steinbrüchel,* Scarabées égyptiens figurés du musée des antiques de S. M. l'empereur; Vienne, 1826, in-4.

*Passalaeque,* Catal. raisonné des antiq. découvertes en Egypte; Paris, 1626, in-8.

*Jorke,* Les principaux monuments égyptiens du musée britannique. Lond., 1827, in-4.

*Pacho,* Relation d'un voyage dans la Marmorique, la Cyrénaïque; Paris, 1827-28, in-4.

*Drovetti,* Lettre à M. Abel Rémusat, sur une mesure de coudées trouvée à Memphis. Paris.

*G. Lewin Saalschütz,* Recherches dans le domaine de l'antiquité égyptienne et hébraïque. Kœnigsb., 1828, in-8.

*Rifaud,* Tableaux de l'Égypte et de la Nubie. Paris, 1829, in-8.

*Rifaud,* Description des fouilles et des découvertes à Koun, Medinet-el-Fares. Paris, 182 , in-8.

*Salvolini,* Campagne de Ramsès le Grand. Paris.

*Louis Vaucelle,* Chronologie des monuments de la Nubie. Paris, 1829, in-8.

*Palhin,* Collection d'antiquités recueillies (par), et publiées par MM. Klaproth et Dorow. Paris, 1829, in-fol.

*J.-J. Rifaud,* Voyage en Égypte, en Nubie, et lieux circonvoisins, depuis 1805 jusqu'en 1827. Paris, 1830, in-fol.

Breve notizie degli ogetti di antichità egiziane, riportate dalla spezione literaria toscana in Egitto e in Nubia. Firenze, 1830.

*Letronne,* La statue vocale de Memnon; Paris, 1833, in-4.

*J.-G. Wilkinson,* Manners and customs of the ancient Egyptians. 1837, in-8.

*Forelhammer,* De pyramidibus commentatio; Paris, 1838, in-4.

*Wyle,* The pyramid of Gisez, etc.; Lond., 1839, in-8.

*Leemans,* Monum. Egypt. du Musée d'antiques des Pays-Bas, etc.; Leyde, 1839, in-fol.

— Lettre à M. Salvolini sur les monum. égypt. portant des légendes royales, etc.; Leyde, in-8.

*Ch. Lenormant,* Eclaircissements sur le cercueil du roi Mycérinus, etc.; Paris, 1839, in-4.

*Frédéric Caillaud,* Recherches sur les arts et métiers, les usages de la vie civile et domestique des anciens peuples de l'Egypte, de la Nubie et de l'Éthiopie. Paris, in-4. L'ouvrage n'est pas achevé.

*Andrews,* The pyramids of Giseh. Lond., 1839, in-fol.

*Lenormant,* Musée des antiquités égyptiennes. Paris, Leleux, 1841, in-fol.

*J. L. Ideler,* Hermapion sive rudimenta hierogly. veter. Ægypt. literaturæ, etc. Lips., 1841, in-4.

*Ipolito Rosellini* (il dottore), I monumenti dell' Egitto e della Nubia. Rome, 183.

L'ouvrage est divisé en 2 parties: 3 vol. in-8 sont consacrés aux monuments historiques, 3 aux monuments civils; il y a, de plus, un atlas de planches, in-fol.

*Lepsius,* Le Rituel funéraire des Egyptiens. Leips., 1842, in-8.

Interpretatio obeliscarum Urbis ad Gregorium XV, pont. max., digesta per *A. M. Vugulerium* sodalem barber. Romæ, 1842, in-fol.

La plupart des ouvrages qui ont été publiés avant la découverte de l'inscription de Rosette, sont d'un médiocre intérêt; nous en donnerons pourtant la liste, afin que notre travail soit plus complet.

*Kircheri,* Ædipus ægyptiacus, hoc est, universalis hieroglyphicæ veterum doctrinæ, temporum injuria abolitæ, instauratio. Romæ, 1652-54, in-fol.

*Kircheri,* Lingua ægyptiaca restituta. Rome, 1643.

*A.-H. Westerhovius,* Hiéroglyphes des Égyptiens. Amst., 1735, in-4.

*W. Warburton,* Essai sur les hiéroglyphes des Égyptiens, où l'on voit l'origine et le progrès du langage et de l'écriture, l'antiquité des sciences en Égypte, etc. Paris, 1744, in-12.

*Zoega,* Numi Ægyptii prostantes in museo Borgiano valitris. Rome, 1787, in-4.

*Langlois,* Discours des hiéroglyphes égyptiens. Paris, 1784, in-4.

*Sylvestre de Sacy,* Lettre au citoyen Chaptal, au sujet de l'inscription égyptienne trouvée à Rosette. Paris, 1802, in-8.

*Bertuch,* Essai sur les hiéroglyphes. Weim., 1804, in-4.

*Jablonski,* Opuscula quibus lingua et antiquitas Ægyptiorum... illustrantur. Lugd.-Bat., 1805, in-8.

*Palin,* Analyse de l'inscription en hiéroglyphes du monument trouvé à Rosette. Dresde, 1805, in-8.

*Cadet,* Copie figurée d'un rouleau de papyrus trouvé à Thèbes dans un tombeau des rois, accompagnée d'une notice descriptive. Paris, 1805, in-fol.

*Ahmad. Bin Abubeker,* Ancient alphabets and hieroglific characters explained, etc.; and in english, by Jos. Hammer. Lond., 1806, in-4.

*Palhin.* De l'étude des hiéroglyphes, Paris, 1812, in-12.

*Niebuhr,* Inscriptiones nubienses. Rome, 1820, in-4.

*Champollion* (jeune), De l'écriture hiératique des anciens Égyptiens. Grenoble, 1821, in-8.

*Boeckh,* Erklaerung einer Ægypt. urkunde. Berl., 1821.

*Lacour,* Fragments, essai sur les hiéroglyphes égyptiens.

*Champollion* (jeune), Lettre à M. Dacier sur les hiéroglyphes phonétiques, etc. Paris, 1822, in-8.

*C.-L. Sickler,* Die heilige Priestersprache der alten Egyptier. 1822, in-4.

*Alex. Lenoir,* Nouveaux essais sur les hiéroglyphes ou figures symboliques et sacrées des Égyptiens et des Grecs. Paris, 1822, in-8.

*T. Young,* Account of some recent discoveries in hieroglyfical literature and Egyptian antiquities, including the author's original alphabet, at extensded Champollion, with a translation of five unpublished greek and egyptian manuscr. Lond., 1823, in-8.

*Champollion* (jeune), Précis du système hiéroglyphique des anciens Égyptiens. Paris, 1824, in-8.

*Le même,* Deux lettres à M. le duc de Blacas d'Aulps, relatives au musée royal égyptien de Turin. Paris, 1824-26, in-8.

*Champollion* (jeune), Grammaire égyptienne, ou principes généraux de l'écriture sacrée égyptienne, appliquée à la représentation de la langue parlée. Paris, 183..., in-8.

*A.-L.-C. Coquerel,* Lettre à M. Ch. Coquerel, sur le système hiéroglyphique de M. Champollion, considéré dans ses rapports avec l'Ecriture sainte. Amst., 1825, in-8.

*Mai,* Il catalogo de' Papiri Egiziani della bib. Vatic., 1825.

*Lanzi,* Di' un Egyzio monumento, con inscrizione fenicia, etc. Roma, 1825, in-4.

*Fr. Salvolini,* Analyse grammaticale raisonnée des différents textes anciens égyptiens. Paris, in-4.

*Gustavi Seyffarti,* proff. Lipsi., Rudimenta hieroglyphica; accedunt explicationes speciminum hieroglyphicorum, glossarium atque alphabeta, cum xxxvi tabulis lithographicis Lipsiæ, 1825, in-4.

*Pettretini* Papiri greco-egizj, ed altri greci monumenti dell' imp. r. museo di Cort. Vienna, 1826, in-4.

*Kosegarten,* De prisca ægypt. litteratura comment. 1828.

*Reuvens,* Lettres à M. Letronne, sur les papyrus bilingues et grecs, etc. Leyde, 1830, in-4.

*J. Klaproth,* Lettre sur la découverte des hiéroglyphes acrologiques. Paris, 1827, in-8.

*Th. Young,* Compendious grammar of the egyptian language as contained in the coptic and sahidic dialects, etc. Lond., 1830, in-8.

*Jomard,* Recueil d'observations et mémoires sur l'Egypte anc. et moderne, etc. Paris, 1838, in-8.

*Salvolini,* Lettres sur les principales expressions et dates du monument de Rosette. Paris, 1832, in-8.

Examen d'un passage des Stromates de saint Clément d'Alexandrie. Paris, 1833, in-8.

*Salvolini,* Spécimen de quelques corrections de la première livraison des monuments de l'Égypte et de la Nubie. Paris, 1835, in-4.

*C. Leemans,* Horapollinis Niloï hieroglyphica. Amst., 1835, in-8.

*Gesenius,* Dissertatio de inscriptione punalybica. Leips., 1736, in-4.

The origine of the egyptian language, proved by the analysy of that and the hebrew. Lond., 1837, in-8.

*Lepsius,* Lettre à M. Rosellini, sur l'alphabet hiéroglyphique. Rome, 1837, in-8.

*Ch. Lenormant,* Recherches sur l'origine, la destination chez les anciens, et l'utilité actuelle des hiéroglyphes d'Horapollon. Paris, 1838, broch. in-4.

## Chine.

Nous répétons ici qu'on ne doit pas oublier de prendre connaissance des ouvrages des voyageurs que nous avons cités à l'article *Asie* et *Afrique.*

*Nieuhoff,* Ambassade vers l'empereur de la Chine. Leyde, 1655, in-fol.

*P. Anderson,* Travels through Arabia, Persia, India, China and Japon, etc., 1669, in-fol.

*Duhalde,* Description géogr. et histor. de l'empire chinois. Paris, 1705, in-fol., et Harlem, 1736, in-4.

*F. Valentyn,* Bescryving van ond en view at Indien. Dord. et Amst., 1724-26, in-fol.

*Chambers,* Dessins des édifices chinois. Lond., 1757, in-fol.

*J. de Guignes* a publié de nombreux mémoires sur la Chine dans le Journal des savants, du t. XXXV au t. XLVIII, et une traduction du Traité de l'art militaire des Chinois, par P. Amyot. Paris, 1771.

*Ch.-L.-J. de Guignes,* Voyage à Peking, Manille, etc. Paris, 1808, in-8. (Observations du docteur Montucci sur cet ouvrage.)

*Maillac,* Hist. génér. de la Chine, ou Annales de cet empire, traduite du Thoung-kian-kang-mou. Paris, 1777-83, in-4.

*Sonnerat,* Voyage aux Indes orientales et à la Chine. Paris, 1782, in-4. Nouv. édit. par Sonnini. Paris, 1806, in-8.

*Delille* et *Pingré,* Description de Pekin. Paris, 1785. (Ouvr. attribué au P. Gaubil.)

*En. Anderson,* A narrative of the Britisch embassy to China, in the years 1792-93-94. Lond., 1795, in-4. (Des récits sur ce voyage ont été publiés aussi par Helnes, 1805, in-8.)

*Moreau de Saint-Merry,* Voyage de l'ambass. de la compagnie des Indes hollandaises. Paris, 1798, in-8.

*Gaubil,* Voyage de Canton à Pékin. (Hist. des voyages par l'abbé Prévost, t. V.) Voy. aussi les Lettres édifiantes.

Description de Pékin, avec un plan de cette capitale, trad. du russe par M. Fery de Pegny, in-8.

*J. Barrow,* Travels in China. Lond., 1804, in-4. — M. de Guignes a publié des observations sur cet ouvrage. Paris, 1809, in-8. — A voyage to Cochin-China, etc. Lond., 1806, in-4.

Some account of the public life, and selection from the un published writings, of the earl Macartney, etc. Lond., 1807, in-4.

*Renouard de Ste-Croix,* Voyage commercial et politique aux Indes orientales, aux Philippines et à la Chine, etc. Paris, 1810, in-8.

*J. Wathen,* A journal of a voyage... to Madras and at China. Lond., 1814, in-4.

*Ellis,* Journal of the embassy to China., Lond., 1817, in-4.

*Grosier,* De la Chine, ou Description générale de cet empire. Paris, 1818-20, in-8.

*Klaproth,* Voyage à Pékin à travers la Mongolie, par Timbousky, en 1820-21. Paris, 1827.

## Amérique.

Dans notre *Avant-propos,* à la page 8, nous avons déjà cité le nom des écrivains que l'on peut consulter sur les antiquités du Mexique; et nous avons donné à l'article, *Art américain,* le titre de leurs principaux ouvrages. Il nous suffira de rappeler le *Voyage aux régions équinoxiales,* de M. de Humboldt. Paris, 18.., in-fol.; l'*Archæologia americana,* publiée à Worcester en 1822. Puis il faut compulser les recueils savants et littéraires qui se publient dans l'Amérique du Nord; les *Annals of the lycæum of New-York;* l'*American museum,* qui se publie à Philadelphie; les *Transactions of the literary and philosophical Society of New-Yorck;* et enfin les *Transactions of the hist. and lit. comit. of the american philos. Society* de Philadelphie; *Collections of the Massachusets historical Society.* Il est bon aussi de prendre connaissance des livres que nous ont laissés Clavigero, Nebel, Diaz, Torquemada, Betancourt, Gomara, Remesal, Coyalludo, Acosta, G. de La Vega, Ant. de Ulloa, Pedro Cieca de Leon, Garcia, Herrera, de Parchus, de Thévenot, de Th. Gage, etc.

Enfin on trouve des renseignements dans les relations des navigateurs et dans les ouvrages des voyageurs qui ont visité l'Amérique. Voyez entre autres les livres de Bradbury, Heriot, Kearne, Grenvil, Sayard Theodat, de Lassalle, et les Bulletins de la Société de géographie de Paris.

Les ouvrages les plus curieux sont les suivants.

*Kalm,* En resa til norra America. Stok., 1753-61, in-8. — Beischreibung der reise nach dem Noerdlichen Amer. Gœtt., 1764.

*J. Carver,* Travels through the interior parts of North. Amer. Lond., 1779, in-8.

*J. Dunbur,* Essays a the history of Mankund in rude and incultivated ages. Lond., 1780, in-8.

*J.-Ant. Alzate y Ramirez,* Descripcion de las Antiguedades de Xochicalco. Mexico, 1791.

*Tim. Alden,* Papers relative to certain Americ. antiq. Philad., 1796, in-4.

*W. Bartram,* Travels through North and south Carolina, etc. Lond., 1792. Trad. par Benoist. Paris, an VII.

*Imlay,* The discovery, setlement and present state of Kentucky. Lond., 1792, in-8.

*Filson,* Topogr. descript. of the western territ. of North Amer., 1798, in-8.

*Bulloch,* Six mouths of residence and travels in Mexico.

*P. Marquez,* Due antichi monumenti di architettura mexicana illustrati. Rom., 1804.

The journal of a tour into the territory N. O. of the Alighany mountians. Boston, 1805, in-8.

*A. Ellicot,* The journal Philadel., 1809, in-4.

*Schultz,* Travels or and Inland voyage through the state of New-Yorck. New-York, 1810.

*Brackenridge,* Wiews of Louisiane. Baltim., 1817, in-8.

*P.-F. Cabrera,* Description of the ruins of an ancient city, discovered near Palenque, in the kingdon of Guatemala, in Spanisch America, translated from the original manuscript report of capt. ant. del Rio, etc. Lond., 1822, in-4.

*Beck,* Journal of the states of Ullinos and Missoury. Albany, 1823.

Antiquities of Mexico, comprising fac similes of ancient Mexican paintings and hieroglyphics, preserved in the royal library of Paris, Berlin, Dresden, etc. Lond., 1830, in-fol. — Cet ouvrage forme 7 volumes, publiés par les soins de lord Kinsborough, et ne coûte pas moins de 15,000 fr.

*De Humboldt,* Vues des Cordilières, et monuments des peuples indigènes de l'Amérique. Paris, 18..., in-8.

Antiquités mexicaines. Paris, 183.., in-fol. — Le texte est rédigé par MM. Al. Lenoir, Warden et Ch. Farcy, d'après les documents du cap. Dupaix.

*Bradfort,* American antiquities. Lond. 1842, in-8.

## Ordres d'architecture.

*Rusconi,* Dell' architectura secondo precetti di Vitruvio, lib. x. Ven., 1590.

Barozzio *di Vignole*. Regola delli cinque ordini d'architect. Sien., 1635. Cet ouvrage a souvent été traduit en français.

*Palladio*. Traité d'architecture.

ses œuvres; Paris, 1823, in-fol.

*Serlio,* Regoli generali d'architet. Venet., 1544, in-fol.

*Alberti,* De re ædificatoria, l. x, Arg.; 1541, in-fol.

*Abbé de Monges,* Comparaison des moyens et procédés que les Romains employaient dans la construction de leurs édifices, avec ceux des peuples modernes, *Mém. de l'Acad. des inscript.*

*Mauclerc,* Traité d'archit. suivant Vitruve. Par., 1648, in-fol.

*Perrault,* Ordonn. des cinq espèces de colonnes, selon la méthode des anciens. Par., 1683., in-fol.

*Scamozzi,* Idea dell' archit. universale. Piaz., 1687, in-fol.

*P. Nativelle,* Nouveau traité d'architecture. Par., 1789, in-fol.

*Poleni,* Exercitationes vitruvianæ; Venet., 1739, in-fol.

*De Caylus,* Sur l'architecture des anciens; *Mém. de l'Acad.*, t. XXI, XXIII.

*Antolini,* L'ordine dorico; 1785, in-fol.

*Durand,* Parallèle d'architecture ancienne et moderne; Paris, 1800, in-fol.

*De Chambray,* Parallèle d'architecture; Paris, 17..., in-fol.

*Marquez,* Ricerche dell' ordine dorico; Rom., 1803, in-8.

*Le Brun,* Théorie de l'architecture grecque et romaine; Paris, 1807, in-fol.

*Peyre,* Œuvres d'architecture; Paris, 1819-20. in-fol.

*C.-A. Rosenthal,* Von der Enstehung und Bedentung der Archit. Formen der Griechen (Journ. de Crelle, III; Berl., 1830).

*Normand,* Nouveau parallèle d'architecture, continué par Manen; 1832, in-fol.

## Antiquités de la Grèce et de la Sicile.

Pour compléter notre travail, il ne faut pas oublier de consulter les traités généraux d'archéologie que nous avons indiqués à la page 540, et les revues scientifiques publiées en divers pays.

*Belon,* Les observat. de plusieurs singularités trouvées en Grèce et en Asie. Paris, 1555, in-4.

*Spon,* Voyages d'Italie, de Dalmatie, de Grèce et du Levant. Amst., 1679, in-12.

*Wheler,* A Journey into Greece. Lond., 1682, in-fol.

*Gronovius,* Thesaurus antiquitatum græcarum. 1699, 13 vol. in-fol.

*Danetius,* Dictionarium antiquit. rom. et græc., 1701, in-4 et in-8.

*Arnaud,* Sur la vie et les ouvr. d'Apelles. Mém. de l'Acad. des inscript., t. XLIX.

*Poleni,* Supplementa nova utriusque thesauri antiquitatis quædam selectæ. Venise, 1735, 5 vol. in-fol.

*Pancrazi,* Antichità Siciliana. Nap., 1751, in-fol.

*Stuard,* The antiquities of Athens, etc. London, 1761, in-fol.

*Stuard,* Antiquities of Athens... supplementary... to the antiq. of Ath. by N. Revelt London, 1830, in-fol.

*Pacciaudi,* Monum. Peloponn. commentariis explicata. Rom., 1761, in-4.

*Dorville,* Sicula. Amst., 1764, in-fol.

*Pigonati,* Stato presente degli antichi monumenti siciliani, 1767, in-fol.

*Leroy,* Les ruines des plus célèbres monuments de la Grèce. Paris, 1770, in-fol.

*Choiseul Gouffier,* Voyage pittoresque en Grèce. Paris, 1780-1824, in-fol.

*Saint-Non,* Voyage pittoresque, ou descript. des royaumes de Naples et de Sicile. Paris, 1781-86, in-fol.

*D'Hancarville,* Recherc. sur l'orig. des arts en Grèce. Lond., 1785, in-4.

*Lessing*, Laocoon oder über die Grezen der Mahlerei und Poesie. Berl., 1788, in-8.

*Olivieri*, Vedute degli avanzi dei monum. antichi delle due Sicilie. Rom., 1795, in-fol.

*Gugliel. Della valle*, Vite dei pittori antichi greci e latini, 1795, in-4.

*Stieglitz*, Archeologie der Baukunst der Griechen und Rœmer. Weim., 1805, in-8.

*Legrand*, Monuments de la Grèce. Paris, 1808, in-8.

*W. Gell*, The itinerary of Greece. Lond., 1810, 1819, in-4.

*Bœttiger*, Ideen zur archæologie der Mahlerei. Dresd., 1811, in-8.

*W. Clarkes*, Greek marbles dep. in the pub. libr. of Cambridge. 1809, in-8.

*Visconti*, Iconographie grecque. Paris, 1811, in-4.

*Dodwell*, Classical and topographical tour through Greece. Lond., 1819, in-4.

— Alcuni Bassirelievi della Grecia. Rom., 1812, in-fol.

*J. J. Grund*, Die Mahlerei der Griechen. Dresde, 1808, in-8.

*Levesque*, Sur les progrès successifs de la peinture chez les Grecs, Mém. de l'Hist. nat., litt., t. I.

*Cassas* et *Bance*, Grandes vues pittoresques des principaux monuments de la Grèce, de la Sicile et des sept collines de Rome, pour les dessins; le texte de Landon, 1813, in-fol.

*Ramshorn*, De statuarum in Græcia multitudine dissert. Altemb., 1814, in-4.

*Hans*, Saggio sul temp. e la statua di Giove in Olimpio. Palerm., 1814, in-8.

*Wagner*, Bassirilievi della Grecia. Rom., 1814, in-8.

*J. N. Wagner*, Bassirilievi antichi della Grecia, etc. Rom., 1814, in-fol.

The Society of Dilettanti, united Antiquities, of Attica. Lond., 1817, in-fol.

Ionian, Antiquities. Lond., 1817, 1840, in-fol.

*Schorn*, Studien der Griech. Künstler. Heidel., 1819, in-8.

*Leake*, Topogr. of Athens. Lond., 1821, in-8.

*Barthélemy*, Voyage du jeune Anacharsis en Grèce. Paris, 1822, in-8.

*R. Rochette*, Antiquités grecques du Bosphore Cimmérien. Paris, 1822, in-8.

*Lanzi*, Notizie della scultura degli antichi, e dei varj suoi stili. Fir., 1824.

*O. Müller*, Die Dorier. Brell., 1824, in-8.

*Stanhope* (*J. Spencer*), Olympia or topography illustrated of the plain of Olympia, etc. Lond., 1824, in-fol.

*Rose*, Inscriptiones græcæ vetustissimæ. Lond., 1825, in-8.

*Pouqueville*, Voyage dans la Grèce. Paris, 1826, in-8.

*Bronsted*, Voyages dans la Grèce, accompagnés de recherches archéologiques. Paris, 1826-30, in-4.

*Millingen*, Ancient unedited monuments principals of Grecian ant illustrated and explained. Lond., 1826, in-4.

*Angell*, Sculptured metope discovered among the ruins of Selinus 1826, in-fol.

*Sillig*, Catalogus artificum græcorum et romanorum, etc. Dresd., 1827, in-8.

*Stackelberg*, Vues pittoresques et topographiques de la Grèce. Paris, 1827-38, in-fol.

*Hittorff*, Architecture antique de la Sicile. Paris, 1827, in-fol.

*Bœckius*, Corpus inscriptionum græcarum. Berlini, 1828, in-fol.

*Quatr.* de Quincy, Monuments et ouvrages d'art antique, restitués d'après les descriptions des écrivains grecs et latins, et accompagnés de descriptions archéol. Paris, 1829, in-4.

*Cockerell*, Antiq. of Athens. Lond., 1830, in-fol.

*Leake*, Travels in the Morea. Lond., 1830, in-8.

*Cousinery*, Voyage dans la Macédoine. Paris, 1831, in-4.

Expédition scientifique de Morée. Paris, 1831-37, in-fol.

*Carelli*, Diss. eleg. int. all' orig. e al sistema della sacra architet. presso y Greci. Nap., 1831, in-4.

*Semper*, Vorlänfige bemerkungen ueber bemalte architektur und plastik bei den Alten. 1834, in-8.

*Hittorf*, Antiquit. inédites de l'Attique. Paris, 1832.

*Serra di Falco*, Antichità della Sicilia. Pal., 1833-36, in-fol.

*L. Ross*, Die Akropolis von Athen... Berlin, 1839, in-fol.

*Luynes*, Métaponte. Paris, 1833, in-fol.

*O. Müller*, De monimentis Athenorum quæstiones historicæ. Gœtt., 1836, in-4.

*R. Rochette*, Peintures antiques. Paris, 1836, in-4.

## Art étrusque.

Voyez l'ouvrage important de Micaeli, cité p. 142, et les travaux de Hirt, *Abh. der Berl. Akad.*, 1813 ; de Fossati, *Ann. del inst. arch.*, t. I ; de Millingen, *Trans. of the Soc. of liter.*, t. XI, de Boma the roy, *Ann. del inst. arch.*, t. IV ; d'Orioli, *Opusc. liter. di Bolog.*, t. I ; du duc de Luynes, *Ann. del inst. arch.*, t. I, et de Heyne, *Comm. nov. Gott.*, t. III, V, VI, VII, et ses *Opusc. acad.*, t. VII. Consultez encore l'article *Funérailles* chez les anciens, et les travaux d'Orsini, Passeri, Vermiglioni, etc.

*Inghirami*, Etruscar. antiquit. fragmenta. Frf, 1637, in-fol.

*L. Allatius*, Animadv. in antiq. etruscar. fragm. ab Inghiramo edita. Paris, 1640, in-4.

*Dempster*, Etrusca regalis. Floren., 1723, 2 vol. in-fol.

Saggio di dissert. dell' Acad. Etrusca di Cortone, depuis 1842, 9 vol.

*Gori* et *Passeri*, Museum etruscum. 1737-43.

*Gori*, Musei Guarnacci antiq. monum. etrus. Flor., 1744, in-fol.

*Gori*, *Venuti* et *Valesio*, Museum Cortonense, Fl. 1750, in-fol.

*Beccheti*, Bassirilievi volci, etc. Rom., 1785.

*Lanzi*, Saggio di lingua etrusca. Rom., 1789, in-8.

*Carli*, Delle antichità Italiche, Mil., 1793-95, in-4,

*Fr. Piranesi*, Antiq. de la Grande-Grèce ; explicat. de Guattani. 1804, in-fol.

*Lanzi*, Le vasi antichi dipinti Fir., 1806, in-8.

*Wilkins*, Antiquities of magna Grecia. Cambrid., 1807, in-fol.

*Zannoni*, Illust. di due urne etrusche. Fit., 1812, in-4.

*Biancani*, De pateris antiquis. R., 1814.

*Uhden*, Ueber die todtenkisten der alten Etrusker. Schr. der Berl. Akad., 1815-18.

*Inghirami*, Monumenti etruschi, etc. ; texte in-4, pl. in-fol., 1821-26.

*Gosini*, Monumenti sepolcrali della Toscana. Fis., 1819, in-fol.

*Kleuse*, Versuch einer wiederherstellung des toscanischen Tempel. Mun., 1821.

*O. Müller*, Die etrusker. Bresl., 1808, in-8.

*Inghirami*, Lettere di etrusca erudizione, 1829.

*L. Bonaparte*, Catalogo di scelte

antichita etrusche. Viterb., 1829, in-4.

Voyage dans l'ancienne Etrurie, par M. Dorow, trad. par Eyriès. Paris, 1829, in-4.

*Gerhard*, Ueber die metall. Spiegel der Etrusker. Berl., 1839, in-4. —Etruskische Spiegel. Berl., 1839, in-4.

*Inghirami*, Etrusco museo Chiusino del prof. Valeriani. Fir., 1834, in-fol.

## ARCHÉOLOGIE ROMAINE.

### Ouvrages généraux.

*Vitruvii Pollionis*, De architectura libri x, ad Cæsarem Augustum; éd. d'Elzevir, 1649, in-fol., et de M. Robe; Berlin, 1801, 1 vol. in-4.

*Pline*, Histoire naturelle en trente-sept livres, cum notis variorum; 1634, et l'édition de Panckouke.

*And. Fulvius*, Antiq. urbis Romæ; Rome, 1527, in-fol.

*Orsini*, Familiæ rom. quæ repc-riuntur in antiq. numism. Rom., 1577, in-fol.

*Boissard*, Antiq. roman., 1597-1627, in-fol.

*Hottomanus*, Antiquitatum romanarum libri v; Genev., 1599.

*Goltzius*, Thesaurus rei antiquariæ, in Oper. omn.; Antverp., 1645, in-fol.

*Donati*, Roma vetus et recens; 1638.

*Nardini*, Roma antica; 1666.

*Kippingius*, Antiquitates romanæ; Trev., 1661, in-8.

*Kennet's*, Antiquities of Rome; Lond., 1696, in-8.

*Spon*, Recherches curieuses de l'antiquité; Lyon, 1683, in-4.

*Carolus*, Antiquitates romanæ; Frf., 1643 et 1676, in-12.

*Bartoli et Bellori*, Admiranda romanarum antiquitatum vestigia; Rom., 1693, in-fol.

*Spon*, Miscellanea eruditæ antiquitatis; Lugd., 1685, in-fol.

*Grævius*, Thesaurus antiquitatum romanarum; 1694, 12 vol. in-fol.

*B. Montfaucon*, Diarium italicum; Paris, 1702, in-4.

*Empereur* (le père l'), Dissertations sur divers sujets d'antiquités; 1706.

*Venuti*, Collectiones antiquit. roman.; Roma, 1736, in-fol.

*Bardon*, Histoire universelle, traitée relativement aux arts; 1769, in-8.

*Santaroc*, Breviarium antiquitatum romanarum; Frf., 1712.

*Pristicus*, Lexicon antiquitatum rom; 1713, 2 vol. in-fol.

*Busching*, Esquisse d'une histoire des beaux-arts; 1713, 2 vol. in-fol.

*Montfaucon*, Antiquité expliquée; Paris, 1719, 15 vol. in-fol.

*Rosinus*, Antiquitatum romanarum corpus absolutissimum; édit. d'Utrecht et d'Amsterdam.

*Temanza*, Le antichità di Rimini; Venet., 1741, in-fol.

*Schlegerus*, Dissertationum rariorum de antiquitatibus sacris et profanis fasciculus recens; 1743, in-4.

*Giamb. Piranesi*, Romanorum magnificentia et architectura; Rom., 1761, in-fol.

— Le antichità romane; Rom., 1748-57, in-4.

*Gori*, Museum florentinum; 1731-42, in-fol.

—Museum cortonense, 1750, in-fol.

*De Caylus*, Recueil d'antiquités, etc.; Paris, 1750, 7 vol. in-4.

*Owerbecke*. Les restes de l'ancienne Rome; Amst., 1709, in-fol.

— Reliquiæ ant. urbis Romæ; 1763, in-fol

*Barbault*, Les plus beaux monuments de Rome ancienne; Rome, 1761, in-fol.

*T. Major,* The ruins of Pestum. Lond., 1768, in-fol.

*Kircherius,* Vet. Latii antiquitatum amplissima collectio; Rome, 1771.

*Sulzer,* Théorie générale des beaux-arts, publiée par M. Rochemburg; in-4, 1772.

*Abbé de Lubersac,* Discours sur les monuments publics de tous les âges et de tous les peuples; Paris, 1776, in-fol.

*Ficoroni,* Vestigi e rarità di Rom. antiq.; Rom., 1744.

*Guattani,* Roma antica; 1793.

*Desgodets,* Les édifices antiques de Rome, 2e édit.; Paris, 1779, in-fol.

*Hosking,* Account of some archit. and sculpt. remains at Pestum. *Archeol. brit.*, t. XXIII.

*Bomtesten,* Voyage sur la scène des dix derniers livres de l'Enéïde. Paris, 1806, in-8.

*Millin,* Monuments antiques inédits; 1802-1806, 2 vol. in-4.

— Introduction à l'étude des mon. antiq. Paris, 1826, in-8.

*Sickler et Reinhardt,* Almanach aus Rom.; 1810, in-8.

*Mongez,* Iconographie romaine. Paris, 1812,-29, in-4.

*Knopp,* Roen Deuknal d. odenvaldes. Heid., 1813, in-8.

*Venuti,* Descriz. topogr. delle autichità di Roma; Rom., 1803.

*Nibby,* Roma antica; Rom., 1818, in-8.

*C. Fea,* Descrizione di Rom. ant. e modern.; Rom., 1821, in-8.

*Panofka,* Neapols antiken; Stutt., 1828, in-8.

*Burton,* Descript. of the antiq. and other curiosities of Rom. Lond., 1828, in-8.

*Adam.,* Rom. antiquities; Lond., 1835, in-8.

*Ruperti,* Handbuch der Rœmischen altherthumer. Hahn., 1341-42, in-8.

Voyez aussi les deux ouvrages d'Oberlin, cités à la p. 539.

## Pompeï et Herculanum.

*Walchius,* Antiq. Herculanensis litterariæ. J., 1831, in-4.

*Bajardi,* Prodrom. della antich. d'Ercol. Napl., 1752.

*Le Antichità* di Ercolano; Nap., 1757-92, in-fol.

*Le Antichità* di Pozzuoli; Nap., 1670, in-fol.

*Bellicart,* Obs. sur les antiquités d'Herculanum; Paris, 1754, in-12.

*Venuti,* Descriz. delle prime scoperte dell' ant. città di Ercolano; Venez., 1749, in-8.

*Cochin,* Observations sur les antiquités d'Herculanum; Paris, 1757, in-8.

*Martini,* Das gleichsam auflebende Pompeji; Leips., 1779, in-8.

*Winckelmann,* Lettre à M. le comte de Brül sur les découv. d'Hercul. Dresd., 1764, in-4.

*Hamilton et de Murr,* Descriz., delle nuove scoperte in Pompeja. Noz., 1770, in-4.

*Cramers,* Notizie per una storia delle scoperte d'Ercolano. Hol., 1772, in-8.

*Ev. Hamilton,* Account of the discoveries at Pompeij. Lond., 1777, in-4.

*Fr. Piranesi,* Ant. d'Herculanum; Paris, 1804-6. in-4.

*Rob. Paolini,* Mem. sul monum. di antichità e di belle-arti chi esistono in Miseno, in Baoli, in Baja, in Ercolano, etc; Napoli, 1812, in-4.

*Millin,* Description des tombeaux découverts à Pompeï. Nap., 1813, in-8.

*Gaetano,* Prospetto dei scavi di Pompeï; Nap., in-8.

*Geldicutt,* Specimens of ancient decorations from Pompeii; Lond., 1825, in-8.

*Mazois*, Antiquités de Pompéi; 1827, in-fol. (ouv. continué par Gau, terminé par Labrouste).

*R. Rochette,* Pompeï, choix d'édifices inédits; Paris, 1828-30, in-fol.

*Zahnneu*, Ent deckte Wandgemaelde in Pompeij; Münch, 1828, in-8.

—Die schoensten Ornamente und merkwürdigsten Gemälde aus Pompeij, Herculanum und Stabia; Berlin, 1828-29, in-fol.

*Cockburns et Donaldson,* Pompeij illustrated with picturesque views; 9 vol. in-fol. Lond., 1827.

*Bonucci*, Pompeï décrite; Nap., 1828, in-8.

*W. Gell et Gandy,* Pompejana or observations on the topography, edifices and ornam. of Pompeï, 1817; New series, 1830, in-8.

*W. Clarke,* Pompeï; Lond., 1833, in-8.

## Peinture et sculpture.

Les monuments de sculpture et de peinture qui nous restent des artistes grecs et romains ont servi à former de riches et curieux musées dans les principales capitales de l'Europe. C'est dans les ouvrages qui ont pour but de décrire ces monuments et de faire connaître ces musées qu'il faut aller puiser des renseignements. Nous allons donc indiquer les principales collections publiques d'antiquités, et les livres qui traitent de ce qu'elles renferment.

A Rome, nous trouvons : 1° *Museum Capitolinum,* décrit par Bottari et Foggini, 1748-55; 2° *il Museo pio Clementino,* décrit par Giamb. Visconti, 1782, et *Enn.-Quir.,* Visconti, 1784-1807. *Il vaticano descritto ed illustrato da G. Pittolesi;* Rom., 1829, in-fol.; 3° à Florence, la *Galerie grand-ducale,* décrite par Zannoni, Montalvi, Bargigli et Ciampi, 1812, in-fol.; 4° le *Museum Taurinense* (de Turin), dont Maffei a publié les inscriptions, vers 1749, in-fol., et sur lequel M. Champollion a fait la *Lettre à M. de Blacas;* Paris, 1829; 5° le *Real museo Borbonico negli studj* (à Naples), décrit par Niccolini et Finati, 1824-33, in-4, par G. Gerhard et Th. Panofka, 1828; 6° le *Musée des antiques* au Louvre, si souvent décrit; nous citerons surtout la *Description des antiques du Musée royal,* par Visconti et Clarac; Paris, 1820, nouv. édit., 1830, et le *Musée de sculpture antique et moderne,* par de Clarac, 1820 et ann. suiv.; *Musée français,* publié par Robillard Peronville, texte de *M. E. David* et *Visconti;* Paris, 1809, in-fol.; 7° en Angleterre, les *Antiques du Musée britannique,* description terminée en 1818; *Gallery of antiq. selected in the British museum* (*Arundel* et *Bonomi*); Lond., 1829, in-fol.; 8° *Galeries des antiques de Dresde,* publiées par J. F. Walcker et Lipsius, 1798, in-4., Hase, 1833, in-12. Ce sont là les principaux musées; il y en a dans presque toutes les grandes villes de l'Allemagne, à Vienne, à Berlin, à Munich, à Stuttgard. Il y a de plus une foule de collections d'antiquités qui forment des cabinets très-curieux, en Italie, en France et en Angleterre. Pour plus de détails bibliographiques à ce sujet, nous renvoyons au *Manuel d'archéologie* de Müller, trad. par M. Nicard, t. I, p. 445 et suiv.

Les ouvrages qui font connaître les diverses antiquités de l'Italie, et surtout ceux qui ont pour objet les découvertes faites à Pompeï et Herculanum, fourniront d'excellents renseignements.

*A. Fulvius*, Ant. urbis Romæ. 1527, in-fol.

*Cavillieris*, Antiquar. statuar. urbis Romæ I et II liber; Rom., 1585, in-fol.

*F. Perrier*, Icones et segmenta illust. e marmore tabularum quæ Romæ adhuc exstant; Rom., 1645, in-fol.

*Dati*, Della pictura antica; Fir., 1667, in-4.

*Felibien*, Monum. antiq.; 1690, in-4.

*F. Junius*, De pictura veterum; Rot., 1694, in-fol.

*P.-A. Maffei*, Raccolta di statue antiche; Rom., 1704, in-fol,

*Preisler*, Statuæ insigniores, 1734.

*R. Venuti*, Collectanea ant. Rom. Rom., 1736, in-fol.

*Turnbull*, A collection of ancient Paintings engraved from Drawings, done after the original; Lond., 1741, in-fol.

*De Caylus*, Mémoire sur la peinture à l'encaustique; Paris, 1755, in-8.

*Le même*, Sur la sculpture, Mém. de l'Acad. des insc., t. XXV.

*Sallier*, Sur la perspective de l'ancienne peinture et sculpt. Mém. de l'Acad. des insc., t. VIII.

*Giam. Piranesi*, Raccolta d'antiche statue, busti, etc.; Rom., 1768-72, in-fol.

*P.-S. Bartoli*, Recueil de peintures antiques; Par., 1781, in-8.

*Cassini*, Picture antiche; Rom., 1783, in-fol.

*Lessing*, Laocoon oder über die Grenzen der mahlerei und poesie, ouv. trad. en français. Berl., 1788, in-8.

*Requeno*, Saggio sul ristabilmento dell' ant. corte grecon dei romani pitturi. Van., 1784, in-4.

*Mongez*, Tableaux, statues de la galerie de Florence et du palais Pitti, dessiné par Wiecar; Paris, 1787-1821, in-fol.

*Ponce*, Arabesques antiques des bains de Livie; Paris, 1789, in-fol.

*Millin*, Mon. ant. inédits; Paris. 1802-4, in-4.

*Zoëga*, Bassirilievi antichi, Rom., 1807, in-4.

*Elgin*, Marbles from the Parthenon. Lond., 1818, in-fol.

*Blumenbach*, De veter. artific. anatomicæ peritiæ laude limitanda. Gœtt., 1823. (et comment. Soc. Gœtt., 16 .)

*L. Lanzi*, Notizie della scultura degli antichi dei varii suoi stili. Frie. 1824.

*Millingen*, Ancient unedited monuments. Paris, 1826, in-4.

*Schorn*, Reise in Italien. Leip., 1826, in-8

*Raoul-Rochette*, Monum. inéd. d'antiq. figurés. Paris, 1828-33, in-fol.

*Montabert* (Puillot de), Traité complet de la peinture. Paris, 1829, in-8.

*Kugler*, Ueber die Polychromie. Berl., 1835. in-8.

*De Clarac*, Mélanges d'antiq. grecq. et rom. Paris, 1836, in-8.

*R. Rochette*, Peintures antiques et recherches sur l'emploi de la peinture dans la décoration des édifices chez les Grecs et les Rom. Par., 1836, in-4.

*Letronne*, Lettres d'un antiquaire sur la peinture murale chez les Grecs et les Romains. Paris, 1836, in-8, avec un *Appendice*, 1837, in-8.

## Mosaïques.

*Furietti*, De musivis, 1752, in-4 (Mém. de Trévoux, t. CCLVI).

*P. Leveil*, Essai sur la peinture en mosaïque. Paris, 1768, in-4.

*Buonarotti*, Observations sur les verres antiques. 1768, in-4.

*Fougeroux*, Traité sur la fabrication des mosaïques. 1769, in-8.

*Spreti*, Compendio istorico dell' arte di comporre i musaici. Rav., 1804, in-4.

## Voies antiques.

*Bouquet,* Itinéraire d'Antonin. — Recueil des historiens de France, vol. I, p. 108.

Codex Theodosianus, l. XII, de cursa publico.

*Ulpianus,* Extraits dans les Pandectes.

Vetera Romanorum itineraria, sive Augusti Antonini itinerarium, curante Ped. Wesselingio. Amst. 1735, in-4.

Tabula itineraria peutingeriana, primum æri incisa et edita a Franc. Christophor. de Scheby, 1743, denuo cum codice Vindoboni collata, emendata, et nova Conradi Mannerti introductione instructa, studio et opera Academiæ litterarum regiæ Monacencis. Lipsiæ, 1824.

*Mabillon,* De re diplomatica, lib. I, cap. 2.

*Vinc. Barioluci,* De viis publicis.

*Calmet,* Dissertation sur les chemins de la Lorraine. Nancy, 1727, et Mémoires de Trévoux, ann. 1730.

*Bergier,* Grands chemins de l'empire romain, 1736, in-4. Cet ouvrage, traduit et annoté en latin par Hennin, se trouve dans le 10e vol. de Grævius.

*Adrien Steger,* De viis militaribus in Germania. Leips., 1738, in-4.

*Marsigli,* Danubius illustratus, t. II, p. 81.

*Belley,* Sur une voie romaine qui conduisait de l'embouchure de la Seine à Paris, Mém. de l'Académie des inscriptions, t. XIX.

*De Caylus,* Mém. de l'Acad. des inscriptions, t. XXVII, p. 136. Chemins romains.

*Frirac d'Orbessan,* Mémoire sur la voirie des anciens. Mém. de l'Acad. de Toulouse.

*Pasumot,* Traité des voies qui partaient d'Autun, in-12.

## Autels, Colonnes.

*Bertaldus,* De ara, 1636, in-8, et ap. Grævium, t. X.

*Le même,* Traité sur les autels païens. Nantes, 1636.

*Fontana,* Dissertations sur les autels.

*Fabretti,* De columna Trajani, 1683.

*Vignole,* De col. Antonini, 1705.

*Mesny,* De gli altari e delle are degli antichi. Firenze, 1763.

*Henthn,* De ara pacis. Lips., 1784, in-4.

*Bartoli* et *Bellori,* Columna Trajana, Antonin. Rom., 1704, in-fol.

*De La Chaussée,* Lettera sopra la colonna eretta per l'apotheosi di Antonino Pio. Nap., 1704, in-8.

*Zoëga,* De origine et usu obeliscorum. Rom., 1797.

*Moreau de Meautour,* Colonnes milliaires de Soissons; Histoire de l'Acad., t. III, p. 280. Colonnes milliaires, Hist. de l'Acad., t. XIV, et Mém. de l'Acad., t. XXI, p. 65.

Voyez aussi les ouvrages relatifs aux musées d'antiques, où sont reproduits un grand nombre d'autels et de colonnes.

## Temples grecs et romains.

*Heger,* Der Tempel d. Minerva zu Athen. Darmst., in-fol.

*Venuti,* Memorie dell. Acad. di Cortone, t. II, p. 211.

*Hospinianus,* De origine et usu templorum, 1787, in-fol.

*Woelcker,* Ueber den grossen Tempel und die Statue des Jupiter zu Olympia. Lipz., 1794.

*Quatremère de Quincy,* Sur la manière dont les temples étaient éclairés. Mém. de l'Inst. royal, t. III.

*Paw,* Mém. sur le temple de Junon Lacinienne, — Mém. de la Soc. de Cassel, t. I.

*Gam. Lysons,* The remains of two temples and other Roman antiquities discovered at Bath. Lond., 1802, in-fol.

*Nibby,* Del tempio della Pace, e della Basilica di Constant. Rom., 1819, in-8.

*Klenze,* Der Tempel des Olymp. Jupiters zu Agrigent. Stuttg., 1821, in-4.

*Minutoli,* Reise zum Tempel des Jupiter Amm., etc. Berl., 1824, in-4.

*Nibby,* Il tempio della Fortuna Prenestina... Rom., 1825, in-8.

*Noale,* Delle antichità del tempio scoperto in Pad. Pad., 1827.

*Stackelberg,* Der Apollo Tempel zu Bassæ, in Arcadien, etc. Rom., 1828, in-4.

*Bastard,* Restauration du temple de la Concorde à Agrigente; Bull. dell' Instituto di corresp. arch., 1837.

*Joh. Kool,* De templis antiquorum. Lugd. Bat., 1695.

*May,* Temples anciens et modernes, Lond., 1774, in-8.

*Seebenkees,* Ueber den Tempel und die Bildsaüle des Jupiter zu Olympia. Nürnb., 1795.

*Ballet,* Histoires des temples païens. Paris, in-12, et Mémoires de Trévoux, t. 247, ann. 1761.

## Thermes et gymnastique.

*Balduinus,* De balneis omnia quæ extant apud Græc., Latin. et Arabes. Venet., 1553, in-fol.

*Duchoal,* De la religion des anciens Romains, de la castramétation, des bains; Lyon, 1555, in-fol.

*Seb. Ossa,* le Terme Dioclét. misur. e delin., 1588, in-fol.

*Ant. Baccius,* De thermis veterum; Venet., 1571, et 1712, in-fol. — Apud Grævium, t. XII.

*Mercurialis,* De arte gymnastica; Venet., 1573.

*Laurentius Joubertus,* De gymnasiis et generibus exercitationum apud antiquos celebrium; Lugd., 1581.

*S.-N. Casalius,* De thermis et balneis (in opere) de ritibus Romanorum; Rom., 1644 in-4; et Frf., 1681, et dans Gronovius, t. IX.

*Paciaudi,* De sacris Romanorum balneis; 1748.

*Ch. Cameron,* Bains romains; 1772, in-fol., texte anglais et franç.

*Ferarius,* De balneis. — Apud Polen (*Exerc. Vitr.*), t. III.

*Burette,* Dissertation sur la gymnastique des anciens; Mém. de l'Acad., t. III.

*Gaillard de Folleville,* Mémoires sur le balnéaire de Lisbonne.

*Ponce,* Descript. des bains de Titus; 1787.

*Caryophilus,* De thermis Herculanis, etc.; 1739, in-4.

*Surville,* Mémoires sur les vestiges des thermes de Bagneux; Caen, 1822, in-8.

*Blouet,* Restaurat. des thermes d'Anton. Caracalla. Paris, 1828, in-8.

*Du Sommerard,* Thermes de Julien, in-8, 1835.

## Arcs de triomphe.

*Bellori,* Veteres arcus Aug. triumphis insignes; Rom., 1690, in-fol.

*Le Beuf,* Arc d'Orange, Mém. de l'Acad. des inscr., t. XXV.

*Chaumont (le marquis),* Arcs du pont de Saint-Chamas; Hist. de l'Acad., t. XII, p. 257.

*Rossini,* Vedute di Roma. in-fol.; Gli archi triomfali; 1832, in-fol.

*Briganti,* Illustrazione dell' arco

di Augusto; Rim., 1825, in-fol.

*Bartoli*, Vet. arcus Augustorum; Rom., 1816, in-fol.

*C. Nolli*, Dell' arco Trajano in Benevento; Nap., 1770, in-fol.

*Massazza*, L'arco antico di Suza; Tor., 1750, in-fol.

*Nicastro*, Descriz. dell' arco eretto in Benevento; Ben., 1723, in-4.

## Aqueducs.

*Léon-J.-B.-Alberti*, De aquæductibus, dans son Traité d'architecture.

*Fabretti*, De aquis et aquæductibus; a P. Græv., t. IV.

*Frontinus*, De aquæductibus; a P. Græv., t. IV, trad. de Rondelet.

*De Fontenu*, Aqueduc de Constance, et Recherches sur les aqueducs; Hist. de l'Ac., t. XLVI, p. 110.

*Delorme*, Recherches sur les aqueducs de Lyon.

*De La Faye*, Préparation de la chaux chez les Romains; Paris, 1777.

*Daquillon*, Archæologia britannica; Mémoire sur un aqueduc romain découvert à Antibes; communicated by Samuel Lycousen, t. XV, p. 198.

Sur les aqueducs, Hist. de l'Acad., t. XVI, p. 111, et t. XIV, p. 268.

## Maisons et villas.

*F.-A. Krubaxius*, Essai sur la villa de Pline le Jeune, appelée Laurentinum. Leips., 1760, in-4.

*Columelle*, De re rustica, lib. I, cap. 6 et 13; lib. VI, cap. 7 et 8.

*Sénèque*, lettre 86e.

*Pline le Jeune*, liv. II, lettre 17e; liv. V, lettre 6e.

*Mesala*, Scriptores rei rusticæ. Venise, 1472.

*Gaspardus*, De partibus ædium. Parm., 1506, in-4, ou Bâle, 1532.

*Sagittarius*, De januis veterum. Alth., 1662, in-12.

*Del Re*, Delle antichità Tiburtine. Rom., 1811, in-4.

— Delle ville della sistà et del territori di Tivoli. 1779, in-8.

*Castell*, Villas of the ancient illust. Lond., 1728, in-fol.

*Bianchini*, Del Palazo dei Cesari. Ver., 1738, in-fol.

*Adam*, Ruins of the palace of Diocletian to Spalatro. Lond., 1764, in-fol.

*Marquez*, Delle case di citta degli antichi Romani segondo la dottrina Vitruvio. Rom., 1795, in-8.

*Le même*, Delle ville di Plinio. Rom. 1796, in-4.

*Félibien*, Le plan et la description de deux maisons de campagne de Pline le Jeune. Paris, 1699, in-8.

*Capmartin* et *Chaupy*, Découverte de la maison de campagne d'Horace, in-8.

*Parfait*, Délices de la maison de Toscane et de Laurentin.

*P. Ligorio* et *Fr. Contini*, Pianta della villa Tiburt. di Adriano, 1751.

*Mazois*, Le palais de Scaurus. Paris, 1822, in-8.

## Théâtres. — Cirques. — Amphithéâtres. — Jeux.

*Lipsius*, De amphitheatro, in-8. Antv., 1584.

*Bullingerius*, De theatro ludisque scenicis libri duo. Trio., 1603, in-8.

*Pollux*, Onomasticon, lib. IV, cap. 19.

*Meursius*, Orchestra, sive de saltationib. veter. Lugd. Bat., 1618, in-8.

*Faleri,* Agonisticon, sive de re athletica, etc., Lugd., 1695, in-4.

*De Caylus,* Théâtre de Scribonius; Mém. de l'Acad., t. 23.

*Boindin,* Théâtre des anciens.

*Miniano,* De circi antiquitate et structura, apud. Polen, t. v.

*Faget,* Notice sur l'amphithéâtre de Toulouse, et sur les autres monuments romains de la rive gauche de la Garonne. Mém. de l'Acad. des inscr., t. XVII, p. 206, et Hist. de l'Acad., t. XII, p. 271, 239, 240.— Des amphithéâtres et de leur origine, Mém. de l'Acad., t. XIII, p. 480, et t. XVII, p. 209.

*Berger,* De personis. Fr., 1723. in-4.

*Calliachius,* De ludis scenicis mimorum et pantomimorum syntagma posthumum. Patav., 1713, in-4.

*De La Bastie,* Amphithéâtre de Bordeaux. Hist. de l'Acad., tome XII, p 39.

*Onuphrius,* De ludis circensibus et secularibus, et c. Gronov., t. IX.

*Poleni,* Degli teatri antichi. Vic., 1735, in-8.

*Fontana,* L'anfit. Flavio. La Haye, 1725, in-fol.

*Bianchini,* Circi maximi iconographia. Rom., 1728, in-fol.

*Poleni Gio. e Montenari Gio.,* Degli antichi teatri e anfiteat. Vic., 1735, 8.

*Ficoroni,* De larvis scenicis et figuris comicis. Rom., 1754.

*Fontarier,* L'anfiteatro Flavio. La Haye, 1755, in-fol.

*Boneti,* De cursu publico. Rom., 1778, in-4.

*Storkmann,* De legibus theatralibus Licinia et Roscia. Lips., 1782, et dans Poleni.

*J. Carpi,* opere del teatro antico e moderno. Ver., 1769.

*Carli,* Degli anfitheatri, de 1784 à 1794, OEuvr. compl.

*Bianconi,* Descriz. dei circhi. R., 1789, in-fol.

*Bœttiger,* De personis scenicis, vulgo larvis. Vim., 1794, in-4.

*E.-A. Maffei,* Degli anfiteatri e singolarmente del Veronese, libri duo. Vérone, 1798, in-12, et apud Poleni, t. v.

*Wacquier,* Ragionamento sulla ricerca della cagioni dell' inferiorita del teatro latino al greco. Rom., 1806, in-8.

*Frankelein,* Trad. de Sophocle, chapitre intitulé : On the construction of the greek theater.

*Giral. del Pozzo,* Mém. de l'Acad. de Cortone, t. III.

*Guazzesi,* Sopra gli anfit. toscani (Diss. del Acad. di Cort., t. II).

*Bianchi,* Osservaz. sull' arena, e sul podio dell' anfiteatro Flavio. Rom., 1812, in-8.

*C. Fea,* Sull' arena e sul podio dell' anfit. Flavio. Rom., 1813, in-8.

*Genelli,* Das Theater zu Athen. Berl., 1818, in-4.

*Guilari,* Fouilles de l'amph. de Vérone. Vér., 1818, in-8.

*Artaud,* Mosaïque de Lyon, in-fol.

*Stancovich,* Dello anfiteatro di Pola. Venezia, 1822, in-8.

*Wagner,* De Flav. amphith. commentationes. Marpurgi, 1829-1831.

*Ferrara,* Storia e descriz. die princip. teatri ant. e mod. Mil., 1830, in-8.

## Funérailles. — Sépultures.

*De Saulcy,* Mémoires sur le cimetière de l'antique Scarpona.

*Jollois,* Antiquités du grand cimetière d'Orléans. Paris, 1832, in-4.

*Jouannet,* Mémoires de l'Acad. de Bordeaux, ann. 1830.

*Orioli,* Dei sepulcrali edifizi decet Etruica. Fies., 1826, in-fol.

*Gorio,* Metodo per invenire e frugare i sepulcri antichi. Nap., 1824, in-4.

*Bartholi,* Gli antichi sepolcri, 1799, in-fol.

*Osterlingius,* Dissert. histor. de urnis sepulcr., etc. Leips., 1741, in-4.

*Millin,* Descript. des tomb. découv. à Pomp. Nap., 1813, in-4.

*Bellori,* Veterum sepulcr. Lugd. Bat., 1728, in-fol.

*Routz,* Recherch. sur la manière d'inhumer des anciens. Poitiers, 1738, in-12.

*Gori,* Monument. sive columbarium libert. serv. Liviæ August. Flor., 1727, in-fol.

*Rybisch,* Monumenta sepulcrorum.

Archeologia britannica, account of a roman sepulture lately found in Lincolnshire by sir Banks, t. XIII.

*Quensted,* de sepulcr.. veterum. Viterb.,1760, in-8, et ap. Græv., t. XI.

Veterum sepulcra delineata a Petro Bartholio, cum explicat. J. Ped. Bellorii, apud Græviurn, t. XII.

*Muratori,* Sopra l'ascia sepolcrale. Acad. de Cortone, t. II.

*Meursius,* De funere, apud Gronov., t. XI.

*Laurentius,* De funeribus antiquorum, ap. Græv., t. XI.

*Lanzenini,* De luctu mortuali veterum, ap. Sall., t. III.

*Licetus,* De Lucernis ante reconditis, 1652, in-fol.

*Kirchmannus,* De funeribus. Hamb., 1605, in-4.

*Junius,* De custodibus sepulcrorum apud Romanos. Lips., 1744, in-4.

*Giraldus,* De sepulcris et vasis, sepeliendi ritu; apud Gaud. Robin, t. III, et 1539, in-8.

*Guischard,* Funérailles et diverses manières d'ensevelir des Romains, Grecs, etc., 1581, in-4.

*Ripaltius,* Funus publicum. Brunsw., 1161, in-12.

*Bartoli,* Le antiche lucernæ sepolcrale, 1691.

*Gutherius,* De jure manium, pag. 1615, in-8.

*Porcacchi,* Ant. di diversi populi. Ven., 1574, in-4.

## Castramétation. — Art militaire.

*Vegetius,* De re militari libri quinque, comment. de Turpin de Crissé, in-4.

*Polybius,* Histoire générale, traduct. de Phipillion, et commentaires du chevalier Folard. Paris, 1730, 6 vol. in-4.

*Hyginus,* grammaticus, De castris mutandis, cum comm. Munckerii. Amst., 1681, in-8.

*Valtrinus,* De re militari veterum Romanorum. Col., 1597, in-8.

*Frontinus,* Stratagèmes de guerre. Veteres de re militari scriptores. Venet., 1676.

*Boclerus,* De legione romana, 1670, in-4, et ap. Græv., t. X.

*Lebeau,* Mémoire sur la légion romaine. Mém. de l'Académie, t. XXV, XXVIII, XXIX, XXXII, XXXV, XXXVII, XXXIX.

*Fontenu,* Camps de César dans le Beauvoisis. Mém. de l'Acad., t. X, p. 403, et t. XIII, p. 420; Hist. de l'Acad., t. XIV, p. 98.

*Guischard,* Mémoires militaires sur les Grecs et les Romains. La Haye, 1758.

*Hiernemann,* Principes de l'art de la guerre tirés de la discipline militaire des Romains du temps de la république. Strasb., 1773, in-4.

*Joly de Moizeroy,* Traité sur l'état des siéges et les machines des anciens. Paris, 1779, in-8.

*Salmasius,* De re militari romana, apud Græv., t. X.

*Fabricius,* Res romana militaris, apud Græviurn, t. X.

*Schelius,* Divers traités sur l'art militaire, dans le X^e^ volume de Grævius, notæ ad Polybium.

*W. Roy,* The military antiq. of the Romans in Britain. Lond., 1793.

*Dureau de Lamalle,* Poliorcétique des anciens. Paris, 1819, in-8.

## Poteries et vases peints.

*Rossi,* Raccolta di vasi diversi, Rom., 1713, in-fol.

*Christ,* De murrhinis, 1740, in-4.

*Passeri,* Picturæ Etruscorum in vasculis, 1767-70, in-fol.

*D'Hancarville,* Antiquités étrusques, grecq. et rom., tirées du cabinet de M. Hamilton. 1766-67, in-fol.

*Giamb. Piranesi,* Vasi, candelabri, Cippi, sarcofagi, tripedi, lucerne ed ornamenti ant., 1782, in-fol.

*G. Tischbein,* Recueil de gravures d'après les vases antiques tirés du cabinet de M. Hamilton, 1791, 4 vol. in-fol., et l'ann. suiv.—M. Italinski a rédigé le texte angl. et franç.

*Dubois Maisonneuve,* Peintures de vases antiques, etc. (texte par Millin). Paris, 1808, in-fol.

*Millin,* Introduction à la connaissance des vases peints, 1811, in-8.

*Scotti,* Illustraz. di uno vaso italo-græco. Nap., 1811, in-4.

*Millingen,* Peintures antiques et inédites de vases grecs. Rom., 1813, in-fol.

*Le même,* Peintures antiques de vases grecs tirés de la collect. de sir J. Coghill. Rom., 1817, in-fol.

*Dubois-Maisonneuve,* Introduct. à l'étude des vases antiques peints. Paris, 1816-33, in-fol.

*Panofka,* Vasi di premio. Fir. 1820, in-fol.

*Alex. de La Borde,* Collection des vases grecs de M. le comte de Lambert. Paris, 1824-28 in-fol.

*Panofka,* Musée Blacas. Paris, 1829-33, in-fol.

*Le même,* Recherches sur les véritables noms des vases grecs. Paris, 1830, in-fol.

*Avelino,* Sulle antiche fatture d'argilla che si retrovano in Sicilia. Paris, 1829, in-8.

*Luc. Bonaparte,* Museum etrusque. Viterb., 1829, in-8.

*Inghirami,* Pictur. di vasi Fittili. Fies., 1832, in-4.

*Brœtter,* Mémoires sur les vases panathén. (trad. par Burgon). Paris, 1833, in-4.

*De Witte,* Descript. des ant. et objets d'art du S. de feu M. Durand. Paris, 1836, in-8.

— Descript. des vases peints de la collect. de M. Beugnot. Paris, 1840, in-8.

— Id. de Magnoncourt. Par., 1839, in-8.

*De Luynes,* Descript. de quelques vases peints étrusques, italiques et grecs. Par., 1840, in-fol.

*Gerhard,* Choix de vases peints grecs, principal. de fouilles étrusques (Allem.). Berlin, in-4, en publication.

*Lenormant* et *de Witte,* Elite des monum. céramog. (en cours de publication; voy. p. 287).

Voyez encore les travaux de Walker, Raoul-Rochette, *Journal des sav.,* 1830, Brousted, *Trans. of the roy. Societ.,* t. II; de Luynes, *Ann. de l'Inst. arch.,* t. IV; de Caylus, *Mém. de l'Acad. des insc.,* t. XXIII; Winkelmann, *Hist. de l'art.,* t. I, p. 44; de Caylus, *Rech. d'antiq.,* t. III, p. 42; Lenoir, *Mém. de l'Acad. celtiq.,* t. V; Larcher, *Mém. de l'Acad. des insc.,* t. XLIII; Millingen, *Trans. of the roy. Soc. of litt.,* t. II; Gerhard, *Ann. de l'inst. arch.,* t. III; Haufmann, *Comm. Soc. Gœtt. rec.,* t. V, et Dorow, *Mém. rom.,* t. IV.

## Poids. — Mesures. — Coutumes. — Costumes.

*Stackius,* Antiq. convivalium libri tres. Tuq., 1584, in-fol.

*Kirchmann,* De cumulis liber singularis. Lub., 1623, in-12.

*Bayfii,* De re navali, de re vestiaria, et de vasculis antiquorum. 1563, in-4.

*Stochausen,* De cultu et usu luminum antiq. Troj. ad Rhen., 1627 in-12.

*Ciaconiu,* De triclinio. Amstel., 1664, in-12.

*Rubenius,* De re vestiaria. Aut., 1665, in-4.

*Bossi,* De toga romana. Amst., 1671, in-12.

*Alstorphius,* Dissert. de lecticis veterum. Amst., 1704, in-12.

*Nadal,* Hist. des Vestales, luxe des dames romaines. Par., 1725, in-12.

*Caryophilus,* De veterum clypeis. 1751, in-4.

*Gessari,* Costumi e riti degli ant. Romani. Nap., 1760, in-8.

*Amato,* Della vita privata di Romani. Nap., 1733, in-8.

*Rosa,* Della porpore et della materie vestiare presso gli antichi. Mod., 1786, in-4.

*Willemin,* Choix de costumes des peuples de l'antiquité. Paris, 1798, in-fol.

*Eisen Schimidius,* De ponderibus et mensuris; item de nummis veterum; 1708 et 1737, in-8.

*Danville,* sur le mille romain, Mém. de l'Ac. des inscript. et belles-lettres, t. XXVIII.

*Rigaut,* Traité des mesures.

*Freret,* Essai sur les mesures des anciens. — Mém. de l'Ac., t. XXIV.

*Robertellus,* De vita et victu populi romani; Bologne, 1559.

*Duchoul,* De la religion des anciens Romains; Wesel, 1672, in-4.

*Robertus Cœnalis,* De vera mensurarum et ponderum ratione. — Ap. Græv., t. XI.

*Meursius,* De luxu Romanorum. — Apud Græv.

*Adr. Junius,* De Coma; Rott., 1708.

*Lefebure de Marsan,* Des mœurs et des usages des Romains; Paris, 1744, 2 vol. in-fol.

*Dandri Bardou,* Costumes des anciens peuples; Paris, 1772, in-4.

*Lens,* Le costume; Liége, 1776, in-4.

*Maillot,* Recherches sur les costumes, les mœurs, etc.; Paris, 1804, 3 vol. in-4.

*Kobierychi,* De luxu Romanorum; Frf., t. VIII.

*D'Ornay,* Histoire de la vie privée des Romains.

*Roccheggiani,* Raccolta di costumi; Rom., 1804, in-fol.

*Bœttinger,* Sabine, ou la toilette d'une dame romaine, traduit de l'allemand, 1813, par Maradon.

— Musée archéologique sur les empereurs qui ont cultivé les beaux-arts; Mémoires de l'Académie des inscript., t. XXIX, p. 160.

## Inscriptions latines.

*Apianus,* Inscriptiones sacrosanctæ antiquitatis, 1536, in-fol.

*Morlianus,* Consulum, dictatorum, censorum romanorum series, 1549, in-8.

*Rimeoni,* Illustrazioni degli epitafi, 1550.

*Octav. Falconieri,* De inscriptionibus athleticis. Rom., 1668, in-4. Voyez encore Maffei, Fletwood, Odericus Donati.

*Regnisius,* Syntagma inscriptionum. Leips., 1682, in-fol.

*Boissardus,* Inscriptiones funerariæ.

*Amelot,* Sur des inscriptions antiques, Mém. de l'Acad., t. VII, p. 24.

*Sainte-Croix,* Essai sur les inscriptions antiques. Magasin encyclop., t. V.

*Fabretti,* Inscriptiones antiquæ. Rom., 1702, in-fol.

*Nicolaï,* De siglis veterum omnibus, 1703, in-4.

*Gruter,* Inscriptiones antiquæ totius orbis Romani. Amst., 1707, 4 vol. in-fol.

*Gudius,* Inscriptiones antiquæ, ex edit. Hesselii, 1731, in-fol

*Muratori,* Thesaurus inscriptionum. Mediol., 1739, in-fol.

*J.-M. Bonadæ* Anthologia, sive collectio omnium veterum inscriptionum, 1741, 2 vol. in-4.

*Moricelli,* De stylo inscriptionum latin. Rom., 1780, in-4.

*D. Coleti,* Notæ et siglæ quæ apud Romanos obtinebant, 1785, in-4, avec des notes de Villoison.

*Steiner,* Codex inscriptionum roman. Rhein. Darmst., 1837, in-8.

## Art celtique.

*Scrieckius,* Orig. rerumque celt. et belg., lib. XXIII. Ypr., 1614, in-fol.

*Wormius,* Danicorum monument., lib. VI, 1643, in-fol.

*Boxhornius,* Originum Gallicarum, lib., 1654, in-4.

*Toland,* Letters. Lond., 1704, in-8.

*Keysler,* Antiq. selectæ septent. et celticæ. Hanuov., 1720, in-8.

*Le Beuf,* Dissertation sur l'état civil et ecclés. de Paris, t. II, 1739-43, in-12. — Dissertation sur l'état des anciens habitants du Soissonnais avant la conquête des Gaules par les Francs. Paris, 1736, in-12 broch.

*Schœpflin,* Vindiciæ celticæ, 1756-60, in-4.

*Borlase,* Observations on the antiq. of Cornwall. Oxf., 1754, in-fol. 2e éd., Lond., 1769.

*Dom Martin,* La religion des Gaulois. Paris, 1727, in-4. — Histoire des Gaules et des conquêtes des Gaulois. Paris, 1752-54, in-4. — Eclaircissements hist. sur les origines celtiques, etc. Paris, 1744, in-12. —Explications de divers monuments singuliers qui ont rapport à la religion des peuples les plus anciens. Paris, 1739, in-4.

*E. Bouquet,* Droit public de France, t. I et unique. Paris, 1756, in-fol.

*De Caylus,* Recueil d'antiquités. Paris, 1752-66, in-4.

*Pelloutier,* Hist. des Celtes, et particulièrement des Gaulois et des Germains. Paris, 1770-71, in-4. Nouv. édit. revue par P. Chiniac de La Bastide, du Caux.

*Montfaucon,* Antiq. expliq. supplém.

*La Sauvagère,* Recueil d'antiq. dans les Gaules, 1770, in-4.

*Bullet,* Mémoires sur la langue celtique. Besanç., 1754-70, in-fol. — Sur la mythologie française. Paris, 1771, in-12.

*Mallet,* Introduction à l'Histoire du Danemarck. Copenh., 1755-6, in-4.

*Belley,* Un grand nombre de mémoires dans les Mém. de l'Acad. des inscript. et bell.-lett., t. XIX.

*Laureau,* Histoire de France avant Clovis, nouv. édit., Paris, 1789, in-4.

*Le Brigant,* Divers ouvrages sur la langue celt., de 1762-91.

*Bacon,* Recherches sur les origines celtiques, principalement sur celles du Bugey. Paris, 1798, in-8.

*Ed. King,* Munimenta antiqua, etc. Lond., 1799-1805, in-fol.

*De La Tour d'Auvergne,* Origines gauloises, 2e édit., Paris, 1802, in-8.

*De Cambry,* Monuments celtiques (il y a une nouvelle édit. de ce livre faite par M. Em. Souvestre). Paris, 1805, in-8. — Notice sur l'agriculture des Celtes et des Germains. Paris, 1806, in-8.

*Baraillon,* Recherches sur plusieurs monum. celtiques et romains du centre de la France. Paris, 1806, in-8. — Mémoires de l'Institut, t. V, 1804.

*Edw. Davies,* Celtic Researches, etc. Lond., 1804, in-8. — The rites and mythology of the British Druids. Lond., 1809, in-8.

*D. Davies*, A New Histor. and descript. view of Derbyshire. Lond., 1811, in-8.

*Le Deist de Botidoux*, Des Celtes antérieurement aux temps historiques. Paris, 1817, in-8.

*Taillefer*, Antiquités de Vesone, cité gauloise qu'a remplacée la ville actuelle de Périgueux. Paris, 1821, in-4.

*Berlier*, Précis histor. de l'ancienne Gaule. Paris, 1822, in-8.

*Ach. de Jouffroy*, Les monuments de la monarchie franç. Paris, 1822, in-fol.

*Godf. Higgins*, The Celtic Druids, etc. Paris, 1829, in-4.

*Th. Moore*, Annales de philos. chrét. (mai et juin 1840).

## ANTIQUITÉS CHRÉTIENNES.

### § I. Catacombes.

*Bellermann*, Ueber die deltrsten chr. die Katakomben zu Neapel. Berl., 1838, in-8.

*S. d'Agincourt*, Histoire de l'art par les monuments, depuis leur décadence. Paris, 1811-23, in-fol. — Cet ouvrage offre trois séries : architecture, peinture, sculpt.

*Bosio*, Roma sotteranea. Rom., 1652, in-fol.

*Aringhi*, Roma subterranea novissima. Rom., 1651, in-fol.

*Bartoli*, Gli antichi sepolcri. Rom., 1799, in-fol.

— Le pitture antiche delle grotte di Roma et del sepolcre de' Nasoni. Rom., 1706-1721.

Il existe de cet ouvrage une édit. lat. Rom., 1738, avec des notes de Bellori et La Chaussée.

*F. Buonarotti*, Osservazioni sopra alcuni frammenti di vasi antichi di vetro, ornati di figure, trovate ne' cimeterj di Roma, Fir., 1716, in-4.

*M.-A. Boldetti*, Osservazioni sopra i cimiterj de' santi martiri ed antichi christiani di Roma. Rom., 1720, in-fol.

*Bottari*, Sculture e pitture sagre, estratte dai cimeterj di Roma, etc. R., 1737-54, in-fol.

*Artaud*, Voyage dans les catacombes de Rome. Par., 1810, in-8.

*Marangoni*, Appendix de cœmeterio sanctor. Thrasonis et Saturnini. Rome, 1740.

— Delle cose gentilesche e profane trasportate ad uso ed ornamento, delle chiese. Rom., 1744, in-4.

*R. Rochette*, Tableau des catacombes de Rome. Paris, 1837, in-12.

### § II. Basiliques latines.

*Alemanni*, De lateranensibus parietinis a card. Barberino restitutis (Dissert. hist.). 1625, in-4.

*Bonanni*, Numismata summorum pontif. ( templi Vaticani historia ). Rom., 1699, in-fol.

*Baronius*, De mystico respectu veterum christian. in condendis templis, ad ann. 314. Dans les Annales ecclésiast. Lucq., 1737-38, in-fol.

*Ciampini*, Vetera munimenta, in quibus præcipue musiva opera, sacrorum profanarumque ædium structura, ac nonnulli antiqui ritus dissertationibus iconibusque illustrantur. Rom., 1747, in-fol.

*Ciampini*, De ædificiis à Constant. constructis. Rom., 1693, in-8.

*Besozzi*, Storia della basilica di S. Croce in Gerusalem. Rom., 1750, in-4.

*G. Richa*, Notizie storiche delle chiese florentine. Fir. 1754-62, in-4.

*Le Roy*, Dissertation sur l'histoire de la disposition et des formes différ.

des temples chrétiens. Paris, 1764, in-8.

*Arnaldi*, Delle basiliche antiche, specialmente di quella di Vicenza. Vic., 1769, in-4.

*Jos. Mar. Suaresius*, Notitia basilicarum, recensuit et observ. aux. Ch. F. Pohl. Lipsiæ, 1804, in-8.

*Nicolaï*, Della basilica di S. Paolo. Rom., 1815, in-8.

*Nibby*, Del tempio della Pace, e della basilica di Constantino dissert. Rom., 1819, in-8.

*Gerhard*, Della basilica Giulia. Rom., 1823, in-fol.

Chiese principali del' Europa. Milan. 1824, gr. in-fol.

*J. Gailhabaud*, Monum. anciens et modernes, in-4, 7e livr. Basilique Ulpienne, de Palmyre, de Pompéi, etc., par Vaudoyer. Paris, 1842.

## § III. Iconographie.

*Gretzer*, De sancta cruce. Ingost., 1616, in-fol.

*G. Tiepolo*, Trattato del' imagine della gloriosa Virgine dipinta da S. Luca. Ven., 1618, in-8. (Ouvrage sans critique.)

*Giacchetti*, Iconologia Salvatoris et karilogia præcursoris, sive de imagine Salvatoris ad regem Abgarum missa, etc. Rom., 1628, in-8.

*Vavasseur*, De forma Christi liber. Paris, 1649. in-8.

*Pilartius*, De singulari Christi pulchritudine. Paris, 1651, in-8.

*Gumppenberg*, Atlas Marianus, sive de imaginibus Deiparæ, per orbem christianum miraculosis libri duo. Mon., 1657, in-12.

*J. Fecht*, De forma facici Christi apud vet. christ. 1706, in-8.

*Libicus*, De sacris imaginibus dissert. Flor., in-12.

*E. Cyprianus*, De pulchrit. Christ. select. progr. Cob., 1708, diss. 73.

*Manni*, Dell' errore che persiste di attribuirsi le pitture al santo Evangelisto. Volt., 1765. Fer., 1766, in-4.

*Allegranza*, De sepulcris christianis in ædibus sacris. Mediol., 1773, in-4. — De monogrammate J. C. et usitatis ejus effingendi modis. Med., 1773, in-4.

*Jablonsky*, Opuscula academica (t. III, p. 394, de Orig. imag. Christ.)

*Münter*, Sinnbilder und Kunstvorstellungen der alten Christen. Alt., 1825, in-4.

*Peignot*, Recherches histor. sur la personne (et le portrait) de J.-C.; sur celle de Marie, etc., par un ancien bibliothécaire. Dijon et Paris, 1829, in-8.

*R. Walsh*, An essay on ancient conis, medals and gems, as illustrating the progress of christianisty in the early ages. Lond., 1830.

*Raoul-Rochette*, Discours sur les types primitifs de l'art chrétien. Paris, 1834, in-8, de 80 pages.

## § IV. Liturgie. — Peinture. — Mœurs.

*Fr. Borromée*, De pictura sacra, libri duo, in-8.

*Dulphins*, Tractatus de sepulturis, capellis, statuis, epitaphiis et defunct. monum. Rom., 1641, in-4.

*Drexellus*, Zodiacus christianus. Lond., 1647, in-16.

*G. Beveridge*, Pandectæ canonum sanct. apost. Oxf., 1672, in-fol. — Codex canonum ecclesiæ primitivæ vindicatus et illustratus. Lond., 1678, in-4.

*Casali*, De profanis et sacris veteribus ritibus opus tripartitum. Francof., 1681, in-4

*Thiers*, Dissertation sur les porches des églises. Orl., 1679, in-12. — Dissertation ecclésiastique sur les principaux autels des églises, les jubés et clôtures du chœur. Paris, 1688, in-12.

*Fleury*, Mœurs des chrétiens. Paris, 1682, in-12.

*Percichellius*, De tintinnabulo Nolano. Naples, 1693, in-12.

*Jean Nicolaï*, Disquisitio de nimbis antiquor., imaginibus deorum, imperator. olim, et nunc christ., apostol., etc. Ienæ, 1699, in-12.

*Hildebrandus*, Antiquitates ex universa sacra Scriptura selectæ, etc. Hamb., 1700, in-4.

*Fr. Spanheim*, Opera quatenus complectuntur geographiam, etc. Leyde, 1701-03, in-fol.

*Rap. Fabretti*, Inscriptiones antiquæ (voyez le huitième chapitre de cet ouvrage). Rom., 1702, in-fol.

*Gothof. Voigti*, Thysiasterriologia, sive de altaribus veterum christian. Hamb. 1709, in-8.

*E.-J. Franzenius*, Commentatio de funeribus veterum christian. Helm. 1709, in-8.

*Binghamus*, Origines, sive antiquitates Ecclesiæ. 1724, in-4.

Il faut consulter :

*Ducange*, Glossarium ad script. mediæ et infim. latin. Par., 1733-36, in-fol.

*Du même*, Glossarium ad script. med. et infim. græcitatis. Lugd., 1688.

Et aussi le *Hierolexicon* de Macri, aux mots techniques dont nous nous sommes servi ; voyez aussi à ces mots le *Dictionnaire de théologie* de Bergier, les *Dissertations de la notice des conciles*, par Cabassut, le *Glossaire salique* de Vendelin et Donati, *de Urbe Roma*, l. IV, c. 2.

*Lupi*, Dissertatio et animadversiones ad nuper inventum Severæ martyr. epitaphium. Paris, 1734. — Dissertazioni lettere, ed altre operette (publiées par les soins de P. Zaccaria). Faenza, 1785, in-4.

*Marangoni*, Storia dell' antichissimo oratorio, o capella di san Lorenzo nel patriarchio Lateranense, etc. Rom., 1747. in-4.

*Mamachi*, Origines et ant. christianæ. Rom., 1749-52, in-4. — De' costumi de' primitivi cristiani. Rom., 1753-54, in-8.

*Allegranza*, Spiegazione e riflessioni sopra alcuni sacri monum. antichi di Milano Mil., 1757, in-fol.

*Corblet*, Mém. liturg. sur les ciboires du moyen âge. Am., 1842, in-8.

*O. Pellicia*, De christian. Ecclesiæ primæ, mediæ et novissimæ ætatis politia. Nap., 1777, in-8.

*Augusti*, Die christ. alterthnemer. Deips., 1819, in-8.

*P.-E. Müller*, Comment. histor. de genio, moribus, et luxu ævi Theodosiani. Haun., 1797, in-8.

*Fiorillo*, Geschichte der Mahlerei. Gœtt., 1806, in 8.

*Sickler* et *Reinhardt*, Almanach aus Rom. Leips,. 1810-11, in-8.

*Bar*, Recueil de tous les costumes des ordres relig. et milit. Par. 1778, in-fol.

*Gutensohn* et *Knapp*, Monum. della relig. christiana. Rom., 1821-23-26, in-fol.

*Manso*, Geschichte des O. gotischen Reiches in Italien. Bresl., 1824, in-8.

*Neauder*, Allgem. christl. Religion. Hamb., 1825-30, in-8.

*Bunsen*, Beschreibung der Stadt Rom, herausg. von L. Platner, ed. Gerhard, W. Rœstel. Stuttgard, 1829-37, in-8.

*D. Guéranger*, Institutions liturgiques. Paris, 184.., in-8.

*Rumohr*, Italienische Forschungen. Berl., 1831, in-8.

*R. Rochette*, Trois mémoires sur

les antiquités chrétiennes (Mém. de l'Acad. des inscript., t. XIII).

*Pacciandi,* De sacris christianor. balneis. Rom., 1758, in-4.

## BASILIQUES GRECQUES.

### Constantinople.

*Gylius*, De topogr. Coleos. Lugd., 1562, in-4.

*L. Allatius,* De templis Græcorum recentioribus; de narthece Ecclesiæ veteris, etc. Col. Agr., 1645, in-8.

*Goar,* Euchologion, sive rituale Græcorum, complectens ritus et ordines divinæ liturgiæ, etc. Paris, 1647, in-fol.

*Procope*, Historiarum libri VIII, et de ædificiis Justiniani, lib. VI Paris, 1662-63, in-fol.

*Banduri*, Imperium orientale. Paris, 1711, in-fol.

*Du Cange*, Historiæ Byzantinæ, 1680, in-fol.

Familiæ byzantinæ, t. I.

Descriptio urbis Constantinopolis, t. II.

*Grelot,* Relation d'un voyage à Constantinople. Paris, 1681, in-4.

*Codinus*, De antiquitatibus Cpolitanis. Venet., 1729, in-fol.

*Carbognano,* Descriz. topogr. dello stato presente di Cpoli. Bass., 1794, in-4.

*Comidas*, Descriz. topogr. di Constantinopol. Bass., 1794, in-4

*Melling,* Voyage pitt. de Constantinople. Par., 1807, in-fol.

*Castellan,* Lettres sur la Grèce, l'Hellespont et Constantinople. Par., 1811, in-8.

*Pertusier,* Promenade pitt. dans Cple. Paris, 1818, in-fol.

*Heyne,* Serioris artis opera quæ sub imp. Byzant. facta memorantur, Comment. Gœtt., t. XI.

*Hammer,* Cpolis und der Bosphorus. Pesth., 1822, in-8.

*Rackzynski*, Mahlerische Reise in einigen Provinzen des Osman. Bresl., 1825, in-8.

*Nicetas*, Narratio de statuis antiquis quas Franci destruxerunt. Leips., 1830, in-8.

*Andréossy,* Cple et le Bosphore. Paris, 1828, in-8.

*Walsch*, Journey from Cple to England, etc. 1828, in-8.

*Texier,* Description de Sainte-Sophie de Cple (Revue française, dernière serie, t. VI).

Voyez encore Théophane, Cedrenus, Glycas, Paul Diacre, Nicéphore, Callixte; G. Baldenzel, Eusèbe, Paul le Silentiaire, Bondelmontius, etc.

### Archéologie de l'Angleterre.

On trouve de nombreux renseignements sur les antiquités de la Grande-Bretagne dans les principales revues anglaises, dans les mémoires des diverses sociétés savantes, et surtout dans l'*Archæologia britannica,* dont nous avons donné l'indication à la page 540, le *Gentleman's magazine,* l'*Archæologia OEliana.*

*Davies,* Ancient rites and monum. of the monastical and cathedral church of Durham, etc., 1672, in-8.

— Refrinted in the antiquities of Durham abbey, in-12, 1767.

*Baxterus*, Glossarium antiquit. britannic. Lond., 1733, in-8.

*W. Stukeley,* Itinerarium curiosum... through Great-Britain, 1724-1776, in-fol.

*F. Drake*, Eboracum, or the history and antiquities of the city of York, etc., 1736, in-fol.

*Staveley*, History of churches in England, 1773, in-8.

*William*, Of Worcester's itinerary, 1778, in-8.

*Will*, Of king Henri VI, containing directions for the building of Eton college, etc., 1780, in-4.

*Gutch*, Collectanea curiosa, 1781, in-8.

*R. Gough*, Sepulchral monument in Great-Britain, 1786, in-fol.

*Smith*, Antiquities of London and its environs. Lond., 1791, in-4.

*W. Roy*, The military ant. of the Romans in Britain. Lond., 1793.

*Jos. Halfpenny*, Gothic ornaments in the cathedral church of York. York, 1795, in-4. Paru en 1800.

*Samuel Lysons*, An account of roman antiquities discovered at Woodchester near minching Hampton in te county of Gloucester. Lond., 1797, in-fol.

*Iw. King*, Munimenta antiqua : or, observations on ancient castles, including remarks on the whole progress of archit. ecclesiast. as wel as military of Great-Britain, 1799-1806, in-fol.

*Whitaker*, The anc. cath. of Cornwall, 1804, in-4.

*Storer*, Antiquarian itinerary, comprining specimens of architectures monastic, castellated..., accompagnied with descriptions. Lond., 1815, 1818, 7 vol. in-12. — The porte folio, a collection of engravings, 1812.

. *J. Carter*, The ancient architecture of England. Lond., 1795-1816, 2 vol. in-fol.

*Wild*, Twelve perspective views of the exterior and interior parts of the metrop. church of Canterbury, 1807, in-4.

*J. Tismith*, Ant. of Westminster, 1897, in-4.

*J. Halfpenny*, Fragmenta vetusta; or the romans of ancient buildings in York. York, 1807, in-4.

*J. Lingard*, The antiq. of the anglo-saxon church, 1810, in-8.

*Blore*, The hist. and antiq. of the County of Rutland, 1811, in-fol.

*J. Storer*, Ancient reliquies or delineatio of monastic, castellated and domestic architecture, etc., 1812, in-12.

*Bentham*, The hist. and antiq. of the conventual and cath. church of Ely, 2e édit. by Stevenson. Lond., 1812, in-4.

*Aikin*, Plans, élévations... of the cathedral church of St.-Paul. Lond. Lond., 1813, in-4.

Reliquiæ britannico-romanæ, containing figures of roman antiquit. discovered in various parts of England. Lond., 1813, in-fol.

*Skelton*, Oxania antiqua restaurata, containing representations of buildings in Oxford, now either alteredon demolished. Oxf., 1823, in-4.

*Brithon*, The cathedral antiquitics of England, or an historical, architectural and graphical illustration of the english cathedral churchs. Lond., 1814, in-4.

— History and antiquities of the county of Herford. Lond., 1815, in-fol.

*Mackensie* and *Pugin*, specimen of gothic architecture on sixty one plates. Lond., 1816, in-4.

*W. Woolnoth*, A graphic illustration of the metropolitan cathedral church of Canterbury. Lond., 1816, in-4.

*Rob. Surtees*, The history and antiquities of the county palatine of Durham. Lond., 1816, in-fol.

*Dugdale* et *H. Ellis*, Monasticon gallicanum, a history of the abbeys and other monasteries, hospitals, frieries, etc., 1817-30, in-fol.

*Storer*, Graphic and historical description of the cathedrals of Great-Britain, 1817-20, in-4.

*Kendall*, An education of the principles of english architect. usually denominated gothic., 1818, in-8.

*Wild*, An illustration of architecture and sculpture of the cathedral church of Lincoln, etc. Lond., 1819, in-4.

*John Britton*, Chronological and historical illustrations of the ancient architecture of Great-Britain, containing a series of engravings, accompanied by historical and descriptive account. Lond., 1820, 1825, in-4.

*Britton*, Specimens of the architectural antiquities of Normandy, the draving by Pugin (the litterary part. by). Lond., 1825-27, in-4. — Specimens of the architectural antiquities of Norfolk. 1812-17, in-fol. — Engravings of the most remarkable sepulchral brasses in Norfolk, with historical and descriptive accounts. Yarmouth, 1813, in-4. — Miscellaneous etchings of archit. antiquities in Yorkshire, Norfolk and Lincolnshire. 1812, in-fol. — Antiquities of St.-Mary's chapel near Cambridge, with description. 1819, in-fol.

*Wild*, An illustration of the architecture, etc., of the cathedral church of Worcester. Lond., 1820, in-4.

*Turner*, An account of a tour in Normandy. Lond., 1820, in-8.

*Cottingham*, Plans, elevations, details and views of the magnificent chapel of king Henri the Seventh, at Wesminster abbey church. Lond., 1822, in-fol.

*Pugin*, Specimen of gothic architecture selected from various ancient edifices in England. 1821, in-4.

*J.-C. Buckler*, Views and descriptions of the cathedral churches of England and wales. Lond., 1822, in-4.

*Adam*, Works in architect. containing plans, elevations, etc. of the principal buildings... of Great-Britain. Lond., 1822.

*Braylen*, The history and antiquities of the abbey church of St.-Peter, Wesminster, illustrated by P. Neale. Lond., 1822, in-4.

*Ducarel*, Antiquités anglo-normandes, traduites par A. Lechaude d'Anizy. 1823, in-8.

*Skelton*, Engraved illustrations of the principal antiquities of Oxfordshire from drawings, by T. Mackenzie. 1823, in-4.

*Braylen*, Series of views of the most intersting remains of the ancient castles in England and wales... Bragby, 1823, in-8.

*Carter*, Specimens of gothic architecture...comprised in 120 wiews. Lond., 1824.

*Hoskings*, Treatise on architect. from the Encyclopedia britannica; 2e édit., in-4.

*Blore*, Monumental remains. 1806, in-8.

*Th. Newenhan*, Pittoresque wiews of Ireland, with historical descript. Lond., 1826, in-4.

*Simplon*, Ancient baptismal fonts. 1828, in-8.

*J. Wilson*, Exemples of gothic architecture, consisting of a series of plans, elevations, sections, etc. 1830, in-4.

*J. Haggitt*, Two letters to a fellow of the society of ant aparison the subject of gothic. archit. Lond., 1813, in-8.

*Raine*, A parochial history of North. Durham, 1830, in-fol.

*Dallavay*, Observations on english architecture. 1834, in-8.

*Blokam*, A glimpse at the monumental architectur and sculpture. 1834, in-12.

*T. Rickman*, An attempt to discriminate the styles of architect. in England from the conquest to the reformation. Lond., 1835.

*J. Britton*, A dictionary of the architecture and archaeology of the middle ages, illust. by numerous engravings, by Le Kem. Lond, 1838.

*B. W. Billings*, Archit. illustrations and account of the temple churchs of London. Lond., 1838, in-4.

## Antiquités de l'Allemagne.

*Lepsius,* Sage von deu Hastisen vor naugburger. 1811, in-8.

— Ruinen des Rudelsburg. 1811, in-8.

*Lucanus,* Beitrz. zur Geschichte d. Fürstenth halberstadt. Berl., 1784-88, in-8.

*K. F. Quednow,* Beschreib. d. Alterthuemer in Trier. Tri., 1810, in-8.

*Sulpice Boisseren,* Vues, plans, coupes et détails de la cathédrale de Cologne. Stuttgard, 1821, in-fol.

*D. Quaglio,* Denkmale d. Baukuntt des mittelalters im kœnigr. Baiern. Num., 1816, in-8.

*Geor. Moller,* Denkmäler der deutschen Baukunst (monum. de l'architecture allem.). 1815-20, in-fol.

*W. Tappe,* De Alterthumer den deutschen Bankunst in D. stadt soest. Eli., 1822-24, in-4.

*Moller,* Monum. de l'archit. allemande (églises Sainte-Elisabeth de Marbourg, Saint-Georges de Limbourg, Saint-Paul de Worms, le Munster de Fribourg en Brisgau, texte franç. et allem.). Ebd., 1825-30, in-fol.

*Ring,* Vues pittoresques des vieux chateaux d'Allemagne. Stuttg., 1829, in-fol.

*Dorow,* Denkmäler aus den alt. Germanischer und Rœmischer zeiten in den Rheins. 1823, in-4 et in-fol.

*D. Quagiio,* Gebœude, Nerkwurd. Deutsche, d. Mittelalters... nebst hist. (text. von a Schreiber). Carls., in-fol. (par liv.).

*Kugler,* Denkmäler der Bildenten kunst der mittelalters in den Preuss. Staaten. Berl., 1830, in fol

*Clemens* (Mellin et Rosenthal), Der Dom zu Magdeburg. 1831, in-fol. (par liv.).

*G. Moller,* Beit. zur kenntniss d. Deutschen Baukunst des mittelalters, 1831 (pl. in-fol., text. in-8).

*S. Boisserée,* Monum. d'archit. du VII^e^ jusqu'au XIII^e^ siècle sur les bords du Rhin., Eld., 1830-32, in-fol.

*Schreiber,* Vues du Rhein, du mont Hardt et du mont Taunus. Heidelberg, 183 , in fol.

*Heideleff,* Die architekton. Gliden. Munb., 1831.

*Whewell,* Architectural notes on german churches. 1835.

*Ring,* Notice sur les tombeaux celtiques de la Souabe et de l'Allemagne. Gand, 1840, in-8 (23 pages).

## Italie moderne.

La plupart des touristes qui ont visité l'Italie parlent de ses monuments. Le nombre de ces ouvrages est si considérable, que nous croyons ne pas devoir les indiquer ici, et d'autant plus qu'ils ne fournissent que des renseignements puisés aux sources dont nous allons énumérer les principales.

*Anasthase,* Libri pontificalis examen J. Ciampini. Rom., 1688, in-4.

*Milizia,* Essai sur l'histoire de l'architecture, etc., trad. par M. de Pommereul. La Haye, 1819, in-8.

*L. Taylor* et *D. Cresy,* Archit. of the middle ages in Italy. Lond., 1829, in-4.

*Cicognara,* Storia della scultura dal risorgimente delle belle-arti in Italia fin al secolo di Napoleone. Venez., 1813-18, in-fol.

*G. Vasari,* La vita de' pitturi. Fir., 1550, in-fol.

Il en existe une excellente traduct. par MM. Jeanron et Léclanché. Par., 1842, in-8.

*Lanzi,* Storia pittorica dell' Italia

dal risorgimenti delle belle-arti fin presso al fine XVII° secolo. Bass., 1795, in-fol.

*L. Alberti,* Descriz. di tutta Italia. Bol., 1550, in-4.

*L. Muratori,* Annali d' Italia. Mil., 1749, in-4.

— Antiquitates Italicæ mediæ ævi. Med., 1772-89, in-4.

*Cancellieri,* Le due campane di Campidoglio, con varie notizie sopra i Campanili è gli orologi. Rom., 1806, in-4.

*Gori* et *Passeri,* Thesaurus veterum dypticorum. Flor., 1759.

*G. Ferrario,* Del costume antico e moderno di tutti popoli. Mil., 1815, in-4.

*C. Saluzzi,* Trattato di arcitbettura civile et militare di F. G. Martini, architetta venese del secolo XV. Tor., 1842, in-4.

*Knapp* et *Gutenshon,* Collect. des monum. et décorat. d'archit. de Rome aux XV^e^ et XVI^e^ siècles (allem. et franç.). Rom., 1826.

*Valentini,* Le quattre principali basiliche di Roma. Rom., 1822-1836, in-fol.

*Eras. Pittolesi,* Il Vatico descritto ed illustrato. Rom., 1829, in-fol.

*Gilii* et *Ferraboschi,* Architettura della basilica Vatican. Rom., 18.., in-fol.

*Cancellieri,* Trois dissertations sur plusieurs antiquités du Vatican. Rom., 1788, 89, 90, in-12.

*L. Venuti,* Descrizione topogr. ed istor. di Roma moderna. Rom., 1767, in-8.

*Chattard,* Nuova descrizione del Vaticano e della basilica di S. Pietro. Rom. 1762-67, in-12.

*Nerini,* De templo et cœnabio SS. Bonifacii et Alexii historic monum. Rom., 1752, in-4.

*Cecconi,* Roma sacra e moderna (ouvr. de Pancirole). Rom., 1725, in-8.

*Fontana,* Il tempio Vaticano. Rom., 1694, in-fol.

*O. Panvinius,* De præcipuis Romæ basilicis. Rom., 1570, in-8.

Duomo di Milano, etc., gravures de Bramante. Milano, 1823, in-4.

*Gioach. d'Adda,* La metropolitana di Milano. Mil., 1824, in-fol.

*Meschinello,* La chiesa ducale di S. Marco. 1853-54, in-8.

*Rosca,* De serpente æneo Ambrosianæ basili. Med., 1675, in-8.

*Fantazzi,* Monumenti Ravennati de' secoli di Mezzo. Ven. 1801, in-4.

*S. Barozzi,* Pianta e spaccato della celebra chiesa di S. Vitale di Ravenne. Bol., 1782, in-fol.

*A. Zirardini,* Degli antichi edifizi proponi di Ravena. Faenza, 1762, in-8.

*Fabri,* La sacre memorie di Ravenna antica. Ven., 1664, in-4.

*Martini,* Theatrum basilicæ Pisanæ. Rom., 1705, in-fol.

*G. de Vita,* Thesaur. ant. Beneventanarum. Rom., 1754, in-fol.

*Malaspina,* Memorie storiche della fabrica della cathedr. di Pavia. Mil., 1810, in-fol.

*Della Valle,* Storia del duomo d' Orvieto. Rom., 1791, in-4.

*Maffei,* Verona illustrata. Ver., 16.., in-8.

*G. Richa,* Notizie storiche delle chiese fiorentine. Fir., 1754-62, in-4.

*Hittorf,* Monum. modernes de Sicile. Paris, 183 , in-fol.

*Serra di Falco,* Del duomo di Montreale. Pal., 1838, in-fol.

*Fr. Daniele,* I regali sepolcri del duomo di Palermo, riconosciuti ed illustrati. Napoli, 1784, in-fol.

*Sacchi* (Def et Jo.), Premier essai sur les antiq. romantiques de l'Italie. Mil., 1829, in-8.

*S. Quintino,* Dell' architett. durante la dominazione longobarda Bres., 1829, in-8.

## Espagne et monuments arabes.

Nous renvoyons d'abord à l'ouvrage de M. de Prangey, cité page 391, et à celui de M. Serra di Falco, cité page 559. Il faut consulter aussi les livres de Condé, Morales, J. Gomez, et Bermudez.

*H. Gally-Knight*, Saracenic et borman remains to illustrated the norman in Sicily. Lond., 1838, in-fol.

*Murphy*, Arabian antiq. of Spain. Lond., 18 , in-fol.

*Alex. de La Borde*, Voyage hist. et pittoresque de l'Espagne. 1806-12, in-fol.

Antiquidades arabes de Espana. Mad., imp. real, 1804, 2 vol. in-fol.

*J. Murphy*, Plans, elevations, sections and wiews of the church of Batalha in Portugal, etc. 1795, in-fol.

*Valcaral*, Barros Saguntinos... Val., 1779, in-8.

*Swinburne*, Travels trough Spain in the years 1775 and 1776, in which several monum. of roman and morish archit. Lond., 1779, in-fol.

*Florez*, La Espana sagrada. Mad., 1747-70.

*Ximenes*, Descript. del real monast. de S. Lorenzo de l'Escorial. Mad., 1764 in fol.

*De los Tantos*, Description breve de monast. de S. Lorenzo el Real del Elcoriol. Mad., 1657, in-fol.

*Mazzolari*, Le reali grandezze dell' Escuriale di Spagna. Bol., 1648, in-4.

*Spencer Smith*, Description d'un monument arabe conservé à Bayeux. Caen, 1820, in-8 de 16 pag. — Précis d'un mémoire sur une cassette orientale à Bayeux. Caen, 1820, in-8.

*Frœhn*, Antiquitatis Muhamedani monumenta varia. 1820, in-4.

*Reynaud*, Description des monuments musulmans du cabinet de M. le duc de Blacas. 1828, in-8.

*Coste*, Monuments arabes du Caire. Paris, 183 , in-fol.

## Suisse. — Pays-Bas. — Norvège, etc.

Il faut consulter les ouvrages d'Olaüs Magnus, que nous avons cité à la page 163.

*P. Victor*, Coup d'œil sur les antiquités scandinaves. Paris, 1838, in-8.

*Dahl*, Souvenirs des anciennes constructions en charpente sculptée de l'intérieur de la Norvège (rapport fait par M. P. Victor). Paris, 1841, brochure, 1837, in-8.

*Goetghebuer*, Choix des monuments, édifices et maisons les plus remarquables des Pays-Bas. Gand, 1827, in-fol.

*Sir Borg Samlinger*, Recueil des antiquités du Nord, *contenant* des inscript., des figures, des ruines, etc. Stockhol., 1822, in-4.

*Ritter*, Mém. abrégé et recueil de quelques ant. de la Suisse. Berne, 1788, in-4.

*Lagerlöf*, Succia antiqua et hodierna. 1772, in-fol.

*Smith*, Recueil d'antiq. trouvées à Avranches, etc. Berne, 1768, in-4.

*Campen* et *Quellino*, Architect. peint. et sculpt. de la maison de ville d'Amsterd. Amst., 1719, in-fol.

*Peringskiol*, Monum. saxo-gothicorum, etc. Stock., 1710, in-fol.

— Addita monumenta Ulera, etc. Stock., 1719, in-fol.

*Murgrave*, Antiq. Britanno-Belgicæ, præcipuè Romanæ. Is. D. 1719, in-8.

*Bartholini,* Antiquit. danicæ. Staf., 1689, in-4.

## Archéologie nationale.

On trouvera des notions sur l'histoire des beaux-arts en France dans les grands ouvrages d'archéologie que nous avons fait connaître au commencement de cet article bibliographique, dans les principaux livres relatifs à l'histoire générale de la France, dans les recueils publiés par les divers corps savants de Paris, dans les *Mémoires de l'Académie des inscriptions,* dans les *notices et extraits des manuscrits,* dans les *Mémoires de la Société royale des antiquaires de France,* et dans le *Bulletin du comité des arts et monuments,* les *Instructions du comité des arts et monum.,* deux cahiers, in-4, aussi dans le *Journal de Verdun,* le *Journal de Trévoux,* le *Mercure de France,* le *Magasin encyclopédique,* les *Annales françaises des arts et des sciences,* etc., les *Mémoires de la Société des amis des arts de Paris,* le *Bulletin monumental,* publié à Caen par M. de Caumont, et le *Lycée armoricain.* Il faut aussi voir notre art. bibliog. sur les antiq. romaines, on y trouvera des travaux sur divers monuments des Gaules.

Les Académies de nos principales cités ont fait paraître des mémoires dans lesquels sont insérés des articles relatifs aux diverses antiquités de la France. Nous citerons les mémoires des Académies de Lyon, de Toulouse, de Bordeaux, de Dijon, de Clermont-Ferrand, de Marseille, de Nancy, de l'Académie ébroïcienne, etc.; on devra consulter également les publications des Sociétés des antiquaires de Normandie (Caen), du midi de la France (Toulouse), de la Morinie (Saint-Omer), de l'ouest de la France (Poitiers), de la Société archéologique de Montpellier, de Béziers, des Sociétés de Perpignan, de Loir-et-Cher, du Jura, de Douai, de Besançon, d'Orléans, de la Charente, de Nancy, des Vosges, de l'Isère, d'Abbeville, d'Amiens, etc.; enfin les diverses revues provinciales, entre autres celles des deux Bourgognes, du Dauphiné, de l'Austrasie, de Rouen, du Midi, du Lyonnais, de l'Ouest, de la Gironde, de la Lorraine, *l'Art en province,* etc., et anfin les *annuaires* qui se publient dans les principales villes de France. On complétera facilement cet article bibliographique en cherchant des indications dans la *Biblioth. hist. de la France,* de P. Lelong; Paris, 1778, in-fol.

Nous allons maintenant énumérer les ouvrages qui traitent de l'histoire monumentale de la France d'une manière générale.

Auparavant nous croyons devoir faire connaître les traités spéciaux d'archéologie nationale, et les travaux dont l'architecture gothique ou ogivale a été l'objet.

*De Caumont,* Cours d'antiquités monumentales, ères celtique, romaine, moyen âge (archit. relig., archit. civile et milit.). Paris, 1821 et ann. suiv., in-8.

— Essai sur l'archit. relig. au moyen âge. Caen, 1825, pet. in-8.

*P. Mérimée,* Essai sur l'architecture religieuse du moyen âge, particulièrement en France. Annuaire histor. pour 1838.

*Dusommerard,* Les arts au moyen âge. Paris, 1838, et années suivantes, avec atlas in-fol.

*Alb. Lenoir* et *L. Vaudoyer,* Etudes d'architecture en France (Magasin pittoresque, année 1839 et ann. suiv.).

*J. Oudin*, Manuel d'archéologie religieuse, civile et militaire. Fontainebl., 1841, in-8.

*Bourrassée*, Archéologie chrétienne. Tours, 1842, in-8.

*Smith*, Les églises gothiques. Paris, in-12.

*D. Ramée*, Manuel de l'hist. de l'archit. chez tous les peuples et plus particulièrement au moyen âge en France. Paris, 1842, in-18.

*Fasbroke*, Encyclopœdia of antiquities, and elements of archœology classical and mediœval. Lond., 1825, in-4.

*Th. Hope*, Histoire de l'architecture, trad. par Baron. Paris, 1839, in-8, avec planches.

*Ch. Wild*, Twelve select exemples of the ecclesiastical architecture of the middle ages, chiefly in France. Lond., in-fol.

*Wiebeking*, Ouvrage sur l'archit. du moyen âge. Mun., 1824, in-4.

*Stieglitz*, Von altdentscher Baukunst. Leip., 1820, in-4.

*Wood*, Letters of an archit. from France, Italy and Greece. Lond., 1828, in-4.

## Architecture gothique

On trouvera, sur les arts du moyen âge, quelques considérations de M. Pownall, dans le t. IX de l'*Archéologie britan.*; de Weinling, *Lettres sur Rome*, 34e; dans le *Journal de Trévoux*, août 1759 ; dans le 4e volume des *OEuvres* de Gœthe, etc., et dans les ouvrages suivants :

*Gori* ou *Rusconi*, Saggio sopra l'architectura gotica. Liv., 1766.

Essays on gothic archit., by Warton, Bentam, Grose and Milner. 1808, in-8.

*B. Hundesagh*, Idées sur l'art gothique (trad. de Chaumeton).

*Hawkins*, History of the origin and establissement of gothic archit. 1813, in-8.

*Hall*, Essay on the origin, history and principles of gothic archit. Edinb., 1813, in-4.

*N. Gunn*, An inquiry into the origine and influence of gothic archit. 1817, in-8.

*A. Lenoir*, Observations sur l'origine et l'emploi de l'ogive dans l'architecture. Paris, 1819, in-8 de 14 pages.

*Willis*, Remarks on the archit. of the middle ages, especialy of Italy. 1835.

*Boid*, History of architecture. Lond., 1835, in-8.

*Rickman*, Essay on gothic architecture. 1835, in-8.

Et dans l'architecture civile (en allem.) de Wiebeking ; Munich, 1825 et ann. suiv.

## Art monumental de la France.

*Maffei*, Galliæ antiquitates. Vérone, 1734, in-4.

*Félibien*, Histoire de l'architecture. Paris, 16 , in-fol.

*Mabillon*, De re diplomatica. Paris, 16 , in-4. On trouve dans le liv. IV une notice sur les principaux ouvrages d'architecture du règne de Charlemagne.

*Longuerue*, Description de la France. 1722, in-fol.

*Montfaucon*, Monuments de la monarchie française. Paris, 1729, in-fol.

*Le Beuf*, Recueil de divers écrits pour servir à l'histoire de France et de suppl. à la notice des Gaules. Paris, 1738, in-12.

*Le même,* On a de ce savant des dissertations nombreuses, dans les t. XXI et XXIII des Mém. de l'Acad. des inscript. et bell.-lett., et surtout dans le journal de Verdun. Il a écrit aussi sur les antiquités de Périgueux et du diocèse de Bayeux.

*Dom Vaissette*, Géographie historique. 1755, 2 vol. in-4.

*Danville,* Notice des Gaules, in-4. — Abrégé de géographie ancienne, 3 vol. in-12.

*Dulaure,* Description des principaux lieux de France. Paris, 1788-89, in-12.

*Legrand d'Aussy,* Les sépultures nationales, mém. lu à l'Institut, le 7 ventôse an VII.

*Lambier,* Histoire monumentaire des Gaules. Mons, 1804, in-8.

*Millin,* Antiquités nationales. Paris, 180.., in-4. — Voyage dans les départements du midi de la France. Paris, 1807-11, in-8.

*Willemin*, Monuments français inédits, pour servir à l'histoire des arts, etc. Paris, 1806, in-fol.

*Alex. Delaborde,* Monuments de la France classés chronologiquement. 1816-38, in-fol.

*Lenoir,* Sur quelques divinités romaines qui ont passé dans les Gaules. 1817, in-8.

*Grivaud de La Vincelle,* Recueil de monuments antiques de la Gaule. Paris, 1817, in-4.

*P. Gregori,* Rech. hist. sur les congrég. hospit. des frères pontifs ou constructeurs de ponts. Par., 1818, in-8.

*C.-T. Berlier,* Histoire de la Gaule sous la domination romaine. Brux., 1822, in-8.

*Blancheton*, Vues pittoresq. des châteaux de France. Paris, 182.., in-fol

*Taylor* et *Nodier*, Voyage pittoresque dans l'ancienne France (Normandie, Auvergne, Languedoc, Picardie). Paris, 182... et année suiv., in-fol.

*A. Lenoir,* Musée des monuments français. 1800, 1822, in-4.

*Whittington,* Historical survey of the ecclesiastical antiq. of France, 2e édit., 1824.

*C.-L. Ring,* Denkmäler der Roemer in mittelal. Frankreich. Carl., 1812, in-4.

*C. Verly*, Recueil d'antiquités. Lille, 1826, in-8.

*H. de Vielcastel,* Collection de costumes, armes et meubles, pour servir à l'histoire de France. 1828, in-4.

*Bonnard,* Costumes des XIIIe, XIVe et XVe siècles, etc. Paris, 1828, in-4.

*A. Hugo*, France historique et monumentale. Paris, 1836 et ann. suiv., in-4.

*Chapuy* et *de Jolimont*, Histoire des cathédrales de France. Paris, 183..., in-4.

*Moret,* Moyen âge pittoresque. Paris, 1837, in-fol., che Weith et Hauser.

*P. Mérimée,* Notes d'un voyage dans le midi de la France. Paris, 1835, in-8. — Notes d'un voyage dans l'ouest de la France, Paris, 1837, in-8. — Notes d'un voyage en Auvergne. Paris, 1838, in-8. — Notes d'un voyage en Corse. Paris, 1840, in-8.

*A. Jubinal* et *de Sansonetti*, Anc. tapisseries de France. Paris, 1838, in-fol.

*De Montalembert,* Monuments de l'histoire de sainte Élisabeth. Paris, 1838-40, in-fol.

*DeHammer,* Mémoire sur deux coffrets gnostiques du moyen âge, du cabinet de M. de Blacas. Vien., 1832, in-4.

*Hist. littér. de France,* t. XIII, p. 265, art. de M. Am. Duval sur les arts au XIIIe siècle.

*Jouffroy* et *Ern. Breton,* Introd. à l'histoire de France. Paris, 1838, in-fol.

*Leviel,* Traité de peinture sur verre. Paris, 17.., in-8.

*Al. Lenoir,* Histoire de la peinture sur verre. Paris, 1804, in-8.

*Hyac. Langlois*, Essai sur la peinture sur verre. Rouen, 182.., in-8.

*F. de Lasterye*, Hist. de la peinture sur verre. Paris, in-fol. (en cours de publication).

*Martin* et *Cahiers*, Les vitraux de Bourges expliqués et commentés (par). Paris, 1842, in-fol. — Histoire de la peinture sur verre. Paris, grand in-fol. (en cours de publication).

### Alsace.

*Schœpflin*, Alsacia illustrata. 1751, 1752, in-fol.

*Grandidier*, Essai historique sur l'église cathédrale de Strasbourg. Strasbourg, 1780, in-8.

*Schweighœuser*, Dissert. nouv. sur la cathédrale de Strasbourg. Strasb., 1780, in-8.

*M.-Ph.-Ai. de Golbery* et *J.-G. Schweighœuser*, Antiquités de l'Alsace, ou châteaux, églises et autres monuments des départements du Haut-Rhin et du Bas-Rhin, avec texte historique et descriptif. Paris et Mulhouse, 1825-28, in-fol.

*Miller*, Nouvelle description de la cathédrale de Strasbourg. Strasb., in-18.

### Angoumois, Anjou, Touraine, Poitou.

*Verger*, Notice sur Jubelains. 1835, in-8. — Notice sur la chaire au diable. 1835, in-8.

*Noel Champoiseau*, Essai sur les ruines romaines qui existent à Tours et dans les environs.

*Bruand*, Dissertation sur une mosaïque. Tours, 1815, in-8.

*Bodin*, Recherches historiques sur la ville d'Angers et le bas Anjou. 1821, in-8. — Recherches historiques sur la ville de Saumur et le haut Anjou. 1822, in-8.

*Bourignon*, Recherches topographiques et historiques sur les antiquités de la Saintonge. in-4.

*Le Beuf*, Antiquités de Périgueux. Histoire de l'Académie, t. XXIII.

*La Sauvagère*, Antiquités de Saintes.

*Chaudruc de Crazanes*, Antiquités de la ville de Saintes. Paris, 1820, in-4,

*Wigrin de Taillefer*, Antiquités de Vesonne. 1821, in-8.

*Massiou*, Histoire politique, civile et religieuse de la Saintonge. 1838, in-8.

*La Sauvagère*, Recherches histor. et critiques sur la Touraine, le Poitou et le Maine. 1786, in-8.

*Siauve*, Mémoires sur les antiq. du Poitou. Paris, 1804, in-8.

*Thiollet*, Antiq. et monuments du Poitou. Paris, 1823-24, in-fol.

*Briquet*, Hist. de la ville de Niort depuis son origine, 1832, in-8.

*Thiollet*, Antiq. du Haut-Poitou. Perr., 1823, in-fol.

*Al. Noël*, Souvenirs pittor. du Poitou et de l'Anjou. Paris, 1828, in-fol.

*A. Chabouillet*, Not. hist. sur le château de Chenonceau. Par., 1834, in-fol.

### Auvergne, Bourbonnais, Nivernais, Berry, Limousin.

*Deribier*, Dictionnaire topographique du département de la Haute-Loire. Le Puy, 1820, in-8.

*Mangon de Lalande*, Essai historique sur les antiquités du département de la Haute-Loire. Saint-Quentin, 1826, in-8.

*Mallay*, Egl. romanes et romano-byzantines du départ. du Puy-de-Dôme. Moulins, 1838, in-fol.

*D. Branche* et *E. Thibaud*, L'Auvergne au moyen âge. Clerm.-Fer., 1842, in-8, pl. in-4.

*A. Michel*, L'ancienne Auvergne et le Vélay (hist. antiq., etc.). Moulins, 1842, in-fol. (en cours de publication).

*A. Allier*, *Ad. Michel* et *L. Batissier*, L'ancien Bourbonnais. Moulins, 1833-37, in-fol.

*Baraillon*, Recherches sur les

peuples Cambiovicenses. 1806, in-8.

*Barras* et *Morellet*, Album du Nivernais. Nevers, 1839-42, in-4.

*Romelot*, Description historique de l'église métropolitaine de Bourges. 182 , in-8.

*Luçay*, Description du département du Cher, in-8.

*Tripou*, Histoire monumentale de l'ancienne province du Limousin, in-4.

*Allou*, Descript. des monum. des différents âges observés dans la Haute-Vienne. 1821, in-4.

*Gillier*, Tableau descriptif de la ville de Limoges, 1838, in-8.

### Bourgogne.

*J. Richard*, Antiq. Divionenses. Par., 1585.

*Emundi*, De antiquis Bitracti seu Augustoduni monumentis libellus, 1650, in-4.

*Fyat*, Histoire de l'église cathédrale et abbatiale de Saint-Etienne de Dijon. 1696, in-fol.

*Courtépée* et *Beguillet*, Description générale et particulière du duché de Bourgogne. Dijon, 1775-80, in-12.

*Pasumot*, Notice sur les antiquités de Beaune, in-8.

Nouvelle hist. de la collégiale de Saint-Philibert à Tournus. 1737, in-4.

*Dom. Plancher*, Histoire de Bourgogne. Dijon, 1739-48, in-fol.

*Le Gouz de Gerland*, Dissert. sur l'origine de la ville de Dijon. Dijon, 1771, in-fol.

*Leclerc*, Archéologie celto-romaine de l'arrondissement de Châtillon-sur-Seine. 18.., in-8.

*Rosny*, Histoire de la ville d'Autun. 1802, in-4.

*Tarbé*, Annuaire de l'Yonne. An XII.

*Jolimont*, Description historique et vues pittoresques des monuments de Dijon. 18.., in-4.

*Maillard de Chambure*, Hist. de Notre-Dame de Semur. Dijon, 183, in-8.

*Ern. Breton*, Antiq. d'Autun. Paris, 183 , in-8.

*M. L...*, Recherches historiques et statistiques sur Auxerre, ses monuments et ses environs. 1830, in-12.

*Tarbé*, Recherches historiques sur la ville de Sens et ses environs. in-12.

*Rousselet*, Histoire et description de l'église de Brou. Bourg, 1836, in-12.

— Voyage pittoresque en Bourgogne par une société d'artistes. Dijon, chez Mme Ve Brugnot, 1833 et ann. suiv. in-fol.

*Maillard de Chambure*, Dijon ancien et moderne. Dij., 1840, in-8.

### Bretagne.

*Strutt*, Angleterre ancienne: tableau des mœurs, usages, armes, etc., des anciens Bretons, Anglo-Saxons, etc., trad. par Boulard. Paris, 1789, in-4.

*De Cambry*, Voyage du Finistère. 1795, in-8. — Musée d'Aquitaine. Bordeaux, 1832, in-8.

*Le même*, Description du départ. de l'Oise. Paris, 1803, in-8, et atlas.

*Penhouet*, Antiq. égyptiennes dans le départ. du Morbihan. 1812, in-8. — Recherches histor. sur la Bretagne, d'après ses monuments. 18 , in-4. — Recherches sur les pierres de Carnac, in-4.

*Richet*, Le Mans ancien et moderne, in-8.

*Bottin*, Mélanges d'archéol. sur la Bretagne. 181 , in-8.

*Maudet de Penhouet*, Archéolog. armoricaine. Ren., 1826, in-4. — Essai sur les monum. armoric. Nant., 1805, in-4 de 44 pag.

*De Freminville*, Antiquités du Finistère. 1828, in-8. — Antiq. du Morbihan, 1822, in-8. — Antiq. des Côtes-du-Nord. 1832, in-8.

*Mahé*, Essai sur les ant. du Morbihan. Vamez., 1826, in-8.

*E. Richer*, Voyage pittoresque

dans le départ. de la Loire-Inférieure. Nantes, 1820, in-4.

*Amelin,* Guide du voyageur dans le département de la Loire-Inférieure. 1827, in-8.

*Guépin,* Histoire de Nantes. 1839, in-8.

## Champagne, Brie.

*Flodoart,* Hist. de l'église métropol. de Reims. 1581, in-4.

*Marlo,* Metrop. Rem. historia. R., 1666, in-fol.

*Arnaut,* Descript. monum. du dép. de l'Aube. Troyes, 18.., in-fol.

*Arnaut,* Antiquités de la ville de Troyes. 1826, in-fol.

*Pavillon Pierrard,* Description histor. de l'église Notre-Dame de Reims, in-8.

*Poquet,* Histoire du Château-Thierry. 1839, in-8.

*Migneret,* Précis de l'histoire de Langres. 1837, in-8.

*Gilbert,* Descript. hist. de l'église de Notre-Dame de Reims. 1825, in-8.

*Géruzez,* Description histor. et statistique de la ville de Reims. Reims, 1817, in-8.

*Du Sommerard,* Vues de Provins, dessinées par plusieurs artistes. Paris, 1822, in-fol.

*Opoix,* Hist. et descript. de Provins, 1823, in-8.

*Estrayer,* Not. hist. sur la cath. de Châlons-sur-Marne. Châl., 1842, in-8 de 76 pagas.

*Fleureau,* Antiquités de la ville et duché d'Estampes. 1683, in-4.

*Didròn,* Notre-Dame de l'Epine (*l'Artiste,* 2e série, t. 3).

— L'église de Reims (*l'Artiste,* 2e série, t. 7).

*Duplessis,* Histoire de la ville et des seigneurs de Coucy. 1728, in-4. — Histoire de l'église de Meaux. 1730, in-4.

## Dauphiné.

*Ménard,* Monuments du comtat Venaissin, Mém. de l'Acad., t. XXXII.

*Et. Rey,* Monuments anciens et gothiques de Vienne en France, texte de G. Velty. 1820, in-fol.

*Ladoucette,* Histoire des antiquités, usages, etc., des Hautes-Alpes. 1820, in-8.

*Champollion,* Antiquités de la ville de Grenoble. Gren., 1807, in-4.

*Chalieu,* Mémoires sur les diverses antiq. du départ. de la Drôme. Val., 1811, in-4.

*Germet,* Histoire de Vienne durant l'époque gauloise. Vienne, 1829, in-8.

*Pilot,* Recherches sur les antiquités dauphinoises. 1830, in-8.

*J. Ollivier,* Essais histor. sur la ville de Valence. Val., 1831, in-8. — Notice sur le pendentif de Valence. Val., 1833, in-8.

*Delacroix,* Essais statistiques de la Drôme. 1835, in-4.

*Mermet,* Rapport sur les monuments remarquables de l'arrondissement de Vienne. 1837, in-8.

*A***,* Découvertes faites sur le Rhin, d'Amagetabrie, etc. 1796, in-8.

*Chorier,* Antiquités de Vienne. 1650, in-12. Nouvelle édit. par Cochard. Lyon, 1828.

*Delacroix,* Essai sur la statistique historique et les antiquités du département de la Drôme. 1817, in-8.

## Guyenne, Gascogne.

*Darnalt,* Les antiq. de la ville d'Agen. Paris, 1606, in-8.

*Darrerac,* Traité des antiq. bourdeloises. 1625, in-4.

*Venuti,* Dissert. sur les anciens monuments de la ville de Bordeaux. 1754, in-4.

*Lacour,* Antiq. bordelaises. Bord., 1809, in-fol.

*Loubens,* Hist. de l'ancienne province de Gascogne. 183 , in-8.

*Dumège,* Rapport sur les antiquités découvertes à Nérac. Toulouse, 1833, in-4.

*Bargemont,* Notice hist. sur Nérac. Agen, 1807, in-8,

*De Monteil,* Mémoires statistiques sur l'Aveyron. Rhodez, 1802, in-8.

*Jouannet,* Notice sur les antiq. de Saint-Emilion. 1820, in-8.

### Flandre.

*Lefèvre,* Hist. de la ville de Calais et du Calaisis. 1768, in-8.

*Grille,* Description du département du Nord, in-8.

### Ile-de-France.

*Doublet,* Histoire de l'abbaye de Saint-Denis. 1625, in-4.

*De Louen,* Hist. de l'abbaye de Saint-Jean-des-Vignes de Soissons. 1710, in-12.

*Lemoine,* Hist. et antiq. de Soissons. 1771, in-8.

*Leroux,* Hist. de la ville de Soissons, in-8.

*Levasseur,* Annales de l'église cathéd. de Noyon. 1633, in-8.

*Villette,* Hist. de Notre-Dame de Liesse, in-8.

*Rouillard,* Hist. de Saint-Germain-des-Prés. Paris, 1724, in-fol.

*Baudelot,* Bas-reliefs trouvés à Notre-Dame de Paris. Paris, 1711, in-4.

*Félibien* et *Lobineau,* Histoire de Paris. Paris, 1725, in-fol. — Histoire de l'abbaye roy. de Saint-Denis. 1706, in-fol.

*Sauval,* Hist. et rech. des antiq. de la ville de Paris. Paris, 1779, in-fol.

*Le Beuf,* Histoire de la ville et du diocèse de Paris. 1754-57, in-12.

*Charpentier,* Description historique de l'église métropolitaine de Paris. 1767, in-fol.

*Grivaud de La Vincelle,* Antiquités recueillies dans les jardins du sénat. Paris, 1807, in-4. — Arts et métiers des anciens. 1819 et ann. suiv., in-fol.

*Gilbert,* Descript. de la basilique métrop. de Notre-Dame de Paris. 1811, in-8 broch. (et *Mag. encycl.*, 1812).

*Fauris de Saint-Vincent,* Mémoires sur les bas-reliefs des murs et des portes extér. de Notre-Dame de Paris. Aix, 1816, in-8.

*Guilleret,* Histoire du donjon et du château de Vincennes. 173 , in-8.

*Gilbert,* Descript. histor. de l'église roy. de Saint-Denis. Paris, 1815, in-12.

*Dulaure,* Histoire physique, civile et morale de Paris. Paris, 1825, in-12.

*Roquefort,* Dictionnaire histor. et descript. des monum. de Paris. Paris, 1826, in-8.

*Cassan,* Antiquités gauloises et gallo-romaines de l'arr. de Mantes, in-8.

*Martin* et *Jacob,* Hist. de la ville de Soissons. 1837, in-8.

*G. F. Waagon,* Kunstwereke und Kuenstler in England und Paris. Berl., 1838-39.

*A. Phulpin,* Notices sur les fouilles de la montagne du Châtelet (Seine-et-Marne). Paris, 1831, in-8.

— Notice sur l'église Saint-Nicolas-des-Champs. Paris, 1841, in-8.

*D. Ramée* et *L. Vitet,* Eglise de Noyon, anc. cath. (élév. plans, coupes et détails). Par., 1842, in-fol.

*Albert Lenoir,* Statist. monum. de Paris. Par., 1842, in-fol. par livr.

### Languedoc.

*Borel,* Les antiq. et raretés de Castres. 1649, in-8.

*Deyron,* Antiq. de Nîmes. 1663, in-4.

*Gauthier,* Histoire de Nîmes et de ses antiquités. 1724, in-8.

*Dom Vaissette,* Hist. générale du Languedoc. Paris, 1730, in-fol.

*Ad. Dumège,* Voyage littéraire et archéolog. dans le départ. de Tarn-et-Garonne. Toul., 1828, in-8.

*Le même,* Recherches sur les antiquités de la Haute-Garonne. Toul., 1814, in-8.

*Clerisseau,* Antiq. de Nîmes. Paris, 1778, in-fol.

*Ménard,* Histoire des antiquités de la ville de Nîmes. Nîmes, 1826, in-8.

*Grangend* et *Durand,* Monuments de Nîmes. 1819, in-fol

*Poignant,* Antiquités histor. et monum. à visiter à Montfort et Comseuil, par Dinan. 1820, in-8.

*J. Renouvier,* Hist. des églises de Maguelonne, de Valmagne, de Saint-Guilhem-du-Désert, etc. Montpellier, 1825 et ann. suiv., in-4.

### Lorraine.

*Valladier,* L'auguste basilique de Saint-Arnould de Metz. 1615, in-4.

*Faber,* Description du pays Messin.

*La Sauvagère,* Recherches sur un ancien ouvrage de briquetage de Marsal, avec la description de la ville et de ses antiquités, 1740, in-8.

*Calmet,* Hist. de la Lorraine. Nancy, 1745, in-fol.

*Lyonnais,* Hist. des villes vieille et neuve de Nancy. 1805, in-8.

*Cajot,* Antiq. de Metz, etc. Metz, 1768, in-8.

*Grille de Beuzelin,* Stat. mon. des arrond. de Toul et Nancy. Paris, 1837, in-f.

*L.* et *E. Mirecourt,* La Lorraine (antiq., lég., chron.). Nancy, 1840.

*Bégin,* Hist. de la cathédr. de Metz. Metz, 1842, in-8.

*J. Cayon,* L'eglise des Cordeliers à Nancy. Nancy, 1842, in-8.

### Lyonnais.

*Laboureur,* Les masures de l'abbaye de l'île Barbe-lez-Lyon. Lyon, 1681, in-4.

*Spon,* Recherches des antiquités de Lyon. Lyon, 1695, in-8.

*Colonia,* Antiquités de la ville de Lyon. Lyon, 1701, in-4.

*Artaud,* Mosaïq. de Lyon, jeux du cirque, 1806.

*Le même,* Notice des antiquités et tableaux du Musée de Lyon. 1816, in-8.

*Maudet de Penhouet,* Lettres sur l'hist. ancienne de Lyon. Besançon, 1818, in-4.

*A. Fluchon,* Mém. sur trois anciens aqueducs de Lyon. Lyon, 1842, broch. de 92 pages.

### Normandie.

*Bourgueuville,* Les recherches et antiq. de la province de Neustrie. Caen, 1588, in-4.

*Pommeraye,* Histoire de l'abbaye royale de Saint-Ouen. Rouen, 1662, in-fol. — Hist. de l'église cathédrale de Rouen. Rouen, in-4.

*Huet,* Orig. de la ville de Caen. 1706, in-8.

*Delauney,* Bayeux et ses environs, 1804, in-8.

*Lambert,* Mémoires sur les constructions antiques et les objets découverts dans un ancien cimetière de Bayeux. Caen, in-8.

*De La Rue,* Essais historiques sur la ville de Caen et son arrondissement. Caen, 181 , in-8.

*Séguin,* Hist. archéol. des Bocains, contenant les antiq. du Bocage. 181., in-18.

*Caillebotte,* Essai histor. sur les antiq. de Domfront. Caen, 1816, in-18.

*L.-T. Jolimont,* Monuments de la Normandie (recueillis et lithog. par) Paris, 1820, in-fol.

*Surville,* Mémoire sur les vestiges des thermes de Bayeux. 1821, in-8.

*Dubois,* Itinéraire descript., hist. et monum. de la Normandie. 182 , in-8.

*Gilbert,* Descript. hist. de l'église cath. de Notre-Dame de Rouen. Rouen, 1816, in-8.

*Le même,* Description hist. de l'église Saint-Ouen de Rouen. Rouen, 1822, in-8.

*J. Cotman,* The architectural antiquities of Normandy, engraved by

John Cotman, accompanied by historical and descriptive notices by Dawson Turner. Lond., 1820-21, 2 vol. in-fol.

*Chéret,* Notice sur Dieppe, 1824, in-8.

*Jolimont,* Descript. hist. et critiq. des monum. civils et religieux du Calvados. Paris, 1825, in-4.

*Ducarel,* Antiq. anglo-normandes (trad. de l'Echaudé d'Anisy). Caen, 1823, in-8.

*Raymond,* Lettres sur les antiquités de la Normandie, 1826, in-8.

*Rever,* Mémoire sur les ruines de Lillebonne, 1821, in-8. — Mémoires sur les ruines du Viel-Evreux, 1827, in-8.

*Deville,* Essai histor. sur l'église et l'abbaye de Saint-Georges de Bocherville. Rouen, 1827, in-4. On doit encore à cet antiquaire des ouvrages sur Château-Gaillard, sur les tombeaux de la cathédrale de Rouen, sur le château de Tancarville, et sur le château d'Arc.

*E.-Hyac. Langlois,* Essai histor. et descript. de l'abbaye de Saint-Vandrille. Paris, 1827, in-8. — Essai sur la peinture sur verre. Rouen, in-8. — Mémoire sur les bas-reliefs des stalles de la cath. de Rouen. Rouen, 1827, in-8. — Monum., sites et costumes de la Normandie, in-4. — Notice sur l'incendie de la cath. de Rouen, et histoire de cette église, 1823, in-8. — Notice sur le tombeau des énervés de Jumiéges. Rouen, in-8.

*Odolant Desnos,* Mém. histor. sur la ville d'Alençon, 1827, in-8.

*Pluquet,* Essai histor. sur la ville de Bayeux, 1829, in-8.

*Deshays,* Histoire de l'abbaye royale de Jumiéges. Rouen, 1829, in-8.

*Dawsen Turner,* Letters from Normandy. Lond., 183 , in-8.

*Pugin,* Engraved specimens of the archit. antiq. of Normandy. Lond., 1831, in-fol.

*Gally-Knight,* An archit. tour in Normandy. Lond., 1836. (Il a paru une traduction de ce livre dans le *Bulletin monumental,* ann 1838.)

*A. Le Prevost,* Notice histor. et archéol. sur le départ. de l'Eure. Evreux, 1832, in-12. — Notice sur Arques. Rouen, 1824, in-8 de 20 p.

*Guilhmet,* Hist. de Pont-Audemer, 1832, in-8.

*Canel,* Essai histor. et archéol. sur l'arrond. de Pont-Audemer. Paris, 1833, in-8.

*L. Vitet,* Hist. des anciennes villes de France, 1re série, Dieppe. Paris, 1833, in-8.

## Orléanais.

*Vergniaud-Romagnesi,* Album du Loiret, 1827, in-fol.

*Jollois,* Mém. sur les antiq. du Loiret, 183 , in-fol.

*Le même,* Ancien cimetière d'Orléans. Paris, 1831, in-fol.

*Mont-Rond,* Essai histor. sur la ville d'Etampes, 1836, in-8.

*De La Saussaye,* Eglises, châteaux et hôtels du Blaisois : 1° château de Chambord ; 2° château de Blois, Bl., 1840, in-4.

*Ozerai,* Hist. générale de la cité des Carnutes et du pays chartrain, 1833, in-8.

*Rouillard,* Parthénie ou hist. de la très-auguste église de Chartres, 1619, in-8.

*Sablon,* Hist. de l'auguste et vénérable église de Chartres, 1757, in-12.

*A. Lenoir,* Rapport historique sur le château d'Anet, 1800, in-fol.

*Gilbert,* Descript. histor. de l'église cathéd. de Chartres. Chartres, 1824, in-4.

## Picardie.

*R. Dusevel,* Descript. hist. du département de la Somme, 182 , in-8. — Histoire de la ville d'Amiens,

1832, in-8. — Notice sur la cathédrale d'Amiens, 183 , in-8.

*De La Morlière*, Bref état des antiquités et choses remarquables de la ville d'Amiens, 1642, in-8.

*Lombard*, Descript. des monum. les plus curieux anciens et modernes de la Picardie, in-8.

*Leroi*, Hist. de Notre-Dame de Boulogne, 1681, in-8.

*D'Allouville*, Dissert. sur les camps romains de la Somme, 1828, in-4.

*Daire*, Hist. de la ville d'Amiens, 1657, in-4.

*Rivoire*, Description de l'église cathédrale d'Amiens, 1806, in-8.

*Gilbert*, Descript. histor. de la cathéd. d'Amiens, 1833, in-8.

*Cambry*, Description du département de l'Oise, 1803, in-8.

*Graves*, Notice archéologique sur le départ. de l'Oise. Beauvais, 1839, in-8.

*Eug. Woillez*, Archéol. des monum. religieux de l'ancien Beauvoisis. Clerm., 1840, in-fol.

*Louvet*, Hist. de la ville et cité de Beauvais, et antiquité de Beauvoisis, 1614, in-8.

*Gilbert*, Descript. hist. de la cath. de Saint-Pierre de Beauvais, 1829, in-8.

*Le même*, Description histor. de l'ancienne église de Saint-Riquier en Ponthieu, 1836, in-8.

*Em. Woillez*, Description de la cath. de Beauvais. Paris, 1838, in-8.

*Lelong*, Hist. ecclés. et civile du diocèse de Laon, 1783, in-4.

*Grave*, Notice histor. sur le département de l'Orne, in-8.

*Devisme*, Hist. de la ville de Laon, 1833, in-8.

*Pingret*, Monuments du département de l'Aisne. Paris, 1821, in-fol. planch.

**Provence.**

*Papon*, Hist. de Provence. Paris, 1777-86, 4 vol. in-4. Sur les monum. de Saint-Remy, Histoire de l'Acad., t. VII, p. 261.

*Lamy*, Description de deux monuments anciens près la ville de Saint-Remy, 1737, in-8.

*Pownall*, Notices and descrip. of antiq. of the provincia rom. of Gaul. Lond., 1788.

*Ménard*, Sur la Narbonnaise. — Histoire de l'Acad., t. XXV, XXVII, XXIX.

*Grangent, C. Durand et S. Durent*, Descript. des monum. antiq. du midi de la France. Paris, 1819, in-fol.

*Villeneuve*, Rapport sur les fouilles faites à Fréjus, 1801, in-8, et Mém. de la Société d'agricult. d'Agen, t. VI. — Statistique du départ. des Bouches-du-Rhône, avec atlas. Mars., 1821-29, in-4.

*J. Fauris de Saint-Vincent*, Mémoire sur les monnaies et les monum. des anciens Marseillais, 1771, in-4.

*Grosson*, Recueil des antiques et monum. marseillais. Mars., 1773, in-4.

*Gibelin*, Lettres sur les tours antiques qui ont été démolies à Aix. Aix, 1787, in-4. — Observations et lettres relatives aux bas-reliefs antiq. de la ville d'Aix, 1809, in-8.

*A. Fauris de Saint-Vincent*, Mém. sur les antiq. et curiosités de l'église cath. de Saint-Sauveur d'Aix. Aix, 1818, in-8. — Mém. sur les antiq. et curios. de la ville d'Aix. Aix, 1818, in-8. — Notice des monum. antiq. conservés dans le Muséum de Marseille. Marseille, 1805, in-8.

*Seguin*, Antiquités d'Arles, 1687, in-8.

*Estrangin*, L'amphithéâtre romain d'Arles. Marseille, 1837, in-8.

*Le même*, Etudes archéol., histor. et artist. sur Arles. Aix, 1838. — Description de l'église métropolitaine d'Arles, 183 , in-8.

*Bonaventure*, Histoire nouvelle d'Orange. Avignon, 1741, in-4.

*Gasparin*, Hist. de la ville d'Orange. Orange, 1815, in-12.

*Fortia d'Urban*, Antiquités et monuments du département de Vaucluse, 1808, in-12.

*Nouguier*, Hist. chronol. de l'église, évêques et archevêques d'Avignon, 1659, in-4.

*Caristie*, Nôtice sur l'arc et les théâtres d'Orange. Paris, 1839, in-4.

*D. Henry*, Recherches sur la géographie ancienne et les antiquités du département des Basses-Alpes, 1818, in-8.

Tels sont les ouvrages les plus importants qui traitent des diverses branches de l'art monumental. Avec les indications que nous venons de donner, il sera facile de compléter les notions archéologiques que renferme ce petit volume. Pour rendre les recherches plus faciles dans notre livre, nous avons fait plusieurs tables des mots techniques, qui rempliront, si nous ne nous abusons pas, l'office d'un dictionnaire d'architecture.

Nous n'ajoutons pas d'*erratum* à ce livre. Nous savons trop que ces rectifications de fautes, qu'il faut attribuer tantôt à la négligence de l'auteur, tantôt aux négligences d'une trop rapide impression, sont très-rarement consultées, et deviennent à peu près inutiles. Nous avons trop confiance en l'intelligence de nos lecteurs pour redresser les erreurs et réparer les oublis que nous avons commis. C'est ainsi que nous sommes convaincu que tout le monde saura lire hypogée masc. au lieu d'hypogée fém., αψις au lieu d'αφις, Indou au lieu de Indien, etc.

Pour beaucoup d'ouvrages que nous avons indiqués dans notre bibliographie, il ne nous a pas été possible de vérifier la date précise de l'impression : nous nous sommes borné alors à donner une date approximative, qui suffira toujours pour les recherches.

Nous nous bornerons à ces quelques observations, que nous devions à nos lecteurs, avant de terminer nos *Éléments d'archéologie*.

FIN.

# TABLE DES MOTS LATINS.

FIN DE LA TABLE DES MOTS LATINS.

# TABLE DES MOTS GRECS.

FIN DE LA TABLE DES MOTS GRECS.

# TABLE DES MOTS FRANÇAIS.

U



V



X



Z



FIN DE LA TABLE DES MOTS FRANÇAIS.

# TABLE DES MATIÈRES.

FIN DE LA TABLE DES MATIÈRES.

www.ingramcontent.com/pod-product-compliance
Lightning Source LLC
LaVergne TN
LVHW010519100826
845148LV00001B/43

* 9 7 8 2 0 1 2 6 5 8 5 5 4 *